को बाभन को सूदा

एक प्रिंसिपल का आत्म-संघर्ष और

बहुजन-दृष्टि से लिखी गयी पिछड़े वर्ग की पहली आत्मकथा

हरिनारायण ठाकुर

वाणी प्रकाशन

प्रकाशन के उत्कृष्टतम 62 वर्ष

पेपरबैक प्रथम संस्करण : 2025

vaniprakashan.com

वाणी प्रकाशन

4695, 21-ए, दरियागंज, नयी दिल्ली-110 002

फ़ोन : +91 11 23273167, 23275710

शाखाएँ

अशोक राजपथ, पटना-800 004, बिहार

कॉफ़ी हाउस कैम्पस, महात्मा गांधी मार्ग, प्रयागराज-211 001, उत्तर प्रदेश

महात्मा गांधी अन्तरराष्ट्रीय हिन्दी विश्वविद्यालय, वर्धा-442 001, महाराष्ट्र

sales@vaniprakashan.in
vaniprakashan@gmail.com

Ko Babhan Ko Sooda
by Harinarayan Thakur

ISBN : 978-93-6287-226-5
Autobiography

मूल्य : ₹ 495

जी.एस. ऑफ़सेट, दिल्ली-110 095 में मुद्रित

वाणी प्रकाशन का लोगो मकबूल फ़िदा हुसैन की कूची से

को बाभन को सूदा चर्चित लेखक, आलोचक और चिन्तक हरिनारायण ठाकुर की बहुजन-दृष्टि से लिखी गयी हिन्दी की पहली 'आत्मकथा' है, जो उनके जीवन के साथ-साथ भारतीय समाज में पिछड़े, ख़ासकर अति पिछड़े वर्ग के जीवन-यथार्थ और संघर्ष को रेखांकित करती है। इस दृष्टि से आत्मकथाओं के इतिहास और समाजशास्त्र पर फिर से विचार करने की ज़रूरत जान पड़ती है।

हिन्दी में आत्मकथाओं का इतिहास नया नहीं है। 'थेरीगाथा' की भिक्षुणियों के आत्मवृत्तान्त, भक्तिकाल में सन्त कवियों की जाति-वर्ण जनित अनुभूतियों का चित्रण, आदिकाल के 'रासो साहित्य' के कवियों का आत्मवृत्तान्त आदि में आत्मकथा के तत्त्व और स्रोत ढूँढ़े जा सकते हैं। अरबी-फ़ारसी-तुर्की में 'बाबरनामा' और मीर तक़ी 'मीर' की 'ज़िक्रेमीर' को पहली प्रामाणिक आत्मकथा माना गया है। हिन्दी में इसकी शुरुआत 1641 में लिखी गयी बनारसीदास जैन की आत्मकथा 'अर्द्धकथा' से मानी जाती है। किन्तु यह ब्रजभाषा में है। अतः हिन्दी आत्मकथा की शुरुआत भारतेन्दु की '*कुछ आपबीती, कुछ जगबीती*' से ही माननी पड़ेगी। 1901 से हिन्दी आत्मकथाओं का सिलसिला शुरू हो जाता है। अम्बिकादत्त व्यास से लेकर हरिवंशराय बच्चन और उसके बाद तक हिन्दी लेखक और कवियों की अनेक आत्मकथाएँ आती हैं। इस बीच अंग्रेज़ी के ऑटोबायोग्राफ़ी की तर्ज पर गांधी, नेहरू, राजेन्द्र प्रसाद, अबुल कलाम आज़ाद आदि चर्चित राजनेताओं की आत्मकथाएँ भी आती हैं।

लेकिन आत्मकथा के इतिहास में तहलका तब मचता है, जब स्त्री और दलितों की आत्मकथाएँ आती हैं। स्त्रियों में अमृता प्रीतम, कुसुम अंसल, प्रतिभा अग्रवाल, प्रभा खेतान, पद्मा सचदेव, कृष्णा अग्निहोत्री, मैत्रेयी पुष्पा, कौशल्या बैसन्त्री आदि और दलितों में दया पवार, ओमप्रकाश वाल्मीकि, मोहनदास नैमिशराय, तुलसी राम, सूरजपाल चौहान, शरण कुमार लिम्बाले आदि की आत्मकथाओं के आने से लेखन जगत् और समाज में उथल-पुथल मच जाती है। मुख्यधारा की आत्मकथाओं में जहाँ लेखक के व्यक्तिगत गुण-दोष, आर्थिक-सामा. जिक-राजनीतिक पक्षों का ही चित्रण हुआ, वहीं स्त्री और दलितों द्वारा जीवन और समाज के वर्जित क्षेत्र और प्रसंगों का चित्रण होने से पितृसत्ता और जाति-वर्ण जनित अमानवीय शोषण का समाजशास्त्र साहित्य में पहली बार आया। इसमें भोक्ता की पीड़ा, असहमति और विद्रोह मुखर होकर उभरे। इससे मुख्यधारा के साहित्य और समाज की सोच की दिशा बदलने लगी।

लेकिन स्त्री और दलितों की तरह पिछड़े वर्ग (ओबीसी) के शोषण के समाजशास्त्र को लेकर कोई वैसी आत्मकथा नहीं आयी। बकौल लेखक राजेन्द्र यादव (मुड़-मुड़के देखता हूँ) और मन्नू भंडारी (एक कहानी यह भी) की आत्मकथाएँ बहुजन-दृष्टि से नहीं लिखी गयी हैं। वर्ष 1979 में मराठी में नाई जाति के एक लेखक राम नगरकर की आत्मकथा आयी थी— 'राम नगरी'। सन्तराम बी.ए. की आत्मकथा 'मेरे जीवन के अनुभव' 1963 में आयी, जिसका पुनःप्रकाशन भी हुआ है। इधर एक-दो आत्मकथाएँ और आयी हैं। किन्तु उनमें भी पर्याप्त बहुजन-दृष्टि और शोषण का समाजशास्त्र नहीं है।

हरिनारायण ठाकुर की प्रस्तुत आत्मकथा को बाभन को सूदा समय और समाज से टकराता हुआ लेखक का आत्मचरित भी है और समाजशास्त्रीय विमर्श भी। इसका शीर्षक ही जाति-व्यवस्था का निषेध करता है। यह एक ऐतिहासिक दस्तावेज़ सिद्ध होने वाली है। उम्मीद है, पुस्तक आम पाठक और शोधार्थियों के लिए महत्त्वपूर्ण और उपयोगी सिद्ध होगी।

माताश्री स्वर्गीय देवरति देवी
के
चरणों में सादर!

एक बूँद, एके मल-मूतर, एक चाम एक गूदा।
एक जोति से सबै उपजा, को बाभन को सूदा।

– **कबीर**

पिछड़े समाज की एक जीवन्त आत्मकथा

निश्चित ही हिन्दी में मूल दलित आत्मकथा के आने से उत्तरी भारत विशेष रूप से उत्तर प्रदेश और बिहार के उस 'काऊ बेल्ट' के मिथक पर प्रहार हुआ है, जिसकी चर्चा करते हुए सवर्ण लेखक और चिन्तक थकते नहीं थे। साथ ही वह इतिहास भी अँधेरे से उजाले में आया, जिसे सदियों से कुछ चतुर, चालाक और निर्दयी ब्राह्मणों, पुरोहितों पुजारियों, और शंकराचार्यों ने छिपाया हुआ था। दलित साहित्य के साथ अपनी-अपनी आत्मकथाओं के माध्यम से साथियों ने उन मठों और मठाधीशों को ध्वस्त किया है। गाँव, क़स्बों, शहरों और महानगरों में रहने वाले दलितों के भीतर चेतना के समन्दर ने उछाल मारी है। कहना न होगा कि शब्द जब अंगार बनने लगे, तो मीठी नींद में सोया सवर्ण लेखक और इतिहासकार जागा। उसके भीतर तिलमिलाहट हुई। पुरानी शताब्दी से नयी शताब्दी आते-आते सवर्णों का साहित्यिक तबका असहमति से सहमति की ओर आया। ब्राह्मणवाद के षड्यन्त्र के कारण पिंजरों में बन्द समाज भी जागरूक हुआ। अपने-अपने पिंजरों से निकलकर दलित बाहर आये और काग़ज़ों पर उतरने को बेताव हुए। दर्दनाक दास्तान लिखने का सिलसिला शुरू हुआ।

लगभग हर दलित आत्मकथा में न सिर्फ़ गाँव दर्ज हुआ है। बल्कि जाति आधारित प्रतीकों का भी वर्णन किया गया है। गाँव में डाक का पता दलित की जाति से होता रहा। वरिष्ठ लेखक और शिक्षक हरिनारायण ठाकुर ने अपनी आत्मकथा 'को बाभन को सूदा' की शुरुआत ही बेबाकी से की है। बल्कि पहले अध्याय का टाइटल 'हजाम का घर' लिखकर स्वाभिमान का परिचय भी दिया है। "हमारी भी कोई व्यक्तिगत पहचान न थी। गाँव के बाबूलोग हमारे घर को 'हजाम का घर' कहकर इंगित करते थे और हमें हजाम।" (पुस्तक से) हिन्दू धर्मग्रन्थों में जातिजनित भेदभाव, जन्मना जाति सिद्धान्त और कर्मणा श्रेष्ठत्व भाव बहुत पहले से रहा है। बाबा साहेब डॉ. अम्बेडकर ने इस पर गम्भीरता से विचार किया है। कुछ राज्यों में हजाम जाति अनुसूचित जाति

के तहत आती है, तो कहीं पिछड़े और अति पिछड़े वर्ग में। "इस जाति को नाई भी कहते हैं। इस जाति में सामाजिक-आर्थिक दबाव के कारण हीन भावना और जातिजनित कुण्ठा समा गयी। आधुनिक काल में इसका तेज़ी से संस्कृतीकरण भी हुआ है। बावजूद समाज ने इसे सम्मान की दृष्टि से नहीं देखा। इसीलिए शिक्षित होने और ऊँचे पद पर पहुँचने के बाद भी इस जाति के लोग अपनी जाति छिपाते रहे।" इस सन्दर्भ में लेखक लिखते हैं–"मैंने न अपनी जाति छिपायी, न हीन भावना पाला।" लगभग हर व्यक्ति के जीवन में रोजी-रोटी के लिए संघर्ष लाजमी होता है। लेकिन दलित के लिए यह संघर्ष दोहरा हो जाता है, जब संघर्ष करने वाले की किसी सवर्ण के द्वारा जाति पूछ ली जाती है। अपनी आत्मकथा 'को बाभन को सूदा' के 'रोजी-रोटी के लिए संघर्ष' कॉलम में आत्मकथाकार ने एक घटना का ज़िक्र किया है, जिसे पढ़ते हुए पाठक भी तिलमिला जाते हैं। क्योंकि शिक्षण संस्थानों में क़दम-क़दम पर द्रोणाचार्य बैठे हैं। स्वयं हरिनारायण ठाकुर के शब्दों में "मैं सीतामढ़ी गोयनका कॉलेज में आई.एस.सी. मैथ्स में नाम लिखवाने गया। एडमिशन इंचार्ज कोई द्विवेदीजी थे। उन्होंने मैट्रिक का स्कूल लिविंग सर्टिफिकेट माँगा। मैंने कहा–'वह तो ट्रेनिंग में ले लिया गया।' उन्होंने कहा–'तो तुम्हारा एडमिशन नहीं होगा।' मैंने अभिप्रमाणित प्रति पर नामांकन के लिए अनुरोध किया। उन्हें बुरा लगा। उन्होंने आँखें तरेरकर पूछा–'कौन जात हो?' मैंने अपनी जाति बता दी। 'तो तुम्हारा एडमिशन गोयनका कॉलेज में सात जन्मों में भी नहीं होगा।' उनके क्रोध का पारा सातवें असमान पर था। चीख़ते हुए बोले–'जाओ भागो यहाँ से'।" एक मजबूर और विवश भावी दलित अध्यापक किस-किस से लड़ता?

लेखक ने आत्मकथा में इतिहास से लेकर संस्कृति और संस्कृति से हजाम जाति की अस्मिता से सम्बन्धित महत्त्वपूर्ण जानकारी प्रस्तुत की है। साथ ही हजाम के अलग-अलग राज्यों में प्रचलित नामों का ब्योरा भी दिया है, जो शोधार्थियों के लिए महत्त्वपूर्ण तथ्य है। कहना न होगा कि आत्मकथाकार ने हजाम जाति का गौरवशाली इतिहास देकर पाठकों का ध्यान आकर्षित करने का प्रयास किया है। "पराशर स्मृति के अनुसार–'दास, नाई, गोप, मित्र, खेती का सीरी और जो आत्मसमर्पण कर दे, इन शूद्रों का अन्न भोज्य है।' यहाँ पहली बार नाई को शूद्र कहा गया है। तो नाइयों को सन्तोष इस बात का भी करना चाहिए कि गीता के रचयिता श्रीकृष्ण को भी 'चोर-जार-शिखामणिः' और 'महावराहो गोविन्दः' कहा गया है। अनेक स्थानों पर व्यभिचारी ब्राह्मण-ब्राह्मणियों की हीनता का वर्णन शास्त्र-पुराणों में है। इसके

विपरीत "राजस्थान के प्रसिद्ध नाई सन्त सैन महाराज वैष्णव थे और उनके वंशज कुछ काल के लिए बन्धुगढ़ के राजाओं के राजगुरु भी रहे। भक्तमाल के आधार पर प्रो. विल्सन ने इसे प्रमाणित किया है। कर्नल टाड ने भी मारवाड़ के राजा के बनवाये एक गुफा-मन्दिर में नाई पुजारी को देखा था। कांगड़ा (पंजाब) की ज्वाला देवी, बिलासपुर (म.प्र.) की नैना देवी, धारवाड़ (इटावा) आदि मन्दिरों के पुजारी सदा से नाई ब्राह्मण ही होते आ रहे हैं, जो जनेऊधारी हैं।...पं. रेवती प्रसाद शर्मा ने शास्त्रों और कुछ तमिल, मराठी ग्रन्थों से वैदिक ऋषि और संवादवाहक 'नारद' और रामकथा के पात्र हनुमान, सुग्रीव आदि को नाई जाति से जोड़ा है।

इसीलिए नाई हनुमान के जन्मदिन शनिवार को दाढ़ी-बाल काटने से बचते हैं। नाइयों के ब्राह्मण और क्षत्रिय राजवंशों का विवरण भी इतिहास-पुराणों में मिलता है। ईसा पूर्व दूसरी-तीसरी शताब्दी में हुए नन्दवंश के प्रथम प्रतापी और चक्रवर्ती राजा महापद्मनन्द, उसके पुत्र घनानन्द और चन्द्रगुप्त मौर्य की कथा पुराण, बौद्ध ग्रन्थ, इतिहास और विशाखदत्त के नाटक 'मुद्राराक्षस' में आती है। बताया जाता है कि नन्दवंश नाइयों का राजवंश था।"

गाँव के इतिहास, भूगोल, समाज तथा जातियों के उल्लेख के साथ आत्मकथाकार ने बिहार के राजनीतिज्ञों के साथ राजनीति से भी पाठकों को रू-ब-रू कराया है। बाबा साहेब डॉ. अम्बेडकर ने गाँवों को 'घैटो' (अविकसित असभ्य बस्ती) क्यों कहा? इसके पीछे धार्मिक, सामाजिक कारणों के साथ राजनीति भी एक प्रपंच था। अव्वल तो ग्राम पंचायत के चुनाव समय पर होते ही नहीं थे, होते भी थे तो लोकतन्त्र को किनारे रखकर। अपनी आत्मकथा में लेखक ने केदार सिंह मुखिया का ज़िक्र किया है, जो 22-23 वर्षों तक लगातार मुखिया बने रहे। कर्पूरी ठाकुर जब मुख्यमन्त्री बने, तब उन्होंने वर्षों से लम्बित मुखिया का चुनाव कराया। उसके बाद फिर लालू यादव के समय मुखिया का चुनाव हुआ। फिर नीतीश कुमार ने मुखिया, सरपंच आदि पदों को आरक्षित कर चुनाव कराया। इस प्रकार बिहार में पिछड़े मुख्यमन्त्रियों द्वारा सामाजिक न्याय के साथ पंचायती राज व्यवस्था लागू हो सकी।

'अस्मिता बनाम अस्तित्व' नामक एक अध्याय में लेखक ने बचपन की एक महत्त्वपूर्ण घटना का ज़िक्र किया हैं। जब वे अपने दरवाजे के कुएँ पर खेल रहे थे, तब दबंग परिवार के एक सवर्ण लड़के ने बिना किसी कारण से बालक लेखक की पीठ पर दो जोरदार छड़ी जड़ दी। इस पर लेखक के

पिता ने लड़के के कान पकड़कर उसे डाँट लगायी। वह रोता हुआ शिकायत लेकर अपने घर गया। उसके दबंग चाचा अशेशर सिंह आये और लेखक के पिता को पीटने लगे। लेखक के पिता ने भी उन्हें पटक दिया। इस पर लड़के के अन्य परिजन भी आ गये और लेखक के पिता को ले जाकर एक खम्भे से बाँध दिया। बात फैल गयी। देखते-ही-देखते पूरा गाँव इकट्ठा हो गया। तभी एक दूसरे दबंग व्यक्ति और गाँव के कुछ लोगों ने कह-सुनकर पिताजी की रस्सी खुलवा दी। इस घटना के बाद पिताजी का मनोबल और आत्मविश्वास बढ़ गया।

लालू यादव की उदारता और क्रान्तिकारी विचारों के बारे में लेखक लिखते हैं–"वर्ष 1995 में मुख्यमन्त्री लालू प्रसाद यादव 'रेफरल हॉस्पिटल' का उद्‌घाटन करने मेजरगंज आये। हाई स्कूल के मैदान में सभा हुई। भीड़ से कुछ दूरी पर पाँच-सात साल का एक बच्चा सूअर चरा रहा था। लालू यादव की नज़र उस बच्चे पर पड़ी। उन्होंने लड़के को मंच पर बुला लिया। उन्होंने दोनों हाथों से उस नंग-धड़ंग बच्चे को पकड़कर मंच पर उठाया और सभा को सम्बोधित किया–"सूअर चराने वालों, बकरी चराने वालों, गाय चराने वालों, भैंस चराने वालों, घोंघा खाने वालों, केंकड़ा खाने वालों पढ़ना-लिखना सीखो।" लालू यादव ने उस बच्चे से पूछा–'पढ़ोगे न? उसने 'हाँ' में सिर हिला दिया। उसके बाप को बुलाकर उन्होंने कुछ रुपये दिये और कहा–'जाओ, इसका नाम स्कूल में लिखा देना'।"

आत्मकथाकार ने बहुत ही दिलचस्प तरीक़े से कम उम्र में अपने विवाह का वर्णन किया है। "शादी की रस्म निभाते हुए भी मैं ऊँघता रहा। लड़कियाँ चिकोटी काट-काट कर जगाती थीं। मैंने दुल्हन की माँग में सिन्दूर भरा, पर चेहरा तक नहीं देखा।" वे आगे लिखते हैं, "पत्नी सात दिनों तक मेरे यहाँ रही। मैं कभी उसके पास नहीं गया।" शादी में एक महत्त्वपूर्ण रस्म के बारे में पाठकों को बताना ज़रूरी है, जिसका ज़िक्र लेखक ने आत्मकथा में किया है–'सलाम'। ओमप्रकाश वाल्मीकि ने अपनी कहानी 'सलाम' में जिस सामन्ती प्रथा का वर्णन किया है, हरिनारायण ठाकुर की शादी में प्रत्यक्ष रूप से घटित हुआ। वहाँ दूल्हा को पालकी या घोड़ी से उतरकर लोगों के दरवाज़े पर जाना पड़ता था, यहाँ दूल्हे को उतरना नहीं पड़ता था। वहाँ गाँव के लोग सवर्ण थे, यहाँ पूरा गाँव बनियों का था। वहाँ पढ़ा-लिखा दूल्हा और कुछ बुद्धिजीवी बारातियों ने इसका विरोध किया था, यहाँ केवल पालकी ढोने वाले कहार और मुसहरों ने विरोध किया। गाँव के पूर्वी किनारे के एक 'मठ' में

'जनवासा' था। वहाँ से गाजे-बाजे (ढोल-पीपही, शहनाई) के साथ बारात सजकर द्वार-पूजा के लिए चली। रास्ते में सड़क के दोनों किनारे पड़ने वाले घरों के पास पालकी को रोका जाता था। दरवाज़े पर खड़े घर के मालिक और औरतों को दूल्हा हाथ जोड़कर प्रणाम करता था और बदले में उसे कुछ पैसे-बर्तन आदि मिलते थे। इसमें काफी समय लगता था। देर से पालकी उठाये कहारों के कन्धे दुखने लगे थे। पर वे चुप थे। किन्तु दुल्हन के दरवाज़े पर पहुँचने पर भी 'सलामी' के लिए जब पालकी को दूसरी गली में मोड़ा जाने लगा, तो कहारों ने विद्रोह कर दिया। उन्होंने वहीं पालकी रख दी और कहा कि अब हम कहीं नहीं जायेंगे। लड़की वाले बिगड़ गये। किन्तु लेखक के मामा ने स्थिति की गम्भीरता को समझा और लड़की वालों को साफ़-साफ़ मना कर दिया। लेखक के मामा और कहारों की ज़िद के सामने लड़की वालों की एक न चली। हारकर द्वार-पूजा करनी पड़ी।

लेखक ने एक कॉलेज के सेमिनार की घटना का ज़िक्र किया है, जहाँ वे प्रिंसिपल थे। 'राष्ट्रीय विविधता, पर व्याख्यान हो रहे थे। देश की चर्चित समाजसेवी शबनम हाशमी और ट्रांसजेंडर रेशमा प्रसाद सेमिनार में भाग ले रही थीं। रेशमा प्रसाद ने बहुजन डाईवर्सिटी पर अपने विचार रखे। पर जब शबनम हाशमी बोलने लगीं, तब एबीपी और बजरंग दल के कुछ बाहरी युवकों ने हंगामा शुरू कर दिया। उपद्रवियों ने उन्हें धक्का देकर उनके हाथों से माइक छीन लिया। माहौल की नजाकत देखकर इसमें रेशमा प्रसाद और शबनम हाशमी पुलिस सुरक्षा में बाहर निकली और गाड़ी पकड़ कर पटना की ओर रवाना हो गयीं।

आत्मकथाकार चूँकि शिक्षक रहे हैं और प्रधानाचार्य के पद से रिटायर हुए हैं, इसलिए उन्होंने बहुजन समाज के महापुरुषों का भी आत्मकथा में उल्लेख किया है। हालाँकि इन महापुरुषों और उनके द्वारा चलाये गये आन्दोलनों का प्रसंग और प्रभाव भी रहा है। यह प्रसंग दयानन्द सरस्वती को लेकर रहा। "'चलो वेद की ओर', 'आर्यसमाज' की इस घोषणा से विभिन्न जातियों में अपने संगठन बनाने और अपने आपको श्रेष्ठ बताने की होड़-सी लग गयी। सभी अपनी उत्पत्ति को ब्रह्मा, विष्णु, महेश से जोड़ने लगे। सभी पर सूर्यवंशी और चन्द्रवंशी कहाने की धुन सवार हो गयी। इसीलिए छोटी जातियाँ, जो अपने को हीन समझ रही थीं, वे गौरवान्वित हो गयीं। यह 'समावेशन' का सबसे बड़ा प्रयास था, जिसका प्रतिफल तुरत मिलने लगा। इसके पूर्व जाति और वर्ण बहिष्कृत करना आम बात थी। 1887 में देश की

सबसे पहली जातीय महासभा 'कायस्थों' की बनी। ब्राह्मण ग्रन्थों ने कायस्थों को 'शूद्र' श्रेणी में रखा था। आज भी उनके विवाह शूद्रों की तरह सगोत्रीय होते हैं। सबसे प्रबुद्ध वर्ग होने पर भी उनकी सामाजिक स्थिति को हीन बना दिया गया था। इसलिए आरम्भ में ब्राह्मणवादी वर्ण-व्यवस्था पर सबसे ज़्यादा आक्रोश इसी वर्ग का था। इन्होंने अपने संगठन से आन्दोलन चलाया। फिर ब्राह्मण, क्षत्रिय, नाई-ब्राह्मण, भूमिहार-ब्राह्मण, दुसाध, यादव, कुर्मी, कोइरी, चमार, धोबी आदि सबकी जातीय महासभा बनने लगी। सभी अपनी-अपनी जातियों का गुणगान करने लगे।

"आर्यसमाज के सिद्धान्त को दलित-पिछड़े तो समझ रहे थे, किन्तु सवर्णों पर इसका कोई ख़ास प्रभाव नहीं पड़ रहा था। आर्यसमाजी सवर्ण भी दलित-पिछड़ों से उसी प्रकार भेदभाव करते थे। आर्यसमाज की मुस्लिम-नीति ने भी दलित-पिछड़ों को निराश किया। इसलिए बाद में अधिकांश दलित-पिछड़ों ने इसका विरोध कर दिया और स्वामी अछूतानन्द के नेतृत्व में दलितों ने अलग से एक 'आदि हिन्दू' आन्दोलन चलाया, जिसे चन्द्रिका प्रसाद जिज्ञासु ने आगे बढ़ाया। बाद में आर.एल. चन्दापुरी के नेतृत्व में 'पिछड़ा वर्ग आन्दोलन' चला, जिसमें जिज्ञासु जी ने भी साथ दिया।"

एक शिक्षक के नाते लेखक का सामाजिक न्याय की धारा से जुड़ाव रहा है। बचपन से जवानी और जवानी से पद से रिटायर होने तक लेखक की सहभागिता उनके समय के आन्दोलनों में रही, चाहे वह 'जेपी आन्दोलन' रहा हो या 'आरक्षण बचाओ आन्दोलन'। कुछ ख़ुराफ़ाती लोगों द्वारा 'बाबरी मस्जिद' ढहाने का ज़िक्र भी 'को बाभन को सूदा' में हुआ है। विद्यार्थी जीवन से शिक्षक तक उनकी सजगता इस बात को साबित करती है कि दलित-बहुजन के लिए उनके भीतर दर्द रहा। दर्द इसलिए कि उन्हें उनके अधिकार मिल नहीं पा रहे थे। लेखक ने जहाँ बिहार के शिक्षालयों में फैले भ्रष्टाचार को रेखांकित किया है, वहीं प्रधानाचार्य के रूप में अपनी जिम्मेदारी भी निभायी। उनके स्थानान्तरण भी हुए। इसलिए कि वे सामाजिक बदलाव चाहते थे। वे कोर्ट-कचहरी और मुकदमों की गिरफ़्त में भी कई बार आये, पर एक सैनिक की तरह अपनी ड्यूटी पर डटे रहे। कहना न होगा कि उन्होंने बेईमानों को करारा जवाब दिया और समाज के पिछड़े वर्ग और हाशिये के उपेक्षित प्रतीकों को हमेशा संस्था और समाज में स्थापित करने की कोशिश की। चकिया में यूजीसी महिला छात्रावास को 'सावित्रीबाई फुले महिला छात्रावास' कर दिया। उसी प्रकार पुस्तकालय के नये दो-मंज़िले भवन का

नाम 'कर्पूरी ठाकुर पुस्तकालय' रखा, जो अब भी है। पर यह सब करते हुए स्वयं लेखक का परिवार बिखर जाता है।

स्वयं लेखक के शब्दों में "मेरी शादी बचपन में ही हो गयी थी, इसीलिए बच्चे भी जल्दी ही हो गये। बेरोजगारी के दिनों में परिवार को पालना कठिन था। किन्तु जब रोजगार में आया, नौकरी लगी, तब मैं नौकरी को ही समर्पित हो गया। स्कूल के दिनों में स्कूल का और नौकरी के दिनों में नौकरी का होना मेरे व्यक्तिगत करियर और सेवा-सन्तुष्टि के लिए तो ठीक था, पर परिवार के लिए उतना ठीक नहीं था। मेरा शैक्षणिक विकास हुआ, उत्तरोत्तर मुझे अच्छी नौकरी मिलती चली गयी, सेवा कार्य में सन्तोष मिला। किन्तु मैं अपने घर-परिवार को न तो उतना शिक्षित कर सका और न सम्पन्न। लेखक अभाव और संघर्षों के बीच जिया और स्वाभिमान रखते हुए ऊँचा मुकाम हासिल किया।

इस आत्मकथा को बिहार की सामाजिक और राजनीतिक गतिविधियों का दर्पण भी कहा जा सकता है। ऐसे प्रतिबद्ध लेखक को बधाई!

दिनांक : 30.03.2024

–मोहनदास नैमिशराय
जी बी 5ए/30बी
वसन्त विहार, नयी दिल्ली–110063

अपनी बात

नौकरी बनाम सेवा

मेरी यह आत्मकथा केवल मेरी नहीं है। ऐसे सैकड़ों लोग होंगे, जिन्होंने अभाव और संघर्षों के बीच जीवन जिया और ऊँचा मुकाम हासिल किया होगा। मुझमें प्रतिभा थी, पर संसाधन बिल्कुल नहीं थे। खाने के लाले पड़े थे, पग-पग पर अभाव, दाने-दाने को मोहताज। ऊपर से छोटी जाति के होने की ज़लालत। पर इन सबके बावजूद स्कूल में गुरुजी ने कहा था, "मास्टर या किरानी मत बनना, ख़ूब पढ़ना, तुम बड़ा आदमी बनेगा।" कॉलेज में प्रिसिपल ने कहा, "तुममें प्रतिभा है। कलक्टर से कम मत बनना।" पर बन गया मास्टर। ख़ूब मास्टरी की। प्राइमरी से सेकेंडरी और ज़िला स्कूल से कॉलेज की प्रोफ़ेसरी तक। बारह-तेरह वर्षों तक प्रिंसिपली की। अब अवकाश प्राप्त हूँ। मुझे कलक्टर बनने का मलाल नहीं है, क्योंकि मैंने नौकरी ही नहीं, सेवा की है और संस्था व समाज में उतना ही व्यस्त भी रहा। मेरी सक्रियता और गतिशीलता का प्रमाण यह है कि बारह साल की सेवा में पाँच कॉलेजों का प्रिंसिपल बना। कई आरोप लगे, तो कई सम्मान भी मिले। पर अपने घर के लिए मैं 'घर का जोगी जोगड़ा' ही बना रहा। विश्वविद्यालय ने मुझे सम्मानित तब किया, जब मैं महामहिम राज्यपाल और 'नैक' कॉन्फ्रेंस सहित कई बाहरी प्रतिष्ठानों और विश्वविद्यालयों से सम्मानित हुआ।

ऐसा कहकर मैं अपनी आत्ममुग्धता और अहंकार प्रदर्शित करना नहीं चाहता। असल में यह मेरी शिक्षा का दोष है, जिसने मुझे हर हाल में आदर्श बने रहने की प्रेरणा दी। गाँव, घर और समाज का वातावरण हवा के रुख़ की तरफ़ होता था, जबकि स्कूल-कॉलेज का विपरीत दिशा में। गाँव-घर कहता था "मनुष्य परिस्थितियों का दास होता है।" स्कूल-कॉलेज कहते थे, "मनुष्य परिस्थितियों का दास नहीं, उसका निर्माता है।" मैं स्कूल-कॉलेज की इस दूसरी शिक्षा से ही प्रभावित हुआ और आज तक हूँ। कुआँ खोदकर पानी

पीना और मानक आदर्शों के अनुरूप संस्था और समाज के वातावरण को बनाना मेरा प्रयास रहा है। इसीलिए जब मैंने सरकारी संस्थाओं में भी निजी सोच और मानक आदर्श घुसेड़ना शुरू किया, तो अधिकांश बच्चों को अच्छा लगा, तो कुछ बड़ों को बुरा भी। आदर्श के पीछे जहाँ मैं अपने अनुकूलित वातावरण का प्रशंसक बन जाता था, वहीं विरोधियों का आलोचक भी। ऐसा अनायास और स्वाभाविक तौर पर होता था। कोई जाति के नाम पर मेरी आलोचना करता था, तो कोई ईर्ष्यावश। लेकिन मैंने कभी इस पर ध्यान नहीं दिया, चुपचाप अपना काम करता रहा। मैंने यह सोच कर काम करना शुरू किया कि मेरे सिवा मेरा कोई दोस्त नहीं है। शुभचिन्तक अपने आप बनते चले गये। दुश्मन तो मैं पूरी दुनिया को समझता था। इसीलिए मित्र की अपेक्षा ही नहीं की। मैं ऐसा प्रिंसिपल था, जो महामहिम कुलाधिपति (राज्यपाल) से सम्मानित भी होता रहा और उन पर केस करके मुक़द्दमा भी जीतता रहा। विकट कठिनाइयों के बीच भी मैं सफल होता रहा, क्योंकि अनुभवों ने मुझे बुद्ध के मध्यम मार्ग पर चलना सिखा दिया था। फिर भी मैंने अपने आदर्श से समझौता नहीं किया।

अपने जीवन के इन संघर्षों और परिस्थितियों को लेखन में समेटने में भी मुझे अनेक मानसिक संघर्ष और सन्तापों से गुज़रना पड़ा है। गुज़रे ज़माने की पीड़ा और दुःख एक बार फिर से ताज़ा हो गये। कई कटु स्मृतियाँ जिसे मैं भूल जाना चाहता हूँ, एक बार फिर से हरी हो गयीं और मेरे लेखन में उतरती चली गयीं। यह आत्मकथा मेरे जीवन की सच्ची कहानी है। इसमें कुछ भी काल्पनिक नहीं है। बाहर से लिए गये तथ्य मेरे अपने नहीं हैं। बचपन से आज तक जिन व्यक्तिगत, सामाजिक-सांस्कृतिक और राजनीतिक परिस्थितियों से गुज़रना पड़ा है, उनमें अपनी राह बनाना कठिन था। लेकिन राह बनती चली गयी।

भारतीय समाज की सबसे पुरातन और बड़ी समस्या है जाति। आप जब भी स्वतन्त्रता, समानता और भाईचारे की बात करेंगे, जाति आड़े आयेगी। जाति भारतीय समाज में व्यक्ति की कभी व्यक्तिगत और सामाजिक पहचान थी। ऊँची जातिवाले गर्व से अपनी पहचान बताते थे, तो नीची जातिवाले हीनता और संकोच से। किन्तु नवजागरण काल की आधुनिक चेतना और सामाजिक आन्दोलन ने इस पहचान को थोड़ा शिथिल कर दिया। आज़ादी मिलते-मिलते नये मूल्य स्थापित हुए और जाति हमारी पहचान नहीं रही। उसी प्रकार धर्म और सम्प्रदाय भी हमारी पहचान नहीं रहे। नये संविधान ने जाति, वर्ण, वर्ग,

धर्म-सम्प्रदाय और लिंग के आधार पर भेदभाव को क़ानून अपराध घोषित कर दिया। अब प्रत्यक्ष रूप से लोग जाति तो नहीं पूछते थे, पर परोक्ष रूप से जान लेते थे। किन्तु शादी-विवाह आदि सामाजिक व्यवहार में यह अब भी कट्टरतापूर्वक लागू थी। आज भी है। राजनीति, चुनाव, आरक्षण आदि में जातियों का प्रयोग वैधानिक था। किन्तु सामाजिक व्यवहार में जाति पूछना और भेदभाव करना वर्जित था। आज़ादी के बाद की पीढ़ी ने इसी मूल्य को देखा और समझा था। सबको एक वोट का अधिकार और सबके वोटों के समान मूल्य के अधिकार ने राजनीतिक रूप से सबको समान तो कर दिया, किन्तु सामाजिक रूप से आज भी ऐसा नहीं है। सामाजिक समानता का सबसे बड़ा प्रमाण है आपसी व्यवहार में सामान्य शिष्टाचार का समान रूप से पालन हो। समाज तो समाज, संस्था और सरकारी प्रतिष्ठानों में भी यदि छोटी जाति के लोग बड़े पदाधिकारी बन जाते हैं, तो उनके मातहत काम करनेवाले ऊँची जाति के लोग शायद ही उनको दुआ-सलाम करते हैं। हमारे मिड्ल स्कूल के प्रधानाध्यापक हरेन्द्र राम चमार जाति के थे और दो को छोड़कर बाकी सभी शिक्षक सवर्ण (राजपूत और ब्राह्मण) थे। मेरे और एक बैठा जी शिक्षक को छोड़कर कोई उनको प्रणाम नहीं करता था। इसीलिए वे नाराज़ रहते थे और उन लोगों के साथ कड़ाई से पेश आते थे। कभी-कभी झगड़े भी होते थे।

ऊँची जाति के लोग समाज या संस्था में जहाँ रहें, किसी न किसी रूप में अपनी जातीय श्रेष्ठता को प्रदर्शित कर ही देते हैं, पर छोटी जातिवाले ऐसा नहीं कर पाते। एम.एस. कॉलेज, मोतिहारी में मेरे एक प्रोफ़ेसर मित्र थे- अरुण कुमार मिश्रा। आजकल वे वहाँ प्रभारी प्राचार्य हैं। अच्छे वक्ता और मंच संचालक हैं। मैं अक्सर हाशिये के समाज पर राष्ट्रीय-अन्तरराष्ट्रीय सेमिनार करवाता रहता था। एस.आर.ए.पी. कॉलेज, बारा चकिया में दलित साहित्य पर यूजीसी प्रायोजित सेमिनार में उन्हें बुलाया था। इसी प्रकार एम.एस. कॉलेज में भी हर संगोष्ठी और सेमिनारों का वे संचालन करते थे। किन्तु किसी भी ऐसे सेमिनार के मंच से वे यह कहना नहीं भूलते कि "मैं ब्राह्मण होकर भी दलित साहित्य की संवेदना और चेतना को नमन करता हूँ।" ऊपर से वे मेरे मित्र बने रहे, पर भीतर से जब भी मौक़ा मिला, अपनी भड़ास निकालने से बाज नहीं आये। एस.आर.ए.पी. कॉलेज में हिन्दी के एकमात्र शिक्षक थे मनोरंजन प्रसाद सिंह। मुझे कॉलेज के 'नैक मूल्यांकन' की आवश्यकता को देखते हुए यूजीसी से सेमिनार करवाना था। मैंने खुद प्रोजेक्ट बनाकर उनके नाम पर एक यूजीसी सेमिनार स्वीकृत करवा लिया। उसके संयोजक वही थे। सेमिनार

क्या, मैंने उसे तीन दिन का सम्मेलन बना दिया। देश के बड़े-बड़े विशेषज्ञ और विद्वानों को बुलाया। श्यौराज सिंह बेचैन, मोहनदास नैमिशराय, रमणिका गुप्ता, चौथीराम यादव, राजेन्द्र प्रसाद सिंह आदि सभी लोग थे।

कई-कई ज़िले, प्रांत और विश्वविद्यालयों के प्रतिभागी थे। स्थानीय सांसद श्री राधामोहन सिंह और एक दलित विधायक श्री कृष्णनन्दन पासवान ने सम्मेलन का उद्‌घाटन किया था। लेकिन इतने बड़े सेमिनार में उन्होंने दलित समाज के किसी व्यक्ति को नहीं बुलाया, जबकि मेरी ओर से निकट के दलित बस्ती को भोजन कराने की भी स्वीकृति थी। पैसे बचाने के फेर में उन्होंने भोजन की भी अच्छी व्यवस्था नहीं की। आधी कुर्सियाँ ख़ाली ही रह गयीं। वे महाविद्यालय के एक अन्य शिक्षक शिवकुमार प्रसाद की तरह गायत्री परिवार की पुरोहिती करते थे। शिवकुमार बाबू पिछड़े वर्ग से थे। उनसे मेरा कुछ वैचारिक मतभेद रहता था। फिर भी उन्होंने आपसी व्यवहार एवं शिष्टाचार में कोई कमी नहीं की। यद्यपि मैंने कभी अपेक्षा नहीं की, पर मनोरंजन प्रसाद सिंह ने मुझे संस्था प्रधान के रूप में शिष्टाचारवश भी कभी अभिवादन नहीं किया, जबकि कई अन्य सवर्ण शिक्षक करते थे। इसी प्रकार एक बार महाविद्यालय की निर्माण योजनाओं का उद्‌घाटन करने के लिए मैंने कॉलेज में माननीय कुलपति पलांडे साहेब को बुलाया। कुलपति जी को बाउंड्रीवाल, हेल्थ सेन्टर, पुस्तकालय भवन, कैन्टीन, व्यायामशाला, साइकिल शेड, प्रशासनिक भवन, ऑनलाइन कार्यालय आदि आठ-दस निर्माण कार्यों का उद्‌घाटन करना था। मनोरंजन सिंह ने शिवकुमार प्रसाद से मिलकर बिना किसी कार्यक्रम के हर उद्‌घाटन के समय थाली में अक्षत-फूल-चन्दन-दीप आदि लेकर पूजन और गायत्री मन्त्र का उच्चार करने लगते थे, जिसमें पाँच-सात मिनट का अतिरिक्त समय लग जाता था। जब अधिक समय लगने लगा, तो कुलपति जी झल्ला गये। तीन-चार उद्‌घाटन के बाद मैंने सख़्ती से इस अनुष्ठान को रोक दिया। असल में उनका यह कार्यक्रम व्यवधान डालने के लिए ही था। कुलपति नाराज़ हो गये और बाकी जगह उद्‌घाटन के लिए नहीं गये। एक ही जगह से बाकी सबका उद्‌घाटन कर दिया।

कुल मिलाकर भेदभाव अब भी थे। देश का संविधान इसी भेदभाव और वर्चस्व को तोड़ने के लिए समानता की भावभूमि पर बना है। सरकारी नीतियाँ और सिद्धान्त भी इसी को लक्ष्य करके बनते रहे हैं। राष्ट्रीय शिक्षा नीति के तीन मुख्य बिन्दु छात्र, अभिभावक और संस्था से जुड़े लोगों की संस्था तक पहुँच, समानता और गुणवत्ता, जो नयी शिक्षा नीति में आज भी हैं और

संविधान की प्रस्तावना के न्याय, स्वतन्त्रता, समानता, व्यक्ति की गरिमा और राष्ट्र की एकता-अखण्डता के सिद्धान्त का मैं भरपूर पालन करने की कोशिश करता रहा। मैं संस्था को दूसरी संस्था और समाज से जोड़ता। इससे संस्था और समाज दोनों को लाभ मिलता। लेकिन मुझे व्यक्तिगत रूप से कभी-कभी हानि उठानी पड़ती। मेरी लोकप्रियता बढ़ जाती, जिससे कुछ निहित स्वार्थवाले लोग और कभी-कभी विरोधी खेमे की सवर्ण राजनीति मेरे विरोध में हो जाती। मेरे स्थानान्तरण की कोशिश होती। कभी-कभी स्थानान्तरण भी हो जाता। ऐसे अवसरों पर मैं न्यायपालिका का सहारा लेता और मुझे न्याय मिल जाता। आत्मकथा में ऐसे स्थल और अवसरों की विस्तार से चर्चा की गयी है। राष्ट्रीय नीति और रुझान के अनुसार समाज के पिछड़े वर्ग और हाशिये के उपेक्षित प्रतीकों को मैंने हमेशा संस्था और समाज में स्थापित करने की कोशिश की। चकिया में यूजीसी महिला छात्रावास को 'सावित्रीबाई फुले महिला छात्रावास' कर दिया। उसी प्रकार पुस्तकालय के नये दो-मंज़िले भवन का नाम 'कर्पूरी ठाकुर पुस्तकालय' रखा, जो अब भी है।

घर-परिवार

मेरी शादी बचपन में ही हो गयी थी, इसीलिए बच्चे भी जल्दी ही हो गये। बेरोज़गारी के दिनों में परिवार को पालना कठिन था। किन्तु जब रोज़गार में आया, नौकरी लगी, तो मैं नौकरी को ही समर्पित हो गया। स्कूल के दिनों में स्कूल का और नौकरी के दिनों में नौकरी का होना मेरे व्यक्तिगत करियर और सेवा-सन्तुष्टि के लिए तो ठीक था, पर परिवार के लिए उतना ठीक नहीं था। मेरा शैक्षणिक विकास हुआ, उत्तरोत्तर मुझे अच्छी नौकरी मिलती चली गयी, सेवा कार्य में सन्तोष मिला। किन्तु मैं अपने घर-परिवार को न तो उतना शिक्षित कर सका और न सम्पन्न। मेरे बच्चे सरकारी स्कूल-कॉलेज में ही पढ़ते रहे। मेरा छोटा भाई केवल मैट्रिक कर सका। किसी तरह आई.टी.आई. किया। यह बात अलग है कि उसकी बाद में बिजली विभाग में नौकरी लग गयी। यह बात सही है कि मेरे बाद की पीढ़ी चाहे लड़का हो या लड़की स्कूल जाने लगी। लेकिन बड़ी भतीजी केवल पाँचवीं पास कर सकी और छोटी तीन केवल साक्षर बनकर रह गयी। भतीजों में सबसे बड़ा आठवीं तक और उससे छोटा केवल दसवीं तक पढ़ सका। दो और भतीजा साक्षर तो बना, पर ग़रीबी के कारण जब बाहर मज़दूरी करने गया, तो फिर लौटकर नहीं आया। एक राकेश दिल्ली गया, दूसरा जलन्धर, नेपाल। बीसों

बरस हो गये, आज तक इन दोनों का पता नहीं चला। कितनी कोशिशें हुई, पर सब बेकार। सबसे बड़ा भतीजा मदन भी असम में रहता था। उसे बुलाकर भैया ने किसी तरह उसकी शादी करवा दी। बहुत दिनों के बाद वह घर लौटा। अब यहीं रहता है। केवल एक भतीजा रवि शंकर पढ़ सका, क्योंकि वह बचपन से ही मेरे ही साथ रहा। भतीजी प्रियंका और प्रियरंजन ने अच्छी शिक्षा प्राप्त की, क्योंकि वे दोनों मेरे छोटे भाई प्रकाश के साथ दिल्ली में रहती थीं। प्रियरंजन तो डाईटीशियन की अच्छी नौकरी में है। सबसे छोटा भतीजा राम बालक (रवि प्रकाश) भी मैट्रिक से आगे नहीं पढ़ सका। किन्तु वह तेज-तर्रार और हुनरवाला है। उसने एक ब्राह्मण कन्या से प्रेम-विवाह किया है। उसके दो बच्चे भी हैं।

स्कूल की नौकरी के दिनों में मैं लगभग सात वर्षों तक अपने परिवार को साथ नहीं रख सका। किन्तु कुछ दिनों तक हाई स्कूल और कॉलेज की सेवा में जब तक मैं शिक्षण कार्य करता रहा, पत्नी और बच्चों को अपने साथ रखा। फिर प्रिंसिपल बनते ही मैं परिवार से दूर हो गया। जब तक मैं प्रिंसिपल रहा, प्रिंसिपल आवास में अकेला ही रहा। इस बीच मेरे बच्चे सरकारी स्कूल में ही पढ़ते रहे। बड़े लड़के राजीव की स्कूल की पढ़ाई तो नियमित हुई, अच्छी श्रेणी में पास भी किया, पर कॉलेज की पढ़ाई नियमित नहीं हो सकी। दूरस्थ शिक्षा केन्द्र से स्नातक किया। आजकल सरकारी हाई स्कूल में शिक्षक है। उसकी पत्नी शादी के समय इंटर पास थी। अब एम.ए.-बी.एड. है। फिर भी नौकरी नहीं मिलती। छोटी बेटी गिरीशा भी एम.ए. पास है। बीच वाला लड़का दीपक यद्यपि केन्द्रीय विद्यालय में नामांकित था, किन्तु पढ़ाई में उसका मन नहीं लगा। वहाँ से वह बिहार सरकार के स्कूल तिरहुत एकेडमी में आया। वहीं से मैट्रिक पास किया। फिर नीतीश्वर सिंह कॉलेज और विश्वविद्यालय में पढ़ाई की। उसकी रुचि राजनीति में थी। घर-परिवार के प्रति वह सबसे जवाबदेह और गम्भीर था, इसीलिए मैंने उसकी रुचि और कैरियर में हस्तक्षेप नहीं किया। वह विश्वविद्यालय का छात्र नेता (अध्यक्ष) बना, फिर युवा राजद का मुज़फ़्फ़रपुर का ज़िला अध्यक्ष। आजकल वह युवा राजद का प्रान्तीय प्रवक्ता है। लेकिन राजनीति के साथ-साथ उसकी रुचि व्यवसाय में भी है। इसीलिए उसने प्लाई-सनमाईका, अलम्यूनियम-स्टील आदि की इंटेरियर डेकोरेशन की दुकान खोल रखी है। दूकान ठीकठाक चलती है। छोटा लड़का नीरज बारहवीं तक केन्द्रीय विद्यालय, मुज़फ़्फ़रपुर में ही पढ़ा। फिर बीबीए, एमबीए उसने बाहर से किया। आजकल वह एक निजी बैंक में सहायक

मैनेजर है। उसकी शादी इसी वर्ष 2022 में हुई है। पत्नी बी.एड. कर रही है। दीपक की भी शादी हो चुकी है। पत्नी एम.एससी. (भौतिकी) में पढ़ती है। दीपक को दो साल का एक लड़का भी है। बड़े लड़के राजीव को दो लड़कियाँ और एक लड़का है। सभी छोटे हैं। बड़ी लड़की गुनगुन नौवीं में, छोटी पिहू छठी में और बच्चा गुल्लू पहली में पढ़ता है। परिवार स्थायी रूप से मुज़फ़्फ़रपुर के मकान में ही रहता है। तीनों बेटे स्वावलम्बी हैं और एक ही मकान में अपने परिवार के साथ अलग-अलग फ्लैट में रहते हैं। सबका खाना एक ही साथ बनता है।

छोटे भाई प्रकाश का परिवार भी यहीं रहता है। सभी लोग साथ ही हैं। संयुक्त परिवार का निर्वाह अभी तक हो रहा है। मैंने अपनी पढ़ाई और कैरियर निर्माण इसीलिए जारी रखा कि पता नहीं मेरे बाद परिवार में मुझसे आगे पढ़ने और बढ़नेवाला कोई होता है या नहीं। फिलहाल तो कोई नहीं है। पता नहीं आगे कोई होगा भी कि नहीं?

पिताजी तो नौकरी मिलने से पहले ही गुज़र गये थे, पर माँ हमेशा घर पर ही रहती थीं। वह बराबर कहती थी कि "एतना काहे पढ़ई छा? जेतना हो गेलई, ओही में गुजारा करा। कतेक लोग त मास्टरे हो के धनिक हो गेलई। तू हो घरे पर रहके मास्टरी करा।" माँ एक तरह से ठीक ही कह रही थी। यदि मैं स्कूल टीचर बनकर घर पर ही रहता, तो निश्चय ही अपने परिजनों को प्रेरित करता। भोजन-आवास के पैसे बचते, कुछ ज़मीन-जायदाद ख़रीदता। बच्चों को आगे पढ़ा लेता। सम्भवत: उनमें से कोई अच्छा भी कर जाता, किन्तु समाज में मेरी और परिवार की हैसियत वह नहीं रहती, जो आज है। परिस्थितियों से टकराने और सामाजिक-सांस्कृतिक स्थितियों से सामना करने के वह अनुभव और साहस शायद नहीं मिले होते, जो आज हैं। मेरे संघर्षपूर्ण जीवन ने ही मुझे रचनात्मक बनाया। मेरी सृजनशीलता मेरे जीवन के अनुभव और अनुभूति से उत्पन्न है, किसी शिक्षण-प्रशिक्षण से नहीं। पुस्तक में इस परिस्थिति पर यद्यपि अधिक प्रकाश नहीं डाला गया है, पर जहाँ-तहाँ प्रसंगवश इसके संकेत अवश्य हैं।

गाँव-समाज

मेरा गाँव सवर्णों का गाँव है, सभी लोग एक ही जाति के हैं- राजपूत। केवल दो ही घर पिछड़े वर्ग के हैं- एक मेरा और दूसरा कलेवर राउत कुर्मी का। जब मैं कुछ नहीं था, तो गाँव-समाज के कुछ समझदार बुजुर्गों की

सहानुभूति मुझ पर रहती थी। बचपन में मुझे प्रोत्साहन मिले, पर ज्यों-ज्यों आगे बढ़ा, उनकी यह सहानुभूति कमती चली गयी। उनके बेटे-पोतों की पीढ़ियों ने मुझे आदर्श मानकर अपने बच्चों को मेरी तरह बनने की प्रेरणा अवश्य दी, पर परोक्ष रूप से मेरे प्रति उनमें ईर्ष्या भाव ही अधिक रहे। व्यक्तिगत रूप से किसी से मेरा जो भी सम्बन्ध हो, किन्तु सार्वजनिक रूप से लोग मुझे गाँव के सबसे पढ़े-लिखे, बड़े पद पर रहनेवाला प्रतिष्ठित व्यक्ति और गाँव का आदर्श नहीं मान सकते। मेरी छोटी जाति मेरे सारे बड़प्पन को खा जाती है। इसीलिए उन्हें बड़ी मान्यता देने में हिचक होती होगी। गाँव-समाज के सबसे चर्चित और नेतानुमा लोग थे– रामाश्रय सिंह, जिन्हें लोग अशेश्वर सिंह कहते थे। यद्यपि छात्र जीवन में वे मेरी मदद करते रहे, किन्तु ज्यों ही मैं स्कूल टीचर बना, उनकी भावना और व्यवहार में अन्तर आने लगा। एक बार जब वे गम्भीर रूप से बीमार पड़े, तो उनका हालचाल लेने मैं उनके पास गया। उन दिनों मैं हाई स्कूल में था और प्रोफ़ेसर वाली टेस्ट परीक्षा पास कर गया था। मैंने ज्यों ही यह ख़बर उन्हें सुनाई, वे बिगड़ पड़े- "तू प्रोफ़ेसर बनवा, बड़का-बड़का जमीन्दार के बेटा बनवे न करई छई, आ तोहर कौन औकात हओ, बेकार के बात हमरा से न करीहा, मास्टर बन गेला, इहे बहुत हओ।" मैं हक्का-बक्का रह गया। मैं नहीं जानता था कि इस ख़बर से उन्हें इतना आघात लगेगा। क्रोध में वे बिछावन से उठकर बैठ गये थे। मैंने उन्हें झूठी तसल्ली दी कि "उसमें पैसे और पैरवी वालों का होता है, मेरा थोड़े ही होगा। आप ठीक कहते हैं– मैं प्रोफ़ेसर नहीं बन सकूँगा।" तब जाकर वे शान्त हुए। उसके कुछ ही दिनों के बाद वे चल बसे।

यदि उनके जीते-जी मैं प्रोफ़ेसर बन गया होता, तो पता नहीं उनकी प्रतिक्रिया क्या होती? एक मेरे मित्र और सीनियर साथी हैं सत्येन्द्र नारायण सिंह, जिन्हें लोग 'किरानी साहेब' कहते हैं। वे गाँव के हाई स्कूल में किरानी थे। उन्होंने मेरी मेहनत और सफलता का उदाहरण देकर अपने बच्चों को काफी पढ़ाया और आगे बढ़ाया, सभी इन्जीनियर हैं। बच्चों को मेरा सम्मान करना और आशीर्वाद लेना भी सिखाया। किन्तु उनके मन में भी कहीं-न-कहीं सामाजिक श्रेष्ठ-अश्रेष्ठ भाव, बड़प्पन और दक्षिणपन्थी विचारधारा की कुण्ठा छिपी रहती है। गाँव में उनसे जब भी मुलाक़ात होगी, वे मुझे लक्ष्य करके सबके सामने लालू यादव को इतना न भला-बुरा कहेंगे, जैसे मैं ही लालू यादव हूँ।

अभी हाल ही में 23 फ़रवरी 2022 को मेरे गृह ज़िले सीतामढ़ी में 'विकीपीडिया' से सामग्री लेकर 'दैनिक जागरण' अख़बार ने मेरे फ़ोटो के साथ मेरे राष्ट्रीय लेखन पर एक बड़ी ख़बर प्रकाशित की–'मेरजगंज के प्रो. हरिनारायण की पुस्तकें देश-विदेश में चर्चित'। ख़बर पढ़कर मेरे गाँव-समाज के अधिकांश लोग खुश हुए, तो कुछ सवर्ण लोगों ने प्रतिक्रिया व्यक्त की कि "हम लोगों को नीचा दिखाने के लिए ही ऐसी ख़बर छपवायी है।" जबकि मुझे मालूम भी नहीं था कि उस दिन ख़बर छपी है। संयोग से उस दिन मेरा जन्मदिन था। यह बात अलग है कि जब मालूम हुआ, तो मैंने उस ख़बर का उपयोग अपने सोशल मीडिया प्लेटफॉर्म पर किया। मेरे गाँव में 'दैनिक जागरण' अख़बार ही आता है। कुछ दिनों के बाद जब मैं गाँव गया और लोगों से उस ख़बर के बारे में प्रतिक्रिया जाननी चाही, तो अधिकांश लोगों ने उस ख़बर से अनभिज्ञता जाहिर की, क्योंकि सभी लोग अख़बार नहीं पढ़ते। जो पढ़ते थे, उन्होंने भी बहाना मार दिया कि उस दिन अख़बारवाले ने दूसरा अख़बार दे दिया था। समाजशास्त्रीय शब्दावली में इस प्रवृत्ति को बहिष्करण कहते हैं, जो प्राय: हाशिये के सभी लोगों के साथ घटित होता है। वंचित लोगों का समाजशास्त्र यही है।

आभार

'आत्मकथा' लेखन के लिए मेरे बच्चे ही प्रेरित करते रहे। ख़ासकर मेरे छोटे लड़के नीरज ने बहुत पहले से कहना शुरू किया कि "आप अपना जीवन संघर्ष लिखिए। हम लोग तो सुविधा में पढ़े-बढ़े हैं। इसमें हम लोगों से अधिक आपका योगदान है। किन्तु आपने खुद ही अपने जीवन का निर्माण कैसे किया? यह हमारे साथ-साथ औरों के लिए भी प्रेरक होगा।" मैं उन्हें समझाता रहा कि "मेरे जीवन की तरह दुनिया में हज़ारों लोगों का जीवन है। बल्कि जितने बड़े लोग हैं, अक्सर अभावों से लड़कर ही आगे बढ़े हैं। फिर भी यदि समय मिला, तो कभी लिखूँगा।" असल में कभी-कभी जीवन की छोटी-मोटी घटनाओं को मैं सोशल मीडिया पर डाल देता था। बच्चे इसी से प्रभावित होकर मुझे आत्मकथा लिखने को कहते। सेवाकाल में तो सम्भव नहीं हुआ। पर अब, जब अवकाश ग्रहण किया, तो पहला काम मैंने यही किया। बीच-बीच में आवश्यकतानुसार कुछ आलेख और समीक्षाएँ प्रकाशित होती रहीं, किन्तु किस्तों में अपनी कहानी भी चलती रही। अब यह पूरी हो चुकी है। किन्तु जीवन के इतने रंग-रूप हैं कि सबको एक पुस्तक में समेटना

सम्भव नहीं। इसमें जन्म से लेकर अवकाश ग्रहण तक मेरे जीवन की संक्षिप्त कथा-व्यथा है। जैसा है, आप सुधी पाठकों के समक्ष है।

साहित्य में कोटि की दृष्टि से इधर 'दलित आत्मकथाएँ' बहुतायत में आयी हैं। स्त्रियों की भी आत्मकथाएँ प्रकाशित होती रही हैं। किन्तु ओबीसी या बहुजन 'आत्मकथाओं' का नितान्त अभाव है। राजेन्द्र यादव (मुड़-मुड़ के देखता हूँ) और मन्जू भंडारी (एक कहानी यह भी) की आत्मकथाएँ बहुजन दृष्टि से नहीं लिखी गयी हैं। दो-ढाई दशक पहले वर्ष 1979 में मराठी में नाई जाति के एक लेखक राम नगरकर की आत्मकथा आयी थी– 'राम नगरी'। इसका पहला हिन्दी संस्करण वर्ष 1983 में राधाकृष्ण प्रकाशन, नयी दिल्ली से आया। उसके बाद मेरी जानकारी में दलित और स्त्रियों को छोड़कर कोई बहुजन आत्मकथा नहीं आयी है। इस वृत्तान्त को इस दृष्टि से भी देखा जा सकता है। प्रसिद्ध आर्यसमाजी और पिछड़े वगै के समाज-सेवी संतराम बी.ए. की आत्मकथा 'मेरे जीवन के अनुभव 1963 में आयी थी, जिसका एक मिशन के तहत पुनर्प्रकाशन हुआ है। पर इसमें भी अपेक्षित बहुजन दृष्टि नहीं है। इधर प्रेम कुमार मणि की आत्मकथा 'अकथ कहानी' और नन्द किशोर नन्दन की 'पढ़ि पढ़ि के पत्थर भया' आयी है। किन्तु इनमें भी जाति के प्रश्न और बहुजन दृष्टि की व्यापकता नहीं है। मैने समाज संस्कृति और राजनीति के इन्हीं बहुजन प्रश्नों पर एक यथार्थपरक दृष्टि डाली है, जो शुद्ध रूप से समाजशास्त्रीय है।

कम्प्यूटर पर अपनी रचनाओं का टंकण मैं खुद ही करता हूँ। किन्तु इसकी फोर्मेटिंग, फॉन्ट बदलना, प्रिंटिंग और प्रूफ़ रीडिंग का काम अकेले सम्भव नहीं है। इस कार्य के लिए 'समीक्षा प्रकाशन', मुज़फ़्फ़रपुर के सतीश जी और रामायण जी मेरे सहायक और मार्गदर्शक रहे हैं। मेरे पुत्र दीपक, नीरज और पुत्रवधू पिंकी और मेनका ने इसके टंकण और प्रूफ़ रीडिंग में सहायता की है। पुराने संस्मरणों को स्मरण कर सँजोने में मेरी पत्नी शशिकला, बड़ी बेटी आशा और छोटे भाई प्रकाश ने महती भूमिका अदा की है। बार-बार स्मरण दिलाकर 'आत्मकथा' लिखने की प्रेरणा देनेवालों में प्रो. अरुण कुमार सिंह, प्रो. रमेश गुप्ता, प्रो. एस.एन.पी. सिन्हा, प्रो. पूनम सिंह आदि लोग रहे हैं। 'आत्मकथा' की भूमिका लेखन के लिए सुपरिचित साहित्यकार श्री मोहनदास नैमिशराय ने अपनी स्वीकृति देकर मेरा हौसला बढ़ाया है। मैं उन तमाम लोगों के प्रति आभार व्यक्त करता हूँ।

इन सबके बावजूद यदि वाणी प्रकाशन, नयी दिल्ली ने प्रकाशन की स्वीकृति नहीं दी होती, तो रचना धरी की धरी रह जाती। वाणी प्रकाशन

समूह के प्रबन्ध निदेशक श्री अरुण माहेश्वरी जी की मुझ पर विशेष कृपा रही। उन्होंने न केवल भारतीय ज्ञानपीठ वाली मेरी चर्चित पुस्तक 'दलित साहित्य का समाजशास्त्र' का पेपरबैक संस्करण प्रकाशित किया, बल्कि मेरी 'आत्मकथा' में भी रुचि दिखायी। उन्होंने पुस्तक प्रकाशन की स्वीकृति देकर मुझ पर कृपा की है। मैं हृदय से उनका और वाणी प्रकाशन समूह का आभार व्यक्त करता हूँ। जीवन से जुड़े मित्र-अमित्र, सन्त-असन्त सबकी पहचान और चर्चा पुस्तक में की गयी है। पर आत्मकथा का समापन 'वन्दौ सन्त-असन्तन चरणा' के भाव से ही किया गया है, ताकि सब में सौमनस्य कायम रह सके। मैं अपने सभी शुभचिन्तकों, मित्रों और पाठकों को भी धन्यवाद और साधुवाद देता हूँ, जिन्हें मेरी रचनाओं की उत्सुकता रहती है। सुधी पाठक और मित्रों से अनुरोध है कि वे पुस्तक की त्रुटियों और सीमाओं से मुझे अवगत कराते रहेंगे।

इति!

दिनांक: 30.04.2024

नागेन्द्र नगर, लेन न.-01, बेला रोड, मिठनपुरा,
पो. रमना, मुज़फ़्फ़रपुर-842002, (बिहार)
मोब.: 9472436229 / 8340547371

अनुक्रम

हजाम का घर

नचिकेता के प्रश्न नचिकेता के तीसरे सवाल का पहला ही वाक्य है– "हे यमराज, जब मृत्यु सबको समान बना देती है, तो जीवन में इतने भेदभाव क्यों हैं? कोई राजा है, कोई रंक, कोई ब्राह्मण, कोई शूद्र, दोस्ती–दुश्मनी, राग–द्वेष आदि क्यों हैं? जबकि मनुष्य जानता है कि एक दिन सबकी एक ही गति होनी है।" आत्मा के अमरत्व, कर्मफल और पुनर्जन्म वाले यमराज के उत्तर पर भी नचिकेता की जिज्ञासा शान्त नहीं होती। वह शंका करता है कि कोई आत्मा को मानता है, कोई नहीं मानता है और अन्ततः मोक्ष का सवाल आता है। ईसा पूर्व के शताब्दी में लिखा गया 'कठोपनिषद्' का यह आख्यान बुद्ध के विचारों की पुष्टि करता है और बौद्ध दर्शन के विरुद्ध अपनी स्थापना भी देता है और यह भी बताता है कि सनातन और उसके समानान्तर चलनेवाली बौद्ध धारा समकालीन हैं। यगराज और आत्मा हों न हों, पर समाज में आज ब्राह्मण और शूद्र हैं। चाहे 'सनातन' या 'ब्राह्मण' धर्म की विचारधारा हो या बौद्ध धर्म की, भारतीय समाज में व्याप्त इन विसंगतियों को दूर करने की कोशिश किसी ने नहीं की। इसीलिए भेदभाव बने रहे। कोई श्रेष्ठ रहा, कोई नीच। हज़ारों वर्षों तक सबकी अपनी–अपनी सामाजिक भूमिका और पहचान रही। जो ऊँचे थे उनकी सामाजिक और व्यक्तिगत दोनों पहचान होती थी, किन्तु नीच वर्ण वालों को उनकी सामाजिक पहचान से ही जाना जाता था।

हजाम का घर

हमारी भी कोई व्यक्तिगत पहचान न थी। गाँव के बाबू लोग हमारे घर को 'हजाम का घर' कहकर इंगित करते थे और हमें 'हजाम'। 'हजाम के घर' जाओ, वहाँ से फलाने को बुलाओ या 'हजाम के घर' से फलाना सामान लाओ। हमारे पिता और चाचा सहित परिवार के सदस्यों को यदि लोग नाम लेकर भी बुलाते, तो सम्मानजनक संज्ञा या विशेषण से नहीं। मेरे बड़े भाइयों

को लोग 'लछना' और 'बिलटा' कहकर बुलाते थे। मेरे सवर्ण सहपाठी मेरा और मेरे छोटे भाई का भी नाम नहीं लेते थे। वे गाँव और स्कूल में भी हमें 'ठाकुर' या 'ठकुरवा' कहकर बुलाते थे। ठाकुर माने हजाम। कुछ बड़े होने पर कोई-कोई 'कर्पुरिया' भी कहता था। लेकिन दलित-पिछड़े साथी हमें हमारे नाम से ही पुकारते थे। गाँव-समाज में छोटी कही जानेवाली जातियों का यही समाजशास्त्र था– डोम का घर, चमार का घर, दुसाध का घर, धोबी का घर, मल्लाह का घर, कहार का घर, लोहार का घर, कुम्हार का घर, माली का घर इत्यादि। गाँव की औरतों के भी कोई नाम नहीं होते थे। उन्हें उनके मायके के गाँव के नाम से बुलाया जाता था। हम बच्चे भी उन्हें उसी तरह सम्बोधित करते थे– रामपुर वाली काकी, बारावाली दाई, बघमरी वाली चाची, कोदरकट वाली, रीगा वाली, डुमरी वाली भौजी आदि। लेकिन लड़कियों को नाम से पुकारा जाता था।

सीतामढ़ी ज़िले के मेजरगंज अंचल में एक चर्चित गाँव है- खैरवा। नेपाल के निकटवर्ती बिहार के इसी छोटे-से गाँव में मेरा जन्म हुआ था। गाँव दो पाटों में बँटा हुआ है– खैरवा गोट और खैरवा खुर्द। बीच में एक नदी बहती है– मनुसमारा। इस नदी के बारे में किंवदन्ती है कि नदी में ख़ूब बाढ़ आती थी, आसपास के गाँव के खेत साल के अधिकांश महीनों में इसी बाढ़ के पानी में डूबे रहते थे। साल-भर में एक ही फ़सल होती थी– धान। सूखे दिनों में बंगला (बाकला) और खेसारी जैसे दलहन भी हो जाते थे। लोग नदी के पानी में ही डूबकर धान रोपते और काटते थे। नदी के पानी का असर ऐसा होता कि लोगों को अक्सर मलेरिया, फलेरिया और घेघा जैसी कई बीमारियाँ हो जाती थीं और प्रति वर्ष कुछ लोग नदी के पानी की बीमारी से मर जाते थे। इसलिए नदी का नाम ही 'मनुसमारा' पड़ गया। मनुसमारा माने मनुष्य को मारनेवाला। मेरे देखते-देखते गाँव के अनेक लोग घेघा रोग से पीड़ित थे। बच्चों में भी अक्सर यह रोग होता। मेजरगंज बाज़ार के हॉस्पिटल में इस रोग के लिए मुफ़्त में आयोडीन के टेबलेट और मिक्सचर (सिरप) मिलते थे। बच्चों के घेघा रोग जल्द ही ठीक हो जाते थे। यद्यपि हम बच्चों का बचपन इसी नदी में नहाते, भैंस धोते-चराते और पानी पीते बीता, पर कभी कोई बीमारी नहीं हुई, हुई भी तो नदी के नाम पर नहीं। यह एक गाँव ही नहीं, नौ-दस गाँवों की एक बड़ी ग्राम-पंचायत है, जिसे संयुक्त रूप से खैरवा पंचायत कहा जाता है। हमारे गाँव के खेत और जंगलों में खैर के पेड़ (जिससे कत्था तैयार होता है) बहुतायत में मिलते थे, इसीलिए इसका नाम खैरवा

पड़ा। गाँव के दक्षिण नदी के किनारे खैर का एक बड़ा जंगल था, जिसमें हम लोग गाय-भैंस चराते थे। अब जंगल खेत बन चुके हैं। पर नदी किनारे, खेत की मेंड़ या परती जमीन में आज भी कहीं-कहीं खैर के पेड़ मिल जाते हैं।

गाँव में अछूत या छोटी जातियों के घर प्राय: गाँव से अलग इस या उस छोर पर होते हैं और ऊँची जातियों के बीच में। पर मेरा घर गाँव के बीचोबीच सड़क के पूर्वी किनारे पर था। आज भी है। गाँव के बीचोबीच एक सड़क है। उत्तर से दक्षिण की ओर जानेवाली यह सड़क मेजरगंज से होकर ज़िला मुख्यालय सीतामढ़ी तक जाती है। पहले यह कच्ची थी, अब पक्की हो चुकी है। सड़क के ठीक किनारे की लगभग एक कट्ठे की ज़मीन मेरे बाबा (दादा) राजकुमार ठाकुर और वंशी ठाकुर ने पड़ोसी रामचन्द्र सिंह के पिता जुगेश्वर सिंह के हाथों बेच दी, जब बाबा गम्भीर रूप से बीमार पड़े। यद्यपि टीबी की गम्भीर बीमारी ने उनकी जान ले ली, पर वे काफ़ी मेहनती और पहलवान व्यक्ति थे। मुझे अब भी याद है सड़क के किनारेवाली उस घराड़ी में आलू, बैगन आदि की खेती होती थी। इससे ज्ञात होता है कि मेरे पूर्वज इस गाँव के मौलिक वाशिन्दे थे। जब से गाँव था, तभी से हमारे पूर्वज भी थे। हमारी कुछ मौरूसी जमीनें थीं, जो आज भी हैं। गाँव के पुराने नक्शे, खतियान और दस्तावेज़ों में मेरी ज़मीनों के ब्योरे और पूर्वजों के नाम दर्ज हैं। यदि वे बाहर से आये होते, तो उनका घर गाँव के बीचोबीच नहीं होता। सम्भव है हमारे घर के दक्षिण के लोग हमसे पहले बसे हों और फिर उत्तरवाले बाद में आते और बसते चले गये हों। गाँव के सबसे उत्तर कुर्मी जाति का एक घर है। एक ही पिता से दो भाई हुए– धरीछन राउत और लोचन राउत। वे भी बहुत ग़रीब थे। हम उन्हें लोचन और धरीछन भाई कहते थे। अब जाकर धरीछन राउत के सबसे छोटे लड़के कलेवर राउत ने खेती-बारी की बदौलत कुछ उन्नति की है। उनके चार लड़के हैं– सभी मेहनती। लोचन राउत के बड़े लड़के भुट्टा राउत मेरे लँगोटिया साथी थे, जो बड़े होकर क़र्ज़ के बोझ के कारण परिवार के साथ पश्चिम के किसी गाँव में बस गये। उनका छोटा भाई विनय भी कहीं बाहर कमाता है, किन्तु उसका परिवार गाँव में ही रहता है। अब कुर्मी परिवार बड़ा परिवार बन गया है। सम्भव है यह परिवार गाँव में सबसे बाद में आया हो।

आवासीय घराड़ी की जमीनों के अलावा भी हमारे पूर्वजों की खतियानी ज़मीनें थीं, जो आज भी है। गाँव के दक्षिण ब्रह्म-स्थान के पास मुख्य सड़क से सटे पश्चिम की इस ज़मीन में एक बाँसवारी है। बाकी की अधिकांश

ज़मीनों में खेती होती थी। किन्तु आजकल खेती करनेवाला कोई नहीं है। इसीलिए पूरी ज़मीन जंगल बन गयी है। उसमें मेरे और पिताजी के लगाये कुछ आम, शीशम और जामुन के पेड़ भी हैं। नौकरी में आने पर कुछ खेती और आवास की ज़मीनें मैंने ख़रीदी थी। मेरे परदादा गोनौर ठाकुर के तीन पुत्र थे– राजकुमार ठाकुर, वंशी ठाकुर और फगुनी ठाकुर। फगुनी ठाकुर को कोई सन्तान नहीं हुई। वंशी ठाकुर की एक पुत्री मनतोरिया फुआ पास के गाँव मसाही में ब्याही गयी थी। उनके पति और हमारे फूफा रामचरण ठाकुर अपनी जाति के मानजन (मुखिया) थे। मेरे बाबा (दादा) राजकुमार ठाकुर के तीन पुत्र हुए– राम सुन्दर ठाकुर, जीतन ठाकुर और पासपत ठाकुर। राम सुन्दर ठाकुर को एक ही पुत्र हुआ– बिलट ठाकुर, किन्तु पुत्रियाँ दो हुईं– लालवती और किसुनिया। जीतन ठाकुर के भी एक ही पुत्र हुए– राम लक्षण ठाकुर। उसके बाद उनका निधन हो गया। उन्हीं की विधवा पत्नी से मेरे पिता पासपत ठाकुर का विवाह हुआ। देवर-भाभी का यह विवाह गाँव में ख़ूब चर्चित हुआ और लोग हमारे परिवार की प्रशंसा करने लगे। मेरे पिता के दो पुत्र हुए– मैं और मेरा छोटा भाई प्रकाश। छोटा भाई आज बिजली विभाग में एस.बी.ओ. के पद पर कार्यरत है। घर में शिक्षा की परम्परा नहीं थी। सभी लोग अपने पुश्तैनी पेशे 'नाईगीरी' में ही लगे थे। छुरा-कैंची, कुछ खेती और पशुपालन ही जीविका के आधार थे। मैं परिवार का पहला सदस्य था, जो स्कूल गया।

राजपूतों के इस गाँव में ग़रीबी और अशिक्षा के बावजूद सामन्ती प्रवृत्ति व्याप्त थी। सम्पन्नता यद्यपि एक ही दो परिवार में थी, किन्तु कोई भी परिवार अपनी औरतों को बाहर निकलने नहीं देता था। बहुएँ पर्दानशीन थीं, जवान लड़कियाँ अगल-बगल के घरों तक ही जा सकती थीं। पर छोटी लड़कियों को पूरी छूट थी। वे माल-मवेशी, ख़ासकर बकरियाँ भी चराती थीं। यह सामन्ती प्रथा मेरे घर में भी समा गयी। मेरी दादी की पीढ़ी तक हमारे घर की औरतें दूसरों के घरों में काम करने जाती थीं। मैंने अपनी माँ और चाची को भी अगल-बगल के घरों में काम करते देखा है। पर मेरे बड़े भाइयों के समय से हमारे घर की बहू-बेटियाँ भी घर में ही बन्द हो गयीं। गरीबी के बावजूद आसपास के दलित-पिछड़े गाँवों में हमारे घर की बड़ी प्रतिष्ठा थी। उनके काम करते हुए भी वे लोग हमारे पिता, चाचा और भाइयों के नाम के साथ काका, चाचा, भैया कहकर सम्मानपूर्वक बुलाते थे।

छोटी जातियों के लोग प्रायः अपनी जाति को लेकर हीन भावना से ग्रस्त रहते हैं। इसका कारण समाज में सदियों से चली आ रही जाति और वर्ण-व्यवस्था, हिन्दू धर्मग्रन्थों में जातिजनित भेदभाव, जन्मना जाति सिद्धान्त और कर्मणा श्रेष्ठत्व भाव है। बाबा साहेब डॉ. अम्बेडकर ने इस पर विस्तार से विचार किया है। 'हजाम' जाति यद्यपि एक राष्ट्रीय जाति है, यह पूरे देश में सभी जगह पायी जाती है। फिर भी यह पिछड़ों में भी पिछड़ा है। बिहार सहित कुछ अन्य राज्यों में इसे 'अत्यन्त पिछड़ा वर्ग' का दर्जा प्राप्त है और तदनुसार आरक्षण भी। यद्यपि केन्द्र और अन्य राज्यों में वैसी कोई सूची नहीं बनी है, पर सभी जगह इसकी सामाजिक स्थिति 'अति पिछड़े' की ही है। दलित अछूतों के बाद यदि कोई सबसे हीन जाति है, तो वह 'हजाम' ही है। इस जाति को 'नाई' भी कहते हैं। इस जाति में सामाजिक-आर्थिक दबाव के कारण हीन भावना और जातिजनित कुण्ठा समा गयी। आधुनिक काल में इस जाति का तेज़ी से संस्कृतिकरण हुआ है। बावजूद इसके समाज ने इसे सम्मान की दृष्टि से नहीं देखा। इसीलिए शिक्षित होने और ऊँचे पद पर पहुँचने के बाद भी इस जाति के लोग अपनी जाति छुपाते रहे। मैंने न अपनी जाति छुपायी और न कभी हीनभाव पाला। इस सन्दर्भ में मैंने समय-समय पर जाति और समाज के इतिहास का थोड़ा-बहुत समाजशास्त्रीय अध्ययन किया है, जिसका वर्णन नीचे दिया जा रहा है। लेकिन शास्त्रों की यह व्यवस्था आज न उपयोगी है और न प्रासंगिक।

जाति व्यवस्था और हजाम जाति की उत्पत्ति का इतिहास

हजाम अरबी भाषा का शब्द है, जिसका शुद्ध उच्चारण (वर्तनी, वर्ण-विन्यास) 'हज्जाम' होता है। लेकिन बोलचाल की भाषा में इसे 'हजाम' ही कहते हैं। हजाम का मतलब हजामत करनेवाला। इसके समानार्थी 'नाई' शब्द की उत्पत्ति संस्कृत से है, जिसका मूल शब्द 'नाय' है। नाय का अर्थ नेता और न्याय करनेवाला होता है। इसके अलावा स्थानभेद के कारण देश के अलग-अलग भागों में इसके अनेक नाम हैं। जैसे– नापित, नाऊ, नाई ब्राह्मण, नाई पाण्डे, पाण्डे ब्राह्मण, सविता, सैन, भंडारी, पंवार, देवड़ा, वैद्य नाई, नेविनी, डोगरा, म्हाली, राजा, महता, ठाकुर, यज्ञक, याज्ञिक, कैकुलम, भद्री, बारिक, वाणन्द, वलन्द, कैलासी, नायडे, खवास, महाल, मंगला, नायिन्द, चित्तूर, कडाया, गुंटूर कृष्णा, नैलोर, मरुथवर, कसूवन, बारबर, अम्बटन, मंगल, नायर, मारायन, चन्द्र वैद्य आदि। किन्तु हिन्दी भाषी क्षेत्रों के ज़्यादातर इलाक़े में हजाम

और नाई शब्द ही प्रचलित हैं। भारत सरकार के मण्डल आयोग' गज़ट में प्रकाशित जाति-सूची के अनुसार उत्तरप्रदेश, गुजरात, हिमाचल प्रदेश, तमिलनाडु आदि राज्यों में 'नाई' और 'हज्जाम' दोनों हैं। पर आन्ध्र प्रदेश में केवल 'नाई-ब्राह्मण' और हिमाचल प्रदेश व कर्नाटक में केवल 'हज्जाम' शब्द ही दर्ज हैं। बिहार और पंजाब में केवल 'नाई', हरियाणा में 'बारबर' और केरल में 'कैलासी' सूचीबद्ध हैं। किन्तु उपर्युक्त सारे नाम देश और प्रान्त के किसी-न-किसी हिस्से में प्रचलित हैं। कई राज्यों में मुस्लिम 'नाई' के लिए 'हज्जाम' शब्द आया है और हिन्दू नाई के लिए 'नाई'। किन्तु अधिकांश में दोनों के लिए एक ही नाम हैं। नाम चाहे अलग-अलग हों, पर सभी राज्यों की आरक्षण-सूची में नाई और हज्जाम को समान दर्जा और सुविधा प्राप्त हैं। (भारत के राज-पत्र, भाग-1, संख्या-186, दिनांक-13 सितम्बर, 1993 के आधार पर)

इस जाति के विद्वान शिक्षक और 'अखिल भारतीय नाई-ब्राह्मण सभा' के संस्थापक पं. रेवती प्रसाद शर्मा ने 1923 में प्रकाशित अपनी पुस्तक 'नाई वर्ण-निर्णय' में नाई जाति की उत्पत्ति और इतिहास पर विस्तार से प्रकाश डाला है। वे पक्के 'आर्यसमाजी' थे और संस्कृत भाषा के चोटी के विद्वान भी। उन्होंने वेद-पुराण सहित लगभग सम्पूर्ण वैदिक-पौराणिक ग्रन्थों का गहरा अध्ययन किया था। इसका प्रमाण उनकी शोधपरक पुस्तक 'नाई वर्ण-निर्णय' है, जिसके कई-कई संस्करण उनके जीवन काल में ही प्रकाशित हो चुके थे। 'दलित साहित्य' के उदय, विकास और अनुसन्धान काल में अन्य उपेक्षित जातियों के अस्मितामूलक इतिहास के साथ इसका पुन:प्रकाशन वाणी प्रकाशन से वर्ष 2006 में हुआ, जिसके सम्पादक हैं- बद्री नारायण, विष्णु महापात्र और अनन्त राम मिश्र।

गीता में श्रीकृष्ण भले ही कहते हों- "चातुर्वर्ण्यं मया सृष्टं गुण कर्म विभागश:", पर जाति और वर्ण की उत्पत्ति और विकास का इतिहास इतना आसान नहीं है। इसका निर्विवाद निर्णय बड़ा ही कठिन है। खुद वेद, पुराण, उपनिषद्, स्मृतियाँ, सूत्र साहित्य, रामायण और महाभारत इस पर एकमत नहीं हैं। कोई दैविक मानता है, तो कोई भौतिक, कोई गुण-कर्म से मानता है, तो कोई रंग-भेद और बीज-क्षेत्र से। कोई ब्रह्मा के विधान से मानता है, तो कोई विजातीय सम्बन्ध से। जितने विद्वान, उतने मत और विधान।

"जाति शब्द 'जात' से बना है, जिसका अर्थ होता है- जन्म। और वर्ण का अर्थ रंग होता है। इस प्रकार जाति-प्रथा का आधार जन्म और शरीर का

रंग प्रतीत होता है।" लेकिन डॉ. मंगलदेव शास्त्री कहते हैं कि "हमें अभी तक वैदिक संहिताओं में 'जाति' शब्द नहीं मिला है। ब्राह्मण ग्रन्थों में भी 'शतपथ ब्राह्मण' (1/8/3/6) के एक संदिग्ध स्थल को छोड़कर वर्ण के अर्थ में प्रयुक्त जाति शब्द हमको नहीं मिला है। इससे अनुमान होता है कि वर्णों की उत्पत्ति रंग-भेद के कारण हुई होगी।" किन्तु यह बात पूर्णतः सत्य प्रतीत नहीं होती। क्योंकि "ब्राह्मणों का वर्ण श्वेत, क्षत्रियों का लाल, वैश्यों का पीत और शूद्रों का वर्ण श्याम होता है, यह बात केवल महाभारत में ही कही गयी है। अन्यत्र 'चातुर्वर्ण्य-विचार' में वर्ण का रंगवाला अर्थ, क्वचित् ही मिलता है। अतएव रंग-भेद पर आधारित चातुर्वर्ण्य की कल्पना, यथार्थ में, अत्यन्त दुर्बल और निराधार है। धर्मशास्त्रों में जाति और वर्ण का प्रयोग समानार्थक है और उसका आधार बीज-क्षेत्र-विचार ही ठहरता है।" डॉ. अम्बेडकर भी कहते हैं कि "वेदों से यह प्रमाणित नहीं होता कि आर्यों का रंग दासों के रंग से भिन्न था। वर्ण का निर्धारण पहले व्यवसाय, स्वभाव, संस्कृति आदि के आधार पर ही था। डॉ. अम्बेडकर से पहले किसी ने जाति और वर्ण-व्यवस्था पर कोई वैज्ञानिक और समाजशास्त्रीय अध्ययन नहीं किया था। इसलिए डॉ. अम्बेडकर ने रंगवाले तर्क को ख़ारिज करते हुए जाति-व्यवस्था का आधार रोटी-बेटी सम्बन्ध, अन्तर्गोत्रीय एवं बहिर्गोत्रीय विवाह आदि माना है। यही 'जाति-प्रथा का मूल' है। पाश्चात्य विद्वानों के अनुसार भारत में जाति-प्रथा के उद्‌भव के पाँच कारण हैं– व्यवसाय, कबायली संगठनों का प्रचलन, नयी धारणाओं का जन्म, संकर जातियाँ और आव्रजन।'' (इन पंक्तियों के लेखक की पुस्तक 'दलित साहित्य का समाजशास्त्र' से)

किन्तु वर्ण और जातियाँ चाहे जैसे बनी हों, उनके श्रम और कर्म के विभाजन ने उनकी आर्थिक और सामाजिक स्थिति पर गहरा प्रभाव डाला। सभी जानते हैं कि शास्त्र धारण कर ज्ञान और शिक्षा देनेवालों का काम सबसे अच्छा माना गया और उसे सम्पादित करनेवाले ब्राह्मण सबसे श्रेष्ठ। अस्त्र-शस्त्र धारण करके रक्षा के कार्य करनेवाले क्षत्रियों को उससे कम श्रेष्ठ माना गया। फिर कृषि और वाणिज्य कर्म करनेवाले 'वैश्य' उससे भी कम श्रेष्ठ हुए और सबकी सेवा करनेवाला 'शूद्र' सबसे अश्रेष्ठ। कालान्तर में शूद्रों को धन का अर्जन और संग्रह का भी अधिकार नहीं रहा। आरम्भ में केवल वर्ण-व्यवस्था थी। इसके कई उदाहरण शास्त्रों में मिलते हैं। एक ही परिवार में माता, पिता और पुत्र कर्म के कारण अलग-अलग वर्ण के होते थे। श्रम विभाजन जैसी श्रेष्ठ व्यवस्था से उत्पन्न वर्ण-व्यवस्था में भी आरम्भ

में श्रेष्ठ-अश्रेष्ठ के भेदभाव नहीं रहे होंगे। ऋग्वेद के नवम मण्डल के एक मन्त्र का ऋषि कहता है-

कारूरहं ततो भिषगुंपल प्रक्षिणीं नना।
नानात्रधियो वसूयवोऽनु गा इंवत्र तस्थिमेन्द्रात्र्येन्दो परित्र स्रव ।।

अर्थात् मैं कवि (स्तोता) हूँ, मेरा पुत्र वैद्य है और मेरी कन्या सोम पीसती है। आर्यसमाजियों ने इसका अर्थ इस प्रकार किया है- "मैं बढ़ई हूँ, मेरा पिता वैद्य है और माँ चक्की पीसती है।" इस प्रकार शुरू में कुछ अपवादों में उदारता देखी जा सकती है।

किन्तु कालान्तर में पाणि-ग्रहण, विवाह और यौन-सम्बन्धों का कोई निश्चित नियम नहीं होने के कारण असमान वर्ण के माता-पिता के सम्बन्धों से उत्पन्न होनेवाली वर्ण-संकर सन्तानों के कारण 'अनुलोम' और 'प्रतिलोम' विवाहों का प्रचलन शुरू हुआ। इसी से जाति-व्यवस्था का सूत्रपात हुआ। श्रेष्ठ वर्ण के पिता और अश्रेष्ठ वर्ण की माता की जाति अपेक्षाकृत श्रेष्ठ और अश्रेष्ठ वर्ण के पिता और श्रेष्ठ वर्ण की माता की सन्तानों की जाति अश्रेष्ठ और हीन मानी गयी। शास्त्र और समाजशास्त्रियों ने जाति-उत्पत्ति के अनेक सिद्धान्त बताये हैं। किन्तु उनमें 'अनुलोम-प्रतिलोम विवाह' वाला सिद्धान्त सबसे महत्त्वपूर्ण प्रतीत होता है। इस सिद्धान्त को इस तथ्य से और बल मिलता है कि तमाम जातियाँ वैश्य और शूद्रों में ही मिलती हैं, ब्राह्मण और क्षत्रिय आज भी जाति से अधिक वर्ण ही हैं। उनके बीच जाति विभाजन गोत्र विभाजन के कारण हुआ है। बाद में यह श्रम विभाजन श्रमिक विभाजन बन गया और शूद्र जातियाँ आर्थिक और सामाजिक दृष्टि से कमज़ोर होती चली गयीं। वे न केवल हीन समझी गयीं, बल्कि उनके साथ अमानवीय व्यवहार भी होने लगे। सैकड़ों जातियाँ अछूत बन गयीं। छुआछूत और जातीय भेदभाव का ऐसा ताण्डव मचा कि देश और समाज का विकास रुक-सा गया।

इस व्यवस्था के ख़िलाफ़ प्राचीन काल से लेकर आज तक अनेक आन्दोलन और सुधार कार्य हुए हैं। किन्तु अपेक्षित सुधार नहीं हुआ। प्राचीन काल में शास्त्रों के नास्तिक दर्शन और बौद्ध धर्म, मध्यकाल में सिद्ध-नाथ सम्प्रदाय और कबीर, रैदास आदि संत कवियों की शिक्षा और उपदेश तथा आधुनिक काल में जोतिराव फुले, गाँधी, अम्बेडकर और पेरियार आदि ने जाति और वर्ण-व्यवस्था तथा धार्मिक आडम्बर और अन्धविश्वास के विरुद्ध ज़ोरदार अभियान छेड़ा। किन्तु बात छुआछूत से आगे नहीं बढ़ी।

दयानन्द सरस्वती और आर्यसमाज

आधुनिक काल में जातीय भेदभाव और छुआछूत के विरुद्ध सबसे बड़ा काम दयानन्द सरस्वती ने किया। उन्होंने 'आर्यसमाज' की स्थापना कर शास्त्रोक्त 'जाति व्यवस्था' और 'बहिष्करण सिद्धान्त' को चुनौती दी। उन्होंने सारे भारतवासी को 'आर्य' कहा और 'समावेशन' तथा 'शुद्धिकरण' द्वारा धर्मान्तरित हिन्दुओं को फिर से 'सनातन' धर्म में मिलाने और उन्हें महिमामंडित करने का प्रयास किया। वे खुद भी ब्राह्मण थे, किन्तु उन्होंने जात-पाँत और छुआछूत का कड़ा विरोध किया और बुद्ध के बाद पहली बार कहा कि किसी भी जाति का व्यक्ति पुरोहित हो सकता है। भारत की छोटी जातियों पर इसका ज़बर्दस्त प्रभाव पड़ा और झुंड के झुंड वैश्य और शूद्र समुदाय के लोग 'आर्यसमाजी' बनने लगे। उन्होंने ईसाई और इस्लाम की उदारता का समर्थन किया और कट्टरता का विरोध। किन्तु अंग्रेज़ी शिक्षा को आवश्यक माना। उन्होंने सनातन धर्म के कर्म-सिद्धान्त, पुनर्जन्म, ब्रह्मचर्य और संन्यास को तो माना, पर 'अवतारवाद' का कड़ा विरोध किया और राम-कृष्ण आदि अवतारों के अस्तित्व को नकार दिया, केवल वेद को प्रमाण माना और बाकी ग्रन्थों को खारिज कर दिया। उनकी शिक्षा को लागू करने के लिए शिष्यों ने डीएवी (दयानन्द एंग्लो वैदिक) स्कूल और कॉलेज खोले, जिसमें अंग्रेज़ी, संस्कृत और हिन्दी के माध्यम से आधुनिक और वैदिक शिक्षा की व्यवस्था की गयी। ये पब्लिक स्कूल और कॉलेज अपनी उत्कृष्ट शिक्षा के कारण भारत में बड़े प्रसिद्ध हुए। विदेशी 'शब्द' और 'हीन अर्थ' होने के कारण उन्होंने 'हिन्दू' शब्द का कड़ा विरोध किया। उसी प्रकार अन्य धर्मों के साथ-साथ उन्होंने हिन्दू 'सनातन', जैन और बौद्ध धर्मों की बुराई, आडम्बर और अन्धविश्वासों का घोर विरोध किया, जिसके कारण ईसाई और मुसलमानों के साथ-साथ हिन्दू धर्माचार्य भी उनके विरोधी हो गये और केवल 59 वर्ष की अवस्था में कुछ कट्टर सनातनियों ने षड्यंत्र कर उनकी हत्या करवा डाली।

दयानन्द सरस्वती (1824-1883) जोतीराव फुले के समकालीन थे और दोनों में गहरी दोस्ती थी। फुले ने धर्म और समाज सुधार के लिए 1873 में 'सत्यशोधक समाज' की स्थापना की थी। उन्हीं की प्रेरणा से दयानन्द सरस्वती ने 1875 में 'आर्यसमाज' की स्थापना की। उनकी हत्या के अनेक प्रयास हुए थे, जिसमें कई बार जोतीराव ने उन्हें बचाया था। एक बार पुणे भ्रमण के दौरान जब ब्राह्मणों ने उनकी हत्या की खुली चुनौती दे डाली, तो फुले ने उन्हें हाथी पर चढ़ाकर पुणे शहर में पाँच हज़ार लोगों के साथ

स्वागत जुलूस निकाला। उनका डटकर मुक़ाबला किया। ब्राह्मण डरकर भाग गये। 'सत्यार्थ प्रकाश' उनका प्रसिद्ध ग्रन्थ है, जिसमें उनके विचार संग्रहीत हैं। गुजरात-महाराष्ट्र से लेकर बंगाल तक भारत के 'नवजागरण' पर 'आर्यसमाज' का ज़बर्दस्त प्रभाव पड़ा। उस समय के बंगला और हिन्दी साहित्य पर इसके प्रभाव देखे जा सकते हैं। खुद सावरकर भी 'आर्यसमाज' से प्रभावित हुए। रानाडे, लाला लाजपत राय, हरदयाल, डीएवी के संस्थापक महात्मा हंसराज आदि सैकड़ों महापुरुष और क्रान्तिकारी दयानन्द के विचारों से प्रभावित थे। भगत सिंह, रामप्रसाद बिस्मिल, चन्द्रशेखर आज़ाद आदि क्रान्तिकारियों पर भी 'आर्यसमाज' के सिद्धान्तों का ज़ोरदार असर पड़ा। दयानन्द सरस्वती भारत के पहले व्यक्ति हैं, जिन्होंने 1876 में 'स्वराज' का नारा दिया। उन्होंने देशी राजाओं से मिलकर 1857 के प्रथम स्वतन्त्रता संग्राम की पृष्ठभूमि भी तैयार की। उन्हीं के विचारों से प्रभावित होकर तिलक ने 'स्वराज हमारा जन्मसिद्ध अधिकार है' की घोषणा की। उन्होंने वेद और मनुस्मृति के प्रक्षिप्त अंश को हटाकर उनका भाष्य लिखा और कहा– वेदों में जाति और वर्ण जन्मना नहीं है, न कोई बड़ा-छोटा। सभी आर्य और श्रेष्ठ हैं। 'कृण्वन्तौ विश्वमार्यं' उनका प्रसिद्ध नारा था।

'चलो वेद की ओर'– 'आर्यसमाज' की इस घोषणा से विभिन्न जातियों में अपने संगठन बनाने और अपने आपको श्रेष्ठ बताने की होड़-सी लग गयी। सभी अपनी उत्पत्ति को ब्रह्मा, विष्णु, महेश से जोड़ने लगे। सभी पर सूर्यवंशी और चन्द्रवंशी कहाने की धुन सवार हो गयीं। इसीलिए छोटी जातियाँ, जो अपने को हीन समझ रही थीं, वे गौरवान्वित हो गयी। यह 'समावेशन' का सबसे बड़ा प्रयास था, जिसका प्रतिफल तुरत मिलने लगा। इसके पूर्व जाति और वर्ण से बहिष्कृत करना आम बात थी। 1887 में देश की सबसे पहली जातीय महासभा 'कायस्थों' की बनी। ब्राह्मण ग्रन्थों ने कायस्थों को 'शूद्र' श्रेणी में रखा था। आज भी उनके विवाह शूद्रों की तरह सगोत्रीय होते हैं। सबसे प्रबुद्ध वर्ग होने पर भी उनकी सामाजिक स्थिति को हीन बना दिया गया था। इसलिए आरम्भ में ब्राह्मणवादी वर्ण-व्यवस्था पर सबसे ज़्यादा आक्रोश इसी वर्ग का था। इन्होंने अपने संगठन से आन्दोलन चलाया। फिर ब्राह्मण, क्षत्रिय, नाई-ब्राह्मण, भूमिहार-ब्राह्मण, दुसाध, यादव, कुर्मी, कोयरी, चमार, धोबी आदि सबकी जातीय महासभा बनने लगी। सभी अपनी-अपनी जातियों का गुणगान करने लगे।

दलित-पिछड़ी जातियों में स्वामी अछूतानन्द (1879-1933), रामचरन दास (1888-1938), शोभाराम 'धेनुसेवक' (दलित), सन्तराम बी.ए., पं.

रेवती प्रसाद शर्मा (नाई), चन्द्रिका प्रसाद जिज्ञासु, शिवदयाल सिंह चौरसिया, रामचरण मल्लाह, चौधरी श्यामलाल (धोबी) एवं दलित-पिछड़ों के जातीय महासभा के अनेक संस्थापक इस आन्दोलन के प्रभावशाली नेता थे। आर्यसमाज के सिद्धान्त को दलित-पिछड़े तो समझ रहे थे, किन्तु सवर्णों पर इसका कोई ख़ास प्रभाव नहीं पड़ रहा था। आर्यसमाजी सवर्ण भी दलित-पिछड़ों से उसी प्रकार भेदभाव करते थे। आर्यसमाज की मुस्लिम-नीति ने भी दलित-पिछड़ों को निराश किया। इसलिए बाद में अधिकांश दलित-पिछड़ों ने इसका बहिष्कार कर दिया और स्वामी अछूतानन्द के नेतृत्व में दलितों ने अलग से एक 'आदि हिन्दू' आन्दोलन चलाया, जिसे चन्द्रिका प्रसाद जिज्ञासु ने आगे बढ़ाया। बाद में आर.एल. चंदापुरी के नेतृत्व में 'पिछड़ा वर्ग आन्दोलन' चला, जिसमें जिज्ञासु जी ने भी साथ दिया। किन्तु गाँधी जी के प्रभाव और नेहरू के हस्तक्षेप के कारण यह आन्दोलन अधिक दिनों तक नहीं चल सका। 'पिछड़ा वर्ग आन्दोलन' बाबा साहेब अम्बेडकर के प्रभाव में अवश्य आया, किन्तु जगजीवन राम के गाँधीवादी और लोहिया के समाजवादी आन्दोलन के कारण पिछड़े वर्ग का अम्बेडकरी मिशन कमज़ोर पड़ गया। पिछड़े वर्ग के जातीय नेताओं पर इसका कोई ख़ास प्रभाव नहीं पड़ा। वे उसी प्रकार आर्यसमाजी जुनून में अपने आपको महिमामंडित करते रहे।

वर्ण-व्यवस्था और नाई जाति की उत्पत्ति

नाई जाति के जातीय नेता और विद्वान पं. रेवती प्रसाद शर्मा भी उनमें से एक थे। उन्होंने वर्ण-व्यवस्था को गुण-कर्म पर आधारित माना है, जन्म पर नहीं। उन्होंने गीता में कृष्ण के इस कथन को विभिन्न शास्त्रों से पुष्ट भी किया है, किन्तु शास्त्रों के 'अनुलोम-प्रतिलोम' सम्बन्ध से भी इनकार नहीं किया है। नाई जाति की उत्पत्ति का सिद्धान्त इसी के इर्द-गिर्द है। उन्होंने आर्यसमाज की तरह ऋग्वेद में 'पुरुष सूक्त' के उस श्लोक को प्रक्षिप्त माना है, जिसमें कहा गया है कि ब्राह्मण की उत्पत्ति ब्रह्मा के मुख से हुई, क्षत्रिय की बाहू से, वैश्य की पेट व जंघा से और शूद्र की पैर से। महाभारत में बताया गया है कि-

न विशेषोऽस्ति वर्णानां, सर्व ब्राह्ममिदं जगत।
ब्रह्मणा पूर्व सृष्टं हि, कर्मणा वर्णतां गतम्।
(महाभारत, शान्ति पर्व, अध्याय- 88, श्लोक-10-13)

अर्थात् वर्णों में कोई विशेषता नहीं है। सम्पूर्ण जगत ब्राह्मण हैं, क्योंकि सभी ब्रह्म (ब्रह्मा) से उत्पन्न हुए। फिर कर्म से वर्ण-भेद को प्राप्त हुए। इसी

अध्याय में बताया गया है कि काम, क्रोध, भोग आदि से युक्त होकर जिन ब्राह्मणों ने अपने कर्म छोड़ दिये, वे क्षत्रिय हुए। कृषि आदि कर्मों से जीविका चलानेवाले जिन ब्राह्मणों ने अपना धर्म आचरण नहीं किया, वे वैश्य हो गये। हिंसा और झूठ को प्रिय मानने वाले लोभी और निकृष्ट कर्म से जीविका चलाने वाले जिन ब्राह्मणों ने शौच धर्म छोड़ दिया, वे शूद्र बन गये। मतलब जन्म से सभी ब्राह्मण हैं। किन्तु मनुस्मृति कहती है– "जन्मना जायते शूद्रो, कर्मणा द्विजूच्यते।" इसीलिए शास्त्रों के बखेड़े में कोई स्पष्ट निर्णय नहीं हो पाता। फिर दूसरा उपाय भी तो नहीं है। इतना ही नहीं, शास्त्र कहता है– कर्म के आधार पर विभिन्न वर्णों में वर्ण परिवर्तन भी होते हैं।

शूद्रो ब्राह्मणतामेति ब्राह्मणश्चौति शूद्रताम।
क्षत्रियाज्जातमेवन्तु, विद्याद्वेश्यात्तथैव च।

(मनु. अध्याय-10, श्लोक-65)

अर्थात् शूद्र ब्राह्मणता को प्राप्त होता है और ब्राह्मण शूद्रता को। इसी प्रकार क्षत्रिय और वैश्य कुल में जन्म लेनेवाले को भी जानो। जाति और कुल का मान नहीं होता, शील और गुण ही पूज्य होते हैं।

अथर्ववेद, यजुर्वेद वेद, गीता, महाभारत, मनु, शंख, पराशर, औशनसी आदि स्मृतियाँ, शुक्र नीति, आपस्तम्ब आदि सूत्र, वज्रसूची उपनिषद्, भागवत, हरिवंश, भविष्य आदि पुराणों एवं सायण ऋषि के भाष्य आदि के आधार पर पं. शर्मा ने अपनी बातों को पुष्ट किया है। उन्होंने 'वज्रसूची उपनिषद' के उस प्रसिद्ध उद्धरण का प्रमाण दिया है, जिसमें ब्राह्मण की परिभाषा देते हुए जन्मना जाति-व्यवस्था को नकारा गया है।

जीवो ब्राह्मण इति चेत्तन्न। अतीतानागतानेकदेहानां जीवस्यैकरूपत्वात् एकस्यापि कर्मवशादनेकदेह संभवात् सर्वशरीराणां जीवस्यैकरूपत्वाच्च।... इत्यादि।

वज्रसूची उपनिषद् के ऋषि से प्रश्न किया जाता है कि "ब्राह्मण कौन है? जीव है, देह है, जाति, ज्ञान, कर्म या धार्मिक है?" उत्तर मिलता है– 'नहीं', इनमें से कोई ब्राह्मण नहीं होता, क्योंकि इनके सारे लक्षण सभी वर्ण और जातियों में पाये जाते हैं। ब्राह्मण की जो परिभाषा बतायी जाती है, वह जाति-वर्ण, आशा-तृष्णा, मोह-दम्भ से परे, सर्व दोष रहित परमात्मा के समकक्ष है।

इस प्रकार इन ग्रन्थों में जाति और वर्ण व्यवस्था को जन्मना न मानकर कर्मणा सिद्ध करने की पूरी कोशिश की गयी है। किन्तु अनेक शास्त्रों में इसे जन्मना माना

गया है। अब कौन कहे कि कर्म-सिद्धान्त पुराना है कि जन्म-सिद्धान्त? क्योंकि अनेक ग्रन्थों में न केवल इसे जन्मना माना गया है, बल्कि जाति और वर्ण के अनुसार मृदु और कठोर दण्ड-विधान के भी प्रावधान किये गये हैं। खुद 'मनुस्मृति' ही शूद्र और स्त्रियों की हीन स्थिति और उसके शोषण-विधान के लिए बदनाम है। सच्चाई तो यह है कि ये सभी ग्रन्थ एक साथ नहीं लिखे गये, न मन्त्रद्रष्टा ऋषियों के विचारों में एकरूपता रही। शुरू में कर्म-सिद्धान्त रहा होगा, किन्तु बाद में वर्चस्ववादी वर्ण के लोगों ने जाति और वर्ण व्यवस्था को जन्म से जोड़कर इसे रूढ़ बना दिया होगा। क्योंकि अद्यतन स्थिति जन्मना ही है।

नाई या नायी शब्द वेदों में नहीं है। वहाँ क्षौर-कर्म संस्कार करनेवाले पुरुष (ऋत्विज) को 'सविता' देव आदि कहा गया है। वेदों के बाद के ग्रन्थ स्मृति, पुराण आदि ग्रन्थों में नाई को 'नापित' कहा गया है। नाईयों (नापितों) आदि जातियों की उत्पत्ति को 'अनुलोम सम्बन्ध' से बताया गया है। प्राचीन काल से ही जन्मना जाति और वर्ण-सिद्धान्त में 'रज' (स्त्री) की नहीं, 'वीर्य' (पुरुष) की प्रधानता रही है। इसलिए दुनिया की लगभग सभी सभ्यता पुरुष (पितृसत्ता) प्रधान रही है। अर्थात् सन्तान की जाति पिता की जाति से जानी जाती है। स्मृतियों में 'नाई' जाति की उत्पत्ति ब्राह्मण पिता से बतायी गयी है।

ब्राह्मण × वैश्या (वैश्य स्त्री) = कुम्भकार, नापित, कायस्थ

(औशनसी स्मृति, श्लोक- 32, 33, 34)

वैश्यायां विप्रतश्चौर्यात्कुम्भकारः स उच्यते।
कुलाल वृत्या जीवेतु नापिता वा भवन्तयत।

(औशनसी स्मृति, 32-33)

अर्थात् ब्राह्मण द्वारा वैश्य स्त्री से चोरी से उत्पन्न सन्तान कुम्हार कहलाती है, यदि वह कुम्हार का काम करे। अन्यथा (न करने पर) नापित। अच्छा हुआ कि नापित का जन्म वैश्या (वैश्य स्त्री) से बताया। यदि वेश्या (गणिका) से कह दिया होता, तो नाइयों को बशिष्ठ-गोत्रीय ब्राह्मणों से भाईचारा करना पड़ता, क्योंकि कहा गया है– "गणिका-गर्भ सम्भूतो बशिष्ठश्च महामुनिः" - महाभारत)

ब्राह्मण X शूद्रा माता = दास और नापित
शूद्र कन्या समुत्पन्नो ब्रह्मणेन तु संस्कृतः ।
असंस्कारादभवेद्दासः संस्कारादेव नापितः ।।

(पराशर स्मृति, अ.-11, श्लोक-23)

अर्थात् ब्राह्मण पिता और शूद्र कन्या से उत्पन्न होकर सन्तान यदि संस्कारी

न हो, तो दास और संस्कारी हो, तो नापित कहलाती है। महाभारत, सूत्र ग्रन्थ, मनुस्मृति आदि में कहा गया है कि–

ब्राह्मणयां ब्रह्मणाज्जातो, ब्राह्मण: स्यान्न संशय:।
क्षत्रियायां तथैवस्याद्वैश्यायामपि चौवहि।।

(महाभारत, अनु. पर्व, अ.–47, श्लोक–28)

अर्थात् ब्राह्मण से ब्राह्मणी में उत्पन्न सन्तान ब्राह्मण होती है, और क्षत्रिया या वैश्या में उत्पन्न सन्तान भी ब्राह्मण। इसमें सन्देह नहीं। पारस्कर गृह्यसूत्र में भी लिखा है–

शूद्रामप्येके मन्त्र–वर्जम

(पारस्कर गृह्यसूत्र, क.–1, मं–12)

मनुस्मृति कहती है–

शूद्रैव भार्य्या शूद्रस्य, सा च सवा च विश: स्मृते।
ते च स्वा चौव राज्ञश्च, ताश्च स्वा चाग्रजन्मन: ।।

अर्थात् शूद्र की स्त्री शूद्र ही हो, वैश्य की वैश्या वा शूद्रा, क्षत्रिय की क्षत्रिया, वैश्या वा शूद्रा और ब्राह्मण की स्त्री चारों वर्ण की हो सकती है। अतएव ब्राह्मण शूद्रा से उत्पन्न सन्तान भी ब्राह्मण ही होगी। इस प्रकार पितृ प्रधानता के अनुसार नाई जाति ब्राह्मण वर्ण की है।

नाई की उत्पत्ति का एक और वर्णन 'नाभिक पुराण' में मिलता है। वहाँ तो नाई को ब्राह्मण से भी एक सीढ़ी ऊँचा बताया गया है। इसके अनुसार शंकर जी के दो पुत्र हुए– एक विष्णु और दूसरे नाभिक। विष्णु के पुत्र ब्रह्मा हुए और नाभिक के नापित। फिर ब्रह्मा के पुत्र ब्राह्मण हुए। विष्णु शिव के मुख से उत्पन्न हुए और नाभिक नाभि से। किन्तु ऐसी पुराण कथाएँ गल्प के सिवा कुछ भी नहीं है। पं. शर्मा ने अप्राकृतिक जन्मकथा को नहीं माना है। अनुलोम–विलोम सम्बन्धों से प्राकृतिक रूप से उत्पन्न सन्तान ही सम्भव है, बाकी सब कल्पित कथा–कहानियाँ।

नाई जाति के कर्म

सायणाचार्य ने अपने भाष्य में नाई के कर्म की विशद व्याख्या की है। क्षौर–कर्म वैदिक विधान है। वेदों में वर्णित सोलह संस्कारों में से कइयों में अशुद्धि दूर करने के लिए जातक, कर्त्ता और उनके परिजनों के क्षौर–कर्म किये जाते हैं। यज्ञों में तो यह और भी महत्त्वपूर्ण है। और यह कार्य नाई ही करता है। इसीलिए नाई और उस्तरे आदि का निर्विवाद महत्त्व और महिमा है।

वेदों में अनेक स्थानों पर क्षौर-कर्म करनेवाले ऋषि और क्षुर (उस्तरे) का आह्वान किया गया है। अनेक स्थानों पर 'नाई' को 'सविता' कहा गया है।

आयमगन्त्सविता क्षुरेणोष्णेन वाय उदकेनेहि।

(अथर्ववेद वेद, अध्याय-6, सूक्त-68)

देव सवितः संस्कारक पुरुष वा त्वं।
वप्ता केशानां छेत्ता नापितः ।।

(अथर्व, का.-8, सूक्त-2, मन्त्र-17 का भाष्य)

वेदों में अनेक स्थानों पर क्षुरे और नाई की महिमा का वर्णन है। ऋग्वेद मण्डल-1, सूक्त-166, मं-8, सू.-4, मं-10, सू.-28 में और मं.-9 एवं 10 में अन्य अनेक स्थानों पर 'नापित और क्षुर महिमा' का बखान है। अथर्व और यजुर्वेद तो इन वर्णनों से भरे पड़े हैं।

ओं शिवो नामासि स्वधितिस्ते पिता नमस्ते अस्तु मा मा हिंसीः।

(यजु., 3.-638)

अर्थात् हे क्षुर ! तू शिव नामवाला है, तेरा पिता वज्र (फौलाद) है, तुझे नमस्कार है। इस बालक या मुझे मत मार।

ओं यत्क्षुरेण मर्चयता सुतेजसा वप्ता वपसि
केशश्वमश्रु ! शुभं मुखं मा न आयुः प्रमोषीः।

(अथर्ववेद, का.-8, मं- 17, सू.- 2)

हे देव ! सवितः संस्कारक पुरुष ! तू वप्ता, केशचच्छेदक नापित! कार्य में आनेवाले उत्तम तेज वाले क्षुर (उस्तरे) से केश, श्मश्रु और शिर के बालों को और मुख के रोमों को काटता है, तब वपन करता हुआ केशान्त चौल (मुण्डन), उपनयन (जनेऊ) संस्कार किये जाते हुए बालक के मुख को शुभ दीप्त और तेजस्वी कर। वपन (हजामत) होने से मुख का विकास होने से ऐसी प्रार्थना की जाती है कि हमारे पुत्र की आयु को नष्ट न करना।

वेद और बौद्ध ग्रन्थों के अध्ययन के पश्चात् विल्सन (ऋग्वेद, Volume IV 223) स्पेन्स हार्डी (Life of Buddha) आदि पशिचमी विद्वानों ने भी नाई के कार्य को प्रशंसनीय और पवित्र बताया है।

"The Barber's trade is undoubtebly of great antiquity. In the Veda we read "Sharpen us like the rezor in the hand of the barber shaving a

beard" (Vilston's Rigveda, IV 223 X 142-4, Rajendra Lal Mitra's Indo-Aryans I, 219)

"In time they must have enjoyed considerable dignity. Upali the barber was the first profounder of the law of the Buddhist Church." (Oldenbery Life of Buddha -159 : Spence Hardy, Eastern Monarchism, p.– 34)

(ना. कु. उ.)

अर्थात् नाई का कार्य निस्सन्देह महान है। वेद में हम पढ़ते हैं, "हमको उस प्रकार तीक्ष्ण करो, जैसे नाई के हाथ का क्षुरा'' (ऋग्वेद विल्सन भाष्यः राजेन्द्र लाल मित्र कृत 'इंडो-आर्यन्स') और फिर "वायु से प्रज्वलित अग्नि पृथ्वी के केशों (घास-फूँस वनस्पति) को उसी प्रकार काटता है, जैसे नाई दाढ़ी को मूँड़ता है। प्राचीन काल में उन्होंने (नाईयों ने) अवश्य ही बहुत आदर पाया होगा। 'उपाली' नाई बौद्ध मत के सिद्धान्तों का प्रथम निर्माता था। (स्पेन्स हार्डी) स्मरण रहे बौद्ध ग्रन्थों में उपाली को महामति (विशाल बुद्धिवाला) कहा गया है– 'महामति उपाली'।

"ऋग्वेद में वर्णित है कि आर्य जाति अर्थात् ब्राह्मण, क्षत्रिय, वैश्य - इन तीनों जातियों के पूर्व पुरुष नाई (नापित) के काम खुद से किया करते थे।" (भारत-इतिहास, ले.-अधरचंद मुखोपाध्याय)

इतना ही नहीं, नाई को राजा की तरह हमेशा शुद्ध (शौच) माना गया है।

"शिल्पिनः कारुका वैद्या दासी दासाश्च नापिता।
राजानः श्रोत्रियाश्चैव सद्यः शौचाः प्रक्रिर्तितः ॥"

(पराशर स्मृति, अध्याय-3, श्लोक-22)

अर्थात् शिल्पी, कारुक, वैद्य, दासी, दास, नापित, राजा और वेदपाठी ब्राह्मण (श्रोत्रिय) के सूतक पातक तत्काल दूर हो जाते हैं। शास्त्रों में जगह-जगह पर इसकी चर्चा है। इसीलिए श्राद्ध-कर्म करके आया हुआ श्रोत्रिय और नाई (नापित) तुरत विवाहादि कर्म भी करा सकता है। वेदों में तो नहीं, पर 'जाति अन्वेषण' आदि आधुनिक ग्रन्थों में तर्क और न्याय करनेवाले को न्यायी कहा गया है, जिसका बिगड़ा हुआ रूप नायी होता है। इस अर्थ में नापित जन्म, मुण्डन विवाहादि संस्कारों में जातक, वर-वधू आदि का निर्णय और नेतृत्व करता है। इसीलिए नापित के लिए 'नाई' नाम भी सार्थक है।

उपर्युक्त उद्धरणों से यह स्पष्ट है कि चाहे नाई ब्राह्मण न भी हो, तो उसके कर्म और संस्कार को श्रेष्ठ माना गया है। अनेक शूद्रों की तरह न उसे

अस्पृश्य माना गया है, न हीन। वह यज्ञ करने-कराने का अधिकारी है। नाई का अन्न भी भोज्य है।

नापितान्वय-मित्रार्धसिरिणो-दास-गोपकाः ।
शूद्रा शूद्राणामप्यमीषां तु भुक्तवान्नाम नैव दुष्यैति।।

(व्यास स्मृति. 3 । 51।।)

शूद्रों में नाई, प्यारा मित्र, खेती का सीरी (साझीदार) दास और गोप, इनका अन्न खाकर कोई दूषित नहीं होता।

दास नापित गोपाल-कुल-मित्रार्धसीरिणः ।
एते शूद्रेषु भोज्यान्ना यश्चात्मानं विधीयते।।

(पराशर स्मृति, 11 । 22 ।।)

अर्थात् दास, नाई, गोप, मित्र, खेती का सीरी और जो आत्मसमर्पण कर दे, इन शूद्रों का अन्न भोज्य है। यहाँ पहली बार नाई को शूद्र कहा गया है। तो नाइयों को सन्तोष इस बात का भी करना चाहिए कि गीता के रचयिता श्रीकृष्ण को भी 'चोर-जार-शिखामणिः' और 'महावराहो गोविन्दः' कहा गया है। अनेक स्थानों पर व्यभिचारी ब्राह्मण-ब्राह्मणियों की हीनता का वर्णन शास्त्र-पुराणों में है। इसके विपरीत "राजस्थान के प्रसिद्ध नाई सन्त सैन महाराज वैष्णव थे और उनके वंशज कुछ काल के लिए बन्धुगढ़ के राजाओं के राजगुरु भी रहे। भक्तमाल के आधार पर प्रो. विल्सन ने इसे प्रमाणित किया है। कर्नल टाड ने भी मारवाड़ के राजा के बनवाये एक गुफा-मन्दिर में नाई पुजारी को देखा था। (नाई वर्ण निर्णय- पं. रेवती प्रसाद शर्मा, उपेक्षितों का आत्म इतिहास, वाणी प्रकाशन, पृष्ठ 62) कांगड़ा (पंजाब) की ज्वाला देवी, विलासपुर (म.प्र.) की नैना देवी, धरवाल (इटावा) आदि मन्दिरों के पुजारी सदा से नाई ब्राह्मण ही होते आ रहे हैं, जो जनेऊधारी हैं। पं. शर्मा ने शात्रों के अनेक प्रमाणों से 'वायु' और सूर्य (सविता) को अपना आदिदेव और पूर्व पुरुष माना है। उन्होंने शास्त्रों और कुछ तमिल, मराठी ग्रन्थों से वैदिक ऋषि और संवादवाहक 'नारद' और रामकथा के पात्र हनुमान, सुग्रीव आदि को नाई जाति से जोड़ा है। इसीलिए नाई हनुमान के जन्मदिन शनिवार को दाढ़ी-बाल काटने से बचते हैं।

नाई की 'शर्मा' और 'ठाकुर' उपाधि के औचित्य को भी पं. शर्मा ने इतिहास-पुराणों का हवाला देकर सिद्ध किया है। उनके अनुसार शौनक गृह्यसूत्र में लिखा है कि शर्मा ब्राह्मणों की उपाधि है, जो पूर्वकाल में नाइयों की भी थी। 'सम्बन्ध निर्णय' के अनुसार "बंग देश में राजा बल्लाल सेन

के समय नाई की उपाधि शर्मा थी, जो ब्राह्मण भिन्न किसी भी जाति की नहीं होती। उस समय नर-सुन्दर शर्मा नाम के एक नाई ने अत्याचारी राजा बल्लाल सेन से लांछित होकर अपना एक अलग समाज स्थापित किया था– 'नर-सुन्दर समाज'। बंग देश के कायस्थों ने नर-सुन्दर शर्मा से कहा कि आपकी जाति को तो राजा ने कोई व्यवस्था नहीं दी, हम कायस्थों को दी है। (कायस्थों को शूद्र श्रेणी में रखा गया था, जिससे वे नाराज़ थे और राजा के विरुद्ध आवाज़ उठाना चाहते थे) सो उन्होंने कहा कि क्या अच्छा होता कि आप लोग भी हमारे समाज में आ जाते। इस पर नर-सुन्दर शर्मा ने कहा कि मैं श्रेष्ठ ब्राह्मण होकर शूद्र कायस्थों में नहीं मिल सकता।" (सम्बन्ध निर्णय, ले– लालमोहन विद्यानिधि) इस प्रकार नाईयों की ऐतिहासिक स्थिति श्रेष्ठ सिद्ध होती है।

कुछ लोग सवाल उठाते हैं कि प्राचीन काल में पुरुषों के दाढ़ी-बाल कटते नहीं थे। वे वैसे ही रहते थे। प्राचीन ऋषि-महर्षि, राजा और आदिमानव दाढ़ी-बाल वाले ही दिखाये गये हैं। फिर नाई जाति कौन-सा काम करके अपना जीवन चलाती थी? इस पर पं. शर्मा ने प्रकाश डालते हुए बताया है कि "यज्ञ-कर्म आदि-कर्म है और इसमें निश्चय ही क्षौर-कर्म होते थे। क्षौर-कर्म, पुरोहिती, यजमानी के अलावा नाइयों के अन्य अनेक महत्त्वपूर्ण कार्य रहे हैं– जैसे संवाद पहुँचाना, जख़्म और घावों का इलाज करना, उपदेश और मन्त्रणा देना आदि।" नाई अपनी कुशल संवाद कला द्वारा कई बार समाज के टूटते-बिखरते परिवार को भी जोड़ने का काम करता था। यह परम्परा आज तक चली आ रही है। फणीश्वरनाथ रेणु की कहानी 'संवदिया' का नायक नाई ही है, जो एक टूटते ज़मीन्दार परिवार को न केवल जोड़ता है, बल्कि उसे सँभालता भी है।

इसी प्रकार कहीं-कहीं अपने उस्तरे, नहरनियों से घावों की चीरफाड़ और मरहमपट्टी आदि नाई आज भी करता है। पं. शर्मा प्रमाण देकर नाइयों को 'चरक' और 'सुश्रुत' जैसे वैद्याचार्यों से जोड़ते हैं। नाइयों के ब्राह्मण और क्षत्रिय राजवंशों का विवरण भी इतिहास-पुराणों में मिलता है। ईसा पूर्व दूसरी-तीसरी शताब्दी में हुए नन्दवंश के प्रथम प्रतापी और चक्रवर्ती राजा महापद्मनन्द, उसके पुत्र घननन्द और चन्द्रगुप्त मौर्य की कथा पुराण, बौद्ध ग्रन्थ, इतिहास और विशाखदत्त के नाटक 'मुद्राराक्षस' में आती है। बताया जाता है कि नन्दवंश नाइयों का राजवंश था। रोमिला थापर ने भारत के प्राचीन इतिहास में बताया है कि "यह आश्चर्य की बात है कि प्राचीन भारत में

लगभग एक हज़ार वर्षों तक शूद्रों का राजवंश रहा।" एक कथा के अनुसार चन्द्रगुप्त का जन्म 'मुरा' नामक नाईन दासी से हुआ था। इसीलिए सबसे बड़ा होने पर भी पिता महापद्मनन्द ने उसे राजा न बनाकर अपने छोटे पुत्र घननन्द को राजा बनाया। प्रतिक्रिया में चन्द्रगुप्त ने चाणक्य नामक ब्राह्मण से मिलकर नन्दवंश का नाश कर दिया और 'मौर्यवंश' की स्थापना की। किन्तु दूसरे स्रोत बताते हैं कि पूरा नन्दवंश ही नाइयों का राजवंश था। यह राजवंश बौद्ध धर्म का समर्थक था, जिसे ब्राह्मण-वैष्णव धर्मधारी चाणक्य ने विदेशी सिकन्दर के सेनापति सेल्यूकस से मिलकर षड़यंत्रपूर्वक हराया। कहीं-कहीं कथा आती है कि चन्द्रगुप्त की माता नहीं, पिता नाई थे, जिस पर आसक्त होकर मगध की रानी ने अपने वृद्ध पति को मार दिया और खुद राज करने लगी। फिर नाई के मरने पर पूर्व राजा पति के पुत्र घननन्द को गद्दी सौंप दी। किन्तु चाहे नन्दवंश हो, चाहे मौर्यवंश, ये कथाएँ सिद्ध करती हैं कि दोनों राजवंश नाइयों का राजवंश था। नाइयों ने बड़े-बड़े वीरोचित कार्य किये हैं। 'खालसा' धर्म के संस्थापक गुरु गोविन्द सिंह के पंचप्यारों में 'साहेबा नाई', राजा अमरसिंह के सहचर 'किशना नाई' एवं माड़वाड़ के अनेक वीर नाइयों की कथा ऐतिहासिक है।

इस प्रकार पं. रेवती प्रसाद शर्मा ने विस्तारपूर्वक नाई जाति के उद्भव और विकास पर प्रकाश डाला है। इससे स्पष्ट है कि प्राचीनकाल में नाइयों की सामाजिक, आर्थिक और राजनैतिक स्थिति अच्छी थी। किन्तु मध्यकाल और आधुनिक काल में ऐसा कुछ भी नहीं हुआ, जिससे उनकी गरिमा बढ़े। स्पष्ट है कि कालक्रम से जन्म द्वारा वर्ण और जाति निर्धारित होने के कारण उनकी स्थिति बद से बदतर होती चली गयी और आज वे बुरी स्थिति में हैं। अब उन्हें जो सामाजिक और संवैधानिक दर्जा प्राप्त है, उन्हें उसी पर भरोसा करना चाहिए। जातीय गौरव का गीत गाने से किसी समाज का विकास नहीं होता। उसे अपना कर्म करना होता है। आधुनिक काल के संस्कृतिकरण ने सबको सुविधा दी है कि वे अपनी सुविधा और सहूलियत से अपने पेशे और कार्यों को बदलें और व्यक्ति और समाज की गरिमा व अस्तित्व की रक्षा करें। अंग्रेज़ों ने 'सैलून' और 'पार्लर' आदि स्थापित करके नाई के कार्यों को और श्रेष्ठ बना दिया। आज कोई भी जाति अपनी रुचि और सुविधा से कोई भी कार्य कर सकती है। नाई जाति के लोग भी करते हैं। यह स्थिति प्राचीन और मध्यकाल से अच्छी है। लेकिन यह समाज अभी बहुत पिछड़ा है। इसे और आगे बढ़ने के लिए शिक्षित और परिश्रमी होना चाहिए।

मेरा गाँव

मेजरगंज प्रखण्ड मुख्यालय से सटे पश्चिम और दक्षिण हमारा गाँव 'खैरवा खुर्द' है। मेजरगंज का हाई स्कूल और 'रेफरल हॉस्पिटल' हमारे ही गाँव में है। अब जाकर गाँव में एक प्राथमिक विद्यालय भी बना है, जिसके लिए गाँव के एक शिक्षक श्री सुरेन्द्र (महेन्द्र) सिंह, जो स्व. मुनेश्वर सिंह के पुत्र हैं, ने अपनी ज़मीन दी है। यह एक राजपूत बहुल गाँव है। यद्यपि गाँव बहुत छोटा है, पर एक नाई और एक कुर्मी परिवार को छोड़कर पूरे गाँव में एक ही जाति के लोग रहते हैं– राजपूत। उस पार के गाँव खैरवा गोट में एक–दो ब्राह्मण परिवार को छोड़कर सारे घर तुरहा, ततमा, मुसहर, चमार, दुसाध, डोम आदि छोटी जातियों के हैं। बगल का एक छोटा गाँव खाप है, जिसे खाप–खैरवा भी कहते हैं। पूरा गाँव दलित–पिछड़े और मुसलमानों का है। वहाँ सबसे अधिक संख्या 'ततमा' (तांती) जातियों की है, जो राज्य सरकार और केन्द्र की जाति–सूची में पिछड़े वर्ग (अति पिछड़ा वर्ग) में आते हैं। किन्तु गाँव और पंचायत के लोगों ने उसे 'बनौधिया' कहकर अछूत बना रखा है। सभी लोग मज़दूरी करते हैं। आस–पास के गाँव चैनपुर, मुबारकपुर, डुमरी और कुआड़ी भी राजपूत बहुल गाँव हैं। प्रथम दो छोटे और दूसरे दो बड़े गाँव हैं। हमारा विधानसभा क्षेत्र अब मेजरगंज से बथनाहा हो गया है। विधायक श्री दिनकर राम हमारे पंचायत के पड़ोसी गाँव चैनपुर के ही निवासी थे, जो दो बार से भाजपा के टिकट पर जीते। अभी हाल ही में उनका निधन हुआ है।

पास ही का दूसरा गाँव मुबारकपुर पटना सेंट्रल स्कूल वाले प्रसिद्ध शिक्षाविद् और आज के धर्मगुरु सुदर्शन जी महाराज का पैतृक गाँव है। प्रसिद्ध समाजवादी नेता ठाकुर युगलकिशोर शरण सिंह और उनकी पत्नी, कांग्रेस नेत्री और मन्त्री रामदुलारी सिन्हा भी बग़ल के गाँव डुमरी के निवासी थे। राजपूत और ब्राह्मण बहुल कुआड़ी गाँव में शिक्षक और वकीलों की परम्परा रही, जो आज तक कायम है। डुमरी गाँव से मंगनू बाबू नाम के एक शिक्षित व्यक्ति उच्च शिक्षा के लिए अमेरिका गये और वहीं बस गये। आस–पास के बाकी गाँवों में शिक्षा का संस्कार न के बराबर था। पास का गाँव बिसुनपुर भी राजपूत बहुल है, पर वहाँ भी शिक्षा का अभाव ही है। बराहीं, विश्वनाथपुर और मजकोठवा यद्यपि दलित–पिछड़ों के गाँव हैं, फिर भी वहाँ अल्पसंख्यक राजपूतों का ही दबदबा है।

मेजरगंज के आस–पास के गाँवों में बहेरा और मलिनियाँ यादवों के बड़े गाँव हैं। पास के मलाही, माधोपुर, डाईन कोठी आदि गाँवों में दलित–पिछड़ों

की आबादी अधिक है, किन्तु उन पर यादवों का दबदबा है। अयोध्या के प्रसिद्ध समाजवादी सन्त आचार्य युगल किशोरशरण शास्त्री इसी बहेरा गाँव के हैं। हम लोग एक ही हाई स्कूल में पढ़ते थे। वे मुझसे दो क्लास सीनियर थे। मेजरगंज की आबादी बड़ी है। यह प्रखण्ड मुख्यालय भारत-नेपाल सीमा का एक प्रमुख व्यापारिक केन्द्र है, जहाँ कुछ मारवाड़ी, बंगाली, गुजरातियों के साथ मुख्य आबादी रस्तोगी, बनिया, सोनार, तेली, कानू जैसी पिछड़ी जातियों की है। कुछ आबादी मुसलमान, चमार, डोम, हलालखोर आदि जातियों की भी है। मेजरगंज एक ऐतिहासिक जगह है, जहाँ अंग्रेज़ों के ज़माने में मेजर लोग रहते थे। अन्तरराष्ट्रीय सीमा पर होने के कारण अंग्रेज़ के ज़माने में यहाँ फौजी छावनी थी। प्रखण्ड मुख्यालय के बगल में एक बड़ा-सा बीरान भू-भाग है, जो अंग्रेज़ अफ़सर और सैनिकों का क़ब्रगाह था। वह भू-भाग आज जंगल बन चुका है। पर वहाँ के पक्के कब्रों पर अंगेज़ी लिखावटों को आज भी पढ़ा जा सकता है। पास के गाँव डाईन कोठी में नील की कोठी थी, जिसके खँडहर अभी हाल-हाल तक थे।

कुल मिलाकर हमारे इलाके की जो तस्वीर बनती थी, उसमें राजपूतों का ही सामाजिक-राजनीतिक वर्चस्व बना रहा। अब जाकर दलित-पिछड़ों में भी थोड़ी राजनीतिक-सामाजिक चेतना जगी है। किन्तु क्षेत्र में शिक्षा का घोर अभाव रहा, जो कमोबेश आज तक है। सन्तोष की बात है कि अब गाँव में लड़कियाँ भी पढ़ने लगी हैं।

नदी-जल विवाद, हत्या और कारावास

स्कूल-कॉलेज में समानता के चाहे जितने भी पाठ पढ़ाये जाये, समाज जाति-व्यवस्था की असमान धुरी पर ही चलता आया है। ग्रामीण समाज तो इसका गढ़ ही है। जाति और वर्णगत श्रम-विभाजन कभी स्वस्थ समाज के विकास के लिए सार्थक रहा होगा, किन्तु आज यह निरर्थक हो चुका है। इससे उत्पन्न जन्मना सिद्धान्त ने इसे बद्धमूल बना दिया। जाति-व्यवस्था समाज की रूढ़ि बन गयी और सदियों तक समाज को इसका अभिशाप भुगतना पड़ा। ऐसा नहीं है कि इससे केवल छोटी जातियों को ही नुक़सान हुआ, ऊँची जातियाँ भी इसके दुष्परिणाम से वंचित नहीं रहीं। राज-पाट और ज़मीन्दारियाँ चली गयीं। आधुनिक काल में उन्हें भी मनो-सामाजिक और आर्थिक संकट का सामना करना पड़ रहा है। जातीय वर्चस्व समाज पर हावी रहा और इसका दुष्परिणाम पूरे समाज को भुगतना पड़ा।

हमारे गाँव का 'नदी-जल विवाद और मार-काट' भी इसी वर्चस्व के दुष्परिणाम थे। उत्तर भारत में सवर्णों में राजपूत और अवर्णों में यादव व जाट को दबंग और हुरमुठाह जाति माना जाता है। हुरमुठाह माने बिना सोचे-समझे आक्रमण कर देनेवाला। यद्यपि आधुनिक शिक्षा ने अब सब कुछ सुधार दिया है, पर पुराने ज़माने में अक्सर ऐसा ही होता था। पढ़े-लिखे लोग तब भी समझदार थे। हमारे गाँव के उत्तर में यादव और कानू बहुल गाँव 'मलाही' है। कभी वहाँ मल्लाहों का वास रहा होगा। आज मलाह लोग नदी के उस पार के गाँव 'मजकोठवा' में रहते हैं। सम्भव है वे यहीं से जाकर वहाँ बस गये हों। हमारे गाँव खैरवा और मलाही का 'नदी जल विवाद' ऊपरी तौर पर राजपूत और यादवों के वर्चस्व का विवाद था, किन्तु गहराई से सोचें तो दोनों ओर से इसकी जड़ में राजपूत जाति के लोग ही थे। उधर से बैजू सिंह और इधर से ब्रह्मदेव सिंह। कुआड़ी गाँव के राजपूत बैजू सिंह मेजरगंज-मलाही के ज़मीन्दार विश्वनाथ प्रसाद के सिपाही थे।

हमारे गाँव में साक्षर और समझदार व्यक्तियों में सबसे दबंग अशेश्वर (रामाश्रय) सिंह और कलासम्पन्न व्यक्ति रामचन्द्र सिंह थे। किन्तु दोनों में से किसी को पुत्र नहीं हुए, केवल पुत्रियाँ थीं। एक के पास एक और दूसरे के पास दो। ब्रह्मदेव सिंह और योगीन्द्र सिंह गाँव के सबसे पढ़े-लिखे व्यक्ति मुनेश्वर सिंह के क्रमशः पिता और पुत्र थे। वे उग्र स्वभाव के थे। नरौनी पट्टी के सीताराम सिंह और कर्मुहार पट्टी के मटुक सिंह भी प्रसिद्ध व्यक्ति थे।

गाँव के बीचोबीच बहनेवाली मनुसमारा नदी अपने नाम के कारण चाहे जितनी बदनाम हो, पर यही नदी हमारे और आस-पास के गाँवों की खेतीबारी और जीविका की आधार थी। उत्तर से दक्षिण की ओर बहनेवाली इस नदी के उत्तरी भाग पर मलाही और दक्षिणी भाग पर हमारा गाँव है। इस नदी की मूल धारा मलाही गाँव के दक्षिण आकर हमारे गाँव के उत्तर से पूरब की ओर मुड़ जाती थी, फिर मेजरगंज, खाप, मुबारकपुर, चैनपुर होते हुए हमारे गाँव के दक्षिण में आकर मूलधारा में मिल जाती थी। वर्ष 1944 में सरकार की ओर से हमारे गाँव से बीचोबीच नहर चीरकर इसे सीधा कर दिया गया, जो आज मुख्य धार है। मूल धारा के गहरे निशान अब तक मौजूद हैं।

गाँव के बुजुर्ग लोग बताते हैं कि खेतों की सिंचाई के लिए हमारे और मलाही गाँव के लोगों ने सरकारी आदेश से दोनों गाँवों के बीच नदी पर बाँध बाँधा था। मलाही गाँव के खेतों में पानी पहले जाने से उनकी सिंचाई तो हो रही थी, पर हमारे गाँव में फ़सल सूख रही थी। सो हमारे गाँव के लोग

मलाही के यादवों के पास गये और पानी खोलने का अनुरोध किया। वे मान गये और शाम में बाँध की बग़ल से एक नाला खोल दिया गया, जिससे नदी का पानी हमारे गाँव के खेतों में भी आने लगा। बाँध काटने की यह घटना मेरे जन्म से पहले 1949 या 50 की है। बाँध मेजरगंज के बड़े किसान और ज़मीन्दार विश्वनाथ प्रसाद और वासुदेव प्रसाद (दोनों बनिया) के प्रभाव से बना था और यादवों के खेतों के अलावा सबसे अधिक उन्हीं के खेतों की सिंचाई हो रही थी।

इसीलिए जब विश्वनाथ प्रसाद के सिपाही बैजू सिंह देर शाम बाज़ार से लौटे और उन्हें मालूम हुआ कि बाँध काट दिया गया है, तो त्रे आग-बबूला हो गये और बाँध पर चढ़कर बाँध काटनेवाले खैरवा के लोगों को चुनौतीपूर्ण गालियाँ देने लगे। उनके कड़े तेवर देखकर मलाही के यादव भी उनके साथ हो गये। इधर ललकार सुनकर ब्रह्मदेव सिंह और योगीन्द्र सिंह के नेतृत्व में हमारे गाँव के लोगों ने आस-पास के गाँव के लोगों को भी इकट्ठा कर लिया। इससे पहले कि नाला फिर से बाँध दिया जाये, हमारे गाँव के लोग लाठी-भाले के साथ बाँध पर चढ़ बैठे। दोनों ओर से लाठी-भाले चलने लगे। मार-काट मच गयी। दोनों ओर से लोग घायल हुए। एक यादव लखन गोप बाँध पर ही मारा गया। भाला लगने से बैजू सिंह की आँतें बाहर निकल आयीं। इधर फरसा से योगीन्द्र सिंह का भी सर फट गया। बैजू सिंह की आँतों को गमछे से बाँधकर उसे वासुदेव प्रसाद की जीप गाड़ी से सीतामढ़ी अस्पताल ले जाया गया, जहाँ के ऑपरेशन और इलाज के कारण उनकी जान बच गयी। मेजरगंज और मलाही पिछड़ा वर्ग बहुल गाँव पहले भी था, आज भी है। दोनों गाँवों की एक ही पंचायत थी– मेजरगंज। वहाँ के मुखिया एक खानदानी ज़मीन्दार और स्वतन्त्रता सेनानी बासुदेव प्रसाद के प्रभाव से थाना-पुलिस आयी और हमारे गाँव और आस-पास के गाँवों के अनेक लोगों को गिरफ़्तार करके ले गयी।

जेल जानेवालों में हमारे गाँव के ब्रह्मदेव सिंह, योगीन्द्र सिंह, अशेश्वर (रामाश्रय) सिंह, रामचन्द्र सिंह, सीताराम सिंह, गंगा सिंह, रामप्रीत सिंह, राम नारायण सिंह, अलख सिंह, दारोगा सिंह, गौरी सिंह आदि, डुमरी के सुबंश ओझा और मलाही के कुछ यादव लोग भी थे। मलाही और मेजरगंज के वासुदेव प्रसाद और विश्वनाथ प्रसाद के प्रभाव से केस लम्बा चला। और लोग तो छूट गये, किन्तु हमारे गाँव की ओर से मारकाट करनेवाले लोगों को सेशन कोर्ट से फाँसी और कुछ को आजीवन कारावास की सजा हो गयी। अन्त में

केस हाई कोर्ट गया और वहाँ से फाँसी और आजीवन कारावास की सजा को कम करते हुए उम्र और जुर्म के अनुसार 10 साल से 3 साल तक की सजा मुकर्रर हुई। जिन लोगों को सज़ा मिली, उनमें हमारे गाँव से अशेश्वर (रामाश्रय) सिंह और सीताराम सिंह को 10 साल, योगीन्द्र सिंह को 5 साल और ब्रह्मदेव सिंह को 3 साल की सज़ा मिली। ब्रह्मदेव सिंह सबसे बुजुर्ग थे। इसीलिए उन्हें सबसे कम सज़ा मिली। चैनपुर के चमार ढोंढ़ा राम, खाप के बनौधिया बंगाली दास और हुसैनी दास को भी 5-5 साल की सज़ा मिली।

कुछ लोग कहते हैं कि बाँध काटना तो एक बहाना था। मार-काट का असली कारण 'नाच' था। उस ज़माने में शादी-विवाह या किसी अनुष्ठान में गाँव-गाँव में नाच होते थे। जन्माष्टमी के अवसर पर भी आठ-आठ दिनों तक मठ-मन्दिरों में 'लवण्डा का नाच' होता था। ऐसे ही किसी नाच में 'मलाही' गाँव के यादव लड़कों के साथ हमारे गाँव के राजपूत लड़कों की मार-पीट हुई थी, जिसमें राजपूत लड़के बुरी तरह पीटे गये थे। उसी का बदला लेने के लिए हमारे गाँव के लोगों ने बाँध को बहाना बनाया। कारण चाहे कुछ भी हो, इस नदी जल-विवाद ने गाँव का बहुत नुक़सान किया।

गाँव में पंचायत चुनाव

जेल से छूटकर आने के बाद अशेश्वर (रामाश्रय) सिंह और सीताराम सिंह गाँव और प्रखण्ड की छोटी-मोटी राजनीति करने लगे। उनमें नेतृत्व क्षमता थी, किन्तु सजायाफ़्ता होने के कारण वे ख़ुद से पंचायत आदि के चुनाव नहीं लड़ सकते थे। इसीलिए अशेश्वर (रामाश्रय) सिंह ने आस-पास की ग्रामीण राजनीति को प्रभावित करना शुरू कर दिया। इसमें उन्हें सफलता मिली और उनके प्रभाव से दो-दो, तीन-तीन बार हमारे पंचायत में उनके चहेते मुखिया चुने जाते रहे। उन्होंने अपने छोटे भाई कीर्ति नारायण सिंह को भी पहली बार सरपंच बनवा दिया। उन्हीं के प्रभाव से 1965 के पंचायत चुनाव में बुढ़वाटोला (विश्वनाथपुर) के एक अनपढ़ व्यक्ति सत्यनारायण सिंह (राजपूत) मुखिया बने और कीर्ति नारायण सिंह सरपंच। इस चुनाव का ख़ूब प्रचार-प्रसार हुआ था। मजकोठवा गाँव के एक चर्चित मल्लाह 'धौस सहनी' को भी आस-पास के दलित-पिछड़े और उस गाँव के राजपूत लोगों ने सत्यनारायण सिंह के विरोध में खड़ा कराया था। लेकिन एक पिछड़े वर्ग के उम्मीदवार का मुखिया होना उस ज़माने में सम्भव नहीं था, क्योंकि दलित-पिछड़े वोटरों पर भी दबंग राजपूतों का ही प्रभाव था। सत्यनारायण सिंह के लिए वोट का प्रचार अशेश्वर

(रामाश्रय) सिंह ही करते थे। प्रचार जुलूस में हम स्कूली बच्चे भी जाते थे। दीवार में पोस्टर साटते थे। उस समय मैं चौथी क्लास में पढ़ता था। गंगा दास बनौधिया खाप गाँव के एक आशु लोककवि और गायक थे। वे गीत बनाकर हमारे गाँव के पक्ष में गाते-बजाते प्रचार करते थे। हम बच्चे और गाँव के लोग उन्हीं के साथ गीत और नारों को दुहराते हुए चलते थे। उनका प्रसिद्ध गीत था– 'लगइहा चरखा पर मुहरवा, भूलिहा भैया ना।' हमारे पक्ष के मुखिया का चुनाव चिह्न चरखा था, पहले पंचायत चुनाव तीन वर्ष पर ही होते थे।

आज़ादी के बाद बिहार में पंचायत चुनाव सर्वप्रथम 1952 में हुआ। उसके बाद 55, 58, 62 और 65 में। वर्ष 1972 से पंचायत चुनाव की अवधि 3 वर्ष से बढ़कर 5 वर्ष हो गयी। खैरवा का वह पंचायत चुनाव वर्ष 1965 में हुआ था। इसके पूर्व यह पंचायत किसी अन्य पंचायत में विलोपित था। यह हमारी पंचायत का पहला चुनाव था।

इसके तीन साल बाद पुनः 1969 में चुनाव हुए और उसी गाँव के एक पढ़े-लिखे नौजवान केदार सिंह मुखिया बने। तब से बिहार में सरकार की अस्थिरता और शिथिलता के कारण दस वर्षों तक चुनाव हुए ही नहीं। कर्पूरी ठाकुर के प्रयास से वर्ष 1979 में चुनाव हुए और फिर से केदार सिंह मुखिया चुन लिए गये। अगले दस वर्षों तक फिर चुनाव नहीं हुए और केदार सिंह मुखिया बने रहे। किन्तु 1989 में चुनाव नहीं होने के कारण अगला चुनाव होने तक मुखिया के अधिकार सीमित कर दिये गये। इस बीच पंचायत का परिसीमन हो गया और डुमरी खुर्द और बराही भी हमारे पंचायत में जुड़ गया। वर्षों बाद 1991-92 में मुखिया का फिर से चुनाव हुआ, जिसमें हमारे पड़ोसी गाँव चैनपुर के बलराम सिंह मुखिया बने। इस प्रकार केदार सिंह लगभग 22-23 वर्षों तक लगातार मुखिया बने रहे। कर्पूरी ठाकुर जब मुख्यमन्त्री हुए, तो उन्होंने सबसे पहले वर्षों से लम्बित पंचायत चुनाव को फिर से कराया। इसके बाद फिर लालू जी के समय ही चुनाव हुए। फिर नीतीश कुमार के समय से लगातार चुनाव हो रहे हैं। वर्ष 1997-98 में यह क्षेत्र अनुसूचित जाति के लिए सुरक्षित हो गया और डुमरी के सुरेन्द्र पासवान यहाँ के मुखिया चुने गये। पिछले चुनाव से इस पंचायत क्षेत्र को 'अत्यन्त पिछड़ा वर्ग' के लिए सुरक्षित कर दिया गया और डुमरी खुर्द से ही भरत साह नाम के एक तेली यहाँ के मुखिया बने थे। किन्तु इस बार वर्ष 2022 के चुनाव में मेरे गाँव (खैरवा गोट) से ओमप्रकाश साह (तुरहा) मुखिया और डुमरी खुर्द से अमरनाथ ठाकुर (नाई) सरपंच चुने गये हैं।

अस्मिता बनाम अस्तित्व

बचपन की एक घटना है। मैं अपने दरवाजे के कुएँ पर खेल रहा था कि एक लड़के ने पीछे से अचानक मेरी पीठ पर दो ज़ोरदार छड़ी जड़ दी– 'सटाक! सटाक!!' मैं दर्द से बिलबिला उठा। पीठ सहलाता हुआ बाप-बापकर रोने लगा। वह भागने लगा। लेकिन पास में ही काम करते हुए मेरे पिताजी ने उसे पकड़ लिया और कान ऊमेठ कर दो झापड़ रसीद कर दिया और पूछा– बच्चे को क्यों मारा? बोलो। वह रोता हुआ अपने पास के घर पर चला गया और उसने सारी बातें अपने माता-पिता और चाचा से बतायीं। वह लड़का गाँव के सबसे दबंग ज़मीन्दार अशेश्वर सिंह का भतीजा था। वही अशेश्वर सिंह, जो बाँधवाले केश में सजा काटकर आये थे।

अशेश्वर सिंह डण्डा लेकर गरजते हुए आये– हजाम की यह हिम्मत! कहाँ है रे पसपतवा? पिता जी कुएँ पर ही अपनी बारी में काम कर रहे थे और परिणाम भुगतने के लिए मन ही मन तैयार थे। जब अशेश्वर सिंह ने डण्डा बरसाना शुरू किया, तो पिताजी झुक गये और उनके दोनों पैर पकड़कर आगे की ओर खींच दिया, जिससे उनका सन्तुलन बिगड़ा और वे चारों खाने चित हो गये। पिताजी हट्ठे-कट्ठे जवान थे और अशेश्वर सिंह स्थूलकाय। सो पिताजी छाती पर चढ़कर उन्हें गोंतने लगे। हो-हल्ला सुनकर लड़के के पिता, चाचा और अन्य परिजन भी आ गये और पिताजी को पकड़कर अपने दरवाज़े पर ले गये। पिताजी को एक खम्भे से बाँध दिया गया। इस घटना की ख़बर आग की तरह पूरे गाँव में फैल गयी। देखते ही देखते वहाँ पूरा गाँव इकट्ठा हो गया। अशेश्वर सिंह के वर्चस्व और तिकड़म से लगभग पूरा गाँव खफ़ा रहता था। पर सामने व्यक्त नहीं करता था। आज़ तक किसी ने उन्हें चुनौती नहीं दी थी। इसीलिए वहाँ इकट्ठे अधिकांश लोग मन ही मन ख़ुश थे कि चलो किसी ने तो चुनौती दी। इससे पहले कि पिताजी के साथ कुछ होता, हत्या के उसी केस में सज़ा काटकर आये एक दूसरे दबंग व्यक्ति, नरौनी पट्टी के सीताराम सिंह ने पिताजी की रस्सी खुलवा दी और घटना की तहक़ीक़ात करने लगे। तय हुआ कि बच्चों के झगड़े में सयानों को नहीं पड़ना चाहिए। इसीलिए मेरे पिताजी माफ़ी माँगे। किन्तु पिताजी के चेहरे पर कोई अपराध-बोध नहीं था। बेवजह मेरी पिटाई और मेरी पीठ के लाल निशान को दिखाते हुए उन्होंने इसका न्याय करने की माँग की। पिताजी ने कहा कि मैंने तो उस लड़के में सुधार लाने और ग़लती महसूस कराने के लिए उसके कान

पकड़े थे, सज़ा देने के लिए नहीं। फिर भी आप लोग कहते हैं, तो मैं माफ़ी माँगता हूँ। लेकिन इन्होंने मुझ पर हाथ क्यों उठाया? इसका भी तो न्याय होना चाहिए। अन्त में फ़ैसला हुआ कि ग़लती दोनों पक्षों की है, इसीलिए इस बात को यहीं समाप्त किया जाये।

इस घटना के बाद पिताजी का मनोबल और आत्मविश्वास बढ़ गया। अब उनसे बाबू लोग अक्सर मुँह नहीं लगाते थे। इस घटना का मेरे बाल मन पर भी प्रभाव पड़ा। पिताजी की चाहे हार हुई या जीत, उन्होंने ज़बर्दस्त विरोध दर्ज किया था। उनका विरोध व्यक्तिगत घटना होते हुए भी सामाजिक प्रतिकार बन गया था, जिसके प्रशंसक भी हुए और विरोधी भी। मेरे अन्तर्मन में यह बात गहराई से बैठ गयी कि अन्याय का विरोध हर हालत में होना चाहिए। एक स्वाभिमान भाव जगा और अन्याय से लड़ने की ताक़त और चेतना भी पैदा हुई, जिसका विकास बाद में हुआ। अन्यथा बचपन में गाँव-समाज के वातावरण में मेरा इतना मानसिक शोषण हुआ कि मैं दब्बू-सा बन गया। मेरे घर से सटे रामचन्द्र सिंह की बैठक थी, जहाँ मैं बैठता ज़रूर था, पर उनका बात-बात में मेरे उठने-बैठने, चलने-फिरने तथा अन्य कार्यों पर ताना देना मुझे हतोत्साहित करता था। पर हाँ, वे मेरी पढ़ाई-लिखाई पर कुछ नहीं बोलते थे। मेरी इस प्रतिभा से वे परिचित थे। लेकिन वे सोचते थे कि आख़िर पढ़-लिखकर यह करेगा क्या? उनको अनुमान था कि अधिक-से-अधिक शिक्षक बनेगा या सिपाही। इसीलिए नौवीं-दसवीं कक्षा से ही वे मुझे सिपाही में भर्ती होने के लिए कुरेदते रहते थे। उन्हीं की ज़िद पर मैं फ़ौज में भर्ती होने मुज़फ़्फ़रपुर गया था। उनके घर से मेरे परिवार का ख़र्च चलता था। इसीलिए उनका मेरे परिवार के ऊपर दबदबा था। बावजूद इसके वे मेरी पढ़ाई-लिखाई के गुण पर टिप्पणी नहीं करते। अपने दरवाज़े पर रखी रामायण की पुस्तक मुझे पढ़ने देते। मैं मन ही मन पढ़ता और कुछ कथाएँ उनसे भी सुनता।

मिट्टी के एक ताखे पर रामायण (रामचरितमानस) की प्रति एक लाल कपड़े में लपेटकर रखी रहती थी। पास की एक खाट पर उनके पिताजी जुगेश्वर बाबा का बिछावन लगा रहता था। एक बड़े बक्से के ऊपर हारमोनियम, ढोलक और झोले में झाल आदि रखे रहते थे। बैठक में दिन-भर कोई न कोई आता-जाता रहता। कुछ बड़े-बुजुर्ग भी आते थे, पर वहाँ नियमित आने-जाने वालों में प्रमुख लोग गाँव के कीर्तन मण्डली के गवैया रामकृपाल सिंह और मेरे भैया लक्षण ठाकुर थे। छुट्टी के दिनों में या स्कूल से आने के बाद दोपहर या शाम में मैं भी प्रायः वहीं बैठता था। मुझे अब भी याद है

'राम चरित मानस' के उस पुराने संस्करण में 'उत्तर काण्ड' के बाद भी एक काण्ड था- 'लवकुशा काण्ड'। रामभक्त भील, निषाद और शबरी की कथा तो थी ही, शम्बूक-वध की कथा और राम विरोधी अन्य अछूत एवं वनवासियों की कथा भी थी। रामभक्त निषाद और अछूतों की कथा तो लोग रुचि लेकर कहते-सुनते थे, पर विरोधियों की कथा को क्षेपक कहते थे। उस रामायण में भी क्षेपक करके कुछ कथाएँ लिखी होती थीं। इस प्रकार रामकथा से मेरा परिचय बचपन में ही हो गया। दक्षिण टोले के कुछ लोग भी मेरा मनोबल गिराने और बात-बात में मजाक करने का प्रयास करते थे।

कुल मिलाकर गाँव के वातावरण में जहाँ मुझे कुछ लोगों से प्रोत्साहन मिला, वहीं अधिकांश लोगों ने मुझ पर मानसिक दबाव ही बनाया, मनोबल तोड़ा, जिससे मैं गाँव में दब्बू-सा बन गया। स्कूल में जिस धड़ल्ले से मैं बातें कर लेता, गाँव में संकोच होता था। गाँव के हमउम्र साथियों को उन्हीं की तरह जब मैं तुम, अरे आदि कहके बुलाता, तो गाँव की बुजुर्ग-सवर्ण औरतें मना करतीं- "तुमसे उनकी जाति ऊँची है, इसीलिए 'आप', 'हो' आदि कहो। केशवा, खखुआ, जोगवा मत कहो, उनके नाम के साथ सिंह लगाकर केशो सिंह, जोगा सिंह आदि कहो।" बचपन में बात-बात पर ऐसी वर्जनाओं का सामना करना पड़ता। धीरे-धीरे मेरी आदत बन गयी और मैं अपने-साथियों को सम्मानजनक सम्बोधन से बुलाता रहा। लेकिन मेरे प्रति उनके सम्बोधन में कोई अन्तर नहीं आया। इस असमानता बोध ने मेरे अन्दर हीन भावना पैदा कर दी। यह बात अलग है कि कुछ लायक बनने के बाद उन साथियों ने मेरे प्रति सम्मानजनक नाम और भाव प्रकट करना शुरू कर दिया। जाति की इस कटु सच्चाई के कारण आगे चलकर मैंने अपनी जाति पर गर्व करना शुरू कर दिया। इससे मेरे मन की जातिजनित हीन-ग्रन्थि जाती रही। जहाँ कहीं किसी पढ़े-लिखे अपरिचित समूह में कोई वाद-विवाद और संवाद होता, तो मैं अक्सर जीत जाता। मेरे तर्क भारी पड़ते। उसके बाद जब कोई प्रत्यक्ष या परोक्ष रूप में मेरी जाति के बारे में जान लेता, तो उसे बड़ा आश्चर्य होता। फिर वे कहते या महसूस करते कि प्रतिभा हर जाति में होती है।

इस प्रकार बचपन और जवानी की भीषण ग़रीबी में हम एक तरफ अपने अस्तित्व रक्षा की लड़ाई लड़ रहे थे, तो दूसरी ओर अपनी अस्मिता की भी। मान-सम्मान की रक्षा में यदि भूखे भी रहना पड़े, तो एक आत्मिक खुशी मिलती है। जाति और जातिजनित भेदभाव ईश्वर ने नहीं बनाये थे, ये मानव निर्मित थे, जिसके शिकार मेरी तरह लाखों लोग सदियों से होते आये हैं। मेरा मन बार-बार कहता है कि यदि मैं ऊँची जाति का होता, तो मुझे मेरी प्रतिभा

के अनुरूप और अधिक सम्मान और प्रोत्साहन मिले होते। फिर भी मैं सन्तुष्ट हूँ कि छोटा रहकर बड़ा बनने में जो आनन्द है, वह बड़ा होकर बड़ा बनने में नहीं। भला या बुरा, मैं इसी समाज की उपज था, मैं समाज-व्यवस्था को तो बदल नहीं सकता था, पर मेरी प्रतिभा का प्रभाव गाँव पर अवश्य पड़ा। कालान्तर में गाँव में शिक्षा के प्रति जो रुझान जागरूकता और प्रवृत्ति पैदा हुई, उसमें अनजानते में मेरे व्यक्तित्व निर्माण का भी कुछ योगदान है।

मुझे छड़ी से मारनेवाले उस लड़के का नाम सत्य नारायण सिंह था, जो बाद में मेरा परम मित्र बन गया। वह मुझसे दो-तीन साल सीनियर था। बड़े होकर वह सत्येन्द्र सिंह बने और इंटर पास करके अपने चाचा के प्रभाव से गाँव के हाई स्कूल में किरानी भी। सत्येन्द्र सिंह आज मेरे अच्छे मित्र और शुभचिन्तकों में एक हैं। मेरी और उनकी बेटियों की दोस्ती और गाढ़े सम्बन्ध के कारण उनके परिवार से मेरे परिवार का नेवता-पेहानी चलने लगा, जो आज भी जारी है। किरानी साहेब अवकाश ग्रहण कर अब घर पर ही खेती-बारी देखते हैं। उन्होंने मुझे आदर्श माना और अपने बाल-बच्चों को मेरा उदाहरण देकर हमेशा प्रेरित करते रहे। उनके बच्चे भी पढ़ाई में अच्छा करते गये। आज उनके तीनों बेटे इन्जीनियर हैं। दोनों बेटियाँ भी पढ़-लिखकर अपने ससुराल में सफल दाम्पत्य जीवन बिता रही हैं। गाँव जाने पर उनके सभी बच्चे मेरा सम्मान करते और पैर छूकर प्रणाम करते हैं। उनके पिताजी स्व. कीर्ति नारायण सिंह गाँव-समाज के सबसे सम्भ्रान्त लोगों में एक थे। वे पक्के किसान थे, धार्मिक प्रवृत्ति के व्यक्ति थे और नियमित रूप से रविवार को भोला बाबा को जल चढ़ाने अपने गाँव से पैदल ही लगभग आठ-दस किलोमीटर दूर बसबिट्टा के शुकेश्वर स्थान जाते और आते थे। वे पढ़े-लिखे नहीं, केवल साक्षर थे। किन्तु बुद्धि-विवेक में तेज थे।

कीर्ति नारायण सिंह दयालु, न्यायप्रिय और गुणग्राहक भी थे। उनकी दयालुता और गुणग्राहकता का एक क़िस्सा मुझे अभी तक याद है। मैं तीसरी या चौथी कक्षा में रहा होऊँगा। गाँव के दक्षिण में 'बरहम बाबा (ब्रह्म स्थान)' के पास एक बड़ा-सा चरागाह था, जिसमें गाँव-भर की गाय, भैंस, बैल, बकरियाँ चरते थे। उससे पश्चिम थोड़ी दूरी पर एक दूसरा चरागाह था, जिसे लोग 'तीन गछिया' कहते थे।

एक दिन हम बच्चे ब्रह्म बाबा के पासवाले चरागाह में बकरी चरा रहे थे। बकरी चराते समय हम बच्चे अक्सर पेड़ की छाँव में खेलते रहते थे। खेलने की धुन में हम लोगों को स्मरण नहीं रहा कि हमारी बकरियाँ कहाँ

गयीं? कुछ देर के बाद एक मोटा-तगड़ा आदमी आया और हम लोगों को डाँटते और अपशब्द कहते हुए सारी बकरियों को हाँकते हुए ले गया। जब हम लोग खेल रहे थे, तब बकरियाँ उनके खेत में जाकर लगी फ़सल को चर रही थीं। फ़सलों की बड़ी बर्बादी हुई थी। हम बच्चे-बच्चियाँ डरते-डरते गाँव गये और अपने-अपने माता-पिता से इस घटना की जानकारी दी। कुछ डाँट पड़ी। खेत मेजरगंज के बनारसी प्रसाद का था और उनका सिपाही बकरियों को पकड़कर 'कांजीहौस (ढाठ)' में ले गया था। प्रेमचन्द की कहानी 'दो बैलों की कथा' में 'कांजीहौस' की चर्चा हुई है। लेकिन मैंने उसे देखा और झेला भी है। 'कांजीहौस (ढाठ)' मेजरगंज थाना और कुआड़ी गाँव के बीच एक टोले, जिसे 'हाता' कहते थे, में था। वहाँ पैसे देकर मवेशियों को छुड़ाना पड़ता था। वहीं पर खेत चरे माल-मवेशियों को रखा जाता था। वहाँ से पैसे देकर मवेशियों को छुड़ाना पड़ता था। शाम में कीर्तिनारायण सिंह के नेतृत्व में गाँव के मटुक सिंह के परिवार के लोग, बलिराम सिंह, अमीर सिंह, जोगीन्द्र सिंह आदि लोग पैसे की व्यवस्था कर बकरी छुड़ाने जाने लगे।

मेरे घर के लोग मुझ पर गुस्साये हुए थे। दूसरे की खेत में बकरी क्यों छोड़ दी? इसीलिए मुझमें एक अपराधबोध काम कर रहा था। फिर भी उन्होंने अधिक डाँटा नहीं। वे मजबूर थे। मेरे पिताजी और भाइयों के पास पैसे नहीं थे। इसीलिए वे लोग जाने को तैयार नहीं हुए। किन्तु मैं उनके साथ-साथ चला गया। वहाँ जाकर देखा, तो सड़क के किनारे बाँस की फट्टी के लम्बे-चौड़े घेरे बने थे, जहाँ गाय, भैंस, बैल, बकरी आदि बहुत-से मवेशी खूँटे से बँधे थे। हमारी बकरियाँ भी वहीं थीं। मुझे देखते ही मिमियाने लगीं। ढाठ के पीछे एक बड़ा-सा हॉलनुमा फूँस का घर बना था। धूप-बरसात में मवेशियों को वहीं रखा जाता था। घर के एक कोने में एक खाट और कुछ चौकियाँ रखी थीं। यही 'कांजीहौस (ढाठ)' था और घर का यह कोना उसका ऑफ़िस।

वहाँ अनेक लोग बैठे हुए थे, कुछ अपने मवेशी छुड़ाने आये थे और कुछ 'कांजीहौस (ढाठ)' के कर्मचारी और ठीकेदार थे। थोड़े मोलभाव करने के बाद फी-बकरी जुर्माना तय हुआ। सभी लोगों ने जुर्माने की रकम भरकर अपनी-अपनी बकरियाँ छुड़ा लीं। पर मेरे पास पैसे नहीं थे। अन्त में कीर्ति नारायण सिंह ने पूछा- "तुम्हारी बकरी भी छुड़ा दें, पैसे घर पर दे देना?" मैंने हामी भर दी। मेरी चार बकरियाँ थीं। सबको लेकर खुशी-खुशी मैं घर आया। घर के लोग खुश तो हो गये, पर पिताजी और भैया को चिन्ता हो गयी कि पैसे कहाँ से देंगे? पर कीर्ति नारायण सिंह ने पैसे नहीं लिये और

आस-पास के लोगों के बीच मेरी प्रशंसा करने लगे कि उधार लेकर इसने अपनी बकरी छुड़ायी। अभी से कितना तेज है?

किन्तु यही कीर्ति नारायण सिंह जब सरपंच बने, तो खाप गाँव के एक हट्टे-कट्टे बनौधिया नवयुवक 'बसराज' को खम्भे से बाँधकर पीट रहे थे। उनके समर्थक इसे उनकी न्यायप्रियता बता रहे थे, पर विरोधी लोगों को यह अन्याय लग रहा था। पिटाई के उस दृश्य को देखने के लिए गाँव के लोगों की भीड़ लगी थी। हम बच्चे पंचायत भवन के फूँस के घर में तमाशा देख रहे थे। मुझे बहुत दया आ रही थी, मन ही मन गुस्सा भी। समझ में नहीं आ रहा था कि ऐसा क्यों हो रहा है? उसी गाँव के बनौधिया समाज और गंगा दास गबैया ने गीत गा-गाकर मुखिया सरपंच को जिताया था। हम बच्चे भी प्रचार जुलूस में शामिल थे। शायद किसी चोरी का इल्जाम था। बसराज अशेश्वर सिंह, कीर्ति नारायण सिंह के विरोधी खेमे के सीताराम सिंह का हलवाहा था। सम्भव है चुनाव में उसने उनको वोट न दिया हो। अथवा सचमुच उसने कोई जुर्म किया हो। कारण चाहे जो भी रहा हो, पंचायत की यह न्याय-व्यवस्था मुझे अच्छी नहीं लगी।

वे शिक्षा का महत्त्व जानते थे और अपने लड़के को ख़ूब पढ़ाना चाहते थे। इसीलिए मैट्रिक पास करने के बाद उन्होंने अपने लड़के सत्येन्द्र सिंह को उच्च शिक्षा के लिए उत्तर बिहार के सबसे बड़े कॉलेज एल.एस. कॉलेज गें नामांकन के लिए मुज़फ़्फ़रपुर भेजा। किन्तु कम नम्बर होने के कारण वहाँ नामांकन नहीं हो सका। इसीलिए गुज़फ़्फ़रपुर के ही दूसरे बड़े कॉलेज राम दयालु सिंह कॉलेज में एडमिशन कराना पड़ा, जहाँ सुपरिचित कवि जानकी वल्लभ शास्त्री संस्कृत और अंग्रेज़ी के प्राध्यापक थे। हमारे गाँव से पहली बार कोई लड़का कॉलेज में पढ़ने गया था, वह भी आर.डी.एस. जैसे किसी बड़े कॉलेज में। और इसे सम्भव किया था गाँव के एक किसान और यशस्वी पिता कीर्ति नारायण सिंह ने। इसीलिए इस नामांकन की गाँव-समाज में ख़ूब चर्चा थी। खुद कीर्ति सिंह भी चारों ओर घूम-घूम कर इसकी चर्चा और अपने पुत्र की प्रशंसा करते थे। सत्येन्द्र सिंह छुट्टियों में जब भी गाँव आते, जानकी वल्लभ शास्त्री जी की कविता और उनके साहित्यिक वाक्य हम लोगों को सुनाते।

यह बात अलग है कि जब मैं विश्वविद्यालय सेवा में गया, तो मेरी पहली नियुक्ति इसी आर.डी.एस. कॉलेज में हुई, जहाँ मैंने लगभग 14 वर्षों तक हिन्दी के प्राध्यापक के रूप में काम किया। किन्तु प्रोफ़ेसर बनने पर भी

शायद मेरी चर्चा उतनी नहीं हुई होगी, जितनी इस कॉलेज में छात्र के रूप में सत्येन्द्र नारायण सिंह के नामांकन की हुई थी।

अशेश्वर (रामाश्रय) सिंह कड़े और दबंग ज़रूर थे, पर समय पड़ने पर ग़रीबों की मदद भी करते थे। उनके सबसे छोटे भाई रामवीर सिंह गाँव के सबसे शरीफ़ व्यक्ति थे। रामवीर सिंह यद्यपि अन्य भाइयों से ग़रीब थे, पर वे सबसे दयालु थे। उन्हें हमारी अधिक चिन्ता रहती थी और हम लोगों को ज़्यादा सहानुभूति से देखते थे। वे अच्छे गायक थे और गाँव की कीर्तन मण्डली के सक्रिय सदस्य भी। उनके साथ मेरे भैया राम लक्षण ठाकुर, बासुदेव सिंह, गणेश सिंह आदि लोग भी कीर्तन मण्डली में थे। रामचन्द्र सिंह मण्डली के नायक थे और रामकृपाल सिंह व बासुदेव सिंह मुख्य गायक। मेरे घर में जब भी कोई बच्चा बीमार होता, तो रामाश्रय सिंह देखने आते। एक बार मेरी माँ पिताजी से लड़ाई करके मामा के घर चली गयी और मैं बीमार पड़ गया। अशेश्वर (रामाश्रय) सिंह, जिन्हें हम लोग 'अशेसर का' कहते थे, मुझे देखने आये। नब्ज़ देखी, तो बुख़ार बहुत ज़्यादा था। कुछ दवाइयाँ दिलवायी और पिताजी को डाँट लगायी कि माँ को बुला लाये। माँ को कोसते हुए कहा कि कैसी निर्दयी मतारी है, जो बच्चे को इस हालत में छोड़कर नैहर चली गयी? पिताजी गये और माँ को बुला लाये। इसके अलावा मैट्रिक पास करने के बाद मुझे जब-जब किसी गजेटेड पदाधिकारी से प्रमाण-पत्रों को अभिप्रमाणित करवाना होता, अथवा बीडीओ-सीओ से जाति या आय प्रमाण-पत्र बनवाना होता, तो रामाश्रय सिंह मेरी मदद करते। इसके लिए मैं कभी-कभी मेजरगंज के मुखिया वासुदेव प्रसाद चौधरी से भी मदद लेता। उन लोगों का सरकारी डॉक्टर, थाना एवं प्रखण्ड के पदाधिकारियों पर अच्छा प्रभाव था। आवेदन आदि लिखने में मैं सुरेन्द्र सिंह मास्टर साहेब से मदद लेता।

मेरे प्रिय सहपाठी केशव सिंह के पिता का नाम जोगिन्द्र सिंह था। वे एक मेहनती किसान थे। खुद ही हल जोतते, बैलगाड़ी हाँकते और भैंस भी चराते थे। मुनेश्वर सिंह की दो पत्नियाँ थीं। बड़ी से जोगिन्द्र सिंह और उनकी बहनें पैदा हुई और छोटी से महिन्दर (सुरेन्द्र) सिंह मास्टर साहेब, लक्ष्मी सिंह और कैलाश सिंह एवं उनकी बहनें। उनकी छोटी माँ का निधन बहुत बाद में हुआ। एक और सहपाठी बिन्देश्वर सिंह थे। केशव सिंह, बिन्देश्वर सिंह और मेरी माँ एक ही गाँव की थीं। गाँव ही नहीं, बल्कि अगल-बगल की पड़ोसन। इसीलिए हम तीनों की माताओं में दोस्ती थी। केवल माँ में ही नहीं

तीनों परिवारों में दोस्ती और आपसी सहयोग का व्यवहार था, जो कमोबेश आज भी है। बचपन में हम तीनों अक्सर एक ही साथ मामा के घर चले जाते थे। मेरे दो मामा थे– भूखन ठाकुर और सेवक ठाकुर और उनके एक ही– राम विलास सिंह। राम विलास सिंह गाँव के रिश्ते मेरे नाना लगते थे। वे एक सम्पन्न किसान हैं। मेरे मामा लोग ग़रीब थे और अपने जातीय पेशे से ही गुज़ारा करते थे। वे अधिक पढ़े-लिखे नहीं थे, केवल साक्षर थे। देखने में दोनों ही सुन्दर और गोरे रंग के थे। बड़े मामा संगीत प्रेमी और कलाकार थे। वे अपने काम के अलावा कीर्तन मण्डली में भजन-कीर्तन और गाँव के नाटकों में स्त्री-पात्र का अभिनय करते थे। छोटे मामा हट्ठे-कट्ठे जवान थे। उन्होंने होमगार्ड की भी ट्रेनिंग कर रखी थी। लेकिन ग़रीबी के कारण वे जवानी में ही असम कमाने चले गये। मेरे मामा लोग तो गुज़र गये, किन्तु केशव सिंह और बिन्देश्वर के मामा अभी तक जीवित और जीवन्त हैं। उनका जन्म 1934 के भूकम्प से एक साल पहले हुआ था। इस बार जब ननिहाल गया तो उन्होंने भूकम्प की कहानी बतायी। इसका केन्द्र नेपाल और बिहार था। दोनों क्षेत्रों में भारी तबाही मची। वह इतना विशाल भूकम्प था कि गाँधीजी, नेहरूजी आदि राहत चलाने के लिए बिहार में महीनों घूमते रहे। उस भूकम्प का प्रभाव वर्षों तक लोगों के जनजीवन पर पड़ा। फटी धरती और लावा के कारण खेत-के-खेत उजड़ गये। हज़ारों-लाखों लोग बे-घर हो गये। महामारी फैली, अकाल पड़ गया। नाना राम विलास सिंह बताते है वह हिन्दी संवत् का 41 साल था। यह साल सम्भवतः नेपाली, मिथिला या हिजरी संवत् का होगा, क्योंकि शक या विक्रम संवत् में उस वर्ष 41 साल नहीं था। उन्होंने उस ज़माने में भूकम्प पर प्रचलित एक लोकगीत सुनाया–

सन इकतालीस माघ महीना, तीन पहर गुजरी।
राजनगर के राज नाश भेल, दरभंगा उजरी।
हम सब भारत से उजरी।।

मेरे घर के अलावा गाँव में शादी-विवाह आदि अनुष्ठानों में काम करनेवाले अन्य पंच-पौनियों के घर नहीं थे। पास के गाँव खाप में बनौधिया और मुसलमानों के अलावा कुछ कुम्हार और बरई के घर हैं। बरई लोग शुरू से सम्पन्न थे। उनके पास खेतीबारी थी। पर कुम्हार लोग भूमिहीन और ग़रीब थे। वे मिट्टी के बर्तन बनाकर अपना गुज़ारा करते थे। हमारे गाँव सहित आसपास के अनेक गाँवों में वे शादी-विवाह, यज्ञ-त्योहार में बर्तन लेकर जाते थे। गाँव के पुरोहित और माली कुआड़ी गाँव के थे, डोम और चमार खैरवा

गोट के और खेतों के लिए हाल-कुदाल, गाड़ी आदि बनानेवाले लोहार-बढ़ई मेजरगंज के थे।

गाँव में आग

उन दिनों गाँवों में दियासलाई का प्रचलन नहीं था। इसलिए लगभग प्रत्येक परिवार में चूल्हे या बोरसी में आग सुरक्षित रखी जाती थी। जिसके पास आग नहीं होती, वह दूसरे के घर से आग माँग लाता। कभी-कभी मैं भी गोयठे पर आग माँगने पड़ोस के घरों में जाया करता था। प्रेमचन्द की कहानी 'सद्‌गति' में आग माँगने का ख़ूब चित्रण हुआ है। दुखी चमार अपनी पत्नी से ठकुराने से आग नहीं मिलने की बात कहता है, फिर जब तम्बाकू पीने के लिए पंडिताईन से आग माँगने जाने पर दूर से फेंकी गयी आग की चिंगारी से उसका माथा जल जाता है। पर हमारे गाँव में 'अगलगी' सुरक्षित आग से नहीं हुई। खाना बनाते समय आग लगी थी।

गाँवों में अधिकतर घास-फूँस के घर होते थे। इसीलिए गर्मी के दिनों में अक्सर गाँवों में आग लग जाती थी। हमारे गाँव में भी कई बार अगलगी हुई। किन्तु एक बार ऐसी भीषण आग लगी कि लगभग पूरा गाँव ही जल गया। उस समय मैं पाँचवीं कक्षा में पढ़ता था। गाँव के मेरे सीनियर सहपाठी सत्यनारायण, जिन्हें लोग किरानी साहेब के नाम से पुकारते हैं, बताते हैं कि यह भीषण अग्नि-काण्ड 17 अप्रैल 1966, रविवार को हुआ था। उस दिन मैं माँ के साथ मामा के घर मुसहरवा में था। माँ मामा के घर गयी हुई थी। रविवार की छुट्टी थी। इसीलिए स्कूल करने के बाद मैं भी शनिवार को ही माँ के पास चला गया था।

दोपहर में मामा के साथ खाना खाकर निकला ही था कि हल्ला हुआ कि खैरवा गाँव में आग लगी हुई है। दूर-दूर से ही आसमान में धुएँ के गुब्बारे दिखाई पड़ रहे थे। मामा और माँ के साथ हम लोग पैदल ही अपने गाँव की ओर चल पड़े। हम लोग 8-10 किमी की दूरी तय करते हुए जब गाँव पहुँचे, तो आग लगभग बुझ चुकी थी। किन्तु जहाँ-तहाँ आग की लपटें अब भी दिखाई पड़ रही थीं। घर पहुँचकर देखा, तो गाँव के बीसियों लोग मेरे घर की छप्पर पर चढ़े हुए थे। मेरे दरवाज़े के कुएँ पर पिताजी, भैया और गाँव के बीसियों लोग खड़े थे। वे बाल्टी में पानी भरकर छप्पर पर दे रहे थे। ताकि आग इधर नहीं फैले। मेरा घर बरसात के पानी की तरह भीग चुका था। पूरा घर दक्षिण के घरों से कुछ दूरी पर था। बीच में कुएँ पर

जाने के लिए सड़क बनी थी। इसीलिए गाँववालों की मुस्तैदी से मेरे घर तक आग नहीं आ सकी और मेरे घर से सटे गाँव के उत्तर के आठ-दस घर बच गये। गाँव के तीनों कुएँ पानी भरने से लगभग सूख चुके थे। जिसे देखो, वही एक बाल्टी लिए खड़ा था। जले घरों से अनाज की कोठियों में लगी आग के धुएँ अब भी निकल रहे थे। अजीब-सी चिरौंधी गन्ध आ रही थी। गाँव में चीख-पुकार मची थी। घर, अनाज और सम्पत्ति की अपार क्षति हुई थी, किन्तु कोई माल-मवेशी या किसी के जनबल की कोई क्षति नहीं हुई थी। मेजरगंज और आस-पास के अनेक लोग हमारे गाँव में जमा हो गये थे। आग गाँव के जगदीश सिंह के घर के चूल्हे से लगी थी, इसीलिए उनके प्रति लोगों में आक्रोश था। पर सबसे अधिक बर्बादी भी तो उन्हीं की हुई थी।

जब आग शान्त हुई, तो लोग जहाँ-तहाँ तिरपाल या टेन्ट गाड़कर रात बिताये। सुबह से कुछ सरकारी राहत सामग्री और रिश्तेदारों के यहाँ से अन्न-पानी और कपड़े आने लगे। बहुत दिनों तक गाँव उजाड़ बना रहा। धीरे-धीरे खर-पतवार और बाँस से लोगों ने घर बनाये। उस साल हम लोग लगभग जले चावल के ही भोजन करते रहे। गाँव के सम्पन्न लोग, जिनकी कोठियों के अनाज भी जल गये थे, उन्होंने ज़्यादा जले अनाजों को माल-मवेशियों को खिलाया या गरीबों को दे दिया। फिर कम जले चावल, धान, मक्का, मसूरी, खेसारी आदि को मज़दूरी में दिया जाने लगा। मज़दूरों के पास नहीं लेने का कोई बहाना नहीं था, क्योंकि अधिकांश किसानों के अनाज जल चुके थे। मेरे घर पर दोनों ही तरह से जले हुए चावल-दाल और अन्य अनाज आते थे– मुफ़्त के भी और मज़दूरी के भी। इसीलिए भोजन में वही बनते थे। उन अनाजों के बने भोजन का स्वाद बहुत ख़राब होता था। फिर भी हमें वही खाना पड़ता था।

गाँव का डोम और लालू यादव

वर्ष 1995 में दुबारा चुनाव जीतने के बाद मुख्यमन्त्री लालू प्रसाद यादव 'रेफरल हॉस्पिटल' का उद्घाटन करने मेजरगंज आये। हाई स्कूल के मैदान में सभा हुई। लालू यादव को देखने-सुनने के लिए भारी भीड़ उमड़ी। भीड़ से कुछ दूरी पर पाँच-सात साल का एक बच्चा सूअर चरा रहा था। लेकिन उसका ध्यान अपने सूअरों से अधिक लालू यादव को देखने-सुनने पर लगा था। मंच से लालू यादव की नज़र उस लड़के पर पड़ी। उन्होंने वहीं से उस लड़के को मंच पर बुलाया। कुछ आला अधिकारी जब उसे पकड़ने गये, तो

वह डरकर भागने लगा। उसके साथ उसका पिता भी था। पिता और कुछ लोगों ने उसे पकड़कर समझाया और किसी तरह उसे मंच तक लाया गया। लालू यादव ने उस नंग-धड़ंग डोम बालक को गोद में उठाया और फिर दोनों हाथों से पकड़कर उसे ऊँचा उठाते हुए सभा के लोगों को संबोधित किया– "सूअर चरानेवालो, गाय चरानेवालो, भैंस चरानेवालो, बकरी चरानेवालो, घोंघा खानेवालो, केंकड़ा खानेवालों, अलुआ खानेवालो ! पढ़ना-लिखना सीखो !!"

उन्होंने उससे पूछा–'पढ़ोगे न'। उसने 'हाँ' में सिर हिला दिया। फिर उसके बाप को बुलाकर उन्होंने कुछ रुपये दिये और कहा कि जाओ इसका नाम स्कूल में लिखा देना और जब मैट्रिक पास कर जाये, तो मेरे पास नौकरी के लिए आ जाना। मेरे गाँव के हरदेव डोम का वह लड़का सचमुच पढ़ने लगा। पर आठवीं-नौवीं तक जाते-जाते वह थसक गया। वह न मैट्रिक पास कर सका, न लालू यादव के पास जा सका। उसे वहाँ ले जानेवाला कोई नेता भी नहीं मिला। फिर भी हमारे गाँव के इतिहास में स्कूल जानेवाला वह पहला डोम बालक था। हरदेव मल्ली का वह पंचसाला बेटा उमेश मल्ली हम लोगों के ग्राम पंचायत का वार्ड पार्षद बना। उसके पिता अब इस दुनिया में नहीं है। उमेश ने अपनी बच्चियों को थोड़ा-बहुत पढ़ाकर ब्याह दिया। उसके बच्चे अभी बहुत छोटे हैं। कहता है– 'इसे खूब पढ़ाऊँगा।' वह वोट के समय गाँव में हल्ला करके कहता है कि यदि लालू यादव नहीं रहते, तो मेरे जैसा डोम का बच्चा नहीं पढ़ता। लालू यादव छोटका लोगों के भगवान हैं। इसीलिए मैं लालू यादव की पार्टी को ही वोट देता हूँ। तुम लोग भी दो। लेकिन मेरे पंचायत के चमार विधायक दिनकर राम के कारण अधिकांश दलित-पिछड़े भाजपा को ही वोट देते हैं। आज़ादी के बाद से हमारा विधानसभा क्षेत्र हमेशा से अनुसूचित जातियों के लिए ही आरक्षित रहा। वार्ड पार्षद होते हुए भी वह अपना पुश्तैनी धन्धा भी करता है। इन्दिरा आवास से उसके घर भी बन चुके हैं। सूअर वह अब भी पालता है, पर सड़क किनारे की उसकी झोपड़ी और सूअरवाड़ा अब नहीं है। हमारे गाँव में डोम का एक ही घर है, वह भी खैरवा गोट में।

गणेश राम-महेश राम

खैरवा गोट के गणेश राम और महेश राम के पिता का नाम सन्तु महरा था। अपने गाँव और आस-पास के गाँवों में मरे हुए माल-मवेशियों को उठाकर बाहर ले जाना तथा गाँव-घर की औरतों का प्रसव करवाना उन्हीं के परिवार

का काम था। मेजरगंज के कुछ चमार लोगों का परिवार भी यह धन्धा करते थे। सबके गाँव-घर और गृहस्थ बँटे हुए थे। गणेश राम की माँ और उनकी पत्नी भी औरतों के बच्चे जनवाने में बड़ी दक्ष थीं। उन दिनों डॉक्टर और नर्स का ज़माना नहीं था। हमारी पीढ़ी तक गाँव के सारे बच्चे-बच्चियों के जन्म उन्होंने ही कराये थे। हमारे तो कराये ही, हमारे बच्चों के जन्म भी उन्हीं की देखरेख में हुए। प्रसव कराते-कराते मेरी पत्नी की गणेश राम की पत्नी से दोस्ती हो गयी थी। प्रसव के तुरत बाद हल्दी, गुड़ और आदी (अदरक) दिये जाते थे। अगले दिन से प्रसूताओं को दिये जाने वाले ग्रामीण भोजन का नाम था– मड़ुआ की रोटी और हलवा। बचपन में मैंने ख़ूब खाये हैं। मामी, भौजी को जब बच्चे होते, तो माँ उनको दिये जाने वाले भोजन में से थोड़ा बचाकर हम बच्चों को भी दे देती थी। बड़ा स्वादिष्ट होता था। देशी घी तो उनके हर भोजन में होते थे। आज मैंने पत्नी और भौजी से मड़ुआ के हलवा और रोटी के बारे में अनायास पूछ डाला। उन्होंने बताया कि इससे प्रसूताओं की ओटी (पाचन शक्ति) बरियार होती थी। फिर मडुआ ऐसा अन्न है, जिससे कब्ज़ आदि नहीं होते और दस्त की कोई सम्भावना नहीं। पेट को बाँधे रखता है। आज सोचता हूँ, ज़माना कहाँ से कहाँ आ गया! पाव रोटी और दूध से ही काम चल जाता है। माँ और शिशु की दो महीने की मालिश के बदले छह दिनों में ही काम निपट जाता है।

सन्तु महरा के घर के मर्द लोग मरे हुए मवेशियों को उठाने का काम करते थे। मवेशी के पैर रस्सी से बाँधकर उसमें मोटे-लम्बे बाँसों को घुसेड़ा जाता और जानवर के वज़न के अनुसार चार या आठ आदमी उसे उठाकर गाँव से बाहर ले जाते। हमारे गाँव और मेजरगंज के बीच की सूनी सड़क के किनारे मवेशियों के खालने का काम होता था। उधर मवेशी खाले जाते और इधर झुंड के झुंड गिद्ध उतरकर आपस में लड़ते रहते। आसपास के गाँवों के तार-खजूर और सेमल के ऊँचे-ऊँचे पेड़ गिद्धों से भर जाते। लम्बे-लम्बे पंख फैलाये आकाश मार्ग से एक के बाद एक गिद्ध उतरते। तेज़ गति से मँडराते और चक्कर काटते हुए वे ऐसे उतरते, जैसे कोई हवाई जहाज़ उतरता है। गिद्धों को उतरते देखकर लोग जान जाते कि किसी गाँव में कोई मवेशी मरा है। हम बच्चे कौतूहलवश गिद्धों को देखने जाते। लोग कहते कि गिद्ध बच्चों को नोचकर खा जाता है, उसके नज़दीक मत जाना। पर हम बच्चे गिद्धों के पास तक चले जाते। वे हमें कुछ नहीं करते, उलटे कुछ दूर भाग जाते थे। कुछ औरतें मवेशियों के माँस लेने के लिए टोकरे लिए खड़ी रहती

थीं। गणेश राम तो नहीं पढ़ सके, पर उनके छोटे भाई महेश राम हाई स्कूल तक गये। अब न सन्तु महरा हैं, न वे पुराने लोग, जो यह काम करते थे। गणेश राम भी एक-दो साल पहले मर गये। पर महेश राम हैं, जो गाँव में राशन की डीलरी करते हैं।

जानकी साह तुरहा और पालकी-खड़खड़िया

ख़ैरवा गोट में ही तुरहा लोग रहते थे, जो साग-सब्ज़ी उगाने के साथ-साथ पालकी-खड़खड़िया और लोगों की रिश्तेदारी में बहँगी पर भार (सौगात) ढोने का काम करते थे। पीढ़ियों से उनका यह पुश्तैनी धन्धा चला आ रहा था। पर हमारे होश में जानकी साह और उनका परिवार इस कार्य के लिए मशहूर थे। शादी-विवाह और लगन के दिनों में उनकी ख़ूब पूछ होती थी। सट्टे की क़ीमत काफ़ी बढ़ जाती थी। जानकी साह तीन भाई थे– जानकी साह, नारायण साह और अवतार साह। बाद में अवतार साह ने यह धन्धा पालकी ढोने का काम छोड़कर केवल साग-सब्ज़ी का धन्धा किया और अपने चार-चार बेटों के साथ काफ़ी उन्नति की। जानकी साह और नारायण साह का परिवार दोनों काम करते रहे। पर बाद में उन्होंने भी यह काम छोड़ दिया। उसके बाद भी बहुत दिनों तक उनके दरवाज़े पर पालकी-खड़खड़िया रहीं। अब वे भाड़े पर दुसाध-मुसहर लोगों से उसे ढोवाते थे। मेरे भाइयों और मेरी शादी में उन्हीं लोगों की पालकी-खड़खड़िया गयी थीं। पालकी पर दूल्हा बैठता था और खड़खड़िया में इधर से बारात के साथ समधी (दूल्हा के पिता) बैठकर जाते थे और उधर से दुल्हन विदा होकर आती थी। बाद में उनके एक भगिनमान रिश्तेदार नन्दू साह और अवतार साह के साढू रूखानी साह भी गाँव में आकर बस गये। आज उनके बाल-बच्चे सब्ज़ी उगाने और बेचने का काम करते हैं।

नथुनी नट (मदारी)

हम लोगों के होश सँभालते-सँभालते खैरवा गोट गाँव में कहीं से एक नट आया– नथुनी। गोरा-चिट्टा छबीला जवान। करू तेल से चुपड़े हुए बड़े-बड़े सजीले बाल, नथुनी जैसा रूपवान था, उसकी पत्नी भी वैसी ही सुन्दर और छैल-छविली थी, टिकुली और बुलकी वाली। वे कुछ टेढ़ी-मेढ़ी भाषा बोलते। अपनी भैंस की पीठ पर सारे घरेलू सामान लादे नथुनी आया और सड़क के किनारे एक बड़े पीपल के पेड़ तले अपना सिरकी (काँड़े और सरकण्डे

के बने चलन्त घर) तान दिया। दो-तीन सिरकियों के घर में औरत-मर्द के अलग-अलग बिछावन लग गये। वे अपने को मदारी कहते थे, किन्तु वे नट या मदारी वाले खेल-तमाशे नहीं करते थे। उसकी पत्नी झोले में कुछ जड़ी-बूटी लेकर गाँव-गाँव में घूमकर उसे बेचती थी और नथुनी भैंस और भैंसे को पालता था। उन दिनों नट, बंजारों जैसी खानाबदोश जातियों का आना और गाँव के बाहर किसी बगीचे या पेड़ के पास सिरकी तानकर रहना लोगों के लिए कौतूहल और मनोरंजन का विषय होता। ख़ासकर बच्चे बार-बार उन्हें देखने जाते थे। वे कुछ दिन रूकते और माँग-चाँग कर फिर दूसरी जगह चले जाते। पर नथुनी नट कहीं नहीं गया। वह स्थायी रूप से यहीं रह गया। सिरकी के घर धीरे-धीरे बाँस और फूँस के घर में बदल गये। नथूनी के पास भैंस के साथ भैंसा भी था। भैंसों से वह आस-पास के लोगों की भैंस को पाल खिलाता और पैसे लेता था। भैंस को पाल खिलाने उसके पास दूर-दूर से किसान आते थे। धीरे-धीरे उसने खपड़े का घर बना लिया। कभी-कभी वह निकटवर्ती नेपाल से लड़कियों की ख़रीद-फरोख़्त का भी धन्धा करता था। आस-पास के गाँवों में राजपूत लड़कों की अक्सर शादी नहीं होती थी। वह उनके और अपनी बिरादरी के लिए भी नेपाल से लड़कियाँ लाता था। हमारे गाँव में भी एक-दो परिवार में नेपाल से लायी गयी लड़कियों की शादी हुई थी। पर यह नथुनी नट से पहले की बात है। पर बाद में उसने यह धन्धा छोड़ दिया। अब नथुनी और उसकी पत्नी के मरने के बाद उसके तीनों बेटे भटुआ, झूलन और सतार अपने पुश्तैनी पेशे और मज़दूरी करने लगे। अब वे भी नहीं हैं। उनके बाल-बच्चे और परिवार आजकल इन्दिरा आवास के पक्के घर में रह रहे हैं। अपने पिता की तरह वे अपने नाम के आगे मदारी लगाते हैं। इस तरह नथुनी नट के वंशज अब नथुनी मदारी की पहचान वाले हो गये हैं।

नथुनी मुसहर

नथुनी माँझी आज तक मेरे घर का सेवक और सहायक है। दादा और पिताजी के ज़माने में जब खेती होती थी, तो नथुनी के पिताजी भगत माँझी और उसी गाँव के कुछ अन्य मज़दूर जोगी और उसका भाई बुचवा, नथुनी और उसका भाई रूपन (रूपना), सोहना और मंगला हमारे घर पर काम करते थे। भगत और जोगी हल-कुदाल चलाते थे और नथुनी और रुपना हमारे भैंसों की चरवाही करता था। सभी मिलकर फ़सलों की निकाई-गुड़ाई और कटाई

भी करते थे। हमारे पाल और खेत की फ़सल का लगभग आधा हिस्सा ये लोग ही ले जाते थे। पिताजी ग़रीब थे, किन्तु गृहस्थों की तरह मज़दूर रखकर काम करवाना उनका फ़ैशन था, ताकि समाज में उनकी प्रतिष्ठा बनी रहे। हमारे रिश्तेदारों में तो हमारी प्रतिष्ठा बनी रही, किन्तु गाँव-समाज के लोग हमारी हक़ीक़त को समझते थे। नतीजा हुआ कि उनके साथ-साथ ख़ुद काम करने पर भी पिताजी ग़रीब होते चले गये। ज़मीन भी बन्धक पड़ गयी और खेती छूट गयी। उसके साथ ही उन मज़दूरों का साथ भी छूट गया। पिताजी की मृत्यु के बाद भैया भी अकेले पड़ गये। छोटा भाई पढ़ रहा था। जब मुझे नौकरी लगी और बन्धक खेत छूटे, तो भैया ने धीरे-धीरे फिर उन मज़दूरों की सेवा लेनी शुरू कर दी। पर छोटे भाई के बाहर चले जाने के बाद फिर से खेती छूट गयी और वे मजदूर भी। किन्तु नथुनी लगातार काम करता रहा। भैया के जीवित रहने तक वह उनके साथ रहा। उनकी मृत्यु के बाद अब मेरे साथ रहता है।

शिक्षा-दीक्षा

पण्डित जी की छड़ी ने संस्कृत में पारंगत बना दिया

जो कुछ भी हूँ माता-पिता और गुरुजनों की सीख, भली-बुरी हिदायत, अपनी मेहनत और लगन से। अपने आपको और दुनिया को देखने की जो दृष्टि विकसित हुई, वह थी–

'अयं निजः परोवेति, गणना लघुचेतसाम्।
उदार चरितानाम तु, वसुधैव कुडम्बकम्।'

(यह मेरा है अथवा दूसरों का– ऐसी सोच (गणना) छोटे चित्तवाले लोगों है। उदार चरितवालों के लिए तो पूरा संसार ही परिवार के समान है।)

'इसके आगे बोलो'

'नहीं याद है पण्डित जी'–उन दिनों 'सर' का ज़माना नहीं था,

'हाथ निकालो'

सटाक ! सटाक !!

दो ज़ोरदार छड़ी जड़ते हुए पण्डित जी ने कहा– 'श्लोक याद नहीं और क्लास में फर्स्ट! देखो लड़को, क्लास में फर्स्ट की हालत।' लड़को ने ठहाका लगाया, पर कुछ लड़के, जिन्हें सबक याद नहीं थे, सहमे बैठे रहे और जब उनकी बारी आयी, तो उन्होंने भी चुपचाप पण्डित जी की एकाध छड़ी खा ली।

'खबरदार अगले दिन से याद नहीं रहा तो?'– पण्डित जी गरजे। हाई स्कूल में यह मेरा पहला अनुभव था।

यह वर्ष 1969 में कक्षा आठ की बात है। अपने गाँव (खैरवा- मेजरगंज) के 'जीऊत साह बैद्यनाथ प्रसाद' हाई स्कूल' में मैंने पहली बार नाम लिखाया था। मेजरगंज के ही मध्य विद्यालय से मिड्ल पास करके आया था। उन दिनों मिड्ल में भी 'बोर्ड परीक्षा' होती थी। मिड्ल मतलब सातवाँ क्लास। वैसे तो मैं पहली से ही सभी कक्षाओं में प्रथम आता था, पर सातवीं बोर्ड

में इतना ज़्यादा नम्बर आया (लगभग 95%) कि शिक्षकों के साथ-साथ लोग भी कहने लगे कि 'ज़िले-भर में फर्स्ट आया है।' हाई स्कूल में मेरे साथ आस-पास के कई मिड्ल स्कूलों के प्रथम स्थान-प्राप्त लड़कों ने भी नाम लिखवाये थे, पर मेरे जितना नम्बर किसी का न था। इसीलिए स्कूल के अधिकांश छात्र और शिक्षक मुझे स्नेह और आदर की दृष्टि से देखते थे।

पर मेरी शोहरत का कारण मेरी शिक्षा नहीं, मेरी जाति थी। एक नीच जाति का लड़का पढ़ ही नहीं रहा, क्लास में फर्स्ट भी कर रहा है। यह ईर्ष्या और खुशी दोनों की बात थी। छोटी जाति के लोगों में खुशी थी और वे अपने बच्चों के बीच मेरा उदाहरण पेश करते थे। ऊँची जाति के शिक्षा प्रेमी लोगों में भी मेरे प्रति स्नेह और सहानुभूति थी। लेकिन गाँव-जबार के अधिकांश लोगों में ईर्ष्या थी– एक नीच जाति का लड़का इतना अच्छा कैसे कर रहा है? पछाड़ो इसे। पर चाहे खुशी हो या ईर्ष्या इससे गाँव के सभी वर्ग के अभिभावक और बच्चों में पढ़ाई के प्रति जागरूकता आयी।

मेरे गाँव के बुजुर्गों में दो ही लोग पढ़े-लिखे थे– एक मुनेश्वर सिंह और दूसरे रामहृदय सिंह। दोनों मिड्ल पास थे। मुनेश्वर सिंह जहाँ उदार शिक्षा-प्रेमी और मेहनती किसान थे, वहीं रामहृदय सिंह कन्जूस और घमण डी व्यक्ति थे। मुनेश्वर सिंह अपने बच्चों के साथ गाँव के बच्चों को भी पढ़ने की प्रेरणा देते। रामहृदय सिंह कहते कि मैंने पैसे देकर ज्ञान प्राप्त किया है, इसीलिए किसी को नहीं बताऊँगा। गाँव के लोग उनके इस विद्याभिमान की हँसी उड़ाते। नतीजा हुआ कि मुनेश्वर सिंह की अगली पीढ़ियों में शिक्षा परम्परा आगे बढ़ी और उनके प्रथम पुत्र सुरेन्द्र सिंह (महेन्द्र सिंह) मैट्रिक पास कर गाँव के प्रथम सरकारी शिक्षक बने। फिर बाल-बच्चों में भी शिक्षा का संस्कार उत्पन्न हुआ। सुरेन्द्र सिंह के बड़े बेटे राजमंगल सिंह, जो मेरे शिष्य भी रहे, आज एक अच्छे पद पर काम कर रहे हैं। रामहृदय सिंह की शिक्षा परम्परा उनके बड़े भतीजे राज नारायण सिंह से आगे नहीं बढ़ सकी। हाँ, उनके पट्टीदार लोगों में उनके भतीजे राम इकबाल सिंह और उनके छोटे भाइयों परशुराम सिंह और योग नारायण सिंह से यह परम्परा आगे बढ़ी, जो अब तक जारी है।

हाई स्कूल की पहली सीढ़ी आठवीं में आते ही मुझे एक बार फिर से परीक्षा के दौर से गुज़रना पड़ा। सबसे अधिक सवाल मुझसे ही पूछे जाते। लेकिन यह सिलसिला अधिक दिनों तक नहीं चला, क्योंकि गुरु जी लोगों को मालूम हो गया कि साधारण-सा दिखनेवाला यह कुल-गोत्रहीन

बालक असाधारण है। मेरी पढ़ाई पारम्परिक कक्षा-पाठ से अलग स्वाध्याय पर आधारित थी। स्कूल में दिये गये सबक का अधिकांश भाग मैं टिफिन की एक-आध घण्टे की छुट्टी में ही पूरा कर लेता था। निर्धारित पाठ्यक्रम और सबक के अतिरिक्त पाठों को मैं घर पर एकान्त में पढ़ता और समझने की कोशिश करता, कठिनाई होने पर सीनियर छात्र और गुरुओं से पूछता। कभी-कभी गुरुजी डाँट देते– जो अभी पढ़ाया ही नहीं गया, उसे क्यों पूछते हो? फिर जिज्ञासा की मासूमियत देखकर वे बता देते। इस प्रकार किसी भी विषय में साल-भर के पाठ को मैं छह महीने में ही पूरा कर लेता। इसीलिए हाईस्कूल में शिक्षकों द्वारा पूछे गये किसी सवाल का मैं सही-सही जवाब दे देता। हाँ, मैंने हिन्दी, अंग्रेज़ी और संस्कृत के शब्दार्थ और गणित विज्ञान के सूत्रों को छोड़कर कोई कविता, कहानी या श्लोक रटा नहीं था। उन्हें बार-बार लिखता, मन में बिठाता, फिर वे याद हो जाते। सूत्रों को भी मैंने रटने से ज़्यादा हृदय में ही बिठाने की कोशिश की थी।

किन्तु पण्डित जी की छड़ी ने मुझे रटना सिखा दिया। पण्डित जी की यह छड़ी किसी छात्र पर उठी छड़ी नहीं थी, बल्कि उसकी सम्पूर्ण जातीय अस्मिता और परम्परा पर उठी छड़ी थी। पण्डित जी ने तो ऊपर से छड़ी ही चलायी और फटकार लगायी थी, पर मेरे अन्दर का रोम-रोम काँप गया था और अंतरात्मा से हिकारत की आवाज़ उठने लगी, मानो पण्डित जी कह रहे हों– "अर्जुनों की परम्परा में तू 'एकलव्य' कहाँ से आ गया?" पण्डित जी की द्रोणाचार्यी मुद्रा मुझे अभी तक याद है। मुझे स्मरण है इससे पहले पढ़ाई के लिए मुझे कभी किसी शिक्षक ने नहीं मारा था। हाँ, एक बार पहली कक्षा में जब मैं 'लीजर' क्लास होने के कारण कक्षा के दरवाज़े पर खड़ा था, तो बरामदे में टहलते हुए हेडमास्टर का एक ज़बर्दस्त डण्डा मेरी बाँह के कूल्हे पर लगा था– 'जाओ अन्दर भागो, यहाँ क्या करता है?' मैं कूल्हा सहलाता और कराहता हुआ अन्दर चला गया था। बाद में लड़कों ने बताया– बड़ा कड़ा हेडमास्टर है– रूदल सिंह, बच के रहना, बिना मतलब के भी लड़कों को मार देते हैं। रुदल सिंह हेडमास्टर की ख्याति इलाके में उनके इसी गुण के कारण फैली– कड़ाई और अनुशासन।

लेकिन अगले दिन से पण्डित जी का दिया हुआ एक-एक सबक मेरी जुबान पर होता। कुछ ही दिनों में मैं पण्डित जी का सबसे प्रिय छात्र बन गया। पण्डित जी सचमुच द्रोणाचार्य थे, लेकिन मैं एकलव्य नहीं, उनका अर्जुन निकला। पण्डित जी की कृपा से ही संस्कृत के साथ-साथ मेरी हिन्दी भी

अच्छी हो गयी। आज मेरे भाषा-ज्ञान का जो कुछ भी अच्छा है, पण्डित जी की देन है। मेरे संस्कृत शिक्षक हरिवंश झा अब इस दुनिया में नहीं हैं। मैं उन्हें हृदय से नमन करता हूँ।

लेकिन पण्डित जी ने अपने दोनों बेटों को भी अच्छी शिक्षा दी और उनके जीते-जी ही एक बेटा इन्जीनियर बन गया। वे समय के बड़े पाबन्द थे। वे नियत समय पर स्कूल आते और घंटी लगते ही क्लास में हाज़िर हो जाते। पण्डितजी की एक और विशेषता उनकी साइकिल बन गयी। अपने गाँव कुआड़ी से उन्हें पैदल ही आना पड़ता था। उनका मोटा शरीर थक जाता। सो एक दिन शिक्षकों ने समय बचाने के लिए उन्हें साइकिल ख़रीदने की राय दी। पण्डित जी ने साइकिल ख़रीद ली। किन्तु उन्हें चलाना नहीं आता था। उन्होंने स्कूल के फिल्ड में ही साइकिल चलाना भी सीख लिया। किन्तु वे साइकिल से सड़क पर चलने में डरते थे कि कहीं किसी से टकरा न जाये ! इसीलिए स्कूल से मेजरगंज तो साइकिल पर चढ़कर जाते थे, किन्तु बाज़ार तक जाते-जाते उतर जाते और साइकिल की हैण्डल पकड़े पैदल ही सड़क पार कर जाते। फिर गाँव से मेजरगंज आने पर भी वे ऐसा ही करते। कभी ऐसा नहीं हुआ कि वे घर से साइकिल पर सवार होकर एक ही बार स्कूल में उतरे हों। एक बार वे साइकिल चलाते हुए गिर पड़े। तब से उन्होंने साइकिल चलाना ही छोड़ दिया, किन्तु साइकिल को नहीं छोड़ा। वे साइकिल की हैण्डल पकड़े पैदल ही घर से स्कूल और स्कूल से घर जाते। साइकिल उनके मोटे शरीर के सन्तुलन के लिए एक सहारा बन गयी। यहाँ तक कि जब वे सब्जी खरीदने मेजरगंज बाज़ार आते, तो भी साइकिल पकड़कर ही। पण्डित जी अपनी साइकिल के लिए इलाके में प्रसिद्ध हो गये। पण्डित जी एक आदर्श शिक्षक थे।

जब मेरे सामने मास्टर जी की एक न चली

मैं घोर ग़रीबी और अभाव में पढ़ रहा था और आगे बढ़ रहा था। पाँच-सात साल की उम्र तक मैं बकरी चराता रहा। पिताजी बराबर कहते- स्कूल में पढ़ने जाओ। पढ़ोगे, तभी आगे बढ़ोगे। लेकिन गाँव-घर के लोग कहते थे- स्कूल में मास्टर लडकों को बहुत मारते हैं। इसी डर से मैं स्कूल नहीं जाना चाहता था। सो पिताजी ने एक दिन गाँव के स्कूल जानेवाले बच्चों से कहा- इसे भी अपने साथ स्कूल ले जाइये बबुआ, बाद में नाम लिखवा दूँगा। इसलिए स्कूल जानेवाले सवर्ण लड़कों ने कुछ कौतूहल से तो कुछ शरारत से

मुझे टाँगकर स्कूल ले गये। दूसरे दिन से मुझे टाँगने और बुलाने की ज़रूरत नहीं पड़ी। मैं खुद ही स्कूल जाने लगा। पिताजी ने स्कूल में नाम लिखवा दिया– हरगेन। पिताजी रोज शाम को मेरे लिए बाज़ार से लाई-मुर्ही-कचरी लाते थे। मैं बड़े चाव से खाता। किन्तु कभी-कभी बकरी चराने के लालच में स्कूल नहीं जाता। पर जिस दिन मैं स्कूल नहीं जाता, पिताजी मुर्ही (फरही, लाई)-कचरी का सनेश बन्द कर देते। इसलिए मैं नियमित रूप से स्कूल जाने लगा।

मेरे स्कूल जाने-न-जाने को शिक्षक लोग महत्त्व नहीं देते। पहली कक्षा में सबसे पीछे चटाई पर बैठना पड़ता। किन्तु मैं चुपचाप पढ़ता और ध्यान से शिक्षकों की बात सुनता रहता। मैंने सारे पहाड़े पढ़ना और लिखना सीख लिया। ककहरा और वर्तनी मैंने पहले ही सीख ली थी। अब फर्राटे के साथ किताब भी पढ़ने लगा। इस पर भी मास्टर लोगों का ध्यान मुझ पर नहीं गया था। शिक्षकों का ध्यान मुझ पर तब गया, जब मैंने छमाही परीक्षा में फर्स्ट किया। मुझे क्लास का मोनिटर बना दिया गया। किन्तु मैं अपने क्लास में कम और चोरी-छिपे दूसरे और तीसरे क्लास में ज़्यादा बैठने लगा; क्योंकि मैंने अपने वर्ग की सारी विद्या सीख ली थी। पकड़े जाने पर कह देता– सीखने गया था, मास्टर साहब। मास्टर साहब कुछ नहीं बोलते। मन ही मन खुश होते।

बखेड़ा तो तब पैदा हुआ, जब मैंने अपने पहले क्लास में फर्स्ट किया और दूसरी कक्षा में नाम लिखाने का समय आया। मैं ज़िद पर अड़ गया कि पढ़ूँगा तो तीसरी कक्षा में, नहीं तो नाम नहीं लिखवाऊँगा। मैंने दूसरी कक्षा के सारे जोड़, घटाव, गुणा, भाग जान लिया था। कुछ बातें तीसरी की भी जानता था। मास्टर लोग मेरे ज्ञान से परिचित थे, लेकिन टेकनिकल पेंच फँस गया था कि एक पहली के छात्र का दूसरी पास किये बिना तीसरी में नामांकन कैसे हो? हारकर मेरे पिताजी को बुलाया गया। उन्होंने भी मुझे दूसरी में ही रहने की हिदायत दी। किन्तु मैंने अपनी ज़िद न छोड़ी। अन्त में मैं रोने लगा। पिताजी भी रुआँसू हो गये। मेरी ज़िद, योग्यता और आत्मविश्वास के सामने मास्टर साहब और पिताजी की एक न चली। मास्टर साहब इस सच्चाई को जानते थे। अतः हेडमास्टर साहब ने एक रास्ता निकाला। पिताजी से कहा– अब नये सिरे से इसका नाम सीधे तीसरा में लिखना पड़ेगा। लेकिन इसके लिए इसका नाम बदलना पड़ेगा। पिताजी से कोई नया नाम पूछा गया। वे सोच ही रहे थे कि क्लास टीचर ने कहा– 'हरेन्द्र' नाम कैसा रहेगा? पिताजी ने हामी भर दी।

पर पता नहीं क्यों मुझे वह नाम अच्छा नहीं लगा। इसीलिए मैंने तपाक से कह दिया– हरेन्द्र नहीं, हरि–नारायण। फिर मैं 'हरगेन' से 'हरि–नारायण' बनकर तीसरी कक्षा में आ गया। मेरे एक और साथी केश्वर सिंह का नाम मास्टर साहेब ने बदलकर केशव सिंह कर दिया। पर मेरे बारे में मास्टर साहब ने आशंका जतायी– "तू दूसरी कक्षा में रहता, तो पहली की तरह फर्स्ट करता, तीसरी में कैसे करेगा?" मैंने जोश में आकर कह दिया- "तीसरी में भी फर्स्ट ही करूँगा, नहीं तो पढ़ाई छोड़ दूँगा।" हेडमास्टर साहब ने पीठ ठोंककर आशीर्वाद दिया और मैंने तीसरी में जो फर्स्ट किया, सो आगे भी लगातार करता चला गया। फिर कभी पीछे मुड़कर नहीं देखा। एम.ए. जहाँ तक मेरी पढ़ाई चली, क्लास में अव्वल आता रहा।

स्त्री शिक्षा और स्कूल

उन दिनों हाई स्कूल में लड़कियाँ नहीं पढ़ती थी। मिड्ल स्कूल में कुछ बड़े घराने की लड़कियाँ पढ़ती थी। वह भी पाँचवीं-छठी के बाद पढ़ाई छोड़ देती थीं। इसीलिए मिड्ल स्कूल तक की सह-शिक्षा में लड़के-लड़कियों के बीच स्वाभाविक आकर्षण और हँसी-मज़ाक़ के वातावरण में पढ़ाई में भी मन लगता था। पर मेरे जैसे लजालु लड़के को मज़ाक भी करना नहीं आता था।

एक थी किसोरिया : हाँ, बुद्धन मेहतर की छोटी बेटी का यही नाम था– किसोरिया। आठ–दस साल की गोरी–चिट्टी सुन्दर–सी लड़की। सूअर चराती थी, अपनी बड़ी बहन पसुपतिया के साथ। दोनों बहनों के बीच एक मँझला भाई भी था– राजदेव। राजदेव अब इस दुनिया में नहीं है, पिता बुद्धन भी नहीं। तीनों भाई-बहनों में एक–दो वर्षों का ही अन्तर था। उनका रूप-रंग देखकर कोई नहीं कह सकता था कि वे भंगी के बेटे-बेटी हैं। हम सभी हमउम्र थे। जिस सड़क के किनारे किसोरिया सूअर चराती थी, उसी से होकर हमें स्कूल जाना पड़ता था। सड़क के इस पार हमारा गाँव था और उस पार स्कूल। बीच में लम्बी सड़क थी और सड़क पर बना कटही पूल, जो हमारे स्कूल और गाँव को छोड़कर दूर-दूर के गाँवों को जोड़ता था। पर हम सड़क से होकर नहीं, सड़क को चौड़ाई में पार कर पुल के नीचे से खेतों की पगडण्डी से स्कूल जाते थे। सड़क एक छोटे शहर मेजरगंज से निकलती थी। किसोरिया इसी शहर की रहनेवाली थी, बला की ख़ूबसूरत।

सुबह-सुबह ही वह सूअरों को लेकर सड़क पर आ जाती। सूअर सड़क के किनारे घों-घों करते। बेकार पड़ी ज़मीन और खेतों की गन्दगी को

मोटे-मोटे थूथनो से कोड़ते और किसोरिया गुमसुम बनी सड़क के किनारे बैठी रहती। कभी-कभी उड़ती नज़र से वह सूअरों को भी देख लेती। कहीं किसी मालिक के खेत में टप जाये, तो आफत आ जाये। जब भी ऐसा होता दीखता, वह अपनी छड़ी लेकर दौड़ पड़ती। फिर सूअरों को सँभाल कर अपनी छोटी-सी साड़ी को सँभालती हुई वहीं आकर बैठ जाती। रोज़-रोज़ स्कूल जाते हम लोग उसे इसी रूप में देखते। पर वह हमारी ओर कभी नहीं देखती, अथवा हमारे जाने के बाद देखती होगी, हम नहीं जानते। हमने कभी उसे बोलते हुए नहीं सुना था।

बच्चे-बच्चियों के स्वाभाविक आकर्षण के कारण केवल उसे देखने के लिए हम लोग घर से थोड़ा जल्द ही स्कूल के लिए चल पड़ते, ताकि उसे देखने के चक्कर में स्कूल पहुँचने में देर न हो जाये। हवा की तेज़ गति से दौड़ते हुए हमारे पाँव सड़क तक आते-आते थम-से जाते। कभी गिरे पैसे खोजने के बहाने, कभी पाँव में लगे कीचड़ को पास की तलैया में धोने के बहाने तो कभी थकावट का बहाना करके हम देर तक सड़क के आस-पास मँडराते रहते। लेकिन कोई बोलता कुछ नहीं। उस भोली, निर्दोष सूरत ने हममें गज़ब का अनुशासन भर दिया था। किसी के मुँह से सी भी निकलती, तो अनायास सबकी उँगली मुँह पर चली जाती– मानो हिदायत दे रही हो– चुप रहो, नहीं तो राजकुमारी जाग जायेगी। ऐसा ही हर रोज होता था।

एक दिन लडकों ने विचार किया कि उसकी बोली सुनी जाये। मगर कैसे– किसी को सुझाता नहीं था। टोका-टोकी करने पर कहीं वह बुरा न मान जाये। फिर पूरी भंगी टोली गाँव पर चढ़ बैठे। फिर बाप-दादे लाठी लेकर खोजता फिरे- 'बबुआन होकर भंगी की लड़की को छेड़ता है, धरम नाश कर दिया। कहाँ गया रे केशवा, हरिया, रमुआ, जोगवा...आ जाये, तो हड्डी तोड़ दूँ।' इस डर से कोई कुछ नहीं कहता। साथियों में से एक मैं ही बबुआन (सवर्ण) नहीं था। सो केशव को एक उपाय सूझा। उसने मुझे सलाह दी कि तुम सूअर पर ढेला फेंको। सूअर भागेगा और वह हम लोगों को गाली देगी। फिर हमलोग उसकी बोली सुन लेंगे– सबने हामी भरी। मुझे भी उपाय अच्छा लगा और मैं तैयार हो गया। अब तो बोली सुन ही लेंगे- सब के मन में लड्डू फूट रहे थे। मैंने पुल के नीचे से एक बड़ा-सा ढेला उठाया। ढेला क्या वह पत्थर का एक छोटा-सा टुकड़ा था। आव देखा न ताव, कसकर सूअर पर दे मारा। पर निशाना चुक गया और वह सीधे किसोरिया के माथे पर जा लगा। वह जोर से चिल्लायी-माई रे! और माथा पकड़कर वहीं बैठ गयी।

हम लड़कों के होश उड़ गये। सर पर पाँव रखकर हम स्कूल की ओर भागे। इतने सारे लड़कों को एक साथ हाँफते हुए देखकर मास्टर साहब ने कारण पूछा। सबने मेरी ओर ईशारा करके सही बातें बता दीं। मास्टर और हेडमास्टर साहब को विश्वास नहीं हुआ– 'हरगिज नहीं, हरिया ऐसा नहीं कर सकता। वह स्कूल का सबसे तेज़ और शरीफ़ लड़का है। तुम्हीं लोगों की शैतानी है, 'मौनं स्वीकार लक्षणम्' बना मैं चुपचाप खड़ा था।

इतने में स्कूल के मैदान की ओर से एक लड़की को लेकर कुछ औरत-मर्द आते दिखायी दिये। कुछ के हाथ में डण्डे भी थे। वह किसोरिया थी- अपने माँ-बाप के साथ। मास्टर साहब ने मुझे एक कमरे में छुपा दिया। 'कहाँ है, वह लड़का? उसे निकालिए मास्टर साहब ! मैं उसकी बोटी-बोटी नोच लूँगी। हम भंगी-चमारों की इज़्ज़त नहीं होती क्या? यह देखिए, बेटी का खून! बबुआन हमें जीने नहीं देते। तो हम भी अपनी बेटी की ख़ातिर मर जायेंगे। पर जान लेकर मरेंगे'– किसोरिया की माँ शेरनी की तरह दहाड़ रही थी। उसके बाप के साथ लोग भी लाठी फटकार रहे थे। नीच जाति समझ कर ही तो लड़की पर हाथ उठाया। हेडमास्टर साहब ने हाथ जोड़ लिये– 'जाने दो बुद्धन, कोई बदमाश लड़का रहा होगा। बबुआन का कोई लड़का यहाँ नहीं आया। जिसने मारा, वह भाग गया होगा। मैं माफ़ी माँगता हूँ। बच्ची को अस्पताल ले जाओ।'

मैं कमरे के कोने में बैठा चोर नज़रों से सब कुछ देख रहा था। पहली बार नज़र-भर के किसोरिया को देखा था– उसकी ललाट से अब भी ख़ून की बूँदे टपक रही थीं, जिसे वह पल्लू से बार-बार पोंछ रही थी। उसके साथ उसकी माँ भी रो रही थी। अनायास मेरी आँखे भर आयीं। मन करता था दौड़ कर किसोरिया के पास चला जाऊँ और उसके हाथ में पत्थर देकर कहूँ– ले मार ले, मेरा सर फोड़ दे। मैं अपराधी हूँ। नीच हूँ। पापी हूँ। पर साथ के लड़कों ने पकड़ रखा था। मास्टर साहब ने किसी तरह मान-मनौवल कर और दवा-दारू के पैसे देकर किसोरिया के माँ-बाप को विदा किया और डण्डे लेकर जब मेरे पास आये, तो मैं फुक्का फाड़कर रो रहा था। मैं चाहता था कि मास्टर साहब मुझे खूब मारे। पर वे भी आँसू पोंछते चले गये। यह घटना चौथी या पाँचवीं कक्षा की है। तब से आज तक मुझे किसोरिया से माफ़ी माँगने का मौका नहीं मिला। पता नहीं उसे यह घटना अब याद भी है या नहीं। एक बार जब गाँव गया था, तो उसके घर भी गया। पता चला वह अपने ससुराल बीरगंज नेपाल में रहती है।

एक थी मंजू : हमारे मिड्ल स्कूल में लड़कियाँ बहुत कम ही थीं, पर जो भी होती थीं, बड़े घराने की। कोई भोली-भाली होती थी, तो कोई-कोई नटखट भी। घर के वातावरण के विपरीत स्कूल में थोड़ा आज़ाद महसूस करतीं और अपनी सहेलियों के बीच अक्सर हँसी-ठिठोली करती रहतीं। लड़के अक्सर घात लगाकर उनकी बातों को सुनना चाहते। पर वे बात बदल देतीं और उन्हें कोई फ़ायदा नहीं होता। पर कभी-कभी शिकायत मास्टर रामविलास सिंह के पास पहुँच जाती। रामविलास बाबू सभी छात्र-छात्राओं के चहेते शिक्षक थे। वे हँसी-खेल में बच्चों को सब कुछ सिखा देते थे। वे हमारे स्काउट शिक्षक भी थे। वे लड़कियों के सामने शरारती लड़कों की कान पकड़ कर उठक-बैठक करा देते। लड़कियाँ ख़ुश होकर भाग जातीं। पर मैं ऐसी हरकतों से दूर ही रहता। किन्तु एक दिन मेरे साथ एक दूसरी ही घटना घट गयी।

वाक़या सातवीं कक्षा का है। मेरी एक सहपाठिन थी मंजू, जितनी ख़ूबसूरत थी, पढ़ने में उतनी ही भोदूओं। अफ़सर की बेटी थी। टेस्ट परीक्षा में उसका एक पेपर छूट गया। टीचर की ख़ुशामद की। उसे पेपर में शामिल होने की अनुमति मिल गयी। मैं कक्षा में फर्स्ट आता था, इसलिए वह अक्सर मुझसे मदद लेती थी। उस दिन टीचर ने ही मुझे कापी लिखने में उसकी मदद करने को कह दिया। टीचर वही थे– रामविलास सिंह। जिस कमरे में मैं उसे कापी लिखवा रहा था, सहपाठी लड़के अगल-बगल से ताक-झाँक कर रहे थे। एक लड़का एक सुन्दर लड़की के बगल में बैठा हो और बाकी चुप रहें– ऐसा हो ही नहीं सकता। वह लड़की बार-बार चिरौरी कर रही थी– तुम्हीं कॉपी लिख दो, प्लीज़। पर मेरा जमीर साथ नहीं दे रहा था। इतने में किसी शरारती लड़के ने बाहर से कमरा बन्द कर दिया। वह घबड़ा गयी, पर उससे अधिक मैं घबड़ाया। इतने में उसने कहा– 'आई लव यू' प्लीज जल्दी करो। लिख दो मेरी आँखें अनायास उसकी आँखों में समा गयीं। मैंने कब कलम उठायी, कब कापी लिखी– पता ही नहीं चला। आधे घंटे बाद मैं उसकी कापी-कलम लेकर दरवाज़े पर हाज़िर था और वह दरवाज़ा पीट-पीट कर चिल्ला रही थी– दरवाज़ा खोलो, दरवाज़ा खोलो। पर लड़के सब भाग गये थे।

अन्त में जब टीचर ने चपरासी से दरवाज़ा खुलवाया, तो मेरी सूरत देखने लायक थी। मैं मुजरिम बना खड़ा था। पर उसने चहकते हुए कॉपी जमा कर दी और शिक्षकों ने मुस्कुराते हुए हम दोनों को विदा किया। दो-तीन दिनों बाद जब टेस्ट का रिजल्ट आया, तो वह अब्बल दर्जे में पास थी। विषय शिक्षक

ने छात्र-छात्राओं के बीच ही हम दोनों को बुलाकर कॉपी दिखायी, जिसके मुख पृष्ठ पर मोटे-मोटे अक्षरों में लिखा था– 'चोर पकड़ाया गोलमाल'। लड़के-लड़कियाँ ठहाका मारकर हँस पड़े। मेरी सूरत देखने लायक थी, क्योंकि अधिकांश लड़के इस घटना को जानते थे। मेरा प्यार रफू-चक्कर हो गया। कई दिनों तक वह मुझे मनाती रही। पर मैंने कहा– तूने मुझे सबके सामने बेवकूफ़ बनाया है, तुम स्वार्थी हो। पर वह स्वार्थी नहीं थी। बोर्ड परीक्षा के अन्तिम दिन मुझे देखकर उसकी आँखें छलछला आयी। यही हमारा अन्तिम मिलन था। बारह बरस की उस बाली उमर को अब भी सलाम करने का मन करता है– न जाने वह कहाँ होगी?

स्कूल में दलित-पिछड़े और अल्पसंख्यक छात्र

मेरे जीवनवृत्त के वर्णन में अवर्ण-सवर्ण, जाति-पाँति से जुड़े शब्द और सन्दर्भों पर कुछ मित्रों की आपत्ति स्वाभाविक है। क्योंकि अब मानवीय मूल्य बदल चुके हैं। किन्तु भारतीय समाज में जाति-व्यवस्था और तद्‌जनित भेदभाव, ऊँच-नीच बहुत बड़ी सच्चाई है। हिन्दू समाज की यह सच्चाई यहाँ के पूर्ववर्ती जैन, बौद्ध और परवर्ती मुस्लिम, सिक्ख, ईसाई सभी समाजों में जड़ तक व्याप्त है। संवैधानिक अवधारणा के बावजूद समाज में आज तक समानता नहीं आयी है। समाज का अपना अलग संविधान है, जो आज के इस अति आधुनिक युग में भी व्यवस्था पर हावी है। कभी धर्म के नाम पर, तो कभी जाति के नाम पर समाज में भेदभाव होते हैं। उदारवादी लोग सभी जाति और वर्ग में हैं, जिनके कारण सामाजिक सन्तुलन बना हुआ है, वर्ना हमारा पुरातन संस्कार हम पर अब भी हावी होने लगता है।

यद्यपि अछूत होना एक भारी कलंक और त्रासद स्थिति है, पर कुम्हार, कहार, तुरहा, धानुक, ढाँगर जैसी अति पिछड़ी कही जानेवाली जाति और डोम, चमार, धोबी सहित तमाम अछूत जातियों की स्थिति में बहुत कुछ भिन्नता नहीं थी। 'नाई' भारत की एक राष्ट्रीय जाति है, जो देश के हर प्रान्त में पायी जाती है। सेवा-टहल में निपुण और मालिकों के पिछलग्गू होने के कारण उसे बुद्धिमान और चतुर भी कहा गया। उनकी ब्राह्मणों और समाज के सवर्णों से सीधी भागीदारी और लोकप्रियता के कारण इस जाति के पास पहचान का संकट भी नहीं है, किन्तु उनकी सामाजिक स्थिति दलितों से अच्छी कभी नहीं रही। जन्म से लेकर मरण तक इस जाति ने जी-जान से यजमानों की सेवा की, पर इसे समाज से सदा दुत्कार-फटकार और अपमान

ही मिले। कोई अपनी मेहनत और प्रतिभा से बड़ा अफ़सर और अमीर भी बन गया, तो बड़प्पन की सामाजिक स्वीकृति उसे नहीं मिलती थी। ग़रीबी तो इसकी घुट्टी में बसी थी। चाहे बिहार में भिखारी ठाकुर जैसे विख्यात लोककलाकार हों, चाहे कर्पूरी ठाकुर जैसे मुख्यमन्त्री, उन्हें सत्ता और शोहरत तो मिली, सामाजिक समानता और सम्मान नहीं। अपनी भी स्थिति उससे भिन्न नहीं थी।

आज़ादी के आन्दोलन, आज़ादी और फिर बाद में बनी संवैधानिक अवधारणा के अनुरूप नये मूल्यों का विकास हुआ। पुराने मूल्य ध्वस्त होते चले गये। नयी पीढ़ी की छोटी जातियों में जाति की अनुभूति या अभिव्यक्ति अपराध बोध-सा बन गया। जातियों के नाम पूछने और बताने में लोग संकोच करने लगे। अन्यथा मेरे बचपन के दिनों में धड़ल्ले से लोग जाति और आश्रम का नाम पूछते थे। ऊँची जातियों में भी जाति अभिमान अपेक्षाकृत कम होता चला गया। किन्तु सामाजिक चरित्र में अधिक बदलाव नहीं आया। कार्यव्यस्तता और ज़रूरतों के अनुरूप शहरों में तो छुआछूत और भेदभाव प्राय: मिट-से गये हैं। पर देश के गाँवों में कोई ख़ास परिवर्तन नहीं आया। जिस आरक्षण को भेदभाव मिटाने का साधन बनाया गया था। वह अब राजनीति का साध्य बन गया है। सामाजिक असमानता पर आर्थिक असमानता हावी है। इसलिए अपने समय और समाज के चित्रण में तत्कालीन व्यक्ति और समाज के चाल, चरित्र और चलन प्रकाश में आना आवश्यक है। यह समाजशास्त्र और इतिहास की माँग है।

एक थे पुनीत राम : उन दिनों स्कूलों में सवर्ण छात्र ही अधिक पढ़ते थे, कुछ यादव, कुर्मी, कोयरी, बनिया आदि जाति के छात्र भी पढ़ते थे। लेकिन उनकी संख्या कम होती थी। हाई स्कूल में 'दलित' या 'अछूत' छात्र शायद ही पढ़ते हों। मिड्ल स्कूल में मुझसे दो क्लास ऊँचे में मेजरगंज के दो दलित (भंगी) छात्र पढ़ते थे– महिन्दर और सहिन्दर। शायद दोनों भाई थे। किन्तु वे मिड्ल पास नहीं कर सके। वे बीच में ही पढ़ाई छोड़कर चले गये। उसी तरह एक मुस्लिम छात्र पढ़ता था– लियाकत अंसारी। वह भी बीच में ही चला गया। मेरे साथ एक दलित लड़का पढ़ता था– मानकी दास, जो बहुत सुन्दर गीत गाता था। पर कुछ ही क्लास के बाद उसने पढ़ाई छोड़ दी। अन्य कोई दलित या मुस्लिम छात्र नहीं थे। एक-दो वर्षों बाद एक दलित छात्र आया– पुनीत राम, जो मिड्ल स्कूल में मुझसे दो क्लास जूनियर था। पढ़ने में वह भी तेज था, कलाकार भी। स्कूल के गीत-संगीत और नाटकों

में बराबर भाग लेता, पर गरीबी, सामाजिक विषमता और अवरोध के कारण वह मैट्रिक के आगे नहीं पढ़ सका। ट्रेनिंग करके सरकारी स्कूल में टीचर बन गया। शादी हुई, बच्चे भी हुए, पर परिवार और समाज का बोझ वे ठीक से नहीं ढो सके।

पुनीत राम में गज़ब की सामाजिक चेतना थी। वह धर्म-कर्म नहीं मानता था, शुद्ध नास्तिक था। वह अक्सर कहता– 'इतिहास में अब तक जो भी लड़ाइयाँ हुई हैं, धर्म के कारण ही हुई हैं। जातियाँ धर्म ने ही बनायी हैं, जो समाज के लिए कोढ़ है। जाति-व्यवस्था के कारण ही हम छोटी जातियों का विकास नहीं हुआ। दुःख है कि पुनीत राम अब इस दुनिया में नहीं हैं। एक बड़े संयुक्त परिवार के बोझ, ग़रीबी और चिन्ता ने उन्हें नशे का आदी बना दिया और बीमारी का इलाज ठीक से नहीं हो पाने के कारण वे असमय ही चल बसे।

मानकी दास : मानकी दास जाति के 'तंतवां (तांती)' थे, जिसे गाँव के लोग 'बनौधिया' कहते थे। वे सरकारी सूची में 'अत्यन्त पिछड़ा वर्ग' में आते हैं, किन्तु उन्हें अछूत माना जाता था। पहले भी बताया जा चुका है कि इस जाति के अधिक लोग 'खाप' गाँव में रहते थे। कुछ घर आस-पास के गाँवों में भी थे। किन्तु उनका घर खैरवा गोट में था। 'बनौधिया' जाति के दो-चार घर वहाँ भी थे। वे मेरे क्लास-सहपाठी थे। किन्तु उम्र में वे मुझसे तीन-चार साल बड़े थे। उन दिनों बड़े होने पर ही लोग स्कूल में नाम लिखवाते थे। पाँच-छह साल की उम्र में बहुत कम ही लड़के स्कूल जाते थे। वे पढ़ने में बहुत तेज़ थे। तीसरी कक्षा में मेरे बाद उन्हीं का नम्बर था। उन्होंने क्लास में सेकेण्ड किया था। लेकिन पढ़ाई के ज्ञान से अच्छा उनको बिन पढ़ाया हुआ ज्ञान था– संगीत का ज्ञान। सुर, ताल, लय, छन्द के उतार-चढ़ाव का ऐसा ज्ञान, जिसमें गाजा-बाजा की कोई ज़रूरत नहीं। वे गीत भी थे, नृत्य भी थे और वाद्य भी, और कुल मिलाकर पूरा संगीत। जब वे ऊँचे स्वर में गीत गाते, तो संगीत का ऐसा समां बँधता कि छात्र-शिक्षक सुध-बुध खोकर भाव-विभोर हो जाते। शिक्षक लोग बार-बार मानकी से गीत गाने की फरमाइश करते और वे गाते रहते। प्रत्येक शनिवार को स्कूल में सांस्कृतिक कार्यक्रम होते थे। इसमें हर बार मानकी दास ही फर्स्ट करते और मैं सेकेण्ड। मेरा भी स्वर अच्छा था। कभी-कभी मैं भी फर्स्ट कर जाता। मानकी दास को स्कूल के मास्टर और लड़के 'मनकीया' कहते थे। उनका एक दर्द भरा सुरीला गीत मुझे अब भी याद है–

सरवन पानी भरे गयीले सागर किनरवा, माता-पिता के करनमा ना।
सरवन भरे हो लगलन नीर, दशरथ कसके मारलक तीर।
तीरवा लागी गेइले सरवन के बदनमा, माता-पिता के करानमा ना।

लेकिन चौथी कक्षा में जाते-जाते उसके पिताजी मर गये और मानकी दास ने पढ़ाई छोड़ दी। ग़रीबी के कारण एक अच्छी-भली प्रतिभा का अन्त हो गया। वह पिताजी के बदले मज़दूरी करके परिवार का भरण-पोषण करने लगा। अपनी गायन-कला का उपयोग उसने अपने गाँव-घर में किया। गाँव की पूजा, कीर्तन, भजन, देवास, भगतई आदि में उनके गीत गूँजने लगे। यदि वे किसी अच्छे घर के होते, तो पेशेवर गायक और कम-से-कम अच्छे शिक्षक ज़रूर बनते। उनके जाने के बाद स्कूल में संगीत का हीरो मैं ही बन गया। बचपन में ही उनकी शादी हो गयी और कुछ दिनों के बाद बच्चे भी होने लगे। पर वे अपने बाल-बच्चों को भी नहीं पढ़ा सके। थोड़ा-थोड़ा पढ़के सबने पढ़ाई छोड़ दी। उनके बच्चे दिल्ली-पंजाब कमाकर भी घर बैठ गये । घर की माली हालत पहले से अच्छी ज़रूर है। इन्दिरा आवास से घर भी बन चुके हैं। पर मज़दूरी का धन्धा छूटा नहीं है।

इस बार जब गाँव गया था, तो मानकी दास से मिलने उनके घर पर गया। पता चला वे घर पर नहीं हैं, धान की रोपनी करने खेत में गये हैं। खेत अधिक दूर नहीं था। उनका पोता उन्हें बुलाने गया। जब वे आये, तो न मैंने पहचाना, न उन्होंने। बचपन के बाद आज ही मुलाक़ात हो रही थी। बूढ़े मानकी दास अब घर पर ही रहते हैं। वे अब दूसरे से हुंडा-बटाई पर खेत लेकर खेती भी करते हैं, और दूसरों के यहाँ मज़दूरी भी। उन्होंने हाथ जोड़कर मुझे प्रणाम किया। गाड़ी देखकर वे थोड़ा डर भी गये। पता नहीं, कोई हाकिम-हुकूम हों ! गाड़ी से उतरते ही उन्होंने पूछा– "मालिक, की हुकूम हैय, कहल जाओ।" पर जब मैंने अपना परिचय दिया, तो उनकी ख़ुशी का ठिकाना नहीं रहा। उनकी पत्नी और पोते सहित आस-पड़ोस के भी कुछ लोग आ गये। वे सबको बताने लगे कि हम लोग कैसे साथ-साथ पढ़ते थे। मेरे गाँव के घर-परिवार से तो कुछ लोग परिचित थे, लेकिन अधिकांश लोग मुझे पहली बार देख रहे थे। ऐसे न जाने कितने मानकी दास होंगे, जिन्हें अभावों ने अवसरहीन और वंचित बना दिया।

आपके बच्चों का शुल्क माफ़ किया, तो हजाम के बच्चे का भी करना पड़ेगा

हमारे गाँव के हाई स्कूल 'जिउत साह बनारसी प्रसाद उच्च विद्यालय' के संस्थापक सचिव थे–बनारसी प्रसाद। वे मेजरगंज के सबसे धनी बनिया और

जमीन्दार थे। उनका अनाज का गोला (गद्दी) भी था, किन्तु मुख्य पेशा खेती ही था। उन्हें लोग महाजन कहते थे। वे गाँव के ग़रीब लोगों को रुपये और अनाज का क़र्ज़ देते थे। अनाज ड्योढ़ा पर दिया जाता था। मतलब कोई एक मन धान, कऊनी, चीना, मडुआ या मकई लेता था, तो उसे अगली फ़सल पर डेढ़ मन देना पड़ता था। उस जमाने में गेहूँ क़र्ज़ में नहीं दिया जाता था, बहुत कम उपजता था। यद्यपि गेहूँ से अधिक स्वास्थ्यवर्द्धक और पवित्र जौ होता था, किन्तु अधिक स्वादिष्ट होने और कम उपलब्धता के कारण गेहूँ का महत्त्व अधिक था। बीमारी के बाद गेहूँ की रोटी पथ्य में दी जाती थी। यदि किसी के घर दामाद, समधी या कोई महत्त्वपूर्ण रिश्तेदार आ जाते, तो गेहूँ की रोटी और फुलकी बनती थी।

जिस दिन किसी के घर में गेहूँ की रोटी बनती थी, उस दिन पूरे गाँव में शोर हो जाता कि फलाने के घर में गेहूँ की रोटी बनी है। क़र्ज़ का अनाज यदि कोई अगली फ़सल पर भी नहीं दे पाता, तो उसे उससे अगली फसल पर उस डेढ़ मन का भी ड्योढ़ा देना पड़ता था। ग़रीबी के कारण कोई-कोई पाँच-पाँच, सात-सात वर्षों तक अनाज का क़र्ज़ नहीं चुका पाता था। किन्तु उसका ड्योढ़ा इसी दर से बढ़ता रहता। महाजन का मुंशी क़र्ज़दार के मरने पर भी, उसके बाल-बच्चों से ड्योढ़ा वसूलता। बहुत मान-मनौअल के बाद भी एक मन का दस-पन्द्रह मन अनाज या उसके दाम देने पड़ते। ग़रीब किसान-मज़दूर तबाह हो जाते। उन्हें क़र्ज़ चुकाने के लिए दूसरा क़र्ज़ लेना पड़ता। मुझे ही पिता जी द्वारा लिए गये ड्योढ़ा क़र्ज़ को वर्षों तक चुकाना पड़ा, जब मैं कमाने लगा। पर सन्तोष है कि सारे क़र्ज़ों को मैंने पिताजी के जीवित रहते ही चुका दिया, भले ही इसमें मेरी आधी कमाई चली गयी। हमारे घर के महाजन थे- चैनपुर के हमारे गृहस्थ और ज़मीन्दार गोनौर सिंह और अपने गाँव के रामचन्द्र सिंह। हमारे गाँव में दो-चार सम्पन्न परिवारों को छोड़कर प्राय: सभी को क़र्ज़ लेना पड़ता था। ऐसे सम्पन्न परिवार थे- अशेश्वर सिंह उनके छोटे भाई कीर्ति सिंह व रामवीर सिंह, गंगा सिंह, रामाशीष सिंह, रामचन्द्र सिंह और सीताराम सिंह।

हमारे गाँव के अधिकांश लोग बनारसी प्रसाद से ही क़र्ज़ लेते थे। वे हमारे गाँव के निर्विवाद महाजन थे। किन्तु महाजन होने के बावजूद जातीय श्रेष्ठता में वे कमतर (बनिया) थे, इसीलिए हमारे गाँव के राजपूतों को वे बाबू साहब ही कहते थे। ग़रीब होते हुए भी बाबू लोगों को स्वाभाविक रूप से सामाजिक श्रेष्टता प्राप्त थी। बनारसी प्रसाद प्राय: प्रतिदिन सुबह पैदल ही

हमारे गाँव से होकर अपनी खेती-बारी देखने जाया करते थे। हमारे घर के ठीक सामने सड़क उस पार पश्चिम की ओर मुनेश्वर सिंह का घर है। उन दिनों उनका बड़ा दालान था, जहाँ घर के बुजुर्गों के साथ-साथ आस-पास के लोग भी बैठते थे। उनके पिताजी का नाम ब्रह्मदेव सिंह था। लोग उन्हें 'मानो' बुढ़वा कहते थे, क्योंकि वे हर बात में वे 'मानो' लगाकर बोलते थे- 'मानो खयला कि न खयला? मानो तोरा बुझाई छौ कि न?' वे बहुत क्रोधी थे। उनके हाथ में हमेशा एक बकुलिया छड़ी होती थी। बच्चे उनसे दूर ही रहते थे। थोड़ी-सी ग़लती पर भी वे सटाक से छड़ी चला देते थे।

एक दिन बनारसी प्रसाद जब अपने खेतों से लौटते हुए उनके दरवाज़े से गुज़र रहे थे, तो मुनेश्वर सिंह ने उन्हें दालान में बैठा लिया। हाल-समाचार के बाद मुनेश्वर सिंह ने उनसे अपने लड़के कैलाश सिंह और भतीजे केशव सिंह, जो हमारे सहपाठी थे, की स्कूल फी माफ़ करने का अनुरोध किया। बनारसी प्रसाद ने छूटते ही कहा- 'बाबू साहेब, ई की कहई छी, जब अहाँ के बेटा-भतीजा के फीस माफ करबई, त हजामों के बेटा के माफ करे के पड़तई।' बनारसी प्रसाद केवल हमारी जाति से परिचित थे, हमारी प्रतिभा से नहीं। लेकिन मुनेश्वर सिंह हमारी जाति से अधिक हमारी ग़रीबी और प्रतिभा को देख रहे थे। मुनेश्वर सिंह को क्रोध आ गया। उन्होंने तैश में आकर कहा- 'ख़बरदार, बनारसी प्रसाद! हजाम के बेटा का नाम मत लीजिए। मेरे बेटे-भतीजे की हो-न-हो, यदि हजाम के बेटे की फ़ीस माफ़ न हुई, तो तेरा गाँव में आना मुश्किल हो जायेगा।' बनारसी प्रसाद को ऐसी प्रतिक्रिया की उम्मीद न थी। वे सिटपिटा गये और चलते बने। इस घटना के बाद मुनेश्वर सिंह ने मेरे पिता और मुझे बुलाकर सारी बातें बतायीं। मेरी फीस तो पहले ही से माफ़ थी, बाद में पता चला कि कैलाश सिंह और केशव सिंह की भी आधी फीस माफ़ कर दी गयी है।

मेरे पिता के बाद गाँव में यदि मुझे पढ़ाई-लिखाई की सबसे अधिक प्रेरणा मिली, तो मुनेश्वर सिंह से ही। वे हमेशा मुझे और अपने बेटे कैलाश, जिन्हें लोग 'खख्खू सिंह' कहते थे, को बुलाकर सवाल करते- 'अलजेब्रा (बीज गणित)' आता है? मेरे 'हाँ' और कैलाश के 'नहीं' कहने पर भी वे नाराज नहीं होते। बल्कि मुझसे वे अलजेब्रा के कुछ सूत्र और सवाल पूछते। मेरे सन्तोषजनक जवाब देने पर कैलाश से कहते- 'इससे सीख लेना। इसी की तरह मन लगाकर पढ़ो।' पर कैलाश आगे न पढ़ सका। उसका मन पढ़ाई से अधिक खेती-बारी और गाय-भैंस पालने में लगता था। हम लोग पढ़ाई के

साथ-साथ भैंस चरवाही के भी साथी थे। आठवीं के बाद वह अपने दूसरे बड़े भाई लक्ष्मी सिंह के साथ बोकारो चला गया। लक्ष्मी सिंह वहाँ स्टील सिटी में सरकारी ड्राइवर थे। बाद में कैलाश को भी राँची के 'मार्टिन उषा फैक्ट्री' में नौकरी लगवा दिया। कैलाश वहीं घर बनाकर बस गया। पर कभी-कभी गाँव आता है। लक्ष्मी सिंह रिटायर होकर अब गाँव पर ही रहते हैं। चारों बेटों की अच्छी कमाई के कारण उनके बड़े भाई मास्टर साहेब महेन्द्र (सुरेन्द्र) सिंह आज गाँव के सबसे सम्पन्न लोगों में एक हैं। अन्यथा अपने पिता मुनेश्वर सिंह के साथ उन्हें भी जीवन-यापन के लिए काफ़ी संघर्ष करना पड़ा था। पिताजी अंग्रेज़ के ज़माने के नन-मैट्रिक थे। इसीलिए शिक्षा के महत्त्व को समझते थे। बड़े परिवार के भरण-पोषण की जद्दोजहद में जी तोड़ मेहनत करते हुए भी वे पुत्रों को पढ़ाना चाहते थे। किन्तु तीन लड़कों में सबसे बड़े मास्टर साहब ही मैट्रिक पास कर सके। उन्होंने मास्टरी की ट्रेनिंग ली और सरकारी स्कूल के शिक्षक बने। उसके बाद परिवार की उत्तरोत्तर उन्नति होती चली गयी।

स्कूल-भर में मेरी लिखावट सबसे साफ़ और सुन्दर होती थी। महेन्द्र सिंह मास्टर साहब जब टीचर्स ट्रेनिंग कर रहे थे, तो मैं पाँचवीं या छठी कक्षा में था। उनका ट्रेनिंग स्कूल शिवहर में था। वे अपने एस्सेस्मेंट की सारी कॉपियाँ मुझसे ही लिखवाते थे। लिखना क्या, दूसरी कापी से देखकर सादी कापी में उतरना होता था। शुरू-शुरू में तो लगा मेरा समय बर्बाद हो जायेगा। किन्तु बाद में पता चला कि इससे मुझे फायदा ही हुआ है। मास्टर साहब की कॉपियाँ लिखते-लिखते मेरी लिखावट में और निखार आ गया।

मुनेसर काका : मुनेश्वर सिंह नन-मैट्रिक होकर भी अंग्रेज़ी, हिन्दी और गणित के बड़े जानकार थे। वे केवल मेरे और अपने ही पुत्रों के प्रेरक नहीं थे, बल्कि अपने भतीजे और हमारे सहपाठी केशव सिंह, बिन्देश्वर सिंह और अन्य सहपाठियों के लिए भी आदर्श थे। वे स्कूल आते-जाते किसी भी लड़के से कोई प्रश्न पूछ लेते और नहीं आने पर बता भी देते। वे हम बच्चों को दृष्टकूट कविता सुनाते थे-

सारंग नैनी, सारंग बैनी, सारंग ले चली सारंग को।
हर हार आहार के बीच पड़ी, पुचकारत सारंग सारंग को।।

(सारंग के हिरण, कोयल, युवती, दीपक आदि अनेक अर्थ होते हैं।

अर्थात् हिरण की तरह सुन्दर आँख और कोयल सी-मीठी बोली वाली युवती दीपक जलाकर ले चली। किन्तु बीच में ही पतंगों के लपटने के कारण उसने उसे आँचल की ओट में कर लिया और पुचकारकर दीपक को पतंगे

(हर-हार आहार माने शिव के गले के हार सर्प का आहार पतंगा) से बचाने लगी। विद्यापति, सूरदास आदि कवियों ने दृष्टकूट कविताएँ ख़ूब लिखी हैं।)

वे ऐसी अनेक कविताएँ और पहेलियाँ हम बच्चों को सुनाते और हमें याद भी करा देते थे। वे पक्के किसान थे। सुबह चार बजे ही उठ जाते और ऊँची आवाज़ में 'सीताराम! सीताराम, राम कहो सियाराम कहो' आदि भजन और पराती (प्रभाती) गाते। उनके दालान से उठती 'राम-नाम' की सुरीली तान से हम बच्चे और आस-पास के लोग जग जाते। भैंस चरवाहे अपनी भैंसों को लेकर चराने चल पड़ते और पढ़नेवाले लड़के दीया जलाकर पढ़ने लगते। मैं दोनों काम करता। कभी पढ़ता, कभी भैंस चराने चल पड़ता। किन्तु वे अधिक दिनों तक जीवित नहीं रह सके। बीमार पड़े, सो दुबारा न उठ सके। दालान पर से वे अपने आँगन वाले घर में बाल-बच्चों के बीच चले गये। अब उनका दालान सूना पड़ गया। न कोई भजन सुनाई पड़ता, न पराती। गाँव में भी सन्नाटा पसर गया। 'अब मुनेसर काका का गीत सुनाई नहीं देता'– हम बच्चे आपस में बात करते। मैं प्राय: हर एक-दो दिन पर उनसे मिलने जाता। वे पास में बिठाते और कुछ बात करना चाहते। पर वे चलने-फिरने और अधिक बोलने लायक नहीं थे। वे बहुत दिनों तक बीमार रहे। उन दिनों मैं 11वीं में पढ़ रहा था। मैट्रिक परीक्षा पास कर मैं टीचर्स ट्रेनिंग में चला गया। अगले वर्ष जब छुट्टियों में गाँव आया, तो मुनेसर काका को देखने गया। वे सूखकर काँटा बन गये थे। उनकी हालत बहुत ख़राब थी। इसी बीच एक दिन वे चल बसे। मरने से पहले उन्होंने मुझे बुलाया, मेरे माथे पर हाथ रखा और कातर नयनों से मुझे देखते रहे, मानो कह रहे हों– मैं अब जा रहा हूँ, तुम अपना ध्यान रखना, पढ़ाई छोड़ना नहीं, मन से पढ़ना और आगे बढ़ना, मैं आशीर्वाद देता हूँ। और मेरे माथे पर हाथ रखे-रखे उनके प्राण-पखेरू उड़ गये। मेरा मन हाहाकार कर उठा। आँसू उमड़े और उसे रोकते हुए मैं अपने घर की ओर चल पड़ा। फिर एकान्त में जाकर ख़ूब रोया। आज मुनेसर काका नहीं हैं। पर मेरे मन-प्राणों पर वे आज भी प्रेरणा बनकर छाये हुए हैं। अगर वे और मेरे पिताजी नहीं होते, तो शायद ही मैं अपनी मंज़िल तय कर पाता। ऐसी पुण्यात्मा को सौ-सौ सलाम!

मेरे शिक्षक और सहपाठी

मिड्ल स्कूल के शिक्षकों में मेरे सबसे प्रिय शिक्षक रामविलास सिंह थे, जिन्होंने मुझे समग्र रूप से प्रेरित किया। अन्य शिक्षकों में योगेन्द्र प्रसाद,

रामविलास साह और रामवृक्ष चौधरी थे। प्रथम दो हमें गणित और विज्ञान पढ़ाते थे। रामवृक्ष चौधरी भूगोल, अंग्रेज़ी और हिन्दी पढ़ाते थे। मेरी स्कूली शिक्षा की प्राथमिक बुनियाद इन्हीं कुशल और विद्वान शिक्षकों के कारण मज़बूत हुई। हेडमास्टर रामवृक्ष महतो रामभक्त शिक्षक थे। इसीलिए प्रार्थना के बाद वे बच्चों से 'रामचरितमानस' के 'बालकाण्ड' से गुरु महिमा– 'बन्दौ गुरु पद पदुम परागा' आदि चौपाइयाँ और रामजन्म के छन्द– 'भये प्रकट कृपाला, दीनदयाला कौशल्या हितकारी' जैसे पद गवाते थे। मिड्ल स्कूल मेजरगंज के पिछड़े वर्ग के एक धनी ज़मीन्दार विश्वनाथ प्रसाद के पिता बैद्यनाथ प्रसाद ने खोला था। उसके सचिव भी विश्वनाथ प्रसाद ही थे। इसलिए स्कूल में प्राय: पिछड़े वर्ग के ही योग्य शिक्षकों की नियुक्ति होती थी। इससे स्कूल के वातावरण में जाति-पाँति का माहौल न के बराबर रहता था। यद्यपि स्कूल में छुट्टी के बाद कभी-कभी आर.एस.एस. की शाखाएँ लगती थीं, भगवा झण्डा फहराया जाता, देशभक्ति के पाठ पढ़ाये जाते, कुछ कसरत भी सिखाये जाते; फिर भी कोई भेदभाव नहीं होता। हम लोग उस समय तक न संघ को जानते थे, न कांग्रेस को छोड़कर किसी अन्य पार्टी को। शाखा कराने धरणीधर झा आते थे, जो बसबिट्टा हाई स्कूल के मास्टर थे। स्कूल मेजरगंज से पश्चिम मलाही गाँव के पास विश्वनाथ प्रसाद की ज़मीन में बना था। उन्हीं की ज़मीन में वहाँ एक मठ और पोखर भी था। मठ को लोग 'मलाही मठ' कहते थे। बग़ल में उनका एक बड़ा-सा डेरा था, जहाँ से उनके खेत-खलिहान की देखरेख होती थी। उनके डेरे पर एक बड़ा और कई छोटे-छोटे घर बने हुए थे, जहाँ उनके मैनेज़र और मजदूर रहते थे। गोशाला और बैलों के लिए बड़े घर थे। पुआल के बड़े-बड़े टाल और भूसा-घर थे।

इन्हीं विश्वनाथ प्रसाद ने वर्ष 1960 में मेजरगंज के एक दूसरे धनी व्यक्ति बनारसी प्रसाद के साथ मेरे गाँव के उत्तरी हिस्से में मुख्य सड़क के पास एक हाई स्कूल खोला– 'जिउत साह बनारसी प्रसाद उच्च विद्यालय, मेजरगंज।' ज़मीन तो उन्हीं लोगों की थी, पर स्कूल के प्रबन्धन में हमारे गाँव के एक सबसे धनी और दबंग व्यक्ति रामाश्रय (अशेश्वर) सिंह का प्रभाव था, इसीलिए शुरू में स्कूल में अधिकांश शिक्षक राजपूत जाति के ही बहाल हुए। हाई स्कूल में दलित-पिछड़े छात्रों के साथ कुछ भेदभाव होता था। बाद में एक उदारवादी राजपूत वीरेन्द्र कुमार सिंह हेडमास्टर बनकर आये, तो उन्होंने बहुत हद तक भेदभाव दूर करने की कोशिश की। हेडमास्टर साहब वीरेन्द्र बाबू की मुझ पर विशेष कृपा रही। उनका बड़ा लड़का विनोद

मेरा सहपाठी था। मैट्रिक पास करने के बाद जब मैं टीचर्स ट्रेनिंग के लिए मुज़फ़्फ़रपुर, पताही गया, तो वे मुझसे मिलने गये और एक रात हम लोगों के साथ वहीं रहे भी। जब मैट्रिक की बोर्ड परीक्षा के दौरान मेरा एडमिट कार्ड खो गया, तो उन्होंने सीतामढ़ी लक्ष्मी स्कूल सेन्टर पर खुद से पहुँचकर मेरा डुप्लीकेट प्रवेश-पत्र बनवाया और मुझे परीक्षा में शामिल होने की अनुमति दिलवायी। स्कूल के दिनों में मैंने भी वीरेन्द्र बाबू की खूब सेवा की। इसके अतिरिक्त अंग्रेज़ी शिक्षक मुद्रिका सिंह, गणित शिक्षक नारायण झा और जगदीश प्रसाद, अंग्रेज़ी और हिन्दी शिक्षक अभिमन्यु सिंह और अनूप राय से भी मैंने बहुत कुछ सीखा। लेकिन विज्ञानं और अंग्रेज़ी पढ़ानेवाले मदन झा भेदभाव करते थे। उन्होंने मुझे हतोत्साहित करने की भरपूर कोशिश की, पर स्वाध्याय और अन्य शिक्षकों की मदद के कारण उनकी एक न चली।

भैया के बदले कभी-कभी मुझे ही शिक्षकों के दाढ़ी-बाल बनाने पड़ते। कुछ दिनों बाद मैं ही यह काम करने लगा। नौवीं पास करते-करते हाई स्कूल में किरानी बनकर मेरे गाँव के सत्येन्द्र सिंह आ गये, जो उसी स्कूल से मैट्रिक पास थे। कभी-कभी मैं अंग्रेज़ी शिक्षक मुद्रिका सिंह को अंग्रेजी में आवेदन आदि लिखकर दिखाता। वे शायद ही उसमें कोई ग़लती खोज पाते। मुझे बहुत प्रोत्साहित करते। कहते– देखो, मैट्रिक पास करने के बाद तुमको लोग तुम्हारे गाँव के किरानी की तरह इसी स्कूल में या और जगह किरानी बनाने की कोशिश करेंगे। तुम किरानी मत बनना। दु:ख सहकर भी तुम आगे पढ़ते जाओ। तुम बहुत बड़ा आदमी बनेगा। इससे तुमको ही नहीं समाज को भी फ़ायदा होगा। लेकिन मुंद्रिका सिंह नियम-क़ायदे के बड़े पक्के और अनुशासित थे। उन्हें लोग सेकेण्ड हेडमास्टर कहते थे। उनका गाँव कुआड़ी मदन स्कूल से दो-तीन किलोमीटर की दूरी पर था। वे घर से स्कूल साइकिल से आते थे। कुछ अन्य शिक्षक, कर्मचारी और दूर-दराज के सीनियर लड़के भी साइकिल से आते थे। सारी साइकिलें स्कूल के बरामदे में लगी होती थीं। उन दिनों आठवीं या नौवीं कक्षा में मैंने नयी-नयी साइकिल सीखी थी। एक दिन टिफिन में मैं चुपके से एकान्त में पड़ी एक साइकिल उठाकर स्कूल के फील्ड में प्रैक्टिस करने लगा। इतने में चपरासी ने मुझे बुलाया। मैं साइकिल चलाते हुए बरामदे तक गया। वहाँ मुंद्रिका बाबू खड़े थे। उन्होंने मेरा कान पकड़ा और उमेठते हुए क्रोध से बोले– "तुमको मालूम नहीं किसकी साइकिल है? बिना पूछे चलाना शुरू कर दिया।" वह मुंद्रिका बाबू की साइकिल थी। मुझे इसका पता नहीं था। वैसे भी किसी शिक्षक की

साइकिल किसी छात्र को नहीं चलानी चाहिए थी। मैंने हाथ जोड़कर माफ़ी माँगी। उन्होंने चेतावनी देते हुए कान छोड़ दिया।

एक दूसरी घटना उसी वर्ष स्वतन्त्रता दिवस की है। लड़कों में हल्ला था कि 15 अगस्त को पूरे देश में ट्रेन फ्री में चलता है। इसीलिए स्कूल के कुछ सीनियर और जूनियर लड़कों ने प्लान बनाया कि ट्रेन से सीतामढ़ी चलेंगे। मैंने रेलगाड़ी की सवारी कभी नहीं की थी। इसीलिए मैं भी उनके साथ हो लिया। दस-बारह किलोमीटर पैदल चलकर पास के ढेंग स्टेशन पर गया और बिना टिकट ट्रेन में सवार होकर सीतामढ़ी चला गया। उधर से लौटती गाड़ी में फिर ढेंग आया और फिर वहाँ से घर आ गया। आने-जाने में ही पूरा दिन बीत गया। मुझे याद नहीं कुछ खाया-पीया कि नहीं, क्योंकि मेरे पास पैसे नहीं थे। सम्भव है साथियों ने कुछ खिलाया होगा। पहली बार ट्रेन में सवार होकर बड़ा मजा आया। किन्तु अगले दिन जब स्कूल पहुँचा, तो सारा मज़ा किरकिरा हो गया। स्कूल पहुँचते ही हेडमास्टर साहब ने तलब किया। वहाँ मुंद्रिका बाबू भी थे। छूटते ही बोले– "कल क्यों नहीं आया?" मैंने सारी कहानी सच-सच बता दी। उन्होंने फिर पूछा– "तुमको किसने बताया कि 15 अगस्त को ट्रेन फ्री होता है? किसी टीटी ने टिकट नहीं माँगा?" मैंने कहा– "नहीं।" वे बोले– "भाग्य अच्छा था, तुम बच गया।" मुझे आश्चर्य हो रहा था कि मास्टर साहब लोग केवल मुझे ही बुलाकर ऐसा क्यों पूछते हैं, जबकि मेरे साथ और लड़के भी गये थे। उन्होंने फिर कहा– "तुम्हें पता है तुम्हारे नहीं रहने से कल स्कूल का कितना नुक़सान हुआ? झण्डोत्तोलन के समय राष्ट्रगान गानेवाला कोई नहीं था। किसी तरह एक लड़के से गवाया गया। मिड्ल स्कूल से ही 15 अगस्त और 26 जनवरी को झण्डोत्तोलन के समय राष्ट्रगान मैं ही गाता था। सो हाई स्कूल में आकर भी पिछले दो बार से मैं ही गा रहा था। पर मुझे पता नहीं था कि स्कूल में राष्ट्रगान को ठीक से गानेवाला कोई दूसरा नहीं था। मेरी मुफ़्त सफ़र की जानकारी उन्हें हो गयी थी। फिर भी चेतावनी के लिए मुझे बुलाया और समझाकर छोड़ दिया। मैंने ग़लती स्वीकार की। मुंद्रिका बाबू ने कहा– "जाओ, आइन्दा ऐसी ग़लती मत करना। छुट्टी लेकर कहीं जाना।"

मेरे सहपाठियों में सबसे क़रीब गाँव के केशव सिंह, बिन्देश्वर सिंह, योग नारायण सिंह, हेडमास्टर वीरेन्द्र बाबू के लड़के विनोद, मेजरगंज के अशोक कुमार (स्कूल संस्थापक के पौत्र) और मकेश्वर (मकईया), राजदेव प्रसाद, कुआड़ी मदन गाँव के सुखचन्द्र, उदय शंकर, लम्बोदर झा, कमलाकर झा,

मेरी ही जाति के तुकिया, माधोपुर के कपिलदेव सिंह, सहियारा के...मुसहरवा के राम ईश्वर यादव, पारस यादव, श्रीनारायण चौधरी और बहेरा के बन्ती लाल यादव आदि थे। सीनियर साथियों में सबसे प्रिय गाँव के शुकदेव सिंह, बिगन सिंह, राम एकबाल सिंह, परशुराम सिंह और सकलदेव सिंह आदि थे। मैं और योगनारायण हाई स्कूल के होस्टल में ही रहते थे। नौवीं-दसवीं से योगनारायण, कपिलदेव, सुखचन्द्र आदि मुझसे पढ़ाई में स्पर्द्धा करने लगे। उन्होंने मेहनत की और वे सेकेण्ड-थर्ड आने लगे। दसवीं में योगनारायण सेकेंड आया और ग्यारहवीं के टेस्ट में कपिलदेव सिंह। 1973 की मैट्रिक की बोर्ड की परीक्षा में हमारे स्कूल से जिन 54 छात्रों ने परीक्षा दी, जिनमें चार ही पास कर सके। पास करनेवालों में कपिलदेव और योगनारायण भी थे।

जब झण्डागीत गाना बन्द कर दिया गया

मिड्ल स्कूल के दिनों में हमलोग प्रत्येक 'स्वतन्त्रता दिवस' और 'गणतन्त्र दिवस' पर झण्डोत्तोलन के बाद झण्डा गीत गाते थे– 'विजयी विश्व तिरंगा प्यारा। झंडा ऊँचा रहे हमारा।'

किन्तु एक साल अचानक हेडमास्टर साहब और स्काउट टीचर राम विलास सिंह ने इस झण्डागीत को गाने से मना कर दिया। उन्होंने कहा कि हमारी संस्कृति और संविधान विश्वबन्धुत्व की बात करता है। इसलिए हम यह नहीं कह सकते कि हम विश्व विजयी हैं और हमारा ही झण्डा संसार में सबसे ऊँचा है। यह विश्वबन्धुत्व की भावना के विपरीत है। इसलिए सरकार ने इसे गाने से मना कर दिया है। कोई ऐसा झण्डा गीत गाया जाना चाहिए, जिसमें झण्डा का गुणगान हो और देश का सम्मान हो। उसके बाद मास्टर साहब ने दूसरा झण्डा गीत सुझाया और हम बच्चों से गवाया–

हिन्द देश का प्यारा झण्डा ऊँचा सदा रहेगा।
ऊँचा सदा रहेगा झण्डा ऊँचा सदा रहेगा।।
केसरिया बल भरनेवाला, सादा है सच्चाई।
हरा रंग है हरी हमारी, धरती की अँगड़ाई।।
कहता है यह चक्र हमारा, क़दम कभी न रुकेगा।
ऊँचा सदा रहेगा झण्डा, ऊँचा सदा रहे रहेगा।।

तब से स्कूल में यही झण्डागीत गाया जाने लगा और पहलेवाला बंद हो गया। यह सम्भवतः 1965-66 की बात है, जब मैं चौथी या पाँचवीं कक्षा में पढ़ता था। और तभी से इस झण्डागीत में व्यक्त राष्ट्रीयता, आत्मसम्मान,

विविधता में एकता, प्रेम, भाईचारा और विश्वबन्धुत्व के मानवीय भाव मेरे बाल मन में बैठ गये, जो आज तक कायम है–

नहीं चाहते इस दुनिया में अपना राज जमाना।
नहीं चाहते औरों के मुँह की रोटी खा जाना।।
सत्य, न्याय के लिए हमारा लोहू सदा बहेगा।
ऊँचा सदा रहेगा झण्डा ऊँचा सदा रहे रहेगा।।

तब आरएसएस था और हर स्कूल में छुट्टी के बाद उसकी शाखा लगती थी, जिसमें छोटे-छोटे बच्चों को शामिल किया जाता था। शाखा में मैं भी जाता था। 'नमस्ते सदा वत्सले मातृ भूमे' वाली प्रार्थना अब भी याद है। किन्तु कुछ बड़े होने पर जब 'पुण्य भूमे' और 'हिन्दू भूमे' का अर्थ समझ में आने लगा, तो धीरे-धीरे लड़कों ने शाखा छोड़ना शुरू कर दिया। और हमारे प्रखण्ड में हाई स्कूल तक जाते-जाते यह शाखा लगभग बन्द हो गयी। एक नयी शाखा खुली, जिसका नाम 'राष्ट्र सेवा दल' था। हमलोग उसी में जाने लगे। उसमें शारीरिक व्यायाम के बाद मानवता, धर्मनिरपेक्षता और विश्वबन्धुत्व की शिक्षा दी जाती थी। बाद में मैंने वहाँ भी जाना छोड़ दिया। लेकिन मेरी राष्ट्रीय शिक्षा की बुनियाद यही 'राष्ट्र सेवा दल' है।

उक्त झण्डा गीत 'विजयी विश्व तिरंगा' पर संघ का हिंसक प्रभाव था। सम्भवतः इसीलिए कांग्रेस सरकार ने उसको रोककर 'हिन्द देश का प्यारा झण्डा' शुरू किया था, जो गाँधी जी के सत्य, अहिंसा और प्रेम पर आधारित था।

पं. जवाहर लाल नेहरू का निधन और हमः 27 मई, 1964

उन दिनों मैं तीसरी कक्षा में पढ़ता था। स्कूल के रेडियो पर ख़बर आयी- देश के प्रधानमन्त्री पं. जवाहर लाल नेहरू का निधन हो गया। पूरे स्कूल में यह ख़बर आग की तरह फैल गयी। सभी शिक्षक और छात्र क्लास छोड़कर हेडमास्टर कक्ष के सामने इकट्ठे हो गये। सामने बरामदे में एक बड़ा सा रेडियो रखा था। उस पर बज रहे मातमी धुन को मैं जीवन में पहली बार सुन रहा था। बीच-बीच में करुण आवाज़ में मृत्यु की ख़बर आ रही थी– आधुनिक भारत के राष्ट्र निर्माता और बच्चों के चाचा नेहरू अब नहीं रहे। देश अनाथ हो गया आदि आदि। हमारे स्कूल में नेहरू के जन्मदिन पर 14 नवम्बर को बड़े धूमधाम से 'बाल दिवस' मनाया जाता था। कई बच्चे रो रहे थे, मेरी भी आँखों में आँसू थे।

सभी शिक्षक-छात्र शोकमग्न खड़े समाचार सुन रहे थे। हमारे स्कूल में लकड़ी के बड़े बक्से की तरह एक बड़ा-सा रेडियो था, जो टिफिन के समय बरामदे में रख दिया जाता था और सभी लड़के इकट्ठे होकर समाचार सुनते थे। मैं भी नियमित रूप से रेडियो सुनता। मुझे जितना ज्ञान किताब से मिला, उससे कम उस छुटपन में रेडियो से न मिला। मेरे गाँव में किसी के पास रेडियो नहीं था। इसलिए कभी-कभी मैं पास में स्थित फुआ के गाँव मसाहीं में चला जाता। वहाँ के पुस्तकालय में एक रेडियो था, जो रात में तेज़ आवाज़ में बजता और लगभग आधा गाँव सुनता। वहाँ जाकर देर रात तक सोते-सोते मैं भी रेडियो पर नाटक, रूपक, गीत, समाचार आदि सुनता। मेरे फुफेरे भाई महेन्द्र भाई मुझे वहाँ बथान पर सुलाने ले जाते।

करीब आधे घण्टे के बाद हेडमास्टर ने रुँधे गले से सबको सम्बोधित करते हुए कहा– 'शिक्षक मित्र और छात्रो, नेहरू जी का जाना देश की सबसे बड़ी क्षति है। देश के लिए यह सबसे बुरी ख़बर है और हम लोगों के लिए भी। आज पढ़ाई नहीं होगी। कल भी छुट्टी रहेगी, लेकिन सभी लोग स्कूल आयेंगे। एक बड़ी शोकसभा होगी।'

मैं अपने साथियों के साथ घर आया। पिताजी को यह ख़बर सुनायी। उन्हें मालूम नहीं था। फिर मैं गाँव की गली-गली में घूमकर कुछ टीन के रद्दी डब्बों को इकट्ठा किया। उनमें से एक छोटे से डब्बे के ढक्कन को काटकर अलग किया, उसे टाँगने लायक बनाया और उसी नाप के एक सादे कागज पर लिखा– पं. जवाहर लाल नेहरू : मृत्यु– 27 मई, 1964, फिर उसे टीन पर भात की गोन्द से साटकर दरवाज़े के उस कमरे के प्रवेश द्वार पर टाँग दिया, जिसमें मैं सोता और पढ़ता था। बहुत दिनों तक वह स्मृति उसी तरह टँगी रही। गाँव के लोग आते और पिताजी से कहते– तुम्हारा बेटा बहुत ही तेजवान होगा। और आज मैं फिर से नेहरू जी को स्मरण करते हुए सोच रहा हूँ कि काश, कोई मुझे भी आकर कहे कि आपका बेटा बहुत ही तेजवान होगा।

मेरा बचपन

मेरा जन्म और घसवाहा-चरवाहा बनने की भविष्यवाणी

स्कूल पँजी के अनुसार तो मेरी जन्मतिथि 23 फ़रवरी, 1956 थी, पर माँ बताती थी कि मेरा जन्म बड़का दाहर (बड़ी बाढ़) के अगले साल नानी के घर हुआ था। यह बड़ी बाढ़ (बड़का दाहर) 1954 में आयी थी। इसीलिए क़ायदे से मेरा जन्म 1955 के किसी महीने में हुआ था। जन्म के समय मेरे दोनों हाथों में छह-छह ऊँगलियाँ थीं। पण्डित जी ने नामकरण के समय इसे अशुभ बताया और माँ को सलाह दी कि इसे कटवा दो। सो मामा ने दोनों ऊँगलियाँ काट दीं। आज तक हाथों में उनके निशान हैं। माँ कहती थी कि "मैं इसे शुभ समझती थी और उँगलियों को कटवाना नहीं चाहती थी, पर पण्डित जी बार-बार घर पर आकर कहते- 'इसे कटवा दो, लड़का बड़ा होकर जब घास काटने जायेगा, तो हँसुआ से दोनों ऊँगलियाँ कट जायेंगी। चरवाही करने जायेगा, तो गाय-भैंस की रस्सी से ऊँगलियाँ छिल जायेंगी, मज़दूरी करने जायेगा, तो जल्दी-जल्दी काम नहीं करने पर मालिक काम नहीं देंगे।' इसलिए तुम्हारी ऊँगलियों को कटवाना पड़ा।" ऊँगलियाँ शुभ थीं कि अशुभ- मैं आज तक नहीं समझ सका। लेकिन माँ का यह विश्वास कि छह ऊँगलियों वाले भाग्यशाली होते हैं और ऊँगलियों के वे निशान मुझे आज भी प्रेरणा देते हैं। इसीलिए वे शुभ ही कहे जायेंगे। मेरे छोटे बेटे नीरज (ठोला) के हाथों में भी छह ऊँगलियाँ थीं, जिन्हें हड्डीविहीन होने के कारण मैंने कटवा डाला। आज वह भी बैंक में पी.ओ. के पद पर कार्यरत है। शुरू में तो मैं घसवाहा-चरवाहा ही रहा, पर बाद में मैंने पण्डित जी की उस भविष्यवाणी को झुठला दिया।

पण्डित जी का नाम था- हरदीश झा। वे नज़रपुर (रीगा) के निवासी थे और मामा के गाँव मुसहरवा में पुरोहिती का काम करते थे। मैं जब भी मामा के घर जाता, अक्सर पूजा-त्योहार में पण्डित जी से मुलाक़ात हो जाती।

उन्होंने अपने तीनों बेटों को अच्छी शिक्षा दी। वे सभी संस्कृत ही पढ़े। उनके सबसे बड़े बेटे देवनारायण झा मुझसे 7-8 साल बड़े थे और पिताजी के साथ पुरोहिती करने आते थे। वे पढ़ने में बहुत तेज थे और संस्कृत का बहुत अच्छा उच्चारण करते थे। गाँव में उनकी ख़ूब धाक थी। हम बच्चे उनके पाठ को ग़ौर से सुनते थे। उन्होंने ख़ूब पढ़ाई की और कामेश्वर सिंह संस्कृत विश्वविद्यालय, दरभंगा में प्रोफ़ेसर बने, फिर उसी विश्वविद्यालय के कुलपति बनकर वर्ष 2017 में रिटायर भी हो गये। इस बार ममेरे भाई पुकार ठाकुर की पत्नी के श्राद्ध-संस्कार में जब मैं मामा के गाँव गया, तो श्राद्ध-संस्कार में उनके छोटे भाई शुभ नारायण झा से मुलाक़ात हो गयी। श्री झा ने बताया कि बड़े भैया तो दरभंगा में ही मकान बनाकर रहते हैं। पर उनका मानना है कि उनका विद्याभ्यास इसी पुरोहिती की देन है। इसीलिए अवकाश ग्रहण करने के बाद उन्होंने स्मारक स्वरूप इस गाँव में भी दो बीघा ज़मीन ख़रीद ली है। मैं पुरोहिती करता हूँ और बीच वाले भाई खेती-बारी।

जब तक मैं स्कूलों में रहा, मामा के घर जाता रहा। पण्डित जी मेरी बढ़ती प्रतिभा से अचम्भित थे। वे भी मेरी प्रशंसा करने लगे। पर कहीं-न-कहीं उनके मन में अपनी भविष्यवाणी को लेकर एक झेंप थी। अब पण्डित जी तो नहीं रहे, पर उनके बेटे अब भी पुरोहिती करते हैं। उनके कुलपति बेटे देवनारायण झा जी से मेरी फिर कभी मुलाक़ात नहीं हुई, पर वर्ष 2010 में जब मैं सीतामढ़ी महिला कॉलेज का प्रिंसिपल था, तो 'श्रीकृष्ण मेमोरियल हॉल', पटना के 'राष्ट्रीय संस्कृत सम्मेलन' में मैंने अपने वक्तव्य से देश के संस्कृत पण्डितों को लगभग परास्त-सा कर दिया। मेरा परिचय नहीं हुआ, लेकिन उस सम्मेलन में सम्भवत: प्रो. देवनारायण झा भी थे, जैसा कि उनके भाई बताते हैं। मेरा विषय था– 'संस्कृत भाषा और साहित्य को बिहार की देन।' संस्कृत मेरा विषय नहीं है, पर प्रो. देवनारायण झा देश के जाने-माने संस्कृत विद्वान हैं।

जब मेरा जन्म हुआ, तो सूर्योदय होने ही वाला था। मामा के गाँव मुसहरवा में एक गुरु गोसाईं भी आते थे, जो बाद में हमारे गाँव और घर के भी गुरु बन गये। उन्होंने मेरा हाथ देखकर बताया कि बच्चे के जन्म होने के ठीक बाद सूर्य भगवान उगे। थोड़ी-सी चूक हो गयी। यदि सूर्य उगने के साथ ही जन्म हुआ होता, तो बच्चा सूर्य के समान तेजवान होता। जन्म के समय यह सूर्य के दर्शन से वंचित रह गया। इसीलिए इसे प्रत्येक रविवार को स्नान कराकर इससे सूर्य को जल दिलवाओ। दर्शन-दोष दूर हो जायेगा। माँ

और पिताजी को यह सुझाव अच्छा लगा और मुझे भी। प्रत्यक्ष प्रकृति, वह भी ऊर्जा-स्रोत सूर्य, जो हमें जीवन देता है, उसकी पूजा करने में क्या हर्ज? सो मैं वैसा ही करने लगा। कुछ वर्षों तक मैं लगातार सूर्य को साप्ताहिक जल देता रहा। किन्तु बड़े होने पर यह नियम छूट गया।

गुरु गोसाई गाँव में घूम-घूम कर शादीशुदा जोड़ों के कान फूँककर दीक्षा देते और शिष्य बनाते थे। इसे 'सीख होना' कहते थे। सभी जाति के हिन्दू लोग 'सीख' कराते थे। मान्यता थी कि जो लोग 'सीख नहीं' कराते, उन्हें स्वर्ग नहीं मिलता। इसके विपरीत जो लोग गुरु गोसाईं से सीख ले लेते, उनके मरने पर 'वैतरणी नदी' पार कराने के लिए गुरु वहाँ मौजूद रहते हैं। पति-पत्नी में जो पहले मर गये, वे पीछे वाले को 'भवसागर' पार कराने के लिए तैयार बैठे रहते हैं। गुरु गोसाईं मेरे मामा के परिवार के भी गुरु थे। उनमें एक और बड़ा गुण था। वे बड़े अच्छे गवैया थे। जब वे ऊँचे स्वर में कोई भजन गाते या लयात्मक कथा आख्यान कहते, तो बिन बुलाये श्रोताओं की भीड़ उमड़ पड़ती थी। वे अक्सर रामायण और भागवत पुराण की कथा कहते थे। मेरे बड़े भाई और मैं भी अक्सर मामा के घर जाते थे। मामा और बड़े भैया भी अच्छे गवैया थे और गाँव की कीर्तन मण्डली के सक्रिय गायक थे। इसीलिए भैया और मामा उनसे प्रभावित थे। उन्होंने गुरु जी को हमारे गाँव से भी परिचित करा दिया। मामा के गाँव की तरह हमारे यहाँ भी अधिकांश लोग उनके शिष्य बन गये। वे जब भी हमारे गाँव आते, हमारे ही दरवाज़े पर एक-डेढ़ महीने तक रुकते। गाँव-भर के लोग 'सीधा' (चावल, दाल आदि) लेकर आते और गुरुजी ख़ुद ही मिट्‌टी के चूल्हे पर खाना पकाकर खाते।

मैं भी गुरु गोसाईं के गायक वाले रूप से बहुत प्रभावित था, किन्तु उनके गुरुवाले रूप ने मुझे थोड़ा भी प्रभावित नहीं किया। इसीलिए मेरी शादी के बाद जब परिजनों ने गुरुजी से 'सीख' लेने का प्रस्ताव डाला, तो मैंने सीधा इनकार कर दिया। गुरुजी प्रति वर्ष आते और मैं हर बार इनकार कर देता। चार-पाँच वर्षों तक मैं लगातार इनकार करता रहा। किन्तु उसके बाद मेरे परिजन और गाँव के भी कुछ लोगों ने इतना दबाव डाला कि मैं भी इस अन्धविश्वास का शिकार हो गया। किन्तु मैंने उसके बाद के किसी रस्म का निर्वाह नहीं किया। मसलन गुरुजी के पैर धोकर पीना आदि। मैंने इस परम्परा का इतना विरोध किया कि फिर हमारे घर में किसी ने 'सीख' नहीं करवाया।

गाँव में व्रत-त्योहार

छठ-पूजा, ठेकुआ और केला : 'पूजा से पहले छठ का सामान जो भी जुठाता है, उसे तुरत कुष्ठ रोग हो जाता है। छठी मैया का श्राप बड़ा कठिन होता है'– माँ और दादी छठ-पूजा के दौरान हम बच्चों को बार-बार यह हिदायत देतीं। मैंने इस सच्चाई को जाँचने के लिए साँझ घाट के लिए बन रहे ठेकुए में से किसी तरह एक चुरा लिया और घर के बाहर दालान में जाकर उसे खा गया। दो घण्टे के बाद जब मुझे कुछ नहीं हुआ, तो अपराध-बोध से बचने के लिए मैंने पिताजी से यह बात बता दी। पिताजी ने समझाया– 'है तो सब अन्धविश्वास, पर तुम्हें ऐसा नहीं करना चाहिए था। दुनिया विश्वास पर ही टिकी हुई है, पिताजी ने फौरन माँ को कहा। माँ ने मुझे एक झापड़ लगाया और फिर आसमान की ओर हाथ उठाकर रोती हुई गुहार लगाने लगी– 'हे छठी मैया, मेरे बऊआ को माफ कर दो। बच्चा है, नादान है। मैं केला का हत्था चढ़ाऊँगी, फिर नये ठकुए बनाये गये और मुझे नदी घाट पर ले जाया गया। फिर केले के हत्थे के साथ मुझे पानी में उतारकर सूर्य महाराज से माफ़ी मँगवाई गयी। आज माँ और दादी नहीं हैं, पर मेरे नाम का केले के हत्थे (घौंद) का अर्घ्य आज भी छठी मैया को दिया जाता है। पत्नी को कुछ भी पता नहीं है। छठ-पूजा एक सामूहिक पर्व है, जिसमें पूरा गाँव एक जगह इकट्ठा होकर इसे मनाते हैं। हमारे गाँव का छठ पर्व गाँव के पश्चिम की 'मनुसमारा' नदी में मनाया जाता था। उस पार खैरवा गोट का पर्व, इस पार खैरवा खुर्द का पर्व। दिवाली के बाद से ही छठ-घाट बनाने का सिलसिला शुरू हो जाता था। गाँव के बच्चे खुरपी-कुदाल लेकर जाते और बड़ी मेहनत और लगन से घाट बनाते। मैं भी घाट बनाने जाता। गाँव के सभी जाति के लड़के मिलकर एक सामूहिक घाट बनाते थे। सभी घरों के डाला बैठाने के स्थान निर्धारित होते थे। मेरे घर का डाला सबसे उत्तर की तरफ़ बैठता था, जो नदी का सिरा होता था। नदी उत्तर से दक्षिण की ओर बहती थी। छठ पर्व हम बच्चों के लिए आस्था का नहीं, मनोरंजन का त्योहार होता था। बच्चे पर्व के लोकरंग में ख़ूब खुश रहते थे। ऐसा प्राय: सभी पर्वों में होता।

मेरी दिवाली : दिवाली मेरे लिए सबसे बड़ी ख़ुशी लेकर आती थी। मेरी ख़ुशी का कारण यह होता कि दिवाली में मुझे रात-भर रौशनी मिलती। उस अनमोल और एकान्त रौशनी में मैं रात-भर जगकर पढ़ता। बचपन में शायद ही कोई दिवाली रही होगी, जिसमें मैं पूरी रात पढ़ा न होऊँ। भोर में मैं सोता,

किन्तु दो-तीन घण्टे के बाद फिर नींद खुल जाती। अन्य दिनों मिट्टी तेल की कमी से नौ-दस बजे रात के बाद ढिबरी बुझा देनी पड़ती। माँ कहती बेटा, सो जाओ, दीया में तेल नहीं है, फिर कल पढ़ना और मैं दीया बुझाकर सो जाता। उन दिनों बिजली नहीं आयी थी।

दूसरी खुशी थी– बाँस की लुकाठी भाँजना। दिवाली के दिन हम बच्चे बाँस की सुपली (नये कोपल के सूखे छिलके) की लुकांड़ी (लुकाठी) भाँजते थे। दिवाली के पाँच-सात दिन पहले से ही गाँव के बच्चे लुकाठी बनाते। बाँस की एक पतली लचीली करची तोड़ी जाती, फिर बँसवारी में घूम-घूमकर उसमें एक-एक सूखी सुपली खोजकर गाँथी (पिरोई) जाती। पैर के अँगूठे और उँगलियों में उसे फँसाकर खूब कसा जाता। बीस-पच्चीस सुपलियों की कसावट के बाद एक लुकाठी तैयार हो जातीं। ऐसी कई-कई लुकाठियाँ तैयार की जाती। दिवाली के मौसम में प्राय: सभी लड़के लुकाठी बनाते, इसीलिए बँसवारी में सुपलियों की कमी हो जाती थी। गाँव की प्राय: सभी बँसवारियाँ सुपली रहित हो जाती थीं। जिस लड़के के पास जितनी अधिक लुकाठियाँ होतीं, वह उतना ही बड़ा समझा जाता था। मेरे पास तीन-चार लुकाठियाँ ही होतीं। सबसे अधिक लुकाठी योगा सिंह के पास होती– आठ-आठ, नौ-नौ। कुर्मी परिवार के लोचन भाई का बेटा भुट्टा राउत मेरा लँगोटिया साथी था, जो पढ़ता तो नहीं था, पर बुद्धि का बहुत तेज था। लुकाठी भाँजने में वह सबसे तेज था।

दीया-बाती जलाने के बाद सभी लड़के गाँव के उत्तर तरफ़ बँसवारी वाली सड़क पर, जहाँ 'सम्मत' (होलिका दहन) होता था, लुकाठी भाँजने चले जाते। एक-एक कर लुकाठी में आग लगायी जाती और हम लोग उसे दायें-बायें भाँजते रहते। एक जलकर बुझ जाती, तो दूसरे में आग लगायी जाती। उन दिनों दियासलाई का प्रचलन नहीं था, इसीलिए कोई पास का लड़का घर से लुकाठी जलाकर लाता। फिर सभी लड़के उसी की लुकाठी से अपनी-अपनी जला लेते। कोई-कोई लड़का लोहे के पतले तार में जूट की पुरानी बोरी के टुकड़े लपेटकर उसे मिट्टी तेल में भिंगोकर लुकाठी बनाता और उसे भाँजता। ऐसी लुकाठी सम्पन्न घर के लड़के बनाते और भाँजते। सत्येन्द्र सिंह, केशो सिंह आदि लड़के ऐसी ही लुकाठी भाँजते थे। ज़ाहिरी तौर पर ऐसी लुकाठी ज़्यादा देर तक जलती थी। मेरी ज़िद पर एक-दो बार मेरे पिताजी और भैया ने मेरे लिए भी ऐसी लुकाठी बना दी थी। कभी-कभी

मेरे भैया भी बच्चों के साथ लुकाठी भाँजते। जिस लड़के की लुकाठी जितनी देर तक जलती, उसे उतना ही अच्छा और श्रेष्ठ समझा जाता।

दिवाली में पटाखे फोड़ने का प्रचलन नहीं था। बहुत बाद में जब हम दोनों भाई एक बार दिवाली में मामा के घर गये, तो बड़े मामा कुछ पटाखें और फुलझड़ियाँ लेकर आँगन में फोड़ने लगे। देखकर मुझे बड़ा आश्चर्य हुआ। मैंने अपने जीवन में पहली बार पटाखे और फुलझड़ियाँ देखी थीं। मुझे बहुत अच्छा लगा। मामा ने एक-दो फुलझड़ी जलाकर मेरे हाथों में भी दी। तब से कभी-कभी मेरे घर में भी दिवाली के दिन भैया कुछ सस्ते पटाखें और फुलझड़ियाँ लाने लगे। लेकिन पिताजी ऐसा करने से मना करते थे। मुझे पटाखें फोड़ने में कभी रुचि नहीं रही।

तीसरी ख़ुशी मुझे दिवाली के अवसर पर होनेवाली सफ़ाई की होती थी। हफ़्तों पहले से दिवाली की तैयारी शुरू हो जाती। मेरे पिताजी, बाबू, माँ, चाची, दादी, बड़े और छोटे भैया मिट्टी के घरों की लिपाई-पुताई, घर के बक्से, चौकी, खटिया आदि फ़र्नीचर, घर के गली-मोहल्ले और कपड़ों की सफाई में लग जाते। हम बच्चे उछलते-कूदते उनकी मदद करते। टोकरों में भर-भरकर खेतों से मिट्टी खोदकर लाते। माँ और भाभी, चाची घर की दीवारों और मिट्टी से बनी अनाज की कोठियों पर नया लेप चढ़ातीं, एक-दो दिनों में उसे सूख जाने पर पतला घोल बनाकर उसकी फिर से लिपाई होती। अनाज रखने के लिए मिट्टी से दो प्रकार की कोठियाँ बनतीं– एक बड़ी, एक छोटी। छोटी कोठी को डेहरी कहा जाता। उसके ऊपरी भाग में छोटे-छोटे गह्वरनुमा खोदड़े बनाये जाते, जिन्हें 'धन्हारी' कहते थे। ये अलमारी के रैक की तरह उपयोगी होती थीं। इसमें घर की छोटी-मोटी चीज़ें रखी जातीं। मेरे बस्ते भी इसी धन्हारी में रखे जाते। माँ, दादी, चाची और भाभी मिट्टी की कोठी-डेहरी बनाना अच्छी तरह जानती थीं। कोई-कोई बाँस की बत्ती से भी कोठी बुनता। फिर इस पर मिट्टी के लेप। कोठी-डेहरी और घर की दीवारें चमकने लगतीं। उनसे नयी मिट्टी की ख़ुशबू आती। मिट्टी के घर के फ़र्श तो रोज़ मिट्टी के लेपवाले पोतन से पोते जाते, पर आँगन और दरवाज़े (दूरा) के फ़र्श की लिपाई हफ़्ते में एक बार होती थी। घर की लिपाई केवल मिट्टी से होती थी, पर आँगन और दरवाज़े और खलिहान के फ़र्श की लिपाई गोबर और मिट्टी मिलाकर। घर की पुताई भाभी करती थी और आँगन और दरवाज़े की माँ और चाची। दादी खलिहान की लिपाई करती थी। घर-आँगन की चमक देखकर मन ख़ुश हो जाता। फिर चिकनी दीवारों पर रंग-रोगन किया जाता। जिसके

पास पैसे होते, वे घर की दीवारों को चूने से पुतवाते। किन्तु हम ग़रीब लोगों के घर पर केवल मिट्टी की पुताई ही हो पाती। फिर उस पर हाथ से बनाये घरेलू रंगों की चित्रकारी होती।

बचपन में हम लोग दिवाली और शादी-विवाह के दिनों में घर के मिट्टी की दीवालों पर हाथी, घोड़ा, पालकी, कलश, दूल्हा-दुल्हन के चित्र बनाते थे। दीये की कालिख को गाय या भैंस के गोबर और केले के रस में मिलाकर काला रंग, कनेर के पीले और अड़हुल के लाल फूल के रस में गोबर और तेल मिलाकर पीला और लाल रंग बनाते थे। गेरू, चूना, आँवला आदि का भी प्रयोग होता था। ऐसी चित्रकारी होती थी, जिसके रंग बरसों बरस चटक ही रहते थे। मैं इसे ख़ूब चाव से बनाता था। हर गाँव में ऐसी चित्रकारी होती थी, किन्तु बड़ा होने पर पता चला कि वह 'मधुबनी पेंटिंग' थी। अब तो यह कला दीवाल से उतरकर काग़ज़ और कैनवास पर आकर फ़ैशन मात्र रह गयी है। हमारा घर और ज़िला मिथिलांचल में पड़ता है। यह पुराना तिरहुत प्रमण्डल है, जिस पर मिथिला का ज़बर्दस्त प्रभाव है।

मधुबनी पेंटिंग : यह एक प्राचीन लोककला है, जिसका इतिहास जानना मुश्किल है। किसी ग्रन्थ में इसका कोई विवरण नहीं मिलता। अनुमान लगाया जा सकता है कि इसकी शुरुआत रंगोली से हुई होगी। कोई-कोई तो इसे सीता-विवाह के मिथक से भी जोड़ते हैं। कहा जाता है कि राजा जनक ने सीता-विवाह के समय मिथिला की औरतों से भित्तिचित्र बनवाये थे, वहीं से इस कला का विकास हुआ। कोई-कोई इसे मिथिला के वीर राजा सहलेश से भी इस कला को जोड़ते हैं। इस कला में पासवान जाति की औरतों की संलग्नता और बहुलता को देखते हुए यह कथा अधिक सही प्रतीत होती है। स्मरण हो कि राजा सहलेश या शैलेश भी दुसाध राजा ही थे। 'विकिपीडिया' और एक फेसबुक मित्र मनीष पासवान के अनुसार "दुनिया-भर में मशहूर आज की मधुबनी पेंटिंग दलित-पिछड़ी जाति की महिलाओं की देन है। इस पेंटिंग के द्वारा पहली बार राजा शैलेश के जीवन वृत्तान्त का चित्रण किया गया। उसके बाद ही देवी-देवता का चित्रण किया गया है। राजा शैलेश दलित थे।"

मधुबनी चित्रकला का पता बाहरी दुनिया को पहली बार तब चला, जब 1934 में बड़े पैमाने पर बिहार में भूकम्प आया। जब घरों की दीवारें ढह गयीं, तो मधुबनी ज़िले के ब्रिटिश औपनिवेशिक अधिकारी विलियम जी. आर्चर ने क्षतिग्रस्त घरों का निरीक्षण किया। उन्होंने जब दीवारों पर बनी हुई

नायाब तस्वीरों को देखा, तो दंग रह गये। उन्होंने इस चित्र की सुन्दरता की तुलना लन्दन के विक्टोरिया और अल्बर्ट संग्रहालय में मौजूद क्ली, मिरो, और पिकासो जैसे आधुनिक पश्चिमी कलाकारों के कामों से की। फिर दुनिया में मशहूर हो गयी यह कला। मधुबनी चित्रकला मिथिलांचल क्षेत्र जैसे बिहार के दरभंगा, मधुबनी एवं नेपाल के कुछ क्षेत्रों की प्रमुख चित्रकला है। प्रारम्भ में रंगोली के रूप में रहने के बाद यह कला धीरे-धीरे आधुनिक रूप में कपड़ों, दीवारों एवं काग़ज़ पर उतर आयी है। मिथिला की औरतों द्वारा शुरू की गयी इस घरेलू चित्रकला को पुरुषों ने भी अपना लिया है। इसमें चटख रंगों का इस्तेमाल खूब किया जाता है। इन रंगों को घरेलू चीजों से ही बनाया जाता है, जैसे- हल्दी, दूध केले के रस और पत्ते, मवेशियों को गोबर, पीपल की छाल आदि।

दिवाली से तीन-चार दिन पहले घर के फ़र्नीचर और कपड़ों की सफ़ाई होती। हमारे घर में कपड़े और फ़र्नीचर अधिक नहीं होते थे। दरवाज़े पर काठ का एक बड़ा बक्सा रहता था, जिसे बाबा-दादा ने बनवाया था। केवल दो चौकियाँ थीं। एक पिताजी के लिए और दूसरी भैया के लिए। चचेरे भाई बिलट भैया की चौकी अलग थी। दरवाज़े पर सोने के लिए बाँस के मचान बने थे। कुर्सी एक भी नहीं थी। काठ की दो छोटी-बड़ी पेटियाँ भी थीं- एक माँ की, दूसरी भाभी की। इनमें उनके कपड़े-गहने आदि रखे जाते। काठ के एक-दो पीढ़े होते थे, जिन पर बैठकर माँ और भाभी रोटी बनातीं। धान कूटने के लिए एक बड़ी-सी ढेंकी होती और गेहूँ, मक्का, मडुआ आदि पीसने के लिए जाँता। जाँता दो पाटों में बँटा पत्थर के बड़े गोलाकार टुकड़े होते थे, जिन्हें उठाना हम बच्चों के बस में नहीं था। उसके निचले हिस्से एक लम्बी मज़बूत लकड़ी के सहारे मिट्टी में गड़े होते थे। इस गोलाकार हिस्से के बीचोबीच इसे इस तरह गाड़ा जाता था कि उसका कुछ हिस्सा ऊपर तक आकर जाँता के ऊपरी हिस्से को रोके। लकड़ी के इस भाग को 'कील' या 'कीला' कहते थे। जाँता के ऊपरी पाट में भी लकड़ी का एक लम्बा 'हत्था' लगा होता था, जिसे पकड़ कर उसे चारो तरफ घुमाया जाता था। लकड़ी के दोनों भाग अक्सर खैर की लकड़ी से बनते थे, जिसके पेड़ हमारे गाँव में बहुतायत से पाये जाते थे। यह सखुआ से भी मज़बूत होता था, न जल्दी सड़ता था, न गलता था। केवल ऊपरी भाग घिसते-घिसते पतला हो जाता था, जिसे साल-दो साल पर फिर उखाड़ कर गाड़ना या बदलना पड़ता था। 'ढेंकी' भी अक्सर इसी लकड़ी की बनती थी। मज़बूती में 'खैरा का

कीला' कहावत की तरह मशहूर था। बर्तनों में मिश्रधातु की एक बटलोही, एक बरगुना, लोहे की एक कड़ाही, रोटी बनाने के लिए एक तवा और बेलना-चौकी, सब्ज़ी काटने के लिए एक फसुल और उसे भूनने-छानने के लिए एक-एक कलछुल-छोलनी होती थीं। मसाला पीसने के लिए पत्थर का एक लोढा-सिलवट, अनाज तौलने के तराजू और पत्थर के सेर-पसेरी होते थे। एक काठ की कठौती होती थी, जिसमें आटा सानने (गूँथने) से लेकर कपड़ा धोने तक कई काम होते थे। काठ का बना ढकना और दल-मथनी भी होते थे। 'बरगुना' भी धातु का एक अर्द्धवृत्ताकार बर्तन होता था, जिसमें बनाने, खाने, चावल धोने, भात पसाने, आंटा गूंथने से लेकर बारह काम होते थे। इसीलिए उसे बारह गुणवाला 'बरगुना' कहा जाता था। लोहे की एक-दो बाल्टी भी होती थी। एक छोटी बाल्टी कुएँ से पानी भरने के लिए भी होती थी, जिसमें रस्सी बँधी होती थी।

खाना खाने के लिए काँसे और पीतल की कुछ थालियाँ और छिपली थीं। पानी पीने के लिए काँसे, ताँबे और पीतल के लोटे और गिलास होते थे। माँस-मछली बनाने के लिए अलग से एक कड़ाही और छोलनी होती थी। मवेशियों के लिए चारा काटने के लिए एक-दो गँड़ासी, जलावन काटने-चीरने के लिए टेंगाड़ी, कृषि कार्य के लिए लोहे के लम्बे फार युक्त काठ का हल, पालो और लकड़ी का मोटा 'हेंगा' होता था, जिन्हें बैल खींचते थे। इसके अलावा कुदाल, खुरपी, हँसियाँ, खन्ती आदि भी होते थे। प्रतिकूल परिस्थिति और साँप आदि से बचने के लिए लाठी, बरछी, भाले, गँड़ासे भी हमारे घर में थे। एक किसान के घर में पाये जानेवाले प्राय: सभी औजार, पुराने बक्से, धातु के महँगे बर्तन आदि पहले से हमारे घर में थे। इससे पता चलता है कि हमारे पूर्वज पहले सुखी और सम्पन्न रहे होंगे। किन्तु बाद में ग़रीब होते चले गये।

लेकिन घर में धातु की बटलोही रहते हुए भी चावल-दाल हमेशा मिट्टी की हाँड़ी में ही बनते थे। बड़े होने पर भी मैंने उस भारी-भरकम बटलोही में खाना बनते नहीं देखा। माँ हाँड़ी को हिफ़ाजत से धोती, फिर उसके बाहरी हिस्से में चारों ओर मिट्टी का लेप (लेबा) चढ़ाती और उसमें ज़रूरत-भर पानी भरकर चूल्हे पर चढ़ा देती। जब पानी खौलने लगता, तो उसमें दाल और चावल धोकर डाल देती। फिर उसे एक मिट्टी या काठ के ढकना से ढँक देती। पानी संग्रह के लिए मिट्टी के घड़े होते थे। दाल, भात या सब्ज़ी चलाने और निकालने के लिए काठ की छोलनी और कलछुल होते थे, जिन्हें हम क्रमश: 'चलौना' और 'सरबी' कहते थे। कठौता, सरबी और चलौना आदि

बर्तनों को लोहार-बढ़ई बनाते थे। ये मेले-ठेले में भी मिलते थे। किसी-किसी के पास काठ के ओखल-मूसल भी होते थे। चूल्हे के पास हमेशा पीली चिकनी मिट्टी का ढेर लगा रहता था। मिट्टी के चूल्हे पर मिट्टी के बर्तन में बने दाल-भात की सोंधी महक से भूख दुगुनी हो जाती थी। ग़रीबी के दिनों में भी मिलनेवाले वैसे स्वादिष्ट भोजन अब कहाँ? उस भोजन की भूख, स्वाद, रस, गन्ध, ललक और लालसा आज के पाँचों पकवान में भी नहीं मिलते। किन्तु बाद में जब एल्यूमिनियम का प्रचलन हुआ, तो हमारे घर में भी मिट्टी की हाँड़ी के बदले उसी का इस्तेमाल होने लगा। हमारे रोज़मर्रे के औज़ारों में सबसे महत्त्वपूर्ण औज़ार थे– छुरा (उस्तरा) और कैंची। उन्हें सँभालकर रखने के लिए काठ की एक छोटी पेटी, और चमड़े या कपड़े की एक थैली होती थी, जिन्हें हम 'लोखर' कहते थे।

दिवाली के अवसर पर हम इन सभी औज़ारों, धातु के बर्तनों, फर्नीचर और कपड़ों की वृहत् सफ़ाई करते थे। उस ज़माने में 'विश्वकर्मा पूजा' का प्रचलन नहीं शुरू हुआ था। कुछ वर्षों बाद इसकी शुरुआत शहरों में हुई। इसीलिए लोहे और धातु के औज़ार, गाड़ी-सवारी सबकी सफ़ाई और पूजा दिवाली में ही होती थी। हमारे घर के दरवाज़े पर एक सार्वजनिक कुआँ था, जो आज भी है। बड़े भैया लक्षण ठाकुर और बिलट ठाकुर, पिताजी और हम बच्चे घरों से बारी-बारी चौकी, बक्से, औज़ार आदि निकालकर कुएँ पर लाते, पुआल के लूँड़े से उसे रगड़-रगड़ कर साफ़ करते। फिर सूख जाने पर उन्हें यथास्थान रख आते। दिवाली की रात में या एक रात पहले काठ की पेटी, लाठी, भाले आदि लोहे के औज़ारों में सरसों या तीसी के तेल में सूती कपड़ा भिंगोकर बड़े जतन से रगड़ा जाता। इसे तेल पिलाना कहते थे। औरतों के बाल झाड़ने के लिए बाँस या बेंत की नुकीली तीली से बनी एक छोटी झाड़ू होती, जिसे 'थकरी' कहते थे। बाल झाड़ते-झाड़ते उसकी तिल्लियाँ बाल के तेल से लाल-सुनहरी हो जातीं। मैंने माँ, दादी, चाची, भाभी को थकरी से बाल झाड़ते देखा है। औरतें कंघी बहुत कम करती थीं। माँग फारने और सिन्दूर भरने के लिए 'साही' के काँट होते थे। वह भी मोटे, लम्बे और नुकीले होते थे। साही खरहे की तरह एक छोटा जानवर होता है, जो वनों, खेतों के जंगल-झाड़ी में पाये जाते थे। वे चूहे, नेवला, गोह आदि की तरह ज़मीन खोदकर बिल बनाते और उसी के अन्दर रहते। हम लोग जब भैंस चराने जाते, तो कहीं-कहीं साही के काँट गिरे मिलते। उन्हें चुनकर घर ले आते और माँ या भाभी को दे देते। दिवाली के दिन इन सबकी सफाई होती।

इसके अलावा घर की टोकरी, सींक की बनी डलिया-मौनी, डगड़ा, सुपली आदि की भी सफ़ाई होती।

कपड़ों की सफ़ाई सोडा और साबुन से होती थी। माँ, दादा, बाबू, पिताजी आदि बड़े-बुजुर्गों के कपड़े सोडे में साफ़ किये जाते। सोडे को गर्म पानी में खौलाकर उसमें रात-भर के लिए कपड़े रख दिये जाते। फिर सुबह में उसे रगड़-रगड़ कर ठण्डे पानी से साफ़ किया जाता। भैया और हम बच्चों के कपड़े साबुन से साफ़ किये जाते। उस ज़माने में कपड़े धोने के लिए 'सनलाइट' और 501 साबुन मशहूर थे। 'सनलाइट' साबुन में धुले कपड़े सचमुच सूरज की तरह चमकते। फिर उस पर नील चढ़ाया जाता। 555 नम्बर का एक और साबुन होता था। किन्तु उसकी गुणवत्ता थोड़ी कम होती। भैया 'सनलाइट' और 501 साबुन ही लाते। मैं भी साबुन, सोडा ख़रीदने जाता। मेजरगंज में जबाहिर साह की 'किराना' की दुकान प्रसिद्ध थी। सोडा-साबुन हम लोग उसी दुकान से लेते थे। कपड़े धुलते, फिर उस पर कपड़े में बँधे नील के ढेले को पानी में भिंगोकर निचोड़ा जाता। जब पानी नीला हो जाता, तो उसमें धुले कपड़ों को डालकर निचोड़ दिया जाता, जिससे कपड़ों में और चमक आ जाती। बचपन में घर के सभी लोगों के पास एक-दो कपड़े ही होते। धीरे-धीरे जब हमारी आर्थिक स्थिति अच्छी होने लगी और कपड़े साबुन ज़्यादा होने लगे, तो कपड़े धोबी के यहाँ भी जाने लगे। इसके पहले धोबी के यहाँ केवल औरतों की साड़ी ही जाती थी। कपड़े धुलने के बदले में पिताजी मुफ़्त में धोबी के दाढ़ी-बाल काटते थे। हमारे गाँव के धोबी का नाम था–गोकुल बैठा, जो बुढ़वा टोला में रहते थे। गाँव के बच्चे कभी-कभी उन्हें 'गोकुल बैठा, कान-कनैठा, पीपल तर हलवाही' कहकर चिढ़ाते। वे लाठी लेकर उन्हें खदेड़ते। लड़के भाग जाते। हम लोगों को भी कभी-कभी लोग 'आदमी में नौआ, पंछी में कौआ' कहकर चिढ़ाते, जिसमें एक झूठी प्रशंसा होती। हम लोग इसे गम्भीरता से नहीं लेते थे। पर दिवाली की सफाई में सारी गन्दगी दूर हो जाती–मन की भी और तन की भी।

सबके लिए दिवाली धन-लक्ष्मी की पूजा होती, मेरे लिए विद्या की। दिवाली के दिन लक्ष्मी की पूजा होती और लड्डू-मिठाई बँटते। पर मेरे यहाँ चीनी के लड्डू और बतासे आते थे। हम बच्चे बड़े उत्साह से दीये जलाते। पहला दीया पिताजी महारानी स्थान पर जला आते थे। फिर कुएँ पर, गोबर के मान, पशु-घर और तब घरों और दरवाज़े के आगे-पीछे दीये जलाये जाते थे। इस अवसर पर दाल-भात और तरुआ (बचके) बनते, जिन्हें बनते ही

हम लपक लेते। रात-भर दीये जलते और मैं पढ़ता रहता। माँ कहती लक्ष्मी का दिन है। आज पढ़ना नहीं चाहिए। भैया कहते लक्ष्मी और सरस्वती में बैर है, पढ़ोगे तो लक्ष्मी नाराज़ हो जायेगी। पर पिताजी मुस्कुराते रहते, जिससे मुझे पढ़ने की हरी झंडी मिल जाती। देवी-देवताओं के इस चक्कर को मैं अन्धविश्वास मानता।

चौथी खुशी मुझे 'सुकराती' मनाने और इसी मौसम में गोधन (गोवर्द्धन, भैया-दूज) पूजा में भाग लेने की होती थी। दिवाली से एक रोज पूर्व 'यम दिवाली (यम दियरी)' और उसके एक रोज़ पहले सुकराती होती थी, जिसमें गाँव-घर के लोग रात में गोबर और राख के मान पर दीया जलाते थे। विश्वास यह था कि वहाँ मृत्यु के देवता यम आते हैं और रात-भर निवास करते हैं। आज की तरह धनतेरस का प्रचार नहीं था। इसे केवल व्यापारी लोग मनाते थे। किसान लोग सुकराती मनाते थे। उस रोज़ दिन में पशुओं को ख़ूब नहला-धुलाकर उसके सींघों को गेरू और चूने से रंगा जाता। उनके गले में लाल रंग में रँगी नयी रस्सी पहनायी जाती। गाय और बैलों के गले में घंटियाँ भी बाँधी जातीं। भैंस और बकरियों के गले में कौड़ियों की माला पहनाई जाती। हमारे घर में बैल, भैंस और बकरियाँ होतीं। बड़े भैया लोग बड़े प्यार से भैंस के गले में कौड़ियों के हार पहनाते, फिर उसके पूरे शरीर और सींगों पर रेड़ी (अण्डी) के तेल से मालिश करते। भैंस और बकरियों के सींगों को रंगना, उन्हें कौड़ी और घुँघरुओं की माला पहनाना हम बच्चों को बड़ा अच्छा लगता था। उस दिन मवेशियों की शोभा देखते ही बनती थी। मवेशियों को हल्दी और विभिन्न जंगली जड़ी-बूटियों एवं वनस्पतियों के घोल से बना रस पिलाया जाता, जिसे बाँस की काँड़ी से पिलाया जाता। इसे 'पखेओ' खिलाना कहते थे। बाँस की नयी काँड़ी और वनस्पतियों की बूटी मेजरगंज के 'बढ़ईखाने' के लोहार-बढ़ई लोग लाते थे, जो हमारे गाँव कमाते थे। बदले में उन्हें कुछ अनाज और पैसे मिलते थे। मेरे पिताजी इन वस्तुओं की व्यवस्था खुद ही कर लेते थे।

दिवाली के दो रोज़ बाद गोवर्द्धन पूजा (भैया-दूज) होती थी। आर्य परम्परा के पुरोहितवाद से अलग छठ और दिवाली शुद्ध रूप से प्रकृति पूजा है। परम्परा से अनार्य प्रकृति-पूजक और आर्य उसके भक्षक रहे हैं। आर्य-पूजा यज्ञों से शुरू हुई, जिनमें पशु और वनस्पतियों की आहुति आवश्यक मानी गयी। आर्यों ने अपने निवास के लिए जल, जंगल और ज़मीन का दोहन किया। इसके विपरीत अनार्य इनके रक्षक और पूजक रहे। काल-क्रम से पश्चिम से

पूरब की ओर आये आर्यों को अनेक बार अनार्यों के विरोध का सामना करना पड़ा। अपेक्षाकृत आर्य प्रभाव से दूर बिहार, बंगाल सहित पूरा पूर्वोत्तर और दक्षिण भारत अपनी पुरातन परम्परा में अनेक सामूहिक त्योहारों को मनाता रहा, जिसमें पुरोहित की कोई आवश्यकता नहीं थी। यह अलग बात है कि कालान्तर में उनमें आर्य प्रभाव भी जुड़ते चले गये। किन्तु दिवाली और छठ अब भी आर्य प्रभाव से दूर प्राकृतिक आस्था का पर्व है। यह आश्चर्यजनक है कि छठ और गोवर्द्धन-पूजा की शुरुआत उत्तर भारत के बिहार और पूर्वी यूपी से, और दिवाली की शुरुआत दक्षिण में बली-पूजा से हुई। दिवाली में आज भी औरतें लोक-मन्त्र बुदबुदाती हैं– 'अली-बलि जाओ, बली का राज आओ'। इन त्योहारों में विष्णु के प्रभुत्व के विरुद्ध राजा बली का स्वच्छता का राज्य, इन्द्र के विरुद्ध बलराम और कृष्ण की कृषि-संस्कृति का राज्य और पशु-बलि प्रधान यज्ञ के विरुद्ध पुरोहित रहित प्रकृति-पूजा का सन्देश है। कृष्ण के बड़े भाई बलराम कृषि के सबसे बड़े देवता हैं। वे 'हलधर' हैं और 'हल' ही उनका अस्त्र है। अक्षय ऊर्जा स्रोत सूर्य जैसी प्राकृतिक शक्ति की पूजा कर हम उनके उपकारों के प्रति कृतज्ञता निवेदन करते हैं। यह हर्ष की बात है कि कालान्तर में आर्यों ने भी इन परम्पराओं को अपना लिया। आज हम आर्य-अनार्य नहीं, परम्परा और संस्कृति भिन्नता के बावजूद केवल और केवल भारतवासी हैं और सभी आस्था और विश्वासों का सम्मान करते हैं। बचपन से आज तक मैं इन त्योहारों को देश की सांस्कृतिक धरोहर के रूप में देखता आया हूँ।

यद्यपि ये सभी कथा-कहानियाँ इतिहास नहीं, मिथक हैं। पर मिथकों का उपयोग आधुनिक अर्थ और सन्दर्भों में होना चाहिए। गाय, गोबर, गोवर्द्धन, कृष्ण और बलराम के मिथक आज कितने सार्थक और उपयोगी हैं, लोग ध्यान नहीं देते। अब बैल तो कम ही बचे हैं, पर गायों की संख्या गाँवों में भी बढ़ रही है। दिवाली के तुरत बाद होनेवाली 'गोधन' या 'गोवर्द्धन पूजा' आज भी उत्तर भारत के गाँवों में प्रचलित है। 'भैया दूज' तो शहरों में भी मनायी जाती है। बैल के घर 'बैलघरा' या गोशाला में रात में बैल, गाय या भैंस जो गोबर देते हैं, उससे घर की औरतें गोबर का घरौंदा बनाती हैं, जिसमें जाँता, ढेंकी, ओखल-मूसल, हल, बैल और विभिन्न देवी-देवताओं की कलाकृतियाँ बनायी जाती हैं। उसमें थोड़ा चावल-दाल और पाँच तरह के अनाज और कुछ फूल-पत्ती आदि डालकर उसे दिन-भर सूखने के लिए छोड़ दिया जाता है। फिर रात में मवेशियों को उसी घर में बाँध दिया जाता है, ताकि पशु-देवता

उन घरौदों को पैर से कुचलते रहें। जिसके घरौंदें जितना ही ज़्यादा कुचले होते हैं, उसे उतना ही शुभ और भाग्यशाली माना जाता है। यहाँ मवेशी साक्षात् ईश्वर हैं, जो कृषि-कार्य और दूध-दही द्वारा हमारा भरण-पोषण करते हैं। सुबह में मवेशी हटाने के बाद औरतें उन घरौंदें के गोबरों को इकट्ठा करती हैं, उनके गोले बनाये जाते हैं और किसी कुएँ या पनघट के पास उन गोलों को ओखल-मूसल में डालकर औरतें सामूहिक रूप से कूटती और गीत गाती हैं। गोबर और सरसों तेल के साथ रूई के फाहों या सूती कपड़ों के पुतले बनाकर उनमें बारी-बारी से रेंगनी के नुकीले काँटों को चुभोकर अपने कमाऊ सगे-सम्बन्धियों को शाप देकर मारती हैं और पुनः उन्हें टोना-टोटका द्वारा नयी शक्ति और ऊर्जा देकर जीवित करती हैं और रेंगनी के नुकीले काँटे को अपनी जीभ में चुभोती है, ताकि शाप-दोष दूर हो जाये और पुनर्जीवन प्राप्त उनके सगे किसान दुगुनी शक्ति से अपने कृषि और पशुपालन कार्य कर सकें। 'भैया दूज' भी गोधन के साथ ही मनाया जाता, जिसमें औरतें और लड़कियाँ अपने भाइयों को मारती-जिलाती और उन्हें मटरी (केराव के कड़े दाने) खिलाकर मज़बूत और दीर्घायु होने की कामना करतीं। इस अवसर पर पानी के भाप में सीझाकर चावल के आटे का पकवान बनता, जिसे 'बगिया' कहते थे। प्रत्येक घर में इसे रात में ही बना लिया जाता और सुबह में सभी औरत-मर्द इसे 'गोधन-पूजा' के बाद खाते। हम बच्चे उसे बड़े चाव से खाते थे।

दशहरे के दिनों में 'झिंझिया' और दिवाली के बाद 'सामा-चकेवा' गाँव-घर की बहू-बेटियों के मशहूर आयोजन होते, जिन्हें रात में गाँव के गली-कूचों में घूग घूम कर मनाया जाता। 'झिंझिया' में लड़कियाँ देर रात तक माथे पर छेदवाले घड़े में दीपक जलाकर नाचतीं-गातीं। 'सामा-चकेवा' का डाला होता, जिसमें गीली मिट्टी और सींक से हाथी, घोड़े, सामा, चकेवा, खड़रीच चिड़िया, वृन्दावन आदि बनाये जाते। पाट की दाढ़ी-मूँछ और बाल वाला एक चुँगला होता। रोज-रोज खेल के अन्त में वृन्दावन को जलाया जाता और चुंगला के दाढ़ी-मूँछ भी। चुँगला चुगली खाकर झगड़ा लगानेवाला कथा का खलनायक होता था, जिसको कोसते हुए लड़कियाँ अलग से एक चुँगला गीत गातीं। मिट्टी की ये मूर्तियाँ कुम्हार के घर या बाज़ारों में भी मिलतीं। सामा-चकेवा और झिंझिया जैसे लोक-त्योहारों का सम्बन्ध भी कृष्ण से ही है। भारत में पूरी कृषि-संस्कृति के नायक यदुवंशी कृष्ण और बलराम ही हैं, जिनकी कथा को शास्त्रों ने विकृत कर दिया है। शिव और कृष्ण की पूजा काफ़ी प्राचीन है। राम-जानकी की पूजा तो मध्यकाल की चीज़ है। कृष्ण ने

जब इन्द्र पूजा का विरोध कर गाय और गोबर की पूजा शुरू की, तो परवर्ती ग्रन्थों ने उन्हें भी इन्द्र की तरह रसिया और सोलह हज़ार रानियों वाला राजा बना दिया, और वह भी सभी की सभी गोपियाँ (यादव कन्या) ही, मानो उस ज़माने में दूसरी कोई जाति थी ही नहीं। अन्यथा कृष्ण को 'गोपाल' और बलराम को 'हलधर' आज भी कहा जाता है। असल में भारत में कृषि-कार्य की परम्परा का श्रेय इन्हीं महापुरुषों के हिस्से जाता है। आर्यों का इतिहास बहुत हद तक कृषि-संस्कृति और परम्परा के शोषण का इतिहास है। उनके सर्वसमर्थ देवता इन्द्र की करामात आज भी वेदों में भरी पड़ी हैं। उन्होंने खुद से खेती नहीं की। शंकर और कृष्ण यहाँ के अनार्य महापुरुष हैं, जिन्हें बड़ी चालाकी से आर्य-समूह में स्वीकार कर लिया गया है। इन पर नये सिरे से शोध-अनुसन्धान और विमर्श की ज़रूरत है।

दिवाली-छठ के बाद कार्तिक पूर्णिमा को 'गंगा-स्नान' के दिन सामा-चकेवा को बागमती नदी में विसर्जित किया जाता। हमारे गाँव से लगभग दस-बारह किलोमीटर दूर पश्चिम में ढेंग-बड़हरवा रेलवे स्टेशन के पास 'बागमती स्नान' का एक बहुत बड़ा मेला लगता था। गंगा स्नान के दिन आस-पास के गाँवों की लड़कियाँ अपने 'सामा-चकेवा' को इसी मेले में बागमती में भसाने (विसर्जित करने) ले जातीं। सबसे आकर्षक नज़ारा होता भगतों का, जो झाल-करताल पर झूमते-नाचते बागमती स्नान को जाते और अपने गाँव-घर की प्रेत-बाधा को नदी में विसर्जित करते। हम बच्चे इन मेलों में प्रति वर्ष जाते और नदी स्नान और मेलों का लुफ्त उठाते।

बरसात में पर्व-त्योहारों का जो सिलसिला शुरू होता, वह कार्तिक की पूर्णिमा के बाद ही ख़त्म होता। सावन-भादों के झूले, कृष्णाष्टमी, दुर्गा-पूजा, फिर दिवाली, छठ और गंगास्नान के बाद साल के सभी त्योहार ख़त्म। इसी के आस-पास गाँवों में कहीं-कहीं मुस्लिम पर्व ताजिये की तर्ज पर महावीरी झण्डे होते। मेरे मामा के गाँव में ऐसा झण्डा होता था, जिसके लिए हफ़्तों से तैयारी शुरू होती। उसे देखने हम बच्चे जाते थे। झण्डे में रोज़ रात में 'मिसिया' गाया जाता था। हमारे गाँव के खाप टोले में मुसलमान लोग मुहर्रम के समय 'ताजिया' 'सिफड़' बनाते और 'मर्सिया' गाते थे। रामनवमी भी मनायी जाती। हमारे जिला मुख्यालय सीतामढ़ी में रामनवमी का बहुत बड़ा पशु मेला लगता था। हिन्दू-मुसलमान सभी मिलकर एक-दूसरे के त्योहारों में सहयोग करते। हिन्दू लोग 'ताजिये' के चन्दे देते और मुसलमान लोग दुर्गापूजा और जन्माष्टमी के। पर दिन पर दिन साम्प्रदायिक सद्भाव ख़राब होते चले

गये। आज स्थिति बद से बदतर हो गयी है। रामनवमी पहले भी होती थी, मुहर्रम और महावीरी झण्डा भी। हम राम का नाम लेते थे, अल्लाह और हुसैन का नाम भी। मुहर्रम के ताजिए जुलूस में मुस्लिम से ज़्यादा हिन्दू ही होते और महावीरी झण्डा में 'मिसिया' सिखाने मौलवी साहब आते थे– 'सेर-भर लड्डू, सवा सेर मेवा, झण्डा है महावीर जी के' और ताजिये में हम लोग भी गाते थे– 'हाय, हाय, ...या हुसैन, या हुसैन।' ताजिये की मनौती 'शिरनी' और 'बद्धी' ताजिये को चढ़ाकर माँ हम बच्चों को खिलाती और पहनाती थी। लाठियाँ हम भी भाँजते थे और वो भी। छठ पर्व कुछ मुसलमान भी मनाते थे। सब कुछ धार्मिक और सामाजिक था। पर अब ज़ंजीरों से छाती पीटकर लहूलुहान करना और 'जय श्रीराम' के नारे के साथ तलवार-त्रिशूल का उन्मादी प्रदर्शन करना कहीं से भी धार्मिक नहीं लगता। महावीरी (हनुमान जी के) झण्डे, जो गाँवों में कमोबेश अभी तक होते हैं, के समूह -गीत (हाय, हाय, झण्डा है महावीरजी के...) , जिन्हें मिसिया कहते हैं, झिंझिया के समूह-गीत (हाय, हाय ! डईनी के बेटा मरे ...) और ताजिये के मर्सिया (हाय हाय...) के बोल और धुन का मिलान कर लिया जाये, ऐसी समानता क्यों है? ताजिये का मर्सिया ही झण्डे का मिसिया बन गया है। किसने किसकी नक़ल की और की तो इसमें बुरा क्या है? ऐसे साम्प्रदायिक सद्भाव अब खोजे नहीं मिलेंगे। 'संघ' और शाखा वाले उस ज़माने में भी होते थे, जो कभी कभार सीतामढ़ी में 'रामनवमी' के बैल मेले में हिन्दू-मुस्लिम दंगे भड़काने की कोशिश करते। पर आम हिन्दुओं की सतर्कता के कारण कोई बड़ा दंगा नहीं होता था।

एक जमाना था, जब ख़ूब बारिश होती थी और मैदानी इलाक़े में, गली-मोहल्ले से खेत-खलिहान तक कीचड़ और पानी से भर जाते थे। यह हमारे बचपन का ज़माना था। किसान-मज़दूर से लेकर गाँव के स्त्री-पुरुष और बच्चे ख़ुशी से झूम उठते थे। खेतों की हरियाली और आनेवाली फ़सलों की ख़ुशी में कादो-कीचड़ भी झूठे हो जाते थे। कभी-कभी बाढ़ भी आती थी, पर पानी दो-तीन दिनों से अधिक नहीं टिकता। सारे बहकर नदी में समा जाते। बाढ़ के पानी में बच्चे, बूढ़े, जवान सभी नहाते। ज़माना बदला, नदियों में तटबन्ध बँध गये। अब बाढ़ के पानी नदियों में नहीं जाते। प्रकृति ने भी मैदानी इलाक़ों में जैसे वर्षा को नियन्त्रित कर डाला। पहाड़ी इलाक़ों में बादल फूटते नहीं फटते हैं। उसने मैदान छोड़ दिया है। कौन इतनी लम्बी दूरी तय करे? पहाड़ों पर ही पसर जाते हैं। मुझे याद नहीं, 1975, 80, 84, 94 और 2002 के बाद बिहार में कोई बड़ी बाढ़ आयी हो। पर कभी-कभी बरसात

में वर्षा रानी की कृपा हो जाती है और धारासार-मूसलाधर से लोग रू-ब-रू हो जाते हैं। तब गाँव का तो कुछ नहीं बिगड़ता, पर शहरों की हालत देखने लायक होती है। गाँवों ने बाढ़ से रक्षा के लिए अपने को पहले ही ऊँचा कर रखा है। पर शहरीकरण की आपाधापी में लोगों को जहाँ ज़मीन मिली, बसते चले गये। ऊँचे-ऊँचे घर बनने लगे। पुराने शहर और उनकी सड़कें नीचे के नीचे रह गये। सड़कें ऊँची हुईं, तो मोहल्ले गर्त में चले गये। पानी जाये तो कहाँ जाये?

कार्तिक पूर्णिमा (गंगा-स्नान) के बाद पर्व-त्योहार का मौसम समाप्त हो जाता था। अगले वर्ष फिर वसन्त पंचमी (सरस्वती पूजा) से यह शुरू होता था। स्कूलों में सरस्वती पूजा होती थी। हमारे गाँव के पास बसबिट्टा के 'शुकेखर स्थान' में इस अवसर पर और शिवरात्रि के समय बहुत बड़ा मेला लगता था। उसके बाद होली आती। यह देशी नववर्ष का पहला त्योहार होता।

होली : एक मनहूस पर्व : दुनिया के लिए होली चाहे जैसी भी हो, मेरे और मेरे परिवार के लिए यह मनहूस पर्व है। बचपन से आज तक यह मुझे बिल्कुल नहीं भायी। आज भी होली के एक-दो दिन पहले मुझे अनायास सर्दी-बुख़ार सा कुछ होने लगता है, जो होली के बाद स्वत: ठीक हो जाता है। बचपन से आज तक दोस्तों की ज़िद पर मैं इसमें शामिल ज़रूर होता हूँ, पर बे-मन से। यद्यपि यह भारतीय नव-वर्ष का त्योहार है, पर इसे कुछ शास्त्र-पुराणों के अनर्गल प्रलापों से जोड़कर विकृत कर दिया गया है। 'होलिका-दहन' और प्रह्लाद की कथा कुछ ऐसी ही है। इसके नाम पर प्रचलित फूहड़ गीत, 'कबीरा' और 'जोगीरा' तो और भी विकृत हैं। ऐसा लगता है कि शास्त्रमत के लोगों ने शास्त्र विरोधी कबीर, बाबा गोरखनाथ और सिद्ध-नाथ जोगियों के खण्डन-मण्डन की प्रवृत्ति के विरोध में होली गीत के बहाने उनका मज़ाक़ उड़ाना शुरू किया होगा। 'कबीरा' और 'जोगीरा' कुछ वैसे ही व्यंग्य गीत हैं।

लेकिन मेरी अरुचि का कारण यह नहीं है। यह निहायत निजी, व्यक्तिगत और दर्दनाक प्रसंग है, जिसने मुझे अन्दर से तोड़ दिया। लिखने और कहने का साहस नहीं होता। पर होली का वह मनहूस दिन, जिसने मेरे बाल मन की खुशियों को सदा के लिए सूना कर दिया, भुलाये नहीं भूलता। जब-जब होली आती है, मेरा मन हाहाकार कर उठता है। मेरी माँ और दादी तो अब नहीं रहीं, पर भाभियों का मन अब भी होली के दिन विषाद से भर जाता है। अपने पिता से मैं तीन भाई था– हरगेन, फुलगेन और प्रकाश। प्रकाश

का जन्म उन दिनों नहीं हुआ था। सो हम दो ही भाई थे– मैं हरगेन और छोटा भाई फुलगेन। मैं पाँच बरस का था और छोटा भाई फुलगेन तीन बरस का। दोनों भाइयों के घुँघराले जटाधारी बाल थे। हम दोनों भाई आपस में ख़ूब खेलते थे। मैं उसे गोद में उठाकर ख़ूब प्यार करता, रोने पर पुचकारता और माँ के बदले उसे दुलारता रहता। उस भीषण ग़रीबी में भी हम दोनों भाइयों की किलकारी, उछल-कूद और प्यार घर में बहार-सा ला देते। जब तक खाना बनता, हम लोग आँगन में ही खेलते रहते। माँ, दादी, चाची और भाभियाँ हम लोगों को खेलते-कूदते देखकर बहुत ख़ुश होतीं। पिताजी, बाबा, चाचा और बड़े भाई हमें बहुत प्यार करते। गाँव-घर में हम दोनों भाइयों की जोड़ी बड़ी प्रसिद्ध थी– हरगेन और फुलगेन।

होली, छठ-पूजा आदि पर्वों के दिन नाई, कुम्हार, बढ़ई, चमार, धोबी आदि जातियों के लोग गृहस्थों (यज़मानों) के घर प्रसाद माँगने जाते थे और उनकी झोली में ठकुआ, लाई, मिठाइयाँ आदि दे दी जाती थीं। मेरी दादी भी कुछ माँग लाती थी। लेकिन माँ प्रसाद माँगने कभी नहीं जाती थी। लोग ख़ुद से पुआ-पूड़ी आदि दे जाते। उस मनहूस दिन को माँ को किसी ने डलिया भरकर होली का प्रसाद पुआ दिया था। सो माँ चौकी (चारपाई) पर चढ़कर एक-एक पुआ घर के छप्पर से बँधे रस्सी के शिकहर (सींका) पर रखी हाँड़ी में रखने लगी। इधर हम दोनों भाई पुआ खाने के लिए रोते-मचलते माँ की साड़ी पकड़कर चौकी पर चढ़ गये और उछल-उछल कर पुआ माँगने लगे। माँ ने मुझे एक पुआ दिया, छोटे भाई के लिए पुआ निकाल ही रही थी कि मचलते हुए छोटे भाई फुलगेन का पैर फिसल गया और वह चौकी से धड़ाम से नीचे गिर पड़ा। चौकी के नीचे बड़े तगाड़ (कठौती) में तुरत का पसाया हुआ भात का गर्म माँड़ रखा था। छोटे भाई फुलगेन के दोनों पैर उसी तगाड़ में फिसल गये और उसके साथ ही पूरा शरीर धुआँ उगलते गर्म माँड में चला गया। वह दहाड़ मारकर रोने लगा। जल्दी से माँ ने उसे माँड से निकाला और पानी से भरी बाल्टी उसके शरीर पर उड़ेल दी। माँ के साथ मैं भी ज़ार-बेज़ार रो रहा था। पूरा घर उलट पड़ा। चीख़-पुकार सुनकर आस-पड़ोस के लोग भी उलट पड़े। बच्चे की हालत देखकर माँ रोते-रोते बेहोश-सी हो रही थी। उसे कुछ समझ में नहीं आ रहा था कि क्या करे? उसने माँड से भीगे और शरीर से चिपके छोटे भाई के कपड़े उतारना शुरू किया। किन्तु कपड़े के साथ पेट और पीठ से चमड़े का ढाल ही निकल आया। गाँव के समझदार व्यक्ति अशेश्वर सिंह आते ही बिगड़ पड़े–कपड़े क्यों उतारा?

उन्होंने मेरे घायल भाई को हिफ़ाजत से उठवाया और दूसरे घर में ज़मीन पर कपड़े का एक मुलायम बिछावन डालकर लेटवा दिया। पिताजी जल्दी से केले के थम्ब से ठण्डा पानी निकालकर ले लाये। अशेश्वर सिंह की देख-रेख में भाई के पूरे शरीर पर केले का पानी और कपूर डाला गया। घाव को थोड़ी ठंडक मिली और रोता हुआ भाई चुप हो गया। पिताजी वैद्य मौज कुँवर को बुला लाये। उन्होंने कुछ झाड़-फूँक की, भाई को चुटकी-भर भभूत चटाया और घाव पर भी राख का भभूत छिड़का। फिर जड़ी पीसकर पिलवायी। उस दिन घर में चूल्हा नहीं जला। माँ, दादी, पिताजी, मैं और घर की तमाम औरतें उस रात भाई के अगल-बगल ही जमीन पर बिछावन डालकर साये- कुछ घर में, कुछ बरामदे में। हाँड़ी के तमाम पुओं को गोबर की माँद पर फेंक दिया गया। औरतें कहती थीं कि पुआ में डाईन-जोगिन ने कुछ कर-धर दिया है। माँ बहुत रोती थी। मेरा भाई माँ का दूध पीता था और कभी-कभी उसके साथ मैं भी माँ का दूध पी लेता था। पर अब भाई को गाय का दूध दिया जाने लगा, वह भी पूरा नहीं। मवाद भरने का भय था। मौज कुँवर रोज़ आते थे। अपने सामने जड़ी-बूटी पीसकर पिलवाते थे। मेरा भाई निरीह आँखों से मुझे देखता था और मैं रोता रहता था। इसके सिवा मैं कर भी क्या सकता था? अस्पताल के कम्पाउंडर भी आये। मरहम चढ़ाये गये। रोज़ घाव सुखानेवाला मलहम का लेप चढ़ाया जाता। सामर्थ्य-भर सारी दवाइयाँ की गयीं। पर भाई को बचाया नहीं जा सका। आठ-दस दिनों के बाद मेरा प्यारा भाई फुलगेन चल बसा। हरगेन-फुलगेन की जोड़ी बिछड़ गयी।

मेरी माँ रो-रोकर पागल-सी हो गयी। पिताजी अक्सर रोते नहीं थे, पर बेटे की मौत से उनके सब्र का बाँध टूट गया और वे फूटफूटकर रोने लगे। माँ और दादी ने कई-कई दिनों तक खाना नहीं खाया। बड़े भाई और मेरा बुरा हाल था। दुखी माँ भाई के बदले मुझे दूध पिलाने लगी। उस पाँच साल की उम्र में भी माँ का अमृत समान दूध पीता हुआ मैं साल-दो साल का बच्चा बन जाता। बहुत दिनों तक मैं माँ का दूध पीता रहा। पाँच-छह वर्षों की उम्र तक लगातार माँ का दूध पीते रहने का ही नतीजा है कि आज साठ-पैंसठ साल की उम्र में भी मैं पचासा लगता हूँ। सर्दी-खाँसी, बुख़ार को छोड़कर कोई बड़ी बीमारी नहीं हुई।

अपने उस प्यारे भाई के लिए मेरा मन आज भी रोता है। जब-जब होली आती है, छोटे भाई की दर्दनाक मौत मुझे याद आ जाती है। मैं एकान्त में रूआँसा हो जाता हूँ। मेरा मन कहता है कि यदि भाई का इलाज किसी बड़े

अस्पताल में किया गया होता, तो मेरा भाई बच जाता। पर ग़रीब और लाचार माँ-बाप क्या करें? माँ कहती थी मुझसे बड़ी एक बहन थी, जो जन्म लेने के छह महीने बाद ही मर गयी। इसीलिए मेरे भाई के मरने के बाद मेरी नाक के दाहिने हिस्से को छेदवा दिया गया। छेद के निशान आज भी मेरी नाक में हैं। मेरे आगे-पीछे माता-पिता की दो-दो सन्तानें मरीं—मुझसे बड़ी बहन और छोटा भाई। इसीलिए मुझे मर्छियाह (मौत की आशंका वाला) माना गया और नाक छेदवाकर मुझे ज़िन्दा रखने की हर सम्भव कोशिश की गयी। कई वर्षों के बाद मेरे सबसे छोटे भाई प्रकाश का जन्म हुआ। इस दुखद और दर्दनाक प्रसंग को लिखने के लिए मन को कड़ा करने और हिम्मत जुटाने में कई-कई दिन लग गये। थोड़ा-थोड़ा करके लिखता रहा, पर मन अब भी भारी है।

भूत-प्रेत और धार्मिक अन्धविश्वास

मैं बचपन से ही जिज्ञासु, तर्कशील और लगभग नास्तिक था। मैं स्कूल की किताबों में पढ़ाये गये कबीर, रहीम, वृन्द आदि कवियों के दोहों को न केवल याद करता, बल्कि उन पर अमल करने की भी कोशिश करता।

पाहन पूजे हरि मिले, तो मैं पूजूँ पहाड़।
ताते यह चक्की भली, पिसा खाय संसार।।

कंकड़-पत्थर जोड़ी कै, मस्जिद लिया चुनाए।
ता चढ़ी मुल्ला बांग दे, क्या बहरा हुआ ख़ुदाए।।

काल करे सो आज कर, आज करे सो अब।
पल में परलय होयेगा, बहुरि करेगा कब।।

विद्या धन उद्यम बिना, कहो जो पावै कौन।
बिना डुलाये ना मिलै, ज्यों पंखे का पौन।।

करत-करत अभ्यास के जड़-मति होत सुजान।
रसरी आवत-जात तै, शिल पर पड़त निशान।।

जो रहीम उत्तम परकिरती, का करि सकत कुसंग।
चन्दन विष व्यापत नहीं, लिपटै रहत भुजंग।

जिन खोजा तिन पाईयाँ, गहरे पानी पैठ।
जो बौरा डूबन डरा, रहा किनारे बैठ।।...'

आदि कुछ ऐसे ही दोहे थे, जिनका मेरे जीवन पर गहरा प्रभाव पड़ा। छठी कक्षा में संस्कृत का एक और श्लोक पढ़ा— 'विद्यार्थी लक्षणम्'।

काक चेष्टा, वको ध्यानं, श्वान निद्रा तथैव च।
अल्पाहारी, गृहत्यागी, विद्यार्थी पंच लक्षणम्।

इसे मैंने अपने जीवन में सीधे-सीधे उतार लिया। पहले तीन लक्षण तो मुझमें पहले ही से थे। किन्तु दूसरे दो लक्षणों को मैंने अभ्यास के बल पर प्राप्त किया। अल्पाहारी तो मुझे अभाव ने बना दिया। पर स्कूल की हिन्दी की किताब में एक लेख पढ़ा– 'जहाँ दूध की नदियाँ बहती है– डेनमार्क'। उसमें लिखा था कि डेनमार्क के लोग ख़ूब मेहनती और मज़बूत होते हैं। वे घर-घर गाय और दूसरे दुधारू पशु पालते हैं, ख़ूब दूध पैदा करते और खाते हैं। पर वे एक ही बार में बहुत भोजन नहीं करते, थोड़ा-थोड़ा कई बार खाते हैं। वे दिन-भर में छह बार खाते हैं, पर हर बार छटाँक-दो छटाँक से ज्यादा नहीं खाते। इसको मैंने अपना लिया। छह बार तो नहीं, पर तीन बार की छटांक-दो-छटांक खुराक में ही काम चलाना शुरू कर दिया। इससे भी मेरा आहार सीमित हो गया। दूध तो कम ही मिलता था, पर मट्ठा अक्सर मिल जाता था। स्कूल में मास्टर साहेब कहते– "दाल ग़रीबों का दूध है। उसमें भरपूर प्रोटीन पायी जाती है।" इसलिए मैं दाल ख़ूब खाने लगा। इससे दूध की भरपाई हो जाती थी। 'गृहत्याग' को मैंने इस रूप में अपनाया कि घर छोड़कर खेत-खलिहान या मवेशियों की चरवाही में रहना भी 'गृहत्याग' है। सो मैं खलिहान में फ़सलों की रखवाली और भैंस चरवाही में भी किताब लेकर जाने लगा। खलिहान की गोहिया (पुआल का गुफानुमा घर) में बैठकर किताब पढ़ने का एक अलग ही मज़ा था।

भैंस की चरवाही : भैंस चराते वक़्त भी मैं किताब पढ़ लेता था। बल्कि और आराम से पढ़ता। भैंस की पीठ पर जूट की बोरी बिछा लेता और उस पर बैठ जाता। भैंस चरती रहती और मैं पढ़ता रहता। कभी-कभी अँग्रेजी-हिन्दी के शब्दार्थों को ज़ोर-ज़ोर से रटता। अँग्रेज़ी, हिन्दी और संस्कृत के सारे शब्दार्थ मैंने भैंस की पीठ पर ही बैठकर याद किये हैं। मेरे साथ भैंस चरानेवाले सयाने लोगों में गाँव के अमीर सिंह, राम अशीष सिंह आदि लोग प्रमुख थे, जिन्हें हमलोग अमीर 'का' (काका) और आशीष 'का' (काका) कहते थे। अमीर 'का' मेरी पढ़ाई के प्रति प्रशंसात्मक भाव रखते थे और मुझे 'कायथ' (कायस्थ) कहते थे। खाप गाँव का एक हमउम्र लड़का भुनेसर दास (भुवनेश्वर दास, बनौधिया) रामचन्द्र सिंह का चरवाहा था और वह भी हमारे साथ भैंस चराता था। वह मेरा सबसे अच्छा मित्र था। आज उसके बच्चे कॉलेज में पढ़ते हैं। एक तो अच्छी श्रेणी में बी.ए. भी पास कर गया है, पर अभी तक

कहीं नौकरी नहीं लगी। भैंस की चरवाही अक्सर नदी किनारे की खैरबनी (खैर के जंगल) या खरौरी (डाभी और राड़ी के घास) में होती थी। सूर्योदय के पहले भोर की भैंस चरवाही सड़क के किनारे अथवा खेतों की मोटी मेंड़ पर होती थी। चरवाही में खैर के पेड़ पर के घोंसले से पण्डुक पकड़ना या उसके अण्डे लेना आम बात थी। एक दिन पण्डुक पकड़ने में मेरे एक नेपाली पण्डित दोस्त से झगड़ा हो गया। पण्डुक मैंने देखा, उसने पकड़ा। मैंने कहा– मेरा है, उसने कहा– मेरा और दोनों में छीना-झपटी, पटका-पटकी शुरू हो गयी। मारामारी करते हुए हम लोग नदी की पाट तक चले गये। अन्त में उस पण्डित दोस्त ने 'न तेरा है, न मेरा है' का नियम अपनाते हुए उस पण्डुक को नदी की बहती धारा में फेंक दिया। छीना-झपटी में पण्डुक मर चुका था। वह पण्डित दोस्त गंगा सिंह का चरवाहा था, जो गंगा सिंह की ससुराल नेपाल के किसी गाँव से आया था। गंगा सिंह की शादी नेपाल से लड़की खरीदकर हुई थी। उनकी पत्नी बहुत अच्छी और भली थी। हम लोग उन्हें चाची कहते थे। किन्तु गंगा सिंह को चाची से कोई संतान नहीं हुई।

मेरे बचपन का अधिकांश समय बकरी और भैंस की चरवाही में ही बीता। चरवाही, फिर घसवाही, फिर पढ़ाई तीनों काम मैं एक साथ करता था। इसी बीच कभी-कभी मनोरंजन भी हो जाया करते थे। घर में माँ, दादी और गाँव के बुजुर्ग कहते थे कि जो आदमी जीवन में एक बार कौवे की जीभ खा लेता है, वह अमर हो जाता है। एक रोज़ हम छोटे-छोटे चरवाहों ने प्लान बनाया कि किसी तरह कौवे को पकड़ा जाये। बहुत जुगत से एक कौवा पकड़ाया। हम लोगों ने बड़ी बेरहमी से चाकू से उसकी जीभ का अगला आधा भाग काट लिया। फिर उसे आग जलाकर उसमें पकाया और चार-पाँच चरवाहों ने मिल-बाँटकर उसे खा लिया। हमने देखा कौवे के मुँह से ख़ून बह रहा था। बहुत देर तक वह कौवा बैठा रहा। उसके पास कुछ साथी कौवे भी आये और फिर सभी उड़ गये।

एक दिन भरी दोपहरी में मैं नदी किनारे गाँव के मटुक सिंह, जिन्हें हम लोग 'मटुका' (मटुक काका) कहते थे, की खरौरी में भैंस चरा रहा था। मेरे और साथी खैरबनी तरफ़ चरवाही कर रहे थे। राम अशीष सिंह अपनी भैंस लेकर नदी उस पार अपनी गाछी में, जिसे बड़की गाछी कहते थे, चले जाते थे। सो उस दिन मुझे ख़ूब एकान्त मिला। मैंने भैंस के गले में रस्सी लपेटी और उसे चरने के लिए खुला छोड़ दिया। बीच खरौरी में आकर मैं छोटे-छोटे घास पर चट्टी (भैंस की पीठ पर की बोरी) बिछाकर किताब पढ़ने लगा।

दो-तीन घण्टे तक कभी बैठे-बैठे, तो कभी लेटकर किताब पढ़ता रहा। दोपहर से तीसरा पहर भी ढलने लगा, लेकिन मेरी तल्लीनता कम न हुई। इतने में कुछ आहट हुई और मेरा ध्यान भंग हो गया। देखता क्या हूँ कि लाठी टेके दो आदमी मेरे सामने खड़े हैं। मैं घबड़ा गया। उन्होंने कहा– "डरो नहीं, हम लोग तुम्हारी पढ़ाई देख रहे थे"– वे मेरे नज़दीक आकर बैठ गये और पूछने लगे– "क्या पढ़ रहे हो?" कोर्स की किताब देखकर वे और भी चकित हो गये। उनके मन में ममत्व जग गया। उन्होंने मेरा नाम पूछा, पिता का नाम पूछा और फिर जाति पूछी। मैंने सब कुछ बता दिया। पर नीची जाति का जानकर भी उनके मन में क्रोध या इर्ष्या भाव नहीं पैदा हुआ। वे खुश हुए और कहा कि खूब पढ़ो, एक दिन बड़ा आदमी बनेगा। वे खरौरी के मालिक मटुक सिंह के रिश्तेदार थे, जो चम्पारण के कोम्हरार गाँव के रहनेवाले थे। जब रिश्तेदारी में आये, तो घूमते-घूमते नदी और खेत देखने भी आ गये थे। उन्होंने खरौरी की परती में भैंस चरते देखा, पर चरवाहे को नहीं। चरवाहे की खोज में ही वे यहाँ तक आ गये थे। वे गम्भीर मुद्रा में वहाँ से लौट गये। शायद सोच रहे हों– "काश, हम लोगों का बच्चा भी इसी तरह मन लगाकर पढ़ाई करता?"

जब मैं भैंस चराकर घर लौटा तो देखता हूँ कि चारों ओर मेरी भैंस चरवाही और पढ़ाई की ही चर्चा हो रही है। असल में मटुक 'का' के उन रिश्तेदारों ने गाँव-भर में घूम-घूमकर इसकी चर्चा कर दी थी। मुझे खुशी हुई कि चलो किसी ने तो मेरे इस कार्य की प्रशंसा की। इसके पहले भैंस चरवाही में मेरी पढ़ाई की किसी ने नोटिस नहीं ली थी, बल्कि इसके विपरीत कुछ लोग मज़ाक़ ही उड़ाते थे। इस एक प्रशंसा ने मेरा मनोबल और आत्मविश्वास बढ़ा दिया। ऐसी छोटी-बड़ी अनेक घटनाएँ हैं, जिसने मुझे पढ़ाई की ओर प्रेरित किया। नौवीं-दसवीं कक्षा तक आते-आते मैंने 'गृहत्याग' का एक और रास्ता अपनाया। गाँव के हाई स्कूल में होस्टल था। मैं वहीं रहने लगा। खाता और काम करता घर पर था, किन्तु रात में सोने और पढ़ने मैं होस्टल में चला जाता था। कुछ और बड़े होकर मैंने कबीर के दोहे से मिलता-जुलता एक और श्लोक पढ़ा– 'दीर्घसूत्री विनश्यन्ति।' अर्थात् देर से काम करनेवालों का नाश होता है। सो मैंने सभी काम जल्दी-जल्दी करने लगा। मैं किसी भी काम में समय नहीं गँवाता था। यह आदत आज तक बनी हुई है।

पिताजी और दादी भूत-प्रेत और डाइन-योगिन को तो मानते थे, पर पूजा-पाठ और कर्मकाण्ड पर उनका अधिक विश्वास नहीं था। पिताजी ने झाड़-फूँक बाद में सीखी था। लोग उनसे झाड़-फूँक करवाने आते थे। वे

अधिक कुछ नहीं करते। केवल माथे पर हाथ रखकर कुछ मन्त्र बुदबुदाते और फूँक मारकर मरीज़ को छोड़ देते। मरीज़ आश्वस्त हो जाता। कभी-कभी रात में ब्रह्म स्थान की तरफ़ किसी पीपल के पेड़ के पास मछली और देशी दारू ले जाकर प्रेत को चढ़ाते। वे खुद कोई नशा नहीं करते थे। केवल होली के दिन भाँग पीकर आते और भाँग के नशे में रात में ख़ूब हँसते। दादी मेरी चाची को ही डाइन मानती थी। छोटी उम्र होने पर भी मैं इन अन्धविश्वासों का ख़ूब मज़ाक़ उड़ाता था। दादी हमारे पड़ोसी संतोखी सिंह और रामचन्द्र सिंह के यहाँ कुटावन-पिसावन का काम करती थी। कभी-कभी घर के मर्द लोगों के कहीं बाहर चले जाने पर वे रात में रखवाली के लिए रामचंद्र सिंह के घर सोती भी थीं। रामचन्द्र 'का' (काका) के घर पर मेरी माँ भी कुटाई-पिसाई का काम करती थी। इसलिए मेरा पूरा परिवार उस घर से हिलमिल गया था।

माँ दिन-भर उनके घर पर काम करती और शाम को सेर-सवा सेर चावल लाती। रात में वही चावल बनता और सभी लोग खाते। आठ-दस सदस्यों के परिवार के लिए निश्चय ही यह चावल बहुत कम होता, इसीलिए हम लोग थोड़े-से भात में ख़ूब माँड़ मिला लेते और उसमें नमक डालकर किसी तरह पेट भर लेते। सब्ज़ी भी कम ही होती थी। सीजन के दिनों में दादी, माँ और चाची घर के छप्पर पर कद्दू-नेनुआ-झिगुनी आदि लगाती थी, जिससे सब्जी का काम चल जाता था। लेकिन अन्न फिर भी कम ही मिलता था। माँ, दादी और भाभी सबसे अन्त में खाती थीं। यद्यपि पिताजी खुद भी कम खाते और हम बच्चों को भी कहते कि थोड़ा कम खा लो, कल पेट-भर खाना, ताकि माँ और दादी के लिए भी खाना बचा रहे। पर माँ हमें पेट-भर खिला देती थी। उनके लिए कम ही भोजन बचता था। कभी-कभी माँ और दादी तो केवल माँड़ पीकर ही सो जाती थीं। रोटी अक्सर मक्के या मडुये की बनती थीं। माँ और दादी के हिस्से आधी रोटी ही आती थी। कई बार रात को पूरे परिवार को भूखे ही सो जाना पड़ता था।

पिताजी और बड़े भाई लोग शाम में मेजरगंज बाज़ार में बैठकर दाढ़ी-बाल बनाने का काम करते। लेकिन पैसे बहुत कम मिलते। उसी पैसे से छटाँक-डेढ़ छटाँक करू तेल, कुछ मिट्टी तेल, सब्ज़ी और मसाले ख़रीदे जाते। पैसे अधिक होने पर कभी-कभी सेर-दो सेर चावल और मकई-मडुए का आटा और दाल भी ख़रीद लिये जाते थे। बच्चों के लिए पैसे-दो पैसे के मुर्ही-कचरी-बड़ी ज़रूर ख़रीदी जाती। पिताजी के साथ कभी-कभी मैं भी बाज़ार जाता था और नमक, तेल, मसाला, सब्ज़ी आदि लेकर पहले आ

जाता, ताकि खाना समय पर बन सके। थोड़ा और बड़ा होने और दाढ़ी-बाल बनाना सीखने के बाद मैं भी पिताजी के साथ बाज़ार में कमाने लगा। हाँ, फ़सल के दिनों में जब गृहस्थ के खेतों से 'पाल' कटकर आता, तो हम लोग भर-पेट भोजन करते। बोझा-दो बोझा अनाज को पिताजी और भैया लोग झाड़ते। फिर दादी और माँ मिलकर उसे कूटती-पीसती और फिर शाम को पूरा खाना बनता। कुछ बासी भोजन भी बच जाता, जिसे हम दूसरे दिन सुबह-सुबह खाते। कभी-कभी वही बासी रोटी या भात हमारा दिन-भर का भोजन बन जाता। सुबह आठ-नौ बजे वही खाकर स्कूल जाते, तो शाम चार बजे ही लौटते। लौटने पर भी कभी-कभी घर में खाने को कुछ नहीं होता। ऐसी स्थिति में मैं चुपचाप भैंस चराने चला जाता और वहीं खेतों से ईंख तोड़कर उसे चूसता। दो-चार ईंख खाने पर पेट भर जाता। हम लोगों के यहाँ ईंख की ख़ूब खेती होती और खाने के लिए ईंख तोड़ने पर कोई मना नहीं करता था। ऐसा था हमारा बचपन !

इन्हीं सब के बीच भूत-प्रेत, डाइन-योगिन, मनुसदेवा, पराछूत आदि की झूठी-सच्ची कथा से उस बचपन में भी मेरा मन ऊब जाता था। दशहरे के दिनों में, जिसे गाँव के लोग 'दसईं' कहते थे, रोज़ कहीं-न-कहीं से अफ़वाह उड़ती थी कि फलाने सड़क या खेत पर डाइन ने सीस-कोंहड़ा (पेठा) काटकर 'जोंघ-टोंघ' किया है। 'जोंघ-टोंघ' माने किसी स्थान पर दो हिस्सों में कटा हुआ सीस-कोंहड़ा, लाल कपड़ा, लाल डोरे का घेरा, अड़हुल का फूल, अक्षत आदि मिलना। कभी-कभी सचमुच किसी सड़क या पगडण्डी के किनारे ऐसा दिखायी पड़ता। 'कलश-स्थापन' के दिन ही माँ हम बच्चों के गले में लहसुन की माला पहना देती, आँखों में काजल लगाती, नाभि और माथे पर भी काजल के टीके लगते और हिदायत देती कि बाहर मत निकलना, डाइन घूमती रहती है, नज़र मारकर कुछ कर देगी। फिर भी गाँव के लोगों के साथ हम बच्चे भी 'जोंघ-टोंघ' वाली जगह को देखने चले जाते। मान्यता थी कि उसे लाँघने पर प्रेत पकड़ लेता है और लोग मर जाते हैं। भगत लोग रात में अपना मन्त्र सिद्ध करने के लिए ऐसा करते थे। कोई-कोई शरारत से भी ऐसा कर देता था। सो एक दिन मुझे भी एक शरारत सूझी, पर दसईं के दिनों में नहीं।

काश, मैं ऐसा न करता : गर्मी के दिन थे। उस रोज़ दादी रामचन्द्र काका के आँगन में खाट पर सोयी थी। दादी जल्द ही सो जाती थी। रामचन्द्र काका की छोटी बेटी का नाम राजपरी था। वह मुझसे काफ़ी बड़ी और

जवान थी। हम लोग उसे बहन कहते थे– राजपरी बहन। मेरी कोई बहन नहीं थी और न उसका कोई भाई। इसीलिए वह हमारी मुँहबोली बहन बन गयी और प्रति वर्ष मुझे राखी बाँधने लगी। आज भी कभी-कभी राखी बाँधने वह मेरे शहरी आवास पर आती हैं। उन्होंने मुझे बहन का सच्चा प्यार दिया। मेरे छुटपन में ही उसकी शादी हो चुकी थी। किन्तु वह ससुराल से अधिक मायके में ही रहती थी। वह सुन्दर तो थी, पर अधिक पढ़ी-लिखी नहीं थी। बड़ी मुश्किल से छठी तक पढ़ पायी। इसीलिए मेरे कुछ बड़े होने पर वह और उसकी माँ, जिसे हम लोग 'काकी' कहते थे, मुझसे उसके ससुराल के लिए पत्र लिखवाने लगीं। राजपरी बहन का पत्र अक्सर 'प्रेम-पत्र' होता था, जिसे मैं रस ले-लेकर लिखता था। इस पत्र-लेखन ने मेरी कल्पना शक्ति बढ़ा दी। वह बोलती जाती, मैं लिखता जाता। बीच-बीच में मैं अपनी ओर से कुछ रोचक दोहा, कविता या सरस पक्तियाँ जोड़ देता। पत्र लिखकर मुझे सुनाना पड़ता। वे बहुत ख़ुश होतीं। लेकिन उनसे अधिक ख़ुश उनके पति होते। वे ससुराल आने पर मुझे बुलाते और ख़ूब शाबाशी देते। इतना छोटा बच्चा और ऐसी सुन्दर व सरस लिखावट ! एक दिन जरूर अच्छा करेगा। मेहमान नग नारायण सिंह कलकत्ता की किसी कम्पनी में नौकरी करते थे, फिर बोकारो चले गये। बहुत दिनों बाद वे एक सड़क दुर्घटना में गम्भीर रूप से घायल हुए। इलाज चला। पर वे बिछावन से नहीं उठ सके। लम्बे इलाज के बाद आज से दो-तीन वर्ष पहले अपने सीतामढ़ी आवास में वे चल बसे। उनकी मृत्यु की ख़बर सुनकर मुझे बड़ा सदमा लगा। वे हमारे प्रिय, प्रेरक और आदरणीय थे। उनके साथ मेरी छोटी-बड़ी अनेक यादें जुड़ी हुई हैं।

आँगन में सुधबुध खोये सोयी अपनी अन्धविश्वासी दादी को देखकर मेरे मन में एक ख़ुराफ़ात सूझी। मैंने राजपरी बहीन से अपनी योजना बतायी। सुनकर वह मुस्कुरायी, पर उसने मना किया। उसने अपनी माँ को भी यह बात बतायी। उन्होंने भी मना किया। पर अन्त में राजपरी बहन राजी हो गयी और मेरी योजना में सहयोग करने लगी। मेरी माँग पर वह सब कुछ ले आयी। मैंने दादी की खाट के चारों ओर लाल धागा लपेटा। खाट की बग़ल में सीस-कोहड़ा काटा और लाल कपड़े का एक टुकड़ा रख दिया। उसके बाद मैं भी अपने घर सोने चला गया। किन्तु जागने पर दादी की प्रतिक्रिया की उत्सुकता में मुझे ठीक से नींद नहीं आयी। एकदम भोर में ही मैं राजपरी बहन के घर पहुँच गया। वहाँ देखा, तो कोहराम मचा हुआ था। दादी खाट पर बैठी रो-पीट रही थी। वह लगातार डाइन को गालियाँ दिये जा रही थी–

"हमारा डाइन जोंघ-टोंघ क देलकऊ रे! अब हम न जिबऊ !!" राजपरी बहन और उनकी माँ समझा रही थी– "कोनो डाइन कुछो न कलकौ ह, तोहरे पोता हरगेन मजाक में एना कएले हौ"– मैंने भी हामी भरी। पर वह मानने को तैयार नहीं थीं। शोर सुनकर कुछ और औरतें आ गयीं। मैंने और राजपरी बहन ने खाट के लाल धागे, कोहड़ा आदि को हटा दिया। फिर भी वह खाट से नहीं उतर रही थी। मेरे और वहाँ उपस्थित औरतों के बहुत समझाने पर डरते-डरते उतरी। फिर रोती हुई घर आयी और चाची से लड़ने लगी। तब तक हमारे घर के लोगों को भी सारी कहानी मालूम हो चुकी थी। माँ और भाभियाँ हँस रही थीं। पिताजी भी हँसते हुए आये और दादी को समझाने लगे। सभी लोगों के समझाने पर दादी शान्त तो हो गयी, किन्तु उसे यह कतई विश्वास नहीं हुआ कि मेरे पोते ने ऐसा मज़ाक़ किया है। उस दिन से वह रात में सोते-सोते डर जाती थी। माँ और भाभी जगाती थीं। वह मेरी बड़ी चाची को डाइन कहती थी और इस घटना के लिए उसे ही दोष देने लगी। रोज़ उससे लड़ाई करती और गाली देती। पर चाची डाइन नहीं थी। वह बड़ी शरीफ़ और सीधी थी। मेरी माँ और उनमें बड़ी दोस्ती थी। वह मुझे माँ से ज़्यादा मानती थी।

बच्चों का मन बड़ा चंचल और अधीर होता है। बच्चा जब भूखा हो, तो वह और बेचैन हो जाता है। भोजन देखते ही उसकी क्षुधा दोगुनी हो जाती है। पर हमलोगों की क्षुधा चूल्हा जलते ही तेज़ हो जाती थी। सुबह की बासी रोटी या भात खाये शाम में ही खाना मिलता था। इसीलिए जब साँझ का चूल्हा जलता, तो हम बच्चे थाली लेकर पहले ही बैठ जाते। आँगन एक ही था, पर माँ और ईया (चाची) के चूल्हे अलग-अलग थे, वह भी अगल-बगल एक सीध में पूरब की तरफ़, ऐसे कि यदि कोई एक चूल्हा जलानेवाली किसी काम से चली जाये, तो दूसरीवाली उसके चूल्हे में जलावन झोंकती रहे। हम लोग पिताजी को 'काका', बड़े चाचा को 'बाबू', चाची को 'ईया', दादी को 'दईया' और माँ को 'दीदी' कहते थे। चूल्हे के पास बैठे हम बच्चे जब भूख से तड़प रहे होते, तो चाची अधपका भात ही कलछुल से छानकर हमारी थाली में रख देती। हम बच्चे खुश हो जाते। पर माँ मना करती– थोड़ा और रूक जाओ, बस भात अब पकने ही वाला है। पर बाद में चाची की देखा-देखी वह भी हमें अधपके भात ही देने लगी। माँ, चाची और दादी में बच्चों के प्रति समान ममत्व था। हमें नहीं लगता था कि हम लोग दो परिवार के सदस्य हैं। किन्तु दादी और चाची में पटती न थी। चाची

सहनशील और समझदार थीं। इसीलिए दादी के आरोप और गालियों का कोई जवाब नहीं देती। कभी-कभी अति हो जाने पर ही बोलती। पर दादी एक भी अवसर नहीं छोड़ती। हम बच्चे भी दादी को समझाते, पर वह मानती नहीं। वह घोर अन्धविश्वासी और बुद्धिहीन थी। उसके मन में यह बात पत्थर की लकीर बनकर बैठ गयी थी कि 'चाची डाइन है'। उसी ने उसे कुछ कर-धर दिया है। उसे वह रोज़ गाली देती।

उस घटना के बाद वह अक्सर बीमार रहने लगी। उसका चिड़चिड़ापन बढ़ता गया और वह कमज़ोर होती गयी। वे हमारे दुर्दिन के दिन थे। दादी को पूरा भोजन भी नहीं मिलता था। फिर भी वह पिताजी के साथ खेत में काम करने जाती थी। पिताजी और बड़े भाई लक्षण ठाकुर जी-तोड़कर मेहनत करते, फिर भी दोनों जून का भोजन नहीं जुटा पाते। इन अभावों के बीच दादी दिन पर दिन कमज़ोर होती चली गयी और एक दिन बीमार होकर उसने बिछावन पकड़ लिया। उसके बाद वह बिछावन से फिर नहीं उठ सकी। उचित दवा-दारू और भोजन के अभाव में वह दो-तीन महीने बाद चल बसी। उस समय मैं मास्टरी की ट्रेनिंग कर रहा था।

यद्यपि दादी की मृत्यु मेरी 'जोंघ-टोंघ' वाली घटना के तीन-चार वर्षों बाद हुई, फिर भी मुझे जीवन-भर इस घटना का पश्चात्ताप होता रहा। वह पहले भली-चंगी थी, पर इस घटना के बाद वह कभी स्वस्थ नहीं रह सकी। मुझे आज भी लगता है कि यदि मैंने दादी के साथ वह क्रूर मज़ाक़ नहीं किया होता, तो वह अभी वर्षों जीती। आज भी मैं इस अपराध-बोध से नहीं निकल सका हूँ। दादी मुझे माफ़ करना।

पिताजी जाति-पांति और छुआछूत को तो बिल्कुल नहीं मानते थे। वे चोरी-चुपके अछूत जातिवालों के यहाँ भोजन भी करते थे। अछूत कही जानेवाली दलित जातियों से उनको विशेष प्रेम था। वे लोग भी उनको ख़ूब सम्मान देते। उनका सीधा प्रभाव मेरे व्यक्तित्व पर पड़ा। उन दिनों मुसलमान और दलित जाति के लोग सवर्ण और सम्पन्न पिछड़ों के यहाँ मज़दूरी आदि का काम तो करते थे, किन्तु लोग उनको न कुएँ पर चढ़ने देते, न खाना छूने देते थे। यहाँ तक कि उनके लिए चापाकल छूना भी मना था। दूर से ही लोग उन्हें भोजन, नाश्ता या पानी देते थे। पिताजी का अधिक समय मलाही, चैनपुर और उस पार के खैरवा की दलित (हरिजन) बस्तियों में ही बीतता। चैनपुर की हरिजन बस्ती में केवल चमार थे, खैरवा में अधिकांश मुसहर और मलाही में अधिकतर दुसाध। मलाही की दुसाधटोली से उनका विशेष

लगाव था। उन लोगों के पास अमरूद के बागान थे। सो पिताजी अमरूद के मौसम में झोला भर-भरकर अमरूद लाते और हम बच्चे और परिवार के लोग पेट-भर अमरूद खाते। पूरे मौसम हम लोग लगभग प्रतिदिन अमरूद का ही नाश्ता करते।

एक दिन पिताजी मुझे मलाही के उसी दुसटोली में ले गये। वहाँ देखा कि घर के देवता की पूजा हो रही है। झाल-करताल, मानर और छड़ी लेकर भगत लोग गा-बजा रहे हैं। वहाँ एक बड़े-से बकरे की बलि दी गयी है। झुण्ड के झुण्ड औरत-मर्द उनके इर्द-गिर्द जमा हैं। कोई बकरे के ख़ून से चन्दन कर रहा है, तो कोई श्रद्धा और भक्तिपूर्वक बलि-वेदी पर माथा टेक रहा है।

मुझे याद आया ऐसी पूजा मेरे गाँव में भी होती है। 'सोखा' बाबा की पूजा, कारिक की पूजा, भुईयाँ बाबा (माता) की पूजा, ब्रह्म बाबा और महारानी की पूजा आदि। दशहरे में दुर्गा पूजा होती थी और नवमी के दिन हमारे और आस-पास के गाँवों के महारानी स्थान में देवी-दुर्गा की वेदी पर खंसी-पाठी (बकरा-बकरी) चढ़ती थी। माली या भगत बड़ा-सा फरसा (गँडासा) लिए गाँव-गाँव घूमता था। वही बकरे-बकरियों को काटता था। बलि देने से पहले बकरे-बकरियों को अड़हुल के फूल की माला पहनायी जाती थी। उन्हें अक्षत, मीठा, फल और अन्य प्रसाद खिलाया जाता। फिर पुचकारकर बलि वेदी पर ले जाया जाता। एक आदमी आगे से उसकी रस्सी पकड़े रहता। वह वेदी पर रखे अक्षत-फूल आदि खाने लगता। इतने में माली भगत के फरसे की तेज़ वार बकरे की गर्दन पर पड़ती और उसका सर धड़ से अलग हो जाता। ज़मीन पर सर और धड़ दोनों तड़पने लगते। कभी-कभी अचूक वार नहीं पड़ने से बकरे का पूरा सिर नहीं कट पाता। उसी हालत में दर्द से छटपटाता हुआ वह दूर भाग जाता। उसे पकड़कर फिर से काटा जाता। मेरा बाल मन हत्या के इस नृशंस उत्सव को बर्दास्त नहीं कर पाता। इसे देखकर मुँह से आह निकल जाती।

बाद में मैंने इसे देखना बन्द कर दिया। बलि के समय मैं और मेरे कुछ छोटे-छोटे साथी (बच्चे-बच्चियाँ) भी झाड़ी में छुपकर आँख बन्द कर लेते। बलि के बाद माली भगत बकरे का मुड़ा (सर) ले जाते। फिर बकरे का माँस बनता और गाँव-भर में बँटता। एक जोड़ी खसी-पाठी गाँव के चन्दे से ख़रीदी जाती। किसी-किसी के मनौती का व्यक्तिगत बकरा भी होता, जिसे साल-भर पाला जाता। फिर बलि दे दी जाती। हर हाल में माँस गाँव में घर-घर बाँटा जाता। कभी-कभी माली भगत की व्यस्तता के कारण मेरे पिताजी जी भी

बलि का बकरा काटते। मेरे घर में बाँस के लम्बे डण्डेवाला फरसा सालों-भर रखा रहता। माली भगत दो भाई थे– एक अधेड़, एक जवान। दोनों भाइयों का स्वभाव बहुत अच्छा था। वे मुझे 'बौउआ' कहते। वे कुआड़ी गाँव के थे, जिस गाँव के पुरोहित नभकान्त झा थे। कई-कई गाँवों में बलि चढ़ाते, जिससे उनके पास बकरे के बहुत सारे मुड़े हो जाते। पिताजी उनसे एक-दो मुड़े माँग लेते। मुड़ा माँगने वालों में केवल मेरे पिताजी ही नहीं होते, पण्डित नभकान्त झा भी होते थे। नभकान्त झा हमारे गाँव में घर-घर पूजा-पाठ कराते। इसीलिए मुड़ा देने में माली भगत आनाकानी करते, फिर दे देते। बाद में गाँव के महारानी स्थान पर पिताजी ही बलि चढ़ाने लगे। पिताजी गाँव के भगत बन गये। वे रोज़ सुबह स्नान करके ब्रह्म स्थान पर महारानी और ब्रह्म बाबा के पिण्ड और वेदी लीपने चले जाते थे। पूजा-पाठ करके आधे घण्टे में लौट आते और फिर अपने काम में लग जाते थे।

कभी-कभी ब्रह्म स्थान पर देवता के लिए खीर-भोजन होता था। जिसकी भी गाय-भैंस बियाती (बच्चा देती) थी, वह प्रायः 'खीर-भोजन' करता था। गोयठे की आग पर दूध में चावल की खीर बनती, फिर उसी आग पर लिट्टी सेंकी जाती। गाँव के बच्चे अक्सर लिट्टी सेंकते थे। उनके साथ मैं भी रहता था। लिट्टी सेंकने में बड़ा आनन्द आता था। खीर का भोजन सातों बहन महारानी और ब्रह्म बाबा को चढ़ाकर गाँव में बाँटा जाता था। मेरे पिताजी भगत तो बन गये थे, पर असली भगत थे– खाप गाँव के गुदर ठाकुर। वे जाति के लोहार थे। वे भगतई-ओझाई के साथ-साथ झाड़-फूँक भी करते थे। उनके साथ चार-पाँच भगतों की एक टोली होती थी, जो मानर और झाल-करताल बजाकर देवास गाते थे– "निमिया के डार मैया लागल बा हिंडोलवा कि झूमी हो झूमी ना, मैया गावेली गीतिया कि झूमी हो झूमी ना...।" भगत गुदर ठाकुर देवास मण्डली के बीच में बेंत की एक पतली छड़ी लिए झूमते और उस पर तेल पिलाते रहते थे। एक धोती को छोड़कर उनके बदन पर कोई कपड़ा नहीं होता था। जब देवास का समूह गान चरम पर पहुँचता, तो वे आवेश में आकर ज़ोर-ज़ोर से 'होहो, हाहा' करते हुए देह ऐंठने लगते। उनके शरीर पर देवता सवार हो जाता। देवास गीत बन्द हो जाता। दर्शकों में सन्नाटा छा जाता। अपनी-अपनी समस्या लेकर वहाँ पहुँचे स्त्री-पुरुष और यज़मान हाथ जोड़कर खड़े हो जाते। फिर भगत जी सबके हाथों में एक-एक अड़हुल का फूल और अक्षत देते। सभी मुट्ठी बाँधकर बैठ जाते। फिर भगत जी द्वारा समस्या का समाधान शुरू होता।

इसे 'भेंटी ठीकना' कहते थे। भगत जी छड़ी से एक-एक कारिणी (औरत-मर्द) को बारी-बारी से इशारा करते और बोलते– "हाँ, तोरा घर में शान्ति नहीं है। पुत्र नहीं होने के लिए कलह है।" तुम्हारे घर में सास-पुतोह का झगड़ा है आदि आदि। अधिकांश लोगों को बताते "तोरा घरे के फेर हऊ। घर की ही कोई मृतक आत्मा तुम्हें परेसान कर रही है। प्रेत-बाधा को शान्त करने के लिए तुम्हें बलि देनी होगी।" कारिणी यजमान खुशी-खुशी तैयार हो जाते। इसमें औरतें आगे रहतीं– "हाँ बाबा, अहाँ जे कहबई, से पूरा होतई।" इसी तरह बारी-बारी से भगत जी भक्तों की भेंटी ठीक कर अपनी अगली यज़मानी का जोगाड़ फिट कर लेते। इस प्रकार भगत जी का कारोबार सालों-भर चलता रहता। मेरे गाँव में गृह देवता की पूजा केवल 'नरौनी पट्टी' में होती थी। स्व. हजारी सिंह और किशोरी सिंह के आँगन में 'सोखा बाबा' का एक अलग फूँस का घर था, जो अब पक्का बन चुका है। 'नेवतन' से लेकर 'समापन' तक कई-कई दिनों तक 'सोखा बाबा' की पूजा होती। गाँव-भर के स्त्री-पुरुष, बूढ़े और बच्चे हजारी सिंह के आँगन में जमा होते। फिर गुदर भगता पूजा, भगतई से लेकर भेंटी ठीकने तक सारे अनुष्ठान करते। शाम या रात में भगता मिट्टी के एक बड़े खप्पर में हवन जलाकर उसे दाहिने हाथ पर रखते और लगभग दौड़ते हुए घर-घर जाते। फिर मुँह में घी का कुल्ला लेकर वे हवन से जलते खप्पर पर फूँक मारते, आग की लपट दूर तक जाती। कुल्ला लेने के लिए हर घर के स्त्री-पुरुष, बच्चे अपने घर के दरवाज़े पर खड़े रहते। आग की लपट सबके शरीर तक जाती, पर न किसी के कपड़े जलते, न शरीर। केवल कपड़े पर घी के कुछ तैलीय दाग उभर आते। इसे देवता का 'कुल्ला लेना' कहते थे। मान्यता थी कि जो कुल्ला लेता है, उसकी मनोकामना पूर्ण होती है मन पवित्र हो जाता है। कौतूहलवश हम बच्चे भी कुल्ला लेते थे। दसईं (दशहरे) के दिनों में प्राय: प्रत्येक गाँव में ओझाई-भगतई होती। रात में गाँव की लड़कियाँ और कुछ बहुएँ भी 'झिंझिया' खेलतीं, जिसके गीतों में डाइन-योगिन को खूब गलियाँ दी जाती–

घाट तरे गेलई डइनियाँ, ओटा के पोखरिया,
मार लेलकई कोतरी मछरिया गे।
चल-चल गे डईनी कदम तर,
तोरा बेटा के खईबऊ बरहम तर।।

मेरे गाँव से कुछ ही दूरी पर नेपाल है और नेपाल में गढ़ी माई। 'गढ़ी माई' के मेले में हज़ारों-हज़ार बकरे, भैंसे और कबूतर आदि पशु-पक्षी

काटकर 'गढ़ी माई' को चढ़ाया जाता है। लाखों की भीड़ होती है। भीड़ के कारण जिसके बलि का पशु माई स्थान तक नहीं पहुँच पाता, वह 'गढ़ी माई' की सीमा-क्षेत्र में ही अपने पशु की बलि दे देता है। दूर-दूर तक धरती खून से पट जाती है, जिसकी दुर्गन्ध महीनों तक फैली रहती है। और बीमारियाँ होती हैं। यह मेला प्रत्येक पाँच वर्ष पर एक बार लगता है। हमारे क्षेत्र से चुनी जानेवाली सांसद पड़ोसी गाँव डुमरी की रामदुलारी सिन्हा को लोग 'गढ़ी माई' इसलिए कहते थे कि वे पाँच बरस पर एक बार क्षेत्र में आती थी। यद्यपि एक-दो बार हमारे घर से भी लोग बलि देने वहाँ गये, किन्तु पशु बलि के रक्त उत्सव वाले इस मेले में मैं कभी नहीं गया। मुझे बकरे की बलि से तो नफ़रत हो गयी, पर बचपन में मैं बलि का माँस खूब चाव से खाता था। फिर बाद में बड़े होने पर मैंने बलि के बकरे का माँस खाना बन्द कर दिया।

सो दुसधटोली के उस उत्सव में मैंने देखा कि बलि के बाद लोग बकरे को खौलते हुए गरम पानी में डालकर उसे खाल सहित बना रहे हैं। उधर चूल्हे पर बड़ी-बड़ी हाँडी चढ़ी हुई है। पिताजी ने कहा-"थोड़ी देर में माँस पक जायेगा और तुम भी खाना खा लेना।" मैंने दलित लड़के और मज़दूरों से चापाकल चलवाकर पानी तो पीया था, किन्तु उनके यहाँ कभी खाना नहीं खाया था। सो मुझे झिझक हुई। किसी ने देख लिया तो मुझे भी अछूत बना देंगे। हमें अछूतों के दाढ़ी-बाल काटने की छूट तो मिल गयी थी, किन्तु उनका छुआ हुआ भोजन करने की नहीं। उनके यहाँ खाना खाना तो दूर की बात थी। इसीलिए पिताजी छुप-छुपकर खाते थे। यदि सरेआम खाते तो ऊँची जाति के लोग और यादव आदि पिछड़े भी उनसे दाढ़ी-बाल नहीं कटवाते और उनका जीना दूभर हो जाता।

भोजन तैयार हुआ और पिताजी मुझे एक घर के अन्दर कोने में ले गये। फिर हम दोनों बाप-बेटे ने भात और बलि के बकरे की बड़ी-बड़ी बोटी के माँस जी-भर खाये। लाल मिर्च के मसाले का रस काफ़ी तीखा था, मुँह से सिसकारी और आँखों से आँसू आ रहे थे। फिर भी माँस खाने के लोभ में मैंने खूब छककर खाना खाया। किसी दलित के घर यह मेरा पहला भोजन था। फिर तो मैं खुलेआम अछूतों का छुआ अन्न-पानी ग्रहण करने लगा। माँ और भाभी सहित घर की औरतें मुझे अजात कहतीं। गाँव के लोग भी मना करते, पर मैं किसी का कहा नहीं मानता। अन्त में लोगों ने मना करना छोड़ दिया। किन्तु किसी ने मेरा भात-पानी नहीं काटा। मेरी पढ़ाई और स्कूल में

मेरी प्रतिष्ठा देखकर शायद लोग समझ गये हों कि स्कूल में जो पढ़ता है, वही करता है। नया ज़माना है।

भेदभाव : आजकल तो ई-मेल, फेसबुक और व्हाट्सऐप का ज़माना है, पर हमारे ज़माने में पोस्ट ऑफ़िस रहते हुए भी हम लोगों को गृहस्थों के शादी-विवाह, यज्ञ-अनुष्ठान, बहू-बिदागरी आदि अवसरों पर उनके रिश्तेदारों के यहाँ 'सन्देश' या 'संवाद' पहुँचाना पड़ता था, जिसे 'नेवता' कहते थे। मुझे पढ़ा-लिखा जानकर घरवाले पास-पड़ोस के रिश्तेदारी में मुझे ही भेजते थे। एक बार मैं पड़ोस के बिगन सिंह की पत्नी की बिदागरी का दिन धराने उनके ससुराल बेलवा (नेपाल) गया। दूरी अधिक नहीं थी। किन्तु गर्मी के दिनों में पाँव-पैदल दस-बारह किलोमीटर का फ़ासला तय करना मेरे जैसे बच्चों के लिए कम नहीं था। उस समय मैं सम्भवतः आठवीं कक्षा में पढ़ता था। रिश्तेदार के दरवाज़े तक पहुँचते-पहुँचते काफ़ी थक चुका था। दरवाज़े पर पहुँच कर मैंने घरवाले को चिट्ठी दी और वहीं दालान में रखे लकड़ी के एक बड़े बक्से, जिसे 'बाकस' कहा जाता था, के ऊपर चढ़कर बैठ गया। लेटने का मन करता था, लेकिन बैठा ही रहा। इतने में वहाँ एक बड़े बुजुर्ग आये और पूछा– 'ई कौन है?' वहाँ बैठे दूसरे लड़कों ने बताया– 'खैरवा का हजाम है, बिदागरी की चिट्ठी लेकर आया है– 'तो ऊपर कैसे बैठ गया? नीचे उतरो।' और भला-बुरा कहते हुए उन्होंने मुझे चटाई पर बैठा दिया। यद्यपि गाँव-घर के रिवाज़ के मुताबिक़ उनका व्यवहार उचित था, किन्तु मैं इतना अपमानित हुआ कि बिना खाये ही केवल पानी पीकर वहाँ से चल दिया। लौटकर मैंने पिताजी को सारी बातें बतायीं और कहा कि 'अब मैं नेवता देने कहीं नहीं जाऊँगा।' पिताजी ने भी वादा किया कि नहीं भेजूँगा।

असल में मेरी परेशानी का कारण यह था कि मैं स्कूल में कुछ और पढ़ता और समाज में कुछ और देखता। मास्टर साहब कहते थे– "मानव-मानव समान हैं। सभी एक ही ईश्वर की सन्तान हैं। जात-पाँत, छुआछूत सब बेकार की बातें हैं। सबके रक्त-माँस एक ही है।" किताबों में भी हमें यही पढ़ाया जाता था। यहाँ तक कि संस्कृत के पण्डित जी भी यही सब सिखाते। वे केवल गुरु-शिष्य सम्बन्ध पर ज़ोर देते। हम लोगों से पानी मँगवाकर पीते, पर बड़ी चालाकी से अछूत छात्रों से बचने की कोशिश करते। आश्चर्य की बात तो यह थी कि यदि समाज में कोई भेदभाव दूर करने की बात करता, तो उसका विरोध होता, किन्तु स्कूल के सरकारी पाठ, उसके वातावरण और उसकी किताबों का कोई विरोध नहीं करता। वे क़ानून की तरह पक्के होते। इसीलिए

मुझ पर उसका गहरा असर पड़ता। स्कूल के समानता के सिद्धान्त को मैं अपने व्यक्तिगत जीवन में तो अपना लेता, किन्तु सामाजिक जीवन में उसे लागू करने में बड़ी कठिनाई होती। कुछ सीनियर साथी शुकदेव सिंह, बिगन सिंह आदि और कुछ सवर्ण सहपाठी भी मेरे इस सिद्धान्त का समर्थन करते। इसीलिए जब मैं खबाश बनकर भी उनके साथ बारात या रिश्तेदारी में जाता, तो वे मुझे अपने साथ बैठाते और खाना खिलाते। वे मेरे सम्मान की रक्षा करना चाहते थे।

पिताजी ने 'नेवता' पर जाने से मुझे मना तो कर दिया था, पर शादी-विवाह और सुख-श्राद्ध के मौसम में पिताजी और बड़े भाइयों की व्यस्तता और परेशानी के कारण मैं खुद ही नेवता पर जाने लगा। हमारी यज़मानी कई-कई गाँवों में थी और एक ही दिन कई-कई यज़मानों के यज्ञ-अनुष्ठान पड़ जाते थे। किन्तु अब मैंने परिस्थिति से समझौता कर लिया था।

मैंने सोच लिया कि गाँव-समाज में रहते हुए छोटी जाति वालों के लिए समानता और सम्मानपूर्वक जीना मुश्किल है। समाज को सुधरने में अभी वर्षों लगेंगे या फिर सुधरे ही नहीं। इस बात पर सन्तोष करके भेदभाव और ऊँच-नीच के अपमान का घूँट पीता रहा कि पढ़-लिखकर जब नौकरी में जाऊँगा, तो इज़्ज़त और सम्मान ज़रूर मिलेगा।

किन्तु जब 1980 में मेरी पहली सरकारी नौकरी लगी, तो योगदान के समय ही मुझे इस भेदभाव का सामना करना पड़ा। मेरी नियुक्ति प्राथमिक कन्या विद्यालय, गोढ़ारी, बेला-परिहार में विज्ञान शिक्षक के रूप में हुई थी। उन दिनों पूरे प्रखण्ड के विद्यालयों की निगरानी के लिए एक रेंज ऑफ़िसर होता था। वहाँ के कोई शर्माजी थे, जो जाति के भूमिहार थे। उनके कार्यालय में कई शिक्षक प्रतिनियुक्त थे, जो किरानी का काम करते थे। कार्यालय के इर्द-गिर्द कुछ यों ही भटकते रहते थे, जो दलाली का काम करते थे। वे शिक्षकों के काम के बदले उनसे कुछ पैसे लेते थे। जब मैं योगदान करने गया, तो उन लोगों ने मुझे घेर लिया और सीधे-सीधे मेरी जाति पूछ डाली। मैं कभी अपनी जाति नहीं छुपाता था, इसीलिए मैंने बता दी। फिर उनके चेहरे पर व्यंग्य की मुस्कुराहट फैल गयी। उन लोगों ने बहानेबाज़ी शुरू कर दी।

कोई कहता–"अरे, कन्या विद्यालय तो वहाँ है ही नहीं, बालक विद्यालय में करवाना होगा।"

कोई कहता–"पत्र में सुधार करवाना होगा। काम कठिन है।"

मैंने कहा–"साहब से मिलवाइए।"

उन्होंने कहा–"साहब तो दोपहर के बाद ही मिलेंगे। कार्यालय में नहीं हैं।"

उनमें से एक ने कहा– "लेकिन, यह तो बताइए– स्कूल में जाकर आप करेंगे क्या?"

सवाल बड़ा बेतुका था। मैंने कहा– "शिक्षक पद पर बहाली हुई है, पढ़ाऊँगा और क्या करूँगा?"

फिर पूछा– "दाढ़ी-बाल काटने आता है!"

मैंने कहा– " हाँ, वह भी आता है।"

"फिर तो आपको दाढ़ी-बाल ही काटने पड़ेंगे। भूमिहारों का गाँव है। वे आपसे यही काम करवायेंगे। शिक्षा-दीक्षा विद्वानों का काम है। आप लोगों को अभी शिक्षक बनने में बहुत समय लगेगा।"

मुझे गुस्सा आ गया गया।

मैंने कहा– "बड़े भाई, एक शिक्षक को ऐसी बातें शोभा नहीं देतीं। लगता है आपने स्कूल-कॉलेज से अधिक सड़े-गले समाज की ही पढ़ाई की है। कान खोलकर सुन लीजिए– मेरा जन्म और पढ़ाई-लिखाई भी राजपूत-भूमिहारों के बीच ही हुई है। पर आप जैसी सोच मैंने पहली बार देखी-सुनी है। लोग भेदभाव करते हैं, पर इतना खुल्लम-खुल्ला नहीं। यह देखिये– मैं एक पब्लिक स्कूल का प्रिंसिपल भी हूँ।" मैंने अपनी फ़ाइल दिखाते हुए उन्हें कहा। वे झेंप-से गये। फिर मैं कार्यालय में गया। वहाँ बताया गया– साहब अपने आवास पर हैं। वहीं लोगों का काम करते हैं। मैं उनके द्वारा बताये उनके आवास पर गया। वहाँ फिर वही शिक्षक मिल गये। वे मुझे मिलने नहीं दे रहे थे। मैं किसी तरह अन्दर घुसा। मैंने साहब को पत्र दिखाकर अपने योगदान का अनुरोध किया। उन्होंने उसी शिक्षक को योगदान कराने के लिए कहा। वे कुछ दान-दक्षिणा की उम्मीद लगाये बैठे थे। लेकिन मेरी कड़ी मुद्रा देखकर उन्हें कुछ माँगने की हिम्मत नहीं हुई। उन्होंने मेरा योगदान कराकर पत्र दे दिया। नौकरी में भेदभाव का यह मेरा पहला अनुभव था। जब मेरा पहला वेतन मिला, तो वो भाईजी वहाँ प्रखण्ड मिड्ल स्कूल में बैठकर नये शिक्षकों से पैसे वसूल रहे थे। जब मेरी बारी आयी, तो मैंने एक पैसा भी नहीं दिया।

पिताजी

पिताजी पढ़ना तो जानते थे, पर लिखना नहीं। उन्होंने अपने आले पर न जाने कब से 'बिहुला-बिषहरी' की एक पुरानी किताब सँजो रखी थी। रात को सोते समय वे बड़े जतन से उस किताब को निकालते और हम बच्चे और भाइयों को गा-गा कर बिहुला की कथा सुनाते– 'हो रे.....' उनका मधुर स्वर मुझे

आज भी याद है। यदि पिता नहीं होते, तो मैं एक मज़दूर के सिवा कुछ भी नही होता। उन्होंने मज़दूरी करके और माँ-दादी के साथ भूखों रहकर मुझे पढ़ाया। किन्तु मेरे पेट भरने लायक बनने तक पिता जीवित नहीं रहे, कुपोषण और दवा-दारू के अभाव में असमय ही चल बसे। मैं उनकी अदना-सी इच्छा और ज़रूरत भी पूरी नहीं कर सका- 'जाड़े में ठण्ड से बचने के लिए खादी की एक मोटी चादर'। मैं ऐसा अभागा पुत्र हूँ, जिसके पास ऐसे महान पिता को याद करने के लिए एक फ़ोटो तक नहीं है। पिताजी, मुझे माफ़ करना!

मेरे पिता का नाम पासपत ठाकुर था। यदि पढ़े-लिखे कुलीन परिवार के होते, तो पशुपति ठाकुर होते। काम अपना वही पुश्तैनी पेशा था- पास के गाँव और बाज़ार में घूम-घूम कर लोगों के दाढ़ी-बाल काटना, बचे समय में अपने खेतों में काम और कभी-कभी दूसरे के खेतों में मज़दूरी करना। धान, गेहूँ, मक्के की खेती मैंने उन्हीं के साथ काम करते हुए सीखी थी। पिताजी ने अपने खेत के अलावा दूसरे के कुछ खेतों को भी बटाई पर ले रखा था। उनके साथ मेरी दादी भी खेत पर काम करने जाती थी। पिताजी हल चलाते और मैं और मेरे भाई लोग दादी के साथ हल के पीछे-पीछे खेत से उखड़े खर-पतवार चुनते। हल और बैल अपने होते। उन्होंने एक भैंस भी अधिया पर रख ली। दादी और माँ बकरियाँ भी पालती थीं। पर माँ खेतों पर नहीं जाती थीं। कुछ बड़े होने पर मैं बकरियाँ छोड़कर भैंस चराने लगा। मैंने हल और कुदाल चलाना भी सीख लिया। खेती और भैंस के कामों में हम लोगों के हाथ बँटाने के बावजूद पिताजी और ग़रीब होते चले गये।

खेती एक घाटे का सौदा था। एक बार मेरे बडे भाई ने यही बात कही थी- 'खेती घाटे का सौदा है।' मैने कहा- 'फिर छोड़ क्यों नहीं देते?' जवाब मिला- 'तब क्या करें? खेती में इज़्ज़त है।' मेरे पास कोई उत्तर नहीं था। पिताजी केवल किसान कहलाने के लिए क़र्ज़ ले-लेकर खेती में झोंकते चले गये। डेढ़ा-सवाई पर हम लोगों का पेट भरने और खेती करने के लिए अनाज लेते और फ़सल होने पर खलिहान से ही महाजन सारे अनाज उठवा लेता। फिर भी क़र्ज़ नहीं सधता। हारकर पिताजी ने बटाई की सारी खेती छोड़ दी। अब केवल अपने ही खेत जोतते। बड़े भैया लक्षण ठाकुर पढ़े-लिखे नहीं थे। मेरे होश सँभालने से पहले ही उनकी शादी हो चुकी थी। वे पूरी तरह पिताजी की मदद करते। चौथी-पाँचवीं कक्षा से मैंने और बाद में मेरे छोटे भाई प्रकाश ने भी पिताजी की मदद करना शुरू किया। प्रकाश बड़ा हो गया था, किन्तु पढ़ने नहीं जाता था। जब मैं आठवीं में गया तो किसी तरह उसे

भी मनाकर स्कूल में नाम लिखवा दिया। उस समय मेजरगंज में नया-नया एक कन्या प्राथमिक विद्यालय खुला था, जो मिड्ल स्कूल से कम ही दूरी पर था। उसके हेडमास्टर एक पण्डित जी थे, जो भेदभाव करते थे। प्रकाश स्वाभिमानी था। पण्डित जी से अक्सर उसकी झड़प हो जाती थी। वह पढ़ने में कमज़ोर था। पण्डित जी कभी-कभी मुझसे उसकी शिकायत करते थे। पण्डित जी उसे मारते भी थे।

हम भाइयों में उम्र का काफ़ी अन्तर था। मेरे बड़े भाई मुझसे करीब दस साल बड़े थे और छोटा दस साल छोटा। जिस पिता की मैं और छोटे भाई सन्तान हैं, वे मेरे दूसरे पिता थे। मेरे बड़े भाई पहले पिता की सन्तान थे। पहले पिता जीतन ठाकुर को मैंने देखा नहीं था। वे किसी बीमारी या हादसे में जवानी में ही गुज़र गये। मेरी बड़ी माँ (चाची) और मेरे नाना के कहने पर न चाहते हुए भी मेरी माँ ने देवर से शादी कर ली थी। मेरे पिता पहले पिता के छोटे भाई और माँ के वही देवर थे। बड़े भैया उन्हें काका कहते थे। इसीलिए हम दोनों भाइयों ने भी उन्हें 'काका' ही कहना शुरू कर दिया। वे जब तक जीवित रहे, हम उन्हें 'काका' ही कहते रहे।

जनकपुर धाम में मेरा मुण्डन : मेरी पहली जनकपुर यात्रा

मेरे गाँव से जनकपुर धाम (नेपाल) की दूरी लगभग एक सौ दस किमी है। मेरा मुण्डन जनकपुर धाम में ही हुआ था। मेरे जन्म लेते ही दईया (दादी) और काका (पिताजी) ने मनौती तो मान दी थी कि पाँच वर्ष की उम्र होने पर पोते और पुत्र का मुण्डन जनकपुर धाम में ही करेंगे। पर पाँच वर्ष पूरा होने पर पैसे के अभाव में मनौती पूरी नहीं हुई। फिर निर्णय हुआ कि सातवें वर्ष में मुण्डन होगा।

किन्तु सातवें वर्ष में भी पिताजी तीर्थाटन के पैसे नहीं जुटा सके। बचपन से ही मेरे सिर में बाल के बदले जटा थे। सो सभी मुझे 'जटवा' कहकर बुलाते थे। सात साल होते-होते ये जटाएँ काफ़ी घनी और लम्बी हो गयीं। साफ़-सफ़ाई के बावजूद जटाओं में जुएँ पैदा हो जाती थीं, जिससे मेरे साथ-साथ मेरी माँ, दादी और पिताजी परेशान रहते थे। सो पिताजी ने निर्णय किया- "चाहे जो हो जाये, इस बार जनकपुर जायेंगे ही।" मुझे कन्धे पर उठाया और पैदल ही चल पड़े। साथ में मेरी दादी भी थी। जब पिताजी का कन्धा दुखने लगता, वे मुझे नीचे उतार देते, फिर उत्साह में मैं भी पैदल दौड़ने लगता। पर तुरत ही थक जाता। पिताजी और दादी भी किसी पेड़ की

छाँव में सुस्ता लेतीं। फिर हमारी यात्रा शुरू हो जाती। मुझे आज भी याद है हम लोगों ने दिन का पहला भोजन भुतही गाँव के एक कुएँ पर किया था– दादी ने साथ का सत्तू साना था और हम सबने नमक और प्याज़ के साथ भर पेट खाया और फिर चल पड़े।

करीब आधी दूरी पार करने के बाद शाम का अँधेरा छाने लगा। पिताजी ने कहा– "थोड़ी दूर और चलो, अगले गाँव में रात बितायेंगे, फिर सुबह होते ही चलेंगे। रात में हम लोग जिस गाँव में रूके, उसका नाम तो याद नहीं है, पर इतना याद है कि वह किसी कुम्हार का घर था, जहाँ जात पूछकर हम लोगों को ठहरने दिया गया। दादी और पिताजी ने कुम्हार भाई से मिट्टी की नयी हाण्डी, बर्तन, जलावन आदि माँगकर अपने साथ लाये हुए चावल-दाल से भोजन बनाया और जब खाने का समय आया, तो मैं सुधबुध खोये सो रहा था। मुझे जगाकर खिलाया गया। रात भर विश्राम करने के बाद सुबह हम फिर चल पड़े। अब रास्ते में जनकपुर जानेवाले अन्य यात्री भी मिलने लगे। फिर कहीं दिन का भोजन किया और रात होते-होते हम लोग जनकपुर धाम पहुँच गये। नौलखा मन्दिर के पास ही डेरा डाला, जहाँ और बहुत सारे यात्री थे। सुबह होने पर देखा कि मन्दिर के पीछे बहुत सारी गन्दगी थी और मन्दिर में पीछे बने छोटे-छोटे गुफानुमा घर में ही लोग पैखाना कर रहे थे। लगभग सभी गुफाओं की यही स्थिति थी। हम लोगों को भी उसी के आस-पास निपटना पड़ा।

सुबह बिना कुछ खाये-पीये मेरा मुण्डन कराया गया। सजातीय जानकर नाई ने न केवल पिताजी से पैसे नहीं लिये, बल्कि दिन का भोजन भी अपने घर कराया। नहा-धोकर हम लोगों ने मन्दिर में जानकी जी के दर्शन किये। पिताजी मुझे नौलखा मन्दिर की छत पर ले गये और वहाँ से छत के नीचे छोटे-छोटे गहरे कुएँ दिखाने लगे। फिर भोजन करके हम लोगों ने दिन-भर विवाह पंचमी का मेला देखा और उस दिन वहीं रूक गये।

कल सुबह होकर जब लौटने की बारी आयी, तो दादी ने पैदल चलने से मना कर दिया। मेरे और अपने पाँव दिखाती हुई बोली कि "देखो, पाँव में छाले पड़ गये हैं, इस नाजुक जान से कैसे चला जायेगा? जब चलेंगे, तो 'लारी' से ही चलेंगे।" उन दिनों बस को लारी कहा जाता था। पर पिताजी के पास पैसे नहीं थे। पिताजी सोच में पड़ गये। पर पता नहीं, उन्होंने कहाँ से, किससे पैसे का इन्तजाम किया और हम लोगों को बस में चढ़ाकर सीतामढ़ी तक ले आये। यह मेरे जीवन की पहली बस-यात्रा थी। फिर सीतामढ़ी से हम

लोग पैदल ही पच्चीस किमी की दूरी तय करते हुए देर शाम तक घर आये। दादी मेरे जटाजूट बालों की गठरी भी लेती आयी थीं, जो बहुत दिनों तक मेरे घर के छप्पर से बँधी रही। बाद में कुछ अनुष्ठान करके शायद किसी नदी में विसर्जित कर दिया गया।

इस मुण्डन के बाद घर खुशियों से भर गया। माँ, पिताजी, दादी सबको लगा सिर से एक बहुत बड़ा भार उतर गया है। मेरा नाम स्कूल में लिखवाया गया। इसके पहले पिताजी रोज़-रोज़ रात में मुझे ज़बानी ककहरा और गिनती सिखाया करते और भूत-प्रेत की कहानियाँ सुनाते। पर हर कहानी के अन्त में कहते– "यह झूठी है। इसे सच मत मान लेना।" आज पिताजी होते, तो पूछता– 'पर पैसे नहीं होने पर भी बस पर बिठाकर हमें जनकपुर से घर लाना तो झूठा नहीं था। बोलिए, पिताजी पैसे कहाँ से लाये?'

पिताजी की सृजनशीलता और माँ से झगड़े : पिताजी के रग-रग में रचनात्मकता भरी हुई थी। चटाई, टोकरी, घास के लिए डेली, जाला, मछली पकड़ने के लिए चचरी, घाना, बैठने का बीड़ा, खटिया, मचिया आदि बुनने में वे पारंगत थे। वे बाँस, घास-फूँस और लकड़ी से खुद घर बना लेते थे। उसको प्रति वर्ष खुद ही छाबते। वे मिट्टी से ईंट बनाना भी जानते थे। जाड़े के दिनों में घूर (अलाव) के पास बैठने के लिए धान के पुआल से बीड़े बनाये जाते। पिताजी पर्व के दिनों में बाँस की टोकरी और घास काटने के लिए रस्सी के जाले, घर की बड़ेरी में सामान लटकाने के लिए पटुआ की रस्सी के सिकहर बनाते। जाड़े में सोने और ओढ़ने के लिए धान के पुआल (मोरीआरी) से पिताजी, दादी और माँ सभी चटाई बुनते। मैं ज्यों-ज्यों बड़ा होता गया, पिताजी से ये सभी हुनर सीखता गया।

पिताजी माँस-मछली खाने के शौक़ीन थे। पर वे ख़रीदते बहुत कम थे, उतने पैसे ही नहीं होते थे। माँस के लिए वे चढ़ावे के खस्सी काटते और बदले में उसका मूड़ा और कुछ माँस ले लाते थे। किन्तु मछली वे खुद ही मारते थे। बरसात के दिनों में प्रायः प्रतिदिन हमारे घर में मछली बनती थी। पिताजी बाँस की तीली और सुतली-मूँज आदि से खुद के बुने हुए घाने, चचरी को रात में खेतों की टूटी मेंड़ पर, जहाँ से बरसात के पानी बहते होते थे, लगा देते थे। रात-भर में उनमें कुछ छोटी-बड़ी मछलियाँ आ जाती थीं। सुबह में वे उन घानों को उठाकर ले आते। पानी का बहाव बहुत तेज़ होने पर या बाढ़ आने पर छोटे-छोटे नाले को घेरकर बाँस या सरकण्डे की बुनी हुई चचरी लगायी जाती। चचरी में दिन में ही बहुत सारी मछलियाँ पड़

जाती थीं। बड़ी मछलियों के लिए कुण्डी में बंसी लगायी जाती। उनमें अक्सर बोआरी मछली पड़ती थी। बरसात के दिनों में हम बच्चे भी बंसी से मछली पकड़ते थे। उन दिनों बाज़ार में लोहे की बंसियाँ खूब बिकती थीं– एक पैसे, दो पैसे जोड़ा। मैं और मेरे सीनियर साथी शुकदेव सिंह बंसी लेकर गाँव के पूरब पास की कुण्डी (तालाबनुमा गड्ढा, जिसमें सालों-भर पानी भरा रहता था) में चले जाते थे। एक-दो घण्टे में कुछ मछलियाँ फँस जाती थीं, जिनमें अधिकांश गरई होती थीं। हम बच्चे उसी कुण्डी के पास खेतों में सुबह-शाम शौच करने जाते थे और कुण्डी के पानी से पनछुआ (शौच धोना) करते थे। कुण्डी हम बच्चे और गाँव की औरतों के लिए वरदान थी। इसी कुण्डी के पास रात में गाँव की औरतें भी शौच करती थीं। उस ज़माने में हमारे गाँव के सभी औरत, मर्द और बच्चे खुले में ही शौच करते थे। वे सुबह-शाम प्राय: खेतों में, सड़क या पगडण्डियों के किनारे जाते थे। यह कुण्डी गाँव के एक किसान राम औतार सिंह की थी, जो अब पाट दी गयी है।

घाना और चचरी जहाँ एक ओर हमारी जीविका के सहारे थे, वहीं ये कभी-कभी माँ और पिताजी के बीच झगड़े के कारण भी बन जाते थे। माँ को रोज़-रोज़ मछली बनाना पड़ता, पर घर में तेल-मसाले उतने नहीं होते। इसीलिए माँ पिताजी को मछली लाने से मना करतीं। कुछ और भी कारण रहे होंगे, जिसे हम बच्चे नहीं जानते थे। कभी-कभी यह तकरार इतना बढ़ जाता कि पिताजी माँ की पिटाई कर देते। बदले में माँ चारा काटने की गँडासी लेकर घाना और चचरी को कुट्टी-कुट्टी काट देतीं। पिताजी को फिर से घाना और चचरी बनाने में कई-कई दिन लग जाते। पता नहीं क्यों माँ और पिताजी में अक्सर तकरार होती रहती। कभी-कभी माँ रूठकर मैके (मामा के घर) चली जातीं। कुछ दिनों बाद भैया उसे मनाकर बुला लाते। कई बार माँ कुएँ में कूदने और कुण्डी में डूबकर मरने की धमकी देतीं। कभी-कभी तैश में आकर वे उधर चल भी देतीं, पर दादी, चाची, भाभी आदि उन्हें रोक लेतीं। कुण्डी में गाँव की एक दादी डूब कर मर चुकी थीं। सुबह में शौच गयी औरतों ने उनकी तैरती लाश देखी। कोई कहता शौच करते हुए वे फिसल गयीं, कोई कुछ, कोई कुछ। वे दहाऊर सिंह की पत्नी और रामाश्रय सिंह की माँ थीं। दहाऊर बाबा एक सन्त प्रवृत्ति के व्यक्ति थे। वे दरवाज़े पर ही रहते और खुद से खाना बनाकर खाते थे। उनका शरीर गोरा-चिटा और लम्बा था। सिर के सारे बाल सफ़ेद हो चुके थे। बर्तन के

नाम पर उनके पास एक अष्टधातु का बरगुना था, जिसमें वे खाना बनाते, एक थाली और एक घड़ानुमा काँसे का बड़ा लोटा था, जिसमें वे खाते और पानी पीते थे। वे बिना नमक का मड़गीला भात और आलू का चोखा बनाते और साधू-सन्त की तरह खाना खाते। उनका चौका-बर्तन सम्भवतः चनरी फुआ और मेरी दादी करती थीं। कभी-कभी वह मड़गीला भात हम बच्चों को भी मिल जाता। सम्भव है उनके एकान्तवास से पत्नी दुखी रहती हों। कारण जो भी हो, गाँव में गृह-कलह प्रायः प्रत्येक घर में था। गाँव के दक्षिण-पश्चिम में स्थित रामअशीष सिंह कुएँ में उन्हीं की पत्नी झगड़ा करके अक्सर डूबने के लिए दौड़ पड़ती। पर उन्हें बचा लिया जाता। एक बार तो वह कुएँ के अन्दर कूद ही गयीं। पर पानी कम था, इसीलिए डूबी नहीं। जल्दी-जल्दी रस्सी फेंककर उन्हें निकाला गया।

आज तो फिर भी कुछ ठीक है, पर उस ज़माने में औरतों की स्थिति अच्छी नहीं थी। उन्हें चहारदीवारी के अन्दर ही घुट-घुटकर जीना पड़ता था। कोई खुश रहती थी, कोई दुखी। इस घटना के बहुत दिनों बाद मेरे दरवाज़े पर स्थित कुएँ में गाँव के मटुक सिंह की पत्नी डूब मरी। सुबह में जब औरतें पानी भरने गयीं, तो उनकी लाश दिखाई पड़ी। कुएँ को उड़ाहा (सारे पानी और कीचड़ को बाल्टी से खीचकर बाहर किया) गया, उसमें गंगाजल डाला गया। फिर कई दिनों के बाद कुएँ के पानी का सार्वजनिक उपयोग हो सका। इस घटना के बाद मेरे घर के लोग सतर्क हो गये कि कहीं मेरी माँ भी कुएँ में कूद न पड़े। इसीलिए मेरे पिताजी को दादी, चाची, चाचा आदि घर के लोग और गाँव के रामचन्द्र सिंह आदि लोगों ने समझाया कि मेरी माँ को मारपीट न करें। तब से पिताजी ने माँ के प्रति चुप्पी साध ली। अब माँ और पिताजी के झगड़े बन्द हो गये और कुएँ का वह पवित्र जल फिर किसी के डूबने से दूषित नहीं हुआ। लोग कहते हैं गाँव के लोगों को पानी पीने के लिए हमारे दरवाज़े पर के उस कुएँ को दहाऊर बाबा ने ही खुदवाया था। गाँव के अधिकांश घरों के लोग इसी कुएँ पर पानी भरते, नहाते और कपड़े साफ़ करते। शुरू-शुरू में इसका चबूतरा मिट्टी का था, पर बाद में सरकार की सामुदायिक विकास योजना से रामाश्रय सिंह ने इसे पक्का करवाया। इसका पानी बड़ा मीठा और ठण्डा होता था। इसी कुएँ का पानी पी-पीकर हम लोग बड़े हुए। यह कुआँ आज भी है। पर इसके पानी का अब कोई उपयोग नहीं होता।

आज का जौंडिस-टाइफाइड : कल का पीलिया-मियादी बुखार

बचपन में हम दोनों भाइयों को पीलिया और मियादी बुखार हो जाया करते थे। जब भी बुखार होता, तो सबसे पहले खाना बन्द कर दिया जाता था। कई-कई दिनों तक केवल पानी पर रहना पड़ता था। भूख भी नहीं लगती थी। सर्दी, जुकाम और बुख़ार लगभग एक ही साथ आते थे और कम-से-कम एक सप्ताह तक रहते थे। इस बीच गर्म पानी और कुछ चूरन, काढ़ा (अक्सर राख के भभूत और तुलसी आदि के पत्ते) के सिवा कुछ भी नहीं दिया जाता था। और इन्हीं साग-पात की दवाओं और उपवास के बल पर बीमारी भी ठीक हो जाती थी। कभी-कभी बिना दवा के भी, केवल उपवास के बल पर बुख़ार ठीक हो जाता था। नब्ज़ देखकर अथवा रोगी की मानसिक हालत देखकर पता चल जाता था कि अब बुख़ार उतर गया है। कभी-कभी बार्ली गर्म करके दी जाती थी। इसी अवस्था में वैद्यजी की दवा खाते हुए धीरे-धीरे बुख़ार उतरता था। जिस दिन बुख़ार पूरी तरह उतर जाता। उस दिन शाम में पथ्य में केवल परवल की सब्ज़ी उबालकर उसका रस पिलाया जाता था, जिसमें केवल नमक, हल्दी और काली मिर्च के मसाले होते थे। दूसरे दिन गेहूँ की रोटी को ठण्डा पानी में डुबोकर, उसकी गर्मी निकालकर खाने को दिया जाता था। उसके साथ आलू या केला का चोखा या घिउरा (नेनुआ) की उबली हुई सब्ज़ी होती थी।

फिर दो-तीन दिनों के बाद चावल-दाल दिया जाता था। धीरे-धीरे कमज़ोरी दूर होती थी और आदमी चंगा और प्रसन्न हो जाता था। इसी प्रकार पीलिया बीमारी को करू तेल से झारा जाता था। गाँव के पास मेजरगंज प्रखण्ड हॉस्पिटल था, जहाँ मलेरिया के लिए कुनैन दवा और बुख़ार और अन्य बीमारियों के लिए सीसी में दवाओं के घोल दिये जाते थे। बड़े-बड़े ज़ार में लाल, गुलाबी, पीले, हरे घोल रहते थे। शीशी अपने घर से ले जाना पड़ता था और कम्पाउंडर पुर्जा देखकर उसमें घोल भर देता था। फिर पीने का डोज भी बता देता था।

एक बार मुझे तेज़ बुख़ार हुआ। वैद्य जी ने नब्ज़ देखी और कहा कि मियादी है, उतरने में समय लगेगा। उन्होंने जड़ी-बूटी की कुछ दवा दी। राख का भभूत, काढ़ा, अस्पताल की कुछ टिकिया एवं मिक्सचर आदि खाना-पीना पड़ता था। बुख़ार उतरते-उतरते 21 दिन बीत गये। मैं सूखकर काँटा बन गया था। माँ दिन-रात मेरे साथ लगी रहती थी। उसका भी खाना-पीना हराम हो गया।

अन्त में मैं जब बहुत कमज़ोर हो गया, तो किसी तरह कुछ कर्ज़-उधार लेकर बैरगनिया बाज़ार से नारंगी और अनार लाया गया। कुछ दिनों तक मैं वही खाकर रहा। मामा कभी-कभी ब्रिटानिया बिस्कुट ले आया करते थे। उसे मैं बड़े चाव से खाता। इस प्रकार मैं मियादी बुख़ार की उस जानलेवा चपेट से उबर सका।

एक बार मुझे पीलिया रोग हो गया। पिताजी मुझे कन्धे पर बिठाकर तीन कोस दूर ललदासी गाँव में झरवाने ले जाते। सप्ताह में एक बार जाना पड़ता था। वहाँ पीतल की थाली में रखे सरसों तेल और सरसों की खल्ली को बाल में रगड़ना और नाक से सुड़कना पड़ता था। बीच-बीच में ओझा जी कुछ मन्त्र बुदबुदाते थे। नाक और बाल से तेल नीचे थाली में गिरता था और बीमारी ठीक हो जाती थी। खैरबा गोट के वैद्य मौज कुँवर ने मेरे गले में जड़ी-बूटियों की एक हार पहनाकर कहा था कि ज्यों-ज्यों बीमारी ठीक होगी, हार लम्बा होकर नाभि तक आ जायेगा और जब ऐसा हो गया, तो समझो बीमारी खत्म हो गयी। ऐसा ही हुआ और मैं चंगा हो गया। होता यह था कि हार में गुँथे बूटी के दाने कच्चे और बड़े होते थे। दाने ज्यों-ज्यों सूखते उसकी गाँठ के धागे धीरे-धीरे खुलते चले जाते और हफ़्ता-दो हफ़्ता बीतते-बीतते हार नाभि तक आ जाता था। लेकिन लोगों की आस्था और विश्वास इस वैज्ञानिक सत्य पर भारी पड़ते थे। हार नाभि तक लटकते ही हम बच्चों का भी विश्वास हो जाता था कि बीमारी अब चली गयी और हार तोड़कर फेंक देते थे।

वैद्य जी अक्सर ब्राह्मण या ऊँची जाति के लोग होते थे, जबकि ओझा नीची जातिवाले। लेकिन उनसे इलाज सभी जाति के लोग करवाते थे और ठीक हो जाते थे। वह पैसा किसी से नहीं लेते थे। बचपन के दिनों में यही बीमारियाँ और ऐसे ही इलाज होते थे।

बाछी की गौन्त, चिरैता, शोहराई और मौज कुँवर : गाँव-घर के असली वैद्य थे- खाप के 'गुलौरी बाबा जी' और मेजरगंज के पाठक जी। 'गुलौरी बाबा जी' के माथे पर एक बड़ी-सी गिल्टी (गुलौरी) थी, इसीलिए लोग उन्हें 'गुलौरी बाबा जी' कहते थे। उन्होंने विधिवत आयुर्वेद की पढ़ाई पढ़ी थी और उसी के अनुसार दवा देते और बदले में कुछ पैसे भी लेते थे। दूसरी बात उनके पास मरीज़ को लेकर खुद जाना पड़ता था। इसलिए ग़रीब लोग उनके पास कम ही जाते थे। हमारे गाँव के लोग अक्सर मौज कुँवर को ही बुलाते थे या उनके दरवाज़े पर जाते थे।

मौज कुँवर गाँव-घर के प्रतिष्ठित गृहस्थ थे। वे धार्मिक व्यक्ति थे, पूजा-पाठ करते और माथे में त्रिपुण्डी तिलक लगाते थे। सभी लोग उनका सम्मान करते थे। हम बच्चे उनको पैर छूकर प्रणाम करते। वे जाति के बेलवार ब्राह्मण थे और गाँव के सबसे धनी किसान थे। लेकिन वैद्यगीरी के नुस्खे जानते थे। वे कोई पेशेवर वैद्य नहीं थे, लेकिन जिसे छू देते, वह ठीक हो जाता था। वे बच्चों का माथा सहलाते हुए कोई मन्त्र पढ़कर दो-चार बार फूँक मारते थे। फिर अपने गमछे की गाँठ से भभूत (राख) निकालकर बीमार बच्चे को चटा देते और बची हुई भभूत और कुछ जड़ी-बूटी बच्चे की माँ को देकर उसे समय-समय पर चटाने और जड़ी को पीसकर पिलाने के तरीक़े बता देते थे। आदमी के अलावा वे माल-मवेशियों की बीमारी का भी इलाज करते थे। गाँव में किसी का बैल, गाय या भैंस बीमार होता, तो वे मौज बाबा को बुलाते।

उनकी रामबाण दवा थी– बाछी की गौंत (गो-मूत्र) और चिरैता। कोई भी बीमारी हो, वे इसे ज़रूर पीने को कहते। मैं और मेरे भाइयों ने महीनों बाछी की गौन्त और चिरैता पीया है। सुबह-सबेरे एक कटोरी लेकर छोटी बाछी के पास चले जाते। उसकी पूँछ उठाकर यौनि के नीचे कटोरी सटाते। उसे थोड़ी देर ऊपर-नीचे करने पर बाछी का पेशाब उतर आता था। हम उसे कटोरी में भर लेते थे और कपड़े से छानकर सभी बच्चे थोड़ा-थोड़ा पी जाते थे। उसका स्वाद बड़ा कड़ुआ होता था। उससे भी कड़ुआ होता था चिरैता का पानी। पिताजी पन्सारी की दुकान से चिरैता के सूखे पत्ते ले आते थे। माँ थोड़े-से चिरैता में कटोरी-भर पानी डालकर उसे रात-भर फूलने के लिए रख देती। फिर सुबह में हम बच्चे बासिये मुँहे (खाली पेट) थोड़ा-थोड़ा पी लेते थे। उसके कड़वेपन को भूलने के लिए कभी-कभी हम लोग नाक दबाकर आँख भी बन्द कर लेते थे। माँ कहती जीऊ जाँतकर पी लो, बहुत फ़ायदा होगा। उसके बाद मुँह के तीतापन को दूर करने के लिए कभी-कभी गुड़ या मिश्री भी खाना पड़ता था।

बाछी-मूत्र से फ़ायदा चाहे जो हो, लेकिन चिरैता का फायदा अवश्य होता था। सालों-भर फोड़ा-फुंसी और बुख़ार नहीं होते थे। एक और कड़वी दवा थी– शोहराई। यह गो-मूत्र और चिरैता से भी कड़वी दवा थी। बच्चों को बड़ी मुश्किल से पिलाया जाता था। इसके कड़वे स्वाद के कारण कोई भी बच्चा इसे पीना नहीं चाहता था। इसके पौधे आसानी से घर के पास के बारी-झारी में मिल जाते। उसकी मूँग जैसी लम्बी छीमी के दानों को

झारकर उसे लोढ़ा-सिलवट पर पीस लिया जाता और उसे पानी में घोलकर बच्चों को पिलाया जाता। यह कृमि (चाली) की अचूक दवा थी। बच्चों के पेट में अक्सर कृमि हो जाया करती थी। जिस दिन इसे पिलाया जाता, दूसरे दिन पैखाने के साथ लम्बी-लम्बी कृमि गिरतीं- कुछ मरी हुई, कुछ ज़िन्दा। पिताजी अक्सर हम बच्चों को यह दवा देते थे। दवा लेते वक़्त हम बच्चे ख़ूब रोते थे। एक और दवा थी- भँगरिया का रस। शरीर में कहीं भी कट-फट हो जाये, उसके पत्तों का रस कटे स्थान पर गिरा देने से दर्द कम हो जाता, ख़ून आना बन्द हो जाता था और घाव भी जल्द ही सूख जाता था।

मौज कुँवर को एक ही पुत्र था- पासपत तिवारी। जब उनकी शादी हुई, तो पूरे एरिया में शोर हो गया। शोहरत का कारण यह था कि उन्हें ससुराल से दहेज में साइकिल, घड़ी और रेडियो-तीनों मिले थे। उस ज़माने में गाँवों में साइकिल का प्रचलन बहुत कम था। गाँव में एक-दो लोगों के पास ही साइकिल होती थी और जिसके पास होती थी, उसकी प्रतिष्ठा इसी कारण बढ़ जाती थी। हमारे गाँव में एक भी साइकिल नहीं थी। उन दिनों साइकिल रखना आज के मोटर-कार रखने जैसा था। साइकिल अक्सर सम्पन्न लोगों के लड़के की शादी में दहेज में मिलती थी। अपने पैसे ख़र्च कर कम ही लोग ख़रीदते थे। शादी के दहेज में किसी को साइकिल, किसी को घड़ी, किसी को दोनों तो किसी-किसी को साइकिल और घड़ी के साथ-साथ रेडियो भी मिल जाता था। जिसको तीनों मिल गया, समझिये उसकी चाँदी हो गयी। उसका नाम चारों ओर फैल जाता था। उन दिनों शादी-बारात में 'लौण्डा नाच' का ख़ूब प्रचलन था। शादी-विवाह में साइकिल, घड़ी की माँग को लेकर नाच में जोकर लोग ख़ूब व्यंग्य उड़ाते थे। नाच का एक गाना था- 'दहेज में साइकिल'- 'मिले न लईकी निमन चाहे, मिले न कुछो दहेज में, बबुआ के साइकिल, घड़ी निसनिया, बेमारी चलल बा'

सो जब पासपत तिवारी को दहेज में तीनों मिले, तो पंचायत-भर में हल्ला हो गया। यह भी सुनने में आने लगा कि पासपत तिवारी पास की नदी में जब पैखाना करने जाते हैं, तो साइकिल से ही जाते हैं। जबकि सच्चाई यह थी कि साइकिल मिलने के बाद सबसे पहले उन्होंने साइकिल सीखी, फिर धीरे-धीरे गाँव की सड़क और नदी तरफ़ चलाने लगे। हम लोगों ने बचपन में उनको मेजरगंज बाज़ार में साइकिल से आते-जाते देखा है। वे सुबह-शाम साइकिल को ख़ुद ही तेल लगाकर साफ़ करते। उनकी साइकिल चम-चम करती थी। जो भी हो, क्षेत्र में पासपत तिवारी की शादी से अधिक चर्चा उनकी

साइकिल की ही थी। हम लोग कभी-कभी नदी पार करके उनके घर पर केवल उनकी साइकिल देखने और रेडियो सुनने जाया करते थे। दहेज वाला उनका रेडियो दरवाज़े पर टँगा बजता रहता था। झुण्ड के झुण्ड लड़के-बच्चे उसे देखने-सुनने आते थे। रात में समाचार सुनने के लिए गाँव-भर के लोग इकट्ठा हो जाते। क़रीब बीसों बरस बाद खैरवा गाँव में कोई दूसरा रेडियो आया। फिर गाँव में औरों के यहाँ भी साइकिल, रेडियो और घड़ी आने लगे। रेडियो और साइकिल क्या अब तो घर-घर मोटरसाइकिल, टीवी और घड़ी है। किसी-किसी को तो कार भी है।

पासपत तिवारी बनाम पासपत ठाकुर : एक दिन मेरे घर पर शाम को कोई दो सेर बड़ी-बड़ी गैंचा (पटेहा) मछली दे गया और कहा– पासपत ठाकुर ने बाज़ार से भेजा है। सो औरतों ने मछली बनाना शुरू कर दिया। पिताजी बाज़ार से देर से आते थे। जब हम लोग मछली-भात खा रहे थे, तो पिताजी बाज़ार से लौटे। आते ही पूछा– 'अरे, ई मछली केऽ ललऊ ह? एतेक लमहर गैंचा?' हमलोगों ने कहा– 'तू ही न बाज़ार से भेजले रहा। चैनपुर के फलनवाँ (नाम अब याद नहीं) ला के देलकई, तोहर नाम कहके।' पिताजी समझ गये कि यह मछली उस खैरवा के तिवारी जी ने भेजी होगी, गलती से हमारे घर आ गयी। लेकिन इतनी रात गये अब उपाय भी क्या था? सो मन मारकर उन्होंने भी माँछ-भात खा लिया।

नदी उस पार के खैरवा के तिवारीजी और मेरे पिताजी का नाम एक ही था– पासपत। आस-पास के लोग दोनों को जानते थे। बल्कि छोटी जाति के लोगों में मेरे पिताजी की लोकप्रियता ज़्यादा थी। इसका कारण था कि वे गाँव कमाने (दाढ़ी-बाल काटने) दूर-दूर तक जाते थे। इस कारण लोगों में दोनों नामों को लेकर अक्सर गलतफ़हमी हो जाती थी। इसका लाभ कभी-कभी हमारे पिताजी को मिल जाता था। अक्सर पास के बाज़ार से लाया हुआ पासपत तिवारी का सामान मेरे घर पहुँच जाता था। यदि पिताजी को मालूम हो गया, तो वे उनके पास पहुँचा आते थे। इस मछली के साथ भी वैसा ही हुआ था।

दूसरे दिन भोरे-भोरे तिवारी जी का सिपाही मेरे घर पर आया और मछली की तहक़ीक़ात की। पिताजी ने सब कुछ बता दिया और कहा कि उतने पैसे तो मेरे पास नहीं हैं, तिवारी जी को कहियेगा कि मछली का दाम मेरे 'पाल' में से काट लेंगे। लेकिन तिवारी जी ने पिताजी से मछली का दाम नहीं लिया, कहा– 'खानेवाली चीज़ थी, घर के लोग खा गये, उसका पैसा क्या लें?'

जब पिताजी ने ईंटें बनायीं : गाँव में भीषण आग लगने के एक-दो वर्षों के बाद गाँव के सबसे सम्पन्न व्यक्ति कीर्ति नारायण सिंह ने ईंट का घर बनाने की सोची। यह हमारे गाँव के लिए एक क्रान्तिकारी क़दम था। गाँव में एक भी ईंट का घर नहीं था। दूर-दूर से ईंट बनाने वाले मिस्त्री और मज़दूर बुलाये गये। उनके बँसवारी वाले खेत में मिट्टी की ईंटें बनने लगीं। मिट्टी गूँथकर उसके बड़े-बड़े ढेर लगाना और फिर सूखे बालू की मदद से उसे लकड़ी के साँचे में डालकर उलट देने से ईंटें बन जाती थीं। उन्हें सुखाया जाता, फिर सूखी ईंटों के ढेर लगते। गाँव के बच्चों ने ईंट बनाना कभी नहीं देखा था। इसलिए हम बच्चे ईंटों की इस अनोखी निर्माण कला को देखने जाते। मिट्टी को साँचे में डालना, दबाना, धागे से काटना और फटाफट उन्हें उलटते जाना– एक अनोखी कला थी, जिसे हम लोग पहली बार देख रहे थे। ईंट मज़दूरों को हम बड़ी इज़्ज़त और हसरत से देखते और उन्हें मिस्तीरी जी कहते थे। कुछ महीनों में जब सारी ईंटें बनकर तैयार हो गयीं, तो उसे भट्ठे में पकाने के लिए अलग से मिस्त्री बुलाये गये। बड़ा-सा भट्ठा लगा और लकड़ी के बड़े-बड़े कुन्दों से उसमें आग लगायी गयी। ईंटों को लाल बनाने के लिए भट्ठे की आग में एक-दो बारी मसूर की दाल डाली गयी। कुछ मन्त्र पढ़े गये और वहाँ उपस्थित मालिक, मजदूर और मिस्त्रियों ने कोरस धुन में नारे लगाये– 'मसूरी के दाल, भट्ठा लाले-लाल।' यह नारा गाँव के बच्चों के बीच लोकप्रिय हो गया और वर्षों तक यह बच्चों के खेल का नारा बना रहा। अब लगता है यह महज़ एक अन्धविश्वास था। अब ईंट भट्ठों में मसूरी के दाल नहीं डाले जाते। ईंट बनकर तैयार हुई और कीर्ति नारायण सिंह का पक्का घर भी बन गया। यह वर्ष 1970-71 की घटना है, जब हम लोग हाई स्कूल में पढ़ रहे थे।

पिताजी को इस ईंट-निर्माण और भट्ठे से प्रेरणा मिली। उन्होंने भी ठान लिया कि वे अपना घर भी ईंट का बनायेंगे। पर उनके पास न मज़दूर थे, न पैसे, न साधन-संसाधन, केवल उत्कट इच्छा-शक्ति थी। उन्होंने सोचा– "चलो, कोई बात नहीं, अपना खेत तो है और हुनर भी। न जाने कहाँ से उन्होंने ईंट बनाने की कला सीख ली थी। बढ़ई मिस्त्री से ईंट बनाने के लिए लकड़ी का एक साँचा बनवाया और अगले ही वर्ष वे ईंट बनाने में भिड़ गये। हमारे बाबा-दादा के समय से ही खेती करने के लिए उस खैरवा का एक मुसहर परिवार रहता था। किन्तु बीच में ग़रीबी के कारण पिताजी ने उनकी सेवा लेनी बन्द कर दी थी। अच्छे दिनों में वे हमारे हल जोतते थे, फ़सल के

दिनों में धान-गेहूँ रोपते-बोते और उनके बच्चे हमारी भैंस चराते थे। उनका लड़का नथुनी आज हमारा सबसे वफ़ादार सेवक और सहायक बना हुआ है। पिताजी नथुनी के पिताजी को बुला लाये और दोनों ने मिलकर हमारी खेत की बँसवारी में एक कुआँ खोद लिया। फिर कुदाल से खेत की मिट्टी खोदकर उनके ढेर को गीला किया गया। रोज़-रोज़ मज़दूर को देने के लिए अनाज नहीं थे, इसीलिए पिताजी ने अकेले ईंट बनाना शुरू कर दिया। माँ, भैया, चाचा आदि घर के सभी लोगों ने विरोध किया। किसी ने उनका सहयोग नहीं किया। सभी इसे बालू से तेल निकालना समझते थे। माँ इस काम के लिए उन्हें पागल समझती थी। गाँव के लोग मज़ाक़ उड़ाते थे। लेकिन पिताजी ने हार न मानी। मुझे भी पिताजी का सहयोग करने की मनाही थी। फिर भी मैं चुपके से वहाँ चला जाता था। मैं उन्हें चुपचाप काम करते देखता। वे पसीने से तर-बतर हो जाते, लेकिन काम नहीं छोड़ते।

मई-जून का महीना रहा होगा। भूख-प्यास की परवाह किये बिना पिताजी कई दिनों से ईंट बना रहे थे। लगभग पाँच-सात सौ ईंटें तैयार हो चुकी थीं कि एक दिन रात में इतनी वर्षा हुई कि ईंटें उसी पानी में गल गयीं। रात-भर पानी बरसता रहा। पिताजी चिन्ता के मारे ठीक से सोये नहीं। सुबह में वर्षा कम होते ही वे खेत में गये और ईंटों को देखकर दुखी हो गये। वर्षा का मौसम नहीं था। ईंटें अभी ठीक से सूखी भी नहीं थीं। कुछ देर के बाद मैं भी खेत में गया। देखा पिताजी बाँस के नीचे माथे पर हाथ धरे उदास बैठे थे। उनकी सारी मेहनत पर पानी फिर गया था। दादी भी वहाँ पहुँच गयी थी। वह उन्हें समझा रही थी। लेकिन वे ऐसे उदास थे, जैसे उनके जीवन-भर की कमाई लुट गयी हो। अधिकांश ईंटे गल गयीं थी। कुछ में बूँदों के गहरे दाग हो गये थे। दो-तीन दिनों बाद जब ईंटें कुछ सूखीं, तो मैंने देखा पिताजी वर्षा की चोट खायी कुछ बची हुई ईंटों को उठा-उठाकर बाँस की छाँव में रख रहे हैं। घरवालों ने उसके बाद उन्हें ईंट बनाने नहीं दिया। दादी, माँ, भैया सबने उन्हें समझाया कि यह काम बहुत कठिन है। अकेले इसे नहीं किया जा सकता, फिर ईंटों को पकाने आदि में बहुत ख़र्च होते हैं। पिताजी ने ईंट बनाना छोड़ दिया। बाद में उन बची हुई ईंटों को घर ले आये। बहुत दिनों तक वे ईंटें हमारे घर के कोने-दरवाज़े पर रखी रहीं।

मेरे बाल मन में पिताजी की उत्कट इच्छा-शक्ति और असम्भव को संभव बना देने का संकल्प गहराई से बैठ गया। मैंने मन-ही-मन सोच लिया कि नौकरी लगते ही मैं ईंट का घर बनाऊँगा। मिड्ल स्कूल की नौकरी में

तो नहीं, पर हाई स्कूल में जाते ही मैंने पिताजी की इच्छा पूरी करते हुए ईंट-खपरैल के घर बना डाले। पर दुर्भाग्य कि पिताजी उसे देखने के लिए जीवित नहीं रहे। वे कुछ वर्ष पहले ही गुज़र चुके थे। इसी तरह पिताजी ने एक बार खुद से रूई की रज़ाई बनाने की ठानी। मेरे घर में रूई की कोई रजाई नहीं थी। उन्हें जाड़े में बहुत दिक्कत होती थी। इसीलिए वे पेड़ों से सेमल का रूई चुन-चुनकर लाते थे और उसे एक बोरे में इकट्ठा करते थे। कहते थे कि श्राद्ध-संस्कार में हमें मारकीन के जो कपड़े मिलते हैं, उसी से रज़ाई बना लूँगा। पर उनकी यह इच्छा भी पूरी नहीं हो सकी। उसके पहले ही वे गुज़र गये। जिस पिताजी ने मुझे सब कुछ सहकर पढ़ाया-लिखाया, उस महान आत्मा के लिए मैं कुछ भी नहीं कर सका। इसका मुझे जीवन-भर मलाल रहेगा। किसी भी काम को असम्भव न मानना, मेहनत और लगन से काम करना, स्वावलम्बी बनना, सफलता मिलने पर भी घमण्ड नहीं करना– ये गुण मैंने पिताजी के जीवन से ही सीखे हैं।

पिताजी के व्यवहार से मिली शिक्षा पर एक घटना मुझे याद आ रही है। मैट्रिक की परीक्षा समाप्त होने पर घर जाने के लिए मैं कुछ साथियों के साथ सीतामढ़ी रेलवे स्टेशन पर ट्रेन पकड़ने आया। उन दिनों 'वेट-लिफ्टिंग' मशीन का नया प्रचलन शुरू हुआ था। स्टेशन, सिनेमा हॉल आदि सार्वजनिक जगहों पर ये मशीनें लगी रहती थीं। हम लोगों ने स्टेशन के प्लेटफार्म पर लगे वज़न तौलने वाली उस मशीन पर चढ़कर अपना वज़न तौलवाया। मशीन पर चढ़ने पर काँटा स्थिर होने पर 10 पैसे का एक सिक्का डालने से वज़न तौल परिणाम का अंकित टिकट निकल आता था। अंकित वज़न के नीचे टिकट पर भाग्य और भविष्य सम्बन्धी कुछ बातें छपी रहती थी। मेरे टिकट पर वज़न के साथ जो बातें अंकित थीं, वह थीं- "तुम्हारे जीवन में एक बड़ी सफलता मिलनेवाली है। लेकिन ख़बरदार ! इस सफलता पर घमण्ड मत करना।" मैंने सोचा मैट्रिक का रिजल्ट अच्छा होगा और क्या? मैं हमेशा अच्छा करता रहा, पर घमण्ड तो कभी किया नहीं। फिर सोचा सफलता का प्रदर्शन ही घमण्ड है। पिताजी बराबर कहते थे सफलता का दिखावा करने से अक्सर लोग दुश्मन बन जाते हैं और बार-बार रोड़ा अटकाने की कोशिश करते हैं। मैंने जीवन-भर इस उपदेश का पालन किया।

सपने और संघर्ष

परिजनों का संघर्ष और मेरी पढाई

मेरे चाचा रामसुन्दर ठाकुर उम्र में पिताजी से बड़े थे। ऊँचा सुनते थे, इसीलिए गाँव के लोग उन्हें 'बहिरू' कहकर बुलाते थे। मेरे होश सँभालते-सँभालते बड़े बाबा राजकुमार ठाकुर टीबी की बीमारी से मर गये। मुझे अब भी याद है पिताजी चोरी-चुपके उनके लिए मुर्गी का अण्डा लाते थे और उन्हें फोड़कर बाबा को कच्चे ही खिला देते थे। दूसरे बाबा बंशी ठाकुर, मेरे पिताजी और चाचा मिलकर घर सँभालने लगे। मेरे जन्म लेते-लेते बड़े (चचेरे) भाई बिलट ठाकुर का विवाह हो चुका था और जब मैं चार या पाँच साल का हुआ, तो मेरे सहोदर बड़े भाई लक्षण ठाकुर का विवाह भी हो गया। घर का आँगन एक ही था, लेकिन बाबा लोगों ने चाचा और मेरे पिताजी का चूल्हा बाँट दिया था।

मैं स्कूल जाने लगा था, इससे पिताजी के साथ-साथ पूरा परिवार खुश था। पर चौथी-पाँचवीं कक्षा तक आते-आते चाचा और पिताजी ने मुझे दाढ़ी-बाल बनाना भी सिखा दिया। घर का मुख्य पेशा वही था। उनकी समझ थी कि अपना पेशा सीख लेने पर भूखा नहीं मरेगा। चाचा ने पहले अपने ही दाढ़ी-बाल पर मुझे ट्रेनिंग दी। हाथ में छोटी-सी शिल और एक चमौटी (चमड़े का टुकड़ा) लेकर वे छुरा तेज करते और मुझे पकड़ा देते। पिताजी के दाढ़ी-बाल भी मैं ही बनाता। गाँव के कुछ बड़े-बुजुर्ग दाढ़ी बनवाने आते, तो पिताजी और चाचा मुझे ही उस काम में लगा देते। शुरू-शुरू में तो लोग मुझसे दाढ़ी-बाल बनवाने में हिचकते, कहीं चमड़ा न काट दे, पर बाद में लोग मुझे ही पसन्द करने लगे। ऐसे ही एक बुजुर्ग थे नागेश्वर सिंह, जिन्हें हम नागेश्वर काका कहते थे। उनके दाँत टूट चुके थे। पिताजी कहते– "जो पोपले मुँहवाले की दाढ़ी बना लेता है, वह इस काम में पक्का हो जाता है।" उन्हीं की हजामत करते-करते मैं इस कार्य में प्रवीण हुआ। वे खोज-खोजकर मुझसे दाढ़ी बनवाते। उनके एकमात्र लड़के बिगन (बिन्देश्वर) सिंह हमसे सीनियर क्लास में पढ़ते थे।

चचेरी बहन का विवाह : इसी बीच एक दिन देर शाम हमारे घर पर एक गोरा-सा जटाधारी लड़का आया। वह हमारी ही जाति का था। पश्चिम के किसी दूर-दराज के गाँव से वह नेवता पहुँचा कर लौट रहा था। लेकिन देर हो गयी। उसका घर अभी पाँच-छह कोस दूर था। वह थक गया था और रात में अकेले लौटना ख़तरे से ख़ाली नहीं था। इसीलिए वह किसी सुरक्षित ठौर पर रात में रूक जाना चाहता था। गाँव में किसी ने मेरे घर का पता बताते हुए कह दिया था– "हजाम का घर उधर है। वहीं जाकर रुक जाओ। बंशी बाबा ने परिचय जानकर उसका खूब स्वागत किया। उसे जलपान और फिर भोजन कराया गया। पन्द्रह-सोलह की उम्र रही होगी। वह गोरा और जटाधारी था। सुन्दर, सुशील और खानदानी लड़का देखकर बाबा ने मन ही मन ठान लिया कि मेरी छोटी चचेरी बहन किशुनी की शादी उसी से करेंगे। उन्होंने मेरे पिता, चाचा, भाइयों और औरतों को अपनी इच्छा बतायी। सभी लोग तैयार हो गये। कल होकर लड़के को विदा करते हुए बाबा ने लड़के से अपनी मंशा बता दी और कहा कि "जाइये अपने माता-पिता को कहियेगा कि हम लोग कल आपके यहाँ रिश्ते के लिए आ रहे हैं।" लड़का ने भी चुपके-चोरी हमारी बहन को देख लिया था। वह सुन्दर थी। लोग पूरब के उस गाँव मढ़पा-कचोर में उस लड़के के घर गये। फिर वहाँ से भी लोग हमारे घर पर आये। लड़केवालों ने लड़की पसन्द कर ली और बहन किशुनी की शादी हो गयी। मैं बचपन में अक्सर किशुनिया बहन के पास जाता रहता था। बहन मुझे बहुत मानती थी। तीन-चार वर्षों के बाद बहन को एक बेटा हुआ। किन्तु कुपोषण के कारण वह तुरत ही मर गया। उसके बाद किसी बीमारी के कारण जीजाजी भी मर गये। घर के लोगों की राय से बहन ने जीजाजी के एक बहनोई जो विधुर हो चुके थे से शादी कर ली और नेपाल के 'बंगलवा' गाँव में जा बसी। कभी-कभी पिताजी के साथ मैं वहाँ भी जाता था। बंगलवा वाले जीजाजी एक सम्पन्न किसान थे। बहन जब भी हमारे घर पर आती थी, अपनी बैलगाड़ी से ही आती थी। मेरी बारात में भी जीजाजी बैलगाड़ी ले गये थे। दुःख है कि अब किशुनी बहन और जीजाजी में से कोई भी इस दुनिया में नहीं हैं। हाँ, उनके दो लड़के और एक लड़की ज़रूर हैं, जिनसे हमारे परिवार का सम्बन्ध लगभग टूट चुका है।

छठी-सातवीं तक मैं हजामत कार्य में पिताजी की मदद करने लगा। यद्यपि पिताजी और चाचा मेरी पढ़ाई पर अधिक जोर देते थे, भाई लोग भी उनके काम में मदद करते थे, फिर भी घर का ख़र्च चलाना मुश्किल था।

इसलिए मुझे भी उनकी मदद करनी पड़ती। गाँव में तो कुछ ही घर जाकर हजामत करनी पड़ती, किन्तु दूसरे गाँवों में सप्ताह में एक दिन जाना पड़ता था। गाँव के लोग हजामत के बदले सालाना तैयार फ़सल का कुछ हिस्सा देते थे, जिसे खुद ही काटकर और बोझा बाँधकर लाना पड़ता था। प्रत्येक परिवार में दाढ़ी पीछे पाँच धुर फ़सल बँधी थी, किन्तु पाँच धुर, दस धुर या पन्द्रह धुर से ज्यादा कोई नहीं देता था। इसे हम लोग 'पाल' कहते थे। फ़सल तैयार होने पर हमारे घर के लोग सात हाथ की लग्गी लेकर गृहस्थों की खेत में जाते और खेत के किसी कोने में अपने पाल का हिस्सा नाप कर छोड़ देते। फिर जिस दिन फ़सल कटती, हम लोग भी पाल काट लाते। जिस साल बाढ़ या सुखाढ़ के कारण गृहस्थों की फ़सल मारी जाती, उस साल नाई और लोहारों के पाल भी मारे जाते थे। प्रत्येक परिवार से चाचा और पिताजी में गाँव बँटे हुए थे। पाल साल-भर में दो बार मिलता था। इस बीच सालों-भर हम लोगों को उन्हीं गृहस्थों से क़र्ज़ ले-लेकर जीवन-बसर करना पड़ता था। क़र्ज़ अक्सर अनाज का होता था, जो ड्योढ़ा बढ़ता था। फिर खेत की फ़सल और पाल के अनाज मिलाकर महाजन अपने क़र्ज़ को खलिहान से ही चुकता कर लेते थे। हमलोगों के खाने के लिए बहुत कम ही अनाज बचते थे।

एक बार हमारे घर में खाने के लिए कुछ भी अनाज नहीं था। कार्तिक का महीना था। धान कटने में अभी देरी थी। खाने के लाले पड़ रहे थे। गाँव के हमारे गृहस्थ और नरौनी पट्टी में सबसे सम्पन्न किसान राम औतार सिंह के नदी किनारे वाले खेत में 'कोदो' और 'चीना' की फ़सलें तैयार थीं। उस समय मैं सातवीं या आठवीं में पढ़ता था। मेरे बाल मन में एक उपाय सूझा कि क्यों नहीं राम औतार काका से इसी फ़सल में पाल माँग लिया जाये? सो मैं उनके दरवाज़े पर गया और उनसे एकान्त में गिड़गिड़ा कर कहा– "घर में कुछ खाने को नहीं है। धान की फ़सल में अभी देरी है। अपने कोदो या चीना में से ही कुछ 'पाल' दे देते, तो हम लोगों का ख़र्चा चलता।" उनको दया आ गयी। उन्होंने कहा– "जाओ, खेत के किसी कोने से कोदो या चीना में से दस धूर नाप कर काट लाओ।" मैंने घर आकर लग्गी और हँसिया उठायी और पिताजी के साथ खेत में जाकर पाँच धूर कोदो और पाँच धूर चीना नापकर काट लांया। घर में खुशियाँ छा गयी। दादी और माँ ने फ़सलों को पीटकर उसके दाने निकाले। फिर धोया, सुखाया और उसे ढेंकी में कूटकर उसके भोजन बनने लगे। को दो और चीना सबसे घटिया और उपेक्षित अन्त समझा जाता है। किन्तु अभाव के उस कठिन काल में उस कोदो-चीना के

चावल के भात में जो रस मिले, जो तृप्ति महसूस हुई, वह आज के छप्पन भोग में भी नहीं मिलेगी। कोदो कोई-कोई ही उगाता था। उसकी पुआल बहुत गर्म होती थी। जाड़े के दिनों में लोग ज़मीन पर बिछावन के नीचे कोदो का पुआल बिछाकर सोते थे। हमारे घर पर भी उस पुआल का बिछावन में उपयोग हुआ। पहले हम दूसरों के घर से कोदो का पुआल माँगकर लाते थे। उस साल माँगने की ज़रूरत नहीं पड़ी। आज रामऔतार काका नहीं हैं; किन्तु उस विपत्तिका में उन्होंने जो मदद की थी उसके लिए हमारा रोम-रोम उनका ऋणी है। उनके वीरवंश, परभंश और रघुवंश बड़े कर्मठ और शरीफ हैं। उनके छोटे चाचा मुद्रिका सिंह मेनएंज डाकघर में डाकिया थे। वे भी बड़े भोले और शरीफ थे। उन्होंने स्वभाव के अनुरूप अपने बड़े बेटे का नाम भोला ही रखा मुझे प्रोत्साहित करते थे।

पिताजी व भैया के सपने और संघर्ष : उधर मेरी पढ़ाई चल रही थी और इधर मेरे पिताजी और भैया जीने-मरने की लड़ाई लड़ रहे थे। उनके साथ दादी और माँ भी दिन-रात मेहनत करतीं। एक तरफ़ उनको परिवार के भरण-पोषण की चिन्ता थी, तो दूसरी ओर मेरी पढ़ाई की। उन्हें मुझमें परिवार का भविष्य नज़र आता था। उन्होंने मेरी पढ़ाई पर जीवन का लम्बा दाँव लगा दिया था। भूखों रहकर, आधे पेट खाकर उन्होंने मेरी पढ़ाई जारी रखी। पाँच-सात वर्षों की ही तो बात है। फिर हमारे भी अच्छे दिन आयेंगे। बेटा पढ़-लिखकर सरकारी नौकरी करेगा, फिर हमारे दिन पलट जायेंगे। घर सुधर जायेगा, संस्कार बदल जायेंगे। रात में पढ़ाई के समय पिताजी मुझे यही सब बताते और उत्साहित करते। पढ़ाई में मेरी तो खुद की लगन लगी हुई थी, किन्तु पिताजी और भैया को हमेशा यह चिन्ता सताती थी कि अन्य दलित-पिछड़े ग़रीब बच्चों की तरह कहीं यह भी बीच में ही पढ़ाई न छोड़ दे। उन्हें यह भी शंका होती कि कहीं स्कूल के मास्टर लोग ही मेरे लड़के को दुत्कार-फटकार कर न भगा दे। इसीलिए वे समय-समय पर जाकर मास्टर लोगों की खूब खुशामद करते। इसी लोभ में पिताजी मिड्ल स्कूल में रात-दिन रहनेवाले हेडमास्टर और शिक्षकों की मुफ़्त में दाढ़ी-बाल काटते। यद्यपि शिक्षक लोग उन्हें समझाते कि आपका लड़का पढ़ने में बहुत तेज़ है। स्कूल कभी नहीं छोड़ेगा। हम लोग मदद करेंगे, फिर भी पिताजी को विश्वास नहीं होता। इसीलिए वे हफ़्ता-दो-हफ़्ता पर रविवार को उस्तरा-कैंची लेकर स्कूल पहुँच जाते और उनके दाढ़ी-बाल काटते। मास्टर साहब लोग पैसे देना चाहते, पर वे नहीं लेते। शिक्षक लोग हमारी ग़रीबी से परिचित थे, इसीलिए

कभी-कभी जबरन पैसे दे देते। हेडमास्टर महतो जी स्कूल के बाद शाम में बच्चों को ट्यूशन पढ़ाते थे। स्कूल में मेरे प्रिय शिक्षक रामविलास सिंह और गणित के शिक्षक जोगीन्द्र बाबू (साह) भी रहते थे।

एक दिन पिताजी ने हेडमास्टर साहब से कहा कि और बच्चों के साथ मेरे लड़के को भी ट्यूशन पढ़ा दीजिये। वे राजी हो गये। यद्यपि मैं राजी नहीं था, पर पिताजी की ज़िद्द पर ट्यूशन जाने लगा। जल्द ही समझ में आ गया कि यहाँ ट्यूशन पढ़ना समय बर्बाद करना है। पहले तो उनके आवासीय कमरे की फ़र्श को पाँच-सात बाल्टी पानी भरकर धोना पड़ता था। उनकी पत्नी को कोई मानसिक बीमारी थी, जिससे उन्हें हमेशा लगता कि घर अशुद्ध है। इसीलिए हर एक-दो घंटे पर वह कमरे के फ़र्श को पानी से धुलवाती। यद्यपि बारी-बारी से ऐसा सभी लड़कों को करना पड़ता था, पर मुझे लगता यह फ़ालतू काम है। फिर जब पढ़ने बैठता, तो हिन्दी की किताब से कापी पर एक पन्ना देखकर लिखना पड़ता था। फिर मास्टर साहब बोलकर कुछ लिखाते, जिसे 'श्रुतिलेख' कहते थे। एक-दो गणित के सवाल बनवाते, जिसमें समय समाप्त हो जाता था। मेरे लिए ये सारे काम बहुत सरल होते, जबकि पहले से ट्यूशन पढ़ रहे मेरे सहपाठी अशोक कुमार, मकेश्वर आदि के लिए बहुत कठिन। इसीलिए दो-चार दिन में ही मेरा मन ऊब गया और मैंने ट्यूशन पढ़ना छोड़ दिया।

इसी प्रकार पिताजी ने पहली कक्षा में मुझे एक दिन अपने गृहस्थ और वैद्य जी मौज कुँवर के यहाँ ट्यूशन पढ़ने के लिए भेजा था। उनके दरवाज़े पर वही हेडमास्टर रूदल बाबू रहते थे और बच्चों को पीट-पीटकर ट्यूशन पढ़ाते थे। वही रूदल सिंह, जिन्होंने केवल दरवाज़े पर खड़े रहने के कारण मुझे एक छड़ी मार दी थी। पिताजी के कहने पर मैं ट्यूशन पढ़ने गया। किन्तु मुझे पता नहीं था कि वही रूदल सिंह वहाँ ट्यूशन पढ़ाते मिलेंगे। उन्होंने मुझे पहाड़ा लिखने को कहा। उनकी उग्र छवि से मैं पहले ही से भयभीत था। इसीलिए मुझे लिखने में थोड़ी देरी हुई। तब तक एक छड़ी सटाक से मेरी पीठ पर पड़ गयी। मैंने जल्दी से पहाड़ा लिखकर उनको दिखा दिया। फिर मुझे डाँटकर उसे पढ़ने को कहा। मैं धीरे-धीरे पहाड़ा पढ़ने लगा। फिर एक छड़ी पड़ी। मैंने पहाड़ा सुना दिया, फिर भी वे बहुत देर तक मुझे भला-बुरा कहते रहें। सम्भव है मेरी छोटी जाति को लेकर उनके मन में जातीय कुण्ठा रही हो। मैंने मन ही मन सोचा कि इनके पास यदि मैं पढ़ने आऊँ, तो पढ़ा-लिखा सब भूल जाऊँगा। उस दिन से मैंने वहाँ जाना बन्द कर दिया। पिताजी के

पूछने पर मैंने बता दिया, उससे ज़यादा मैं घर पर ही पढ़ लेता हूँ।

हाई स्कूल के दिनों में मेरे बड़े भाई लक्षण ठाकुर शिक्षक लोगों के दाढ़ी-बाल बनाने जाते थे। उनका भी लोभ यही था कि मास्टर साहब लोग मेरे भाई को ठीक से पढ़ावें, डाँटे-फटकारें नहीं। इसीलिए मुफ्त में हजामत करने जाते थे। और शिक्षक तो कुछ पैसे दे भी देते थे, किन्तु केवल वही शिक्षक मुफ्त में हजामत करवाता था, जो मुझे बराबर डाँटता और हतोत्साहित करता रहता था। वे थे विज्ञानं शिक्षक मदन मोहन झा। मेरे लिए वे साक्षात् द्रोणाचार्य थे और मैं उनका एकलव्य। ख़ैर, उनकी बेरूखी की भरपाई बाकी सभी शिक्षकों के प्यार और स्नेह से हो जाती थी। स्कूल में फ़ीस तो माफ़ थी, किन्तु मेरे लिए सबसे कठिन काम होता, किताबों के लिए पैसे जुटाना। मिड्ल स्कूल के दिनों में भी मैं केवल साहित्य और गणित की पुस्तकें ही ख़रीद पाता, वह भी पुरानी, किसी सीनियर साथी से आधे दाम पर। पिताजी और भैया किसी तरह मज़दूरी करके किताबों के लिए पैसे जुटा देते। केवल छठी और सातवीं कक्षा में पिताजी ने एक सीनियर साथी के अभिभावक से अनुरोध कर उनकी सारी किताबें मुझे दिलवा दी थीं, आधी क़ीमत से कुछ कम देने पड़े थे। किन्तु हाई स्कूल में क़ीमती किताबों को ख़रीदना मेरे लिए मुश्किल था। मैं विज्ञानं का छात्र था और विज्ञानं की किताबें काफ़ी महँगी होती थीं। अंकगणित, बीजगणित, रेखागणित, त्रिकोणमिति, क्षेत्रमिति और उच्च गणित केवल गणित में ही इतनी पुस्तकें होती थीं। रसायन और भौतिक विज्ञानं की मोटी किताबें अलग से। कुछ पुरानी किताबें मिल जातीं। लेकिन बाकी मैं छात्रावास के साथियों से माँग-माँगकर पढ़ लेता था।

यद्यपि छठी-सातवीं कक्षा से ही मैं कुछ कमाने लगा था। स्कूल से छूटते ही पिताजी के साथ बाज़ार चला जाता और कुछ दाढ़ी-बाल काट लेता। सुबह-सबेरे हजामत करने मलाही दुसधटोली में भी चला जाता और वहाँ से आठ-दस किलो धान, मडुआ, चीना-कौनी, मक्का आदि कमाकर ले आता। लोग पैसे के बदले अनाज देते। मैं बड़ी शान से उन अनाजों को साथ ले गये चादर या बड़े गमछे में बाँधता और माथे पर डालकर ख़ुशी से झूमता हुआ घर आता। मुझे अपनी कमाई पर गर्व होता। माँ और दादी बहुत ख़ुश होती और दौड़कर मेरे माथे पर रखी अनाज की मोटरी (गठरी) को उतारतीं। फिर मैं नहा-खाकर स्कूल चला जाता। लेकिन यह कमाई केवल फ़सल के दिनों में ही हो पाती और सारी की सारी भोजन जुटाने में ही चली जातीं। किताबों से अधिक कठिनाई कॉपी जुटाने में होती। हर विषय की अलग-अलग कापी

होती। लगभग 15-20 कॉपियाँ हो जातीं। मैं लिखता बहुत था। इसीलिए विषय की कॉपी जल्द ही भर जाती। कहीं से किसी रिश्तेदार के आने या उनके यहाँ मेरे जाने पर कुछ पैसे मिल जाते। उन पैसों का उपयोग मैं कॉपी क़लम ख़रीदने में करता। दाढ़ी-बाल कमाने के थोड़े-बहुत पैसे से मैं सबसे पहले कॉपी ख़रीदता। मिड्ल की परीक्षा में अव्वल आने के कारण मुझे हाई स्कूल में 'मेधा छात्रवृत्ति' मिलने लगी थी। पर एक तो वह साल में एक बार मिलती, दूसरा उसमें से लगभग आधा हिस्सा हेडमास्टर या दिलवाने वाले मास्टर ही ले लेते थे। हेडमास्टर साहब का परिवार बड़ा और ख़र्चीला था। इसीलिए उन्हें पैसों की बराबर ज़रूरत होती थी।

स्कूलों में मैं अक्सर क्लास का मोनिटर रहता था। मिड्ल स्कूल में 'स्काउट दल' का प्रमुख सदस्य था। लेकिन मेरे पास न जूते-चप्पल थे, न स्काउट ड्रेस। मैंने मिड्ल स्कूल तक नंगे पाँव पढ़ाई की। उन दिनों प्लास्टिक के चप्पल की नयी-नयी शुरुआत हुई। मेरे छोटे मामा असम के 'न्यू बोंगाईं गाँव' में 'सैलून' की दुकान चलाते थे। पिताजी ने उन्हें ख़बर भेजवा दी कि मेरे लिए एक प्लास्टिक का चप्पल भेज दें। मामा ने वहाँ से एक जोड़ा सैण्डिल भेज दिया। प्लास्टिक का वही सैण्डिल मैं आठवीं कक्षा तक पहनता रहा। कार्तिक पूर्णिमा के सोनपुर मेले में स्कूल का 'स्काउट कैम्प' लगनेवाला था। पिताजी ने किसी तरह उसके लिए कपड़े का एक जोड़ा जूता ख़रीद दिया, जो अधिक दिनों नहीं चला। स्काउट के ड्रेस और इस जूते के लिए पिताजी और भैया ने विशेष मज़दूरी की। उन्होंने सीताराम सिंह के खेतों में कई-कई दिनों तक धान की रोपनी की। तब जाकर मेरे ड्रेस और जूतों का जुगाड़ हो सका। मैं उनके पास खेतों में जाकर कपड़े और जूतों के लिए रोता। मामा के दिये प्लास्टिक के वे चप्पल और स्काउटिंग के मज़बूत ड्रेस मेरे बहुत काम आये। वही पहनकर मैं सोनपुर मेले के कैम्प में गया, जहाँ बिहार-भर के स्कूलों के स्काउट और गाइड (लड़कियाँ) आये हुए थे। एक हफ़्ते के उस कैम्प में बड़ा आनन्द आया। प्रातः उठकर प्रार्थना, स्काउट गीत, झण्डोत्तोलन, ड्रिल, फिर स्नान, जलपान आदि नित्य क्रिया करने पड़ते थे। एक-दो घण्टे के लिए स्काउट ड्रेस और टोपी पहनकर बेंत का डण्डा लिए मेले की भीड़ को भी नियन्त्रित करना पड़ता था। हम बच्चों के निर्देश का भीड़ के सयाने औरत-मर्द मुस्कुराते हुए पालन करते थे। मैंने स्काउटिंग में 'ममोमा' और 'मोर्स' भी सीखा था, जो एक संकेत लिपि थी और छोटे-छोटे झण्डे या सीटी (ह्वीसिल) के सहारे लिखाये जाते थे। कैम्प में उसकी भी

परीक्षा हुई। मैदान के एक किनारे पर एक लड़का और दूसरे किनारे पर दूसरा लड़का खड़ा हो जाता है। फिर दोनों छोटे-छोटे झण्डे या ह्वीसिल के सहारे एक-दूसरे से बाते करते थे। वनभोज के लिए खोजढूँढ़ के चिह्न भी सिखाये गये थे। शिक्षक बनने पर इस ज्ञान और अनुभव का मैंने स्कूलों में ख़ूब उपयोग किया और सफलता पायी।

स्काउट कैम्प के मौक़े पर मामा के यहाँ से मँगवाये गये उसी चप्पल को पहनकर मैंने सातवीं की बोर्ड परीक्षा भी दी और ड्रेस वर्षों तक पहनता रहा। चप्पल केवल स्कूल में ही पहनता था। घर आते-जाते उन्हें मैं हाथों में उठा लेता था। घर पर चप्पल पहनता ही नहीं था। उसे धोकर बड़े करीने से छुपाकर रखता। बड़े होने पर भी मेरे पास एक या दो ही हाफ पैण्ट, कमीज़ या कुर्ता-पैजामा होते, जो अक्सर गन्दे रहते थे। उन्हें धोएँ कि पहनें-समस्या यही होती थी। रविवार को छुट्टी के दिन घर में काम और ज़्यादा बढ़ जाते। माल-मवेशियों के लिए घास काटना, फिर कुट्टी काटकर उन्हें खिलाना, भैंस चराना, उन्हें नदी में नहलाना-धुलाना आदि तो अक्सर होते ही रहते थे, रविवार की सुबह छुरा-कैंची लेकर चैनपुर या खैरवा गोट में गृहस्थों की साप्ताहिक हजामत करने भी जाना पड़ता था, जिसमें कभी-कभी शाम हो जाती थी। इसीलिए कपड़ों की धुलाई नहीं हो पाती थी। मुश्किल से महीने में एक बार कपड़े धुल पाते। तीसरी-चौथी तक मेरे कपड़े एकदम गन्दे होते। नाक से नेटा बहता, जिसे मैं बार-बार कमीज़ के आस्तीन से पोंछता रहता। शिक्षक लोग रोज़ सफ़ाई का महत्त्व समझाते। पाँचवीं तक हम लोग क्लास में चटाई पर ही बैठते थे। छठी कक्षा से स्कूल में बेंच-डेस्क होते थे। सो पाँचवीं तक आते-आते मैं भी साफ़-सुथरा रहने लगा। स्कूल में पढ़ाई के अलावा बागवानी और सूत कातना भी अनिवार्य विषय थे। इनमें अलग से अंक दिये जाते। बागवानी के लिए कक्षावार क्यारियाँ बनी होती थीं। पाँच-पाँच, सात-सात लड़कों के समूह के लिए एक क्यारी होती थी। समाज विज्ञान के एक शिक्षक रामविलास सिंह (कोइरी) बागवानी करवाते। उनमें तरह-तरह के फूल और साग-सब्ज़ी के पौधे लगाये जाते। सभी छात्रों को कपास की पुन्नी राउर तकली रखनी पड़ती। स्कूल में तकली पर सूत काते जाते और उसे स्कूल में जमा करना होता। स्कूल में सरकारी चरखे और करघे भी होते, पर उनका नहीं हो पाता था। कुल मिलाकर स्कूल पर गाँधी जी की बुनियादी शिक्षा का ही प्रभाव था। मैं मन लगाकर सभी कार्य करता। स्कूल का वातावरण मेरे लिए गाँव-समाज और घर की अपेक्षा बहुत अच्छा था।

स्कूल की बोर्ड परीक्षाएँ और मेरे भाई साहब: वर्ष 1968 के दिसम्बर या 1969 के जनवरी माह में मिड्ल स्कूल की बोर्ड परीक्षा हुई। भुतही (सोनबरसा) हाई स्कूल में मेरा सेन्टर पड़ा। लेकिन मेरे पास लगभग एक हफ़्ते का भोजन और वहाँ भाड़े के कमरे में रहने के लिए न अनाज था, न पैसे। मेरे साथ गाँव के अन्य राजपूत लड़के भी थे। सो तय हुआ कि मेरे बड़े भाई साहब (लक्षण ठाकुर) सभी लड़कों का भोजन बनायेंगे और बर्तन साफ़ करेंगे। बदले में हम दोनों भाइयों को मुफ़्त का भोजन-आवास मिलेगा। सो हम लोग एक-दो दिन पहले ही बोरिया-बिस्तर और कपड़े-किताब लेकर सेन्टर पर हाज़िर हो गये। स्कूल के पास ही गाँव में किराये पर फूँस का एक बड़ा-सा हॉलनुमा कमरा लिया गया। उसी में सभी विद्यार्थी और उनके अभिभावक ज़मीन पर ही बिछावन लगाकर ठहर गये। शाम में एक पढ़े-लिखे व्यक्ति हम लोगों का हालचाल पूछने आये। शायद शिक्षक थे। उन्होंने आते ही पूछा– "आप लोग कितने छात्राएँ हैं?" मैंने कहा– "छात्राएँ नहीं, छात्र।" वे झेंप गये और अपने-आपको सुधार लिया। मेरे साथ के अभिभावक लोग मुझे डाँटने लगे। वे शायद कोई सम्मानित व्यक्ति थे। लेकिन वह व्यक्ति मेरी प्रशंसा करने लगा– "नहीं, यह लड़का बहुत तेज है।" इस पर मेरे किसी साथी ने कहा– "क्लास में फर्स्ट करता है।" मेरा तो नहीं, पर मेरे भैया का सीना गर्व से फूल गया। वे मुस्कुरा रहे थे।

हम लोगों के साथ स्कूल के एक-दो शिक्षक भी थे। लेकिन वे अलग रहते थे। हमारे स्कूल से हमारे प्रेरणा-स्रोत शिक्षक रामविलास बाबू गये थे, जो मेरे सहपाठी और क्लास में मेरे बाद सेकेण्ड करनेवाले लड़के योगेन्द्र यादव के ट्यूटर थे। पहले वे स्कूल में ही रहते थे और योगेन्द्र वहीं पढ़ने जाते थे। किन्तु बाद में मास्टर साहब ही उनके घर पर जाकर रहने लगे। योगेन्द्र यादव पास के गाँव डाइन कोठी के एक सम्पन्न परिवार के बेटे थे। उनके पिताजी गोरख राय मेजरगंज अंचल के राजस्व कर्मचारी (तहसीलदार) थे, जिनकी आमदनी काफी अच्छी थी। उनके पुरखों का ताल्लुक गाँव की नीलही कोठी के डाइन साहब से भी था, जिसके कारण उनके पास अच्छी-ख़ासी ज़मीन थी। वे इलाके के ज़मीन्दार थे और उनकी काफ़ी प्रतिष्ठा थी।

उन दिनों स्कूल की परीक्षाओं में चोरी और नक़ल ख़ूब होते थे। लेकिन उस वर्ष से सरकार ने कड़ाई कर दी थी। जब परीक्षा शुरू हुई, तो प्रथम दिन ही गार्डिंग करनेवाले वीक्षकों ने अपने-अपने चहेते छात्र-छात्राओं को गोपनीय ढंग से चिट-पुर्जा पहुँचाना शुरू कर दिया, जिससे छात्र बड़ी सावधानी से

छुपाकर नकल करते थे। मेरी सीट के पास भी पुआल के डण्ठल में छुपाया हुआ एक चिट का पुर्जा गिरा। मैं लिखने में इतना तल्लीन था कि मैंने उस ओर ध्यान ही नहीं दिया। जब मैंने पूरे पेपर का जवाब दे दिया, तो किसी वीक्षक ने मुझे उसे उठाकर नक़ल करने का इशारा किया। मैं डर गया और उन्हें उसे हटा लेने को कहा। वे मेरा मुँह ताकने लगे, मानो कह रहे हों– 'कैसा बेवकूफ़ लड़का है?' तब तक घण्टी लग गयी और मैं कॉपी (उत्तर पुस्तिका) जमा करके डेरे की ओर चल पड़ा। शाम में वही वीक्षक हमारे डेरे में आये और मुझे और मेरे भैया को भला-बुरा कहने लगे– "देखिये, कैसा बेवकूफ़ लड़का है कि सामने पड़े चिट-पुर्जे को भी नहीं छुआ? इसको अच्छा नम्बर नहीं आयेगा।" मुझे बुरा लगा। मैंने उन शिक्षक महोदय से कहा कि "देखिए, मैं ग़लत काम नहीं करता हूँ। मैंने स्कूल की परीक्षा में भी कभी चोरी नहीं की है। मुझे सभी प्रश्नों के उत्तर आते थे, पर लिखने तो पाँच ही थे, सो मैंने लिख दिया। कल से कृपा करके मेरे पास चीट-पुर्जा नहीं फेंकियेगा।" शिक्षक हक्के-बक्के रह गये। मेरे साथियों ने उन्हें मेरे बारे में बताया। लेकिन मेरे भैया ने उनसे माफ़ी माँग ली– "जाने दीजिए मास्टर साहब, अभी बच्चा है।" मेरा आत्मविश्वास देखकर शिक्षक दंग थे। कल से सचमुच किसी ने मेरे पास कोई पुर्जा नहीं फेंका। जब सातवीं बोर्ड का रिजल्ट आया, तो मैं प्रथम श्रेणी में सबसे अच्छे अंकों से पास हुआ। पास के गाँव बेलाही-जयराम के उस शिक्षक ने मुझे बधाई दी और मेरे भैया को आगे पढ़ाने की प्रेरणा भी। बाद में जब मैं उन्हीं मास्टर साहेब के गाँव बेलाही-जयराम में शिक्षक बनकर गया, तो वे मुझसे मिलने आये और गाँव में घूम-घूमकर मेरे मेधावी होने की कहानी सुनायी।

परीक्षा ख़त्म होने के बाद हम लोग जब घर लौटने लगे, तो खाना बनाने के एल्यूमिनियम के छोटे-बड़े बर्तन, थाली-लोटा आदि के साथ लोगों ने मुझे योगेन्द्र यादव की गाड़ी पर बैठा दिया, ताकि रास्ते में स्थित पास ही के उनके गाँव डाईन कोठी में जब सामान पहुँच जायेगा, तो वहाँ से हमारे गाँव में सामानों को ले आने में सहूलियत होगी। हमारे गाँव के लड़के और अभिभावक सुविधानुसार कुछ बस से, तो कुछ पैदल ही लौट आये। मुझसे कहा गया कि वहाँ से बस पर बर्तनों को लेकर तुम मेजरगंज चले आना। फिर हम लोग वहाँ से गाँव ले आयेंगे। लेकिन योगेन्द्र जी और रामविलास सिंह मास्टर साहब ने मुझे कई दिनों तक वहाँ रोक लिया। उनके पक्के मकान देखने लायक थे। इतनी शान-शौकत मैं पहली बार देख रहा था। दिन

का भोजन तो सामान्य था– दाल, भात, सब्ज़ी आदि। पर उस दिन रात के भोजन में रोटी के साथ रंग-बिरंग की सब्ज़ियाँ और कटोरी-भर दूध मिला। रोटी-सब्ज़ियाँ तो मैं खाता रहा, पर दूध को छुआ तक नहीं। भात के साथ तो मैंने दूध खाया था, पर रोटी के साथ दूध मैं पहली बार देख रहा था। घर की औरतें और मेरे साथ खाने बैठे लोगों ने समझा कि शायद खाना खाने के बाद दूध पी लेगा। पर मैं बिना दूध पीये उठ गया। दूसरे दिन फिर रोटी के साथ दूध मिला, तो मुझसे कहा गया कि दूध पी लो। मैंने कटोरे में उँगली डालकर देखा। उसके अन्दर चीनी के दाने जमे थे। मैंने उसे हिलाया और बड़े संकोच के साथ पी लिया। रोटी-दूध खाने का यह मेरा पहला अनुभव था। योगेन्द्र जी के घर मैं दो-तीन दिनों तक रह गया। घर से बार-बार ख़बर आ रही थी कि बर्तन लेकर आ जाओ। सो एक दिन योगेन्द्र जी के बड़े भाई ने नौकर भेजकर रोड पर सीतामढ़ी से आनेवाली बस रुकवाई। लेकिन बर्तनों को वहाँ तक ले जाने में देरी हुई, इसीलिए बस खुल गयी और मैं उस रोज़ भी वहीं रह गया। अगले दिन बस आने के समय उनके नौकर ने मेरे साथ बर्तनों को रोड पर पहुँचाकर मुझे बस में चढ़ा दिया और बर्तनों को बस की छत पर।

योगेन्द्र जी के परिवार के प्रभाव से बसवाले ने मुझसे पैसे नहीं लिये और मैं सकुशल अपने घर चला आया। योगेन्द्र जी मिड्ल स्कूल में मेरे सबसे अच्छे मित्र थे। लेकिन सातवीं पास करने के बाद हम लोग जुदा हो गये। उनकी हैसियत और पहुँच के कारण उनका नाम केन्द्रीय विद्यालय सुतिहारा (सीतामढ़ी) में लिखवाया गया और मेरा गाँव के ही हाई स्कूल में। योगेन्द्र जी मैट्रिक पास करने के बाद आर.डी.एस. कॉलेज, मुज़फ़्फ़रपुर से इण्टर पास किये। उसके बाद उन्होंने बी.फार्मा करने के बाद कुछ दिनों तक नौकरी भी की और पिताजी की तबियत अधिक ख़राब होने के कारण उन्होंने नौकरी छोड़ दी और घर पर ही रहकर खेती-बारी करने लगे। आज वे अपने इलाके के सबसे बड़े किसान और ज़मींदारों में एक हैं। इस बार जब गाँव गया था, तो योगेन्द्र जी से मुलाक़ात हुई। नौकरों के बीच अकेले रहते हैं। पत्नी के निधन से दुखी थे। तीनों बेटे और दोनों बेटियों को अच्छी शिक्षा दी है। बेटियाँ ससुराल में हैं। किन्तु एक भी बेटा नौकरी में नहीं हैं।

वर्ष 1973 में जब मैट्रिक (11वीं) की परीक्षा देने की बारी आयी, उस समय भी मेरी आर्थिक स्थिति बहुत दयनीय थी। मेरा परीक्षा केन्द्र सीतामढ़ी के लक्ष्मी हाई स्कूल में पड़ा था। मेरे भाई साहब ने सातवीं बोर्ड परीक्षा की तरह ही खाना बनाकर खिलाने की शर्त पर गाँव के अन्य लड़कों के साथ

मेरे मुफ़्त में खाने और रहने की व्यवस्था सीतामढ़ी शहर में कर दी। पर मेरे पिताजी का स्वाभिमान अन्दर से उन्हें ऐसा करने से रोकता था। इसीलिए उन्होंने मन ही मन मेरी परीक्षा का ख़र्च पूरा करने के लिए जान जोखिम में डालकर एक ख़तरनाक योजना बना ली। उनकी उम्र लगभग 50–55 की थी। पेट-भर भोजन नहीं मिलने के कारण वे और भी बूढ़े लगते थे, पर बड़े चाचा रामसुन्दर ठाकुर के साथ उन्होंने सीतामढ़ी अस्पताल में जाकर चुपके से परिवार नियोजन का ऑपरेशन करवा लिया, जिससे उनको कुछ पैसे मिल गये। उन दिनों इन्दिरा गाँधी का परिवार 'नियोजन कार्यक्रम' ज़ोरों पर था और 'नसबन्दी' के लिए प्रोत्साहन राशि मिलती थी। उसके दलाल गाँवों में घूमते रहते थे। इसकी ख़बर हम लोगों को परीक्षा केन्द्र पर ही मिल गयी। दो–तीन दिन अस्पताल में रहने के बाद वे परीक्षा केन्द्र पर मुझे कुछ पैसे देने आये। मैंने पैसे नहीं लिए और भाई साहब उन पर खूब बिगड़े। उनके इस कार्य से परिवार के सभी लोग खफ़ा थे। पिताजी को तो कुछ नहीं हुआ, किन्तु मेरे चाचा को उचित आहार और देखभाल नहीं मिलने के कारण पेट की बीमारी हो गयी। वे बीमार पड़े और कुछ महीनों के बाद इलाज के अभाव में चल बसे।

मैट्रिक परीक्षा केन्द्र पर मुझे एक और कठिनाई का सामना करना पड़ा। भौतिकी की परीक्षा थी और ऐन मौक़े पर मेरा एडमिट कार्ड कहीं खो गया या किसी ने ईर्ष्यावश चुरा लिया। मैंने डेरा पर बहुत खोजा, पर मिला नहीं। उन दिनों परीक्षा में बड़ी कड़ाई थी। गेट पर ही पुलिस पूरी तलाशी ले लेती थी। जूते–मोजे तक खोलवा लिये जाते थे। प्रवेश–पत्र के अभाव में मुझे गेट पर ही रोक दिया गया था। मेरे हेडमास्टर साहेब वीरेन्द्र बाबू को जब पता चला, तो वे दौड़े–दौड़े सेन्टर पर आये। अपना परिचय देते हुए उन्होंने पुलिस अधिकारी से अनुरोध किया कि "किसी तरह मुझे छात्र के साथ अन्दर जाने दीजिए।" संयोग से उस दिन केन्द्र पर शिक्षा विभाग के सबसे बड़े प्रमण्डलीय अधिकारी आर.डी.डी. आये हुए थे। हेडमास्टर साहेब ने कहा– "मुझे उनसे मिलना है।" काफ़ी अनुरोध करने पर मुझे उनके साथ अन्दर जाने दिया गया। वे मुझे केन्द्राधीक्षक के पास ले गये। केन्द्राधीक्षक ने आर.डी.डी. से सम्पर्क किया। उन्होंने एक फ़ोटो के साथ अस्थायी प्रवेश–पत्र बनाकर परीक्षा में शामिल होने की अनुमति दे दी। शर्त यह लगायी कि इस बीच बोर्ड से दूसरा डुप्लीकेट प्रवेश–पत्र ले आना होगा। मेरे पास एक अतिरिक्त फोटो था। मैंने उसे जेब में रख लिया था। मेरा अस्थायी प्रवेश–पत्र बना और मुझे परीक्षा में

शामिल होने दिया गया। तब तक लगभग आधा-पौन घण्टा बीत चुका था। लगभग पूरे परीक्षा केन्द्र पर मेरे एडमिट कार्ड खोने की ख़बर फैल चुकी थी। इसीलिए परीक्षा हॉल में पहुँचते ही वीक्षक ने जल्दी से मुझे उत्तर-पुस्तिका और प्रश्न-पत्र दे दिया। मैंने तेज़ी से लिखना शुरू किया, फिर भी एक प्रश्न का उत्तर छूट ही गया। इसीलिए मुझे भौतिक विज्ञानं में सभी विषयों से कम नम्बर आये। हेडमास्टर साहेब ने बोर्ड से डुप्लीकेट प्रवेश-पत्र मँगवाने की कोशिश की। पर वह नहीं आ सका। एक-दो दिनों तक गेट पर और परीक्षा कक्ष में बोर्ड के एडमिट कार्ड के लिए पूछा गया, किन्तु बोर्ड की लेट-लतीफी और जटिलता जानकर वे चुप हो गये। फिर किसी ने नहीं पूछा। उसी डुप्लीकेट प्रवेश-पत्र पर मैंने पूरी परीक्षा दी, यहाँ तक कि प्रैक्टिकल की भी।

मैट्रिक परीक्षा का जब रिजल्ट आया, तो पूरे मेजरगंज शहर में हल्ला हो गया। उन दिनों अख़बार में रिजल्ट निकलता था और अख़बार केवल स्कूल में और मेजरगंज में कुछ गने-चुने लोगों के पास आते थे। ज़िले भर में कुल चार ही लड़के फर्स्ट डिवीजन में पास थे, वह भी एक स्कूल से एक ही। एक लक्ष्मी स्कूल, सीतामढ़ी से, एक नवाब स्कूल शिवहर से, एक बभनगामा हाई स्कूल से और एक मेजरगंज हाई स्कूल से मैं। मेरे साथ मेजरगंज स्कूल से 54 छात्र मैट्रिक की परीक्षा में शामिल हुए थे। उनमें से मुझे छोड़कर तीन ही पास कर सके, वह भी 'पास विदाउट इंग्लिश' थर्ड डिविजन से। स्कूल के इतिहास में मुझसे पहले किसी लड़के ने प्रथम श्रेणी में उत्तीर्णता हासिल नहीं की थी। गैं न केवल प्रथम श्रेणी में उत्तीर्ण मेजरगंज हाई स्कूल का प्रथम छात्र बना, बल्कि ज़िला टॉपर भी बन गया। मेजरगंज के कुछ लोग मेरी मदद में आगे आये- "तुम सीतामढ़ी गोयनका कॉलेज में नाम लिखवा लो और वहीं मेरे डेरे में रहकर पढ़ो। खाना भी मिलेगा।" पर मेरे गाँव और घरवालों को मेरी नौकरी और कमाई की चिन्ता थी। इसकी चिन्ता मुझे भी थी, क्योंकि मेरी शादी हो चुकी थी। मैं आगे क्या पढ़ता? मेरे पड़ोस के रामचन्द्र सिंह, जिनके यहाँ मेरी माँ कुटाई-पिसाई का काम करती थी, मुझे नौवीं क्लास से ही नौकरी पर जाने की सलाह देने लगे। मेरे सहपाठी योग नारायण सिंह और उसके भाई भी पुलिस और सेना में जाने को प्रेरित करने लगे। ग़रीबी के बावजूद दौड़-धूप और कसरत करने के कारण मैं काफ़ी स्वस्थ कद-काठी का हो गया था।

एक बार दसवीं कक्षा पास करते-करते उन लोगों के ज़ोर लगाने से मैं योग नारायण और उसके बड़े भाइयों राम इकबाल सिंह, परशुराम सिंह आदि

के साथ सेना में भर्ती होने के लिए मुज़फ़्फ़रपुर चक्कर मैदान में चला गया। और लड़के तो नहीं, पर मैं दौड़ आदि में पास कर गया और मेरा चुनाव 'ब्यायेज नेवी' में हो गया। पर मेरे पास स्कूल का कोई पक्का प्रमाण-पत्र नहीं था। आते समय बड़ी कोशिश के बाद स्कूल से हेडमास्टर साहेब ने अपने लेटर पैड पर दसवीं या ग्यारहवीं में पढ़ने का एक सर्टिफिकेट दिया था। सेना के पदाधिकारी ने उसे नहीं माना और कहा कि एक सप्ताह के अन्दर नौवीं या दसवीं पास का सर्टिफिकेट ले आओ मैं खुशी-खुशी घर आया। लेकिन हेडमास्टर साहेब को यह सुनकर खुशी नहीं हुई। उन्होंने सर्टिफिकेट नहीं दिया और समझाया– "तुम्हारा भविष्य बहुत उज्ज़वल है। तुम सेना में मत जाओ।" इधर मेरी माँ रो रही थी- "मेरा बेटा फ़ौज में नहीं जायेगा।" और इस तरह मैं फ़ौज में नहीं गया। आज सोचता हूँ कि मास्टर साहेब और मेरी माँ ने अच्छा ही किया था।

मेरा विवाह

बाल-विवाह के विरुद्ध क़ानून बन जाने के बावजूद छोटी जातियों में उन दिनों यह प्रथा जारी थी। शादी-विवाह, यज्ञ-अनुष्ठान, मृतक-श्राद्ध आदि अवसरों पर गाँव-गाँव में जातियों के भोज होते थे। छोटी जातियों में कई गाँवों को मिलाकर एक 'मानजन' (जाति का मुखिया) और 'देमान' (सरपंच) होते थे, जो ऐसे मौक़ों पर 'भोज-भात' और 'शादी-विवाह' के चिट्ठे तय करते थे। वे छोटे-मोटे झगड़ों का भी निबटारा करते थे। किन्तु यह प्रथा भी अब धीरे-धीरे टूट रही थी। आज़ादी के बाद पंचायती राज क़ानून लागू होने और पंचायत चुनाव में मुखिया-सरपंच चुने जाने के बाद अब ऐसे जातीय पंचायतों का कोई औचित्य नहीं रह गया था। फिर भी शादी-विवाह चूँकि जाति के अन्दर ही होते थे (आज भी होते हैं), इसीलिए जातीय पंचायत और 'मानजन-देमान' की ज़रूरत होती थी। यद्यपि हमारी जाति के मानजन मेरे फूफाजी (मसाहीं गाँव) ही थे, पर मेरी शादी जातीय पंचायत और 'मानजन-देमान' के माध्यम से नहीं हुई थी।

आस-पास के गाँवों की रिश्तेदारी में पिताजी के साथ हम बच्चे भी जातीय भोज में जाया करते थे। झोला में पानी पीने के लोटे लेकर लोग दूर-दराज के गाँवों में जाते थे। वहाँ कई गाँवों के लोग और बच्चे आते थे। दो दिनों का भोज होता था। लोग रात में वहीं रुक जाते थे। जाड़े के दिनों में कम्बल भी लेकर जाना पड़ता था। किसी बड़े हॉल में पुआल का बिछावन

होता था और भोजन के बाद सभी लोग आपस में परिचय-बात करते। कुछ क़िस्से-कहानियाँ भी होती थीं। हम लोग जातीय भोज में अक्सर पास के गाँव बारा (मेरी चचेरी बहन की ससुराल का गाँव, नेपाल), डुमरी, मसाहीं, हेलमपुर आदि जगहों पर जाया करते थे। उन भोजों में आये लड़कों में से शादी योग्य कुँवारे लड़कों को पसन्द किया जाता। मुझे डुमरी गाँव के एक भोज में पसन्द किया गया, जब मैं केवल छठी कक्षा का छात्र था। लेकिन इस बात की जानकारी मुझे नहीं थी।

एक दिन स्कूल में मुझे खोजते-खोजते एक अजनबी व्यक्ति आये। क्लास से मुझे बुलाया गया। मैं फील्ड में गया। उनके साथ मेरे पिताजी भी थे। पिताजी ने उन्हें अपना रिश्तेदार बताते हुए पैर छूने को कहा। मैंने वैसा ही किया। उन्होंने मुझे देखा और कुछ पैसे दिये। उनके जाने के बाद मेरे गाँव के सहपाठी केशव सिंह ने कहा– 'तोहर अगुआ रहलऊ हऽ' उसने क्लास के लड़कों को भी धीरे-धीरे बता दिया। सभी मुझसे मज़ाक़ करने लगे। मैं जब घर आया, तो सारी बातों की जानकारी मिली। मैंने माँ को कहा कि ऐसे किसी आदमी को स्कूल में न भेजें, लड़के हँसते हैं। उस दिन से स्कूल में तो कोई नहीं जाता था, पर अक्सर वही आदमी मेरे घर पर आता और कुछ पैसे और कपड़े देकर चला जाता था। न चाहते हुए भी मुझे उनका उपयोग करना पड़ता। क्योंकि उस भीषण ग़रीबी में मुझे इन दोनों चीज़ों की सख़्त ज़रूरत होती। पिताजी उन कपड़ों को लेकर मुझे दर्ज़ी के पास ले जाते और मेरे नाप का कुर्ता-पाजामा या हाफपैण्ट-कमीज सिलवा देते। पैसों से मेरी किताब-कापियाँ आ जाती।

पास के डुमरी गाँव के एक ही घर-आँगन में मेरे दो बड़े भाइयों की ससुराल थी। बड़े भाई (चचेरे) बिलट ठाकुर के ससुर का नाम पंचलाल ठाकुर था और रीझन ठाकुर मेरे सहोदर भाई लक्षण ठाकुर के ससुर थे। पंचलाल ठाकुर और रीझन ठाकुर दोनों क्रमशः बड़े-छोटे भाई थे। बाल जीवन का वह रोचक प्रसंग मुझे अब भी याद है। लक्षण भैया के विवाह में मैं सहबोलिया बनकर गया था। शादी में दूल्हा का छोटा भाई उसकी बग़ल में पालकी, रथ या मोटरगाड़ी में बैठकर जाता है। दूल्हा कम बोलता है। उसके साथ या उसके बदले में उसका छोटा भाई ही बोलता रहता है। इसीलिए उसे 'सहबोला' या 'सहबोलिया' कहते हैं। यह परम्परा गाँवों में अब भी चली आ रही है। सो मैं सहबोला था। लेकिन उतनी छोटी उम्र में मैं क्या बोलता, मुझे मालूम ही नहीं था। शादी के कुछ ही दिन पहले मेरी बड़ी भौजी को एक

बच्ची हुई थी और भौजी वहीं ससुराल में ही रह रही थी। सो पड़ोस की कुछ मजाकिया औरतों ने मुझे सिखाया कि वहाँ जाकर सबसे पहले तुम भौजी को खोजना, कहना– 'बिअलकी' भौजी कहाँ है? 'बिअलकी' माने सद्यः प्रसूता (बच्चा दी हुई)। सो दरवाज़ा लगने के समय ही पालकी में बैठे-बैठे मैंने बड़ी भौजी को खोज दिया। 'बिअलकी भौजी कहाँ है?' सुनते ही सभी औरत-मर्द हँसने लगे। और 'यहाँ है' कहकर एक औरत ने मुझे पालकी से उतारकर गोद में ले लिया। फिर द्वार-पूजा के बाद मुझे बहुत सारी लड़की और औरतों के बीच एक घर में ले जाया गया। भौजी और उनकी माँ ने मुझे पूड़ी, चीनी और सब्ज़ी खिलायी। सभी औरतों ने मुझे 'बिअलकी भौजी' के नाम पर चिढ़ाना और हँसी-ठिठोली करना शुरू कर दिया। मुझे एहसास होने लगा कि शायद मैंने कुछ ग़लत कह दिया था। शादी के बहुत दिनों बाद भी मेरे घर में भाभी और पड़ोस की बहू-बेटियाँ मुझे इस नाम से चिढ़ाती रही।

डुमरी के पंचलाल ठाकुर कुल मिलाकर पाँच भाई थे। उनके सबसे बड़े भाई जानकी ठाकुर थे, जो मेरी ससुराल फुलवरिया में जाकर बस गये थे। उसी जानकी ठाकुर ने मेरी शादी करायी थी। उनकी शादी मेरे ससुर फगुनी ठाकुर की फुआ (बुआ) से हुई थी। फगुनी ठाकुर अपने माता-पिता की अकेली सन्तान थे। उन्हें अपने पिता का प्यार नहीं मिल सका। वे केवल छह महीने के थे, तो उनके पिताजी चल बसे। परिवार में कमानेवाला कोई नहीं रहा। पर मेरे ससुर की माँ बड़ी जीवटवाली महिला थी। माँ ने गाँव कमाने के लिए अपने ननदोई जानकी ठाकुर को बुला लिया और अपनी आधी ज़मीन उन्हें देकर वहीं बसा दिया। इस प्रकार घर का ख़र्च चलने लगा। बड़े होने पर मेरे ससुर की भी शादी हुई। उनके कई बच्चे हुए। पर जीवित रहे एक लड़का मोहन ठाकुर और दो लड़कियाँ राजकली और शिवकली। लड़का बड़ा था और लड़कियाँ छोटी। बड़ी लड़की राजकली देखने में बहुत सुन्दर थी। यद्यपि वह बहुत छोटी थी, पर जानकी ठाकुर ने एक बार उसे मेरे पिताजी और भाइयों को दिखला दिया था। इसलिए मैं जब भी वहाँ भोज खाने जाता, लोग मेरी शादी की चर्चा करने लगते। अन्ततः मेरे भाई और पिताजी ने उसे पसन्द कर लिया और शादी की हामी भर दी।

उस छोटी उम्र में मुझमें न निर्णय की क्षमता थी और न भाई और पिताजी के विरोध की हिम्मत। सो मैंने अपनी सम्भावित शादी की बात अपने शिक्षक रामविलास सिंह से कह दी। सुनते ही वे आगबबूला हो गये। उन्होंने फ़ौरन मेरे भाई और पिताजी को तलब किया और डाँट पिलायी– "यह आप लोग

क्या कर रहे हैं? इस होनहार लड़के की ज़िन्दगी ख़राब कर रहे हैं। शादी के बाद क्या यह पढ़ पायेगा?" पिताजी ने सहमते हुए कहा– "मैं शादी के बाद भी इसे पढ़ाऊँगा। लड़की बहुत सुन्दर है। हम लोगों की जात में वैसी सुन्दर लड़की फिर नहीं मिलेगी।" मास्टर साहेब ने फिर डाँट पिलायी– "खाक सुन्दर है! जब पढ़-लिखकर किसी लायक बन जायेगा, तो वैसी बहुत-सी सुन्दर लड़कियाँ मिलेंगी। अभी शादी मत कीजिए। इसे पढ़ने दीजिऐ। जब मैट्रिक-बी.ए. करके कोई नौकरी करेगा, तो शादी कीजियेगा।" भाई और पिताजी मास्टर साहेब का आदेश सुनकर चुपचाप चले आये। मास्टर साहेब ने मुझे बुलाकर कड़ाई से कहा– "सुनो, तुम किसी भी तरह शादी के लिए तैयार नहीं होना। ये लोग जब ज़बर्दस्ती करें, तो चुपचाप मेरे पास चले आना।"

भैया और पिताजी ने उस साल मेरी शादी टाल दी। लेकिन वे लोग समाज के सामने वचनबद्ध हो चुके थे। फिर पिताजी और भैया की इच्छा थी कि वे मेरी शादी किसी गोरी और सुन्दर लड़की से करें, ताकि सुन्दर और गोरे बच्चे पैदा हों; क्योंकि मेरे दोनों बड़े भाई बिलट ठाकुर और लक्षण ठाकुर तो गोरे थे, बड़ी चाची और भाभी भी गोरी थी, पर पिताजी, दादी, माँ, छोटी भाभी और मेरे छोटे भाई साँवले थे। मेरी होनेवाली पत्नी काफ़ी गोरी और सुन्दर थी। वे किसी भी तरह इस शादी को नहीं छोड़ना चाहते थे। इसीलिए शायद छेंका-फलदान के कपड़े और फल-मिठाई आदि ले लिये। लड़की को भी जाकर छेंक दिया। मुझे ठीक से याद नहीं है। पत्नी बताती है छेंका-फलदान के डेढ़-दो साल बाद शादी हुई। मैं घर पर अन्यमनस्क-सा रहने लगा। मैं जानता था यह शादी देर-सबेर होगी ही। इस प्रकार छठी और सातवीं कक्षा का अधिकांश समय निकल गया, पर मेरी शादी नहीं हो सकी। लेकिन वर्ष 1969 में जब मैं सातवीं की परीक्षा देकर आया, तो पिताजी ने शादी पक्की कर दी। कुछ लोग तिलक-दहेज के सामान और कपड़े लेकर आये और मेरा तिलक-अनुष्ठान हो गया। ढेर-सारे बर्तन, कपड़े और फल-मिठाइयाँ मिलीं। मैंने भी सुन्दर लड़की की कल्पना से मन-ही-मन समझौता कर लिया। तिलक के बाद पिताजी जब कुछ फल-मिठाइयाँ लेकर रामविलास बाबू मास्टर साहेब को देने गये, तो वे आग-बबूला हो गये और क्रोध से मिठाइयों को दूर फेंक दिया। फिर उन्होंने मुझे बुलाया और कसकर डाँट लगायी– "ख़बरदार! जो शादी की। अब भी इनकार कर दो। जीवन बर्बाद हो जायेगा।" मैं सोच में पड़ गया। घर पर आया और बिन खाये-पीये चुपचाप सो गया। माँ ने जगाकर खाना खिलाया। और फिर दुखी होने का कारण पूछा।

मैंने माँ को साफ़-साफ़ बता दिया कि– "मैं शादी नहीं करूँगा।" माँ ने कहा– "पिताजी और भैया की बड़ी बदनामी होगी। जग-हँसाई हो जायेगी। फिर इतने सामान हम लोग कहाँ से लौटायेंगे? फिर वे लेंगे भी नहीं। पंचायती में दण्ड-जुर्माना होगा, सो अलग।" मैंने कहा– "कुछ भी हो जाये, मैं शादी नहीं करूँगा।" अब मेरे पिताजी और भैया संकट में पड़ गये। मेरे मनाने की बहुत कोशिश हुई, पर मैं नहीं माना। हाई स्कूल में अभी नाम लिखवाने में कुछ महीने बाकी थे। इसलिए शादी की चर्चा से बचने के लिए मैं सुबह ही कुछ खा-पीकर भैंस चराने निकल जाता और शाम को आता। द्वन्द्व और चिन्ता से मैं भी परेशान रहने लगा। इसी बीच मुझे चेचक हो गया। लगभग एक हफ़्ते चेचक से परेशान रहा। स्मॉल पॉक्स के दाग उभर आये और मैं काफ़ी कमज़ोर हो गया। मैंने सोचा अब बला टली। शादी अब नहीं होगी। पर मुझे दूध और पौष्टिक पेय आदि देकर स्वस्थ किया गया। पिताजी पहले जो टॉनिक लाते थे, वही 'लाल शर्बत' मुझे दिया जाने लगा। स्वस्थ होकर मैं फिर से भैंस चराने जाने लगा। उधर शादी का दबाव लगातार बढ़ रहा था। पर मैं मानने के लिए तैयार नहीं था। जब मैं किसी बात को लेकर रूठता, तो मनोहर नाम की एक लड़की मुझे मनाती थी। घरवालों को उस पर पूरा भरोसा था।

सो अन्त में मुझे मनाने के लिए मनोहर को लगा दिया गया। मनोहर मेरे पीछे पड़ गयी। वह मनाती रही, मैं इनकार करता रहा। लगभग रोज़ वह मेरा दिमाग़ खाती थी। मनोहर पड़ोस की एक सुन्दर, होशियार और चंचल लड़की थी। वह मुझसे एक-दो साल बड़ी थी, पर वह मुझे बात-बात पर चिढ़ाती और ठिठोली करती थी। वह अक्सर मुझे 'बिअलकी भौजी' वाले नाम से भी चिढ़ाती थी। वह पड़ोस की चनरी फुआ की बेटी थी और हम लोग मुँहबोले भाई-बहन की तरह साथ-साथ रहते और खेलते थे। उसका घर मेरे घर से सटा हुआ था। कुआँ के दक्षिण उसका और उत्तर मेरा घर था। वह अपनी माँ और नाना के साथ रहती थी। सन्तोषी सिंह को कोई बेटा नहीं था, केवल बेटी ही थी। चनरी फुआ उन्हीं की बेटी और मनोहर उनकी नातिन थीं। मेरी दादी उनके घर पर कुटावन-पिसावन का काम करती थी। चनरी फुआ मुझे बहुत मानती थी। मनोहर और मैं एक-दूसरे के घर आते-जाते रहते थे। लेकिन लगभग दिन-भर वह भाभियों के साथ मेरे ही घर रहती थी। हम दोनों में बहुत मेलजोल था। हम लोग अक्सर एक ही थाली में खाना भी खा लिया करते थे।

एक दिन वह नदी किनारे पहुँच गयी, जहाँ मैं भैंस चरा रहा था। उसने मुझे नदी किनारे एक पेड़ के पास बैठा लिया और कहा– "कुछ देर मुझसे

बात करो। आज के बाद मैं तुम्हें फिर दुबारा कुछ नहीं कहूँगी।" मैंने कहा– "शादी की बात कहोगी, यही न?" उसने कहा– "हाँ, पर तुम्हारी भलाई के लिए कहती हूँ। सुनो, मैं भी एक लड़की हूँ। वह भी एक लड़की है। मेरा भी विवाह होगा, चली जाऊँगी। तुम लोगों के पास नहीं रहूँगी। तुम मानो न मानो, लेकिन मैं तुम्हें अपने भाई से भी बढ़कर मानती हूँ। अपने भाइयों से मैं इतनी खुलकर बातें नहीं कर सकती, जितना तुमसे करती हूँ। मान जाओ, मेरे भाई ! उस लड़की के अरमानों की इज़्ज़त रख लो, जिसके साथ तुम्हारी बात पक्की हो चुकी है। अब वह शादी टूट नहीं सकती। अन्यथा, तुम्हारे परिवार के साथ-साथ पूरे गाँव की इज़्ज़त चली जायेगी। वैसी सुन्दर लड़की गाँव-भर में नहीं है। उसके दिल पर क्या गुज़रेगी?" वह ऐसे बोल रही थी, जैसे उसने लड़की देखी हो। मैंने कहा- "लेकिन मेरी पढ़ाई का क्या होगा? मुझे कमाकर उसे खिलाना होगा। वैसे भी घर की हालत तुम देख रही हो। मेरी पढ़ाई छूट जायेगी। ज़िद मत करो। माँ, भैया और भाभियों को समझाओ।" "ख़ाक छूट जायेगी, दिन-भर तुम मेहरी के पल्लू में ही रहोगे क्या? मैं तुम्हें जितना जानती हूँ, उतना कोई नहीं जनता। तुम सब कुछ छोड़ सकते हो, पढ़ाई नहीं। अब भी तुम्हारे हाथों में किताब है। बताओ, कौन लड़का भैंस की चरवाही में किताब पढ़ता है? यदि आज तुमने मेरी बात नहीं मानी, तो कल से तेरा-मेरा रिश्ता ख़त्म, न तुम्हारे यहाँ आऊँगी, न बोलूँगी। बोलो शर्त मंजूर है?" मैं कुछ नहीं बोला। लेकिन एक लड़की का दूसरी लड़की के लिए ऐसे कातर निवेदन ने मुझे अन्दर से कमज़ोर कर दिया। मेरे मौन ने उसे उत्साहित किया। चहकती हुई वह बोली– "मान गया भाई, अब मेरी कसम खाओ कि घर जाकर शादी से इनकार नहीं करोगे।"

न चाहते हुए भी मैंने 'हाँ' में सर हिला दिया। वह दौड़ती हुई चली गयी और मैं सोचता हुआ शाम तक घर आया। घर आने पर देखा वह मेरी माँ और भाभियों के बीच खड़ी है। मुझे देखते ही उसने उन लोगों को झूठी झिड़की लगायी– "तू सब हमरा भाई के पैर में बेड़ी बाँध देला। ई कोनो उमर हई शादी के, अभी पढ़े देतहू।" लेकिन मुझे रुआँसा-सा देखकर मेरे पास आयी और बोली– "लेकिन हमरो भाई कमज़ोर न हैय। सब भार उठाके आगे निकल जाई।" इस प्रकार मनोहर की पहल से मैंने शादी की हामी भर दी और नियत समय पर मेरा विवाह हो गया। शादी में मनोहर ने बढ़-चढ़कर हिस्सा लिया। मेरे घर-परिवार की वह सबसे चहेती लड़की बन गयी।

मेरी शादी के बाद मनोहर भी ननिहाल से अपने गाँव चली गयी और वहीं से उसकी भी शादी हो गयी। मैं भी पढ़ाई-लिखाई, घर-गृहस्थी और रोजी-रोटी के चक्कर में फँसकर मनोहर को भूल गया। वर्षों बाद एक दिन वह अपने ननिहाल आयी, तो मेरे घर भी आयी। उस समय मेरी बड़ी बेटी आशा की शादी हो रही थी। वह सुखी-सम्पन्न घर-गृहस्थी, पति और बाल-बच्चों के बीच रहकर ऐसी मोटी हो गयी थी कि पहचान में ही नहीं आयी। मैंने पूछा- "तू मनोहर छा।" उसने मेरी ओर देखते हुए इतना ही कहा- 'तऽ'। शायद वह कहना चाहती हो- "तू हमरा केना पहचानवा?" पर कुछ कह नहीं सकी। वह विस्मित थी। मैं हाई स्कूल टीचर बन चुका था। उसने कभी नहीं सोचा था कि उसकी भविष्यवाणी सच निकलेगी। उसे सब कुछ अजूबा-सा लग रहा था। शादी की व्यस्तता में मैं मनोहर से ठीक से बात भी नहीं कर सका। उसके बाद उससे फिर कभी मेरी मुलाक़ात नहीं हुई। इस बार गाँव गया तो पता चला कि मनोहर अब इस दुनिया में नहीं है। दो साल पूर्व उसका असामयिक निधन हो गया। मनोहर मेरे जीवन में सबसे बड़ी प्रेरणा बनकर आयी थी और चली गयी। उसने मुझे विषम परिस्थिति में जीना सिखाया, हौसला और साहस दिया। मेरे और मेरे परिवार के लोगों के साथ अक्सर जातिगत भेदभाव होते थे। मैं इससे दुखी रहता था। लेकिन मनोहर ने मुझे इसका कभी एहसास नहीं होने दिया। उसका मेरे साथ एक थाली में खाना खाना इसी ग़म की भरपाई थी। उसका बाल मन कितना निर्मल और निष्कलुष था ! उससे मिलते ही मैं सारा दुःख-दर्द भूल जाता था। राजपरी, तारा या गाँव की बहन सरीखी अन्य लड़कियों के स्नेह के बदले तो मैंने उनके घर-परिवार की सेवा भी की। पर मनोहर का स्नेह निहायत निस्वार्थ था। उसने कभी मुझसे अपना कोई काम नहीं करवाया। मैं बचपन की इस मुँहबोली बहन को हृदय से नमन करता हूँ। दो और हमउम्र लड़कियाँ थीं- इन्द्रासन और शैल कुमारी। छुटपन में हम लोग साथ-साथ बकरी चराते थे। सोचा था अवकाश ग्रहण करने के बाद मैं उन सबसे एक बार ज़रूर मिलूँगा। पर वे भी आज जीवित नहीं हैं। जीवन किस तेज़ गति से भाग रहा है? पता नहीं चलता। पर बचपन को याद करते हुए लगता है कि हम भी बच्चे हैं और बचपन के संगी-साथी भी अभी बच्चे ही होंगे।

जिस समय मेरी शादी हुई, मेरी उम्र 12-13 साल की और पत्नी की उम्र 11-12 साल की रही होगी। पत्नी बताती है तिलक-अनुष्ठान के दिन सरस्वती पूजा थी- वसन्त पंचमी और दिन वृहस्पतिवार। लेकिन 1969 के कैलेंडर में

'वसन्त पंचमी' का दिन बुधवार था और तारीख़ 22 जनवरी थी। इसीलिए सम्भव है बुधवार के दिन लोग तिलक चढ़ाने आये होंगे और वृहस्पतिवार के दिन उसके गाँव लौट गये होंगे। पत्नी का कहना भी अपने तौर पर सही ही है। मेरे घर पर या ससुराल में मेरी शादी का कोई लेखा-जोखा उपलब्ध नहीं है। जवानी के दिनों में मेरे साथ पत्नी के कई सुन्दर फ़ोटो थे। बहुत दिनों तक वे मेरे और ससुराल के मिट्टी-फूँस के घरों में टँगे रहे। पर जीवन की भाग-दौड़ में पता नहीं, वे कहाँ खो गये? आज मेरे पास ऐसा कोई फोटोग्राफ नहीं है, जिससे मैं जवानी के दिनों को याद कर सकूँ। मैट्रिक का एडमिट कार्ड खो गया। इण्टर के प्रवेश-पत्र का फ़ोटो बहुत स्पष्ट और साफ़ नहीं है। हम ग़रीबों के यहाँ ऐसी चीज़ें सुरक्षित नहीं रह पातीं। पत्नी यह भी बताती है कि छेंका-फलदान के दिन शाम में वह सोयी हुई थी। उसकी माँ ने उसे सोते से उठाकर आँख में पानी झोंका और बिना कोई कपड़ा बदले फ्रॉक-सलवार में ही फलदान की बेदी पर बिठा दिया। वहाँ के लोगों को भी मालूम हो चुका था कि लड़का शादी के लिए तैयार नहीं है। इसीलिए वे निराश थे।

जब मेरा तिलक पड़ा, तो पूरे इलाके में शोर हो गया कि हजाम के लड़के को तिलक-दहेज में नगद पाँच हज़ार रुपये और बहुत सारे कपड़े-बर्तन आदि सामान मिले हैं। किन्तु सच्चाई यह थी कि घर में इतने पैसे भी नहीं थे कि शादी में लड़की के लिए अच्छे कपड़े और कुछ गहने ख़रीदे जा सकें। किसी तरह एक-दो अच्छी साड़ी और सोने का ढोलना (मंगल-सूत्र), कान के फूल और चाँदी के कुछ गहने ख़रीदे जा सके। बाकी गहने मेरी भाभी के थे, जिन्हें शादी में चढ़ाया गया। पर हाँ, पत्नी को ससुराल से कुछ अच्छी साड़ियाँ और गहने ज़रूर मिले। पिताजी और भाइयों ने उत्साह में इतना ख़र्च किया कि ढेर सारे क़र्ज़ माथे पर चढ़ गये। तिलक के एक-डेढ़ महीने बाद मेरी शादी हुई।

शादी में मैं पालकी पर और पिताजी खड़खड़िया पर बारात गये थे। मेरे गाँव से ससुराल फुलवरिया (बैरगनिया) की दूरी लगभग 35 किमी है। बीच में दो-दो नदियाँ– बागमती और बकिया। अब बागमती में पुल बन गया है। उन दिनों नाव चलती थी। बकिया में आज भी चलती है। उन दिनों बारात में जाने की एकमात्र आम सवारी बैलगाड़ी ही थी। बड़े लोगों की बारात में हाथी-घोड़े भी जाते थे। मेरी शादी में केवल बैलगाड़ी गयी थी। एक बैलगाड़ी मेरे चचेरे जीजा जी अपने गाँव गोनरवा (नेपाल) से लाये थे। वे खुद ही अपनी गाड़ी चलाते थे। इसके अलावा आठ-दस बैलगाड़ियाँ मेरे और आस-पास के गाँवों से गयी थीं। कुछ लोग ढेंग से बैरगनिया एक स्टेशन रेलगाड़ी से और बाकी

रास्ते पैदल गये थे। कुल मिलाकर लगभग सौ-सवा सौ लोग रहे होंगे। उन दिनों तीन-तीन दिनों तक बारात रहती थी। पहले दिन शादी, दूसरे दिन मरजाद और तीसरे दिन बिदाई। बैरगनिया स्टेशन के बाद नदी किनारे कबीरहा मठ में बारातियों के लिए एक विश्राम स्थल बना था, जिसे 'कलेऊआ अड्डा' कहते थे। यहाँ बारातियों के लिए मार्ग के भोजन और विश्राम की व्यवस्था थी। उसके बाद बारात पास के अपने गन्तव्य की ओर चल पड़ती थी। 'कलेऊआ अड्डा' पर भोजन-विश्राम की व्यवस्था करना लड़की पक्ष के लोगों की जवाबदेही होती थी। कभी-कभी तिलक-दहेज में लेन-देन के मनमुटाव या अन्य किसी कारण से बारात वालों (लड़के पक्ष) अपने भोजन का राशन ख़ुद से गाड़ी में लादकर ले जाते थे, ताकि कोई झगड़ा-तकरार होने पर वे ख़ुद से भोजन बनाकर खा लें। हमारा गाँव राजपूतों का था और राजपूतों की बारात में अक्सर मार-पीट होती ही थी। इसलिए बारात की गाड़ी पर चावल-दाल आदि राशन ज़रूर जाता था। मेरे विवाह में भी भोजन का राशन गया था, पर उसे बनाने की नौबत नहीं आयी। वे पुनः लौटकर आ गया। हमारी बारात भी भोजन विश्राम के बाद नदी उस पार के मेरी ससुराल के गाँव की ओर चल पड़ी।

शादी और सलाम :

ओमप्रकाश वाल्मीकि की कहानी 'सलाम' में जिस सामन्ती प्रथा का वर्णन है, मेरी शादी में प्रत्यक्ष रूप से घटित हुआ। वहाँ दूल्हा को पालकी या घोड़ी से उतरकर लोगों के दरवाज़े पर जाना पड़ता था, यहाँ दूल्हे को उतरना नहीं पड़ता था। वहाँ गाँव के लोग सवर्ण थे, यहाँ पूरा गाँव बनियों का था। वहाँ पढ़ा-लिखा दूल्हा और कुछ बुद्धिजीवी बारातियों ने इसका विरोध किया था, यहाँ केवंल पालकी ढोनेवाले कहार और मुसहरों ने विरोध किया। गाँव के पूर्वी किनारे के एक 'मठ' में 'जनवासा' था। वहाँ से गाजे-बाजे (ढोल-पीपही, शहनाई) के साथ बारात सजकर द्वार-पूजा के लिए चली। रास्ते में सड़क के दोनों किनारे पड़नेवाले घरों के पास पालकी को रोका जाता था। दरवाज़े पर खड़े घर के मालिक और औरतों को दूल्हा हाथ जोड़कर प्रणाम करता था और बदले में उसे कुछ पैसे-बर्तन आदि मिलते थे। इसमें काफ़ी समय लगता था। देर से पालकी उठाये कहारों के कन्धे दुखने लगे थे। पर वे चुप थे। किन्तु दुल्हन के दरवाज़े पर पहुँचने पर भी 'सलामी' के लिए जब पालकी को दूसरी गली में मोड़ा जाने लगा, तो कहारों ने विद्रोह कर दिया। उन्होंने वहीं पालकी रख दी और कहा कि अब हम कहीं नहीं जायेंगे। चलना है, तो

सीधे द्वार-पूजा के लिए लड़की के दरवाज़े पर चलिए, नहीं तो यहीं रहिए। लड़कीवाले बिगड़ गये। किन्तु मेरे मामा ने स्थिति की गंभीरता को समझा और लड़कीवालों को साफ़-साफ़ बता दिया कि हमें 'सलामी' नहीं चाहिए, जिनको देना होगा, घर पर आकर देंगे अथवा आप अपना मँगवा लीजियेगा। हम लोगों के गाँव में ऐसा नहीं होता है। सचमुच सवर्णों का गाँव होते हुए भी हमारे और आस-पास के गाँवों में ऐसा नहीं होता था। किन्तु बनिया व्यवसायी और ज़मींदारों के इस गाँव में छोटी जातिवालों की शादी में 'सलाम' की यह प्रथा न जाने कब से चल रही थी। मेरे मामा और कहारों की ज़िद के सामने लड़कीवालों की एक न चली। हारकर द्वार-पूजा करनी पड़ी।

उसके बाद जनवासा में आकर मैं सो गया। कुछ देर के बाद मुझे जगाकर शादी के लिए ले जाया गया। किन्तु शादी के रस्म निभाते हुए भी मैं ऊँघता रहा। औरतें और लड़कियाँ चिकोटी काट-काट कर जगाती थीं। मैंने दुल्हन की माँग में सिन्दूर भरा, पर उसका चेहरा तक नहीं देखा। रास्ते-भर का थका-माँदा मैं कोहबर (सुहाग रात) में बेसुध होकर सो गया। वहाँ भी मैंने दुल्हन का मुँह नहीं देखा। वह पहले से थी अथवा बाद में आयी, फिर कब चली गयी, मुझे कुछ भी पता नहीं। सुबह उठाकर मुझे जनवासे में पहुँचाया गया। शादी के नये कपड़े मुझे बोझ-से लग रहे थे। इसी बीच कुछ किसान शोर मचाते हुए जनवासे में आये कि बारात की बैलगाड़ी के बैल उनके खेत चर गये हैं। उनकी मसूरी-खेसारी की फ़सलों का बहुत नुक़सान हुआ था। सभी गाड़ीवानों ने इनकार कर दिया कि ऐसा नहीं हुआ है। हमारे बैल रात-भर गाड़ी में ही बँधे पुआल-भूसे खा रहे थे। किन्तु सच्चाई यह थी कि हमारे नेपाल वाले जीजाजी और कुछ और गाड़ीवानों ने रात में अपने बैलों को चरने के लिए खेतों में छोड़ दिया था। चोरी की बात किसान भी जानते थे और गाड़ीवान भी, पर कोई प्रमाण नहीं था। इसीलिए कुछ शोर-शराबे और कहा-सुनी के बाद बात ख़त्म हो गयी। मेरे ससुर ने किसानों से माफ़ी माँग ली।

दूसरे दिन मुझे शादी मण्डप पर फिर बुलाया गया। कुछ रस्म अदायगी हुई। भोजन हुआ। इसी बीच पता चला कि बारात के लोग खस्सी (बकरा) का माँस खाने की ज़िद पर अड़े हुए हैं। राजपूतों की हर बारात में ऐसा होता था। पर यहाँ यह रिवाज़ नहीं था। मुझे कहा गया कि लोगों को मना कीजिए। मैंने भाई साहब को बुलाकर कहा, पर मेरे मामा जो ख़ुद शाकाहारी थे, ने ही लोगों के अनुरोध पर हठ कर दिया था। इसीलिए भैया भी मजबूर थे।

पत्नी बताती है कि मेरे ससुर को उस ज़माने में चालीस रुपये ख़र्च कर 15-16 किलो का एक बकरा मँगवाना पड़ा था। जनवासे में बारातियों ने ख़ुद से उसे काटा, बनाया और खाया। मैंने माँस नहीं खाया। रात में फिर मुझे घर पर बुलाया गया, किन्तु मैं इस भय और आशंका से वहाँ नहीं गया कि दुल्हन के साथ सोना पड़ेगा, नींद ही नहीं आयेगी।

तीसरे रोज़ सुबह-सुबह कुछ रस्म अदायगी और जलपान आदि के बाद बारात विदा हुई। पालकी में मैं और साड़ी के ओहार और पर्दों के बीच खड़खड़िया में दुल्हन। आगे-आगे हम लोग और पीछे से बाराती। दो-तीन घण्टे के सफ़र के बाद शाम में हम लोग गाँव पहुँच गये। किन्तु सूर्यास्त होने में अभी देर थी। इसीलिए दूल्हा-दुल्हन को गाँव से बाहर ब्रह्म-स्थान पर ही रोक दिया गया। पेड़ की छाँव में पालकी-खड़खड़िया रखे गये थे। रास्ते में अनेक बार कहारों ने ऐसा किया था। वे डोला रखकर कुछ देर सुस्ताते, फिर चल पड़ते। लेकिन इस बार यह अन्तिम पड़ाव था। इसीलिए पालकी ढोनेवाले कहार और मुसहर लोग भी गमछा बिछाकर आराम करने लगे। इधर दुल्हन की डोली के पास गाँव के बच्चे और औरतों की भीड़ लगी थी। सभी ओहार (पर्दा) उठा-उठाकर दुल्हन का मुँह देखना चाहते थे। पर मेरी माँ, दादी आदि मना करती थीं। कुछ को दिखाती थीं, कुछ को नहीं। जो भी देखती, दुल्हन के रूप की प्रशंसा करने लगती। मैं तो बाहर निकलकर घूम रहा था, पर उस दो-तीन घंटे के विश्राम में डोली में बैठे-बैठे दुल्हन का बुरा हाल था। सूर्यास्त के बाद हमारी सवारी गाँव की ओर चली। द्वार-पूजा आदि रस्मों के बाद हम लोग कोहबर घर में घुसे। गाँव की बहनों ने दरवाज़ा रोका, जिनमें मनोहर भी थी। सभी ने पैसे माँगे। यद्यपि मुझे सलामी में बहुत पैसे मिले थे, पर अधिकांश मैंने भाई साहब और मामा को दे दिया था। मेरे पास बहुत कम पैसे थे। किस-किस को देता? भाभियों ने कहा– "बाद में मिल जायेगा, दरवाज़ा छोड़ दीजिए।" बहनों ने जाने दिया। बाद में उन्हें कुछ मिला कि नहीं, मैं नहीं जानता। पर आज सोचता हूँ– यदि वे सभी सामने होतीं, तो उस ज़माने का नेग चुकता कर देता। उनमें से एक ही बहन आज राखी बाँधने आती है, जिसे मना करने पर भी कुछ दे देता हूँ। रस्म अदायगी के बाद मैं फिर कोहबर घर में नहीं गया, दरवाज़े पर ही सोया। भाभी-काकियाँ बिगड़ती थीं। माँ-दादी भी फटकारती रहीं। लेकिन मैं यह दिखाना चाहता था कि मेरा विवाह मेरी इच्छा के विरुद्ध हुआ है, इसीलिए नाराज़ हूँ। सभी लोग

मेरी पत्नी के रूप-गुण की प्रशंसा कर रहे थे, लेकिन मुझे पत्नी में कोई दिलचस्पी नहीं थी।

पत्नी सात दिनों तक मेरे यहाँ रही, पर मैं कभी उसके पास नहीं गया। मैंने उसका चेहरा भी नहीं देखा था। इसीलिए भाभियाँ मुझे कभी-कभी चोरी-चुपके दिन में पर्दे की ओट में बैठी पत्नी का मुँह दिखाने की कोशिश करतीं, पर असफल रहतीं। अन्त में सातवें दिन, जिसके अगले दिन पत्नी की बिदागरी होनेवाली थी, भाभियों ने मेरी खुशामद करके मुझे मना लिया कि उस रात पत्नी के साथ सोना है। मैं ज़मीन में चटाई पर बिछे बिछावन पर सो गया। देर रात खा-पीकर पत्नी आयी और मेरी देह दबाने लगी। मेरी नींद खुली। उसने कहा– "अब हम लोग पति-पत्नी हैं, कुछ बोलिए-बतियाइए।" मैंने कहा– "क्या बतियाएँ? मुझे तो मेरी पढ़ाई की चिन्ता है।" पत्नी ने कहा– "जब से आयी, तभी से सुनती हूँ"– "मेरे कारण आपकी पढ़ाई छूट जायेगी। तो जान लीजिए– मेरे कारण आपकी पढ़ाई नहीं छूटेगी। आप ख़ूब पढ़िए। पढ़ाई में मेरे गहने भी बिक जाये, तो कोई हर्ज नहीं।" मुझे सन्तोष हुआ। दीये की झिलमिल रोशनी में मैंने पहली बार पत्नी का चेहरा देखा। पर नज़र अधिक देर नहीं टिकी। हम दोनों ही बच्चे थे। दोनों सो गये। सुबह नींद खुली तो पत्नी उठकर जा चुकी थी। उस दिन पत्नी की बिदागरी हो गयी। उसके पिताजी, भाई आदि लोग आये हुए थे।

करीब दो साल तक पत्नी मैके में ही रही। वर्ष 1971 में जब मैं दसवीं में गया, तो पत्नी का द्विरागमन हुआ। मैं ख़ूब बन-ठनकर ससुराल गया। मेरे पास जूते और कोट नहीं थे। दूसरे गाँव का एक साथी, जिसकी तुरत-तुरत शादी हुई थी, उससे कोट और जूते माँगे और नये कपड़े पहनकर मैं पिताजी, भैया, मामा आदि लोगों के साथ पत्नी की बिदागरी कराने गया। एक छोटी-मोटी बारात फिर गयी। मैं फिर से पालकी पर सवार हुआ और पिताजी खड़खड़िया पर। ख़ूब स्वागत-सत्कार हुए। आते समय बिदाई के कपड़े, बर्तन, पैसे आदि भी मिले। पत्नी रोती-बिलखती खड़खड़िया पर सवार हुई। इस बार वह बहुत रो रही थी, शादी के समय से भी अधिक। मैं जानता था उसे अपने माता-पिता से बिछड़ने से अधिक मेरी ग़रीबी का दुःख था। उन सात दिनों में ही पत्नी को मेरे घर की माली हालत का अन्दाज़ा लग चुका था।

इस बार जब पत्नी आयी, तो हम लोग खुशी-खुशी पति-पत्नी की तरह रहने लगे। लेकिन हमारा दाम्पत्य जीवन सुखी नहीं था। घर की आर्थिक हालत बहुत ख़राब थी। शादी में पिताजी ने जो क़र्ज़ लिये थे, उसके ब्याज

चुकाने में ही सारी कमाई ख़र्च हो जाती थी। मेरी भाभियों के गहने गिरवी पड़े थे। ब्रह्म-स्थान वाले खेत भी बन्धक पड़ गये। अब मेरी पत्नी के सोने के झुमके भी गिरवी रख दिये गये। पत्नी के गहने और खेत बार-बार बन्धक पड़ते रहे। वे तभी छूटे, जब मैं 1980 में सरकारी नौकरी में गया। इस बीच ट्यूशन आदि कमाकर मैंने पिताजी द्वारा लिये गये अनाजों का क़र्ज़ चुका दिया। पत्नी पढ़ी-लिखी नहीं थी। लेकिन उसे दुनियादारी का मुझसे अधिक ज्ञान था। उसका सबसे बड़ा गुण था संयुक्त परिवार को जोड़े रखना। आपस में जब दादी, चाची आदि का झगड़ा होता, तो वह सबको समझाकर शान्त करती। वह कमाने के लिए घर से बाहर नहीं जा सकती थी, पर घर में आये अनाजों को कूटना-छाँटना, पीसना आदि कामों में वह सबसे आगे रहती थी। पन्द्रह-सोलह साल की उम्र में ही उसने घर सँभाल लिया था। मेरी माँ, दादी, भाभियाँ और घर की अन्य औरतें उससे बहुत ख़ुश रहती थीं। वह सबको ख़ुश रखती। माँ और दादी का भार कम हो गया था। उस भीषण ग़रीबी में भी पत्नी मुझे ख़ुश रखने की कोशिश करती। जब भी मैं निराश होता, पत्नी मुझे सान्त्वना देती। 11वीं कक्षा के अन्तिम दिनों में पत्नी गर्भवती हो गयी। मेरे घर पर उसे पौष्टिक आहार नहीं मिलते थे। इसीलिए उसके माता-पिता ने उसे मायके बुला लिया। टीचर्स ट्रेनिंग तक जाते-जाते मुझे एक बच्ची होने की सूचना मिली। वर्ष 1973-74 में, जब मेरी दाढ़ी-मूँछें भी नहीं निकली थीं, मैं एक बच्ची का बाप बन चुका था। तब से पत्नी घर-गृहस्थी में जो लगी, सो आज तक लगी हुई है। पहले अपने बच्चे-बच्चियों को पालती थीं, अब पोते-पोतियों को पालती हैं।

उच्च शिक्षा, शिक्षक प्रशिक्षण और नौकरी की जद्दोजहद

ट्रेनिंग कॉलेज में दाखिला : मैट्रिक पास करने के बाद मेजरगंज के अनेक शुभचिन्तक मुझे आगे की पढ़ाई के लिए प्रेरित कर रहे थे। वे मेरी मदद करने के लिए भी तैयार थे। पर मेरी सबसे पहली प्राथमिकता नौकरी थी। माँ, पिताजी, दादी और भाइयों के सपनों को साकार करने के लिए पैसे कमाना ज़रूरी था। सबकी आँखें मुझ पर टँगी थी। घर में बदहाली थी। विवाह हो जाने के बाद पत्नी भी घोर अभाव में जी रही थी। उसके गहने गिरवी रखे जा चुके थे। परिवार क़र्ज़ में डूबा था। इसीलिए मैंने जूनियर इन्जीनियर बनने के लिए पोलिटेकनिक की परीक्षा दी और प्राथमिक स्कूल में नौकरी के लिए प्रशिक्षण हेतु आवेदन भी दे दिया। दोनों ही में मेरा चयन हो गया। मेकेनिकल

ट्रेड के लिए मेरा चयन सहरसा पोलिटेकनिक कॉलेज में हुआ। लेकिन मेरे पास नामांकन, वहाँ रहने-खाने और मोटी फ़ीस देने के पैसे नहीं थे, जबकि 'टीचर्स ट्रेनिंग' में सबको प्रति माह ₹20/- वजीफ़े मिलते थे। इसीलिए मैंने 'टीचर्स ट्रेनिंग' में नामांकन करा लिया। इसमें प्राप्तांक के आधार पर चयन हुआ। केवल प्रथम श्रेणी में उत्तीर्ण छात्रों को ही लिया गया और प्राप्तांक के आधार पर कॉलेज भी मिले। मेरा नामांकन शिक्षक प्रशिक्षण महाविद्यालय, पताही, मुज़फ़्फ़रपुर में हुआ। पर सबसे बड़ी समस्या ख़र्चे की थी। वहाँ रहकर पढ़ने-खाने आदि के लिए पैसे नहीं थे। हमारे गाँव के महेन्द्र सिंह ने कुरहनी (स्टेशन) गाँव के एक व्यक्ति का पता दिया कि "जाओ वहीं रहकर ट्यूशन करना और कॉलेज भी।" मास्टर साहेब की प्रथम नियुक्ति वहीं हुई थी। मैं वहाँ गया भी। किन्तु कुरहनी से पताही की दूरी इतनी अधिक थी कि वहाँ से रोज़-रोज़ आकर कॉलेज करना कठिन था। इसीलिए मैं ट्रेनिंग कॉलेज छात्रावास में ही रह गया।

महाविद्यालय पर भूमिहारों का वर्चस्व था। आस-पास के गाँव भी भूमिहार बहुल थे। पिऊन से प्रिंसिपल तक सभी भूमिहार जाति के ही थे। नामांकन में तो अधिक पैसे नहीं लगे, पर बिछावन, जाड़े में ओढ़ने के लिए कम्बल, नये कपड़े, चप्पल-जूते, बाल्टी, झाड़ू, रस्सी, महीने-भर के भोजन आदि के लिए पैसे जुटाना मेरे लिए कठिन काम था। बाल्टी आदि मैंने मित्रों की मदद से ख़रीद कर जमा कर दिये। द्विरागमन में ससुराल से पत्नी के लिए एक पतली-सी रज़ाई मिली थी। मैं उसी को उठाकर ले आया। जूते के लिए पैसे नहीं थे, पर बाटा का हवाई चप्पल ख़रीदा। अन्य सामान भी धीरे-धीरे जुट गये, पर महीने-भर का मेस ख़र्च जुटाना मुश्किल काम था। सो मैंने छात्रावास अधीक्षक शर्मा जी से अनुरोध किया कि मैं मेस ख़र्च नहीं दे पाऊँगा, आप ऐसी व्यवस्था कर दीजिए कि "मैं फर्स्ट इयर के सारे लड़कों के दाढ़ी-बाल काट दूँगा, बदले में उनसे पैसे जुटाकर आप मेरा ख़र्च माफ़ कर दीजिए।" मैं अपने साथ छुरा-कैंची लेता गया था। उन्होंने कहा कि "जाकर ख़ुद से लड़कों को कहो।" मैंने एक-एक लड़के से कहा। कुछ ने स्वीकार किया, पर अधिकांश ने मज़ाक़ ही उड़ाया। ट्रेनिंग कॉलेज में दाढ़ी-बाल बनाने पताही चौक से एक नाई आते थे। शर्माजी और छात्र आदि सोचते कि मेरे काम करने से उसकी रोजी बन्द हो जायेगी।

अन्ततः शर्माजी ने अपने बगल में रहनेवाले हिन्दी के प्रोफ़ेसर राय जी से कहकर उनका खाना बनाना और कपड़े आदि साफ करने का काम मुझे दिलवा दिया। बदले में मुझे दोनों शाम भोजन मिलने लगा। लेकिन रविवार या

छुट्टी के दिनों में जब रायजी नहीं होते, तो मुझे मेस में भोजन करना पड़ता, जिसके पैसे मेरे वजीफ़े से काट लिए जाते। लेकिन आश्चर्य की बात यह होती थी कि चीज़ें इतनी सस्ती थीं कि मेस में प्रति माह प्रति छात्र औसतन ₹16/ ही लगते थे, जो छात्रवृत्ति के ₹20/ से कम होते थे। छात्रवृत्ति प्रति माह मिल जाती थी। किन्तु मैं चाहता था कि यहाँ कुछ कमाई करूँ और पत्नी के लिए कुछ पैसे बचाकर घर भेजूँ।

उन दिनों कॉलेज में गृह ज़िले के छात्रों का एडमिशन नहीं होता था। अधिकांश छात्र सीतामढ़ी और वैशाली ज़िले के थे। वहीं पर अपने इलाक़े के एक छात्र ईश्वरनाथ झा से परिचय हुआ। वे मेरे बगल के गाँव डुमरी कला के रहनेवाले थे। हम लोग जल्द ही मित्र बन गये। ऐसी मित्रता कि हम जब भी घर जाते, उनके घर में एक ही थाली में खाना खाते, उनकी माँ मुझे बहुत मानती। पर्व-त्योहार पर अक्सर हम लोग साथ होते। वे बग़ल के गाँव पताही, मधुवनी, खरौना आदि में ट्यूशन पढ़ाते थे। ब्राह्मण के नाम पर उन्हें बहुत ट्यूशन मिलते थे। उन्होंने मुझे भी कुछ लोगों के यहाँ ट्यूशन पढ़ाने का काम दिलवा दिया। ट्यूशन पढ़ाने का मेरा पुराना अनुभव था। 10वीं-11वीं में पढ़ते हुए मैं मेजरगंज में एक मारवाड़ी सेठ जी के यहाँ ट्यूशन पढ़ाता था। यहाँ भी अक्सर लड़कियों को पढ़ाना पड़ता था। पास के गाँव मधुबनी का एक परिवार बड़ा धूर्त था। वह शिक्षकों से ट्यूशन पढ़वा लेता, पर पैसे देने में टाल-मटोल करता था। इसीलिए उसके यहाँ कोई शिक्षक एक-दो महीने से अधिक नहीं टिकता था। मैंने तो अगले ही महीने पढ़ाना छोड़ दिया। पर खरौना गाँव के ट्यूशन में मुझे नियमित पैसे मिलते थे। खरौना गाँव मुख्यत: दो भागों में बँटा था- एक खरौना डीह और दूसरा खरौना जयराम। डीह में मैं एक सैनिक परिवार के बच्चों को पढ़ाने लगा। कैप्टेन साहेब की पत्नी शिक्षिका थीं। वे मुझे बहुत सम्मान देती थी। पताही मिड्ल स्कूल में पढ़ानेवाली एक और मैडम की दो बच्चियों को मैं पढ़ाता था। उन दिनों स्टील के बर्तनों का नया प्रचलन शुरू हुआ था। मैंने जीवन में पहली बार स्टील के बर्तन में मैडम के घर पर ही भोजन किया। मेरी पढ़ाई की शैली और योग्यता से सभी खुश रहते थे। खरौना जमींदारों का गाँव था। वह कभी राजा की रियासत हुआ करता था। एक दिन सैनिक परिवार की मैडम, जहाँ मैं पढ़ा रहा था, ने मेरे सामने प्रस्ताव रखा कि "बगल के गाँव 'खरौना जयराम' स्थित स्टेट परिवार मेरे रिश्तेदार हैं। उनके दो पोते हैं, जो पढ़ना नहीं चाहते। उनके दादा किसी तरह उनको पढ़ाना चाहते हैं। आपको

उन्हीं के यहाँ रहकर पढ़ाना होगा। आप पढ़ाएंगे?" मैं अभाव में था, सो हामी भर दी। प्रशिक्षण-सत्र के प्रथम वर्ष का उत्तरार्द्ध था। मैं वहाँ रहकर उनके दोनों पोतों को पढ़ाने लगा। वह खरौना स्टेट के देवकीनन्दन चौधरी का घर था। उसे दरवार बोलते थे। वर्ष 1973 से 1975 तक मैं वहीं रहा। वहीं से सैनिक की पत्नी मैडम के यहाँ भी बच्चों को पढ़ाने जाता था और ट्रेनिंग कॉलेज में क्लास करने भी। देवकी बाबू ने मुझे आने-जाने के लिए एक साइकिल ख़रीद दी थी। मैट्रिक पास करने और ट्रेनिंग में आने के बाद अनायास मेरी आदतों में कुछ परिवर्तन आ गये। ट्रेनिंग कॉलेज के नियम के अनुसार मैं प्रतिदिन स्नान करने लगा। पढ़ने की आदत तो वैसी ही रही, पर अचानक मेरी खुराक बढ़ गयी। ट्यूशन शुरू करने के बाद और भी। इसके दो कारण हो सकते हैं– एक कैरियर की निश्चिन्तता और दूसरा मुफ़्त का भोजन मिलना। शिक्षक प्रशिक्षण पूरा कर लेने के बाद नौकरी निश्चित हो जाती थी। इसीलिए मेरा स्वास्थ्य बहुत अच्छा हो गया।

मेरे नामांकन के कुछ ही दिनों बाद ट्रेनिंग कॉलेज में मेरे हाई स्कूल के हेडमास्टर वीरेन्द्र बाबू आये। वे मुझे देखने आये थे कि कैसे ट्रेनिंग कर रहा है? कोई दिक्कत तो नहीं है? वे रात में वहाँ रह गये। छात्रावास अधीक्षक शर्माजी ने कहा– "इनका बिछावन अलग बरामदे में लगवा देना, ऐसा न हो कि हॉल में सबके साथ सुला दो।" मैंने वैसा ही किया। मेस से भोजन लाकर उन्हें खिलाया और रात में देह-हाथ दबाकर उन्हें सुला दिया। उनका बड़ा लड़का और मेरा सहपाठी विनोद मैट्रिक में फेल कर गया था। उनका छोटा लड़का अभी पढ़ रहा था। इसीलिए मेरी सफलता से उन्हें प्रेरित करना चाहते थे। बाद में दूसरे प्रयास में विनोद भी मैट्रिक पास कर गया।

मेरे साथी ईश्वरनाथ झा के सहयोग के कारण ही मुझे ट्यूशन लगा था। अगले वर्ष मेरे पड़ोसी गाँव कुआड़ी से कृष्णनन्दन सिंह भी आये। वे भी मेरी भरपूर मदद करते थे। ईश्वरनाथ झा मुझसे दो-तीन साल बड़े थे। लेकिन अभी तक उनकी शादी नहीं हुई थी। ट्रेनिंग में आने से पहले वे कोई दूसरा काम करते थे। उनकी शादी ट्रेनिंग के दौरान ही तय हुई। जब हम लोग द्वितीय वर्ष में थे, तो वर्ष 1974 में उनकी शादी सीतामढ़ी के गाढ़ा-मानिकचौक गाँव में हुई। उनकी बारात में मैं उनका सबसे प्रिय साथी बनकर गया था। मुझे बिदाई में धोती-कुर्ता, पैसे आदि मिले थे। उनकी पत्नी मैट्रिक पास थी और काफी तेज-तर्रार भी। हम लोग जब भी घर जाते, भाभी ख़ूब स्वागत करती। उनके यहाँ कोजगरा आदि पर्वों में हम ख़ूब पान-मखान-दही-माँछ आदि खाते।

अपने माता-पिता के तो वे अकेले बेटे थे, पर उनको तीन लड़के हुए। वे किसी मिड्ल स्कूल में शिक्षक बने और सीतामढ़ी शहर में मकान बनाकर वहीं बस गये। वर्षों पहले एक बार मुलाक़ात हुई थी, जब मैं हाई-स्कूल में शिक्षक था। उसके बाद कभी मुलाक़ात नहीं हुई।

खरौना दरबार और देवकीनन्दन चौधरी : खरौना दरबार और पताही प्रवास मेरे जीवन का बहुत बड़ा अध्याय है। वहाँ मुझे जितने प्रेम, ममत्व, विद्वद्जनों की संगति और सम्मान मिले, उतने जीवन में कभी नहीं मिले थे। बाद में मिले, पर यह पहला सम्मान था। ट्रेनिंग में मेरे साथ कुछ भेदभाव और अन्याय भी हुए, पर दरबार के प्रेम, ममत्व और सम्मान के सामने मैं सब कुछ भूल गया। देवकी नन्दन चौधरी दरबार के सर्वमान्य ज़मीन्दार, शिक्षित और शिक्षाप्रेमी व्यक्ति थे। यद्यपि ब्राह्मण और भूमिहार जातियाँ अपनी जातीय श्रेष्ठता, ऊँच-नीच और छुआछूत आदि भेदभाव के लिए बदनाम रही हैं, फिर भी उनमें एक ऐसा विशिष्ट गुण मिलता है, जो किसी भी जाति में नहीं मिलता। वह गुण है– शिक्षा के प्रति अनन्य भक्ति और प्रेम। इसीलिए प्राचीन काल से अब तक भारतीय समाज में सबसे शिक्षित, श्रेष्ठ और विद्वान व्यक्ति इसी समाज में हुए। वे शास्त्र के इस सिद्धान्त के कट्टर समर्थक होते हैं कि विद्या धन जहाँ से मिले, उसे ग्रहण कर लेना चाहिए। इसीलिए सामाजिक रूप से निम्न श्रेणी के होने के बावजूद मुझमें शैक्षणिक योग्यता देखकर देवकी बाबू ने मुझे अपने दोनों पोतों अनिल और सुनील को पढ़ने के लिए दरबार में रख लिया था।

घटना 1980 की है। मैं एक पब्लिक स्कूल चलाता था। स्कूल कार्य से पटना जा रहा था। बस से उतरकर सोनपुर रेलवे प्लेटफार्म पर चाय पीने लगा। मुझे पहलेजा घाट पर जाना था। उन दिनों गंगा पर पुल नहीं बना था। इसीलिए हाजीपुर से सोनपुर और सोनपुर से पहलेजा घाट पर जाकर स्टीमर पकड़कर पटना जाना पड़ता था। जाड़े की रात थी। घाट तक जाने के लिए मैं किसी साथी की तलाश में था। इतने में मुझे घाट की ओर जाता हुआ एक युवक दिखायी पड़ा। लैम्पपोस्ट की रोशनी से आस-पास उजाला फैला था। मैंने उसे आवाज़ दी– "भाईजी रुक जाइए, मुझे भी घाट पर जाना है। वह रुक गया। मैं जब उसके पास आया, तो वह टकटकी लगाकर मुझे देखने लगा। फिर झट से मेरे पैर छुए और शोक-विह्वल स्वर में बोला– "मास्टर साहब ! आपने मुझे नहीं पहचाना? मैं सुनील हूँ, आपका छात्र ! बताइए, हम लोगों ने आपको कहाँ-कहाँ नहीं ढूँढ़ा? आपके ज़िले का चप्पा-चप्पा छान मारा, मगर आपका

गाँव नहीं मिला। दादी की अन्तिम इच्छा थी कि मरने से पहले वह आपका मुँह देख लें। मगर हम लोग उनकी इच्छा पूरी नहीं कर सके और आज वह चल बसी। चलिए, हम लोग उन्हीं के दाह-संस्कार में घाट पर आये हुए हैं। मुझे आवश्यक कार्य से पटना जाना था। अब कल जाऊँगा।"

मैं भौंचक रह गया। मेरी आँखों के सामने पाँच-सात वर्ष पहले का वह नटखट बालक, जो अब बड़ा होकर सामने खड़ा था, उसके दादा देवकी नन्दन चौधरी और ममतामयी दादी घूम गयीं। मैं मूक बना उसके साथ चलने लगा। श्मशान घाट पर भीड़ लगी थी। बूढ़े चौधरी जी ने मुझे देखते ही बाँहों में पकड़ लिया और फफक-फफककर रोने लगे। मैंने उन्हें तसल्ली देते हुए कहा– "आख़िर उनकी अन्तिम यात्रा में तो मैं शामिल हो ही गया। उनकी आत्मा ने मुझे पुकार लिया है। आप धीरज रखिये। मैं पूरे श्राद्ध कर्म में शामिल रहूँगा। आप लोगों का उपकार भूला नहीं हूँ।" मैं उस दिन पटना नहीं जा सका। उनकी तेरहवीं ठीक छठ पर्व के दिन पड़ रही थी। मैं पूरे पर्व-भर खरौना में देवकी बाबू के घर पर ही रहा। दादी मुझे अपने बेटा की तरह मानती थी। वह खुद से मुझे खाना खिलाती थी। दरबार से मेरी बहुत सारी सुखद और प्रेरक यादें जुड़ी हुई थीं। दादी माँ नहीं चाहती थी कि मैं उन्हें छोड़कर जाऊँ। लेकिन वर्ष 1975 में इमरजेंसी लगने के बाद पूरे ट्रेनिंग कॉलेज पर पुलिस का छापा पड़ गया और शिक्षकों ने उसके एक रात पहले ही छात्रावास सहित पूरे परिसर को ख़ाली करवा दिया। यहाँ तक कि ट्रेनिंग कॉलेज के छात्रों को आसपास के गाँवों में रहने की भी मनाही हो गयी। सब पर गिरफ़्तारी का वारंट था, क्योंकि ट्रेनिंग कॉलेज के छात्रों ने हवाई अड्डे के घेराव, तोड़फोड़, पोस्ट ऑफ़िस में आगजनी आदि सरकार विरोधी विध्वंसक वारदातों में भाग लिया था। इसीलिए मैं भी एरिया छोड़कर अन्य छात्रों के साथ सीतामढ़ी अपने गाँव चला आया। ट्रेनिंग का रिजल्ट पहले ही आ चुका था। हमें प्रमाण-पत्र भी मिल चुके थे। वहाँ फिर से जाने का कोई औचित्य नहीं रहा। घर आकर मैं अपनी रोजी-रोटी में लग गया। सब कुछ भूल गया। लेकिन इतने वर्षों बाद दादी के ममत्व ने मुझे यहाँ खींच लाया था।

विश्वविद्यालय सेवा में मुज़फ़्फ़रपुर आने के बाद मुझे खरौना दरबार और पताही प्रवास बराबर याद आते रहे। किन्तु कार्य व्यस्तता के कारण मैं वहाँ नहीं जा सका। यद्यपि मैंने मुज़फ़्फ़रपुर में रहते हुए वर्ष 2007 में यह संस्मरण लिख डाला था, जो 'हिन्दुस्तान' अख़बार के रविवारीय परिशिष्ट में 'और आत्मा ने मुझे पुकार लिया।' शीर्षक से छपा था। अवकाश ग्रहण करने

के बाद आज दिनांक 19 अगस्त, 21 को मैं खरौना दरबार में गया। दरबार अब बिखर चुका है। हवेली का अधिकांश हिस्सा अब टूटकर पट्टीदारों में बाँटे जा चुके हैं। हवेली की जगह अलग-अलग पक्के मकान बन चुके हैं। किन्तु हवेली का वह हिस्सा और घर अभी तक बचा हुआ है, जिसमें मैं और बूढ़ी दादी रहती थी। वहाँ मेरे छात्र सुनील मिल गये। मेरी तरह अब वे भी नाती-पोतेवाले हो चुके हैं। ख़बर सुनकर उनका एकमात्र लड़का चंद्रशेखर भी हवाई अड्डे की दुकान से आया। उस समय के दरबार के अन्य लोग कवीन्दर चौधरी, अजित जी आदि भी आये। देर तक बातें हुईं। लेकिन पहलेजा श्मशान घाटवाले 1980 के संस्मरण के बारे में सुनील जी बताते हैं कि वे दादी के दाह-संस्कार में शामिल होने पटना से आ रहे थे, जिसमें प्लेटफार्म पर मुझसे मुलाक़ात हुई थी।

सम्भव है सुनील जी सही हों, पर अब तो संस्मरण प्रकाशित है। इसीलिए उसको बदला नहीं जा सकता। मेरे लौट आने के बाद दरबार के ही मेरे प्रिय मित्र और साथी अरविन्द जी ने भी फ़ोन किया। वे मुज़फ़्फ़रपुर से आये थे। उन्हें बाद में पता चला। मेरे साथ पताही पंचायत के मुखिया संजय जी और मेरे वरीय साथी योगेन्द्र बाबू भी गये थे। हम सभी लोगों ने हवेली के खण्डहर हो चुके उस भाग के सामने खड़े होकर फोटो खिंचवाया। साझा कर रहा हूँ।

श्मशान घाट पर ही एक और बुरी ख़बर मिली। देवकी बाबू के रिश्ते की एक भतीजी थी– नगीना। जैसा नाम वैसा ही रूप और गुण। उसका कुछ दूसरा ही नाम था। पर प्यार से लोग उसे नगीना कहते थे। वह दुबली-पतली फुर्तीली लड़की थी। फटाफट रोटी सेंक लेना, कपड़े धोना और खुद से छप्पर पर चढ़कर कद्दू, नेनुआ तोड़कर सब्ज़ी बना लेना आदि काम उसकी दिनचर्या में शामिल थे। वह साहसी और बहादुर भी थी। एक बार उसने खुद से लाठी लेकर एक विषैले साँप को मार दिया था। थी तो बहू, पर ससुराल में भी बेटी की तरह रहती थी। उसके इस व्यवहार से जहाँ शिक्षिका मैडम और घर की अन्य बहुएँ खुश रहती थीं, वहीं उसके पति कभी-कभी नाराज़ हो जाते थे। शिक्षिका मैडम उसे छोटी बहन और बेटी की तरह मानती थी। देवकी बाबू की पत्नी और दरबार की दादी 'मनियारी स्टेट' की बेटी थी। नगीना उनकी ख़ास भतीजी थी। वह बड़े घर की बेटी थी और उसमें वैसा ही बड़प्पन भी था। उसकी शादी उसी सैनिक और किसान परिवार में हुई थी, जिसमें मैं बच्चों को पढ़ाता था। उसने अपने आपको उसी रूप में ढाल लिया था। शिक्षिका मैडम के सबसे छोटे देवर तुसी चौधरी उसके पति थे। वे शुद्ध रूप

से किसान थे। अधिक पढ़े-लिखे नहीं थे, किन्तु सज्जन और मिलनसार थे। मुझसे उनकी बड़ी दोस्ती थी। श्मशान घाट पर तुसी चौधरी भी मिले। उन्होंने छूटते ही मुझसे कहा– "मालूम है, पिछले साल नगीना भी मर गयी। उसने देह में आग लगाकर आत्महत्या कर ली।" मैं अवाक् रह गया। तुसी चौधरी ने घाव पर नमक छिड़ते हुए कहा– "आपका कलेजा तो धक्क्-से हो गया होगा?" मैंने उन्हें डाँट लगायी- "शर्म नहीं आती ऐसा कहते हुए? आपको कोई ग्लानि नहीं है? नगीना मरी नहीं है, आप लोगों ने उसे मार दिया है।" उन्होंने कुछ नहीं कहा। अन्दर से वे भी दुखी थे। नगीना की पूरी कहानी मेरी नज़रों के सामने घूम गयी।

यद्यपि मैं कैप्टेन साहेब के परिवार में रोज़ पढ़ाने जाता था, शिक्षिका मैडम और कभी-कभी नगीना भी मुझे चाय-नाश्ता कराती थी, पर नगीना से ठीक से परिचय मेरा तब हुआ, जब वह दरबार की बूढ़ी दादी की सेवा करने पहले मेडिकल कॉलेज में, फिर दरबार में आयी। बूढ़ी दादी का एक पैर टूट गया था। सत्तर-पचहत्तर की उम्र में देवकीनन्दन चौधरी का एस.के. मेडिकल कॉलेज, मुज़फ़्फ़रपुर में पेशाब नली का ऑपरेशन हुआ था। इसीलिए दादी (उनकी पत्नी), मैं और घर के कुछ लोग वहीं थे। उसके अगले दिन रात में दादी किसी काम से बाहर निकली, किन्तु बरामदे की सीढ़ी से उनका पैर फिसल गया, जिससे एक पैर फ्रैक्चर हो गया। अब बूढ़े-बूढ़ी दोनों ने बिछावन पकड़ लिया। दादी के पैर पर भी प्लास्टर चढ़ गया। इस परिस्थिति में खाना बनाने और सेवा कार्य के लिए नगीना को बुलाया गया। पेईंग वार्ड में अच्छा इलाज चल रहा था। किन्तु दरबार के लोगों ने ज़िद करके उन्हें एक प्राइवेट डॉक्टर से इलाज कराना शुरू कर दिया। जूरन छपरा में एक दो कमरे का मकान लिया गया। उसी में हम लोग रहने लगे। एक कमरे में देवकी बाबू और दादी दूसरे में नगीना। बीच के रास्ते में मैं सोता था। वह खाना बनाने से लेकर समय पर दादा-दादी को दवा देने का काम करती थी। मैं भी उनकी देखभाल और बाज़ार का काम करता था। बीच-बीच में डॉक्टर आते रहते थे। नगीना स्वाभिमानी थी। किसी से भी कुछ ग़लती होने पर वह डाँट देती थी। उसने एक-दो बार डॉक्टर को भी डाँट दिया था। उसने दवा का ग़लत डोज बता दिया था अथवा नगीना ने ही ग़लत पढ़ लिया था। हम लोग हमउम्र थे। इसीलिए घुलमिल गये थे। वह भी अपने नैहर-ससुराल की बातें बतातीं और मैं भी अपने घर-परिवार की। लेकिन उसने कभी किसी की शिकायत नहीं की। वह अपने पति और परिवार के लोगों की ख़ूब बड़ाई करती थी। लेकिन

कभी-कभी वह कहती नैहर वाली आज़ादी ससुराल में नहीं मिलती। अच्छे काम पर भी रोक-टोक होने लगती है। मैं उसे समझाता- "ससुराल में तो लिहाज़ करना ही पड़ता है- पर्दा-घूँघट, बड़े-बुजुर्गों का लिहाज़। ऐसा सब जगह होता है।" "वह सब तो मैं करती ही हूँ, पर घूँघट ! यह मुझसे नहीं होता।" हम लोग लगभग तीन महीने, जब तक दादी का प्लास्टर नहीं कटा, मुज़फ़्फ़रपुर में रहे। फिर खरौना आने पर भी वह बहुत दिनों तक दादी के घर ही रही। बीच-बीच में तुसी चौधरी भी आते रहते थे। इसी बीच आसपास के कुछ मनचले साथियों ने मुझे और नगीना को लेकर कुछ ग़लत अफ़वाह उड़ा दी, जबकि देवकी बाबू और दादी सहित निकट के सभी लोग हमारी सच्चाई को गहराई से जानते थे ! हमारे बीच एक निश्छल स्नेह-सम्बन्ध थे। इसीलिए दादी माँ हमेशा कहती थी कि दोनों पूर्वजन्म के भाई-बहन हैं। इसी अफवाह में एक रोज़ दरबार में ही किसी ने ईर्ष्यावश मेरी घड़ी चुरा ली। वह मेरी अपनी घड़ी नहीं थी। देवकी बाबू और दादी को समय से देखभाल करने और दवा-दारू देने के लिए नगीना के पति तुसी चौधरी ने ही मुझे अपनी ससुराल वाली घड़ी पहनने के लिए दी थी। बाद में देवकी बाबू ने तुसी चौधरी को दूसरी घड़ी खरीदकर दे दी।

श्मशान घाट पर जब तुसी चौधरी ने मुझे वैसा कहा, तो उसमें व्यंग्य नहीं, सच्चाई थी। इस अफ़वाह की ख़बर उड़ते-उड़ते उनको भी लगी थी। पर शिक्षिका मैडम सहित परिवार के किसी सदस्य ने इस पर विश्वास नहीं किया था। शिक्षिका मैडम और नगीना ने अपने घर पर मुझे जितना स्नेह दिया था, उतना अपनी माँ, दादी और पत्नी के सिवा कोई नहीं दे सकता। उनके यहाँ अक्सर मछलियाँ बनती थीं। छोटी मछली खिलाते समय मैडम मेरी थाली के पास बैठ जाती और खुद से मछलियों के काँटे निकाल-निकालकर मुझे परोसती। एक बार मुझे वहीं पर डाइरिया हो गया। दिन में जो दस्त शुरू हुए, दवा देने पर भी रात तक जारी रहे। बाथरूम में जाते-जाते मैं थक गया। मैडम ने बरामदे के पास के एक घर में मेरी खाट लगा दी और वही ज़मीन पर जहाँ-तहाँ राख रखकर मुझे शौच करने को कहा। मैंने वैसा ही किया। तीन-चार दस्त और हुए। उसके बाद मुझे मट्ठे में जीरा भूँजकर दिया गया, फिर खिचड़ी भी। उस रात मैं वहीं सो गया। मैडम और नगीना दोनों ने मिलकर खुद से रात में ही मेरे शौच को साफ किया। सुबह में मैं स्वस्थ होकर दरबार में आया। वे लोग मेरे रग-रग से परिचित थे, शर्मीला स्वभाव, किसी से टूटकर बात नहीं करना, बच्चों सहित सबको अच्छी बातें बताते रहना, सादा रहन-सहन और

उच्च विचार आदि। इसीलिए कोई गंगा में नहाकर भी मेरे बारे में ग़लत बातें करता, तो वे विश्वास नहीं करतीं। नगीना को यदि कोई ऐसी बातें कहता, तो वह उसका मुँह नोच लेती। आज मैं खरौना दरबार गया, तो सुनील जी से श्मशान घाट के उस प्रसंग की भी चर्चा चली। पर नगीना की हत्या नहीं हुई थी, उसने सचमुच आत्महत्या कर ली थी। एक दूसरे प्रसंग में उसका अपमान हुआ था और उसका स्वाभिमान उसे बर्दाश्त नहीं कर सका। आज नगीना नहीं है। लेकिन उसके निश्छल स्नेह-स्वभाव और सेवा-भाव हैं। मैं उनकी आत्मा को नमन करता हूँ।

खरौना के विपरीत पताही ट्रेनिंग कॉलेज में मेरे साथ भेदभाव किये गये। शर्मा जी सबसे तेज़-तर्रार और दबंग प्रशिक्षक थे। वे हम लोगों को 'शिक्षा का सिद्धान्त' पढ़ाते थे और छात्रावास अधीक्षक भी थे। प्रिंसिपल यद्यपि हमारे ही इलाक़े रीगा दरबार के थे, किन्तु कॉलेज परिसर में शर्मा जी का ही शासन चलता था। ट्रेनिंग में 50% का आन्तरिक मूल्यांकन होता था और बाकी 50% के लिए बोर्ड परीक्षा। फाइनल रिजल्ट दोनों अंकों को जोड़कर ही होता था। आन्तरिक मूल्यांकन शर्मा जी की मर्ज़ी से ही होता था। वे सबसे अधिक अंक भूमिहार लड़कों को ही देते-दिलवाते थे, चाहे उनकी कापी कैसी भी हो। उससे कम अन्य सवर्णों को और सबसे कम दलित-पिछड़ों को, जबकि सभी लड़के प्रथम श्रेणी से पास होते थे। कमज़ोर वर्ग के लड़कों को भी कुछ दान-दक्षिणा और सेवा पर अच्छे अंक मिल जाते थे। यद्यपि मेरा स्थान सभी विषयों में क्लास में सबसे अच्छों में होता था, कॉपियाँ भी मेरी बहुत अच्छी थीं, पर मुझे किसी विषय में 50-55% से अधिक अंक नहीं दिये, जिससे बोर्ड परीक्षा में अच्छे अंक आने के बावजूद कुछ अंकों से मेरी प्रथम श्रेणी छूट गयी। किन्तु शर्माजी और ट्रेनिंग कॉलेज के अन्य प्रशिक्षक प्रिंसिपल साहेब के बारे में बार-बार कहते थे- "इतना तेज़ और संघर्षशील व्यक्ति विरले ही कोई होता है। प्रिंसिपल साहेब ने प्राइमरी स्कूल शिक्षक से अपना कैरियर शुरू किया था और आज कॉलेज के प्रिंसिपल हैं।" यह बात मेरे मन में बार-बार कौन्ध जाती थी कि कोई नौकरी करते हुए भी आगे बढ़ सकता है। और मुझे अपने भविष्य के लिए एक उम्मीद नज़र आने लगती थी। और यह उम्मीद पूरी हुई, जब मैं भी एक प्राइमरी शिक्षक से कॉलेज पिंसिपल बना। यह पिंसिपल साहेब की परोक्ष प्रेरणा थी।

इस प्रकार मुझे संस्था और समाज में दो विपरीत परिस्थितियों का सामना करना पड़ा। मैंने वर्ष 1973 से 1975 तक दरबार में रहकर पताही में शिक्षक

प्रशिक्षण प्राप्त किया। मेरी राजनीतिक चेतना का विकास भी यहीं हुआ। इसके पूर्व राजनीति में मेरी कोई रुचि नहीं थी।

जेपी आन्दोलन

इन्हीं दिनों 1974-75 के जेपी आन्दोलन हुए और इमरजेन्सी लगी। ट्रेनिंग कॉलेज के छात्रों के साथ हमलोगों ने उसमें सक्रिय भाग लिया। मार्च 1974 से ही बिहार में जेपी आन्दोलन ने ज़ोर पकड़ लिया था। सम्भवत: जून 1974 में मुज़फ़्फ़रपुर चक्कर मैदान में जयप्रकाश नारायण का भाषण हुआ। हम सभी छात्र पताही से पैदल चलकर उनका भाषण सुनने आये। उन्होंने कुर्सी पर बैठकर भाषण दिया। देश के छात्र-नौजवानों को सम्बोधित उस भाषण में कांग्रेस शासन और इन्दिरा गाँधी की कटु आलोचना थी। यद्यपि मुज़फ़्फ़रपुर शहर के स्कूल-कॉलेजों में पहले से ही आन्दोलन चल रहे थे, किन्तु जेपी के भाषण के बाद इस आन्दोलन ने और ज़ोर पकड़ लिया। उस समय तक मुझमें वैसी राजनीतिक चेतना नहीं आयी थी। अभी दाढ़ी-मूँछें भी नहीं निकली थीं। फिर भी उत्साह में साथियों के साथ चल पड़ता था। आन्दोलन की हिंसा में एल.एस. कॉलेज का एक छात्र बिपिन बिहारी पुलिस की गोली से मारा गया था। जेपी ने मन्त्री और विधायकों के त्याग-पत्र का आह्वान किया था। सरकारी प्रतिष्ठान बन्द करवाने का आन्दोलन चल रहा था। मुज़फ़्फ़रपुर की शासन-प्रशासन व्यवस्था को ठप्प करवाने कर्पूरी ठाकुर और महामाया प्रसाद सिंह आनेवाले थे। पताही ट्रेनिंग कॉलेज और हाई स्कूल के लड़कों ने भी सड़क पर बस-ट्रक जो भी मिले, उन पर कब्ज़ा कर लिया। हम लोग एक ट्रक पर चढ़कर मुज़फ़्फ़रपुर आये। स्टेशन के पास एक चौक को मृत छात्र के नाम पर बोर्ड टाँगकर 'बिपिन बिहारी चौक' घोषित किया गया। फिर जुलूस कम्पनीबाग के पास कचहरी और समाहरणालय चौक पर आया। महामाया प्रसाद सिंह और कर्पूरी ठाकुर ने अपनी मोटरगाड़ी के बोनेट पर चढ़कर भाषण दिया– 'जिगर के टुकड़ो !' महामाया बाबू छात्रों को 'जिगर के टुकड़ो' कहते थे। वहाँ पुलिस आयी। लेकिन वह भीड़ को देखकर मूकदर्शक बनी रही। सभी लोग कलक्टर के इस्तीफ़े की माँग कर रहे थे। अन्त में महामाया सिंह और कर्पूरी ठाकुर के नेतृत्व में कुछ लोग कलक्टर के कक्ष में गये और वहाँ से लौटकर भीड़ को आश्वासन दिया कि यहाँ से हाकिमों की तुरत बदली हो जायेगी, अन्यथा इस्तीफ़ा देना पड़ेगा। तब जाकर भीड़ छँटी और सभी लोग अपने-अपने गन्तव्य की ओर चल पड़े। हम लोग भी वापस पताही

लौट आये। मैं उस रात ट्रेनिंग कॉलेज में ही रहा, अगले दिन खरौना दरबार में चला आया। इसके बाद एक और दुखद और राष्ट्रव्यापी घटना घट गयी, जिसका आन्दोलन पर और बुरा प्रभाव पड़ा।

दो जनवरी 1975, वृहस्पतिवार को मुज़फ़्फ़रपुर और समस्तीपुर में बड़ी रेल लाइन का उद्घाटन होनेवाला था। शाम पाँच बजे रेलमन्त्री ललित नारायण मिश्र समस्तीपुर से मुज़फ़्फ़रपुर आनेवाले थे। पताही ट्रेनिंग कॉलेज के लगभग सभी छात्र उस समारोह को देखने मुज़फ़्फ़रपुर आये हुए थे। उनमें मैं भी था। स्टेशन परिसर में एक सजा-धजा बड़ा मंच बना था। उस पर कुछ नेता और रेडियो के कलाकार बैठे हुए थे। परिसर में खचाखच भीड़ थी। भीड़ को जुटाये रखने के लिए कलाकारों का कार्यक्रम चल रहा था। उस समय के नामी रेडियो गायक सन्तराज सिंह 'रागेश' का गायन चल रहा था। श्रोता मग्न थे। लेकिन मन्त्री जी के आने में काफ़ी विलम्ब हो रहा था। इतने में मंच से अचानक घोषणा हुई कि "अत्यन्त दुःख के साथ सूचित करना पड़ रहा है कि समस्तीपुर में मंच पर बम-विस्फोट हुए हैं और उसमे ललित बाबू घायल हो गये हैं। अब यह कार्यक्रम स्थगित किया जाता है।" दर्शकों में अफरा-तफरी मच गयी। सभी लोग निराश होकर लौटने लगे। हम लोग भी ट्रेनिंग कॉलेज लौट गये। अगले दिन शाम में ख़बर आयी कि इलाज के दौरान ललित बाबू की मृत्यु हो गयी। ललित बाबू सबसे लोकप्रिय रेलमन्त्री थे। वे मिथिला के सर्वमान्य नेता थे और बहुत तेज़ी से राष्ट्रीय राजनीति में लोकप्रिय हो रहे थे। उन पर एक गीत प्रचलित था- "ललित बाबू तेरा जवाब नहीं।" आगे चलकर वे प्रधानमन्त्री भी बन सकते थे। इसीलिए अफ़वाह फैली कि इन्दिरा गाँधी और बिहार के तत्कालीन मुख्यमन्त्री ने उन्हें षड्यन्त्रपूर्वक मरवा दिया है। जेपी आन्दोलन के नेताओं ने देश में, ख़ासकर बिहार में क़ानून-व्यवस्था का सवाल उठाया और आन्दोलन तेज़ हो गया। बिहार के मुख्यमन्त्री को बदल दिया गया और माहौल को शान्त करने के लिए सहानुभूति में ललित नारायण मिश्र के छोटे भाई जगन्नाथ मिश्र को 8 अप्रैल, 1975 को बिहार का मुख्यमन्त्री बना दिया गया। लेकिन इससे आन्दोलन और उग्र हो गया।

1942 के आन्दोलन की तरह छात्रों ने तोड़फोड़ और सरकारी सम्पत्ति को नुक़सान पहुँचाना शुरू कर दिया। हम लोगों के ट्रेनिंग के सीतामढ़ी के साथी यमुना सिंह, रामजन्म सिंह, श्यामचन्द्र साहू, जो उग्र स्वभाव के थे, के नेतृत्व में छात्रों ने रात में पताही चौक के पोस्ट ऑफ़िस में आग लगा दी और पोल पर के टेलीफ़ोन तार को काट दिया। डाकघर जलकर स्वाहा हो गया।

उन दिनों मोबाईल तो क्या, हर जगह टेलीफ़ोन भी नहीं था। मुज़फ़्फ़रपुर में स्थिति बेक़ाबू हो गयी। जिला मुख्यालय में अर्द्धसैनिक बलों को भर दिया गया। तीसरे दिन स्थिति का जायज़ा लेने के लिए मुख्यमन्त्री जगन्नाथ मिश्र मुज़फ़्फ़रपुर आये, किन्तु उन्हें पताही हवाई अड्डे पर उतरने ही नहीं दिया गया। पताही ट्रेनिंग कॉलेज और हाईस्कूल के सैकड़ों छात्रों ने हवाई अड्डे को कब्ज़े में कर लिया। कुछ छात्र मुज़फ़्फ़रपुर के कॉलेजों से भी आये थे। छात्रों ने पताही हवाई अड्डे से पताही चौक तक सड़क के किनारे रखे गये पत्थर के बड़े-बड़े बोल्डर को जहाँ-तहाँ रोड पर रखकर सड़क जाम कर दिया था, ताकि यदि मुख्यमन्त्री आये भी, तो सड़क मार्ग से मुज़फ़्फ़रपुर नहीं जा सके। इन तमाम गतिविधियों में मैं भी शामिल था। लेकिन मेरी भूमिका अहिंसक थी। मेरे कुछ छात्र भी खरौना गाँव से आये थे। मुख्यमन्त्री जगन्नाथ मिश्र का हेलिकोप्टर जब पताही हवाई अड्डे से 10-15 मिनट मँडराकर पटना की ओर लौट गया, तो हम लोग पैदल ही पताही चौक की तरफ़ बढ़े। चौक तक पहुँचते-पहुँचते तिरहुत कमिश्नर, डी.एम. आदि की गाड़ी आयी। लेकिन पत्थर के बोल्डर देखकर वहीं रुक गयी। छात्रों की भीड़ को देखकर वे डर गये। कुछ लड़कों ने गाड़ी के चक्के की हवा खोलनी चाही, मैं उन लड़कों के बीच में आकर उन्हें रोक दिया। पर वे माने नहीं। इतने में एक लड़के ने गाड़ी के सामने के शीशे पर पत्थर चला दिया। एक-दो पत्थर और लगे। गाड़ी का शीशा चूर-चूर हो गया। कमिश्नर साहेब गाड़ी की अगली सीट पर हाथ जोड़े बैठे थे। वे भय से काँप रहे थे। मेरे साथ आस-पास के कुछ अन्य लोग भी लड़कों को रोक रहे थे। सैकड़ों की भीड़ देखकर उनके साथ आयी पुलिस भी मूकदर्शक बन गयी।

इतने में मुज़फ़्फ़रपुर से दो-तीन ट्रक सीआरपीएफ फोर्स का जत्था आया और बन्दूक लेकर सैकड़ों की संख्या में भीड़ की ओर दौड़ पड़ा। उन्हें देखते ही भीड़ भाग खड़ी हुई। उनके छूटे हुए जूते-चप्पलों से चौक भर गया। यह अप्रत्याशित आक्रमण था। इसीलिए वे सब कुछ छोडकर तेजी से भागे। पुलिस बल ने उन्हें दौड़ा-दौड़ाकर पीटा और घसीटते हुए ट्रक में बैठाया। सैकड़ों छात्र पकड़े गये। सबको अतिरिक्त पुलिस वाहन में लादकर मुज़फ़्फ़रपुर सेन्ट्रल जेल ले जाया गया। सैकड़ों जूते-चप्पल चौक पर जमा थे। मैं भागा नहीं था। कमिश्नर को बचाने में लगा था। फिर भी मैं डर गया और एक दुकान में बैठना चाहा। किन्तु दुकानदार ने मुझे मना किया कि उनकी भी गिरफ़्तारी हो जायेगी। मैं धीरे-धीरे हवाई अड्डे की ओर बढ़ने लगा। मैंने सफ़ेद कुर्ता-पैजामा

पहन रखा था। अर्द्धसैनिक बल के सिपाहियों ने सड़क के बोल्डर को हटा दिया था और पुलिस अधिकारी सड़क पर गश्त लगा रहे थे। मुझे सड़क किनारे अकेले चलते देखकर एक पुलिस अधिकारी ने गाड़ी रोकी और मुझे रोककर पूछा– "आप छात्र नेता हैं?" मैंने कहा– "नहीं, मैं ट्रेनिंग कॉलेज में पढ़ता हूँ, बग़ल के गाँव में ट्यूशन पढ़ाने जा रहा हूँ।" पुलिस अधिकारी ने मुझे शिक्षक समझकर छोड़ दिया। खरौना दरबार का मेरा एक छात्र अनिल कुमार जेल चला गया, जिसे दो हफ़्ते बाद रिहा किया गया। जेल से उसे नयी लुंगी-गंजी और चादर मिले थे। उसके बाद 25 जून 1975 को देश में आपातकाल घोषित हो गया। आन्दोलन के उन दिनों में मैं अक्सर ट्रेनिंग कॉलेज होस्टल में ही रह जाता था। वहाँ मेरी चौकी और बिछावन पूर्ववत लगे रहते थे। पुलिस ने ट्रेनिंग कॉलेज को तीन तरफ से घेर लिया। शर्मा जी ने परिसर की चहारदीवारी में बने एक छोटे-से गेट से छात्रों को गाँव की ओर से निकाल दिया। हम लोग पैदल ही छुपते-छिपाते मुज़फ़्फ़रपुर आये। किन्तु वहाँ से हर जगह का आवागमन ठप था। कहीं कोई सवारी नहीं आ-जा रही थी। हम लोगों ने किसी तरह एक मिनी बस को दुगुने भाड़े पर तैयार किया और सीतामढ़ी पहुँच गये। फिर रात में किसी तरह घर पहुँचे।

रोजी-रोटी के लिए संघर्ष

टेनिंग करके घर लौटने पर कुछ लोगों ने राय दी– "नौकरी लगने में दो-तीन साल की देरी होगी। तब तक कॉलेज में नाम लिखवा लो।" मैं सीतामढ़ी गोयनका कॉलेज में आई.एस.सी. मैथ में नाम लिखाने गया। एडमिशन इन्चार्ज कोई द्विवेदी जी थे। उन्होंने कहा– "मैट्रिक का स्कूल लिविंग सर्टिफिकेट लाओ।" मैंने कहा– "वह तो ट्रेनिंग में जमा हो गया।" "तो फिर ट्रेनिंग का लाओ।" मैंने कहा कि "उसे तो नौकरी में देना होगा।" उन्होंने कहा– "फिर तो तुम्हारा एडमिशन नहीं होगा।" मैंने अनुरोध किया कि "किसी तरह एडमिशन कर लीजिए। इसकी अभिप्रमाणित प्रति जमा कर देता हूँ।" उन्होंने आँख तरेड़ते हुए पूछा– "कौन जात हो?" मैंने अपनी जाति बता दी। "तो तुम्हारा एडमिशन गोयनका कॉलेज में सात जन्मों में नहीं होगा। जाओ, भागो यहाँ से।" मैंने बहुत अपमानित महसूस किया। वहाँ कुछ और लड़के थे। उन्होंने कहा– "सर्टिफिकेट ले आओ। एडमिशन कैसे नहीं करेंगे?" मैं घर आ गया और नामांकन का इरादा ही छोड़ दिया। मेजरगंज में ही कुछ ट्यूशन आदि करके परिवार को पालने लगा।

इसी बीच एक दिन डाक से रेलवे में नौकरी के लिए एक पत्र आया। पूर्वी रेलवे से लोको पाइलट की परीक्षा का एक प्रवेश–पत्र था। असम की राजधानी गोहाटी में सेन्टर पड़ा था। लेकिन मेरे पास उतनी दूर जाने और वहाँ रहने–खाने के पैसे नहीं थे। भैया ने किसी तरह कुछ पैसे जुटाये। मेरे छोटे मामा रामसेवक ठाकुर वहीं 'न्यू बोंगाई गाँव' में सैलून की दुकान में काम करते थे। पिताजी और मेरे भैया भी कुछ दिन के लिए वहाँ कमाने जा चुके थे। उन्हें वहाँ जाने और रहने का अनुभव था। उन्होंने कहा कि जाओ, मामा वहीं रहते हैं, वहाँ से कुछ ही दूरी पर गोहाटी है। परीक्षा दे देना और कुछ दिन मामा के घर पर रहकर घूम लेना, मन बहल जायेगा। सो मैंने गोहाटी का टिकट कटाया और दो दिन पहले ही मामा के घर 'न्यू बोंगाई गाँव' पहुँच गया। सीतामढ़ी से समस्तीपुर और समस्तीपुर में 'अवध–आसाम' ट्रेन पकड़कर गोहाटी जाना था। किसी एक्सप्रेस ट्रेन में यह मेरी पहली यात्रा थी। मेरा जेनेरल का टिकट था, लेकिन भीड़ इतनी थी कि मैं उसमें चढ़ नहीं सका। बगल में अर्द्ध–सैनिक बलों के लिए एक डिब्बा रिज़र्व था। मैं उसी में सवार हो गया। सैनिकों ने विद्यार्थी समझकर मुझे बैठा लिया। रात में स्लीपर पर सोने की भी जगह दी। सुबह उठकर जब मैं शौच के लिए जाने लगा, तो सैनिकों ने यह कहकर उधर जाने से मना कर दिया कि उधर भीड़ है, मत जाओ, पीछे वाले शौचालय में चले जाओ। लेकिन मैं वहाँ चला गया। वहाँ देखा कि जवानों की लाइन लगी हुई है और शौचालय के अन्दर से किसी औरत के कराहने–चिल्लाने की आवाज़ आ रही थी। सैनिकों ने मुझे मुस्कुराते हुए कहा– "देखते नहीं, इधर लाइन लगी हुई है। तुम पीछे मुड़कर उधरवाले शौचालय में चले जाओ।" बात थोड़ी–थोड़ी समझ में आने लगी। मैं नियमित रूप से चार–पाँच बजे के बीच जग जाता था और जागते ही मुझे शौच की तलब होती थी। मैं उधरवाले पैखाने में जाकर नित्यक्रिया से निपट लिया। फिर आकर सीट पर बैठ गया। गाड़ी तेज़ी से चल रही थी।

लगभग एक घण्टे के बाद गाड़ी स्लो होने लगी। पता चला बारसोई स्टेशन आनेवाला है। यह बिहार का अन्तिम स्टेशन था। वहाँ से बंगाल शुरू हो जाता है। मैं उत्सुकता से टहलते हुए गेट की ओर गया। देखा गेट के पास एक जवान औरत खड़ी थी। गाड़ी कुछ और स्लो हुई, तो वह धीरे से उतर गयी और दोनों पैर फैलाकर लगभग लँगड़ाती हुई धीरे–धीरे लाइन के बग़ल के वीराने की ओर चली गयी और धुन्ध में खो गयी। जाड़े का मौसम था। सुबह के लगभग छह बजे होंगे। मैं सोच में पड़ गया और बुझे हुए मन से

सीट पर आकर बैठ गया। मुझे सोच में पड़े देखकर बगल के एक सैनिक जवान ने कहा– "क्या सोचते हो? उस औरत को देखकर सोच रहे हो। वह पेशेवर लड़की थी। इस रूट में ऐसी बहुत-सी औरतें घूमती रहती हैं और शाम में सीट न मिलने का बहाना मारकर सैनिक डिब्बे में घुस जाती हैं। हमलोग समझ जाते हैं। सेना के जवान साल-दर-साल अपने घर-परिवार से दूर रहते हैं। इसीलिए उन्हें सेक्स चाहिए। यह बात वे पेशेवर लड़कियाँ भी जानती हैं और हम भी। इसीलिए ऐसी औरतें रात-भर हम लोगों के साथ रहती हैं, हम लोग कुछ पैसे देते हैं। सुबह में वे चली जाती हैं। तुम अभी विद्यार्थी हो, यह सब तुम्हें बुरा लगता होगा। अभी गोहाटी बहुत दूर है। रात में फिर कोई आ जायेगी। तुम अगले स्टेशन पर जेनेरल डिब्बे में चले जाना। तुम्हारे मन पर ख़राब असर पड़ेगा।" मैंने वैसा ही किया।

'न्यू बोंगाई गाँव' पहुँचकर मैंने मामा की दुकान खोज ली। फिर अगले दिन ट्रेन से परीक्षा देने गोहाटी गया। बिहार के कुछ और लोग ट्रेन में ही मिल गये थे। परीक्षा गोहाटी विश्वविद्यालय के बड़े कक्ष में हुई। पूरा पेपर अंग्रेज़ी में था। मैंने अधिकांश प्रश्नों के जवाब दिये। पर वहाँ देखा कि वीक्षक लोग अपने-अपने उम्मीदवारों की मदद कर रहे हैं। लड़के बाथरूम में आ-जा रहे हैं। पेशाब करने मैं भी बाथरूम में गया। वहाँ देखा पूरा फ़र्श चिट-पुर्जों से भरा पड़ा था। मेरा कोई सहायक नहीं था। होता भी, तो शायद ही मैं मदद ले पाता। परीक्षा देकर निकला, तो मुझे अनुमान हो चुका था कि इसमें मेरा चयन नहीं होगा। सीटें भी कम थीं– शायद सोलह। होटल में हम लोग दही-चूड़ा खाये, क्योंकि साथ के लोगों ने बताया कि यहाँ प्रत्येक होटल में गाय-भैंस के माँस मिलते हैं। शाम में हमलोग बाज़ार घूमने गये। गोहाटी में सब्ज़ी, माँस-मछली आदि का बहुत बड़ा बाज़ार था। वहाँ कच्चा केला बहुतायत में बिकता था। मैंने एक भले-मानुष को कन्धे पर केले का घौन्द लादे हुए देखा, जो अभी-अभी बेचने आये थे। जिज्ञासावश मैंने उनसे पूछ लिया– "सब्ज़ी बेचने के अलावा आप और कौन काम करते हैं?" उन्होंने बताया– "मैं सरकारी स्कूल में शिक्षक हूँ। ख़ाली समय में प्राय: सभी नौकरी करनेवाले सब्ज़ी बेचते हैं।" मैंने उन्हें प्रणाम किया। उन्होंने पूछा- "आप कहाँ से आये हो?" मैंने कहा– "बिहार से। हमारे यहाँ सरकारी काम करनेवाले ऐसा करने से शरमाते हैं।" वे मुस्कुराकर रह गये। केवल कहा– "बिहार ग़रीब है न, बहुत-से लोग इधर कमाने आते हैं।" मैं 'हाँ' कहकर चल दिया। वहाँ केले के फूल, थम्ब के बीच का मुलायम भाग भी सब्ज़ी के लिए बिक रहे थे।

छोटी-छोटी मछलियाँ भी खूब थीं। हम लोग रात में ट्रेन पकड़कर 'बोंगाई गाँव' चले आये। 'न्यू बोंगाई गाँव' के बाज़ारों का नज़ारा भी गोहाटी जैसा ही था। वहाँ छोटे-बड़े लोगों में कोई भेदभाव नहीं था, जिसका सामना बिहार में पग-पग पर करना होता। हमारे गाँव के शुकदेव सिंह ने आते समय अपने मामा का पता दिया था और कहा था कि उनसे मिलना, वे कोई काम दिलवा देंगे। उनके मामा वहीं गोहाटी स्टेशन पर किसी तकनीकी पद पर काम करते थे। एक दिन मैं उनसे मिला। उन्होंने साफ़ इनकार कर दिया। कहा– "रेलवे में ऐसी कोई नौकरी नहीं मिलती।" मैं निराश होकर लौट आया।

'बोंगाई गाँव' में मामा के घर रहने का एक विचित्र अनुभव हुआ। मामा का घर झुग्गी-झोपड़ी वाले मोहल्ले में था। बाँस के टाट और घास-फूँस के छप्परवाले अनेक घर थे। अधिकांश घर नये थे। दूर-दूर तक खुला मैदान था, जिसमें सुबह-शाम झुग्गी के लोग टट्टी करते थे। पहली रात जब मामा के घर पर गया, तो मामा ने आलू-बैंगन की सब्ज़ी और रोटी बनायी। वे दुकान से थोड़ी पोठिया मछली भी लेते गये थे। मैंने सोचा कि मछली को वे अलग से बनायेंगे। पर उन्होंने उसे धो-धाकर उसी सब्ज़ी में डालकर भून दिया। जब मैंने सब्जी खायी, तो विचित्र स्वाद लगा। मैं पूरी सब्ज़ी नहीं खा सका। खाली रोटी खाकर पेट भर लिया। मामा ने समझाया यहाँ हर रोज़ दाल और सब्ज़ी में लोग मछली डालकर खाते हैं। इससे दिमाग़ तेज़ होता है। एक-दो बार खा लोगे, तो अच्छा लगने लगेगा। मामा की बातें सच निकलीं। एक-दो शाम मछलीवाली सब्जी खा लेने के बाद सब्जी अच्छी लगने लगी और मैं बड़े चाव से सब्ज़ी के साथ चावल या रोटी खाने लगा। खाना खाकर रात में जब हम लोग सोने लगे, तो अगल-बगल के घरों से औरतों के रोने-चिल्लाने और मार-पीट की तेज़ आवाज़ें आने लगी। मैं चौकन्ना हो गया। मैंने मामा से कारण पूछा। उन्होंने बताया कि "पूरा मोहल्ला मज़दूरों का है। औरत-मर्द सभी मज़दूरी करते हैं। लगभग सभी मर्द शाम में ताड़ी-शराब पीकर आते हैं। रात में वे घर में भी पीते हैं। उनकी पत्नियाँ उन्हें ऐसा करने से रोकती हैं, जिसके कारण मारपीट होती है। हर घर में ऐसा ही होता है।" रोना-चिल्लाना सुनकर मुझे नींद नहीं आ रही थी। मैंने मामा से कहा कि जाकर आस-पास के घरों में समझा दीजिए, वे चुप हो जायेंगे। मामा ने कहा– "कौन जायेगा उन लोगों के पास? जो जायेगा, उसी से वे मारपीट कर बैठेंगे। वे खाये-पीये रहते हैं।" मैंने कहा– "ऐसा थोड़े ही होता है, चलिए मैं भी चलता हूँ।" मेरी ज़िद पर मामा पास के घर में गये। मैं भी उनके साथ गया। मर्द पीकर

भूत बना हुआ था। लेकिन समझाने पर मान गया। मामा ने मेरा हवाला देते हुए बताया– "मेरा भगिना गाँव से आया हुआ है। इसे नींद नहीं आ रही है। कुछ देर औरत-मर्द में एक-दूसरे पर दोषारोपण हुआ, फिर वे चुप हो गये, बोले– "जाकर सोइए, हम भी सोते हैं।" लेकिन मामा ने कहा– "बगलवाले को भी समझा दो।" वह फ़ौरन तैयार हो गया और हम लोगों के साथ जाकर कई घरों को समझा आया। उसके बाद हम लोग चैन से सो सके। लेकिन अगले दिन फिर वही हो-हल्ला शुरू हो गया। इस बार कहने पर भी मामा नहीं गये। सुबह में सब कुछ सामान्य हो जाता था। दो-चार दिनों के बाद मेरी भी आदत हो गयी और उसी रोने-चिल्लाने के बीच मैं भी सो जाता था।

मामा का वह अपना घर नहीं था, किसी मज़दूर से किराये पर लिया था। दिशा-मैदान के बाद हम लोग सुबह सबेरे ही तैयार होकर दुकान पर आ जाते थे। मामा अपने सैलून की दुकान खोलते। दो-चार ग्राहक पहले ही से बैठे होते। दुकान भी साझे में थी। कई लोगों ने मिलकर खोला था। मामा के सैलून से सटे एक छोटा-सा होटल था। सैलून से पहले ही वह खुल जाता था। उसमें दाल-भरी गरम-गरम पूड़ियाँ बनती रहती थीं। मामा मुझे रोज़ पूड़ी-सब्ज़ी और कभी-कभी जलेबी खिलाते थे। वहाँ से अगल-बगल में सुन्दर जंगल और पहाड़ दिखायी पड़ते थे। पहाड़ से लकड़ी काटकर आते-जाते औरत-मर्द भी दिखायी पड़ते थे। मैंने मामा से पहाड़ी और बगल के डिगबोई तेल रिफाइनरी आदि दिखला देने का अनुरोध किया। उन्होंने साइकिल के साथ एक आदमी को मेरे साथ लगा दिया। उसकी साइकिल के पीछे बैठकर मैं दूर-दूर तक घूमता रहा। जो पहाड़ नज़दीक में ही दिखायी पड़ते थे, उनके पास तक जाने में पसीने छूट जाते थे। असल में वे बहुत दूर होते थे। हम लोग दिन-भर घूमते रहे। सुपारी के बड़े-बड़े जंगल थे, जिनके बीच छोटी-छोटी बन्दूकें लिये कुछ लोग घूमते रहते थे। साथ के आदमी ने बताया कि वे सभी सुपारी के मालिक किसान हैं। यहाँ सबको सरकार मुफ़्त में बन्दूक का लाइसेंस देती है, हिंसक जानवरों से रक्षा के लिए। हम लोगों ने 'डिगबोई' तेल कारख़ाने को भी नज़दीक से जाकर देखा और घूमा। उस दिन यात्रा पूरी नहीं हो सकी। दूसरे दिन हम लोग दो साइकिल से गये। मैं साइकिल से आसपास के ग्रामीण इलाक़े में घूमता रहा। गाँव घने नहीं थे। जहाँ-तहाँ बने झोपड़ीनुमा घरों के आगे कुछ औरतें करघे पर बैठकर सूत और रेशम के कपड़े और साल बुन रही थीं। असम के रेशमी साल को अण्डी कहते थे। यह अण्डी देश के अन्य भागों में बहुत महँगी बिकती थी। ये रेशमी साल केवल यहीं बनते थे। मैं

नज़दीक जाकर उन्हें देखना और उनके काम के बारे में बातें करना चाहता था। वे औरतें और लड़कियाँ भी हमें साइकिल पर रुके देखकर काम छोड़कर देखने लगती थीं। पर साथ में गया लड़का उनके पास जाने से रोकता था। कहीं बुरा मानकर मारपीट कर दे। वह भी बिहार का ही लड़का था। मेरी तरह उसे भी उनकी भाषा समझ में नहीं आती थी। इसलिए मैं चाहकर भी रेशम बुनाई के बारे में नहीं जान सका।

लगभग दो सप्ताह रहने के बाद मैं लौट आया। मामा ने बड़ी मुश्किल से साठ-सत्तर रुपये की व्यवस्था की और मुझे टिकट आदि के लिए दे दिये। बिहार रूट की कोई गाड़ी नहीं मिली। इसीलिए मुझे हावड़ा रूट का टिकट कटवाकर गाड़ी में बिठा दिया गया। आगे के किसी स्टेशन से बिहार रूट की दूसरी गाड़ी पकड़नी थी। लेकिन रात में ही गाड़ी का इन्जन विपरीत दिशा से आते हुए एक दूसरे इन्जन से टुकड़ा गया, जिससे गाड़ी घण्टों एक सुनसान जगह में खड़ी रही। इन्जन में इन्जन घुस गया था। जब इन्जन निकालने के बाद गाड़ी चली, तो मेरे जनरल डिब्बे में एक दूसरी ही समस्या शुरू हो गयी। शौचालय से ज़ोर-ज़ोर से रोने-पीटने की आवाज़ आ रही थी। अन्दर से कोई जोर-जोर से किवाड़ पीटते हुए रो रहा था। उस डिब्बे में दक्षिण बिहार के कुछ आदिवासी मज़दूर सवार थे। मज़दूरों ने बताया कि उनका एक साथी लगभग एक घंटा पहले शौचालय में गया, लेकिन उसमें से वह चिल्ला रहा है। शायद उससे किवाड़ नहीं खुल रहा है। मुसाफ़िरों की भीड़ लग गयी। सबने प्रयास किया, लेकिन किवाड़ खुली नहीं। अन्त में गार्ड को सूचना दी गयी। सावल-हथौड़ा लेकर कुछ तकनीकी स्टाफ आये और किवाड़ खोलने की कोशिश की। जब नहीं खुली, तो हथौड़े से पीट-पीटकर किवाड़ को तोड़ा गया। तब तक वह सीधा-सादा अनपढ़ आदिवासी युवक बेदम-सा हो चुका था। उसे किसी तरह उठाकर सीट पर बैठाया गया। पानी पीने के कुछ देर बाद वह होश में आया।

किसी स्टेशन (मुझे याद नहीं) से मुझे बिहार जानेवाली गाड़ी मिली। लेकिन मेरे पास टिकट केवल उसी स्टेशन तक था। क़ायदे से मुझे नया टिकट कटा लेना चाहिए था। मेरे पास पैसे भी थे, किन्तु मैंने पैसे बचाने के लोभ में टिकट नहीं कटाया। जब टिकट चेकर आता था, तो उससे बचते हुए मैं बाथरूम में या इधर-उधर चला जाता था। लेकिन मेरे मन में एक अपराध-बोध हमेशा रहता था। इमरजेन्सी का ज़माना था। पग-पग पर जाँच होती थी। लेकिन कटिहार में आकर मैं पकड़ा गया। ट्रेन से ज्यों ही प्लेटफार्म

पर उतरा, कुछ टीटी वहाँ खड़े थे। मैं एक भूंजे की दुकान में जाकर खड़ा हो गया। टीटियों ने मेरा मनोभाव पकड़ लिया और पूछ लिया "कहाँ जाओगे?" मैंने उन्हें सही-सही बता दिया। उन्होंने टिकट माँगा। मैंने कहा– "टिकट नहीं है।" उन्होंने डाँटते हुए कहा– "तुम्हारी हिम्मत कैसे हुई इस आपातकाल में बिना टिकट चलने की?" उन्होंने कहा कि "जुर्माना भरो या जेल जाओ।" मैंने अपने विद्यार्थी होने, लोको-पाइलट की परीक्षा देने आदि की पूरी कथा उन्हें सुना डाली। और गिड़गिड़ाते हुए अपने पैसे की कुल पूँजी उनकी ओर बढ़ा दी। उन्होंने जुर्माने के बीस रुपये ले लिए और कहा कि बाकी पैसे से जाकर टिकट कटा लो, फिर चले जाना। गाड़ी अभी यहाँ कुछ देर रुकेगी। मैंने टिकट लिया और दूसरे दिन सुबह तक मैं घर पहुँच गया। कुछ पैसे बचे थे, जिससे कुछ मिठाई, खिलौने और कपड़े ले लिया था। माँ, पत्नी और बच्चे खुश हो गये।

घर आकर मैंने मेजरगंज के मारवाड़ी लोगों के यहाँ फिर से ट्यूशन पढ़ाना शुरू कर दिया। तब तक मेरे चचेरे भाई बिलट ठाकुर के भी दो लड़के मदन और जलन्धर बड़े हो चुके थे। मैं उन दोनों को भी प्रेरित कर स्कूल भेजने और खुद से पढ़ाने लगा। किन्तु दो-चार महीने ही पढ़ाया होगा कि मेजरगंज के महेन्द्र मिस्त्री मास्टर साहेब ने मुझसे एक प्रस्ताव दिया कि इस ट्यूशन से तुम्हारा काम चलता नहीं है। क्या तुम शंकर प्रसाद के बच्चों को पढ़ाने मुज़फ़्फ़रपुर जाओगे? भोजन, कपड़ा के बाद वहाँ 100 रुपये का महीना भी मिलेगा। दूसरी जगह ट्यूशन भी पढ़ा लेना। मैं तैयार हो गया। वर्ष 1975 के अन्त में मैं मुज़फ़्फ़रपुर आ गया। यहाँ आकर मैं अपने गाँव के मिड्ल और हाई स्कूल के संस्थापक विश्वनाथ प्रसाद के बड़े लड़के शंकर प्रसाद के यहाँ अघोरिया बाज़ार स्थित एक बड़े डेरे में रहने लगा। जॉर्ज फर्नाण्डिस के प्रयास से मुज़फ़्फ़रपुर में आई.डी.पी.एल. नाम की एक दवा फैक्ट्री खुली थी, जिसमें नये-नये भवनों का निर्माण चल रहा था। वहाँ के कार्यपालक अभियन्ता मेजरगंज के ही वाल्मीकि प्रसाद के बड़े भाई थे। शंकर बाबू यहाँ ठीकेदारी करते थे। मैं उनकी दो बेटियाँ और एक बेटे निप्पू को पढ़ाता था। यहाँ मैंने आमगोला स्थित एक टाइपिंग सेन्टर से हिन्दी-अंग्रेजी टाइपिंग भी सीखी। किन्तु यहीं एक अवगुण भी सीख लिया। शंकर बाबू के छोटे भाई रामबाबू प्रसाद खैनी खाते थे। वे जब भी मुज़फ़्फ़रपुर आते, अपने खैनी की गाँठ को मेरे बिछावन के सिरहाने में छुपाकर रख देते और मुझे भी खैनी खाने को प्रेरित करते। यद्यपि मेरे पिताजी तम्बाकू खाते थे, पर मैंने कभी नहीं सोचा

कि मुझे भी खाना पड़ेगा। मुझे तम्बाकू से सख़्त घृणा थी। किन्तु रामबाबू के कहने पर एक बार मैंने खैनी खा ली। मुझे वोमेटिंग होने लगी। मैंने फिर नहीं खायी। पर बार-बार ज़ोर लगाने पर मैं थोड़ा-थोड़ा खाने लगा। एक बार तो टाइपिंग सेन्टर पर ही वोमेटिंग हो गयी। मैंने खैनी खाना छोड़ दिया। कई बार छोड़ते-खाते हुए अन्ततः मुझे उसकी आदत पड़ गयी। डेरे पर शंकर जी के पिता विश्वनाथ बाबू भी आते रहते थे।

एक बार वे मुझे रिक्शा पर बिठाकर खस्सी (बकरे) का माँस ख़रीदने कल्याणी ले गये। माँस-मछली के उतने बड़े बाज़ार को मैंने पहली बार देखा। अन्दर बाज़ार में आमने-सामने कई बड़े-बड़े बकरे काटकर टँगे थे। कसाई ने जब देखा कि मालिक को चार किलो माँस लेना है, तो वे आपस में गाली-गलौज करने लगे। सभी एक-दूसरे के बकरे को बकरा नहीं, बकरी का माँस कहने लगे। वे अल्लाह की कसम खाकर अपने माँस को बकरा (खस्सी) कहते थे। निर्णय करना मुश्किल था कि किसके पास बकरा है, किसके पास बकरी? सो मैंने विश्वनाथ बाबू से कहा कि यह आदमी, जो कसम खाकर बोल रहा है, इसी से ले लीजिए। विश्वनाथ बाबू ने चार किलो माँस बनवाकर तुलवा लिया। इस बीच बग़ल वाला लगातार कहता रहा कि वह बकरी है, मत लीजिये और वह वाला उसको गाली देता रहा। विश्वनाथ बाबू ने उसे चालीस रुपये दिये और हम लोग माँस लेकर घर आ गये। उन दिनों खस्सी के माँस की क़ीमत थी- दस रुपये प्रति किलो। लेकिन घर पर चार घण्टे कूकर में पकाने पर भी जब माँस नहीं सीझा, तो लोगों को पक्का विश्वास हो गया कि वह बकरी का माँस था। पूरे माँस को फेंकवा दिया गया। वह मकान एल.आई.सी. के हरेन्द्र सिंह नामक एक कर्मचारी का था। उसके पास में एल.आई.सी. के ही एक कम्युनिस्ट नेता और कर्मचारी काली बाबू का मकान था।

काली बाबू का बड़ा नाम था। जब मैं आर.डी.एस. कॉलेज में प्रोफ़ेसर बनकर आया, तो बाद में उनकी एक पतोहू अनिता कुमारी भी अंग्रेज़ी की प्रोफेसर बनी। उनके मकान में आई.डी.पी.एल. के एक मद्रासी ऑफ़िसर रहते थे। मैं उनकी भी बेटी को हिन्दी पढ़ता था। उसकी पत्नी मुझे 'इडली-डोसा-साँभर' आदि का नास्ता कराती थी। 'साऊथ इंडियन डिस' का स्वाद जीवन में मैंने पहली बार यहीं पर चखा। मैडम कभी-कभी खाना भी खिलायी थी। पर सब्जी में ईमली की मात्रा इतनी ज्यादा होती थी कि मैं खा नहीं पाता था। बकरी के माँस वाली घटना को लेकर शंकर बाबू ने सबको

संगठित किया और निर्णय हुआ कि अपने घर के आगे मेनरोड पर एक माँस की दुकान खुलवाई जाये। एक-दो दिनों के अन्दर ही वहाँ माँस की दुकान खुल गयी, जहाँ खस्सी का शुद्ध मीट सामने बनाकर बिकने लगा। वहीं से फिर चार किलो माँस आया और बना। मीट की वह दुकान आज भी वहाँ है। उस समय अघोरिया बाज़ार से लेकर बेला इन्डस्ट्री तक पूरा क्षेत्र लगभग ख़ाली था। नीम चौक और सादपुरा गुमटी के बीच केवल एक मुस्लिम ठेहा था, जो आज भी है। बाकी सभी जगह या तो शहर के कचरों के ढेर से भरे होते थे या उनमें लीची के बग़ान थे। हम लोगों ने जहाँ घर बनाया है, वह नागेन्द्र नगर श्मशान स्थल था, जहाँ शहर-भर के हिन्दुओं के मृतकों का दाह-संस्कार होता था। सादपुरा में कुछ मुस्लिम घर थे और एक क़ब्रिस्तान भी। अघोरिया बाज़ार के पूरब रोड से दक्षिण रघुनाथ पाण्डेय का एक बड़ा-सा दुमंज़िला मकान था, जिसमें कुछ लोग किराये पर रहते थे। अधिकांश खाली इलाक़ा पाण्डेयजी का ही था। अब तो चप्पे-चप्पे में शहर बस गया है। मेरे पढ़ाने का समय केवल सुबह और रात में ही होता था।

सुबह-शाम पढ़ाने से बचे समय में अतिरिक्त पैसे कमाने के लिए मैंने किसी स्कूल में पढ़ाने की सोची। सबसे पहले मैं प्रभात तारा स्कूल में गया और अपना परिचय देकर वहाँ पढ़ाने की इच्छा व्यक्त की। मुझे ट्रायल क्लास के लिए नर्सरी में भेजा गया, फिर मॉन्ट-1, 2 आदि में। मेरा काम सन्तोषजनक था, किन्तु प्रबन्धन की जटिल और लम्बी प्रक्रिया के कारण मेरे लिए अधिक दिनों तक मुफ़्त में पढ़ाना सम्भव नहीं रहा। मुझे सरकारी नौकरी तो मिलनी ही थी। यहाँ तो केवल ख़ाली समय में कुछ पैसे कमाना उद्देश्य था। इसीलिए 'प्रभात तारा' का मोह छोड़कर मैं क़लमबाग़ स्थित 'कॉन्वेन्ट स्कूल' में पढ़ाने लगा। यहाँ पैसे भी मिलने लगे और मेरी पढ़ाई की धाक भी जम गयी। लगभग चार-पाँच महीने तक मैं इस स्कूल में पढ़ाता रहा, किन्तु प्रबन्धन और प्राचार्य के बीच झगड़े के कारण मुझे स्कूल छोड़ना पड़ा। स्कूल के मालिक राजपूत थे और प्रिंसिपल कायस्थ। प्रिंसिपल बहुत विद्व ान और योग्य थे। स्कूल मालिक भी गम्भीर और शिक्षाप्रेमी थे। वे अधिक पढ़े-लिखे नहीं थे, इसीलिए उन्होंने अपने भगिना को स्कूल प्रबन्धन का ज़िम्मा दे दिया था। भगिना बी.ए. पास था और उसी स्कूल में शिक्षक भी था। भगिना का स्वभाव अच्छा नहीं था। स्कूल में आठवीं कक्षा तक पढ़ाई होती थी। लड़कियों से लेकर शिक्षिकाओं तक उनकी बड़ी शिकायत थी। इसके बावजूद वह प्रिंसिपल और शिक्षकों पर रोब-दाव गाँठता रहता था, जिसके

लिए प्रिंसिपल ने कई बार स्कूल मालिक से शिकायत की थी। किन्तु इसका कोई असर नहीं पड़ा। दूरियाँ बढ़ती गयी। प्रिंसिपल के सबसे करीब चूँकि मैं और एक मैडम थीं, इसीलिए हम दोनों को हटा दिया गया। इससे आहत होकर प्रिंसिपल ने भी उसी दिन इस्तीफ़ा दे दिया।

उसके बाद मैं भी अपने गाँव आ गया कि यहाँ रहने पर ज़िले में नौकरी की सम्भावना होती। एक पुरानी साइकिल ख़रीदी और यहाँ फिर से ट्यूशन करने लगा। इस बार मेरे ट्यूशन का विस्तार मेजरगंज ब्लॉक स्टाफ से लेकर हॉस्पिटल के डॉक्टर, कुआड़ी मदन के गाँव और मेजरगंज के घरों तक हो गया। सुबह में अपने घर पर भी ट्यूशन पढ़ाता। उस समय उस इलाक़े में एक ही हाईस्कूल था– मेजरगंज। इसीलिए वहाँ दूर-दूर से लड़के पढ़ने आते थे। सात-आठ किलोमीटर दूर मेरे मामा के गाँव से एक कुम्हार का लड़का राजदेव पण्डित मेरे यहाँ ट्यूशन पढ़ने आता था। वह मेरी ही तरह ग़रीब परिवार का था। मैं उसे मुफ़्त में पढ़ाता था। वह हाई स्कूल में आठवीं में पढ़ता था। सात-आठ बजे आता सो स्कूल करके ही शाम को लौटता। अपने साथ दोपहर का खाना भी लिये आता। मैं उसे गणित और विज्ञान पढ़ाता था। उसने मुझसे पढ़ाई के ज्ञान से अधिक आगे बढ़ने की प्रेरणा ग्रहण की और आगे चलकर बी.ए. भी पास कर गया। इस बार जब मामा के घर गया, तो वह मिलने आया। उसने अपने बच्चों को भी ख़ूब पढ़ाया। एक लड़का किसी अच्छे पद पर काम करता है। उसने कृतज्ञता ज़ाहिर की कि आप ही की प्रेरणा से मैं आगे बढ़ सका। यद्यपि अब वह भी बूढ़ा हो चुका है, पर जीवन-भर मेरा नाम लेता रहा। गाँव के लोगों ने बताया कि राजदेव अब भी कहता है कि मैं जो भी हूँ, हरगेन भाई के कारण।

गाँव पर मुझे ख़ूब ट्यूशन मिलते। गाँव के दो लड़के महेन्द्र सिंह मास्टर साहेब के बड़े लड़के राजमंगल और रामवीर सिंह के लड़के लक्ष्मण मेरे छात्र थे। मैं दिन-रात ट्यूशन में ही व्यस्त रहता। पैसे आने लगे। मैंने अनाज व पैसे के लगभग सारे क़र्ज़ चुका दिये। लेकिन दिन-रात की कड़ी मेहनत और लगातार पत्नी से संसर्ग के कारण मैं कमज़ोर होने लगा। अक्सर मुझे सर्दी-बुख़ार आदि हो जाता था, जिस पर मैं अधिक ध्यान नहीं देता था। अन्त में जब सर्दी-बुख़ार ज़्यादा बढ़ गया, तो डॉक्टर ने टीबी बीमारी बताकर सूई देना शुरू कर दिया। मैं परेशान हो गया। मुझे लोगों ने दरभंगा डॉ. बी.एन. सिंह से दिखाने की सलाह दी। लेकिन मेरे पास उतने पैसे नहीं थे। फिर भी किसी तरह पैसे की व्यवस्था करके अपने छोटे भाई प्रकाश के साथ मैं दरभंगा

गया। डॉ. बी.एन. सिंह ने एक्स रे, ख़ून आदि की जाँच के बाद बताया कि टीबी पूरी तरह नहीं है, फिर भी तीन महीने तक दवा चलेगी। उन्होंने एक भी सूई नहीं लिखी, केवल टेबलेट लिखा। मैं हर महीने जाता था और जाँच के बाद दवा कुछ कम कर दी जाती थी। तीन महीने के बाद मैंने सीतामढ़ी टीबी हॉस्पिटल में भी दिखाया। डॉक्टर ने साधारण जाँच करके एक महीने के लिए पेंसिलिन की 30 मुफ़्त इंजेक्शन का एक पैकेट दे दिया। मैं एक महीने तक उन सुइयों को लेता रहा, जबकि मेरी बीमारी छूट चुकी थी। पहले तो मेजरगंज से एक ड्रेसर टाइप मेरा हमउम्र लड़का राजेन्द्र प्रसाद सूई देने आता था। बाद में मेरा छोटा भाई ही सूई देने लगा। पहले सरकारी हॉस्पिटल में मुफ़्त सीरिंज भी मिलता था। मैंने सीरिन्ज लेकर पहले खुद सूई देना सीखा और बाद में अपने छोटे भाई प्रकाश को भी सिखा दिया। टीबी छुआछूत की बीमारी थी। इसीलिए घर के लोगों ने पत्नी को मायके भिजवा दिया। कुछ महीनों में जब मैं पूरी तरह स्वस्थ हो गया, तो पत्नी आयी। इस बीच दो-तीन महीने मेरे ट्यूशन भी छूटे रहे, जिससे आर्थिक संकट उत्पन्न हो गया।

पुपरी प्रवास

पुपरी सीतामढ़ी ज़िले का सबसे पूर्वी प्रखण्ड था, जो अब अनुमण्डल बन गया है। यहाँ से दरभंगा और मधुबनी दो ज़िलों की सीमा मिलती है। इसके रेलवे स्टेशन का नाम जनकपुर रोड है। जनकपुर राजा जनक की राजधानी और जानकी सीता की जन्मभूमि थी, जो यहाँ से उत्तर नेपाल में है। यहाँ से जनकपुर जाने का सड़क मार्ग है। सम्भवतः इसीलिए अंग्रेज़ों ने इसका नाम जनकपुर रोड रख दिया होगा।

आलोक भारती पब्लिक स्कूल में : पुपरी में एक बंगाली शिक्षक पाल साहेब ने एक स्कूल खोला था– "आलोक भारती"। बड़ा नामी पब्लिक स्कूल था। उस स्कूल को जब वे बेचकर जाने लगे, तो उसे शंकर बाबू, जिनके यहाँ मुज़फ़्फ़रपुर रहकर मैं बच्चों को पढ़ाता था, ने उसे ख़रीद लिया। महेन्द्र मिस्त्री मास्टर साहेब वहीं किसी सरकारी स्कूल में पढ़ाते थे। उन्होंने मुझे राय दी कि पुपरी चले जाओ। वहाँ स्कूल में पढ़ाने का अनुभव भी हो जायेगा और पैसे भी अधिक मिलेंगे। मैं पुपरी आ गया और 'आलोक भारती' स्कूल में पढ़ाने लगा। स्कूल के दो होस्टल थे। होस्टल नम्बर एक में शंकर बाबू के बच्चे-बच्चियाँ, महेन्द्र मिस्त्री मास्टर साहेब और कुछ और शिक्षक-छात्र रहते थे। होस्टल नम्बर दो जेनेरल होस्टल था, जिसमें लगभग

एक सौ छात्र और कुछ शिक्षक रहते थे। मैं होस्टल नम्बर एक में रहने लगा। उसी समय मेरे स्कूल में चन्दौना कॉलेज के प्राचार्य प्रो. कार्यानन्द शर्मा आये। वे नाम लिखवाने के लिए लड़कों को खोज रहे थे। 'आलोक भारती' में मेरे साथ एक और नये शिक्षक थे– मण्डल जी। दोनों ही 20–21 वर्षों के युवा थे और प्रथम श्रेणी में मैट्रिक पास। मैंने तो दो वर्षों की टीचर्स ट्रेनिंग भी की थी। किसी ने शर्माजी को हम लोगों के बारे में बता दिया था। उन्होंने हम दोनों के सामने इंटर में नामांकन के लिए प्रस्ताव रखा। उन्होंने कहा– "आप लोगों का भविष्य उज्ज्वल है, नाम लिखा लीजिए, कोई ज़्यादा ख़र्च नहीं लगेगा, उलटे मेधा छात्रवृत्ति भी मिलेगी। मैं गारन्टी लेता हूँ। आप लोगों का स्कूल नहीं छूटेगा। अभी पुपरी में ही मॉर्निंग क्लास चलता है, मन हो तो उसमें शामिल हो जाइएगा, अन्यथा केवल कॉलेज की टर्मिनल और टेस्ट परीक्षा में शामिल हो जाने से ही काम चल जायेगा। आप लोगों की हाज़िरी बनती रहेगी।" मण्डल जी तो तुरत तैयार हो गये। पर मैंने कहा– "कल बताऊँगा सर, मेरे पास बड़ी जवाबदेही है।" उन्होंने कहा– "मुझसे भी बड़ी? आदमी जितनी ही जवाबदेही लेता है, उतना ही आगे जाता है। आप पढ़ाई कीजिए। आप अच्छा करेंगे। मुझे उम्मीद है आप अपने साथी के साथ एडमिशन ले लेंगे" कहते हुए वे रिक्शा पर बैठ गये। उनका स्थूलकाय शरीर रिक्शे में समा नहीं रहा था। पर उनकी सवारी रिक्शा ही थी। रिक्शावाला उन्हीं के डेरे पर स्थायी रूप से रहता था। संस्था के प्रति उनका ऐसा समर्पण भाव देखकर मैं दंग रह गया।

होस्टल आकर मैंने महेन्द्र बाबू मास्टर साहेब और एक–दो साथियों से राय ली। हेडमास्टर साहेब ने तो शर्माजी को पहले ही वादा कर दिया था। सबने मुझे नाम लिखाकर आगे पढ़ने की राय दी। कल होकर मण्डल जी के साथ मैंने भी आई.एस.सी. में नाम लिखा लिया। उन दिनों कॉलेज का क्लास हमारे होस्टल नम्बर–एक और स्टेशन के बग़ल में पुपरी हाई स्कूल में चलता था। एक–दो दिन मैं क्लास करने गया। किन्तु शिक्षकों को किताब से रीडिंग करके पढ़ाते और नोटबुक से देखकर लिखाते देखकर मैंने क्लास करना छोड़ दिया। स्कूलों में साहित्य आदि की पुस्तकों से कविता आदि को पढ़कर उसका अर्थ करना तो देखा–सुना था, पर कॉलेज के प्रोफ़ेसर भी वैसे ही पढ़ाते हैं, यह जानकर मुझे अच्छा नहीं लगा और मैं स्वाध्याय करने लगा। कोर्स की पुस्तकें मैं ख़ूब पढ़ता था। कहीं कोई कमी होने पर प्रोफ़ेसरों के डेरे में जाकर पूछ लेता था। टर्मिनल और टेस्ट परीक्षा में मुझे सबसे अधिक अंक मिले। मैं जब

भी कॉलेज जाता, प्रिंसिपल प्रो. कार्यानन्द शर्मा मुझे बुलाकर सबके सामने कुछ हिन्दी-अंग्रेज़ी के सवाल पूछते, ख़ासकर अंग्रेज़ी ट्रान्सलेशन। मैं उन्हें सन्तोषप्रद जवाब देता। वह हमेशा कहते– "कलक्टर से कम मत बनिएगा, आपमें प्रतिभा और क्षमता है। मुझे स्टाइपेन्ड मिल रहा था। मैं कभी-कभी स्टाइपेन्ड लेने भी कॉलेज जाता था। लेकिन जब क्लास करने जाता, तो शिक्षकों से कुछ सवाल पूछ देता, जिससे वे बिगड़ जाते। इस प्रकार पूरे कॉलेज में मेरी ख्याति फैल गयी। सभी शिक्षक-कर्मचारी मुझे जानने लगे। प्रिंसिपल प्रो. शर्मा सहित सभी लोग मुझे मास्टर साहब ही कहते थे।

होस्टल नम्बर एक में रहते हुए एक और घटना घटी। मेरे लेखन की कुल जमा पूँजी सुमित्रा नाम की एक सरकारी स्कूल की शिक्षिका ने ले ली। वह पटने की रहनेवाली थी और पुपरी के गाँव के किसी स्कूल में पोस्टेड थी। कभी-कभी हमारे होस्टल में आकर हम लोगों के हॉल में सो भी जाती थी। उसके एक सीनियर शिक्षक साथी थे– महेश सिंह। सुमित्रा जवान थी, पर महेश सिंह अधेड़। पर रूप-रंग से दोनों लगभग काले ही थे। लोग कहते थे दोनों में कुछ गड़बड़ सम्बन्ध था। महेश सिंह होमियोपैथ का इलाज भी करते थे। उन्होंने मेरी पत्नी के लिए भी दवा दी थी, पर कोई विशेष लाभ नहीं हुआ। मैं नौवीं-दसवीं कक्षा से ही कथा-कहानियाँ लिखने लगा था। कहानी लिखने की प्रेरणा मुझे कुशवाहा कान्त और गुलशन नन्दा के उपन्यासों से मिली। गाँव के मेरे सीनियर साथी शुकदेव सिंह और मेजरगंज के महेन्द्र साह उपन्यास पढ़ते थे। वे मुझे उनकी कहानियाँ भी सुनाते थे। बाद में मैंने उन्हीं लोगों से माँगकर उपन्यास पढ़ना शुरू किया। अंग्रेजी राज़ के विरुद्ध क्रान्ति और देशभक्ति पर आधारित कुशवाहा कान्त के जासूसी और तिलस्मी उपन्यास– लाल रेखा, पपीहरा, परदेशी, पारस, विद्रोही सुभाष आदि बड़े प्रसिद्ध थे। मैंने 'लाल रेखा' और 'परदेशी (दो भाग)' पढ़ डाले थे। गुलशन नन्दा के उपन्यासों में प्रेम, समर्पण और त्याग का बड़ा मर्मस्पर्शी वर्णन होता था। मैंने उनके उपन्यास 'काली घटा', 'झील के उस पार' आदि भी पढ़े थे। कुशवाहा कान्त और गुलशन नन्दा बड़े लोकप्रिय और सफल लेखक थे। उनके उपन्यासों के दर्जनों संस्करण छपे, उन पर बीसियों फ़िल्में बनीं, पर हिन्दी अकादमिक जगत ने उन्हें साहित्यकार न मानकर उनके साथ भारी अन्याय किया। उस ज़माने की मशहूर फ़िल्में 'काजल', 'नील कमल', 'सावन की घटा', 'पत्थर के सनम', 'झील के उस पार', 'खिलौना', 'कटी-पतंग', 'शर्मीली', 'नया ज़माना', 'दाग़', 'जुगनू', 'अजनबी', 'भँवर', 'महबूबा' आदि

गुलशन नन्दा के उपन्यास की कहानियों पर ही बनी थीं। बाद में एक और मशहूर उपन्यासकार आये– रानू। रानू के उपन्यासों में प्रेम और विरह की मारक सम्वेदनाएँ होती थीं। ये सारे उपन्यास रेलवे स्टेशन के बुक स्टॉल पर बहुतायत में मिलते थे। पुपरी के दिनों में भी मैंने गुलशन नन्दा और रानू के कई उपन्यास पढ़े।

स्कूल के दिनों में मैंने एक कविता भी लिखी थी, जिसे हेडमास्टर साहेब वीरेन्द्र बाबू के बड़े भाई ने पसन्द किया और प्रोत्साहित भी किया था, पर वीरेन्द्र बाबू ने उसका मज़ाक़ उड़ाया। तब से मैंने कविता लिखना छोड़ दिया। वीरेन्द्र बाबू के बड़े भाई खुद कवि थे और उनकी कविता का प्रसारण कभी-कभी दरभंगा रेडियो स्टेशन से होता था। मैं उनके गाँववाले घर पर अक्सर जाता रहता था। हेडमास्टर साहेब वीरेन्द्र बाबू काली के भक्त थे। वे हर साल दुर्गा-पूजा के बाद दरभंगा ज़िले के अपने गाँव 'तेजौल' (बेनीबाद से पूरब) जाते थे। उनकी देह पर काली सवार होती थी। वे साँपों की भी पूजा करते थे। सर्प चाहे कितना भी विषैला हो, वे उन्हें मारते नहीं थे। यदि आस-पास में कोई साँप मार दिया, तो वे बहुत नाराज़ होते थे। लगभग हर पूजा में वे मुझे अपने साथ घर ले जाते थे। मैं तो अपने सहपाठी लड़के उनके पुत्र विनोद का साथी बनकर जाता था, किन्तु मेरी हैसियत एक खवास से अधिक नहीं होती थी। मैं सुबह-शाम घर के बाहर के चापाकल से पानी भर-भरकर उनके घर में पहुँचाता था। यद्यपि मेरे साथ विनोद भी होता था, एक-दो बाल्टी वह भी खींचता था, किन्तु उसकी भूमिका मुझे निर्देशित करने की ही ज़्यादा होती थी। आम के दिनों में एक बार मास्टर साहेब ने चलते समय अपने बगीचे से एक बोरिया कच्चा-पक्का आम दिया था, जिसे देखकर माँ बहुत खुश हुई।

कविता लिखना तो मैंने छोड़ दिया, पर कहानी- लिखना नहीं छोड़ा। बच्चों के लिए मेरी एक बड़ी अच्छी कहानी थी– 'चुन्नू, मुन्नू, ढून्नू'। समाधि फिल्म की कथा पर आधारित एक और लम्बी कहानी थी– 'डाकू खड़क सिंह' घसवाही-चरवाही से सम्बन्धित कुछ और कहानियाँ थीं। कुछ छोटे नाटक भी थे। मेरे पास एक मोटी कॉपी थी, जिसमें हमने अपनी सारी रचनाओं को लिख रखा था। कुछ रचनाएँ मैंने पुपरी में भी लिखी थीं। सुमित्रा भी साहित्यिक मिजाज की थी। उसका पति शायद पटना रेडियो स्टेशन में काम करता था। एक दिन सुमित्रा ने मेरी कॉपी देखी और उसे एक दिन के लिए पढ़ने के लिए माँग लिया। दूसरे दिन जब आयी, तो मेरी कहानियों की

प्रशंसा के पुल बाँधने लगी। कहा– "बहुत अच्छी रचनाएँ हैं। मैं इन्हें रेडियो स्टेशन से प्रसारित करवाऊँगी। आप ही के नाम से प्रसारित होगा। आपको पैसे भी मिलेंगे। इसे मेरे पास रहने दीजिए।" मैंने पैसे के लोभ में उसकी बात मान ली। कई महीने तक मैंने प्रसारण की प्रतीक्षा की। जब मुझे लगा कि उसका प्रसारण नहीं होगा, तो मैंने उससे अपनी रचनाएँ माँगना शुरू किया। पर हर बार वह कहती रही कि मैंने उसे रेडियो स्टेशन को दे दिया है, तुरत प्रसारित होगा। मैं सीधा-सादा आदमी था। उस पर भरोसा कर लिया। उसे लौटाना नहीं था, नहीं लौटायी। बाद में उसने उन्हें अपने नाम से छपवा लिया होगा या जैसा मन हुआ वैसा उपयोग कर लिया होगा। मैं भी भूल गया। उस ज़माने में मुझे अपनी रचनाओं की क़ीमत समझ में नहीं आयी थी, किन्तु जब वर्ष 1994 में मैं नियमित रूप से लिखने और छपने लगा, तो मुझे उन रचनाओं की बड़ी याद आयी। मैं चाह कर भी बचपन की उन कथा–कहानियों को आज नहीं लिख सकता। सुमित्रा ने मेरे साथ गद्दारी की थी। मेरे लेखन से प्रभावित होकर वहीं प्रखण्ड कार्यालय में काम करनेवाले एक आर्यसमाजी लेखक बराबर कहते थे कि आप अपने विचारों को 'सरिता' मैगज़ीन में छपने के लिए भेजिए। आप बहुत अच्छा लिखते हैं। उनकी रचनाएँ भी छपी थीं। पर कुछ बचा ही नहीं था, जिसे मैं भेजता।

पुपरी एक सांस्कृतिक जगह थी। मैं स्कूल के दिनों से ही ख़ूब अच्छा गीत गाता था। इसीलिए स्वाभाविक रूप से संगीत से आकर्षित था। आलोक भारती में मेरे एक और शिक्षक मित्र कर्ण जी भी अच्छा गाते थे। वे पास के ही गाँव के थे। वहाँ आये दिन 'चैरिटी शो' में बड़े-बड़े कलाकारों की 'आर्केस्ट्रा पार्टी' आया करती थीं, जिसे देखने के लिए टिकट लगते थे। किन्तु हम लोगों को स्कूल के नाम 'पास' मिलता था। अक्सर पटने से आर.के. अरुण की पार्टी आती थी, जिसमें रफी, मुकेश, लता आदि के स्पेशलिस्ट गायक होते थे। शाम से सुबह तक हम लोग तन्मय होकर प्रोग्राम देखते थे। कभी–कभी छोटी–मोटी कवि गोष्ठियाँ भी होती थीं। मैंने गोपाल सिंह नेपाली के गीत 'मैं प्यासा भृंग जनम भर का' का गायन वहीं सीखा। जब डिग्री कॉलेज त्रिमुहान से उठकर पुपरी के पास चन्दौना आया, तो प्रिंसिपल साहेब कार्यानन्द शर्मा ने भी उद्घाटन में एक लोंकगीत पार्टी बुलायी थी। उन्होंने चन्दा माँग–माँगकर उस कॉलेज को स्थापित किया। घूम–घूमकर छात्रों का भी नामांकन करवाया। इंटर में मेरा भी नामांकन हुआ। वर्ष 1977 की बात है। अब शर्मा जी नहीं हैं। उनकी यादें हैं।

शम्भू-महेश: हल्ला हुआ कि कॉलेज के उद्घाटन में पटना से रेडियो कलाकार शम्भू-महेश की पार्टी आ रही है। उन दिनों शम्भू-महेश के कार्यक्रम लेना आसान काम नहीं था। किन्तु कार्यानन्द शर्मा उनके गुरु थे, इसीलिए वे आसानी से आ गये। शर्माजी एल.एन. कॉलेज, भगवानपुर के प्रिंसिपल भी रहे थे। वे वहीं से यहाँ आये थे। शम्भू-महेश और उनके भाइयों ने उसी कॉलेज से पढ़ाई की थी। वे सातों भाइयों को पढ़ने के लिए प्रेरित करते रहते थे।

पुपरी में एक भव्य खुला मंच बना। शाम से ही भीड़ जुटने लगी। हमलोग भी कार्यक्रम देखने गये। शम्भू-महेश जब सातों भाइयों के साथ मंच पर उतरे, तो तालियों की गड़गड़ाहट से उनका स्वागत हुआ। कुछ भाई साजबाज पर, कुछ अभिनय और गायन पर। महेश जी ने भूमिका बाँधी कि गाँव में माताएँ बच्चों को 'चाँद मामा' के लोरी गीत सुनाकर खेलाती और सुलाती है। इस लोकलुभावन परम्परा को किस प्रकार नाच-तमाशों के माध्यम से दिखाया जा सकता है, इससे एक राष्ट्रीय सन्देश दिया जा सकता है, सुनिए। फिर 'चाँद मामा हँसुआ दऽ' गीत के साथ शम्भू-महेश की जो नृत्य-नाटिका प्रस्तुत हुई, उसे देखकर दर्शक विभोर हो गये। तालियों की गड़गड़ाहट के साथ जब नृत्य-गीत समाप्त हुआ, तो दर्शक उनसे और सुनाने की माँग करने लगे। एक-एक शब्द पर भाव और अभिनय, कलाकारों के अंग-अंग बोलने लगे। मुझे अब भी याद है।

चाँद मामा, चाँद मामा हँसुआ दऽ ।
सेहो हँसुआ काहे ला?, गेहुँआ कटावेला,
गेहुँआ कटावेला हँसुआ दऽ ।
चाँद मामा, चाँद मामा हँसुआ दऽ ।।
सेहो गेहुँआ काहे ला?, अंटवा पिसावेला
सेहो अंटवा काहे ला?, रोटिया पकावेला
सेहो रोटिया काहे ला?, बऊआ के खिलाबे ला
बऊआ के खिलाबे ला रोटिया दऽ।
चाँद मामा, चाँद मामा हँसुआ दऽ ।।
सेहो बऊआ काहे ला? गोली-डण्डा खेले ला
सेहो डण्डा काहे ला? खेतवा बचावेला, देशवा बचावेला
देशवा बचावेला बऊआ दऽ ।
चाँद मामा, चाँद मामा हँसुआ दऽ ।।
देशवा बचावेला बन्दुकिया दऽ ।
चाँद मामा, चाँद मामा हँसुआ दऽ ।।

शम्भू-महेश हमारे मुज़फ़्फ़रपुर के पास ही एक गाँव के रहनेवाले थे। जब मैं सेवा-निवृत्त होकर घर आया, तो शम्भू-महेश की बहुत याद आयी। पता नहीं, अब तक वे जीवित हैं कि नहीं? हम लोगों के छात्र जीवन के दिनों में जब पटना या गोरखपुर रेडियो से घोषणा होती कि आज चौपाल, लोकगीत या अन्य किसी कार्यक्रम में शम्भू-महेश के गीतों का प्रसारण होगा, तो गाँव के लोग एक घण्टा पहले ही से रेडियो के पास बैठ जाते। शम्भू-महेश सात भाई थे। सभी भाई गाने-बजाने और नाचने में निष्णात। कोई ढोलक बजाता, कोई हारमोनियम, कोई तबला, कोई सारंगी, कोई खंजड़ी, कोई झाल तो कोई मंजीरा। मुख्य गवैया शम्भू और महेश होते। दोनों भाइयों की सुरीली तान उभरती, जिसका साथ सभी भाई देते। सातों भाइयों के समवेत स्वर से संगीत की ऐसी स्वर लहरी फूटती कि श्रोता झूम उठते। भिखारी ठाकुर की तरह वे खुद ही गीत लिखते, गाते और उसका मंचन भी करते थे। भिखारी ठाकुर भोजपुरी के कलाकार थे। शम्भू-महेश की पार्टी भी भोजपुरी ही गाती थी। किन्तु जब मुज़फ़्फ़रपुर और आस-पास के क्षेत्रों में बज्जिका आन्दोलन चले, तो वे बज्जिका में भी लिखने और गाने लगे।

उनके गायन-वादन की ऐसी धूम मची कि लोग उन्हें बज्जिका के भिखारी ठाकुर कहने लगे। वे लोग दलित वर्ग (चमार जाति) से आते थे, इसीलिए उन्हें वह सम्मान और महत्त्व नहीं मिला, जो सन्तराज सिंह रागेश, कुमुद अखौरी, शारदा सिन्हा आदि कलाकारों को मिला। पटना रेडियो स्टेशन में जीवन-भर काम करने पर भी वे कैजुअल कलाकार ही रहे। सरकार ने उन्हें नियमित, स्थायी और पूर्णकालिक कलाकार नहीं बनाया। अन्यथा वे भी रेडियो और दूरदर्शन की स्थायी नौकरी से अवकाश प्राप्त किये होते। मुझे पता चला कि शम्भू-महेश आज भी जीवित और जीवन्त हैं, तो खोजते-खोजते उनके गाँव शोधो रत्ती (जिला-मुज़फ़्फ़रपुर) चला गया। उनका हालचाल जाना। उनके कलाकार जीवन की विस्तृत जानकारी ली। सात भाइयों में तीन भाई गुज़र चुके हैं। किन्तु मूल गवैया शम्भू और महेश जी अभी स्वस्थ हैं। जब मैंने उनसे कुछ गीत सुनाने को कहा, तो वे तुरत अपने हारमोनियम और खंजड़ी लेकर बैठ गये और 72-74 की इस उम्र में भी उन्होंने कई भजन, पूर्वी, निर्गुण गीत सुना डाले। उनकी ठसक-भरी आवाज़ की मौलिकता आज भी क़ायम है। उनका एक स्वरचित बज्जिका गीत आप भी सुनिये। इसशृंगार

गीत में ग्रामीण जीवन के राग-रंग और सुगढ़ संस्कृति की कैसी मिठास और महक है? आप भी महसूस कीजिए।

मकई के खेतवा में, बइठल मचनमा पर, चिरई उड़ावे गोरिया।
गोरे-गोरे हथवा से छोटी-छोटी मटिया के ढेलवा चलावे गोरिया।।
काली-काली केसिया के लट बिखराई के, कुसुमि चुनरिया के आँचर उड़ाई के।
बड़ी-बड़ी अंखिया में कज़रा लगाई के, बणमा चलावे गोरिया।
मकई के खेतवा में, बइठल मचनमा पर, चिरई उड़ावे गोरिया।

शम्भू-महेश एक ही माता-पिता से सात भाई और एक बहन थे। उनके दादा गोविन्द दास भिखारी ठाकुर की नाच मण्डली में सारंगी और शहनाई बजाते थे। गीत, संगीत और गायन उन्हें विरासत में मिले थे। दादा क्या परदादा भी अच्छे गायक और वादक थे। ढोल-पिपही और शहनाई बजाना उनका पैतृक पेशा था, जो न जाने कब से चला आ रहा है। चर्मकार परिवार में आज भी यह वृत्ति चली आ रही है। आज इसने विकसित होकर बैण्ड बाजे और डीजे का रूप ले लिया है। इनके एक भाई रामप्रीत राम का परिवार आज बैण्ड बाजा बजाता और गाता है। परदादा कंचन दास कबीरपन्थी थे और कबीर के भजन गाते थे। उनका गायन और शहनाई वादन मशहूर था। परदादा और दादा अंग्रेज़ के ज़माने के पढ़े-लिखे थे। महेश राम बताते हैं पहले कबीर दास और रविदास के प्रभाव से चमार लोग दास ही बोलते थे। किन्तु आज़ादी के दिनों में गाँधीजी और जगजीवन राम के 'हरिजन सेवक संघ' के प्रभाव से राम बोलने लगे। मेरे खानदान में पहली बार मेरे पिताजी के नाम के आगे राम जुटा। पिताजी नथुनी राम दादा के एक ही बेटे थे। किन्तु हम लोग सात भाई और एक बहन हुए। बहन सबसे छोटी है। पिताजी ने हम लोगों को ख़ूब पढ़ाया-लिखाया। मेरी बहन कृष्णा भी उस ज़माने की मैट्रिक पास है। पिताजी ने उसकी शादी एक डॉक्टर से की। आज उसका भरा-पूरा परिवार है। भगिना लोग भी डाक्टर हैं। सात भाइयों में हम तीन भाई ही बी.ए. पास कर सके। बाकी लोग कोई मिड्ल तो कोई मैट्रिक पास कर अपने ही पेशे में लगे रहे।

दादा ने पिताजी को गायन-वादन और भिखारी ठाकुर के नाच का अच्छा प्रशिक्षण दिया। दादा और पिताजी ने हम सातों भाइयों को भी सिखाना शुरू किया। हम पढ़ते भी थे और नाच-गान भी सीखते थे। पिताजी भी ख़ूब अच्छा नाचते, गाते और बाजा बजाते थे। वे मैट्रिक पास थे। उन्होंने वर्ष 1962 में 'निराला संगीत मण्डल' नाम से एक संगीत मण्डली शुरू की। भिखारी ठाकुर

के नाच की तरह वह मण्डली भी मशहूर हो गयी। हम लोग भी पिताजी के साथ सट्टा पर जाने लगे। हम सातो भाई ख़ूब नाचते-गाते और बजाते थे। लगभग सभी भाई को सभी बाजे बजाना आता था। घर पर ख़ूब प्रशिक्षण होता। पिताजी ही हमारे गुरु थे। लेकिन पार्टी या रेडियो स्टेशन में हम सातों भाइयों में सबसे बड़े भाई रामाशीष राम हारमोनियम बजाते थे। उनका स्वर भी बहुत मीठा और सुरीला था। अब वे नहीं रहे। वर्ष 1970 में उनकी मृत्यु हो गयी। दूसरे बड़े भाई रामविलास राम तबला बजाते थे। वे भी वर्ष 2010 में चल बसे। तीसरे नम्बर के बड़े भाई रामप्रीत राम हम लोगों के डाइरेक्टर थे और अधिकतर नृत्य और हारमोनियम वादन पर रहते थे।" शम्भू जी ने उनसे मिलवाया। अब 80-85 के हो चुके हैं। महेश राम ने बताया- इनसे छोटे भाई का नाम त्रिवेणी राम था। पिताजी ने सोच-समझकर उनका नाम रखा था- तीन भाइयों को एक साथ मिलाने वाला चौथा भाई-त्रिवेणी। वे मुख्य रूप से नाच करते और सारंगी बजाते थे। अब वे नहीं हैं। जवानी में ही वर्ष 1982 में उनकी मृत्यु हो गयी। संयोग से उन्हें जेल पुलिस में नौकरी लग गयी थी। इसीलिए उनकी पत्नी को अनुकम्पा पर नौकरी मिल गयी। अब वह भी रिटायर हो चुकी हैं। पाँचवें भाई गणेश राम खंजड़ी बजाते थे। उन्हें पुलिस की नौकरी मिल गयी। फिर भी वे पार्टी में जाते रहे। प्रोमोशन से दरोगा बन गये। अब रिटायर हो चुके हैं। शम्भू-महेश की जोड़ी ने दरोगा जी से मिलवाया।

छठे और सातवें भाई हम लोग महेश और शम्भू हैं। शम्भू सभी गुणों से सम्पन्न हैं, लेकिन इनकी मुख्य भूमिका स्त्री-पात्र की होती थी और गायन में मुख्य स्वर देते थे। मैं भी दोनों काम करता था। सभी भाई मिलकर जहाँ जिसकी ज़रूरत होती, भूमिका निभा लेते थे। मुझे भी बिहार सरकार के उद्योग विभाग में नौकरी मिल गयी। बड़ा बाबू होकर रिटायर किया। लेकिन शम्भू को कहीं नौकरी नहीं मिली। रेडियो में 'शम्भू-महेश' के नाम पर पंजीयन स्वीकृति मिली थी। सोचा था कम-से-कम एक भाई शम्भू को तो रेडियो की नौकरी लग जाती। हम लोग 1968 से रेडियो पर लगातार गाते रहे। पर शम्भू को भी नौकरी नहीं मिली। इसीलिए शम्भू ही पार्टी चलता रहा और हम सभी भाई साथ देते रहे। नौकरी में रहते हुए भी हम लोगों ने पार्टी में जाना नहीं छोड़ा। महेश जी ने बताया। शम्भू-महेश जी ने एक निर्गुण सुनाया, जिसे सुनने के लिए उन दिनों रेडियो के आसपास भीड़ लग जाती थी। उम्र के इस पड़ाव पर भी दोनों भाइयों के समवेत स्वर का सुरीलापन और मौलिकता बरकरार है।

बाबा के दुलारी चलली बलमा के संगवा हो, सनेहिया तोड़के न।
छोड़ी अपनी महलिया हो, सनेहिया तोड़के न।।
घुरि-घुरि देख तारी सखिया-सहेलिया हो, नयनमा भरके न।
चलली ससुरा नगरिया हो, नयनमा भर के न।
छटपट कर तारी चपल चिरैया हो, पीरितिया देख के न।
जिनकर कतरल बा पंखियाँ हो, पीरितिया देख के न।
जियरा में हुक उठे, धड़के ला छतिया हो, सवनमा बनके न।
बहे अँखिया से पनिया हो, सवनमा बनके न।

'निराला संगीत मण्डल' के सातों भाइयों और शम्भू-महेश की जोड़ी तब तक मशहूर हो चुकी थी। शम्भू जी बताते हैं– "हम लोग रेडियो के चर्चित कलाकार बन चुके थे। किन्तु जब कोई बाहर का कार्यक्रम होता, जिसमें पारिश्रमिक मिलनेवाला हो, तो हम लोगों को नहीं बुलाया जाता था। ज़बरदस्त भेदभाव होता था। स्टूडियो में भी अधिक पारिश्रमिक पर दस्तख़त कराकर कम दिये जाते थे। हम सातों भाइयों के पारिश्रमिक मिलाकर पूरे हो जाते थे। इसीलिए कम होने पर भी हम लोग नहीं बोलते थे। हम लोग सम्मान के भूखे थे। एक बार किसी तरह बिस्मिल्ला खाँ के कार्यक्रम में हम लोगों को उनके साथ शहनाई बजाने का मौका मिला। बिरजू महाराज तबले पर संगत करनेवाले थे। देखा वहाँ सबसे ऊँचा आसन बिरजू महाराज का था, उसके बाद बिस्मिल्ला खाँ और सबसे नीचे हम लोग। जबकि मुख्य कार्यक्रम बिस्मिल्ला खाँ का था और बिरजू महाराज संगत पर थे। मतलब संगीत में भी जाति देखकर आसन और भेदभाव। मन दुखी हो गया। तब से हम लोगों ने वैसे कार्यक्रमों में जाना छोड़ दिया।"

महेश जी ने कहा– "एक दूसरी घटना बताता हूँ। बात 1970-71 की होगी। पटना नृत्यकला मन्दिर में एक सरकारी कार्यक्रम होनेवाला था, जिसके डाइरेक्टर विन्ध्यवासिनी देवी थीं। वह हम लोगों को बेटा की तरह मानती थीं। पर सरकारी सूची में हम लोगों का नाम नहीं आया। हमलोग निराश हो गए। उन्होंने हम दोनों भाइयों को पुचकार कर कहा कि- "देखो बेटा, कुछ मजबूरी वश तुम लोगों के नाम नहीं आये हैं। तुम अपनी पार्टी के साथ मेरी ओर से आ जाना।" पूरी पार्टी तो नहीं, पर हम दोनों भाई वहाँ समय से पहुँच गये। लेकिन हमलोगों को द्वितीय सत्र में समय मिला। एक ही आइटम पेश करना था। हमने हाल ही में बनाये अपने नृत्य गीत 'सात बीघा ज़मीन' प्रस्तुत किया, जो एक ग़रीब किसान और मज़दूर परिवार की लाचारी पर

आधारित था। माँ-बेटी के करुण संवाद के माध्यम से कहानी तैयार की गयी थी। हम लोग पूरे गेटअप में उतरे। शम्भू बेटी बना और मैं माँ। तालियों की गड़गड़ाहट के साथ जब हमारा कार्यक्रम ख़त्म हुआ, तो हम लोग पर्दे के पीछे जाकर अपने कपड़े बदलने लगे। लेकिन तालियाँ रुकी नहीं। दूसरे कलाकार की बारी थी, लेकिन दर्शक माने नहीं, वे अड़ गये कि हम लोग शम्भू-महेश को ही सुनेंगे। हारकर मुझे बुलाया गया। उसके बाद रात-भर केवल हम दोनों भाइयों का प्रोग्राम ही चलता रहा। तालियाँ बजती रहीं और हम लोग तन्मय होकर गाते रहे। इस तरह हमें श्रोता और दर्शकों का सम्मान हर जगह मिला, पर व्यवस्था का नहीं।" सुनकर मेरा भी मन दुखी हो गया। फिर भी मैंने महेश जी से कहा कि यदि सम्भव हो, तो उस गीत को सुना दीजिए। उन्होंने पूरे मनोयोग से पूरे गीत को सुनाया। इसके साथ ही उन्होंने लोंक सरोकारों के कुछ और गीत सुनाये। उनके भोजपुरी, मैथिली, वज्जिका आदि सभी लोकगीतों में भारतीय संस्कृति बोलती है।

झूला बिना रे, झूला बिना रे, झूला बिना।
रात मर गेलई बुढ़िया एगो झूला बिना।।
एके गो जे बाबू रहन, से हो चली गेलन।
ना जानू बाबू के किए हो गेल, एगो झूला बिना।।

x x x

उजड़ गेलई गाँव, उजड़ गेलई गाँव, देखईत, देखईत।
छौंड़ा सब चुटकी मारे, बईठू कौन ठाँव देखईत, देखईत।।

x x x

बनौले हरि बाना, बनौले हरि बाना, बनौले हरि बाना,
मोहिनी रूप, बनौले हरि बाना।
बहियाँ बाजूबन्द सोभे, गले हरिदाना,
मुख में पान, नयन में सूरमा,
देखि दर्पण कान्हा मन मुस्काना, बनौले हरि बाना।
श्री वृन्दावन की कुंज गलीन में एक सखी पहचाना
ऊहे गुजरिया हमरा से कहेली, नारी न हऊन ई हऊयन मर्दाना।
बनौले हरि बाना, मोहिनी रूप, बनौले हरि बाना।

x x x

जीवन की कहानी लिखने के क्रम में साहित्य, संगीत और कला की संवेदना वाला मेरा मन अनायास उसी ओर चला जाता है। इस दृष्टि से पुपरी

मेरे जीवन का स्वर्णकाल कहा जायेगा। पुपरी मेरे जीवन निर्माण का दूसरा और सबसे महत्त्वपूर्ण पड़ाव था। यदि मैं पुपरी नहीं गया होता, तो न मेरी आगे की पढ़ाई होती और न मैं ऊँचे पद पर जाता। 'आलोक भारती' होस्टल नम्बर एक में मैं कई महीने रहा। उसके बाद मुझे होस्टल नम्बर दो में भेज दिया गया। होस्टल नम्बर एक में सप्ताह में दो बार खस्सी का मीट आता था। महेन्द्र मिस्त्री मास्टर साहेब ही उसके संचालक थे। वे चुस्ता खाना पसन्द करते थे। मैंने वहीं पर चुस्ता का स्वाद चखा। उसके बाद चुस्ता मेरे जीवन में भी शामिल हो गया। आज भी जब घर में बकरे का माँस आता हैं, मेरे लिए चुस्ता ज़रूर आता है। गुद्देदार और मुलायम भाग। होस्टल नम्बर दो में आने के बाद माँस-मछली से नाता लगभग छूट गया। मण्डल जी भी वहीं रहते थे। वह देखने में बहुत सुन्दर थे और ख़ूब गलत-सही अंग्रेजी बोलकर लोगों पर धाक जमाते थे। उनकी शादी नहीं हुई थी। इस बीच स्कूल में दो नयी मैडम शिक्षिका बनकर आयीं। एक पास ही के गाँव से खत्री परिवार की तेज़तर्रार और अच्छी-भली औरत थी। वह घर की बहू थी और आगे बढ़ना चाहती थी। पर घर से उतना सपोर्ट नहीं मिलता था। हमलोगों के पुपरी छोड़ने के बाद वह पुलिस सेवा में कहीं चली गयीं। मेरे बेटे दिलीप के लिए उन्होंने स्वेटर बुनकर दिया था। दूसरी एक भूमिहार विधवा थी, जो सीतामढ़ी के किसी गाँव से आयी थी। काफ़ी सुन्दर थी, पर शादी के कुछ ही दिनों बाद उसके पति की मृत्यु हो गयी थी। वह होस्टल नम्बर दो के एक कमरे में रहने लगी। मण्डल जी भी सामने के कमरे में रहते थे। दोनों में प्रेम सम्बन्ध हो गया। लोग चाहते थे कि दोनों की शादी हो जाये। पर ऐसा सम्भव नहीं था। दोनों छुप-छुप कर मिलते थे। इसका विरोध हुआ, जिसमें मैं भी शामिल हो गया। मैडम का स्वभाव बहुत अच्छा था। वे मुझे भला-बुरा समझाती रहती थीं।

मैं ज़्यादा स्वतन्त्र जरूर था, पर इसी दौरान मुझे पारिवारिक और व्यक्तिगत समस्या भी आने लगी। इसी बीच मेरी पत्नी बहुत बीमार पड़ गयी। उसे पेचिश की बीमारी हो गयी थी। मैं उसे भी कुछ दिनों के लिए पुपरी होस्टल में ले आया। पत्नी के साथ मेरे दोनों बच्चे भी आये– चार-पाँच साल की एक बेटी आशा और दो साल का बेटा दिलीप (बुधन)। होस्टल के एक कमरे में हम लोग रहने लगे। छोटे बेटे दिलीप का जन्म मेरे भतीजे सुदन के बाद हुआ था, इसीलिए बिलट भैया ने दिलीप का नाम उसी तुक में 'बुधन' रख दिया था। एक-डेढ़ हफ़्ते हम लोग मेस में ही खाते रहे। किन्तु होस्टल के बाहरी बरामदे के एक कमरे में रह रहे एक बुजुर्ग कर्मचारी लाभ साहेब ने

मुझे मना किया कि पत्नी की तबीयत ख़राब है। उन्हें पौष्टिक भोजन चाहिए। होस्टल के भोजन से क्या होगा? मैं बर्तन देता हूँ। आप लोग खुद ही भोजन बनाकर खाइये। उन्होंने बर्तन दिये और पत्नी भोजन बनाने लगी। छोटे बच्चे दिलीप के लिए मैंने बाहर से दूध की भी व्यवस्था कर दी। बग़ल में मेरी ही जाति के एक इन्जिनियर साहेब का परिवार रहता था। मैं उनके बच्चों को पढ़ाने जाता था। उनका घर पास के एक गाँव मधुबनी में था, पर उन्होंने हाल ही में ज़मीन ख़रीदकर पुपरी में घर बना लिया था। उस परिवार ने भी मेरी मदद की। सब्ज़ी के लिए उनके उगाये कद्दू आदि मिल जाते थे। मेस की दाई एक यादव थी। उसका पति खेतों में मज़दूरी करता था और अक्सर होस्टल में आता था। वे लोग बहुत ग़रीब थे। एक रोज़ उसके पति खेतों में हेंगा खींचनेवाला एक जोड़ा लोहे का सीकड़ (ज़ंजीर) लाये और उसे बेचना चाहा। उन्हें पैसे की ज़रूरत थी और मुझे घर पर खेती के लिए उन सीकड़ों की। उन्होंने उसका दाम पन्द्रह रुपये बताया। मैंने दस रुपये देकर उसे खरीद लिया। पिताजी उन सीकड़ों को देखकर बहुत खुश हुए। पत्नी की तबीयत ख़राब होने के कारण मेरा दूध पीता हुआ बच्चा दिलीप भी बीमार रहने लगा। मैंने पत्नी को होम्योपैथ, एलोपैथ कई डॉक्टरों को दिखाया। पर बीमारी में कोई सुधार नहीं हुआ। इसलिए उसे लेकर मुज़फ़्फ़रपुर डॉ. टी.के. झा से दिखाकर घर ले आया। बीमारी में सुधार होने लगा।

होस्टल नम्बर दो में उतनी सुविधा तो नहीं थी, पर स्वतन्त्रता थी। छात्रावास के सामने रोड के उस पार एक सिनेमा हॉल था, जहाँ शाग होते ही लाउडीस्पीकर से फ़िल्मी गीत बजने लगते थे। हम लोग कभी-कभी उस हॉल में फ़िल्म भी देख लेते थे। हम लोगों को टिकट का पैसा नहीं लगता था। 'गूँज उठी शहनाई' मैंने उसी सिनेमा हॉल में देखी थी। वह पुपरी के सबसे बड़े ज़मीन्दार और सेठ तुलसी बाबू का सिनेमा हॉल था। वहीं पर उनकी हवेली भी थी। वर्ष 1978 का समय था। शाम होते ही सिनेमा हॉल के लाउडीस्पीकर से ज़ोर-ज़ोर से गीत बजने लगता था– 'मैं तुलसी तेरे आँगन की'। इसी नाम का एक नया सिनेमा आया था। पत्नी उसे तन्मय होकर सुनती। तुलसी बाबू की एक छोटी-सी भतीजी हमारे 'आलोक भारती' स्कूल में पढ़ती थी, शायद नर्सरी या पहली कक्षा में। बड़ी सुन्दर और प्यारी बच्ची थी। उसका नाम स्वीटी था। मैंने इसी नाम से उस पर अंग्रेज़ी में एक कविता लिखी थी, जिसे हेडमास्टर से लेकर शिक्षक और बच्चे तक-सबने पसन्द किया। तुलसी बाबू के परिवार के और भी बच्चे-बच्चियाँ वहाँ पढ़ते

थे। सबने मुझसे अपनी कॉपी पर वह कविता लिखवा ली। उस परिवार की सभी औरतें पढ़ी-लिखी थीं। कविता पढ़कर उस बच्ची की माँ बहुत खुश हुई और एक दिन मुझे अपने घर पर बुलाकर खूब सम्मानित किया। तुलसी बाबू को उन्हीं दिनों पुपरी के लोगों ने 'नगर चाचा' के खिताब से नवाज़ा था।

मैं कुछ ट्यूशन भी करता था, किन्तु स्कूल, ट्यूशन और होस्टल सब मिलाकर भी उतने पैसे नहीं मिलते थे, जिससे परिवार का ठीक से भरण-पोषण हो सके। मुझे घर चलाने के लिए और पैसे की ज़रूरत थी। पड़ोस के गाँव के एक शिक्षक साइकिल से पुपरी के किसी सरकारी स्कूल में पढ़ाने आते थे। वे लौटते समय होस्टल के बरामदे में रोज कुछ देर के लिए बैठते थे। एक दिन उन्होंने मुझे प्रस्ताव दिया कि आप बगल के गाँव भिट्ठा में मुखिया जी के लड़कों को पढ़ाईएगा? खाना-कपड़ा के अलावा पैसे भी मिलेंगे, ट्यूशन भी और स्कूल करने के लिए साइकिल भी। मैं तैयार हो गया। वह भूमिहार बहुल गाँव था। मुखिया जी चन्देश्वर चौधरी भी उसी जाति के थे और उस गाँव के सबसे बड़े जमीन्दार थे। उनके घर में वृद्ध पिताजी, माँ, एक बड़ी चाची और बच्चे थे- मुखिया जी की पत्नी मर चुकी थीं। उनका व्यवहार बहुत अच्छा था। उनके चार बच्चे थे- तीन लड़के और एक लड़की। बड़ा लड़का मनोज हाई स्कूल की दशमी कक्षा में पढ़ता था और लड़की नूतन आठवीं में। एक लड़का संजय छठी में पढ़ता था और सबसे छोटा लड़का शायद तीसरी कक्षा में। वह लाड़-प्यार में पिछड़ता जा रहा था। मैं अपना बोरिया-बिस्तर लेकर यहाँ चला आया। मुझे एक कमरा मिला और मैं वहाँ रहकर बच्चों को पढ़ाने लगा। बच्चे और मुखिया जी मुझसे काफ़ी खुश रहते थे। इसी बीच मेरी इंटर की परीक्षा का समय आ गया। फर्स्ट ईयर की परीक्षा के समय ही ट्रेण्ड शिक्षकों की नियुक्ति की ख़बरें आने लगीं। प्रिंसिपल साहेब और शिक्षकों ने राय दी कि आप साइन्स छोड़कर आर्ट्स रख लीजिए। यदि इसी बीच नियुक्ति हो गयी, तो प्रैक्टिकल परीक्षा के नियमित क्लास से आप वंचित हो जायेंगे और तब परीक्षा देना सम्भव नहीं होगा। इसीलिए मैंने इतिहास, राजनीति विज्ञानं आदि विषयों के साथ आर्ट्स ले लिया। कुछ दिनों के बाद टेस्ट परीक्षा हुई और मैंने फाइनल परीक्षा का भी फॉर्म भर दिया।

मुखिया जी के यहाँ रहते हुए ही मेरी इंटर की परीक्षा हुई। पुपरी का सीमावर्ती कॉलेज होने पर भी चन्दौना कॉलेज एल.एन. मिथिला यूनिवर्सिटी में अंगीभूत था। आर.के. कॉलेज, मधुबनी में सेन्टर पड़ा। लगभग एक महीने तक परीक्षा होनी थी। मैंने कभी मधुबनी शहर देखा भी नहीं था। मेरे पास

वहाँ रहकर परीक्षा देने की समस्या आयी। मुखिया जी ने मेरी मदद की। उन्होंने पुपरी के एक मिलवाले से टेलीफ़ोन से बात करवाकर मधुबनी के एक मारवाड़ी सेठ के यहाँ रहने की व्यवस्था करवा दी, जहाँ मुझे मुफ़्त में आवास मिल गया। नाश्ते के लिए कुछ चूड़ा-चीनी और मैदे के पकवान, नमकीन आदि बनवाकर रख दिये और होटल में खाने के लिए पैसे दिये। खण्डहरनुमा एक पुराने कच्चे-पक्के मकान में मुझे एक कमरा दिया गया। अगल-बग़ल के कमरे में कुछ और छात्र रह रहे थे। उनमें से अधिकांश इंटर के परीक्षार्थी ही थे।

मधुबनी परीक्षा केन्द्रः वर्ष 1979 की बात है। हम परीक्षार्थी छात्रों के बीच एक नेतानुमा लड़का रहता था। वह बड़ा ही मिलनसार और छात्रों को प्रेरित करनेवाला था। सभी सुबह-शाम ज़ोर-ज़ोर से पढ़ते थे। पहले ही दिन मुझे उनकी हिन्दी और अँग्रेज़ी की रीडिंग में अशुद्धि नज़र आयी। मैं उनके कमरे में गया और उनकी समझ को ठीक कर दिया। वे मेरे व्याकरण ज्ञान से इतने प्रभावित हुए कि रोज़-रोज़ मुझसे पूछने आने लगे। उनको मुझसे मदद मिलने लगी। आदतन मैं कभी-कभी गीत गुनगुनाने लगता था। मुझे गाते देखकर एक बड़े कमरे, जिसमें कई छात्र रहते थे, में एक-दो घण्टे के लिए महफ़िल जम जाती। एक और लड़का बहुत अच्छा मैथिली गीत गाता था। औरत की दहेजजनित आत्महत्या पर वह बड़ा ही करुण गीत गाता। वह गीत मुझे अब भी याद है– 'कोठी पर पैर राखि, कोरो पकईड़ी के / लटकल बड़ेड़ी आ सीका पकैड़ी के / एहन करम किए कईलिअई हैं, अहाँ झूइल गेलिअई। उन लड़कों ने मुझे अपना गुरु-सा मान लिया था। छात्रों को मेरी रहन-सहन, फ़र्श पर मेरे बिछावन आदि को देखकर मेरी ग़रीबी का भी अन्दाजा लग गया था। इसीलिए वे मुझसे सहानुभूति भी दिखाने लगे। शाम में हमलोग बाज़ार और चौक पर घूमने जाया करते थे। मैं होटल या फ़ूटपाथ पर केवल भोजन करता था। सुबह-शाम डेरे में आकर ही चूड़ा-चीनी का नाश्ता करता था। किन्तु वे छात्र अक्सर चौक पर भुजे-पकौड़े आदि खाते थे। मेरे मना करने पर भी यदा-कदा वे मुझे भी अपने साथ शामिल कर लेते। हमारी टोली को वह नेतानुमा लड़का ही लीड करता था। मारवाड़ी परिवार से लेकर कुछ बाहरी छात्रों पर भी उसका प्रभाव था। उसमें ज़बर्दस्त नेतृत्व क्षमता थी।

वह लड़का आज कांग्रेस का एक राष्ट्रीय नेता है। उनका नाम है प्रेमचन्द्र मिश्रा। फिलहाल वे बिहार विधान परिषद् के सदस्य हैं। किन्तु देश में कांग्रेस

और उसके छात्र संगठन (एन.एस.यू.आई.) को मज़बूत करने में उनका बहुत बड़ा योगदान है। वे छात्र जीवन में जितने सज्जन, सरल, निष्ठावान, समाजसेवा के प्रति समर्पित और ईमानदार थे, उतने आज भी हैं। उनका सौम्य व्यक्तित्व सहज ही छात्रों को आकर्षित कर लेता था। इंटर की परीक्षा के बाद उन्होंने सबका नाम-पता लिखा। मैंने भी सबका लिखा। लेकिन छात्र जीवन का वह सम्बन्ध कभी दुबारा ताज़ा नहीं हुआ। वर्षों बाद जब एक दिन मैं प्रेमचन्द्र मिश्रा को कांग्रेस के नेता के रूप में टीवी पर देखा, तो सहज ही चेहरा पहचान लिया। छात्र जीवन का वह सज्जन छात्र नेता मेरी नज़रों में घूम गया और मैंने अपने परिवार वालों को बताया कि हम लोग साथ-साथ परीक्षा दिये हैं। फिर वह संस्मरण भी सुनाया। तब से प्रेमचन्द्र मिश्रा का जब भी कोई डिबेट होता है, मैं बड़े ध्यान से सुनता हूँ। सोचा था कभी मिलूँगा, तो बातें होंगी। फिर सोचता था कि इतने दिनों बाद वे मुझे पहचानेंगे कि नहीं? इसी असमंजस और समय के अभाव में आज तक मैं उनसे नहीं मिल सका। जब अपनी कहानी लिखनी शुरू की, तो इस पड़ाव पर आकर मैंने दिनांक 08/09/21 को उनसे फोन पर सम्पर्क किया और यादें साझा कीं। वे खुश हुए। उन्हें सब कुछ याद था। उन्होंने मुझे पटना स्थित अपने आवास पर आने का निमन्त्रण भी दिया। आज संयोग से मैं पटना में था। कल ही उनसे बातें हुई थीं और आज दिनांक 23/09/21 को मुलाक़ात भी हो गयी।

परीक्षा कड़ाई से हो रही थी। इसीलिए बेगूसराय के कुछ छात्र नेताओं ने परीक्षा का बहिष्कार करवा दिया। वर्ष 1979 का समय था। कुछ लड़कों ने परीक्षा छोड़ दी। किन्तु अधिकांश लड़के परीक्षा देते ही रहे। परीक्षा छोड़े कुछ दबंग छात्र और नेता परीक्षा दे रहे छात्रों को जहाँ-तहाँ रोक रहे थे। प्रशासन ने दरभंगा और मधुबनी के केन्द्रों पर घुड़सवार फ़ौज की व्यवस्था कर दी। बावजूद इसके छात्र परीक्षा केन्द्र के प्रवेश-द्वार पर ही डटे रहते और अन्दर जाते हुए परीक्षार्थियों को बन्धक बनाने की कोशिश करते थे। वे उन्हें प्रेम से बुलाते और फिर ज़बरन हाथ पकड़कर खींच लेते, जिससे वे परीक्षा में शामिल नहीं हो पाते थे। मेरे साथ भी ऐसा ही हुआ। मैं डेरे से परीक्षा केन्द्र तक पैदल ही जाता और आता था। उस दिन गेट पर पहुँचते ही बग़ल में खड़े कुछ छात्रों ने मुझे भी बुला लिया। मैं जा ही रहा था कि साथ चलते हुए एक दबंग व्यक्ति ने मेरी बाँह पकड़कर अन्दर खींच लिया। वे मेरे चन्दौना कॉलेज के एक किरानी साहब थे। मुझे उनका नाम स्मरण नहीं है, पर यदि वे नहीं होते, तो मैं परीक्षा नहीं दे पाता। अन्दर जाकर उन्होंने समझाया कि

चुपचाप फ़ौज के संरक्षण में परीक्षा देने आओ और जाओ। डरो मत, तुम्हारा कुछ नहीं होगा। हम लोग आस-पास ही रहेंगे। इस प्रकार मैं निर्भीक होकर परीक्षा देता रहा। उनके संरक्षण में मैंने दो-चार दिनों तक परीक्षा दी। फिर छात्रों का आन्दोलन बन्द हो गया।

मधुबनी के पानी को लोग ख़राब कहते थे। एक-डेढ़ हफ़्ते तक मुझे कुछ नहीं हुआ। पर उसके बाद मुझे सर्दी-बुख़ार हो गया। इसका कारण वहाँ के पानी से अधिक अव्यवस्थित खान-पान, रहन-सहन, रोज़-रोज़ होटल में खाना और परीक्षा के लिए रात-रात भर जगकर पढ़ना था। लगभग एक हफ़्ते तक मैं बीमार रहा। डॉक्टर की दवा लेता रहा, पर परीक्षा कभी नहीं छोड़ी। दो-दो डिग्री बुख़ार में भी रिक्शा से जाकर परीक्षा दी। दवा खाकर मैं स्वस्थ हो चुका था। मेरा बिछावन मिट्टी के फ़र्श पर ही था। नीचे बोरा बिछाकर ऊपर से गद्दा और जाजिम लगा था। सुबह-शाम सेठ जी का सफ़ाईकर्मी झाड़ू लगाने आता था। रात में मैं मच्छरदानी लगाकर सोता था। जब मैं पढ़ने बैठता, तो अगल-बगल से कुछ तिलचट्टे मँडराते रहते थे। बिजली नहीं रहने पर मैं मच्छरदानी के बाहर ही पढ़ता। एक रोज़ मैं बिछावन पर लेटकर लालटेन की रोशनी में पढ़ रहा था, बिजली नहीं थी। देखा कि दो कॉकरोच बिछावन के इर्द-गिर्द चक्कर काट रहे हैं। फिर वे मेरे सिरहाने में आकर धीरे-धीरे खेलने लगे। वे रोशनी में उड़ रहे छोटे-मोटे कीड़ों को भी खाते थे। मेरी पढ़ाई में व्यवधान हो रहा था। इसीलिए मैंने उनमें से एक कॉकरोच को मारकर उसे बाहर फेंक दिया। दूसरा भाग गया। कुछ देर बाद दूसरा वाला फिर आया और धीरे-धीरे ज़मीन सूँघते हुए घूमने लगा। यह शायद उसका जोड़ा था। मुझे बहुत दुःख और पश्चाताप हुआ। मैंने तत्क्षण एक कहानी लिखी– "...और वह शहीद हो गया।" जब मैं परीक्षा देकर लौटा, तो मुखियाजी उस कहानी को पढ़कर भावुक हो गये।

परीक्षा अब लगभग समापन की ओर थी। पेपर रोज़-रोज़ नहीं होते थे, बीच-बीच में एक-दो दिनों का गैप होता था। इन्हीं छुट्टी के दिनों में एक दिन कुछ साथियों ने जनकपुर जाने का प्रोग्राम बनाया। उन्हें नेपाल से सस्ते कपड़े ख़रीदना और जनकपुर घूमना था। मेरे पास पैसे नहीं थे। इसीलिए मैंने वहाँ जाने से इनकार कर दिया। लेकिन छात्र नेता मिश्राजी एवं कुछ मारवाड़ी साथियों ने कहा कि आप पैसे की चिन्ता मत कीजिए। आपने हम लोगों को पढ़ाया है। इस नाते हमारा भी कुछ फ़र्ज़ बनता है। तमाम लोगों ने मिलकर मुझे ट्रेन से जयनगर होते हुए जनकपुर घुमाया। गाड़ी जयनगर में बदलनी होती थी। जयनगर

से उतरकर हम लोग पैदल ही नेपाली स्टेशन पहुँचे। वहाँ हम लोग नेपाली रेलगाड़ी पर सवार हुए। छोटे-छोटे डिब्बोंवाली छोटी रेलगाड़ी थी। जब सीटी देकर चलने लगी, तो ऐसा लगा, जैसे कोई बैलगाड़ी चल रही हो। उसकी गति इतनी धीमी थी कि कोई बीच में उतरकर पेशाब करके फिर गाड़ी में सवार हो सकता था। चलती ट्रेन में भी चढ़ना-उतरना आसान था। टिकट चेकर या नेपाली पुलिस भी आम मुसाफ़िरों के बीच घुलमिलकर बात कर रहे थे। केवल वेशभूषा से ही वे हाकिम लगते थे, व्यवहार में वे बिलकुल सहज थे। कुछ स्टेशन पार करने के बाद हम लोग जनकपुर आये। जनकपुर के बाद रेलमार्ग नहीं था। हम लोग एकदम सुबह में ही चले थे। सबको भूख लगी थी। इसीलिए सबसे पहले भोजन करने का निर्णय हुआ। मारवाड़ी साथियों ने वहाँ के सबसे अच्छे और महँगे होटल 'होटल होलीडे' को चुना, जहाँ अधिकतर विदेशी मेहमान ही ठहरते थे। होटल और वहाँ का रंग-ढंग देखकर मैं दंग रह गया। हम लोग केबिन में बैठे। वहाँ गिलास में पहले से टिसू पेपर, नैपकिन आदि सजे थे। नमक, चीनी और खानेवाले कुछ मसालों की छोटी-छोटी शीशी रखी थीं। बेयरा आया और साथियों ने सादा भोजन का ऑर्डर दिया। वह सादा भोजन भी मेरे लिए पाँचों पकवान से कम नहीं था। विदेश के महीन चावल, दानेदार फ्राई दाल, मखाना मिक्स्ड सब्ज़ी, अनेक तरह की भुंजिया, मिठाई, चपाती आदि सभी कुछ थे। मैंने छककर भोजन किया। सबका भुगतान साथियों ने किया। मुझे एक बात आज भी अखरती है कि सबने बैरे को टिप्स दिये, लेकिन मैंने नहीं दिया, जबकि मेरे पास कुछ पैसे थे।

इसके बाद सभी लोग कपड़े की दुकान पर गये। सबने ढेड़-सारे कपड़े लिये। जब मेरी बारी आयी, तो मैंने कह– "मैं कुछ नहीं लूँगा।" साथियों ने कहा– "आप पैसे की चिन्ता मत कीजिए। हम लोग अपनी ओर से ख़रीद रहे हैं।" साथियों के बहुत ज़ोर देने पर मैंने पैण्ट का एक पीलाधारी कोरियन और शर्ट का कपड़ा लिया। उन दिनों पीलाधारी कपड़े का ख़ूब प्रचलन था। कपड़े का थैला उसी दुकान में रखकर हम लोग नौलक्खा मन्दिर घूमे और शाम में फिर ट्रेन से लौट आये। कुछ ही दिनों बाद परीक्षा ख़त्म हो गयी। हम लोग एक-दूसरे से गले मिलकर विदा हुए। सभी ने एक-दूसरे का नाम पता डायरी में लिख लिया। मोबाइल का ज़माना नहीं था। लेकिन पता लिखे के लिखे रह गये। बाद में किसी से कोई सम्पर्क नहीं हुआ। लगभग एक महीने की दोस्ती में उन साथियों से बहुत कुछ मिला– प्रेम, स्नेह, बन्धुत्व, सहायता और आर्थिक मदद भी। पुपरी आकर मैंने साथियों के दिये कपड़ों का पैण्ट-शर्ट

सिलवाया। जब तक मैं उन कपड़ों को पहनता रहा, मुझे उनकी याद आती रही। मुझे याद है एक बार मुखिया जी के याद दिलाने पर मैंने पुपरी के मिल मालिक के फ़ोन से एक लड़के से बातचीत करके सबका हालचाल लिया था। उसके बाद मैं अपनी गृहस्थी और दुख-धनिया में इस कदर व्यस्त हो गया कि सब कुछ भूल गया। आज मुझे किसी का नाम याद नहीं। मैं था तो छात्र ही, पर मुझ पर हमेशा शिक्षक रूप ही हावी रहा। इसीलिए मेरे परीक्षार्थी साथी भी प्रभावित हुए। मैं जब तक परीक्षा केन्द्र पर रहा, अपने छात्रों को भी पत्र लिखकर पढ़ने की प्रेरणा देता रहा। जब लौटकर आया, तो मुखिया जी ने पत्रों को दिखाते हुए मेरी बड़ी प्रशंसा की। उन्हें बहुत ख़ुशी हुई थी।

मुखिया जी, मेरा कैरियर और घर-परिवार : मुखिया जी के यहाँ रहते हुए अनेक अनुभव हुए। पुपरी हाई स्कूल के प्रधानाध्यापक और विज्ञानं शिक्षक उसी गाँव के थे। मुखियाजी का बड़ा लड़का उसी स्कूल में पढ़ता था। मैं उसे गणित और विज्ञानं पढ़ाता था। मास्टर साहेब के मन में मुझे लेकर दो तरह की कुण्ठाएँ थीं। एक कि एक मैट्रिक पास शिक्षक मैट्रिक के छात्र को कैसे पढ़ा सकता है और दूसरी जाति को लेकर। इसीलिए वे मेरे छात्र मनोज को जानबूझकर कम नम्बर देते थे। मैं कभी-कभी उनके यहाँ जाकर कॉपी देखकर दुखी हो जाता था। भिट्ठा से सटा बगल का एक गाँव डुम्हार पट्टी था, जहाँ के हिन्दी के एक नामी प्रोफ़ेसर रामस्वार्थ चौधरी रामदयालु सिंह कॉलेज में काम करते हुए अवकाश ग्रहण किये और दिवंगत भी हो चुके थे। उन्हीं के कारण वह गाँव चर्चित था। मुखिया जी के यहाँ रहते हुए भी मैं 'आलोक भारती' में पढ़ाने पुपरी जाता था। किन्तु वहाँ अब प्रबन्धन को लेकर विवाद चलने लगा था। एक यादव जी प्रिंसीपल बन गये थे और शंकर प्रसाद और महेन्द्र मिस्त्री का प्रभाव धीरे-धीरे कमने लगा था। सरकारी स्कूल वाले स्थानीय गाँव के शिक्षक महेश सिंह भी स्कूल में दिलचस्पी लेने लगे थे। स्कूल की विवादास्पद स्थिति देखकर मैंने धीरे-धीरे स्कूल जाना छोड़ दिया। इंटर का रिजल्ट आते-आते मेरी पत्नी फिर से बीमार हो गयी। बीमारी ऐसी कि उसने लगभग खाट पकड़ लिया, वही पुरानी पेचिश की बीमारी, खान-पान और संयम की कमी के कारण उसका शरीर बहुत कमज़ोर हो गया था। मुझे बीमारी की ख़बर आयी। मैंने घरवालों को कहा कि राजपरी बहीन और उनके पति के साथ दरभंगा के लिए उसे भेज दीजिए, मैं पुपरी स्टेशन पर साथ हो जाऊँगा। मैंने कुछ पैसे की व्यवस्था की और पत्नी का इलाज कराने दरभंगा चला गया। वहाँ डॉ. बी.एन. सिन्हा को दिखाया। पेचिश

के साथ-साथ कुछ टी.बी. के भी लक्षण पाये गये। लगभग तीन महीने के इलाज के बाद पत्नी ठीक हुई। इस बीच मैंने बी.ए. में एडमिशन ले लिया। इंग्लिश के प्रोफ़ेसर इंग्लिश ऑनर्स एडमिशन लेने और हिन्दी के प्रोफेसर हिन्दी ऑनर्स लेने के लिए जोर दे रहे थे, मैं दोनों विषयों में तेज था और नम्बर भी अच्छे आये थे। अन्ततः मैंने हिन्दी ऑनर्स ले लिया और स्पेशल पेपर में कबीर रखा।

पिताजी का अन्तिम समय, जब पुपरी से नाता छूटा

मैं पढ़ते हुए परिवार भी चलाना चाहता था। लेकिन मेरी विपत्ति मेरा पीछा नहीं छोड़ रही थी। परिवार बड़ा था। कुछ ही दिन बीते होंगे कि पिताजी बीमार रहने लगे। उन्हें भी पेचिश की लम्बी बीमारी हो गयी। वे सूखकर काँटा हो गये। स्थानीय इलाज काम नहीं करता था। ख़बर सुनकर मैंने मुखिया जी से कुछ पैसे लिये और घर चला आया। फिर पिताजी को लेकर दरभंगा के सरकारी मेडिकल कॉलेज अस्पताल में दिखाया। उनको भर्ती कर लिया गया। मुखिया जी के यहाँ गाँव के ही एक घरेलू डॉक्टर रहते थे। उनका नाम अब मुझे याद नहीं। वे उत्साही युवा और सक्रिय समाजसेवी थे। उन्होंने मेरे साथ रहकर मेरी काफ़ी मदद की। मैं वहाँ कुछ दिनों तक पिताजी के साथ रहा। दरभंगा में पिताजी के साथ रहनेवाला कोई नहीं था। मेरी पढ़ाई छूट रही थी। हॉस्पिटल में जाँच हुई। कुछ जाँच मुझे बाहर से कराने पड़े। पिताजी रिक्शे पर बैठने लायक भी नहीं थे। मैं पिताजी को पीठ पर बिठाकर एक्स रे, ख़ून, पेशाब आदि की जाँच कराने ले जाता था। उन्हें भोजन, फल आदि हॉस्पिटल से ही मिलते थे। धीरे-धीरे उनकी हालत में सुधार होने लगा। डॉक्टर ने बताया यहाँ दो-तीन महीने रखना होगा।

राजपरी बहीन के साथ मेरे भाई लक्षण ठाकुर वहाँ देखने आये, किन्तु वे भी क्या कर सकते थे? रुक जाते, तो परिवार चलाना मुश्किल हो जाता। एक-दो दिनों बाद वे लौट गये। मैं रात में पिताजी के बग़ल में नीचे फ़र्श पर बिछावन करके सो जाता था। मैं भी कितना दिन रुकता। एक दिन डॉक्टर और पिताजी से कहकर मैं कुछ दिनों के लिए फिर पुपरी आ गया। मैं जब दोबारा गया, तो पिताजी किसी भी तरह अस्पताल में रहना नहीं चाहते थे। वह बराबर कहते थे कि मुझे घर पर ले चलो। डॉक्टर ले जाने से मना करते थे। एक दिन उन्होंने इतनी ज़िद की कि मैंने अन्त में हार मान ली और बिना डॉक्टर को बताये मैं उन्हें लेकर घर चला आया। घर पर ही डॉक्टर

की लिखी दवाएँ चलने लगीं। किसी को उम्मीद नहीं थी कि पिताजी अब बचेंगे। पिताजी माँस-मछली के प्रेमी थे। महीनों से उन्हें माँसाहार नहीं मिला था। इसीलिए एक दिन राजपरी बहीन की माँ ने उन्हें चुपके से कबूतर का माँस खिला दिया। लेकिन उससे उनका कोई नुक़सान नहीं हुआ। उन्हें लगातार दवा, पौष्टिक फल और दिन-रात सेवा की ज़रूरत थी। अब मेरा घर से बाहर रहना किसी भी तरह उचित नहीं था। घर में कोई पढ़ा-लिखा होशियार व्यक्ति नहीं था। इसलिए मैंने सदा के लिए पुपरी छोड़ दिया और घर पर ही रहकर पिताजी की सेवा करने लगा। मुखियाजी के यहाँ जाकर मजबूरी बतायी और बोरिया-बिस्तर लेकर घर आ गया। पिताजी की सेवा और घर-गृहस्थी चलाने में मैं जी-जान से लग गया।

पिताजी दरवाज़े के कमरे में ज़मीन पर बिछे एक बिछावन पर सोते थे। उन्होंने पूरी तरह बिछावन पकड़ लिया था। शरीर हड्डियों का ढाँचा बन गया था। वे बिछावन से उठकर बैठ तो जाते थे, पर चल-फिर नहीं सकते थे। मेरी पत्नी और भाभियाँ उनकी सेवा करती थीं। फिर भी वे कुछ मुलायम चीज़ों का भोजन और दवा नियमित लेते थे। गाँव-घर के सभी लोग उनकी मौत की घड़ियाँ गिन रहे थे, लेकिन मेरा पूरा विश्वास था कि वे बच जायेंगे। अभी उम्र ही कितनी थी– पचपन-साठ वर्ष? वर्ष 1980 के अप्रैल (बैशाख) माह की 20 तारीख थी, और रविवार का दिन। पिताजी शाम में अचानक चल बसे।

शनिवार 19 अप्रैल को मेरे बड़े मामा के सबसे बड़े लड़के पुकार ठाकुर की शादी थी। माँ एक-डेढ़ हफ्ते पहले ही मामा के घर चली गयी थी। शादी के दिन मेरे छोटे भाई प्रकाश को छोड़कर हम बाकी भाई शाम को पास ही के गाँव बिसुनपुर में बारात गये हुए थे। प्रकाश को गाँव की एक लड़की शुकदेव सिंह की बहन की शादी का नेवता देने बाहर जाना था। इसीलिए वह घर पर ही रह गया था। सुबह-सुबह एक आदमी दौड़ता हुआ आया कि जल्दी घर चलिए, आपके पिताजी की तबियत ज़्यादा खराब हो गयी है। सुनते ही मैं, मेरे बड़े भाई लक्षण ठाकुर, सबसे बड़े चचेरे भाई बिलट ठाकुर आदि भागे-भागे घर आये। पैदल आना था, फिर भी हम लोग दस बजते-बजते घर पहुँच चुके थे। देखा तो पिताजी बेहोश पड़े थे। न बोल रहे थे, न आँखें खोल रहे थे। मेरे और भैया को बुलाने पर उन्होंने आँखें खोलीं, उन्होंने हमें पहचाना, पर बातें नहीं हुईं। पिताजी भोजन के नाम पर हॉर्लिक्स, साबूदाना, केले की रोटी आदि लेते थे। पत्नी ने बताया कि कुछ देर पहले उन्होंने थोड़ी हॉर्लिक्स पी थी। प्रकाश बबुआ ने उन्हें बैठाकर पैखाना-पेशाब कराना चाहा था।

उन्होंने पेशाब तो की, पर पैखाना नहीं हुआ। थोड़ा हॉर्लिक्स पीकर उन्होंने बाकी सब छोड़ दिया। कहा– "जा आशा आ दिलीप के दे दहू।" पिताजी रोज़ हॉर्लिक्स में से कुछ मेरी सात-आठ साल की बेटी आशा और तीन-चार साल के बेटे के लिए छोड़ देते थे। पिताजी की सेवा में मेरी पत्नी के साथ मेरे दोनों छोटे बच्चे भी पास ही में खेलते रहते थे। पत्नी ने बताया कि कल शाम प्रकाश छोटी मछली लाये थे। रात में सब लोग खाये, पिताजी को भी दी गयी। उन्होंने थोड़ा ही खाया। आज वही मछली और भात खाकर प्रकाश नेवता देने के लिए ट्रेन पकड़ने ढेंग स्टेशन चले गये हैं। उन्हें वापस बुलाने के लिए कलेवर गया हुआ है। लौटने पर प्रकाश ने बताया कि जब तक उसे ख़बर मिली, वह टिकट कटाकर ट्रेन में बैठ चुका था। वह लगभग ट्रेन के डिब्बे से कूदता हुआ बाहर आया और घर के लिए चल पड़ा। दोपहर तक प्रकाश भी आ गया। पिताजी को कभी होश आता था, कभी नहीं। शाम तीन बजे के लगभग पिताजी को होश आया। उन्होंने पत्नी को बताया कि उनको बाँह मरोड़कर किसी ने नीचे फेंक दिया है। पत्नी के पूछने पर उन्होंने बताया कि वे ऊपर गये थे। उनका कमरा बन चुका था। केवल किवाड़ लगना बाकी था। वे उसमें घुसे कि किसी ने उनकी बाँह पकड़कर नीचे धकेल दिया।

उन्होंने पत्नी से कहा– "कुछ खयला ह कि न? पत्नी के ना कहने पर उन्होंने कहा- "जा सबेरे दाल-भात बनाके खा ल और सबके खिया द।" उनको शायद मृत्यु का आभास हो चुका था। मैंने दरवाज़े के कुएँ से दो घड़े पानी भरे। पत्नी ने चूल्हा फूँककर एक तरफ़ दाल और दूसरी तरफ भात चढ़ा दिया। अभी पानी भी गर्म नहीं हुआ था कि पिताजी की उलटी साँसें चलने लगी। पिताजी के पास बैठी हुई राजपरी बहीन की माँ ने चिल्लाकर सबको बुलाया। लगभग शाम के चार बजे होंगे। खाना बनाना छोड़कर पत्नी आयी, घर के सभी औरत-मर्द इकट्ठे हो गये। गाँव के भी कुछ लोग जमा हो गये। इतने में मेरे छोटे मामा रामसेवक ठाकुर के साथ मेरी माँ भी पहुँच गयी। माँ ने ज्यों ही दरवाज़े पर क़दम रखा, पिताजी के प्राण-पखेरू उड़ गये। माँ ज़ार-बेज़ार होकर रोने लगी। घर की औरतें पहले से रो रही थीं। मेरे आँसू पश्चात्ताप के थे। रोते-रोते मैं सोच रहा था कि पिताजी ठचित इलाज के बिना मर गये हैं। यदि मैं घर पर उनके साथ रहता, तो लाख अभाव में भी दवा-दारू करता। उनकी हालत इतनी ख़राब नहीं होती। पिताजी को मुझसे बड़ी उम्मीदें थीं। उन्होंने मुझे पढ़ाने के लिए क्या-क्या नहीं किया था? रोते-रोते रात बीती। दूसरे दिन जब अर्थी चली, तो अर्थी को कन्धा देनेवालों

में मेरे बड़े भाई बिलट ठाकुर और लक्षण ठाकुर पीछे थे और मैं और मेरे छोटे मामा आगे-आगे। अर्थी उठानेवाले का रोना मना होता है। इसीलिए मैंने किसी तरह अपने आपको रोके रखा।

किन्तु ब्रह्मबाबा के पास जाते-जाते मेरे सब्र का बाँध टूट गया और मैं फूट-फूटकर रोने लगा। रोते-रोते मैं बोल रहा था, "आखिर मेरी नौकरी लगेगी। लेकिन अब ऐसी नौकरी किस काम की? जिस पिता ने मुझे पढ़ा-लिखाकर क़ाबिल बनाया, उसके लिए मैं कुछ भी नहीं कर सका। उन्होंने पिछले जाड़े में एक खादी की मोटी चादर ख़रीद देने के लिए कहा था। लेकिन मेरे पास पैसे नहीं थे। यदि मैं जानता कि पिताजी नहीं रहेंगे, तो किसी तरह चादर ख़रीद देता। उन्होंने गुदड़ी ओढ़कर जाड़ा काटा। मेरी कमाई को आग लगे !" मामा मुझे ईश्वर का हवाला देकर समझा रहे थे कि जीवन-मरण अपने हाथ में नहीं है। पिताजी की मृत्यु के बाद उसी वर्ष दिसम्बर में मेरी नौकरी लगी। लेकिन मुझे न नौकरी लगने की कोई ख़ुशी थी, न कोई उत्साह। मैं नियुक्ति पत्र लेकर जब सीतामढ़ी पहुँचा, तो वहीं पर एक सादे पन्ने पर सरकार की बेरहमी और अपने दुखड़े का एक संस्मरण लिखा, जो पुरानी फ़ाईलों में आज भी सुरक्षित है। जब घर के लोगों ने नौकरी की ख़ुशी में पूजा-पाठ कराने की बात कही, तो मैंने साफ मना कर दिया– "किस बात की ख़ुशी? नौकरी की राह देखते-देखते इलाज के अभाव में मेरा बाप मर गया। परिवार अब भी क़र्ज़ में डूबा है। मैं जीवन-भर कोई पूजा-पाठ नहीं करूँगा।" तब से मेरी कई नौकरियाँ लगीं, मैंने किसी में कोई पूजा-पाठ नहीं कराया। प्रथम नियुक्ति में योगदान करने जाते समय का संस्मरण नीचे दिया जा रहा है।

"सीतामढ़ी, 3 दिसम्बर 1980:

आज़ नियुक्ति पत्र मिला है। सरकार ने अपनी ओर से मुझे समाजसेवा का मौका दिया है, जिसके लिए आज़ से लगभग पाँच वर्ष पहले ही मुझे निबन्धित करके रख लिया गया था। प्रथम श्रेणी में अच्छे अंक प्राप्त करनेवाले मुझ जैसे सैकड़ों ग़रीब छात्रों की मज़बूरी का फ़ायदा उठाकर सरकार का प्रशिक्षण संस्थान भर गया था। गरीब माँ-बाप अपने सपूतों से सुख की दो रोटी की आशा में सालों साल तक आधी रोटी खाकर भी फूले नहीं समाते थे। बेटा ट्रेनिंग कर रहा है, बस एक-दो साल की तो देर है। नौकरी लगेगी। फ़िर चार-पाँच सौ मासिक आयेंगे। यह छोटा-सा सपना भी उनके लिए पर्वत-सा बड़ा सहारा था। किन्तु दो वर्ष बीते, प्रशिक्षण की अवधि समाप्त हुई। एक

साल और बीत गया। माँ-बाप की टकटकी में शिथिलता नहीं आयी। लेकिन दूसरे, तीसरे, चौथे साल भी जब नौकरी का पता नहीं चला, तो जीवन-भर दीनता के दिन देखनेवाले सृष्टिकर्त्ता पिता की बेचैनी बढ़ने लगी। आशा का दामन ढीला पड़ गया और पाँचवाँ साल पूरा होते-होते पारिवारिक उलझन और महाजनों के ऋण तले दबा बेचारा बाप बेटे को छोड़ कर दुनिया से चला गया। राजनीति की खोखली नीति ने सरकारी तन्त्र को दूषित कर दिया। बेरोजगारी में युवकों का दम घुटने लगा। एक लम्बे अरसे के बाद नौकरी लगती है, तो सरकार के भ्रष्ट्र पदाधिकारियों की पूजा ही नौकरी का धर्म हो जाता है। फ़िर कब तक अपना ईमान बचाकर काम करते रहेंगे। जो समाजसेवा मैंने अपनी बेरोजगारी के पाँच साल की अवधि में सौ रुपये प्राप्त करके की है, शायद पाँच सौ पाकर भी सरकार के नौकर के रूप में नहीं कर पा सकूँगा। सौ-पचास की घूस के बिना मेरे सच्चे प्रमाण-पत्र भी मुझे आसानी से योगदान नहीं दिला सकेंगे।"

नौकरी और सेवा

जब मैंने मेजरगंज में पब्लिक स्कूल खोला

महेन्द्र मिस्त्री मास्टर साहब भी पुपरी से बदली कराकर घर के पास के स्कूल में आ चुके थे। 'आलोक भारती' स्कूल लगभग टूट चुका था। मैंने फिर से घर पर ही ट्यूशन करना शुरू कर दिया। अभी तक नौकरी नहीं लगी थी। पिताजी की तरह मैं एक मिनट भी समय बर्बाद नहीं करना चाहता था। हमेशा कुछ-न-कुछ करते रहने की मेरी आदत थी। मेजरगंज में कोई 'पब्लिक स्कूल' नहीं था। मैंने वहाँ स्कूल खोलना चाहा। अपनी इच्छा मैंने महेन्द्र मिस्त्री मास्टर साहब को बतायी। वे बहुत खुश हुए और उनकी मदद से तुरत ही यह काम शुरू हो गया। उनके मित्र और पड़ोसी वाल्मीकि प्रसाद का मकान ख़ाली था। वे मेजरगंज के एकमात्र इन्जिनियर साहेब के छोटे भाई थे। उनके बड़े लड़के बसन्त को मैं पढ़ाता था। इसीलिए उन्होंने स्कूल खोलने के लिए पूरा मकान ही फ्री में दे दिया। मकान बड़ा था और रहनेवाले केवल पति-पत्नी और दो-तीन छोटे-छोटे बच्चे। स्कूल चलने लगा। मैंने ही स्कूल का नाम 'विद्या विहार' रखा और उनके दोनों लड़के और एक लड़की भी उसमें पढ़ने लगे। मेजरगंज में 'पब्लिक स्कूल' की यह पहली परम्परा थी। देखते ही देखते छात्रों की संख्या काफ़ी हो गयी। सरकारी स्कूल में पढ़नेवाले छात्र-छात्रा इधर आकर्षित होने लगे। पहले एक से पाँच तक का स्कूल खुला। पर अभिभावकों की माँग पर तुरत ही स्कूल को सातवीं तक कर दिया। पहले दो-चार स्थानीय शिक्षकों को रखा। किन्तु जब छात्रों की संख्या बढ़ने लगी, तो बाज़ार के बीच उस मकान में स्कूल चलाना मुश्किल हो गया। महेन्द्र मिस्त्री मास्टर साहब, वाल्मीकि प्रसाद, बलराम प्रसाद आदि लोगों की राय से स्कूल को मैं मेजरगंज ब्लॉक ऑफिस और थाने के बीच मुख्य सड़क से सटे पश्चिम स्थित भाड़े के एक ख़ाली मकान में ले गया। वह मकान पास के गाँव हिंड़ोलवा के राम औतार चौधरी का था। उसका छोटा भाई हाई स्कूल

में मेरा सहपाठी था। उनसे मकान दिलवाने में मेरे गाँव के अशेश्वर सिंह ने मदद की। एक और युवा व्यक्ति थे सागर प्रसाद रस्तोगी। वे कपड़े की दुकान करते थे, लेकिन उनकी पत्नी काफ़ी पढ़ी-लिखी थी। इसीलिए अपनी बेटी पूनम और छोटे बेटे को स्कूल की स्थापना के समय से ही हमारे स्कूल में पढ़ा रही थी। दोनों पति-पत्नी हमारे शुभचिन्तक थे और स्कूल प्रबन्धन में भी हमारी मदद करते थे। उनकी बच्ची स्कूल के सांस्कृतिक कार्यक्रम में नृत्य और गीत में हमेशा आगे रहती थी। मैं भी कभी-कभी उनके घर पर जाता था।

स्कूल रफ़्तार में चलने लगा। आसपास के चार-पाँच किलोमीटर दूर के गाँव से छात्र– छात्र-छात्राएँ आने लगे। देखते ही देखते तीन-चार सौ लड़कों के नामांकन हो गये। मैंने कुछ और शिक्षकों की नियुक्ति कर ली। लगभग दस-बारह शिक्षक हो गये। पूरे एरिया में 'विद्या विहार' स्कूल का नाम हो गया। नये-नये फर्नीचर बनवाये गये। शंकर प्रसाद ने छोटे बच्चों के लिए एक घुमावदार झूला लगवा दिया। स्कूल से सबसे अधिक लाभ प्रखण्ड, अंचल, अस्पताल और थाना के पदाधिकारी, डॉक्टर और कर्मचारियों को मिला, जिनके बच्चों को पढ़ने के लिए सरकारी स्कूल के अलावा कोई अच्छा स्कूल नहीं था। मैं दिन-रात स्कूल में ही रहने लगा कुछ शिक्षक भी रहने लगे। शाम को हम लोग स्कूल प्रांगण में बैठते थे। वहाँ कभी-कभी प्रखण्ड विकास पदाधिकारी, अंचल अधिकारी, डॉक्टर और थानेदार आदि भी बैठने लगे। स्कूल और ब्लॉक चौक के बीच सड़क के दोनों तरफ बहुत गन्दगी फैली रहती थी। बीच में आबादी नहीं थी और शहर की ग़रीब महिलाएँ और बच्चे सड़क के किनारे ही शौच करते थे, जिससे चारों तरफ़ गन्दगी और बदबू फैली रहती थी। आवागमन में कठिनाई होती थी। मैं प्राय: अभिभावक मीटिंग बुलाता था। एक रोज़ मैंने कुछ अभिभावकों की मदद से उस सड़क और शहर की वृहद सफ़ाई का निर्णय लिया और लगभग दो सौ छात्र-छात्राओं के साथ खुद से कुदाल पकड़ी। कुछ खुरपी-कुदाल, झाड़ू और एक ठेले की व्यवस्था हमने कर ली थी। देखते ही देखते सैकड़ों खुरपी-कुदाल और झाड़ू इकट्ठे हो गये। बी.डी.ओ., सी.ओ., थानेदार सिपाही आदि खुद से हमारे सफ़ाई अभियान में शामिल हो गये। शहर से सटे उस मुख्य मार्ग की सफ़ाई एक भारी प्रशासनिक समस्या थी, जिसका समाधान बिना किसी सरकारी प्रयास से हो गया। शहर के मुखिया और प्रखण्ड प्रमुख बासुदेव प्रसाद चौधरी सबसे अधिक खुश हुए। अधिकारियों से कहकर हमने आसपास के बिजली पोल पर बिजली लाइट लगवा दिया। फिर दो-तीन हफ़्ते तक लगातार स्कूल के बच्चों के साथ सफाई

अभियान चलाया गया, जिसमें सरकारी अधिकारियों के साथ-साथ शहरवासियों ने भी बढ़-चढ़कर हिस्सा लिया। अब सड़क साफ़ रहने लगी।

मेरे स्कूल संचालन और समाज सेवा से अधिकारी बहुत ख़ुश रहते थे। स्कूल के बग़ल में किसी गाँव से आकर एक लोहार ने 'लेथ मशीन' बैठाया था। उनका पूरा परिवार 'लेथ मशीन' में काम करता था। उनके कई बच्चे-बच्ची थे। बड़ेवाले काम करते थे, छोटेवालों को मैं स्कूल पर ही पढ़ाता था। बदले में वे मुझे दोनों शाम भोजन कराते थे। मैंने शिक्षकों में हाईस्कूल के हेडमास्टर साहेब वीरेन्द्र बाबू के लड़के और मेरे सहपाठी विनोद कुमार सिंह, अपने गाँव से शुकदेव सिंह, मेजरगंज से शुकदेव सिंह के साथी और हमारे सीनियर महेन्द्र साह और दिल्ली से आये एक अंग्रेज़ी शिक्षक, डुमरी, कुआड़ी और महादेव से भी एक-एक शिक्षक को रखा। बाद में मैंने पुपरी 'आलोक भारती' स्कूल में पढ़ानेवाले एक योग्य और अनुभवी शिक्षक बद्री महतो को भी बुला लिया। फिर आस-पड़ोस के कई शिक्षकों को रखा था। मैंने ख़ुद ही सबको पढ़ाने का प्रशिक्षण दिया। फिर शिक्षण ही उनका प्रशिक्षण बन गया। सभी में सीखने और सिखाने की ललक थी। बाद में मैट्रिक की अन्तिम कक्षा में पढ़नेवाले कुछ छात्रों को भी मैंने शिक्षक बना दिया। उसमें मेरा ख़ुद का भाई प्रकाश और उसका साथी व हमारा ग्रामीण रामस्वार्थ सिंह था। सभी शिक्षक मनोयोग और कुशलता से पढ़ाते थे। ख़ूब अच्छी तरह स्कूल चल रहे थे। शिक्षकों को महीने के पहले सप्ताह में ही भुगतान कर दिया जाता था। फिर मेरा भी घर का ख़र्च आसानी से चलने लगा। स्कूल में साप्ताहिक सांस्कृतिक कार्यक्रम तो होते ही थे कभी-कभी बड़ा आयोजन भी होने लगा। दो-दो बार नाटक और अभिनय करवाया, जिनमें मैंने ख़ुद ही एक महत्त्वपूर्ण पात्र की भूमिका निभायी। नर्सरी में पढ़नेवाले मेजरगंज के एक नन्हे छात्र रामू को गोद में लेकर एक प्रासंगिक गीत गाया था– "मेरा नाम करेगा रोशन, जग में मेरा राज दुलारा!" हाई स्कूल के हेडमास्टर साहब वीरेन्द्र बाबू हारमोनियम बजा रहे थे और मेरे गाँव के रामकृपाल सिंह ढोलक। अन्य वाद्यों पर कुछ और लोग थे। इस प्रकार 1979 के अन्त में जो स्कूल शुरू हुआ वह 1980 तक आते-आते बहुत बड़ा बन चुका था। बग़ल में फूँस का एक और बड़ा घर बनवाकर अतिरिक्त कमरों की व्यवस्था करनी पड़ी।

इसी बीच दिसम्बर 1980 में मेरी सरकारी नौकरी हो गयी। मैं शिक्षक बनकर गोढ़ारी, बेला परिहार चला गया। अपनी अनुपस्थिति में मैंने सबसे योग्य और सीनियर शिक्षक महेन्द्र साह को प्रभारी प्राचार्य बना दिया और

खुद विद्यालय का निदेशक बन गया। मैं जब भी महेन्द्र मिस्त्री मास्टर साहब आदि लोगों से मिलकर स्कूल की 'प्रबन्ध समिति' बनाने की कोशिश करता, वे लोग राय देने लगते कि स्कूल में राजनीति शुरू हो जायेगी, गाँव की गुटबन्दी स्कूल में भी घुस जायेगी। इसीलिए स्कूल का सर्वेसर्वा मैं ही बना रहा। मैंने अपने छोटे भाई को प्राचार्य नहीं बनाया, पर व्यवहार में स्कूल पर उसी का नियन्त्रण रहा। मैं सप्ताह-दो सप्ताह में जब भी घर जाता, स्कूल को देख लेता।

पर मेरे गोढ़ारी प्रवास की अनुपस्थिति में स्कूल में भीतर-भीतर कुछ चलने लगा, जिसकी सही जानकारी मुझे स्थानान्तरित होकर अपने क्षेत्र में आने के बाद ही मिली। मुख्यमन्त्री जगन्नाथ मिश्रा का ज़माना था। उन्होंने संस्कृत स्कूल खोलने और स्वीकृति देने का अभियान चलवा दिया। मेरे स्कूल के शिक्षकों ने भी अनुरोध किया आप तो सरकारी सेवा में चले गये, पर हम लोगों का भी भविष्य सुरक्षित हो जाये, इसीलिए इस स्कूल को संस्कृत स्कूल कर दीजिए, हम लोग डोनेशन देते हैं। मैंने हामी भर दी। एक-दो शिक्षकों ने उसी जगह थोड़ी ज़मीन भी दे दी। बद्री महतो की देखरेख में एक प्रबंध समिति बनायी गयी। शिक्षकों के डोनेशन से वहाँ कुछ ज़मीन गवर्नर ऑफ बिहार के नाम से खरीद ली गयीं। मैंने स्कूल का नाम 'विद्या विहार संस्कृत प्राथमिक व मध्य विद्यालय' रख दिया। एक इन्स्पेक्शन भी हुआ। लेकिन मेरे एक-डेढ़ साल के वेला प्रवास के कारण मेरी अनुपस्थिति में स्कूल में राजनीति शुरू हो गयी। एक विरोधी गुट बन गया, जो स्कूल को ही हड़प लेना चाहता था। मेरे विरोध में महेन्द्र साह को खड़ा करके मेरे गाँव के अशेश्वर सिंह ही भीतर-भीतर मेरा विरोध करने लगे। स्पष्ट तौर पर दो गुट बन गये। एक मेरे नेतृत्व में मेरे गाँव के नरौनी पट्टी के सभी लोग और मेजरगंज के प्रमुख वासुदेव प्रसाद, महेन्द्र मिस्त्री, वाल्मीकि प्रसाद, शिक्षक बद्री महतो सहित अधिकांश शिक्षक। बद्री महतो हम लोगों की ही तरह कांग्रेस के विरोधी थे और दलित-पिछड़ों के हितैषी थे। हमारे गाँव के अशेश्वर सिंह अगड़ों के हितैषी थे। इसीलिए उनकी बद्री महतो से पटती नहीं थी। मेजरगंज के प्रमुख वासुदेव प्रसाद भी दलित-पिछड़ों की ही राजनीति करते थे। इसीलिए गाँधीवादी होते हुए भी अशेश्वर सिंह और वासुदेव प्रसाद में मतभेद था।

गजहरवा कुशेश्वर बाबू के यहाँ रहते हुए मेरे अपने खोले पब्लिक स्कूल की राजनीति अपने चरम पर पहुँच चुकी थी। गोढ़ारी के बाद मैं अपने गाँव

के पास बेलाही जयराम मिड्ल स्कूल में आ गया था। मेरे गाँव के अशेश्वर सिंह ने स्कूल के मकान मालिक राम औतार चौधरी और हेडमास्टर महेन्द्र साह आदि को अपनी ओर मिला लिया था। जब मुझे जानकारी मिली, तो मैंने हेडमास्टर बदल दिया। अब स्कूल के नये हेडमास्टर मेरे हाई स्कूल मेजरगंज के हेडमास्टर साहब वीरेन्द्र बाबू के पुत्र और मेरे साथी विनोद कुमार थे। स्कूल की राजनीति को लेकर मेरा गाँव भी दो भागों में बँट गया। अधिकांश लोग मेरे साथ थे। अशेश्वर सिंह के प्रतिनिधि के रूप में उनके भगिना और मेरे सीनियर साथी सकलदेव सिंह हमारे पक्ष की बातों को जानने के लिए हमेशा हमारे साथ लगे रहते थे। वे मेरी सहयोगी लड़की मनोहर के बड़े भाई थे। नरौनी पट्टी के सीताराम सिंह, जो अशेश्वर सिंह के धुर विरोधी थे, वे खुलकर मेरा साथ देने लगे। उस पट्टी के शुकदेव सिंह और उनके भतीजे रामस्वार्थ सिंह मेरे स्कूल में शिक्षक थे। बिगन सिंह, मेरे साथी बिन्देश्वर सिंह आदि सभी साथ रहते थे। मेजरगंज सहित आस-पास के गाँवों में भी स्कूल को लेकर दो गुट बन चुके थे। लेकिन हर जगह मेरे साथ अधिक लोग थे। स्कूल का नाम संस्कृत ज़रूर बन गया था, किन्तु उसका स्वरूप पुराना ही था। उसकी आमदनी से शिक्षकों की रोज़ी-रोटी चलती थी। सरकारी नौकरी में जाने के बाद मैंने स्कूल की आमदनी को लेना बन्द कर दिया था। निःस्वार्थ भाव से स्कूल की देखभाल करता था।

सृजन का दर्द और आनन्द दोनों मेरे साथ थे। इतनी अच्छी और बड़ी संस्था बड़ी मुश्किल से बन सकी थी। स्कूल की गुटबाज़ी का असर स्वाभाविक रूप से स्कूल के छात्र और अभिभावकों पर पड़ रहा था। छात्रों की संख्या भी कम हो गयी थी। कुछ अभिभावकों ने राय दी कि संस्कृत स्कूल को वहीं रहने दीजिए। उसी गुट को चलाने दीजिए और 'विद्या विहार' पब्लिक स्कूल को अलग कर लीजिए। हम लोग ज़मीन और मकान देते हैं। मेजरगंज के बलराम रस्तोगी ने अपना लम्बा मकान भी दे दिया। मुझे सुझाव अच्छा लगा। पर कुछ लोग मना भी कर रहे थे कि एक ही स्कूल रहने दीजिए। स्कूल के अधिकांश शिक्षक अलग स्कूल ले जाने के पक्ष में थे। इसीलिए स्कूल का सामान आलमारी, फ़र्नीचर वग़ैरह नये स्कूल पर ढुलवाया जाने लगा। एक झूला बच गया था। उसे भी खोद लिया गया था।

इसी बीच एक घटना घट गयी। शनिवार या रविवार का दिन रहा होगा। स्कूल के पास मेजरगंज बाज़ार में शुकदेव सिंह, मेरा भाई प्रकाश, रामस्वार्थ सिंह सहित स्कूल के कुछ और शिक्षक भी खड़े-खड़े बातचीत कर रहे थे।

उस पक्ष से सकलदेव सिंह, महेन्द्र साह आदि लोग भी थे। झूला को लेकर दोनों पक्षों में कुछ बहस होने लगी। उनलोगों का अनुरोध था कि कम से कम झूला को रहने दीजिए। मैं मान भी जाता, किन्तु दोनों पक्षों ने अधिकार भाव से बहस शुरू कर दी। इसी बीच मारपीट भी शुरू हो गयी। सकलदेव सिंह ने हाथ उठाया। रामस्वार्थ सिंह ने सकलदेव सिंह को पीटना शुरू कर दिया। उसकी मदद में मेरे भाई ने भी हाथ चला दिया। बात बढ़ गयी और सकलदेव सिंह ने थाने में जाकर केस कर दिया। केस नहीं होता। पर मेरे भाई ने हाथ उठाया था, इसीलिए बात आगे बढ़ गयी। एक नीच जाति का व्यक्ति ऊँची जाति पर हाथ कैसे उठा सकता है? शाम का समय था। सीताराम सिंह आदि सभी लोग बाज़ार में ही थे। ख़बर हवा की तरह फैल गयी और गाँव से भी लोग आ गये। सीताराम सिंह आदि लोगों ने मुझे राय दी कि आप भी केस कर दीजिए। स्कूल के बग़ल में थाना था। सभी लोग थाने में पहुँचे। मैंने भी मारपीट और स्कूल के कार्यों में व्यवधान डालने आदि का आरोप लगाते हुए सकलदेव सिंह, अशेश्वर सिंह आदि लोगों पर केस कर दिया। थानेदार सहित पूरा थाना मुझ से परिचित था। दरोगा जी ने कहा कि "स्कूल को लॉक-अप करके आप चाभी मुझे दे दीजिए। कुछ दिनों तक स्कूल बन्द कर दीजिये। मैं वहाँ धारा 144 लगा देता हूँ। विरोधी लोग ख़ुद ही रास्ते पर आ जायेंगे।" मुझे सुझाव अच्छा लगा। मैंने हेडमास्टर विनोद कुमार से अपरिहार्य कारणों से स्कूल बन्दी की सूचना करवाकर स्कूल की चाबी थानेदार को जमा कर दी। इस पर अशेश्वर सिंह सहित दूसरे पक्ष के तमाम लोग बेचैन हो गये। सबसे अधिक बेचैनी मकान मालिक राम औतार चौधरी को हुई। चारों तरफ़ से मेरी ख़ुशामद होने लगी। मुझ पर दबाव डाला जाने लगा। लेकिन मैंने स्कूल खुलवाना स्वीकार नहीं किया, कहा कि कोर्ट का जो फ़ैसला होगा, उसी के अनुसार स्कूल खुलेगा। अन्त में थक-हारकर उस पक्ष के बड़े-बड़े लोग थानेदार के यहाँ गये और स्कूल खुलवाने की पैरवी करने लगे। थानेदार ने मेरा नाम लेते हुए कहा कि जब तक वे नहीं कहेंगे, स्कूल की चाबी नहीं मिलेगी। लेकिन मैं चुपचाप अपने मिड्ल स्कूल बेलाही जयराम में चला आया।

स्कूल कुछ दिनों के लिए बन्द हो गया और दोनों ओर से प्राथमिकी भी दर्ज हो गयी। फिर भी मैंने समस्या को सुलझाने की बहुत कोशिश की, पर बात बनी नहीं। अन्त में गजहरवा कुशेश्वर सिंह को भी मध्यस्थता करने को कहा। उन्होंने प्रयास भी किया, पर कोई लाभ नहीं हुआ। उन्होंने कहा कि

अशेश्वर सिंह ने उस स्कूल को बैकवर्ड-फॉरवर्ड की लड़ाई बना दिया है। उन्होंने ब्लॉक के डॉक्टर धीरेन्द्र झा के पास अपने लड़के चुन्नूजी को भेजा। हम लोगों ने स्कूल की समिति में उन्हें भी शामिल कर लिया था। चुन्नू सिंह मेरे साथ वहाँ गये। उन्होंने डॉक्टर साहब से स्कूल की मौजूदा स्थिति के बारे में जानकारी ली। उन्होंने सारी बातें सच-सच बता दीं, जिसमें मेरा ही पक्ष मज़बूत था। इस पर चुन्नू सिंह ने कहा कि अशेश्वर सिंह कौन है? सारी खुराफ़ात की जड़ वही आदमी है। संयोग से अशेश्वर सिंह वहीं बैठे थे। उन्होंने कहा– "मैं ही अशेश्वर सिंह हूँ"। इस पर चुन्नू सिंह ने पूछा– "ऐसा क्यों करते हैं?" जबाव में आदतन उन्होंने चुन्नू सिंह को एकान्त में ले जाकर अपनी बातें बतायीं। वहीं पर कुआड़ी गाँव के वीरवंश सिंह बैठे थे। उन्होंने मुझसे कहा कि "आप तो बैकवर्ड लोगों की बात ही मानेंगे। हेडमास्टर साहब के लड़के विनोद जी को आपने हेडमास्टर बना दिया है। वे बेचारे केस-मुक़दमा में नहीं पड़ना चाहते। हेडमास्टर साहब परेशान रहते हैं। आप स्कूल अलग करके स्कूल की चाबी दिलवा दीजिए, ताकि उनका भी टेन्शन दूर हों।" मुझे उनकी बात बुरी लगी। मैंने कहा– "आप ऐसा किस आधार पर कहते हैं? क्या आपने मुझे कभी बैकवर्ड-फॉरवर्ड करते देखा है? मेरा पूरा गाँव फॉरवर्ड लोगों का ही है और आधे से अधिक लोग मेरे साथ हैं। विनोद और उसके पिता आपकी जाति के ज़रूर हैं, पर विनोद मेरा मित्र है और उसके पिता मेरे गुरु। यदि ऐसा होता, तो वे मुझसे कहते, किन्तु अभी तक उनकी ओर से मुझे ऐसा कुछ भी नहीं कहा गया है।"

वीरवंश सिंह की बात मुझे सूई की तरह चुभ गयी थी। चुन्नू सिंह अपने घर लौट गये और मैं तत्क्षण शुकदेव सिंह के साथ हाईस्कूल परिसर स्थित विनोद के आवास पर चला गया। हेडमास्टर साहेब वीरेन्द्र बाबू से स्कूल के बारे में राय माँगी। विनोद को तो कोई एतराज़ नहीं था, पर हेडमास्टर साहेब सचमुच केस-मुक़दमा से डर रहे थे। सम्भवतः उनके पास भी उस पक्ष की पैरवी पहुँची होगी। मैं घर चला आया। रात भर सोचता रहा। दूसरे दिन मलाही गाँव के अनूठा राय (यादव) मेरे घर पर आये। मैं समझ गया कि अशेश्वर सिंह ने उन्हें भेजा है। उन्होंने मुझसे थाने में चलकर चाबी दिलवाने का अनुरोध किया। मैंने उन्हें आश्वासन दिया कि "आप नहीं भी आते, तो मैं ऐसा ही कुछ करता। लेकिन यदि आप मुझसे बैकवर्ड के नाते यह पैरवी करने आये हैं, तो मैं इस बात से इनकार करता हूँ।" उन्होंने हाथ जोड़ लिया कि ऐसा कुछ नहीं है। एक शुभचिन्तक के नाते मैं आया हूँ। आपके यहाँ मैं

कभी नहीं आया था।" अनूठा राय मलाही के प्रतिष्ठित यादव थे। बाँध वाले काण्ड के बाद जब अशेश्वर सिंह जेल से छूटकर आये, तो उन्होंने मलाही के यादवों से दोस्ती कर ली थी। शुकदेव सिंह सहित मेरे तमाम साथियों ने चाबी दिलवाने से मना किया, फिर भी हेडमास्टर साहब की इच्छा और विनोद की रक्षा के नाते मैंने उस पक्ष के तमाम लोगों को कहा कि चलिए, थाने में मैं चाबी दिलवा देता हूँ। सभी लोगों के साथ मैं थाने गया। पर दरोगा जी को विश्वास नहीं हुआ कि मैं चाबी दिलवाने आया हूँ। दरोगा जी ने मुझसे पूछा– "चाबी दे दूँ?" मेरे हाँ कहने पर दरोगाजी गुस्सा हो गये और उन्होंने चाबी मेरी ओर फेंक दी। मैंने चाबी ली और स्कूल खोलकर अपने शेष सामानों को नये स्कूल में भेजवाया और चाबी मकान मालिक को सुपुर्द कर दी।

अगले दिन धूमधाम से नये स्कूल का उद्घाटन हुआ। उसका नाम रखा 'विद्या लोक'। एक भव्य सांस्कृतिक कार्यक्रम का आयोजन हुआ, जिसमें मेरे बड़े भाई साहब लक्षण ठाकुर ने साजबाज पर और मेरी बेटी आशा, जो तीसरी या चौथी कक्षा में पढ़ती थी, ने नृत्य-गीत पर पहली बार भाग लिया। सांस्कृतिक आयोजन में मैं सिद्धहस्त था। जब मन होता, एक-दो दिनों के ऑडिशन में कार्यक्रम शुरू कर देता था। मंच से अक्सर मिलाजुला कार्यक्रम ही होता, कोई लम्बा नाटक या प्रहसन नहीं। मेरे गाँव और मेजरगंज के औरत-मर्द से पाण्डाल खचाखच भर गया था। मैंने खुद ही नये स्कूल का उद्घाटन किया और सम्बोधन में पहला ही वाक्य बोला था– " 'विद्या विहार से विद्यालोक' तक की कहानी सभी लोग जानते हैं। कुछ कहने की ज़रूरत नहीं। यह कोई नया स्कूल नहीं है। उसी पुराने का नामान्तरण है, वही छात्र, वही शिक्षक, वही अभिभावक, सब कुछ वही। स्कूल आपका है। सभी मिलकर इसे समाज की शान और प्रतिष्ठा बनाइए।" लाउडस्पीकर से यह आवाज़ दूर-दूर तक गयी। अगले दिन प्रखण्ड विकास पदाधिकारी, डॉक्टर साहेब, थानेदार से लेकर शहर के तमाम बुद्धिजीवियों ने इस वाक्य की कि– "विद्या विहार से विद्यालोक' तक की कहानी सभी लोग जानते हैं'' और मेरे रचनात्मक दृष्टिकोण की प्रशंसा की और इस प्रकार नया स्कूल नयी ऊर्जा से चलने लगा। सारे छात्र यहीं आ गये थे। कोई नया एडमिशन भी नहीं लेना था। थाने में दोनों पक्षों द्वारा किये गये केस में सबने जमानत करवायी। कुछ दिन अदालत में केस चले, फिर बन्द हो गये। शुरू-शुरू में दोनों पक्षों की गवाही-साक्षी गुज़री, हाज़िरी भी लगती रही, पर केस लड़ना कोई नहीं चाहता

था। स्कूल अलग-अलग हो गये थे। कुछ दिनों के बाद दोनों पक्षों ने तारीख़ पर जाना छोड़ दिया और केस ख़ारिज हो गये।

पहलेवाला स्कूल कुछ दिन चला, फिर जल्द ही बन्द हो गया। संस्कृत स्कूल के रूप में उसकी मंजूरी भी नहीं हुई। लेकिन 'विद्या लोक' बहुत दिनों तक चलता रहा। इसी उठापटक में मेरा भाई प्रकाश मैट्रिक में फेल हो गया, जिसे मैंने एक-दो वर्षों बाद फिर से फॉर्म भरवाकर पास करवाया और डुमरा आई.टी.आई. से इलेक्ट्रीशियन की ट्रेनिंग भी करवा दी। इस बीच उसकी शादी भी हो गयी और वह अपने बड़े साले रामाधार ठाकुर, जो दिल्ली तीस हजारी कोर्ट में वकील था, के साथ दिल्ली रोज़ी-रोटी के लिए चला गया। दो-तीन वर्षों के बाद रामस्वार्थ सिंह की भी सीआरपीएफ पुलिस में नौकरी हो गयी। शुकदेव सिंह भी कहीं बाहर कमाने चले गये। अकेले विनोद जी ही कुछ शिक्षकों को लेकर स्कूल चलाते रहे। इस बीच स्कूल कई स्थानों पर बदलता रहा। फिर विनोद जी भी जब सरकारी प्राथमिक विद्यालय में शिक्षक बन गये, तो 'विद्यालोक' स्कूल बन्द हो गया। लेकिन मेजरगंज में पब्लिक स्कूल की परम्परा आज भी बरकरार है। पास ही के गाँव में पटना सेन्ट्रल स्कूल के संस्थापक सुदर्शन जी के स्कूल हैं, पर उन्होंने मेजरगंज में अपना स्कूल नहीं खोला। मेरे द्वारा स्थापित स्कूल की परम्परा ही वहाँ चल रही है।

गोढ़ारी प्रवास

मैंने अपनी पहली सरकारी नौकरी कन्या प्राथमिक विद्यालय, गोढ़ारी, उत्तरी में तीन दिसम्बर 1980 को ज्वाइन की। गोढ़ारी बेला-परिहार प्रखण्ड की अन्तिम सीमा पर नेपाल का एक निकटवर्ती गाँव है। चौक पर एक सरकारी अस्पताल और मिड्ल स्कूल था। भूमिहार बहुल इलाक़ा था। सुरसण्ड में योगदान के समय एक भूमिहार शिक्षक ने जो भविष्यवाणी की थी, उसका संकेत मुझे शाम में चौक पर मिलने लगा। कुछ भूमिहार और सवर्ण दुकानदारों ने मेरे आने से पहले ही मेरी जाति जान ली थी। उन्होंने पूछा कि शिक्षक ही बने हैं कि पढ़ाना भी जानते हैं? मैंने कहा कि कुछ दिनों में पता चल जायेगा। स्कूल के हेडमास्टर लक्ष्मण सिंह, जो खुद भूमिहार थे, मेरे साथ थे। उन्होंने उन्हें कड़ाई से रोका और मेरी प्रशंसा कर दी। स्कूल गाँव से बिल्कुल सटा हुआ था। किन्तु वहाँ अधिकांश छात्र-छात्राएँ दलित-पिछड़े वर्ग से ही आते थे। गाँव के सवर्ण बच्चे चौक के मिड्ल स्कूल में पढ़ते थे। स्कूल में एकमात्र शिक्षक या हेडमास्टर लक्ष्मण सिंह ही थे, जो स्कूल में ही रहते थे। मुझे

देखकर उन्हें बड़ी खुशी हुई और हम दोनों स्कूल में ही रहने लगे। उन्होंने मेरे भोजन आदि के लिए गाँव के एक सम्भ्रान्त व्यक्ति और मिड्ल स्कूल के हेडमास्टर चिरंजीवी बाबू के यहाँ ट्यूशन लगवा दिया। मैं उनके पोते-पोतियों को पढ़ाने उनके घर पर जाता था, वहीं भोजन करता और रात में सोने स्कूल पर आ जाता था। लक्ष्मण सिंह कला शिक्षक थे और मैं विज्ञान शिक्षक। गीत, संगीत और पेन्टिंग आदि में उनकी रुचि थी और मेरी भी। उन्होंने स्कूल में खुद से मिट्टी के हिमालय पहाड़, गंगोत्री, गंगा नदी से लेकर भूगोल की तमाम कलाकृतियों को बना रखा था। वे मिट्टी के हिमालय पर गंगोत्री के ऊपर पानी डालते, फिर हहराती हुई गंगा नदी नीचे मैदान में उतरने लगती थी। कमाल यह कि एक बड़े गड्ढे में बंगाल की खाड़ी भी बनी थी, जिसमें गंगा नदी मिल जाती थी। उन्होंने मिट्टी की एक आलमारी भी बना रखी थी और पढ़ने के किड्स भी। रचनात्मक प्रतिभा के शिक्षक को देख कर मुझे खुशी हुई और हम दोनों वहाँ लगन से काम करने लगे। स्कूल में बच्चों के लिए बैठकर पढ़नेवाले छोटे-छोटे डेस्क तो थे, पर आलमारी और कुर्सी टेबल का बिल्कुल अभाव था। आलमारी के नाम पर एक बड़ा-सा स्टील का बक्सा था, एक छोटा टेबल और दो कुर्सियाँ।

लेकिन लक्ष्मण बाबू ने स्कूल की ख़ाली ज़मीन पर अच्छी खेती और बागवानी कर रखी थी। स्कूल भवन के नाम पर एक पक्का बिल्डिंग था, जिसमें एक बड़ा-सा हॉल और एक बड़ा बरामदा था। मैंने लक्ष्मण बाबू से फ़र्नीचर आदि की व्यवस्था के लिए पूछा, तो उन्होंने बताया सरकार देती ही नहीं है। यह कुर्सी भी मैंने केला बेचकर ख़रीदी है। मैंने देखा स्कूल परिसर के खेत में केले के आठ-दस बड़े-बड़े घौन्द लटके हुए थे।

मैंने जाते ही दिसम्बर की वार्षिक परीक्षा के बाद छात्र-छात्राओं का एक पिकनिक करवा दिया, जिसमें खेत, खलिहान, बाग-बगीचों से होकर खोज-ढूँढ़ के चिह्नों के माध्यम से लड़के-लड़कियाँ हम लोगों को ढूँढ़ते हुए गन्तव्य स्थान पर पहुँचे, जहाँ भोजन और मनोरंजन की व्यवस्था थी। सभी छात्र-छात्राओं को अपने साथ थोड़ा-थोड़ा चावल, दाल सब्ज़ी जलावन का एक टुकड़ा लाना था। जिसके पास गोयठा था, उसे गोयठा लाना था सभी छात्र-छात्राएँ कपड़े की एक छोटी गठरी में बँधे सामानों की एक छोटी-सी लाठी में टाँगकर कतार में चल रहे थे। इस अनोखे और सुन्दर दृश्य को देखने के लिए गाँव के स्त्री-पुरुष कतार बाँधे खड़े थे। ऐसा दृश्य में पहली बार देख रहे थे। सभी छात्र-छात्राएँ धूमघाम कर मुख्य सड़क पर स्थित मिड्ल

स्कूल के प्रांगण में जमा हुए। यहीं पर छात्र-छात्राओं का भोज हुआ। यही पिकनिक स्थल था। उनका जुलूस साइकिल में बँधे लाउडस्पीकर के नारों के साथ चल रहा था। भोजन छात्रों को खुद बनाना था। बर्तन की व्यवस्था पहले से थी। भोजन के बाद शिक्षक और गणमान्य लोगों के भाषण भी हुए, फिर छात्र-छात्राओं द्वारा सांस्कृतिक कार्यक्रम भी। सुबह से लेकर शाम तक पिकनिक स्थल पर अभिभावक और ग्रामीणों की भीड़ लगी रही। सभी की इच्छा थी कि वे लोग भी इसमें मदद करें और भाग ले। मेरे पास स्काउटिंग और पब्लिक स्कूल और उसकी कार्य-संस्कृति का अच्छा अनुभव था, जिसका लाभ स्कूल को मिला। आसपास के स्कूल और क्षेत्र की जनता पर उसका काफ़ी प्रभाव पड़ा और देखते ही देखते हमारे स्कूल में छात्रों की संख्या काफ़ी बढ़ गयी। स्कूल में दलित-पिछड़ा के अलावा गाँव के भूमिहार और सवर्ण समाज के लड़के-लड़कियों ने भी नाम लिखवाना शुरू कर दिया। हम दो शिक्षक पढ़ाते-पढ़ाते थक गये। एक-दो महीने के बाद सरस्वती पूजा आयी। मैंने एक भव्य मण्डप बनाया और धूमधाम से सरस्वती पूजा भी की। मेरी सरस्वती वन्दना और गीतों को सुनकर छात्र-छात्राएँ और गाँव के लोग आकर्षित हो गये और पहली बार पूजा देखने और दर्शन करने रात में गाँव की औरतें भी आयीं। आसपास के इलाक़े में मेरे नाम का शोर हो गया। इलाक़ा ही नहीं, बल्कि पूरा प्रखण्ड जान गया।

इसी बीच एक दिन एरिया अफ़सर शर्माजी सुरसण्ड से स्कूल देखने आ गये। संयोग से उस दिन हेडमास्टर लक्ष्मण सिंह नहीं थे और मैं भी बीमार था। हल्की-फुल्की सर्दी-बुख़ार थी। इसीलिए मैं अपनी खाट पर सोया हुआ था। लगभग दिन के दो बजे होंगे। दोपहर के बाद टिफिन में ग़रीब लड़के जो घर जाते थे, दुबारा नहीं लौटते थे, क्योंकि उन्हें अपने घर पर भी काम करना पड़ता था। उस दिन मैं अकेला था, इसलिए टिफिन के बाद मैंने छात्रों को छुट्टी कर दी थी। मैं गाढ़ी नींद में सोया हुआ था। खिड़की के पास ही बिछावन था, जब काफ़ी चिल्लाने पर भी मेरी नींद नहीं टूटी, तो उनके साथ के एक मास्टर नेक छड़ी से मेरी देह खोदकर जगाया। फिर रोबीली आवाज़ में बोला– "दरवाज़ा खोलिए।" मैंने दरवाज़ा खोल दिया। मिड्ल स्कूल के उस मास्टर साहेब को मैं पहचानता था। लेकिन उनके साथ आये अन्य दो आदमियों को नहीं जानता था। इसीलिए मैंने पूछ दिया– "आप लोगों का परिचय?" मास्टर साहब ने डाँटते हुए बताया– "अरे, ये एरिया ऑफ़िसर साहेब हैं। आपका स्कूल देखने आये हैं।" मैंने प्रणाम करके उन्हें कुर्सी पर

बैठाया। उन्होंने हेडमास्टर साहेब के बारे में पूछा। मैंने कहा– "छुट्टी में हैं।" उनका आवेदन माँगा। मैंने कहा– "बक्से में बन्द करके गये हैं।" उन्होंने लड़कों के बारे में पूछा। मैंने कहा– "यहाँ ग़रीब लड़कें पढ़ते हैं, टिफिन के बाद वे आते ही नहीं, घर का काम करते हैं।" फिर हाज़िरी बही माँगी, पहले हम शिक्षकों की, फिर छात्रों की। छात्रों की संख्या ज़्यादा होती थी। एक से पाँच क्लास के बच्चों को हम दो ही शिक्षक पढ़ाते थे। हमारा सारा समय पढ़ाने में ही बीत जाता था। लगभग सभी छात्र-छात्राएँ रोज़ आते थे। इसीलिए हम लोग दो-चार दिन पर ऑफ टाइम में बैठकर सबकी हाज़िरी बनायी बना देते थे, फिर अपनी भी बना लेते थे। इधर लगभग एक हफ़्ते से न अपनी हाज़िरी थी, न छात्रों की। इसीलिए मैं हाज़िरी बही दिखाना नहीं चाहता था। किन्तु जब उनके साथ वाले शिक्षकों ने ज़्यादा ज़ोर दिया, तो मुझे दिखाना पड़ा। शर्माजी ने हाज़िरी बही देखकर माथा पीट लिया। पाँचों रजिस्टर को एक तरफ़ रखते हुए शिक्षक बही देखी। उसका भी वही हाल था। अब उनके बिगड़ने की बारी थी। उन्होंने साथ आये शिक्षकों की ओर मुखातिब होकर कहा– "एक हफ़्ते से हाज़िरी नहीं बनी है और लड़के भी नहीं हैं और कहते हैं अच्छा स्कूल है। वाह मास्टर साहब, अरे कम-से-कम अपनी हाज़िरी तो बना लेते !"

मैंने सारी बातें सच-सच बता दीं। कहा– "हम लोगों को तो पढ़ाने से ही फुर्सत नहीं मिलती है। पाँच-पाँच क्लास के बच्चों के लिए हम केवल दो ही शिक्षक हैं। दुर्योग से आज लड़कों को छुट्टी दे दी है, नहीं तो देखते यहाँ कितने लड़के हैं।" एरिया ऑफ़िसर पर मेरी बातों का असर हुआ और उन्होंने रजिस्टर देते हुए कहा कि जाइये सबकी हाज़िरी बना दीजिए और अपनी भी, मुझे दस्तख़त करना है। मैंने बैठकर सभी रजिस्टरों में हाज़िरी बनायी। शिक्षकों ने भी मेरा सहयोग किया। इस बीच कुछ गार्जियन और छात्र भी खुद से आ गये थे। उन लोगों ने भी स्कूल और हमलोगों की प्रशंसा की। मैंने हाकिम और शिक्षकों के लिए चाय-बिस्कुट मँगवायी। तब तक हाजिरी बन चुकी थी, शर्माजी ने उन पर दस्तख़त किये। फिर सभी लोग बाहर आकर बाग़-बग़ीचा देखने लगे। उनकी नज़र केले के लम्बे-लम्बे घौन्द पर पड़ी। बोले– "अरे, इतना केला फला है? खूब खाते होंगे?" मैंने कहा– "खाते भी हैं और बेचकर स्कूल का भी विकास करते हैं। इन चार कुर्सी और टेबलों को केला बेचकर ही बनवाये हैं।" उन्होंने सन्तोष व्यक्त किया और कहा कि आजकल तो शिक्षक स्कूल जाते ही नहीं हैं और आप यहाँ बीमार होकर भी स्कूल में

बैठे हैं। "अगले दिन जब हेडमास्टर साहब आये, तो मैंने उन्हें इत्मिनान से पूरी कहानी बता दी। उन्हें लगा कोई बड़ी चूक हो गयी है। लक्ष्मण बाबू ने उसी समय बक्से से इंस्पेक्शन बुक निकाला, फिर केले का एक बड़ा घौन्द कटवाया और उसे बोरे में भरकर एरिया ऑफ़िसर के यहाँ रवाना हो गये। दूसरे दिन जब वे लौटे, तो निरीक्षण पुस्तिका में लिखा था– "स्कूल देखा। यद्यपि कमरे, फ़र्नीचर आदि का अभाव है, फिर भी शिक्षकों के प्रयास से सुसज्जित भवन और परिसर में लगभग तीन सौ बच्चे पढ़ते हैं। दोनों शिक्षक बड़े ही योग्य, कर्मठ और कार्यकुशल हैं। बीमारी की हालत में भी एक शिक्षक स्कूल पर ही उपस्थित पाये गये। सरकार को स्कूल के विकास पर ध्यान देना चाहिए।" नीचे एरिया ऑफ़िसर का हस्ताक्षर था। मैं समझ गया यह केले का कमाल था।

गोढ़ारी ज़मीन्दारों का गाँव था। यहाँ कभी दरभंगा स्टेट की रियासत हुआ करती थी। दरबार का अवशेष अभी तक था। मैं अलग-अलग परिवार में दरबार की कुछ लड़कियों को पढ़ाता था। सभी मैट्रिक में पढ़ रही थीं। उनमें सबसे सुन्दर और सजग लड़की का नाम विमल था। उसके एक बड़े भाई डॉक्टर और दो भाई कॉलेज की पढ़ाई कर रहे थे। मैं चार बजे शाम से विमल को पढ़ाता था। मैं पढ़ाने में इतना तल्लीन हो जाता कि इधर-उधर कुछ नहीं देखता था। एक रोज़ मैं जब उसके कमरे में बैठा पढ़ा रहा था, तो विमल ने कहा- "मास्टर साहब, ऊपर तो देखिये तो।" मैंने ऊपर नज़र उठायी तो चौंककर खड़ा हो गया। डर के मारे मेरे रोंगटे खड़े हो गये। बाँस और खपड़े की छप्पर में दो बड़े-बड़े गेहुँअन (कोबरा) साँप एक-दूसरे से लिपटे खेल रहे थे। मैं चिल्लाता हुआ बाहर भागा। वह हँस रही थी। आँगन में नाश्ता बनाती हुई माँ दौड़कर आयी, तो मैंने उन्हें साँप के बारे में बताया। उन पर भी कोई असर नहीं पड़ा। उन्होंने बताया– मास्टर साहेब कोई बात नहीं है। देखते हैं घर के चारों ओर दरबार का कितना बड़ा जंगल है ! इनमें साँप ही रहते हैं। वे हम लोगों का कुछ नहीं बिगाड़ते, खाते-खेलते हैं, फिर रात को अपने घरों में चले जाते हैं। यहाँ साँप को कोई नहीं मारता। उन्होंने बेटी को डाँटा–"तुमने इनको पहले क्यों नहीं बताया? जाओ बरामदे के पलंग पर मास्टर साहेब को ले जाओ और वहीं पढ़ो। हम लोग वहाँ गये। लेकिन उसकी शरारत भरी मुस्कान और हँसी से मैं परेसान हो रहा था। उसने कहा– "मास्टर साहेब आप इतने दिनों से पढ़ाते हैं, क्या सचमुच आपने कभी छप्पर में साँप नहीं देखा था?" मेरे नहीं कहने पर उसे आश्चर्य हो रहा था। उसने

कहा– "जब आप पढ़ाते हैं, तो रोज़ ऊपर साँप रहता है। हम लोगों को आदत हो चुकी है। हम लोग रात में उसी कमरे में सोते हैं। हमेशा मच्छरदानी लगी रहती है। वे आते हैं, चले जाते हैं, घर–आँगन सब जगह टहलते रहते हैं, किसी का कुछ नहीं बिगाड़ते, हमलोगों को साँप से कोई भय नहीं लगता है।" वह मेरे भोलेपन पर हँस रही थी और मेरा डर के मारे बुरा हाल था। उस दिन का समय बातों ही बातों में निकल गया। अगले रोज़ से मैं बरामदे में ही पढ़ाने लगा। उस दिन से विमल मेरे साथ बहुत खुलकर बातें करने लगी। एक और लड़की थी, ज्योतिषी जी की बेटी। दोनों के परीक्षा केन्द्र सीतामढ़ी में ही पड़े। मैं एक हफ़्ते के लिए विमल को पढ़ाने सीतामढ़ी उसके डेरे में गया। लेकिन ज्योतिषी जी की बेटी कहती कि मेरे डेरे में रहिये और विमल की ज़िद थी कि रात में उसके डेरे पर रहूँ। मैं ज़्यादा दिन विमल के पास ही रहा। वह मैट्रिक भी पास कर गयी।

गोढ़ारी गाँव का समाजशास्त्र विचित्र था। पुरानी पीढ़ी के भूमिहार लोग बिल्कुल सामन्तवादी थे, बीच वाली पीढ़ी के पढ़े–लिखे लोग अर्द्ध सामन्ती थे और हमारी पीढ़ी के लोग प्रगतिशील विचार के थे। नयी पीढ़ी के अधिकांश युवक बाहर कॉलेजों में पढ़ते थे। वे जब भी घर आते, हम लोगों के साथ स्कूल में बैठते और पढ़ाई–लिखाई की ख़ूब बातें होतीं। गाँव–घर में शिक्षा की प्रेरणा देने के लिए वे हम लोगों का बड़ा आदर करते और हमारे साथ मिलकर कुछ रचनात्मक कार्य करना चाहते थे। विमल के भाई लाला और उनके साथी इसमें आगे रहते। दरबार के ही चिरंजीवी बाबू मिड्ल स्कूल के हेडमास्टर थे, जिनके छोटे–छोटे पोते–पोतियों को मैं पढ़ाता था और उन्हीं के घर पर दोनों शाम भोजन भी करता। गाँव के सबसे प्रभावशाली व्यक्ति चन्द्रकेतु शर्मा थे। वे कम्युनिस्ट नेता थे और एक–दो बार विधायक का चुनाव भी लड़ चुके थे। वे चीन भी घूम आये थे। गाँव में एक तिहाई घर दलित–पिछड़ों के थे, जिनमें अधिकांश दलित लोग ही थे। गाँव का मुख्य पेशा खेती ही थी। यद्यपि दलितों से गाँव के सवर्ण लोग भेदभाव रखते थे, किन्तु चन्द्रकेतु शर्मा ऐसा नहीं करते थे। उन्होंने सबको कम्युनिस्ट बना दिया था। एक बार किसी श्राद्ध कर्म पर गाँव में एक सामूहिक भोज हुआ, जिसमें हम दोनों मास्टरजी भी शामिल हुए। दरबार के लोगों ने हम दोनों शिक्षकों को अपने साथ की पाँत में बैठाकर खिलाया। अगले दिन चन्द्रकेतु शर्मा के पिताजी ने इसे एक सामाजिक मुद्दा बना लिया और दरबार के लोगों को भला–बुरा कहना शुरू कर दिया कि एक शूद्र शिक्षक को हम ब्राह्मणों की पाँत में बैठाकर क्यों

खिलाया? चिरंजीवी बाबू, दरबार के अन्य लोग और चन्द्रकेतु शर्मा ने भी पिताजी को समझाया कि अब पुराना ज़माना नहीं है। यह सब भूल जाइए। पर वे कुछ पुराने लोगों के साथ मिलकर फ़ैसला कर चुके थे कि उन लोगों की पीढ़ी तक पुरानी परम्परा ही चलेगी। सूचना पाकर मैं दूसरे दिन उनसे मिलने गया। उन्होंने मेरा सम्मान किया और कहा कि मैंने आपको तो कुछ कहा नहीं है। यह हम लोगों के बीच का मामला है। व्यक्तिगत रूप से हम आपका सम्मान करते हैं, किन्तु सामाजिक तौर पर जो परम्परा है, उसका हम लोग पालन करेंगे। उन्होंने चाय पिलायी और हाथ जोड़कर विदा किया। वहाँ चन्द्रकेतु शर्मा भी थे। उन्होंने एक तरह से माफ़ी ही माँगी। एक और लड़की थी डेजी, जो मेरे स्कूल में पाँचवीं कक्षा में पढ़ती थी। बड़ी प्यारी लड़की थी। उसके छोटे-छोटे दो भाई भी हमारे यहाँ पढ़ते थे। उसके माता-पिता अक्सर मुझे अपने यहाँ बुलाकर गीत सुनते थे। उन दिनों मैं एक मैथिली गीत गाता था- 'प्रिय प्राणनाथ सादर प्रणाम।...'

दरबार के सबसे मुख्य परिवार के एक और बुजुर्ग थे, जिनको एक ही लड़का था साकेत बाबू, वह भी रईस। दरबार के अन्य पट्टीदारों की तरह वह परिवार उतना पढ़ा-लिखा नहीं था, पर प्रति वर्ष धार्मिक आयोजन करता था। उस वर्ष अयोध्या की मण्डली को बुलाकर नौ दिनों का रामकथा-पाठ कराया गया। अलग-अलग काण्ड के अलग-अलग कथा-वाचक थे। साधु लोग जितने रोचक कथा कहते थे, उतने ही मधुर उनके गायन भी होते थे। उनकी गायन मण्डली के स्वर और धुन बड़े मधुर होते थे। रात में आठ-नौ बजे से प्रवचन और गायन शुरू हो जाता था। लगभग पूरा गाँव उसे सुनने के लिए इकट्ठा होता था। आस-पड़ोस के गाँव के लोग भी आते थे। मैंने वैसी रामकथा कभी नहीं सुनी थी। इसीलिए हम दोनों शिक्षक साथी प्रतिदिन कथा सुनने जाते थे। रामकथा जब समाप्त हुई, तो मैंने अपने हेडमास्टर लक्ष्मण बाबू को राय दी कि क्यों न हम लोग भी स्कूल की ओर से एक नाटक का आयोजन करें? मुख्य भूमिका में मैं और आप रहेंगे और बाकी गाँव के नवयुवकों को दे दी जाये। वे राज़ी हो गये। जब हम लोगों ने गाँव के युवक और शिक्षकों के साथ बैठकर यह प्रस्ताव रखा, तो गाँव के लोग बहुत खुश हुए, ख़ासकर लड़कियाँ बड़ी उत्साहित हुईं। लोगों ने कहा कि बीसों बरस से यहाँ कोई नाटक नहीं हुआ है। ज़रूर होना चाहिए। लड़कियों को सार्वजनिक मंच से कभी कोई मौक़ा नहीं मिला था, इसीलिए लड़कियों ने भी मुझसे प्रस्ताव रखा कि मास्टर साहब हम लोगों को भी कोई भूमिका मिलनी चाहिए।

मैंने गाँव के लोगों के पास यह प्रस्ताव रखा। बुजुर्गों ने मना कर दिया, लेकिन नवयुवकों ने समर्थन किया। लड़कियाँ भी युवा थीं। इसीलिए प्रस्ताव पारित हुआ कि लड़कियों को प्रार्थना और कोरस में रखा जाये। मैंने उन्हें देश वन्दना के एक नृत्य-गीत का प्रशिक्षण दिया– "वन्दे, जय भारती वन्दे !" मैंने कोरस नृत्य-गीत में छोटी-बड़ी पन्द्रह लड़कियों को शामिल कर लिया, जिसमें डेजी भी थी। लड़कियों ने इतनी अच्छी प्रस्तुति दी कि गाँव के लोगों ने मंच पर ही एक-एक को इनाम देना शुरू कर दिया। मेरे साथी लालाजी और अन्य युवकों ने नाटक में बड़ी अच्छी भूमिका अदा की थी। दरबार के ही एक युवक ने पण्डितजी की हास्य भूमिका बख़ूबी निभायी थी।

नाटक के लिए लोगों ने ख़ूब चन्दा दिया था। इसीलिए साकेत बाबू ने राय दी कि एक अच्छी नाच पार्टी लाइए। पैसा घटेगा, तो हम देंगे। उन दिनों नाटकों के बीच-बीच में मनोरंजन के लिए नाच-गान होते रहते थे। उन्होंने कुछ पार्टियों के नाम भी सुझाये। उन पार्टियों को मैं जानता था। वे काफ़ी महँगे थे, पर गुणवत्ता वैसी नहीं थी, जैसी मेरे घर के पास नेपाल की एक पार्टी की थी। मैंने उन्हें आश्वासन दिया कि उससे अच्छी पार्टी आयेगी। मैं अपने घर आया और अपने साथी विनोद की मदद से नेपाल जाकर उस पार्टी को बहुत ही कम पैसे में बँधा लाया। जब नाटक में नाच-गान होने लगे, तो दर्शक वाह-वाह कर उठे। नेपाल का एक ख़ूबसूरत लड़का साड़ी पहनकर औरत बनता था और उसका नाच और मधुर स्वर ऐसा था कि दर्शक मन्त्रमुग्ध हो जाते थे। नाटक ख़त्म होने पर भी उस नाच पार्टी और उसके जोकर से लोग कार्यक्रम कराते रहे। केवल प्रचार के लिए वह पार्टी वहाँ गयी थी। उसे प्रोग्राम में तो अतिरिक्त पैसे मिले ही, परिहार तक के लोगों ने उसका सट्टा बँधवा लिया। दूसरे दिन साकेत बाबू ने उस पार्टी को रोककर ज़बरन नाच कराना चाहा, पर उसका सट्टा दूसरी जगह था। कल होकर उस नाच पार्टी को हम लोग स्कूल में ही खाना बनाकर खिलाये और पैसे देकर विदा किया।

नाटक के बाद कई दिनों तक भाड़े का लाउडस्पीकर स्कूल पर ही रहा। मैं सुबह-सुबह 'रामचरितमानस' के दोहे-चौपाई और छन्दों को भाव विभोर होकर गाता था। मेरा गायन दरबार में हुए रामकथा के गायन की हू-ब-हू नक़ल थी, जिसे गाँव के लोग तन्मय होकर सुनते थे। कोई-कोई तो कहता कि उससे भी अच्छा गायन था। मेरे शैक्षणिक और सांस्कृतिक गतिविधियों से गाँव के लोग काफ़ी प्रभावित थे। क्षेत्र में स्त्री-शिक्षा की जो कमी थी, मैंने उस पर ज़्यादा ज़ोर दिया। मेरे हेडमास्टर साहेब लक्ष्मण बाबू मेरी पढ़ाई

से काफी प्रभावित थे। किन्तु वे खुद ही केवल मैट्रिक पास थे। इंटर में नाम लिखवाकर पढ़ाई छोड़ दी थी। मैंने उन्हें ज़बरन प्रेरित कर फॉर्म भरवाया और परीक्षा पास करवायी। कम्युनिस्ट नेता चन्द्रकेतु शर्मा को मैंने कन्या उच्च विद्यालय खोलने के लिए काफ़ी प्रेरित किया। वहाँ बेला और परिहार के बीच कोई हाई स्कूल नहीं था। लड़के तो कहीं से पढ़ लेते थे, पर लड़कियों का मैट्रिक पास करना मुश्किल था। मैंने शर्माजी से कहा कि कम से कम आप लड़कियों के लिए 'प्रोजेक्ट बालिका उच्च विद्यालय' खोल दीजिए। सरकार की योजना चल रही है, तुरत सरकारी हो जायेगा। चौक पर उनका एक प्राइवेट स्कूल चल रहा था। मेरी बातों का उन पर काफ़ी असर पड़ा और उन्होंने उसी स्कूल को और ज़मीन देकर 'प्रोजेक्ट बालिका विद्यालय' के रूप में उत्क्रमित कर दिया। पब्लिक स्कूल अलग कर दिया गया। आज वह स्कूल उस इलाके का गिना-चुना सरकारी स्कूल है।

इस प्रकार मैं केवल अपने स्कूल तक ही सीमित नहीं रहा, आसपास के क्षेत्र में भी शिक्षा के प्रति जागृति पैदा करता रहा। गाँव के लोग मुझे बड़ा सम्मान देते थे। विमल की माँ कटोरे-भर दूध में आम के रस गार-गारकर पिलाती थी। मेरा स्वास्थ्य बहुत सुन्दर हो चुका था। किन्तु मेरे बी.ए. ऑनर्स की परीक्षा अभी नहीं हुई थी। कोर्स पूरा हो चुका था। केवल फॉर्म भरना बाकी था। मिड्ल स्कूल के हेडमास्टर चिरंजीवी बाबू, जिनके यहाँ मैं बच्चों को पढ़ाता था ने राय दी कि स्कूल के हिन्दी शिक्षक से पढ़ाई में मदद लीजिए। मैंने फॉर्म भरते समय हिन्दी शिक्षक राजेन्द्र महतो से राय ली कि "मैंने हिन्दी ऑनर्स की पढ़ाई की है, अब फॉर्म भरना है, तो क्या करूँ? सामान्य कोर्स से भर दूँ या ऑनर्स से ही" उन्होंने ऑनर्स के लिए साफ़ मना कर दिया। कहा– "देखिए, यदि ऑनर्स नहीं मिला तो जीवन-भर के लिए आपके सर्टिफिकेट में डिजऑनर लिखा जायेगा। इसीलिए ऑनर्स से फॉर्म मत भरिए, सामान्य कोर्स ले लीजिये।" मैंने मन ही मन सोचा इनके मन में ईर्ष्या भाव है। वे खुद ही डिजऑनर थे। सो मैंने चुपचाप ऑनर्स से फॉर्म भर दिया।

बच्चों को पढ़ाने के साथ-साथ मैं दिन-रात परीक्षा की तैयारी करने लगा। दरबार में ही मेरी छात्रा विमल के पिताजी हिन्दी-संस्कृत के बहुत अच्छे विद्वान थे, जो बाद में चन्द्रकेतु शर्मा के प्रोजेक्ट बालिका उच्च विद्यालय के अस्थायी हेडमास्टर बने। उन्हें हिन्दी और संस्कृत काव्यशास्त्र का अच्छा ज्ञान था। स्नातक का विद्यार्थी समझकर वे मुझसे अक्सर कुछ पूछते रहते थे। मेरी जानकारी से वे खुश थे। उन्हें आश्चर्य होता था कि एक प्राइमरी टीचर के

पास इतना अध्ययन कैसे है? हम लोगों के आपसी विमर्श से भी हमारा ज्ञान बढ़ा। अन्त में जब परीक्षा शुरू हुई, तो मेरा पेपर बहुत अच्छा जाने लगा। पहले ऑनर्स पेपर की परीक्षा हुई, फिर एक महीने के बाद जनरल पेपर की भी परीक्षा शुरू हो गयी। गोढ़ारी में रहते हुए ही मैंने ऑनर्स और सहायक पत्रों की परीक्षा दी। ऑनर्स का परीक्षा केन्द्र विश्वविद्यालय के नरगौना पैलेश और सहायक पत्रों का केन्द्र मारवाड़ी कॉलेज, दरभंगा में थे। मेरे पास इतने पैसे नहीं होते थे कि परीक्षा देने के लिए होटल में या कहीं कोई प्राइवेट डेरा ले लूँ। सारे पैसे घर पर भेज देता था। उस समय दरभंगा मेडिकल कॉलेज का नया सर्जिकल वार्ड बन रहा था। उस विशाल भवन के सारे कमरे ख़ाली थे। ऑनर्स की परीक्षा मैंने दूसरी मंज़िल के एक रूम में रहकर दी। ज़मीन पर बिछावन लगाकर सोता और मिट्टी तेल के लैम्प में रात में पढ़ता। मुझे अकेले में डर भी लगता था। किसी से कोई जान पहचान नहीं थी। नीचे के कमरे में कुछ गार्ड और मिस्त्री वग़ैरह रहते थे। मैं देर रात तक पढ़ता। होटल या फूटपाथ पर खाना खाता। कभी-कभी परीक्षा में अधिक गैप होने पर मैं स्कूल पर आ जाता। फिर अगली परीक्षा के एक रोज पहले ही दरभंगा चला आता।

इसी बीच चन्द्रकेतु शर्मा ने अपने 'प्रोजेक्ट बालिका विद्यालय' खोलने की पृष्ठभूमि में चौक के अपने स्कूल में नाटक का आयोजन कर दिया, जिसमें मेरी भी महत्त्वपूर्ण भूमिका थी। कास्टिंग और कोरस मुझे ही करने-करवाने थे। अन्तिम पेपर की परीक्षा बाकी थी। अगले दिन परीक्षा थी और आज रात में नाटक। मैंने अपनी मजबूरी शर्माजी को बताते हुए कहा कि आज हर हालत में मेरा दरभंगा जाना ज़रूरी है। उन्होंने कहा कि नाटक के बाद रात में ही मैं अपनी गाड़ी से दरभंगा पहुँचा दूँगा। मैं रुक गया। चीन से भी कुछ विद्वान और कलाकार आये थे। नाटक के पहले भाषण हुआ। मैंने जीवन में पहली बार किसी चाइनीज विद्वान का भाषण सुना। बड़ा जोशीला भाषण था। एक दुभाषिया तत्क्षण उसका हिन्दी में अनुवाद करके बोल देता था। मैंने नाटक में भाग तो ले लिया, पर शर्माजी के भरोसे न रहकर मैं किसी तरह रात की बस से सीतामढ़ी और फिर रातवाली ट्रेन से ही दरभंगा पहुँच गया और निर्धारित समय पर परीक्षा में शामिल हो गया। गोढ़ारी में रहते हुए ही मेरा बी.ए. ऑनर्स का रिजल्ट भी निकल गया। मैं प्रथम श्रेणी में ऊँचे अंकों से उत्तीर्ण हुआ था। सबने मुझे बधाई दी। हिन्दी शिक्षक राजेन्द्र बाबू का अनुमान फेल हो चुका था। लगभग एक महीने के बाद मेरे घर के पते से विश्वविद्यालय से एक पत्र आया, जिसमें मुझे बधाई देते हुए सूचना दी गयी थी कि यूनिवर्सिटी

टॉपर होने के कारण मुझे 'राष्ट्रीय मेधा छात्रवृत्ति' मिली थी। मुझे पीजी हिन्दी में नामांकन लेने का अनुरोध करते हुए मुझे विश्वविद्यालय परीक्षा विभाग में बुलाया गया था।

मैं विश्वविद्यालय परीक्षा नियन्त्रक के पास पहुँचा। उनका नाम हरेन्द्र सिंह था। उन्होंने मुझे अपने कक्ष में बुलाकर मिठाई खिलायी और बड़ी प्रशंसा की। उन्हें पहले ही से मेरे गाँव के नाम-पता की भी जानकारी थी। वहीं बैठे-बैठे उन्होंने मेरा 'रैंक सर्टिफिकेट' भी बनवा दिया। ऑनर्स में तो एक-एक अंक के अन्तर से मेरा तीसरा रैंक था, किन्तु सभी पेपर मिलाकर यूनिवर्सिटी में मुझे सबसे अधिक अंक मिले थे। उन्होंने ही बताया कि मुझसे ऊपरवाले विश्वविद्यालय प्रोफेसरों के रिश्तेदार हैं, पर आप ही को कोई नहीं जानता था। इस प्रकार मैं 'फर्स्ट क्लास फर्स्ट' था। मेरी ख़ुशी का ठिकाना न रहा। उन्होंने बड़ी कोशिश की कि छात्रवृत्ति तो मिलेगी ही, आपका सारा ख़र्च विश्वविद्यालय उठायेगा, लाइब्रेरी से किताबें मिल जायेंगी, आप हिन्दी विभाग में जाकर नामांकन करा लीजिए। हम लोग पूरी मदद करेंगे। मैंने कहा कि "मैं ग़रीब हूँ, शादीशुदा भी हूँ और एक बच्ची भी है। मैं सरकारी प्राइमरी स्कूल में नौकरी करता हूँ। मेरे घर-परिवार का क्या होगा? ख़र्च कैसे चलेगा?" उन्होंने कहा– "सब कुछ हो जायेगा। प्राइमरी टीचर की नौकरी आपके लायक नहीं है। दो-तीन वर्षों में आप प्रोफ़ेसर बन जायेंगे। उस समय यूनिवर्सिटी टॉपर को सीधे प्रोफ़ेसर बना दिया जाता था। आप घर की चिन्ता छोड़िये। भगवान की कृपा से सब कुछ ठीक हो जायेगा। हम लोग ट्यूशन वग़ैरह की व्यवस्था भी कर देंगे।" उनके इतना अधिक जोर डालने पर मैंने वादा किया– "ठीक है, मैं घर जाता हूँ। घरवालों से राय-विचार करके मैं चला आऊँगा।" मैं स्कूल गया, लोगों को बताया, फिर घर जाकर माँ, पिताजी और भैया से राय-विचार किया। माँ तो बिल्कुल तैयार नहीं थी। बोली– "जीवन-भर पढ़ता ही रहेगा। बाल-बच्चों का क्या होगा?" लेकिन बाकी लोगों ने मेरे भविष्य का निर्णय मेरे ही ऊपर छोड़ दिया।

मैंने माँ की इच्छा और परिवार की तात्कालिक आवश्यकता के अनुरूप वर्तमान पेशे में ही रहने का निर्णय कर लिया। मैं दुबारा विश्वविद्यालय नहीं गया। चुपके से जाकर अपना सर्टिफिकेट वग़ैरह निकाल लाया। विभाग के शिक्षकों से भी नहीं मिला। केसरी कुमार जैसे बड़े-बड़े विद्वान शिक्षक और विभागाध्यक्ष थे। मैं मिलता, तो वे लोग भी नामांकन के लिए बाध्य करते और मेरा नैतिक बल कमज़ोर होता। इसीलिए मैं स्कूल आकर अपनी नौकरी करने

लगा। लेकिन मैंने मन ही मन ठान लिया कि एक दिन कलेक्टर या प्रोफेसर जरूर बनूँगा। चन्दौना जैसे नये कॉलेज ने उस वर्ष विश्वविद्यालय को दो-दो टॉपर दिये थे। हिन्दी में मैं और मैथिली में एक अंचल अधिकारी की बेटी रीता थी। हम लोगों को कॉलेज ने बुलाया और सम्मानित किया।

गोढ़ारी ने मुझे बहुत सम्मान दिया। मुझे याद है कि दरबार के ज्योतिषी बाबू की लड़की को पढ़ाते हुए एक बार उसके बड़े भाई, जो दवा की दुकान चलाते थे, ने मुझे 'ठाकुर जी' मास्टर साहब कह दिया, जिस पर उसकी माँ ने उसे फटकार लगायी कि तुमने मास्टर साहब को 'ठाकुर जी' क्यों कहा? इसके बाद उसने माफ़ी माँगी। मेरे सामने कभी किसी ने मुझे 'ठाकुर जी' कहकर नहीं बुलाया। लेकिन पीछे में सभी कहते थे। इन सबके बावजूद मैंने वहीं से एक बुराई भी सीख ली। लक्ष्मण सिंह मास्टर साहब अक्सर शराब पीते थे। इसके लिए वे पास के नेपाल में चले जाते थे और देर शाम आते थे। एक रोज़ वे मुझे भी अपने साथ ले गये और ज़ोर देकर अपने साथ मुझे भी शराब दिलायी। मैंने थोड़ी ही पी थी। हम लोग नशे में साइकिल से स्कूल आये। इसके पहले एक बार मैंने होली में अपनी ससुराल में शराब पी थी। मेरे ससुर शराब पीते थे। वहाँ होली में घर-घर शराब पीने और मेहमानों को पिलाने का रिवाज़ है। दुबारा मैंने यहीं पी। स्कूल पहुँचकर मुझे वोमिटिंग हो गयी। किन्तु मास्टर साहेब के ज़ोर देने पर मैं यदा-कदा उनके साथ छुप-छुपकर शराब पीने लगा। पर कम ही पीता था। कोई आदत नहीं थी। यह सिलसिला बाद के दिनों में भी बना रहा। हाई स्कूल और कॉलेज के दिनों में भी मैं कभी-कभी शराब पीने लगा। जब मंच का कोई कार्यक्रम होता था, तो मंच संचालन और मंचीय कार्यक्रम में मैं थोड़ा पी लेता था, जिससे कार्यक्रम प्रस्तुत करने में कोई झिझक या संकोच न हो। पर शराब मेरी आदत में कभी शामिल नहीं हुई और अब तो सदा के लिए छूट चुकी है। लेकिन तम्बाकू खाना मैं नहीं छोड़ सका। यह अब भी मेरी आदत में शामिल है। आलोक भारती, पुपरी की सहकर्मी मैडम, जो हमारे साथ होस्टल में रहती थी, ने कई बार तम्बाकू छोड़ने की कसमें खिलवायी, पर कोई फ़ायदा नहीं हुआ। मन कड़ा करके किसी तरह मैं दो-चार दिनों के लिए तम्बाकू छोड़ देता था, पर फिर शुरू कर देता।

डाकू गगनदेव : मिनी चम्बल मेजरगंज : जब मैं अपना पहला वेतन लेने परिहार गया, तो मेरे साथ एक अजीब व्यवहार किया गया। उन दिनों प्रखण्ड मुख्यालय से ही शिक्षकों के वेतन भुगतान होते थे। कैश काउन्टर पर

प्रति शिक्षक दस रुपये काट लिये जाते थे। मैंने पैसे देने से साफ़ मना कर दिया। मेरे विरोध करने पर मेरे पैसे नहीं कटे। मुझे पूरा भुगतान मिला। वेतन लेने प्रखण्ड-भर के शिक्षक परिहार मिड्ल स्कूल में जमा होते थे। वहाँ के हेडमास्टर राजेन्द्र राय शिक्षक संघ के अध्यक्ष भी थे। महीने में एक बार सभी शिक्षकों से मिलकर उन्हें खुशी होती थी। वे लौंग-इलाइची बाँटकर शिक्षकों का स्वागत करते थे। किन्तु वहीं पर कुछ ऐसे शिक्षक भी होते थे, जो हकीमों के दलाल थे। ऐसे ही एक दलाल शिक्षक ने मुझसे एरिया ऑफ़िसर के लिए घूस माँगा। मैंने योगदान के समय कुछ नहीं दिया था। कहने लगे आप पर योगदान का बकाया है, 100 रुपये दीजिए। मैंने पैसे देने से साफ़ इनकार किया। इस पर उन्होंने मेरा घर पूछा। मेरे मेजरगंज-खैरवा कहते ही उनके मुँह से निकला– "अरे बाप रे ! वह तो मिनी चम्बल है। डाकू गगन देव वहीं के न हैं? आप तो देखने ही से डाकू लगते हैं। आपका चेहरा डाकू की तरह है।" मैंने प्रतिवाद किया– "क्या बकते हैं? यदि मैं पैसे दे देता, तो साधु हो जाता। मेरे चरित्र पर उँगली मत उठाइये।" कुछ और शिक्षकों ने भी उन्हें डाँटा।

डाकू गगनदेव के कारण उन दिनों मेजरगंज सुर्ख़ियों में था। आये दिन नेपाल तराई और सीतामढ़ी ज़िले के निकटवर्ती इलाके में डकैतियाँ हुआ करती थी। ये डकैतियाँ अक्सर बड़े-बड़े जमीन्दार, सामन्त और धनियों के घर होती थीं। लेकिन किसी भी डकैती में मालिकों की जान और बहू-बेटियों की इज़्ज़त पर हाथ नहीं डाला जाता था। इसमें डाकू गगनदेव और उसके गिरोह का नाम आता था। चर्चा तो यह भी थी कि डाकू गगनदेव डकैती के सारे पैसों को ग़रीबों में बाँट देता था। वह पैसे देकर इलाक़े के ग़रीब माँ-बाप की बेटियों की शादी भी करवाता था। गगनदेव की चर्चा से अख़बार और पत्र-पत्रिकाओं के पृष्ठ भरे रहते थे। बड़ी-बड़ी स्टोरियाँ छपती थीं। बीबीसी तक से उस पर ख़बरें और रिपोर्ट आती थीं। पुलिस परेशान रहती थी। किन्तु गगनदेव कभी पुलिस के हत्थे नहीं चढ़ा। अन्त में डाकू गगनदेव ने सीतामढ़ी कोर्ट में आत्मसमर्पण कर दिया। कुछ महीनों के बाद वह जमानत पर रिहा हुआ और अपने गाँव में जाकर सामान्य जीवन जीने लगा। उसने एक-दो भैंस ख़रीदी और खेती व पशुपालन करने लगा। उसके आत्मसमर्पण के बाद इलाके में डकैती के वारदात जो बन्द हुए, अभी तक बन्द है। फिर भी एक दिन अचानक मेजरगंज थाने से पुलिस टीम पहुँचकर उसे उसके गाँव में घेर लिया और वहीं पर गोलियों से ढेर कर दिया। कुछ लोग कहते हैं कि

वह शान्त जीवन जी रहा था, निरपराध मारा गया। कुछ लोग कहते हैं कि जमानत पर छूटने के बाद वह कुछ दिनों तक तो तारीख़ पर हाज़िर हुआ, किन्तु कई बार से वह कोर्ट में हाज़िर नहीं हो रहा था। पुलिस वारंट लेकर पकड़ने गयी थी और वहीं मुठभेड़ में उसे मार डाला। सच्चाई चाहे जो हो, गगनदेव अभी जवान था। कोर्ट में पेशी के समय हम लोग उसे देखने गये थे। पैण्ट-शर्ट, चप्पल और हाथों में हथकड़ी पहने एक स्वस्थ साँवला-सा सामान्य युवक, जो कहीं से भी चोर, डकैत या बदमाश नहीं लगता था। उस पर डकैती के आरोप थे, लेकिन कहीं से भी हत्या के आरोप नहीं थे। उसकी विधिवत शादी भी हुई थी। उसके दो-तीन बच्चे भी थे। यदि उसे मौक़ा मिलता, तो वह समाज का नायक बन सकता था। इसी नीयत से उसने आत्मसमर्पण भी किया था।

गगनदेव जाति से कुर्मी था। उसे परिस्थितियों ने डाकू बना दिया था। उसका गाँव बागमती नदी का दियारा क्षेत्र था। उसी दियारे में ढेंग-बड़हरवा के कुछ बाबू साहब लोगों का डकैत गिरोह था। कुछ लोग कहते हैं कि ग़रीब माँ-बाप का ग़रीब बेटा गगनदेव बचपन में ही बाबू लोगों के गिरोह का शिकार हो गया। वह उनके साथ सामान ढोनेवाले नौकर के रूप में काम करने लगा। वह ज्यों-ज्यों बड़ा होता गया, उसमें डाकू का गुण भी विकसित होता गया। उसने बन्दूक थाम लिया। सम्भवत: बाबूसाहब लोगों के गिरोह में उसके साथ न्याय नहीं हो रहा था अथवा उसका शोषण होता था, इसीलिए उसने अपना एक अलग गिरोह बना लिया और नेपाल की तराई क्षेत्र को अपना ठिकाना बनाया। कु लोग कहते हैं कि वह बचपन से ही चोरी करता था। बड़ा हुआ, तो डाकू बन गया। कुछ दिनों के लिये वह नेपाल के यादव डकैत गिरोह में शामिल हो गया। पर वहाँ उसके साथ न्याय नहीं हुआ। गगनदेव के नाम का आतन्क इतना फैला कि बाकी सारे गिरोह भूमिगत हो गये। आज गगनदेव नहीं है। उसका परिवार है। बच्चे अब बड़े होकर खुद बाल-बच्चेदार हो गये हैं। इस बार जब गाँव गया, तो गगनदेव के गाँव रूसुलपुर भी चला गया, जो हमारे गाँव से 8-10 किमी दूर है। गगनदेव का बड़ा लड़का घर पर ही था। छोटा दिल्ली रहकर मज़दूरी करता है। बड़े लड़के में पिताजी के बारे में बताने में हिचक थी। वह हम लोगों को सन्देह की दृष्टि से देख रहा था। काफ़ी कुरेदने के बाद उसने बताया कि "जब पिताजी की हत्या हुई, तो मैं केवल सात साल का था। इसीलिए उनके इतिहास को मैं ज़्यादा नहीं जानता। पर इतना ही कह सकता हूँ कि पिताजी ने हमारे लिए कुछ नहीं किया। एक

धुर ज़मीन तक नहीं अरजी। उनका नाम चाहे जितना हो, उन्होंने समाज के ग़रीब लोगों की मदद अवश्य की, पर अपने लिए कुछ नहीं किया। एक-दो कट्ठे घराड़ी के सिवा हमारे पास जो भी थोड़ी-बहुत ज़मीन है, दादा जी के ज़माने से है। हम लोग पहले भी मज़दूर थे, आज भी मज़दूर हैं। गाँव के कुछ अन्य लोगों ने बताया कि गगनदेव उतना बुरा आदमी नहीं था, जितना उसके क़िस्से फैलाये गये। वह एरिया के ग़रीब लोगों के लिए भगवान था। कुछ बड़े लोग उससे जलते थे। वैसे ही दुश्मनों ने मुखविरी करके उसे मरवा दिया। उन शिक्षक महोदय को मुझमें गगनदेव डाकू की छवि दिखाई पड़ गयी, क्योंकि मैं उनके अनुकूल नहीं था।

एक-डेढ़ साल के बेला-परिहार, गोढ़ारी प्रवास में मुझे जो करना चाहिए था, मैंने कर लिया था। मेरी इच्छा थी कि अब मैं मिड्ल स्कूल में जाऊँ, ताकि ऊँचे क्लास के लड़कों को पढ़ाने का मौक़ा मिले। लेकिन एक तो इतने कम समय में ट्रान्सफर होना मुश्किल था, दूसरा मेरा न कोई मार्गदर्शक था, न पैरवीकार। मेरे गाँव से चार-पाँच किलोमीटर की दूरी पर एक पोखरभीण्डा गाँव है। राजपूतों का वह छोटा-सा गाँव शिक्षा के क्षेत्र में आगे था। वहाँ कई लोग शिक्षक और सिपाही थे। एक-दो व्यक्ति सीतामढ़ी गोयनका कॉलेज में भी काम करते थे। उसके बग़ल का गाँव बेलाही जयराम और गजहरवा भी राजपूतों का गाँव था। बेलाही जयराम शिक्षा में काफी आगे था और वहाँ एक मिड्ल स्कूल भी था। वहाँ कई लोग शिक्षक और कॉलेज में प्रोफ़ेसर थे। किन्तु गजहरवा में शिक्षा का अभाव था। यद्यपि वहाँ भी कुछ लोग शिक्षक और सिपाही आदि की नौकरी करते थे, पर वह गाँव शिक्षा के लिए नहीं, अपनी दबंगता के लिए प्रसिद्ध था। वहाँ के किसान कुशेश्वर सिंह अपनी दबंगता के लिए पूरे इलाक़े में प्रसिद्ध थे। पोखरभीण्डा के दो शिक्षक रामचन्द्र सिंह और बिशुनदेव सिंह मेरे गाँव के दामाद थे। वे अक्सर मेजरगंज और मेरे गाँव आते रहते थे और बचपन से ही वे मुझे प्रेरित करते थे। इसीलिए मैंने रामचन्द्र सिंह से अपनी इच्छा ज़ाहिर की। वे पहले ही से गजहरवा कुशेश्वर सिंह के पोतों को पढ़ाने के लिए उनके दरवाज़े पर रहनेवाले किसी शिक्षक की खोज में थे। पर उनकी दबंग छवि के कारण कोई शिक्षक उनके यहाँ रहने को तैयार नहीं था। रामचन्द्र सिंह ने बेलाही जयराम स्कूल में मेरे स्थानान्तरण की यही शर्त रख दी। मैंने अपना भय और आशंका बतायी। उन्होंने मुझे पूरा आश्वासन दिया कि ऐसा नहीं है। वे विद्वानों की क़द्र करते हैं और फिर हम लोग हैं न। फिर भी मैंने कुछ दिनों के लिए अपना इरादा स्थगित कर दिया।

किन्तु वे मेरे पीछे पड़ गये। जब भी मैं घर जाता, वे मुझे ट्रान्सफर के लिए ज़िद करते। अन्त में मैंने सोचा कि मुझे तो हर जगह विपरीत परिस्थिति में ही काम करना पड़ा है, चलो यह चुनौती भी सही, कम से कम घर के पास रहने का मौक़ा तो मिलेगा। इसीलिए मैंने हाँ कर दी। वह इलाका मेरे गाँव के पास होने के बावजूद मेरे प्रखण्ड में नहीं था। उन दिनों शिक्षकों का होम ब्लॉक में ट्रान्सफर नहीं होता था। स्कूल में ट्रान्सफर-पोस्टिंग का अधिकार जिला परिषद् को मिल गया था। जिला परिषद् के अध्यक्ष कुशेश्वर सिंह की जाति के थे। इसीलिए उनके प्रयास से आनन-फानन में मेरा ट्रान्सफर गोढ़ारी से मिड्ल स्कूल, बेलाही जयराम में हो गया। जब मैं विरमित होने गया, तो गोढ़ारी और बेला-परिहार के लोग भौंचक रह गये। एरिया ऑफ़िसर शर्माजी भी आश्चर्यचकित थे। गोढ़ारी के लोग मायूस हो गये। सबसे ज़्यादा दुःख मेरे हेडमास्टर लक्ष्मण बाबू को हुआ। वे मेरी भतीजी प्रेम कुमारी की शादी में मेरे घर आये थे और तीन-चार दिनों तक रहे। उन्होंने मेरे लिखे भाषण से बारातियों का स्वागत किया, जिसकी काफ़ी प्रशंसा हुई थी। शादी में मेरे घर से एक काँसे की क़ीमती छिपली की चोरी हो गयी। उन्होंने तन्त्र-मन्त्र-यन्त्र का ऐसा नाटक किया कि भय से चोरनी छिपली मेरे घर की गली में फेंककर चली गयी।

गजहरवा-बेलहिया-मौदह

बेलाही जयराम 'बेलहिया' नाम से प्रसिद्ध था। उससे सटा गाँव गजहरवा था और उसके पूरब मुख्य सड़क के उस पार मौदह और पोखरभीण्डा। मौदह दलित-पिछड़ा बहुल गाँव था और बाकी तीनों राजपूत बहुल। इन सभी गाँवों का इकलौता मिड्ल स्कूल बेलहिया में ही था। बेलहिया मिड्ल स्कूल के हेडमास्टर हरेन्द्र राम जाति के चमार थे। वे सीतामढ़ी के थे। रोज़ आते-जाते थे। बग़ल के मझौरा गाँव के एक युवा शिक्षक बैठाजी थे। वे गजहरवा के चर्चित शिक्षक और ज़मीन्दार गोपाल सिंह के घर पर रहकर उनके बच्चों को पढ़ाते थे। इसके अलावा दो ब्राह्मण और दो राजपूत शिक्षक पड़ोसी गाँव डुमरी के थे। एक भूमिहार शिक्षक रामाधार सिंह थे, जिनको बदलकर प्राथमिक विद्यालय, सहियारा में पदस्थापित कर दिया गया था। एक ही पत्र से हम दोनों लोगों का स्थानान्तरण किया गया था। एक ही दिन चार मई, 1982, मंगलवार को उनका विरमन और उनके रिक्त स्थान पर मेरा योगदान हुआ। जाते समय वे बहुत दुखी थे। उनके जाने के बाद शिक्षकों ने बताया कि बहुत

अच्छे शिक्षक थे, उनके साथ अन्याय हुआ है। मुझे भी दु:ख हुआ। लेकिन हेडमास्टर हरेन्द्र राम और बैठाजी मेरे आने से मन ही मन खुश थे। जाति के कारण बैठाजी और मुझे छोड़कर हेडमास्टर को कोई शिक्षक प्रणाम नहीं करता था। इसीलिए वे अन्दर से जले-भुने रहते थे और कभी-कभी कड़ाई कर देते थे। ख़ैर, मैं स्कूल से सटे गाँव गजहरवा में कुशेश्वर सिंह के घर रहकर उनके पोते-पोतियों को पढ़ाने लगा। वहीं पर गोपाल बाबू का भी घर था। वे उनके पट्टीदार थे और मुझे पहले से जानते थे।

बैठाजी धार्मिक प्रवृत्ति के लोग थे और ख़ूब पूजा-पाठ करते थे। उनके इसी गुण के कारण राजपूत समाज उनसे ख़ुश रहता था। लेकिन वे 15 अगस्त और 26 जनवरी को बच्चों के साथ लम्बा जुलूस लेकर प्रभात फेरी निकालते थे, जो गाँव के लिए एक आकर्षक इवेन्ट होता। मेरे जाने से राष्ट्रीय दिवस और धूमधाम से मनाया जाने लगा। सरस्वती पूजा, सांस्कृतिक कार्यक्रम और स्वतन्त्रता दिवस, गणतन्त्र दिवस आदि ऐसे सामाजिक, सांस्कृतिक और राष्ट्रीय कार्यक्रम होते थे, जिनसे छात्र-छात्राओं के साथ-साथ समाज का भी सीधा जुड़ाव हो जाता था। मैंने वहाँ जाकर सरस्वती पूजा, नाटक, पिकनिक और सार्वजनिक ड्रिल आदि रचनात्मक कार्यक्रम जोड़े। क्षेत्र में एक नया उत्साह पैदा हो गया। गाँव में देरी से शिक्षा शुरू करने के कारण सातवीं तक जाते-जाते कुछ लड़कियाँ जवान हो जाती थीं। इसीलिए कुछ शिक्षकों ने सामूहिक कसरत और ड्रिल में लड़कियों को शामिल होने से मना किया। पर खुद लड़कियों ने ही और बाद में अभिभावकों ने भी उनकी बात नहीं मानी। हाँ, इतना संशोधन हुआ कि प्रार्थना के बाद ड्रिल के समय को बीस मिनट से घटाकर दस मिनट कर दिया गया। पिकनिक हम लोग गाँव के मठ पर मनाये, जिसमें गाँव के अधिकांश लोग शामिल हुए। मेरे अध्ययन-अध्यापन से प्रभावित होकर कुछ लोग मैट्रिक और इंटर की लड़कियों को पढ़ाने के लिए अपने घर पर बुलाने लगे। कुशेश्वर बाबू के यहाँ पढ़ाते हुए भी मैं बेलहिया के एक ब्राह्मण और एक राजपूत परिवार में लड़कियों को पढ़ाने जाने लगा। ब्राह्मण लड़की मनोरमा को मैंने मैट्रिक से इंटर तक पढ़ाया। उसके भाई मुनिजी (मुनीन्द्र झा) के साथ-साथ उसके पिताजी, दादा आदि सभी आयुर्वेद के अच्छे ज्ञाता और वैद्य थे। सभी पढ़े-लिखे और शिक्षाप्रेमी थे। मुनिजी मेरे हमउम्र थे और हम लोगों में अच्छी दोस्ती थी। मनोरमा को मैं नि:शुल्क पढ़ाता था। उसके पूरे परिवार से मुझे काफ़ी अपनापन हो गया और सभी मेरा सम्मान करते थे। एक बार मनोरमा अपने भाई मुनिजी के साथ पूजा में मेरे

घर पर भी आयी थी और रात में वहाँ रही। मेरी ख्याति वहाँ दिन-पर-दिन बढ़ रही थी। इससे कुछ नवयुवक मन ही मन मुझसे ईर्ष्या-भाव भी रखते थे। इसीलिए मनोरमा को लेकर मेरे बारे में कुछ अफ़वाह फैला दिया। पर सच्चाई के सामने अफ़वाह अधिक दिनों तक नहीं टिका। तब तक मेरे एक और लड़के राजीव का जन्म हो चुका था। मनोरमा ने मेरे तीनों बच्चों के लिए स्वेटर बुने। इसी बीच मेरे बेलाही जयराम में रहते हुए ही उसकी शादी भी हो गयी। हम लोगों ने उसकी शादी में बढ़-चढ़कर भाग लिया।

बेलाही जयराम गाँव में एक ही परिवार से दो प्रोफ़ेसर और एक-दो इन्जिनीयर थे, जो बाहर रहते थे। दो-तीन शिक्षक और एक मिड्ल स्कूल के हेडमास्टर थे। कुछ लोग पुलिस में नौकरी करते थे। एक दरोगा थे, ज्योति नारायण सिंह, जो काफ़ी चर्चित और लोकप्रिय थे। जब मैं महिला कॉलेज सीतामढ़ी में प्रिंसिपल बनकर गया, तो उनकी बेटी पुष्पा वहाँ कैजुअल में सहायक प्रोफ़ेसर का काम करती थी। आज वह प्रियारानी डिग्री कॉलेज, बैरगनिया में गृह विज्ञानं की शिक्षिका है। एक मास्टर साहेब रामरेखा सिंह थे, जो बाद में हेडमास्टर बने। उनके छोटे भाई नागेन्द्र सिंह थे, जो ट्यूशन पढ़ाते थे। वे आई.ए. पास थे और पढ़ने-पढ़ाने में तेज थे, किन्तु नौकरी नहीं लगी थी। वे बड़े रचनात्मक और बौद्धिक प्रतिभा के धनी थे। वर्ष 1964 में, जब देश के पहले प्रधानमन्त्री पं. जवाहर लाल नेहरू की मृत्यु हुई, तो उन्होंने गाँव के कुछ नवयुवकों और दरोगा जी आदि लोगों के सहयोग से नेहरू जी की स्मृति में गाँव में एक पुस्तकालय की स्थापना की– 'नेहरू स्मारक पुस्तकालय।' उस समय नागेन्द्र सिंह मैट्रिक के छात्र थे। शुरू में यह पुस्तकालय उनके चाचा श्री जंग सिंह के दरवाज़े पर चला, फिर गजहरवा लालबाबू सिंह की दुकान के पास आ गया। नागेन्द्र सिंह न केवल इस पुस्तकालय के संस्थापक थे, बल्कि अपने ख़र्च पर प्रति माह एक निर्धारित राशि से नयी-नयी पुस्तकें भी मँगवाते थे। उन्होंने पुस्तकालय के माध्यम से गाँव में शिक्षा के प्रति ललक पैदा की। इन दोनों गाँवों में यद्यपि अनेक शिक्षित लोग थे, किन्तु मुझे सबसे अधिक प्रभावित नागेन्द्र सिंह ने ही किया। उन्होंने मुझे रामकथा पर आधारित नरेन्द्र कोहली के उपन्यासों की ओर प्रेरित किया।

मैंने वहीं से किताबें लेकर रामकथा पर कोहली के सारे उपन्यासों को पढ़ डाला। एक-दो खण्ड पहले ही पढ़े थे। नागेन्द्र सिंह का बड़ा बेटा अजय मेरा छात्र था और मुझसे प्रेरित और प्रभावित होकर क्लास में फर्स्ट करता था। आज वह सरकारी स्कूल में प्रधान शिक्षक है। बेलहिया और गजहरवा

असल में एक ही गाँव था। उसकी कोई वास्तविक विभाजन रेखा नहीं है। सभी घर लगातार और सटे हुए हैं। बीच में एक पतली सड़क है। नागेन्द्र सिंह बेलाहिया गाँव के थे, लेकिन रोज़ शाम को गजहरवा के लालबाबू सिंह की किराना दुकान और पुस्तकालय में आते थे। हम लोगों की वहीं बैठक होती थी। लालबाबू जी के दो छोटे भाई थे– मदन और ददन। ददन मेरा प्रिय शिष्य था। कुशेश्वर बाबू के पोते अनिल, सुनील और लड्डू, एक पोती मीरा और छोटे-छोटे दो पोते मेरे शिष्य थे। सबसे छोटा लड्डू अब इस दुनिया में नहीं है। बाढ़ के पानी में डूबने से उसकी मृत्यु हो गयी। गोपाल बाबू का एकमात्र लड़का उदय बड़ा होकर कॉलेज में चला गया था। एक लड़की मैट्रिक में थी। मेरे सामने ही उसकी शादी हुई। छोटी लड़की दूसरी या तीसरी में पढ़ती थी। गोपाल बाबू मुझे बहुत मानते थे। कुशेश्वर सिंह के लड़के चुन्नूजी और मुन्नू जी के अलावा उनके एक चचेरे भाई के लड़के साधू सिंह मेरे मित्र की तरह थे। बेलहिया के एक शिक्षक थे श्री राम सिंह। वे बड़े चुलबुले और खुशमिजाज क़िस्म के लोग थे। उनके एक पुत्र शशि शेखर 'दैनिक जागरण' अख़बार में वरीय पत्रकार हैं। इस बार गाँव गया, तो इन सभी लोगों से मिला। लोग बड़े प्रसन्न हुए।

कुशेश्वर सिंह की सामन्तवादी प्रवृत्ति और दबंगता का मुझ पर कोई बुरा प्रभाव नहीं पड़ा। कमोबेश मुझे वहाँ एक शिक्षक का सम्मान मिला। पर सामाजिक तौर पर उसका असर स्पष्ट दिखायी पड़ता था। रीगा चीनी मिल किसान आन्दोलन काण्ड सहित उन पर कई आपराधिक मामले चल रहे थे, गिरफ्तारी का वारंट भी जारी था। पर भय से पुलिस उन्हें नहीं पकड़ती थी। थाना कार्यालय मौदह गाँव के पश्चिमी किनारे पर मुख्य सड़क से पूरब में स्थित था। एक रोज़ स्थानीय थाने का नया दारोगा एक जीप गाड़ी में पुलिस फोर्स लेकर इन्हें गिरफ़्तार करने आया। वे दरवाज़े पर ही थे। परिसर में फोर्स के प्रवेश करते ही कुशेश्वर सिंह क्रोध से तमतमाते हुए बाहर निकले और दरोगा को भला-बुरा कहने लगे। इतने में उनके तीनों लड़के और साधू सिंह सहित उनके बहुत सारे पट्टीदार और सगे-सम्बन्धी पहुँच गये। अधिकांश लोग नवयुवक थे। साधू सिंह सबसे उत्साही युवा थे, जो उनके हर काम में आगे रहते थे। कुशेश्वर सिंह ने दहाड़ते हुए पुलिस पदाधिकारी को कहा-"आपको हिम्मत कैसे हुई कि मेरे दरवाज़े पर मुझे गिरफ़्तार करने चले आये? मेरे बारे में किसी ने बताया नहीं क्या? मेरे जीवन-भर की कमाई मेरा रोब-दाव ही है। आज तक किसी ने मुझ पर हाथ नहीं डाला। आप फ़ौरन लौट जाइए,

अन्यथा मुझसे बुरा कोई नहीं होगा।" जब पुलिस ने बल प्रयोग करना चाहा, तो वहाँ इकट्ठे तमाम लोगों को कुशेश्वर सिंह ने आदेश दिया कि "सबको पकड़कर रस्सी से बाँध दो।" वहाँ का नज़ारा देखकर पुलिस ने बल प्रयोग करना उचित नहीं समझा और सभी लौट गये। उनकी सामन्ती प्रवृत्ति का सबसे जीता-जागता सबूत था कि उन्होंने एक कुर्मी परिवार को इसीलिए बँधुआ मज़दूर बनाकर रखा था कि उसकी बहू सुन्दर थी। उन्होंने उस परिवार को अपने घर के पीछे बसा लिया था। वे रोज़ रात में खाने के साथ शराब पीते थे, पर थोड़ा। उनकी देखा-देखी उनके घर के जवान लड़के भी कभी-कभी शराब लेते थे। यदा कदा मुझे भी उसमें शामिल होना पड़ता था।

कुशेश्वर सिंह शुद्ध रूप से किसान थे। वे मेहनती थे। पैतृक ज़मीन के अलावा भी उन्होंने अपनी मेहनत और दबंगता से बहुत सारी भू-सम्पत्ति अर्जित की थी। वे सुबह सबेरे जग जाते और अपने खेतों का एक चक्कर लगा आते। वे खुद से खेती करते थे। खेती-बारी की देखभाल उनकी दिनचर्या थी। सब कुछ था, पर वे अपनी अगली पीढ़ी को अपनी तरह बनाना नहीं चाहते थे। वे पत्नी के साथ दरवाज़े पर ही रहते थे। लगभग एक बीघे के बड़े परिसर में उनका पारिवारिक घर और दरवाज़ा था। परिवार थोड़ा अन्दर रहता था। उनके पिता यमुना सिंह पुलिस की नौकरी में से रिटायर्ड थे और लगभग 30 वर्षों से पेंशन पा रहे थे। फिर भी वे दौड़ते हुए चलते थे। उनका स्वास्थ्य देखने लायक था। बेलाही जयराम स्कूल में काम करते और गजहरवा कुशेश्वर सिंह के यहाँ रहते हुए मेरे अनेक कटु-मधु अनुभव और यादें हैं। मेरे छोटे भाई प्रकाश की शादी यहीं रहते हुए धनौजी, पूर्वी चम्पारण में हुई थी। मेरे बड़े चचेरे भाई बिलट ठाकुर ने लड़की पसन्द की। बेलाहिया वाले दरोगा जी ने गाड़ी घोड़ा आदि की मदद की थी। वे पहले वहीं पर ढाका थाना में कार्यरत थे।

लेकिन यहीं रहते हुए मैंने अपने जीवन का सबसे क़ीमती रत्न भी खो दिया। मैं बेलाही जयराम स्कूल और गाँव-समाज के वातावरण में इतना रम गया था कि अपने गाँव-घर को लगभग भूल-सा गया। सप्ताह में एक बार घर जाता ज़रूर था, लेकिन मन अपने स्कूल और बेलाही जयराम व गजहरवा गाँव की ओर ही लगा रहता था। मेरे घर और गाँव का वातावरण सामाजिक, आर्थिक और शैक्षणिक रूप से मेरे अनुकूल नहीं था। बचपन का जीवन संघर्षपूर्ण बीता था। गाँव-घर से मुझे जीवन में उतना प्यार, सम्मान और ममत्व नहीं मिला। इसीलिए जहाँ जाता, पढ़ा-लिखा सम्मानपूर्ण वातावरण

मुझे आकर्षित कर लेता था। मैं घर पर शनिवार को जाता था और सोमवार को आ जाता था। मेरा बेटा दिलीप लगभग पाँच साल का हो चुका था। वह बहुत ही सुन्दर और होनहार लड़का था। अभी स्कूल में नाम नहीं लिखाया था। दिन भर खेलता रहता था। उसके बाद एक छोटा लड़का राजीव का जन्म हुआ था। राजीव बड़ा नटखट टाइप का लड़का था और अक्सर उसकी देह पर चढ़कर उसे तंग करता रहता था। दिलीप बार-बार कहता– "देखो न पापा, बबुआ मुझे मार रहा है। मेरी देह पर चढ़ जाता है। इसे भगाओ।" उसे मैं खींच कर हटा देता। कुपोषण के कारण उसका शरीर उतना स्वस्थ नहीं था। दिलीप को पैखाना करते समय गुदा मार्ग में थोड़ी तकलीफ़ थी, जिसका इलाज चल रहा था। वैसे वह स्वस्थ था और ख़ूब खेलता-कूदता था। लेकिन उस रात में उसे केवल दो बार पैखाना हुआ था। मुझे सुबह में ख़बर आयी। मैं दौड़ा-दौड़ा गया। देखा, तो वह लगभग बेहोश-सा था। डी-हाइड्रेशन का केस लगता था।

मैंने आनन-फानन में उसे कन्धे पर उठाया और पैदल ही खेत मार्ग से दौड़ते हुए अस्पताल पहुँचा। हॉस्पिटल में डॉक्टर ने पानी चढ़ाने की कोशिश की, पर सफल नहीं हुआ, नस ही नहीं मिल रहा था। डॉक्टर ने कहा– "जल्दी से सीतामढ़ी ले जाइए। उस समय मेजरगंज में कोई इमरजेन्सी गाड़ी, एम्बुलेंस आदि नहीं था। इसीलिए लड़के को अपनी भतीजी की गोद में रखकर आठ बजे की बस में चढ़ा दिया। लेकिन रीगा चीनी मिल तक जाते-जाते मेरा वह प्यारा बेटा मर गया। मैंने टेलीफ़ोन बूथ से कुशेश्वर सिंह के सबसे छोटे लड़के मुन्नू को फ़ोन करवाया और वह मोटरसाइकिल लेकर तुरत आ गया। बेटा को रीगा के एक नामी डॉक्टर को दिखाया गया, जिसने उसे मृत घोषित कर दिया। मैं अपना अनमोल रत्न खो चुका था। अब मेरा मन गजहरवा-बेलहिया से उखड़ गया था। किसी तरह अपने को सँभाला। यह मेरे जीवन की सबसे बड़ी क्षति थी। यद्यपि दिलीप की मृत्यु के अगले ही वर्ष मेरा एक और लड़का हुआ। मैंने जानबूझकर उसी राशि का नाम रखा दीपक। ठीक उसी तरह का रूप-रंग, स्वभाव में भी ठीक दिलीप की तरह शान्त, उसी तरह सीधा-सादा और गम्भीर। मैंने दीपक में ही दिलीप को देखकर सन्तोष कर लिया। इसीलिए मैंने दीपक को कभी डाँटा तक नहीं। दीपक में मैंने हमेशा दिलीप को देखा।

एक-के-बाद एक मेरी कई सन्तानें पैदा हुईं। सबसे बड़ी बेटी आशा, उसके बाद एक कुपोषित लड़का, जो तीन महीने के बाद मर गया। उसके

बाद छह ऊँगलीवाली एक बेटी पैदा हुई, जो जन्म लेते ही मर गयी। फिर दिलीप पैदा हुआ, वह भी नहीं रहा, फिर राजीव। उसके बाद फिर एक बेटी हुई गिरीशा। उसके बाद दीपक और सबसे अन्त में नीरज। इस प्रकार कुल आठ सन्तान हुई, जिनमें से पाँच जीवित रहे– दो बेटी और तीन बेटे। दोनों बेटी और तीनों बेटों की शादियाँ हो चुकी हैं। पोती-पोतें और नातिनें भी हैं।

दिलीप की मृत्यु के बाद मेरा मन गजहरवा-बेलहिया से उचट गया। लेकिन मैं अब ट्रान्सफर करके कहीं जाना नहीं चाहता था। इससे बड़ी किसी अन्य नौकरी में जाना चाहता था। इसीलिए मुझे जब भी मौक़ा मिला, आवेदन, परीक्षा और साक्षात्कार देता चला गया और संयोग से मुझे नौकरी भी मिलती चली गयी। मेरे कैरियर के दो ही उद्देश्य थे या तो कलेक्टर बनूँ या प्रोफ़ेसर। इसीलिए पढ़ते-पढ़ाते हुए मैं बराबर ऐसी परीक्षा में शामिल होता रहा। किन्तु पूरी तैयारी नहीं होने के कारण मैं केन्द्रीय लोकसेवा आयोग में चयनित नहीं हो सका। मैं किसी परीक्षा में दुबारा नहीं बैठता था। लेकिन बिहार लोक सेवा आयोग की 32वीं अराजपत्रित परीक्षा में मेरा चयन सचिवालय सहायक, पटना में हो गया। जब मैं पटना योगदान करने गया, तो वहाँ के लोगों ने बताया कि आप आई.एस.सी. टीचर क़े वेतनमान में काम कर रहे हैं। यहाँ भी उतना ही पैसा मिलेगा और जीवन-भर पटना में ही रहना पड़ेगा। सोच लीजिए। शिक्षक में आगे बढ़ने का बहुत मौक़ा मिलता है। यहाँ अधिक से अधिक 'सेक्शन ऑफिसर' बन पाइएगा। मैंने वहाँ योगदान ही नहीं किया। किन्तु तुरत ही मुझे हाई स्कूल की नौकरी मिल गयी। मैं हिन्दी शिक्षक बनकर श्री नवाब हाई स्कूल, शिवहर में चला गया। फिर शिवहर में काम करने के दो महीने के बाद मेरी नियुक्ति अंग्रेजी शिक्षक के रूप में बेतिया के एक हाई स्कूल में हुआ, जहाँ मैं गया ही नहीं। यहीं से मेरा चयन 'बिहार शिक्षा सेवा' में हुआ, जिसमें बिहार में मेरा दूसरा स्थान था। ज़िला स्कूल, गया में मेरी नियुक्ति हुई। वहाँ मैंने योगदान भी किया, पर वहाँ प्राचार्य ने बताया कि कोई आर्थिक लाभ नहीं होगा, वेतनमान एक ही है। छुट्टी लेकर जाइए और सोच-विचारकर आइएगा। मैं छुट्टी लेकर आया, सो दुबारा गया ही नहीं। किन्तु प्रोफ़ेसर पात्रता परीक्षा (BET) में मैं अच्छे अंकों से पास हो गया। इस प्रकार पढ़ाते हुए भी मैंने निष्ठापूर्वक स्वाध्याय भी किया, जिसका मुझे लाभ मिला।

बेलाही जयराम में मैं लगभग साढ़े चार वर्षों तक रहा। मैंने संस्था को पूरी तरह समाज से जोड़ दिया था। स्कूल के भवन बनाने के लिए लोगों ने मुफ़्त में बाँस-खर-लकड़ी देना शुरू कर दिया था। इस स्कूल के

सामाजिक-सांस्कृतिक गतिविधियों के अलावा भी मैं गाँव में नाटकों का आयोजन करता था। एक रोज़ 31 अक्टुबर, 1984, बुधवार की शाम लगभग 9 बजे मेरे निर्देशन में बेलाही गाँव में एक नाटक चल रहा था कि अचानक एक हृदय विदारक घटना की ख़बर आयी। देश की प्रधानमन्त्री श्रीमती इन्दिरा गाँधी की हत्या कर दी गयी थी। हत्या उनके अंगरक्षकों ने ही की है। रेडियो से पूरे देश में ख़बर प्रसारित हो गयी। ख़बर सुनते ही मैंने तत्क्षण इन्दिरा जी को श्रद्धांजलि अर्पित करते हुए नाटक को स्थगित कर दिया। वह नाटक बाद में खेला गया। एक नाटक गजहरवा गाँव में भी करवाया था।

एक था अमीरी राम : बेलाही जयराम स्कूल में गजहरवा गाँव का एक दलित छात्र था– अमीरी राम। वह बड़ा ही योग्य और प्रतिभावान लड़का था। क्लास में भी वह अच्छा करता था और गीत-संगीत में भी उसका कोई जोड़ नहीं था। वह गायन के साथ अभिनय भी करता था। उसके हर गीत में एक्शन और हाव-भाव होते थे। शनिवार के सांस्कृतिक कार्यक्रम का वह बादशाह था। उसके भाव-भरे गीत और नृत्य पूरे कार्यक्रम पर छाये रहते थे। उसका मीठा स्वर और छड़ी लेकर बैलगाड़ी हाँकने का अभिनय मुझे आज भी याद है– "कौने दिशा में लेके चला रे बटोहिया... गाड़ी हाँकन दे।" उस समय जो भोजपुरी फिल्में चल रही थी, उसके दो हिट गाने मैंने अमीरी राम से ही नाटक में मंचित करवाये थे। एक और एक वृन्दगाना, जिसमें लड़कियों ने भी भाग लिया था- "मोर भंगिया के मनायी द हो भोलेनाथ...।" गाँव के एक हेडमास्टर के अनुरोध पर एक बार मैं बग़ल के मिड्ल स्कूल 'नरहा' में सांस्कृतिक कार्यक्रम की तैयारी करवाने उसे ले गया। वहाँ ज़िला शिक्षा पदाधिकारी आनेवाले थे। उसके गायन और अभिनय से वहाँ के लोग इतने प्रभावित हुए कि एक नाच पार्टीवाले ने मेरे पास आकर प्रस्ताव दिया कि इसे मेरी पार्टी के लिए काम करने दीजिए। जो पैसा कहिएगा, दूँगा। मैंने उसे डाँटकर भगा दिया कि विद्यार्थी नाच में नहीं रहता है। इसे पढ़ना और आगे बढ़ना है। किन्तु अमीरी राम मैट्रिक के आगे नहीं पढ़ सका। मार्गदर्शन के अभाव में उसे कहीं पिऊन की भी नौकरी नहीं मिली। वह पहले भी मज़दूरी करते हुए पढ़ता था, आज भी मज़दूरी करता है। प्रधानमन्त्री आवास योजना से उसे एक घर तक मयस्सर नहीं है। आज भी वह उसी फूँस के घर में रहता है। दो बेटे और तीन बेटियाँ हैं। एक बड़ी बेटी की शादी कर दी, दो अभी छोटी हैं। बड़ा बेटा इंटर करके मज़दूरी का कोई छोटा-मोटा काम करता है। गीत वह आज भी गाता है, पर उसका गायन-वादन अब भक्ति-भजन में

बदल चुका है। वह तबला बजाता और भक्ति-भजन गाता है। लेखन, वाचन, भाषा, गणित, विज्ञानं, नृत्य और गायन की उसमें ग़ज़ब की प्रतिभा थी। वह सभी शिक्षकों का प्रिय था, किन्तु वह मेरा सबसे प्रिय शिष्य था।

इस बार जब गाँव गया, तो अमीरी राम को खोजता हुआ उसके घर पर भी गया। छठी-सातवीं में पढ़नेवाले अमीरी राम को वर्षों बाद आज ही देख रहा था। बचपन का लड़का सीधे बुढ़ापे में पहुँच गया था। लगता था उसने जवानी देखी ही नहीं हो। चालीस-पैंतालीस का अमीरी राम साठ साल के बूढ़े के समान दिख रहा था। आशा से उलट इस अचानक मुलाक़ात से वह भाव-विभोर हो गया। उसने पैर पर गिरकर दण्डवत प्रणाम किया और कहने लगा- "मुझे मेरे भगवान मिल गये। उसने बताया कि वह कबीरपन्थी बन गया है- रामानन्दी सम्प्रदाय।" मैंने उसे समझाया कि कबीरपन्थ में रामानन्दी नाम का कोई सम्प्रदाय नहीं है। इसे वैष्णव गुरुओं ने कबीर को रामानन्द का शिष्य बताकर बना दिया है। रामानन्द और तुलसी का काल बादशाह अकबर का काल था और कबीर, रैदास आदि का काल सिकन्दर लोदी का। दोनों में लगभग सौ-डेढ़ सौ वर्षों का अन्तर है। वह टुकुर-टुकुर मेरा मुँह देखता रहा, जैसे कोई शिष्य किसी गुरु का प्रवचन सुन रहा हो। वहीं कुशेश्वर बाबू के पोते और मेरे प्रिय छात्र अनिल भी मिल गया, जो अब पक्का गृहस्थ बन चुका है। मैंने अमीरी राम के साथ उसके फूँस के घर के पास फ़ोटो खिंचवाया और उसे कुछ आश्वासन देकर विदा हो गया। प्रतिभा और कौशल होने के बावजूद न जाने कितने अमीरी राम जीवन संग्राम में पीछे छूट गये। उसके बाद अनिल के अनुरोध पर उसके घर जाकर खाना खाया।

इस प्रकार मैंने बेलाही जयराम और आसपास के क्षेत्रों में बड़ी लोकप्रियता हासिल की। इसी दौरान मैंने 'बिहार विद्यालय सेवा बोर्ड' से निकली हाई स्कूल शिक्षक की रिक्तियों के लिए भी आवेदन और इन्टरव्यू भी दिया। अंग्रेज़ी और हिन्दी दो-दो विषय में शिक्षक के लिए आवेदन किया था। सबसे पहले इंग्लिश टीचर का इन्टरव्यू हुआ। पूरा इन्टरव्यू मैंने अंग्रेजी में बोलते हुए ही दिया था। इन्टरव्यू लिओ टॉलसटॉय के ड्रामा 'आर्म्स एंड द मैन' पर आधारित था, जिस पर मेरा पूरा कमांड था। इन्टरव्यू बोर्ड ने मुझे बधाई देते हुए मेरा चयन लगभग निश्चित कर दिया। उसके एक महीने बाद हिन्दी शिक्षक का इन्टरव्यू हुआ। उसमें भी मेरा परफॉर्मेन्स अच्छा रहा। तुरत ही रिजल्ट भी आ गया। सूचना मिलने पर मैं श्रीकृष्णपुरी, पटना स्थित 'विद्यालय सेवा बोर्ड' में अपना रिजल्ट देखने गया। मेरा चयन दोनों ही विषयों में हो चुका था।

तब तक सीतामढ़ी ज़िले में मेरी जाति के लोगों में मेरा नाम चर्चित हो चुका था। उस समय ज़िला नाई संघ के अध्यक्ष थे रामलखन ठाकुर। वे सरकारी स्कूल के शिक्षक थे और मेरे घर पर अक्सर आते थे। उन्होंने मेरे परिवार के लोगों को भी जागरूक किया। मेरे बड़े भैया राम लक्षण ठाकुर उनसे काफ़ी प्रभावित थे। वे अक्सर उनके साथ जातीय सभा में जाते थे। रामलखन बाबू मेरे छोटे भाई प्रकाश की शादी में भी बारात गये थे। मेरे परिवार में यह पहली शादी थी, जिसमें बधू पक्ष का परिवार अपना जातीय पेशा न करके खेती-किसानी करता था। उनके पास पन्द्रह-बीस एकड़ ज़मीन थी। लड़की के पिता प्रखण्ड के सरकारी कर्मचारी थे और उनके चार बेटों में एक रामाधार ठाकुर वकालत की पढ़ाई करके प्रैक्टिस करते थे। बाद में वे दिल्ली 'तीस हजारी कोर्ट' में चले गये और वहीं बस गये। दूसरे बेटे रामशब्द ठाकुर आयुर्वेद और तीसरे राम विनोद ठाकुर होमियोपैथ के डिग्री कोर्स की पढ़ाई कर रहे थे। एक चौथा बेटा वीरेन्द्र ठाकुर भी पढ़ रहा था, आजकल इलेक्ट्रो-होमियो की प्रैक्टिस करता है। आर्थिक सम्पन्नता की दृष्टि से धनौजी गाँव का वह सम्बन्ध हमारे सभी सम्बन्धों में अच्छा है, किन्तु अब वह सामाजिकता और अपनापन नहीं रहा।

कर्पूरी ठाकुर और मेरी पोस्टिंग

राम लखन ठाकुर को जब पता चला कि मेरा चयन हाई स्कूल में हो गया है, तो उन्होंने मुझसे सम्पर्क किया और कहा कि "आप मेरे साथ कर्पूरी जी के पास चलिए। वे आपकी नियुक्ति आपके गाँव के हाई स्कूल में करवा देंगे।" मैं संकोची और अन्तरमुखी व्यक्ति था। मुझे पैरवी-सिफ़ारिश पर भरोसा नहीं था। मैंने आनाकानी की, तो उन्होंने ज़ोर देकर कहा कि मेरे ख़र्चे पर चलिए। कर्पूरी ठाकुर का इतना नाम था, वे शिक्षामन्त्री, उपमुख्यमन्त्री और दो-दो बार मुख्यमन्त्री बने थे। लेकिन मैंने कभी उन्हें अपनी आँखों से देखा नहीं था। सोचा चलो इस बहाने देख भी लेंगे। मैंने कर्पूरी जी के नाम एक आवेदन पत्र लिखा और हम दोनों सीतामढ़ी से बस से चल पड़े। कर्पूरी ठाकुर उन दिनों रामलखन बाबू के विधानसभा क्षेत्र सोनवरसा से विधायक थे और नेता विरोधी दल थे। लेकिन उनका रुतवा किसी मुख्यमन्त्री से कम नहीं था। उन दिनों पटना-हाजीपुर के बीच गाँधी सेतु से यातायात शुरू हो चुका था। किन्तु बस-ट्रकों की ऐसी भीड़ लग जाती थी कि अक्सर पुल पर जाम लग जाता था। इसीलिए हम लोगों को पटना पहुँचते-पहुँचते रात हो गयी।

नेताजी राम लखन बाबू के साथ रात के आठ-साढ़े आठ बजे के आस-पास हम लोग कर्पूरी जी के आवास में पहुँचे। उनका आवास अभी मुख्यमन्त्री आवास ही था, जिसमें वे मुख्यमन्त्री बनने के बाद रहते थे। उनकी इज़्ज़त करते हुए सरकार ने उनसे मुख्यमन्त्री आवास खाली नहीं करवाया था। यही आवास उनका अन्तिम आवास सिद्ध हुआ। इसी आवास में रहते हुए वर्ष 1988 में उनकी असामयिक मृत्यु हो गयी। उनकी मृत्यु के बाद मुख्यमन्त्री लालू यादव ने इस आवास को 'कर्पूरी संग्रहालय' के रूप में 'स्मृति भवन' बना दिया।

वहाँ पहुँचकर हम लोगों ने देखा कि आवास के पूर्वी बरामदे पर कर्पूरी जी बैठे थे और वहाँ काफ़ी भीड़ लगी थी। हम लोग वहाँ से दूर बरामदे के पश्चिमी कोने की खाली कुर्सी पर बैठ गये। अभी ठीक से बैठे भी न थे कि कर्पूरी जी की नज़र पड़ी और वहीं से पुकारकर बोले कि "देखो वहाँ कौन बैठा है? जल्दी से बुलाओ, मुझे जाना है।" उनके बड़े लड़के और आज के राज्यसभा सांसद, जो उस समय नवयुवक थे, हम लोगों को बुलाने आये। रामलखन बाबू के साथ मैं भी वहाँ गया और कर्पूरी जी को प्रणाम किया। रामलखन बाबू ने मेरा परिचय देते हुए बताया कि "हम लोग आपके क्षेत्र सोनवरसा से आये हैं। ये हमारे रिश्तेदार हैं। इनका चयन 'विद्यालय सेवा बोर्ड' से हाई स्कूल टीचर में हुआ है। इनकी माँ बीमार रहती है। ये चाहते हैं कि इनकी नियुक्ति इनके गाँव के पास के स्कूल में हो जाये, ताकि ये नौकरी करने के साथ-साथ अपनी माँ की भी देखभाल कर सके।" कर्पूरी जी ने मेरे चयन पर मुझे बधाई दी और छूटते ही पूछा– "अच्छा यह बताइये कि इस नौकरी के लिए आपका चयन किसने किया है?" मैंने कहा– "सरकार ने किया है।" "तो फिर सरकार आपकी नियुक्ति अपनी सुविधा से करेगी कि आपकी सुविधा से?" मैं कर्पूरी जी की ईमानदारी, निष्ठा और साफ़गोई से प्रभावित हो गया और बोलने ही वाला था कि उनके बग़ल में बैठे उस समय के कद्दावर नेता, जो बाद में हरियाणा के मुख्यमन्त्री और भारत के उपप्रधानमन्त्री बने, चौधरी देवीलाल बोल पड़े– "आपका कहना सही है, पर व्यवहार में ऐसा होता नहीं है। लोग पैरवी करवाकर मनोनुकूल जगह पर अपनी पोस्टिंग करवा लेते हैं।" कर्पूरी जी ने कहा– "तो फिर ये भी जायें और घूस देकर अपनी पोस्टिंग करवा लें।" देवीलाल ने कहा– "यदि बेचारे के पास इतने पैसे होते, तो आपके पास क्यों आते?" इस पर कर्पूरी ठाकुर ने एक संस्मरण सुनाया कि इसी तरह एक इन्जिनीयर की पोस्टिंग की मैंने

सिफ़ारिस की थी। उसकी पोस्टिंग भी हो गयी। फिर वह लौटकर मेरे पास नहीं आया। बाद में पता चला कि मेरी पैरवी के बावजूद उसने अफ़सर को पैसा दिया था।

अन्त में उन्होंने कहा– "ठीक है, मैं फ़ोन तो नहीं करूँगा, नया डाइरेक्टर है, लाइए दरख़्वास्त पर अनुशंसा कर देता हूँ।" मैंने उनके सामने आवेदन बढ़ा दिया। उन्होंने कहा– "मेरे नाम से आवेदन क्यों लिखा है? डाइरेक्टर के नाम से लीखिए।" उन्होंने एक दूसरा कागज़ दिया। मैंने वहीं बैठकर निदेशक, माध्यमिक शिक्षा को जल्दी से उसी आशय का एक पत्र लिखा। कर्पूरी जी ने उस पर अनुशंसित लिखकर दस्तख़त कर दिया। मैंने अंग्रेज़ी शिक्षक की नियुक्ति के लिए आवेदन लिखा था। उन्हें अपने छोटे बेटे वीरेन्द्र ठाकुर, जो मेडिकल में पढ़ रहे थे, का ऑपरेशन करवाने कलकत्ता जाना था। वे उठ गये और जाते-जाते रामनाथ ठाकुर से बोले– "इन लोगों को खाना खिलाकर सोने की व्यवस्था कर देना।" हम लोग रात में वहीं खाना खाये और सोये भी। अगले दिन तैयार होकर जब हम लोग डाइरेक्टर ऑफिस गये, तो डाइरेक्टर नहीं थे। मैंने बड़ा बाबू को पत्र देना चाहा। लेकिन बड़ा बाबू ने पत्र पढ़कर बताया कि "यह कर्पूरी जी का अनुशंसित पत्र है। इसका बड़ा महत्त्व है। आप डाइरेक्टर साहब को ख़ुद दीजिएगा। आपकी पोस्टिंग निश्चित है। अभी जाइए, अगले हफ़्ते आइएगा डाइरेक्टर साहेब अभी बाहर गये हैं।" उन्होंने यह भी बताया कि अंग्रेज़ी विषय में नियुक्ति में अभी देरी है। मैं अगले हफ़्ते गया ही नहीं। सोचा उसके अगले हफ़्ते जाऊँगा। इसी बीच हिन्दी विषय में मेरी नियुक्ति शिवहर में हो गयी। कर्पूरी जी का वह अनुशंसित पत्र आज भी मेरे पास धरोहर के रूप में सुरक्षित है।

शिवहर प्रवास

22 अगस्त 1986 को श्री नवाब उच्च विद्यालय शिवहर में मैंने अपना योगदान दिया। हाई स्कूल के लिए पत्र मिलते ही मैं दिनांक 20-08-1986 को ही स्कूल से विरमित होकर भरी बरसात में भींगते हुए साइकिल से शिवहर पहुँचा। किन्तु वहाँ के दुष्ट हेडमास्टर ने मेरा योगदान नहीं कराया। कह दिया कि "अपने रिलीविंग पर ज़िला शिक्षा अधीक्षक से काउन्टर साइन करवा कर ले आइये, तभी योगदान होगा।" मेरे साथ कुछ अन्य शिक्षकों ने भी योगदान करा लेने का अनुरोध किया और कहा कि काउन्टर साइन बाद में करा लिया जायेगा। पर वे माने नहीं। हेडमास्टर का नाम रामेश्वर प्रसाद श्रीवास्तव था।

यद्यपि वे काफ़ी योग्य और कार्यकुशल थे, पर उनकी सामाजिक पृष्ठभूमि अच्छी नहीं थी। उन्हें अपनी और अपने परिवार की योग्यता का घमण्ड था। वे शिवहर के पास ही किसी गाँव के रहनेवाले थे, पर गाँव के लोगों से उनकी पटती नहीं थी। उनकी दो बेटियों में एक सरकारी डॉक्टर थी और एक ट्रेनिंग कॉलेज में प्राध्यापक। किन्तु उनके घमण्डी स्वभाव के कारण दोनों बेटियों में से किसी की शादी नहीं हो सकी। उनको एक लड़का भी था, जो सबसे छोटा था और अपेक्षाकृत शरीफ़ था। बाद में उसकी कहीं नौकरी हो गयी। अगले दिन मैं ज़िला शिक्षा अधीक्षक, सीतामढ़ी के यहाँ पत्र लेकर गया और काउन्टर साइन करा लाया। उसके बाद ही मेरा योगदान स्वीकृत हुआ। इस प्रकार मैं शिवहर में सरकारी हाई स्कूल का हिन्दी शिक्षक बन गया।

शिवहर सामाजिक और राजनीतिक दोनों ही दृष्टियों से संवेदनशील था। आरम्भ से ही वहाँ दो बड़ी ज़मीन्दारियाँ थीं– एक शिवहर स्टेट, दूसरी महुअरिया स्टेट। शिवहर स्टेट बेतिया राज का एक अंग था, जिस पर भूमिहारों का अधिकार था। महुअरिया दरबार राजपूतों का एक स्वतन्त्र स्टेट था। लेकिन आज़ादी के बाद ज्यों-ज्यों ज़मीन्दारियाँ ख़त्म होती गयी और दलित-पिछड़ों में शिक्षा और जागृति आयी, शिवहर शहर में पिछड़ों का भी एक केन्द्र बनने लगा। उनमें जनबल तो था, पर धनबल और संगठन का अभाव रहा, इसीलिए शिवहर में कोई पिछड़ा नेतृत्व तो नहीं उभरा, पर इस शोषित वर्ग में एक सामाजिक चेतना अवश्य उभरी और पिछड़े वर्ग के राजनेता, अधिकारी और शिक्षकों के प्रति उनकी स्वाभाविक सहानुभूति और सहयोग भावना काम करने लगी कि कहीं शासक और शोषक वर्ग उन्हें तंग न करे? पर हाँ, इन्हीं दबावों के बीच कर्पूरी ठाकुर के समय में तरियानी क्षेत्र में एक यादव उभरे– रामस्वार्थ यादव। धारा के विरुद्ध जाकर उन्होंने अपनी ज़बर्दस्त उपस्थिति दर्ज की। उन पर जानलेवा हमले भी हुए, पर वे दो-दो बार विधायक बने। पार्टी चाहे कोई हो, बाद में इसी भावना के तहत यहाँ लोगों ने पिछड़ी जाति की नेत्री रमा देवी को सांसद बनाया। वे पहले लालू यादव के साथ थीं, पर अब भाजपा में हैं और तीन-तीन बार से शिवहर की सांसद हैं।

इसी भावना के तहत मेरे स्कूल में योगदान करते ही शिवहर बाज़ार के पिछड़े वर्ग के बुद्धिजीवी मेरी ख़बर लेने लगे। वे सजग थे कहीं दरबार के स्कूल में मेरे साथ कोई अन्याय न हो। यद्यपि स्कूल में पहले से दो-तीन स्थानीय बैकवर्ड शिक्षक थे, किन्तु वे सेक्रेटरीशिप के ज़माने से ही थे, कमीशन से केवल मैं ही गया था। मेरे शुभचिन्तकों में वहाँ के साहित्यकार

मदन साहित्य भूषण और उनके परिवार के लोग और मित्रजन थे। उन्हीं में से एक हमउम्र युवक का नाम रामस्वरूप प्रसाद था। वे विचारधारा से कम्युनिस्ट थे और तर्क और विचार में बहुत तेज थे। बी.ए. पास थे, और होमियोपैथी का कोर्स भी उन्होंने कर रखा था। वे चाय पत्ती की दुकान करते थे, साथ ही होम्योपैथ का प्रैक्टिस भी करते थे। उनकी पत्नी टीचर्स ट्रेनिंग पास थी, पर नौकरी नहीं लगी थी। मैं उनके घर पर भी जाता था। बाद में उनके बच्चे भी पढ़-लिखकर लायक बने। उनसे मेरी काफ़ी गहरी दोस्ती हो गयी। वे अध्ययनशील प्राणी थे। अंग्रेज़ी-हिन्दी पुस्तकों का ख़ूब अध्ययन करते थे। वे विवेकानन्द की तरह शुरू में नास्तिक थे, फिर आस्तिक बन गये। फिर भी हमारी दोस्ती में कोई अन्तर नहीं आया। मेरी उनसे ख़ूब पटती थी। इस बार शिवहर से गुज़रते हुए उनसे मुलाक़ात हो गयी। शिवहर स्कूल में मैं परिवार के साथ घूम रहा था कि उनके सबसे छोटे लड़के की नज़र मुझ पर पड़ गयी। उसने मुझे पहचान लिया और अपने पिताजी से भी फोन पर बात करके बता दिया। फिर मेरे पास आया और बोला कि पिताजी आपसे मिलना चाहते हैं। मैंने फ़ौरन हाँ कर दिया और कहा मेरे पास तुम्हारे आवास पर जाने का समय नहीं है, उन्हें ही बुला लाओ। उसने कहा– "बस रुकिए, पाँच मिनट में मैं उन्हें ले आता हूँ।" फिर मोटरसाइकिल से गया और तुरत रामस्वरूप जी को बुला लाया। ख़ूब बातें हुईं और हम लोगों ने नवाब सिंह की प्रतिमा, जो बाद में बनी थी, के पास खड़े होकर फ़ोटो खिंचवाया। शिवहर की बहुत सारी यादें हैं, जिसे एक पुस्तक या अध्याय में समेटा नहीं जा सकता।

श्री नवाब उच्च विद्यालय, शिवहर गाँधीजी के जमाने के प्रसिद्ध स्वतन्त्रता सेनानी महुअरिया स्टेट के मालिक श्री नवाब सिंह के नाम पर स्थापित एक पुराना और ऐतिहासिक स्कूल था। आज़ादी की लड़ाई में इस परिवार का ऐतिहासिक योगदान है। यहाँ गाँधीजी और विनोबा भावे भी आ चुके थे। इस स्कूल की स्थापना गाँधीजी के अंग्रेजी स्कूल-कॉलेजों के बहिष्कार के बाद नेशनल स्कूल के रूप में हुई थी, जो बाद में सरकारी हाई स्कूल के रूप में विकसित हुआ। आज़ादी की लड़ाई के दिनों में यह भूमिगत क्रान्तिकारियों का अड्डा था और यहाँ सरकार विरोधी गतिविधियाँ चलती रहती थीं। नदियों से घिरे होने और बाढ़-बरसात के कारण आवागमन की दृष्टि से यह क्षेत्र काफी दुर्गम था। इसीलिए क्रान्तिकारियों ने इस क्षेत्र को चुना था। जैसा कि होता आया है महुआरिया स्टेट राजपूतों का स्टेट था, इसीलिए आरम्भ से ही इस स्कूल पर राजपूतों का वर्चस्व रहा। किन्तु शिवहर का यह एकमात्र बड़ा स्कूल था।

इसीलिए पूरे क्षेत्र के सभी वर्ग के छात्र-छात्राएँ यहाँ पढ़ते थे। दूर-दूर से यहाँ छात्र पढ़ने आते थे। स्थापना काल से ही इस स्कूल में छात्रावास थे। उस ज़माने में जाति-पाँति और छुआछूत का बोलवाला था। इसीलिए दो छात्रावास थे- एक सामान्य छात्रावास, जिसमें सवर्ण और पिछड़े वर्ग के ऐसे छात्र रहते थे, जो अछूत नहीं होते थे। इसे हिन्दू छात्रावास भी कहते थे। इसमें कई-कई मेस चलते थे। दूसरा मुस्लिम छात्रावास था, जिसमें मुसलमान छात्र रहते थे। दलित (हरिजन, अछूत) छात्रों की संख्या नगण्य होती थी। इसीलिए उनके लिए कोई छात्रावास नहीं था। मेरे ही समय उनके लिए सरकारी छात्रावास बना, जिसका पहला छात्रावास अधीक्षक मैं ही बना। मुस्लिम छात्रावास बन्द हो चुका था। उस भवन में एक मुस्लिम शिक्षक रहमान साहेब अपने परिवार के साथ रहते थे, जो अब इस दुनिया में नहीं हैं। उनका घर मेरी ससुराल के गाँव के बगल में चन्दन बारा में था। उसी में एक चपरासी बैठाजी भी अपने परिवार के साथ रहते थे। लेकिन सामान्य छात्रावास अब भी चालू था और इसमें डेढ़ सौ छात्र रहते थे।

शिक्षकों के रहने का एक अलग भवन था, जिसे 'टीन ब्लॉक' कहते थे। 'टीन ब्लॉक' काफी लम्बा-चौड़ा था, जिसमें दस से अधिक शिक्षक रहते थे। हेडमास्टर भी उसी के आख़िरी कमरे में रहते थे। योगदान के बाद मुझे उसी भवन के एक कमरे में रहने की जगह मिली। शिक्षक लोग भी छात्रावास के मेस में ही खाते थे। इसीलिए मुझे भोजन आवास की कोई समस्या महसूस नहीं हुई। छात्रावास और शिक्षक आवास के बीच में स्थापना काल से ही एक साफ़-सुथरा पक्के घाट वाला तालाब था, जिसमें शिक्षक और छात्र सभी नहाते थे। स्कूल तब भी मॉडल था, आज भी है, पर अब छात्रावास नहीं चलता है। छात्रावास भवन में अब बिहार सरकार का 'राजकीय डिग्री कॉलेज, शिवहर' चल रहा है। हेडमास्टर तो कायस्थ थे, पर अब भी वहाँ राजपूतों का ही बोलबाला था। राजपूत शिक्षक अधिक थे। उसके बाद ब्राह्मण, तीन मुसलमान और मुझे लेकर तीन शिक्षक पिछड़े वर्ग के थे। चार चपरासी और दो किरानी थे। चपरासियों में एक दलित और तीन पिछड़े वर्ग के थे। योगदान के बाद मेरी सबसे बड़ी चुनौती अपनी योग्यता सिद्ध करने की थी। यद्यपि योगदान के समय मेरे प्रमाण-पत्रों को देखकर हेडमास्टर और शिक्षक प्रभावित थे, पर सभी के मन में यह चुनौती-भरी जिज्ञासा थी कि देखें प्राइमरी स्कूल का यह शिक्षक हाई स्कूल के क्लास में पढ़ाने में सफल होता है कि नहीं? इसमें सबसे आगे मेरे पड़ोसी गाँव डुमरी के हिन्दी शिक्षक धीरेन्द्र नारायण

सिंह थे। यहाँ आने के पहले मैं उन्हें जानता नहीं था। अपनी कक्षाओं में वे छात्रों को मेरी परीक्षा लेने के लिए सिखा देते थे। सवर्ण शिक्षक मेरे पढ़ाने के तौर-तरीके और गुणवत्ता को आलोचनात्मक दृष्टि से देखते थे। एक-दो दिनों तक तो मुझे छात्रों के सवालों के बीच अपने आपको सँभालने में दिक्कत हुई, पर जब मुझे आभास हुआ कि छात्र शिक्षकों के इशारे पर ऐसा कर रहे हैं, तो मैं तुरत ही सँभल गया। ट्रेनिंग के दिनों में स्कूल की अभ्यास कक्षाओं में अक्सर ऐसा होता था। मैं सफलतापूर्वक पढ़ाने लगा। छात्र सन्तुष्ट थे। फिर भी शिक्षकों के बीच मुझे आलोचना की दृष्टि से ही देखा जाता था।

हिन्दी शिक्षक होते हुए भी वस्तुतः मैं गणित का ही शिक्षक था, क्योंकि अब तक मैं मैट्रिक तक के छात्र-छात्राओं को ट्यूशन में गणित ही पढ़ाता रहा। इसीलिए यहाँ भी मैंने हेडमास्टर साहेब से अनुरोध किया कि मुझे गणित विषय का भी एक क्लास दिया जाये। किन्तु वे टालमटोल करते रहे। यद्यपि वे मेरे गणित ज्ञान से सन्तुष्ट थे, फिर भी वे नहीं चाहते थे कि मैं गणित पढ़ाऊँ। पर कभी-कभी गणित शिक्षक के नहीं रहने पर हेडमास्टर मुझे गणित के क्लास में भेजने लगे। फिर छात्र मुझसे प्रभावित हुए और मैं मुख्य रूप से आठवीं और दसवीं कक्षा में गणित भी पढ़ाने लगा। मैं हिन्दी और संस्कृत भी उसी कुशलता से पढ़ाता था। मेरी दृष्टि वैज्ञानिक थी। इसीलिए हिन्दी की कक्षा में भी मैं कथा-कहानी और कविता-पाठ की उसी तरह से व्याख्या करता था। भावुकता और कल्पना से अधिक तर्क का सहारा लेता था। इससे अधिकांश छात्र तो खुश होते, किन्तु कुछ पारम्परिक छात्र कथा-कहानी और काल्पना लोक में रुचि लेने के कारण पूर्व के शिक्षकों की पढ़ाई को अच्छा समझते थे। कुछ ही दिनों में मैं अपने अध्यापन कौशल और सामाजिक सांस्कृतिक-गतिविधियों के कारण स्कूल में स्थापित हो गया। कुछ दिनों तक मैं 'टीन ब्लॉक' के कमरे में एक संस्कृत शिक्षक द्विवेदीजी और दो-तीन छात्रों के साथ अकेले रहता रहा। फिर अपनी पत्नी और बच्चों को भी ले आया। मेरी पहली बेटी आशा बड़ी हो गयी थी और आठवीं-नौवीं में पढ़ रही थी। उससे छोटा लड़का राजीव और एक छोटी बेटी गिरीशा भी पढ़ने लायक हो गयी थी। इसीलिए मैं परिवार ले आया और मुख्य छात्रावास के बगल में एक कच्चे-पक्के खपरैल मकान में रहने लगा। फिर 'हरिजन होस्टल (अनुसूचित जाति-जनजाति कल्याण छात्रावास)' बनने पर मैं वहाँ के वार्डन फ्लैट में चला गया।

वर्ष 1990 तक 'कल्याण छात्रावास, शिवहर' बनकर तैयार हो गया था। इसी वर्ष ज़िला कल्याण पदाधिकारी, सीतामढ़ी ने मुझे छात्रावास-अधीक्षक बनाया था। भवन तैयार होने पर उस नयी बिल्डिंग में कुछ शिक्षक रहने लगे। जब उस नव निर्मित 'हरिजन छात्रावास' (शुरू में इसका यही नाम था) को शिवहर के ब्राह्मण प्रखण्ड विकास पदाधिकारी ने हेडमास्टर को सुपुर्द (हैण्ड ओवर) किया, तो सार्वजनिक रूप से कहा कि उसमें कोई हरिजन लड़का रहने तो आयेगा नहीं? जाइए आप शिक्षक लोग ही इसमें रहिए। इसीलिए 'टीन ब्लॉक' में रहनेवाले कुछ शिक्षक उसमें चले गये। मैंने इसे चुनौती के रूप में लिया। मुझे लगा कि कमज़ोर वर्ग के छात्रों के साथ अन्याय हो रहा है। इसीलिए मैंने छात्रावास में रहने के लिए अनुसूचित जाति छात्रों को प्रोत्साहित किया और उनका नामांकन करवाया। फिर छात्र भी रहने लगे। शिक्षकों को छात्रावास ख़ाली करना पड़ा। वहाँ एक सरकारी रसोईया सह चपरासी की भी नियुक्ति हो गयी। किन्तु संस्कृत के एक पण्डित जी चन्देश्वर झा, जो बाद में आये थे, वहीं रह गये। वे मुसलमानों की तरह दाढ़ी रखते थे और उर्दू भी पढ़ना-लिखना जानते थे। बग़ल के मुस्लिम छात्रावास में रहमान साहब अपने परिवार के साथ रहते थे। मेरे द्वारा छात्रावास को चालू किये जाने, बाद में सरकारी स्तर पर उसकी मरम्मत और रंगाई-पुताई करवाने, उसके फ़र्नीचर, बर्तन आदि की व्यवस्था करवाने के कारण सवर्ण शिक्षक मन ही मन खफ़ा रहने लगे। एक दूसरा रसोइया आया, जिसके माध्यम से छात्रावास में कुछ दिनों के लिए राजनीति शुरू हो गयी। मन्त्री रघुनाथ झा ने कल्याण मन्त्री रामनाथ ठाकुर की एक सभा करायी। सभा स्कूल परिसर में ही हुई। मैंने रघुनाथ झा, रामनाथ ठाकुर आदि मन्त्रियों से छात्रावास का निरीक्षण करवाया। व्यवस्था देखकर सभी ख़ुश हुए। चंदेश्वर झा और रहमान साहेब अब इस दुनिया में नहीं हैं। वे दोनों मेरे प्रेरक थे।

श्री नवाब हाई स्कूल में रहते हुए मैं हरिजन होस्टल का सुपरिन्टन्डेन्ट भी था। यहाँ रसोइया से, जो अनुसूचित जाति का था, मेरा मतभेद हो गया और मैंने उसके ख़िलाफ़ उच्चाधिकारी को लिख दिया। फिर उसने छात्रों को मिला लिया और मुझे तंग करना शुरू किया। रसोइया के नेतृत्व में छात्रों ने भी कल्याण पदाधिकारी आदि को लिख दिया। बाद में मैंने इस प्रकरण में समझौता कर लिया। इस प्रकरण में रहमान साहब मुझे बराबर समझाते थे कि "आपको बहुत आगे जाना है। सबको माफ़ कर दीजिए। आपने होस्टल को आगे ज़रूर बढ़ाया है, किन्तु इससे स्कूल को कोई मतलब नहीं। सभी आपसे

जलते हैं। शिक्षक अन्दर से रसोइया की ही मदद कर रहे हैं। “मैं समझ गया। मैंने वैसा ही किया। एस.डी.ओ. जो खुद अनुसूचित जाति के थे और जिनके यहाँ मेरे खिलाफ भरपूर पैरवी और आवेदन पड़े थे, उन्होंने होस्टल में आकर निरीक्षण किया। अधिकांश छात्रों ने मेरे ख़िलाफ़ की गयी शिकायत का समर्थन किया। किन्तु रसोइया सहित कुछ अन्य छात्रों ने मेरे पक्ष में बयान दिया। एस.डी.ओ. ने सबका मेल-मिलाप करवा दिया। इस प्रकार एक बिगड़ी हुई परिस्थिति सँभल गयी।

शिवहर अनुमण्डल मुख्यालय था। वर्ष 1983 को रघुनाथ झा ने उसे प्रखंड से अनुमण्डल बनवा दिया था, जिसका उद्‌घाटन दिनांक 18 अप्रैल 1983 को हुआ। अब शिवहर प्रखण्ड सह अनुमण्डल मुख्यालय था। रघुनाथ झा उस क्षेत्र के सबसे चर्चित और स्थानीय नेता थे, जिन्होंने चारों ओर से नदी और बाढ़ से घिरे इस उपेक्षित क्षेत्र का चतुर्दिक विकास कराया। मेरे देखते-देखते 6 अक्टूबर 1994 को शिवहर अनुमण्डल से ज़िला भी बन गया। इसका श्रेय भी रघुनाथ झा को ही जाता है। रघुनाथ झा शिवहर के निकटवर्ती गाँव अमवा कला के निवासी थे। वे बिहार सरकार और भारत सरकार में भी मन्त्री बने और 25 वर्षों तक लगातार शिवहर के विधायक रहे। वैसे तो शिवहर लोकसभा क्षेत्र राजनीतिक दृष्टि से पहले से ही सक्रिय और सम्पन्न था, श्री नवाब उच्च विद्यालय शिवहर भी उसी गाँधीवादी आन्दोलन की देन थी, शिवहर हमारा गृह संसदीय क्षेत्र भी था, जिसमें हमारे पड़ोसी गाँव डुमरी के स्वतन्त्रता सेनानी ठाकुर युगल किशोर सिंह शिवहर से प्रथम सांसद बने थे, उनकी पत्नी श्रीमती रामदुलारी सिन्हा कई बार एम.पी. और केन्द्रीय मन्त्री बनीं। वे राज्यपाल भी बनीं। निकटवर्ती चमनपुर गाँव के हरिकिशोर सिंह भी कई बार सांसद और विदेश में राजदूत बने और राजनीति में जीवन-भर सक्रिय रहे। उन्होंने रघुनाथ झा का भरपूर साथ दिया। महुअरिया दरबार से भी राणा (ठाकुर) परिवार राजनीति में सक्रिय थे। दरबार के ठाकुर गिरिजागन्दन सिंह कई बार शिवहर के विधायक, मन्त्री और 1977 में एक बार सांसद बने। वे समाजवादी विचारधारा के थे और कांग्रेस के विरोध में चुनाव लड़ते थे। बाद में वहाँ की राजनीति पर आनन्द मोहन का भी प्रभाव पड़ा और वे भी एक बार सांसद चुने गये। पर शिवहर के विकास का सारा श्रेय रघुनाथ झा को ही जाता है। अन्तिम बार शिवहर की ग़लत राजनीति ने उन्हें हरा दिया, इसीलिए वे गोपालगंज से विधायक और मन्त्री बने। वे दुबारा राजनीति करने शिवहर नहीं आये। अब वे नहीं हैं, पर शिवहर की जनता को बाद में पछताना पड़ा।

शिवहर जेपी आन्दोलन का भी केन्द्र रहा। मुझे स्मरण है 1986 या 87 में लालू यादव, मुलायम सिंह यादव, देवीलाल आदि सभी शिवहर में पहली बार आये थे। फिर रघुनाथ झा के प्रयास से लालू यादव मुख्यमन्त्री बनने के बाद भी वहाँ अक्सर आते रहे। दो बार तो नवाब हाई स्कूल के मैदान में ही लालू यादव आये। फिर एक बार अनुमण्डल मुख्यालय के फील्ड में। अनुमण्डल मुख्यालय के फील्ड में वे सड़क मार्ग से आये थे और शिवहर के पास के मुसहर बहुल रसीदपुर गाँव में घूमकर उन लोगों के फूँस के घर को देखा था। फिर बैठकर उन लोगों के साथ घोंघा, केंकड़ा और रोटी खाये थे और सबको भाषण सुनने के लिए बुलाया था। जब लालू यादव का भाषण शुरू हुआ, तो उनका पहला ही सम्बोधन था– "घोंघा खानेवालो, केंकड़ा खानेवालों, भैंस चरानेवालों, गाय चरानेवालो, सूअर चरानेवालो, पढ़ना-लिखना सीखो। वोट की क़ीमत जानो, सब काम छोड़कर वोट गिराने जरूर जाओ।" फिर लालू यादव ने रास्ते का अपना संस्मरण सुनते हुए मंच पर वहाँ के अनुमण्डल अधिकारी और बीडीओ को बुलाया और आदेश देते हुए कहा कि "रसीदपुर गाँव में मुसहरों के जितने घर हैं, वे सभी 'इन्दिरा आवास योजना' से पक्का का बन जाना चाहिए। एक सप्ताह के अन्दर सबको चिन्हित कर आवास की आधी राशि उन्हें दे दी जाये और मुझे इसकी ख़बर की जाये। मुसहर लोग ख़ुद घर बनायेंगे, प्रशासन केवल नक़्शा बना देगा और निर्माण की देखभाल करेगा, फिर पूरी राशि देकर घर पूरा करवा दिया जाये। कोई ठीकेदारी नहीं होगी।" उन दिनों आवास के लिए चौदह हजार रुपये की राशि निर्धारित थी। लालू यादव उस समय मुख्यमन्त्री थे। मेरे देखते-देखते सभी घर बनकर तैयार हो गये। यदि आज के मोदीजी होते, तो उससे दसगुनी राशि ख़र्च कर उन घरों का उद्घाटन करने आते और प्रचार होते। लालू यादव कई बार उस रास्ते से गुज़रे, पर उन घरों का उद्घाटन नहीं किया।

शिवहर में रहते हुए मैंने अपने छोटे भाई प्रकाश को मैट्रिक पास करवाया। उसी दौरान मेरी भी एम.ए. की परीक्षा दरभंगा में चल रही थी, जिसमें मैं बीच-बीच में एक-डेढ़ हफ़्ते के लिए चला जाता था। वहाँ हादी साहब नामक एक माफिया शिक्षक थे, जो पैसे लेकर मैट्रिक बोर्ड में छात्रों को पास कराते थे। उनका दावा था कि पैसे लेकर वे लड़कों को प्रथम श्रेणी में मैट्रिक पास देंगे। वहाँ के दो-तीन शिक्षकों ने अपने-अपने लड़कों के लिए उन्हें पैसे दिये। मैंने भी अपने छोटे भाई प्रकाश के लिए पैसा दे दिया। इधर मैट्रिक की परीक्षा चल रही थी और उधर मेरी एम.ए. की। मैंने हादी साहब

और कुछ शिक्षकों के सुझाव पर शिक्षकों के अन्य लड़कों की तरह अपने भाई का कुछ पेपर छुड़वा दिया। हादी साहब की योजना थी कि छूटे हुए पेपर की कॉपी मिसिंग दिखाकर उनमें मनमाने अंक दिलवा दिया जायेगा। फिर उन्हें प्रथम श्रेणी में पास करवा दिया जायेगा। लेकिन सभी लड़के फेल कर गये। वे किसी को पास नहीं करवा सके। अब सबके पैसे लौटाने की बारी थी। किसी प्रकार आधा-अधूरा पैसा लौटा। मैंने क़र्ज़ लेकर उन्हें पैसे दिये थे। मेरे कुछ ही पैसे लौटे, अधिकांश डूब गये। पर प्रकाश ने मध्यमा की परीक्षा प्रथम श्रेणी में पास कर ली। उसी के आधार पर उसका नामांकन आई.टी.आई. में हुआ। बाद में मेरी बेटी आशा प्रथम श्रेणी में अच्छे अंकों में मैट्रिक पास कर गयी। वह वहीं गर्ल्स हाई स्कूल में पढ़ती थी। प्रधानाध्यापिका शान्ति कुमारी की बेटी भावना उसकी सहेली थी, जो आजकल अच्छी कवयित्री है और मुजफ्फरपुर में ही रहती है। वहीं से मैंने अपनी बेटी आशा की शादी भी की। उस शादी में मैं बुरी तरह ठगा गया। लड़के और उसके परिवार ने झूठ बता दिया कि लड़का पटना इन्जीनियरिंग कॉलेज में पढ़ता है; जबकि वह पटना साइन्स कॉलेज में पढ़ते हुए ट्यूशन कर रहा था। लड़के ने झूठा अंकपत्र भी दिखा दिया। इस प्रकार मेरी सबसे बड़ी सन्तान दु:ख और अभाव में चली गयी। उसे केवल 4 बच्ची ही हुईं। एक भी लड़का नहीं हुआ। उसका पति आज तक ट्यूशन करके ही गुजारा करता है।

नवाब हाई स्कूल के फील्ड में वर्ष 1989 के लोकसभा चुनाव प्रचार में प्रधानमन्त्री राजीव गाँधी भी आये थे। हम लोग स्कूल की ओर से स्कूल के जीवविज्ञान शिक्षक श्री अलख निरंजन सिंह के साथ उनके सुरक्षा घेरे के अन्दर थे। ऐसे युवा और सुन्दर प्रधानमन्त्री को किसी ने देखा नहीं था। इसीलिए भीड़ का कोई ओर-छोर नहीं था। स्कूल के सौ एकड़ कैम्पस के पूर्वी छोर पर बने हेलीपैड पर जब सेना का हेलिकॉप्टर उतरा, तो 'राजीव गाँधी ज़िन्दाबाद' के नारों से दिशाएँ गूँज उठीं। राजीव गाँधी एक 15-16 साल के लड़के का हाथ पकड़े विमान से लगभग दौड़ते हुए आये और उस लड़के को हम लोगों की ओर धकेलते हुए मंच पर चढ़ गये। कहा कि इसे सुरक्षित जगह पर बैठा दीजिये। वे और कोई नहीं, आज के कांग्रेस नेता राहुल गाँधी थे। बालक राहुल को हमारे हवाले कर दिया गया था। राहुल के बैठने के लिए बायो-लैब में विशेष व्यवस्था की गयी थी, किन्तु वे एक मिनट भी वहाँ नहीं बैठे। पुलिस और हम लोगों के मना करने के बावजूद वे बरामदे में चले आये और वहीं कुर्सी पर बैठकर भाषण सुनने लगे। राजीव गाँधी के भाषण

का अन्दाज़ निराला था। उन्होंने हाथ हिला-हिलाकर चारों ओर से लोगों का अभिवादन स्वीकार किया, फिर संवाद शैली में बोलना शुरू कर दिया। उनके धाराप्रवाह भाषण के बीच में ही एक बुढ़िया चिल्लाने लगी। वह बैरिकेट तोड़कर अन्दर आना चाहती थी। पुलिस उसे रोक रही थी। इसी बीच राजीव गाँधी की नज़र उस पर पड़ी। राजीव गाँधी ने वहीं से पुलिस को उसे मंच पर लाने को कहा। पर वह नहीं आयी। फिर उससे पूछा गया कि वह क्या चाहती है? उसने ज़ोर-ज़ोर से कहा कि उसके पूरे हरिजन टोले में एक भी चापाकल नहीं है। पानी पीने की भारी दिक्कत है। राजीव गाँधी ने ज़िलाधिकारी और इन्जिनीयर को मंच पर बुलाकर कहा कि कल उस बस्ती में पेयजल की व्यवस्था करके प्रधानमन्त्री सचिवालय को सूचित किया जाये। जिस काम को वहाँ के मन्त्री, विधायक और मुखिया नहीं कर सके थे, अकेले इस बुढ़िया ने कर दिया था। चापाकल तो लगे ही, स्थानीय लोगों ने सुन्दरपुर की उस बुढ़िया को भी सम्मानित किया। स्कूल से सटे अनुमण्डल के बड़े परिसर में प्रधानमन्त्री वी.पी. सिंह भी आये थे। चुनाव प्रचार के दिनों में राज बब्बर आदि अनेक नेता वहाँ आते रहे। शिवहर राजनीतिक गतिविधियों का मुख्य केन्द्र था और इन तमाम गतिविधियों का असर मुझ पर भी पड़ा। स्कूल की राजनीति मिलीजुली थी। ऊपर से राजपूत लोग लालू यादव के विरोधी थे, किन्तु वोट देते समय अधिकांश राजपूत, ब्राह्मण और भूमिहार रघुनाथ झा को ही वोट देते थे। रघुनाथ झा शुरू से अन्त तक लालू यादव के साथ लगे रहे।

एक बार हमारे स्कूल कैम्पस में ही सांसद हरिकिशोर सिंह ने लालू यादव का कार्यकर्ता सम्मेलन बुलवाया। स्कूल की स्वागत समिति में मुझे भी रखा गया। मुख्य कर्ताधर्ता मैं ही था। यद्यपि पार्टी और विचारधारा की दृष्टि से लालू यादव, हरिकिशोर सिंह और रघुनाथ एक ही थे, पर जातिगत भेदभाव के कारण स्कूल के सवर्ण शिक्षक भीतर से लालू यादव को पसन्द नहीं करते थे। इसीलिए ब्राह्मण हेडमास्टर ने जानबूझकर इस कार्यक्रम को एक बड़े हॉल में रखवा दिया। गर्मी का दिन था। यद्यपि उसमें आठ-दस दरवाज़े थे, पंखे की भरपूर व्यवस्था थी, पर इकट्ठी भीड़ का उसमें सामन्जित होना कठिन था। मैं मंच पर ही था, लालू यादव आये, एक क्षण खड़े हुए और फिर हटो-हटो करके मेरे सहित बाकी लोगों को चीरते हुए हॉल से बाहर चले आये। फील्ड में कार्यकर्ताओं के लिए शामियाना लगा था। वहीं एक चौकी पर खड़े होकर उन्होंने भाषण देना शुरू कर दिया। बाद में पुलिस कुर्सी लायी। सांसद हरिकिशोर सिंह, शिक्षा मन्त्री रामचन्द्र पूर्वे आदि सभी

लोग थे। लालू यादव के भाषण और व्यवहार ने मुझे समाजवादी आन्दोलन का समर्थक बना दिया।

शिवहर हाई स्कूल में रहते हुए मेरा चयन बिहार शिक्षा परियोजना सीतामढ़ी में 'परियोजना संचालन समिति' के सदस्य के रूप में हुआ। पहले 'महिला समाख्या' और बाद में प्रान्तीय स्तर पर गठित कमिटी में रहकर मैंने 'शिक्षा परियोजना' में भी सक्रिय भूमिका निभायी। उन दिनों परियोजना के निदेशक स्व. एम.एम. झा थे, जो समर्पित पदाधिकारी और शिक्षक पुत्र थे। उन्होंने बिहार की प्राथमिक और माध्यमिक शिक्षा, ख़ासकर शिक्षकों की समस्याओं में बहुत कुछ सुधार किया। एम.एम. झा से मुझे बहुत कुछ सीखने का मौक़ा मिला। हमलोग साथ-साथ काम करते थे। एक बार शिक्षा के 'न्यूनतम अधिगम स्तर' पर तीन दिनों की अन्तर्राष्ट्रीय कार्यशाला, वाल्मी, खगौल, पटना में और 10 दिनों की कार्यशाला चतरा में और फिर एक सप्ताह की कार्यशाला राँची में रहकर हम लोगों ने 'शिक्षा परियोजना' के लिए कार्य किया। शिक्षा परियोजना मेरा अंशकालीन कार्य था, लेकिन रोचक और ज्ञानवर्द्धक था। इसीलिए जब भी पत्र मिलता, मैं स्कूल से विरमित होकर चला जाता था। उन दिनों राँची, जमशेदपुर, चतरा, सीतामढ़ी आदि बिहार के सात ज़िलों में शिक्षा परियोजना के कार्य चल रहे थे। बाकी दिनों मैं स्कूल में ही पढ़ाता था। वहीं से मैंने 'बेट (BET)' की परीक्षा दी थी और अच्छे अंकों में उत्तीर्ण भी हुआ। शिक्षा परियोजना में जहाँ-तहाँ जाता रहा।

इसी बीच यूनिवर्सिटी सर्विस कमीशन की वैकेन्सी हुई। उसमें भी मैंने आवेदन कर दिया। चतरा, वाल्मी (पटना), राँची आदि स्थानों पर रहते हुए हम लोग जब आपस में बातें करते थे, तो एक दिन मैंने 'बेट' पास होने और 'यूनिवर्सिटी सर्विस कमीशन' में आवेदन की भी बात कर दी। एम.एम. झा ने मैट्रिक से एम.ए. तक का मेरा कैरियर जानना चाहा। मैंने बता दिया और जिज्ञासा ज़ाहिर की कि "हम जैसे ग़रीब लोगों का प्रोफ़ेसर में होगा कि नहीं?" तब उन्होंने ज़ोर देकर कहा कि आपका नहीं होगा तो किसका होगा? आपका इतना अच्छा कैरियर है और फिर आप रिज़र्वेशन भी डिजर्व करते हैं। वहाँ बैठे कुछ अन्य पदाधिकारियों ने भी उनका समर्थन करते हुए कहा कि आप निश्चिन्त रहिए आप प्रोफेसर जरूर बनियेगा। आप किसी दलाल के चक्कर में मत पड़ियेगा। चुपचाप इन्टरव्यू देकर चले आइएगा। मैंने वैसा ही किया और मेरा अच्छे अंकों में सेलेक्शन ही नहीं हुआ, बल्कि अच्छे कॉलेज आर.डी.एस. कॉलेज, मुज़फ़्फ़रपुर में नियुक्ति भी हो गयी।

शिवहर रहते हुए भी वर्ष 1990 से 1993 तक मेरे दो बेटे हुए– एक दीपक और दूसरा सबसे छोटा ठोला उर्फ़ नीरज। एस.डी.ओ. घोष साहब बराबर कहते थे कि "आप प्रोफ़ेसर के लायक हैं। हाई स्कूल में क्यों हैं? आप आवेदन कीजिए। आपका हो जायेगा। यहीं रहते हुए पहली बार मेरा नाम अख़बार में छपा। मैंने ही रिपोर्टिंग की थी और पहली बार मेरी रचना भी पत्र-पत्रिका और अख़बारों में छपी। फिर जब छपने लगी, तो कभी बन्द नहीं हुई। मैं बराबर लिखता और छपता रहा। शिवहर ने मुझे लेखक बनाया।

बाबरी मस्जिद विध्वंस और बम्बई दंगा : श्री नबाव उच्च विद्यालय, शिवहर में रहते हुए ही वर्ष 1992 में बाबरी मस्जिद का विध्वंस हुआ और प्रतिक्रिया में बम्बई मुम्बई दंगा भी। लगभग पूरी दुनिया के देशों में इसकी प्रतिक्रिया हुई। न जाने कितने मन्दिर-मस्जिद गिराये गये। पड़ोसी देश बंगला देश, पाकिस्तान और कुछ अन्य मुस्लिम देशों में ज़बर्दस्त प्रतिक्रिया हुई। देश-विदेश में जगह-जगह दंगे हुए। पूरे देश में धारा 144 लगा दी गयी। कुछ दिनों तक स्कूल-कॉलेज भी बन्द कर दिये गये। उसके बाद स्कूल-कॉलेज तो खुले, पर छोटे-बड़े शहरों में धारा 144 बदस्तूर जारी रही।

बाबरी मस्जिद विध्वंस काण्ड 6 दिसम्बर '92, रविवार को हुआ था और प्रतिक्रिया में अगले ही दिन से बम्बई में दंगे शुरू हो गये। भयानक मार-काट मची। किन्तु कुछ ही दिनों में दंगों पर क़ाबू पा लिया गया। यह बात अलग है कि अगले वर्ष जनवरी में यह दंगा फिर से भड़क उठा। बाबरी मस्जिद काण्ड भले ही हिन्दू-मुसलमान का मामला था, विदेशों में इस पर हिन्दू-मुसलमान हुए, पर देश में यह हिन्दू-मुसलमान का विषय नहीं बना था। बिहार में तो और भी नहीं, क्योंकि यहाँ मुख्यमन्त्री की गद्दी पर देश में साम्प्रदायिक सद्भाव का सबसे बड़ा चेहरा लालू यादव बैठे थे। फिर भी जहाँ-तहाँ तनाव था। देश स्पष्ट रूप से दो हिस्सों में बँट चुका था– एक ओर कट्टर हिन्दुत्व का चेहरा लिए कुछ सवर्ण और बनिया समाज के लोग थे, तो दूसरी ओर शान्ति और सद्भावना का चेहरा बने मुस्लिम, सिक्ख, ईसाई और अधिकांश हिन्दू धर्मों के लोग थे। अधिकांश सरकारी कर्मचारी, शिक्षक और पदाधिकारी इस काण्ड के ख़िलाफ़ खड़े थे। लेकिन कुछ कट्टर शिक्षक-कर्मचारी समाज में दुर्भावना फैलाने में पीछे नहीं थे। हर कलक्टर को यह सख़्त निर्देश था कि ऐसे तत्त्वों पर कड़ी-से-कड़ी कार्रवाई की जाये। ऐसे ही कट्टरपन्थी शिक्षक थे– बेलसण्ड उच्च विद्यालय के प्रधानाध्यापक रामकिशोर पाण्डेय। उनके भड़काऊ भाषण और साम्प्रदायिक गतिविधियों के कारण उन्हें ज़िला

शिक्षा पदाधिकारी ने निलम्बित कर दिया था। मैं इन बातों से अनभिज्ञ था। स्कूल-कॉलेज तो खुल गये थे, लेकिन वातावरण में मरघट-सा सन्नाटा था। मैंने अपने मित्र और वरीय सहकर्मी रहमान साहेब से कहा कि तूफ़ान के बाद आये इस मरघट से छाये सन्नाटे को तोड़ना ज़रूरी है, ताकि वातावरण सहज हो सके, नहीं तो बीच में ही कुछ हो गया तो अतिवादी शक्तियों को बहाना मिल जायेगा। रहमान साहेब बहुत खुश हुए। फिर मैंने अपने पड़ोसी मित्र और सहकर्मी झा जी से भी यह बात कही, उन्होंने भी हामी भर दी। मैंने बगल के कन्या उच्च विद्यालय के सहयोग से 'राष्ट्रीय एकता और सद्भावना' पर एक भव्य सांस्कृतिक कार्यक्रम और भाषण की योजना बनायीं। फिर मैंने अपने हेडमास्टर से कहा। उन्होंने भी हामी भर दी। कन्या उच्च विद्यालय की प्रधानाध्यापिका शान्ति कुमारी और वहाँ के एक साहित्यकार और संस्कृतिकर्मी शिक्षक चन्देश्वर प्रसाद सिंह से भी सहमति ले ली। फिर मैंने शिवहर बाज़ार में, जहाँ मैं एक इंटर की एक लड़की को ट्यूशन पढ़ाता था, वहाँ एक पेशेवर कला निर्देशक के सहयोग से छात्राओं का अभ्यास शुरू करवा दिया। अपने स्कूल में भी छात्रों का एकल, समूह गीत-नृत्य, नाटिका, प्रहसन आदि तैयार करवाया।

जब तैयारी लगभग पूरी हो गयी, तो मैं शिवहर के अनुमण्डल पदाधिकारी श्री अतुल कुमार घोष से मिला। प्रस्ताव सुनकर वे बड़े खुश हुए। वे पहले ही से मेरी सामाजिक-सांस्कृतिक गतिविधियों से प्रभावित थे। उन्होंने कहा कि आप तो मेरा ही काम कर रहे हैं। पर अभी 144 लागू है। मेरा तो पूरा सहयोग रहेगा, पर क़ानून-व्यवस्था के लिए थोड़ा डी.एस.पी. साहेब से मिल लीजिए। आप उन्हें समझा सकते हैं। मैं डी.एस.पी. साहब के यहाँ गया और अपना प्रस्ताव रखा। सुनते ही वे बिगड़ पड़े– "आपका दिमाग़ ख़राब है। पूरे देश में 144 लगा हुआ है और आप सद्भावना यात्रा निकालेंगे? कोई एक ढेला भी फेंक देगा, तो दंगा शुरू हो जाएगा।" मैंने कहा– "ऐसा कुछ नहीं होगा सर, मुझ पर भरोसा कीजिए। उन्होंने कहा कि "क़ानून-व्यवस्था का सवाल है, जवाब तो प्रशासन को देना पड़ता है। मैं परमिशन नहीं दूँगा।" मेरे अन्दर का युवा जोश जाग उठा, मैंने मेहनत से तैयारी की थी। उन्हें चुनौती देते हुए कहा– "यदि आप आदेश नहीं देंगे, तो भी हम सद्भावना रैली निकालेंगे। आपको रोकना होगा रोक लीजिएगा। हम सभी गिरफ़्तार हो जायेंगे।" कहकर मैं चलने लगा। उन्होंने मुझे रोका और ऊपर से नीचे तक देखते हुए मेरी पीठ थपथपा दी। कहा– "आपकी

हिम्मत की दाद देता हूँ। देश में आप ही जैसे युवकों की जरूरत है। जाइए, तैयारी कीजिए। हमारा पूरा पुलिस प्रशासन आपके साथ रहेगा।" लौटकर मैंने एस.डी.ओ. साहब को सारी बातें बतायीं और मिल-बैठकर हम लोगों ने 30 दिसंबर 1992, बुधवार का दिन निर्धारित किया। अनुमण्डल पदाधिकारी को मैंने अपने प्रस्ताव का पत्र दिया। उन्होंने उसी समय पूरे अनुमण्डल में उस दिन छुट्टी की घोषणा सम्बन्धी पत्र टाइप करवाकर एक प्रति मुझे दे दी और कहा कि अपना आवेदन अनुमण्डल आरक्षी अधीक्षक को भी रिसीव करा दीजिए। मैंने वैसा ही किया।

पत्र में पूरे अनुमण्डल के प्रधानाध्यापक, शिक्षक और कर्मचारियों को निर्देश दिया था कि उस दिन सारे स्कूल-कॉलेज और कार्यालय सद्‌भावना यात्रा के लिए बन्द रहेंगे और सभी लोग श्री नबाव उच्च विद्यालय के कार्यक्रम और रैली में उपस्थित होकर सहयोग करेंगे। सुबह 10 बजे से ही हमारा कार्यक्रम शुरू हो गया। मैं मंच संचालन का उस्ताद था। बच्चे-बच्चियों के कार्यक्रम ने ऐसी धूम मचायी कि लोग देखते ही रह गये। हर कार्यक्रम के बाद दो से पाँच मिनट का एक भाषण होता था। लोग मन्त्रमुग्ध होकर देख रहे थे। दो घण्टे के बाद मैंने कार्यक्रम को समाप्त कर रैली निकालनी चाही, लेकिन दर्शकों के अनुरोध पर कार्यक्रम को एक घण्टा और बढ़ा दिया। इस प्रकार तीन घण्टे तक कार्यक्रम चला। एक पर एक प्रस्तुतियाँ हुईं और मंच के कलाकारों के लिए पुरस्कारों की झड़ी लग गयी। लेकिन इस पूरे प्रकरण में मुझसे दो भूल हुईं– एक अंग्रेज़ी के विद्वान शिक्षक कुशहर निवासी श्री सुरेन्द्र झा जी को मैंने बोलने का मौक़ा नहीं दिया, दूसरा दिन-रात मेहनत करके गाँव के जिस कला-निर्देशक ने कार्यक्रम को सफल बनाया, उनके नाम और कार्य को मंच से ठीक से प्रसारित नहीं किया। अन्त में वे कलाकार ख़ुद से मंच पर आये और उन्होंने सद्‌भावना पर अपना प्रहसन प्रस्तुत कर सबका मन मोह लिया। इससे कन्या उच्च विद्यालय के लोग भी रुष्ट हो गये और एक हफ़्ते के अन्दर उन्होंने अपने विद्यालय में ऐसा ही सांस्कृतिक आयोजन कर डाला, जिसमें मुझे भी बुलाया गया। मैं गया और अपने छात्रों का कार्यक्रम प्रस्तुत करवाकर चल दिया। कार्यक्रम के अन्त में एस.डी.ओ. साहेब ने जो पुरस्कार दिये, उसमें मेरा भी नाम था। मेरा पुरस्कार रहमान साहेब लेकर आये। यह एक स्वाभाविक प्रतिक्रिया थी, पर मेरा मन दुःखी हो गया। आज इतने दिनों बाद उस ग्रामीण ग़ैर-शिक्षक और बेरोज़गार कलाकार को गले लगाने का मन करता है।

सांस्कृतिक कार्यक्रम के बाद 'सद्भावना यात्रा' शिवहर की ओर रवाना हुई। एक ट्रैक्टर पर माइक और लाउडस्पीकर के साथ नारे लगाता और सद्भावना गीत गाता मैं और छात्रों की मेरी टोली थी। छात्र भी नारे लगाते थे और सद्भावना गीत गाते थे। आगे-आगे शिक्षक और पदाधिकारियों की टोली चल रही थी, जिसमें अनुमण्डल पदाधिकारी, अनुमण्डल आरक्षी अधीक्षक, तमाम पदाधिकारी, हेडमास्टर और शिक्षक चल रहे थे। पीछे-पीछे छात्र-छात्राओं, शिक्षक-कर्मचारी और आम जनता की भीड़ थी। आगे-पीछे, अगल-बगल हर जगह साथ में पुलिस के जवान चल रहे थे। पूरे शिवहर शहर और आसपास के इलाक़े में लोग सड़क के किनारे छत और खिड़कियों से इस नज़ारे का लुत्फ उठा रहे थे। उसी समय रघुनाथ झा का काफ़िला भी उनके गाँव से निकला और उन्होंने हमारे जुलूस और सद्भावना यात्रा का हाथ जोड़कर स्वागत किया। दूसरे दिन अख़बार के पहले पन्ने पर हमारी सद्भावना यात्रा और कार्यक्रम का लीड छपा। सभी अख़बारों ने इसे प्रकाशित किया था। यद्यपि शिक्षक संघ प्रत्यक्ष रूप से इस कार्यक्रम का आयोजक नहीं था, फिर भी उन लोगों ने जुलूस के दौरान अपना बैनर लगा लिया था और ख़बर लिखते समय पदाधिकारियों ने अपने-अपने नाम डलवा लिये थे। बाद में पता चला इस कार्यक्रम का सबसे बड़ा लाभ प्रधानाध्यापक रामकिशोर पाण्डेय को मिला, जो कार्यक्रम में उपस्थित तो थे, पर इसके अलावा उनका कोई योगदान नहीं था। जुलूस में अगली पंक्ति में आकर अपना फ़ोटो भी खिंचवा लिया था। अख़बार के उस कटिंग को लेकर वे सीधे लालू यादव के दरबार में पहुँच गये थे और उन्होंने हाथ जोड़कर कहा कि "यदि मैं साम्प्रदायिक होता, तो इतना बड़ा सद्भावना कार्यक्रम कैसे करता? देखिए हुजूर, मुझे ग़लत ढंग से फँसाया गया है। मुझ पर रहम कीजिए। और मेरा निलम्बन वापस कर लीजिए, नहीं तो बाल-बच्चे भूखे मर जायेंगे।" लालू यादव ने तत्क्षण फ़ोन उठाकर उनका निलम्बन वापस करवाया। उनके एक साथी शिक्षक ने यह कहानी मुझे बतायी। मुझे इन बातों से कोई मतलब नहीं था, न उतनी जानकारी थी।

इस आयोजन के लिए एस.डी.ओ. अतुल कुमार घोष और डी.एस.पी. ने मुझे सफल संयोजक और निदेशक का प्रशस्ति-पत्र देकर सम्मानित किया। फिर अनुमण्डल कार्यालय बुलाकर जिनकी जो भूमिका थी, सबके लिए उन्होंने खाली प्रशस्ति-पत्र दिये कि आप जाकर उनके नाम भरकर उन्हें अनुमण्डल की ओर से दे दीजिएगा। इसके तुरत बाद दोनों पदाधिकारियों ने हमारे विद्यालय प्रांगण में अनुमण्डल स्तरीय खेलकूद प्रतियोगिता करवायी।

पुरस्कार समारोह में दोनों पदधिकारियों ने मुझे आगोश में भरकर एक बड़ा ही भावपूर्ण फ़ोटोग्राफ खिंचवाया। हम ऐसे गले मिल रहे थे मानो विदा हो रहे हों। पर वे मुझसे सचमुच जुदा हो गये। इस कार्यक्रम के बाद एस.डी.ओ. अतुल कुमार घोष और डी.एस.पी. कुमार एकले साहेब का भी लगभग प्रमोशन हो गया। अनुमण्डल पदाधिकारी घोष साहेब सीतामढ़ी सदर के एस.डी.एम. और अनुमण्डल आरक्षी अधीक्षक मुज़फ़्फ़रपुर के सीनियर डी.एस.पी. बनकर चले गये। एक-दो बार उनसे मुलाक़ातें अवश्य हुईं, पर उनकी याद हमेशा आती रही। वे केवल पदाधिकारी ही नहीं थे, मेरे सबसे बड़े शुभचिन्तक और प्रेरक थे। जब भी मुलाक़ात होती, वे कहते– "आप शिक्षक नहीं, प्रोफ़ेसर के लायक हैं। प्रोफ़ेसर बनिए।" सीतामढ़ी के पास के हाई स्कूल के मेरे एक और शिक्षक मित्र थे, वे भूगोल के शिक्षक थे और मुझे 'नेट' की परीक्षा देने के लिए बराबर प्रेरित करते थे। वे ख़ुद भी हर बार इस परीक्षा में शामिल होते थे। पर दुर्भाग्यवश उन्हें एक बार भी सफलता नहीं मिली। पर मैं पहली ही बार में सफल हो गया।

जब मैं लेखक बना

किसी व्यक्ति के लिए सबसे बड़ी ख़ुशी होती है उसका नाम अख़बार में छपना। मुझे भी यह ख़ुशी वर्ष 1992 में मिल गयी थी। इस वर्ष अप्रैल के महीने में दिनांक 23 से 29 तक नवाब उच्च विद्यालय में स्काउट गाइड का ज़िला प्रशिक्षण कैम्प लगा था। मैं स्काउट टीचर भी था। इसका उद्घाटन प्रधानाचार्य रूपनारायण मिश्र ने किया था और समापन समारोह के मुख्य अतिथि अनुमण्डल पदाधिकारी अतुल कुमार घोष थे। कार्यक्रम बड़ा ही प्रभावशाली था। सो मैंने समापन के दिन कैम्प की गतिविधियों की एक रपट लिखी और वहाँ के 'हिन्दुस्तान' अख़बार के रिपोर्टर शिशिर जी को दे दिया। अगले दिन एक छोटे से कॉलम में यह ख़बर छपी, जिसमें पहली बार किसी अख़बार में मेरा नाम छपा था। मेरी ख़ुशी का ठिकाना नहीं रहा। मैं लिखता तो पहले से था, पर किसी पत्र-पत्रिका में पहली बार छपा था। अगले वर्ष गणतन्त्र दिवस समारोह के अवसर पर विद्यालय में आयोजित अनुमण्डल स्तरीय खेलकूद प्रतियोगिता और सांस्कृतिक कार्यक्रम की रपट भी मैंने लिखी और वह 'हिन्दुस्तान' अख़बार में छपी। इससे लेखन और प्रकाशन का मेरा उत्साह बढ़ता गया। स्त्री-लेखन का दौर था। सो मैंने इसी उत्साह में एक नया शोधपरक आलेख लिख मारा। शीर्षक था– 'भारतीय नारी : परम्परा और

परिस्थितियाँ'। मैंने इसे 'पद्मगन्धा' के संपादक और शिक्षक चन्देश्वर बाबू को दिखाया, उन्होंने आलेख की प्रशंसा करते हुए उसे 'माध्यमिक शिक्षक संघ' की मासिक पत्रिका 'प्राच्य प्रभा' में भेजने की राय दी। मैंने वैसा ही किया। आलेख प्राप्त होते ही प्रशंसात्मक स्वीकृति का पत्र मिला और अगले ही अंक जून-94 में वह आलेख प्रमुखता से प्रकाशित हो गया। बाद में यह रचना 'पद्मगन्धा' के अंक में भी छपी। फिर तो लगभग प्रति माह 'प्राच्य प्रभा' में मेरी रचनाएँ छपने लगीं। इस बीच स्त्री-पुरुष भेदभाव और कन्या भ्रूणहत्या पर मैंने एक छोटी कहानी लिखी– 'चिड़ा और चिड़ी'। यह कहानी 'हिन्दुस्तान' अख़बार के चार अक्टुबर 94 के 'साहित्य' पृष्ठ पर छपी। ये ही दोनों रचनाएँ मेरे लेखन कैरियर की बुनियाद बनीं। उसके बाद जब तक मैं नबाव उच्च विद्यालय, शिवहर में रहा वर्ष 1995 के अन्त तक मेरी 15-20 रचनाएँ 'हिन्दुस्तान', 'प्राच्य प्रभा', 'खोजबीन' आदि पत्र-पत्रिकाओं में छप चुकी थीं और मैं लेखक बन चुका था। इसके बाद तो जहाँ भी रहा, मेरे आलेख लगातार छपते रहे और यह सिलसिला आज तक जारी है। शायद ही कोई पत्र-पत्रिका बची हो, जिसमें मेरी रचनाएँ नहीं छपीं। इस प्रकार मेरे लेखक जीवन की शुरुआत विधिवत वर्ष 1994 से हुई।

मेरी गिनती स्कूल के अच्छे शिक्षकों में थी। इसी बीच वर्ष 1994 में शिवहर अनुमण्डल से ज़िला बन गया और डॉ. भगवती शरण मिश्र ज़िले के प्रथम ज़िला पदाधिकारी बनकर आये, जो एक अच्छे कथाकार भी थे। मैंने 'सारिका' पत्रिका गें उनकी कहानी और धारावाहिक उपन्यास को पढ़ा था। इस नाते भगवती शरण मिश्र में मेरी रुचि जगी और उनसे सम्पर्क किया। वे मुझसे प्रभावित हुए और उन्होंने मुझे अपने दो उपन्यास– 'काके लागूँ पाँव' और 'गोविन्द गाथा' भेंट की। उपन्यासों को पढ़ने के बाद मैं उनसे और प्रभावित हो गया। मैंने उन दोनों उपन्यासों कीं समीक्षा लिखी, जो 'हिन्दुस्तान' अख़बार में छपी। वे मेरे लेखन और समाजसेवा के कार्यों से बहुत प्रभावित थे। एक बार उन्होंने मेरे लेखन और कार्यों के लिए मुझे प्रशस्ति-पत्र भी दिया था। मैं 'हिन्दुस्तान' के 'साहित्य-संस्कृति' पेज के लिए बराबर लिखता था। मेरी रचनाओं को पढ़कर श्रीरंग शाही, जो शिवहर गर्ल्स हाई स्कूल की प्रधानाध्यापिका शान्ति कुमारी के रिश्ते में चाचा लगते थे और कभी-कभी शिवहर भी आते थे, बड़े प्रभावित थे। वे हथुआ कॉलेज, गोपालगंज में प्रोफ़ेसर थे। वे बराबर ज़ोर देते थे कि "आप भगवती शरण मिश्र पर शोधकार्य करके पी.एच.-डी. कर लीजिए।" लेकिन मुझे कोई जल्दी नहीं थी। सोचता

था कि व्याख्याता बनने पर यह सब करूँगा। मैंने उसी वर्ष बिहार लेक्चरर पात्रता (बेट) परीक्षा पास की थी और निश्चिन्त था कि एक-न-एक दिन प्रोफ़ेसर ज़रूर बनूँगा।

एक था रामलाल : एम.एस. कॉलेज, मोतिहारी में रहते हुए एक रोज मैं किसी काम से एसपी ऑफ़िस गया। वहाँ एक पुलिस कांस्टेबल ने मुझे प्रणाम किया और बताया कि मैं आपका फेसबुक फ्रेंड रामलाल हूँ। मैंने छूटते ही कहा तो फिर पैर छूकर प्रणाम करो। उसने पैर छुआ। उसके साथियों ने एतराज़ किया कि राष्ट्रीय टोपी पहनकर पैर नहीं छुआ जाता। फिर मैंने पूछा कि तुम शिवहर स्कूल में पढ़ते थे। उसने कहा नहीं सर और अपने बारे में संक्षेप में बताया।

उसका चेहरा मेरे प्रिय छात्र रामलाल से मिलता था, जो मेरे थोड़े-से प्रयास से पुलिस का कांस्टेबल बन गया था। मैंने समझा यह वही रामलाल है। फिर मैंने सॉरी कहा और संक्षेप में अपनेवाले रामलाल की कथा बतायी। इस रामलाल ने कहा– "कोई बात नहीं सर, मैं भी तो आपका विद्यार्थी ही हूँ। मैंने आर.डी.एस. कॉलेज में पढ़ा है और आप वहाँ प्रोफ़ेसर थे।" आज वह रामलाल एक प्रसिद्ध पर्यावरणविद् है और उसका रुतवा किसी एसपी से कम नहीं है। मेरा वाला रामलाल शिवहर के पास के गाँव सुन्दरपुर का रहनेवाला था। वह दलित जाति का एक ग़रीब छात्र था, जो मेरी थोड़ी-सी मदद से कहीं कांस्टेबल बन गया। नौकरी लगते ही वर्दी में मेरे पास मिठाई लेकर आया था। आज भी मेरी आँखें उस सीधे-सादे निश्छल और निरीह रामलाल को ढूँढ़ती हैं। पता नहीं कहाँ होगा? सुन्दरपुर गाँव में एक मुसलमान पुलिस कमिश्नर थे, जो कश्मीर में पदस्थापित थे। उनका बड़ा नाम था। रामलाल बहुत ग़रीब था। ग़रीबी के कारण उसने बीच में ही पढ़ाई छोड़ दी। वह मैट्रिक पास नहीं कर सका। कमिश्नर साहेब ने उसे पुलिस कांस्टेबल की नौकरी दिलाने का भरोसा दिया था। उसे आठवीं पास का सर्टिफिकेट चाहिए था, किन्तु उसे प्रमाण-पत्र मिल नहीं रहा था। मैंने किसी तरह वह सर्टिफिकेट दिलवा दिया। उसकी माँ मेरी पत्नी की सेवा करती थी।

हाजीपुर प्रवास

बिहार सरकार की सामूहिक ट्रान्सफर स्कीम के तहत मेरा स्थानान्तरण हाई स्कूल मीनापुर राई, हाजीपुर में हो गया। सरकार ने ऐसे सभी शिक्षकों के सामूहिक स्थानान्तरण का निर्णय लिया, जो 10 वर्ष या उससे अधिक समय

से एक ही स्कूल में जमे हुए थे। मेरा अभी 9 वर्ष ही हुआ था, फिर भी ट्रान्सफर हो गया। मैंने वहाँ योगदान कर लिया। वर्ष 1995 के सितम्बर माह में मैं मीनापुर राई हाई स्कूल में आया। यहीं रहते हुए मैंने प्रोफ़ेसर का इन्टरव्यू दिया और यहीं से मेरी नियुक्ति भी हो गयी। मीनापुर राई हाई स्कूल में रहते हुए भी मैंने काफ़ी लोकप्रियता हासिल की। अमरनाथ सिंह राज्यपाल द्वारा पुरस्कृत शिक्षक थे। मेरी प्रतिभा से वे काफ़ी प्रभावित थे। मीनापुर राई हाई स्कूल में मैंने एक नया प्रयोग शुरू किया। सामूहिक प्रार्थना को सामूहिक सभा में बदल दिया। सामूहिक ड्रिल और कसरत शुरू करवा दिया। इससे छात्रों में गज़ब का उत्साह आया। छात्र एक्टिविटी पसन्द करते हैं। लड़के-लड़कियाँ सभी उत्साह पूर्वक प्रार्थना सभा और सामूहिक ड्रिल में भाग लेते थे। प्रार्थना सभा में मैं छात्रों से 'आज का विचार' और 'समाचार वाचन' करवाता था। समाचारों में भी कोई छात्र राजनीतिक समाचार का हेडलाइन पढ़ता, कोई सामाजिक समाचार तो कोई खेल समाचार पढ़ता था। छात्र अपने घर से हेडलाइन लिख कर लेने लगे। शिक्षक की ओर से आज का कोई एक प्रश्न बोल दिया जाता था। फिर दो-चार छात्र स्वेच्छा से कल के प्रश्न का उत्तर देते थे। इस प्रकार स्कूल का आरम्भ उत्साहपूर्ण वातावरण से होता था और दिन भर छात्र तरोताज़ा रहते थे। हेडमास्टर साहब और शिक्षक-छात्र मेरे कार्यकलाप और प्रतिभा से खुश रहते थे।

अपनी प्रतिभा और कार्यकुशलता के कारण मुझे हर जगह स्वीकृति और सम्मान मिले। किन्तु कहीं-कहीं हीन जाति के कारण जातिगत भेदभाव भी झेलना पड़ा। यहाँ भी एक-दो सवर्ण शिक्षकों के मन में मेरे प्रति अच्छी भावना नहीं थी। इसका प्रमाण तब मिला, जब शिक्षा परियोजना 'स्टेट लेवल रिसोर्स पर्सन' के रूप में मुझे स्कूल से विरमित किया जाना था। हेडमास्टर ने विरमित न करके ज़िला शिक्षा पदाधिकारी के यहाँ भेज दिया। डी.ओ. ऑफ़िस ने एक-दो दिन दौड़ाया, फिर मैंने अपना इरादा ही बदल लिया कि "अब मैं वहाँ नहीं जाऊँगा।" इस प्रकार शिक्षा परियोजना से मेरा नाता टूट गया। शिक्षक साथियों में एक नरेन्द्र सिंह जो भूमिहार थे, बराबर मुझे हतोत्साहित करते थे। वे अपने बच्चों को इन्जीनियरिंग में पढ़ाते थे और मुझे कहते थे कि "अपने बाल-बच्चों पर ध्यान दीजिए। अपने कैरियर पर क्यों इतना जोर देते हैं? हाई स्कूल शिक्षक बनना क्या कम है? बच्चों को आगे बढ़ाइए। प्रोफ़ेसर बनकर क्या कीजिएगा? बहुत पैसा लगेगा। मँगनी में कोई प्रोफ़ेसर नहीं बनता है।" मैं उनकी बातों को चुपचाप सुन लेता। सोचता ये ईर्ष्यावश ऐसा बोल रहे हैं।

लेकिन हम लोगों के साथ के नये शिक्षक राम ज्योति डाकुर (लोहार), सोहन लाल महतो (कोइरी) और शमीम अंसारी मुझे प्रोत्साहित करते। विश्वविद्यालय सेवा आयोग से पत्र मिलने पर मैं आकस्मिक अवकाश का आवेदन लेकर हेडमास्टर के पास गया। उन्होंने पत्र पढ़ा और मेरी ओर प्रश्नवाचक मुद्रा में देखा। पूछा- "क्या आप पीएच.-डी. पास हैं?" उनके मन में आश्चर्यपूर्ण जिज्ञासा थी। मैंने कहा- "नहीं, मैंने व्याख्याता पात्रता परीक्षा पास की है।" "तो फिर इतने दिनों तक आपने हम लोगों से बताया क्यों नहीं? जाइए, मेरा आशीर्वाद और शुभकामना है कि आपका इन्टरव्यू अच्छा हो और आप व्याख्याता बने। लेकिन पैरवी में कोई कमी नहीं कीजिएगा।" स्टाफ रूम में भी मेरे शिक्षक साथियों ने आश्चर्य व्यक्त किया। मेरे प्रिय शिक्षक साथी अरुण कुमार सिंह ने मेरी गम्भीरता की सराहना करते हुए कहा कि "इतना बड़ा राज आपने छुपाकर क्यों रखा?" मैंने कहा कि न इसकी ज़रूरत थी और न ऐसा कोई प्रसंग आया। मैंने इस सम्बन्ध में अभी तक किसी को नहीं बताया था।

मेरा इन्टरव्यू दिनांक 13 मई 1996, सोमवार को हुआ। पटने में विश्वविद्यालय सेवा आयोग में इन्टरव्यू 11: 00 बजे से था। मैं 7: 00 बजे ही पहुँच गया। वहाँ जाकर अपने शुभचिन्तक पदाधिकारी शिवहर के पूर्व जिला पदाधिकारी डॉ. भगवती शरण मिश्र से मिला, जो उन दिनों सचिवालय में उच्चाधिकारी थे। उन्होंने भी कहा इसमें पैरवी की ज़रूरत पड़ेगी। आप पता करके आइए कि हिन्दी विषय में एक्सपर्ट कौन आये हैं? फिर उन्होंने एक विधायक का पता दिया कि कमीशन के अध्यक्ष उनकी जाति के हैं, उनके पास जाकर रौल नम्बर लिखवा दीजिए। मैं उनके पास गया। लेकिन उन्होंने रौल तो लिख लिया, पर कहा कि "ऐसे पैरवी नहीं होती है। वहाँ खुल्लम-खुल्ला पैसा लिया जायेगा। पहले से मैनेज करना पड़ता है। मैं कुछ नहीं कर पाऊँगा।" जब मैं आयोग ऑफ़िस आया, तो इन्टरव्यू शुरू हो चुका था। नामवर सिंह विषय विशेषज्ञ थे। मैं एक्सपर्ट का नाम बताने दुबारा भगवती शरण मिश्र के पास नहीं गया।

मेरा इन्टरव्यू बहुत अच्छा गया। एक्सपर्ट से लेकर सदस्यों ने लगभग 22 मिनट तक मुझसे सवाल पूछे और मैंने अधिकांश के जवाब सही-सही दिये चाहता था कि इन्टरव्यू बोर्ड और सवाल पूछे। मैंने हर सवाल का सही और सन्तोषप्रद जवाब दिया। विषय विशेषज्ञ प्रो. नामवर सिंह और प्रो. नागेश्वर लाल ने बड़े तीखे सवाल पूछे। कुछ भाषा विज्ञानं और व्याकरण के प्रश्नों के बाद उन्होंने एक ऐसे उपन्यास के बारे में पूछ डाला, जो अभी हाल ही में

प्रकाशित होकर चर्चित हुआ था। वह उपन्यास था– 'मुझे चाँद चाहिए'। संयोग से मैंने उस उपन्यास को पढ़ा था। मेरी आदत थी कि कोई भी नयी और चर्चित रचना तुरत ख़रीद लेता और गहराई से पढ़ता, ताकि उसकी प्रसिद्धि का कारण जान सकूँ। इसीलिए जब मुझसे 'मुझे चाँद चाहिए' के लेखक, नायक, नायिका और कथ्य के बारे में पूछा गया, तो मैंने सहजतापूर्वक सब कुछ बता दिया। किन्तु जब पूछा गया कि उपन्यास की नायिका वर्षा वशिष्ठ या सिलबिल के चरित्र को हम भारतीय संस्कृति और समाज के अनुरूप कहाँ रखेंगे? पहले तो मैं घबड़ाया, पर तुरत ही सँभलकर जवाब दिया कि "भारत संस्कृति नहीं, संस्कृतियों का देश है। उसका समाज भी सभी जगह एक जैसा नहीं है। वर्षा वशिष्ठ जैसी महत्त्वाकांक्षी नायिका भारत की एलीट सोसाइटी और फ़िल्मों में मिल जायेंगी।" इस पर उन्होंने पूछा कि "व्यापक भारतीय समाज में वह स्वीकृत होगी कि नहीं?" मैंने कहा– "नहीं, क्योंकि भारतीय समाज अभी तक पितृसत्तात्मक है।"

इन्टरव्यू बोर्ड के सदस्य सन्तुष्ट हो गये। सदस्यों ने मुझे धन्यवाद देते हुए कहा कि हरिनारायण जी, आप स्कूल में होते हुए भी अच्छा ज्ञान रखते हैं। हमारी शुभकामना है। अब हम लोगों को इजाजत दीजिए। हमें भी भूख लग गयी है। इसके बाद लंच ब्रेक हो गया। जब मैं लौटकर बाहर आया, तो वेटिंग रूम में बैठे साथियों ने एक स्वर से मुझे बधाई दे दी कि आपका चयन तो हो गया। मैं लौटकर भगवती शरण मिश्र के यहाँ पहुँचा, तो वह नहीं थे। पता चला वे इन्टरव्यू बोर्ड में गये हैं। कुछ देर तक मैंने प्रतीक्षा की। उसके बाद भगवती शरण मिश्र आये और मुझे देखते ही आग-बबूला हो गये। बिगड़ते हुए कहा कि "आप कैसे आदमी हैं? मैंने एक्सपर्ट का नाम पता करके आने के लिए कहा था और आप आये ही नहीं। मुझे आपने अपना रौल नम्बर तक नहीं दिया। मैं खुद ही इन्टरव्यू बोर्ड में गया था। आप वहाँ भी नहीं मिले। नामवर सिंह और नागेश्वर लाल दोनों मेरे अच्छे मित्र हैं। मैं उनके साथ लंच करके आ रहा हूँ। जाइए, आपका किसी भी तरह नहीं होगा। इतना अच्छा मौक़ा था। इतनी बड़ी नौकरी ऐसे नहीं होती।" मैंने अपने कॉल लैटर की प्रति उन्हें देते हुए कहा कि "सर, वहाँ जाने पर इन्टरव्यू शुरू हो चुका था। मैं कैसे आता?" उन्होंने कहा– "अपना रौल नम्बर तो देते जाते, फिर किसी टेलिफ़ोन बूथ से मुझे एक्सपर्ट का नाम तो बता देते।" मैंने कहा– "मेरा इन्टरव्यू बहुत अच्छा गया है। मुझे अपने परफॉमेन्स पर सन्तोष और भरोसा है। यदि मेरा नहीं होगा, तो मैं समझूँगा कि दुनिया से ईमान-धर्म उठ गया है।"

लेकिन मेरी दृढ़ता और आत्मविश्वास का उन पर कोई असर नहीं पड़ा। मैं चुपचाप वहाँ से चला आया।

"दिनांक: 13/05/96, सोमवार

आज़ का दिन मेरे जीवन के सर्वाधिक सुखद दिनों में से एक था। बिहार राज्य विश्वविद्यालय सेवा आयोग की व्याख्याता पात्रता परीक्षा (BET) पास करने के बाद आज़ मैं व्याख्याता पद के लिए आयोग द्वारा आहूत अन्तर्वीक्षा में शामिल हुआ। अन्तर्वीक्षा में विद्वान विशेषज्ञ डॉ. नामवर सिंह (जवाहरलाल नेहरू विश्वविद्यालय, दिल्ली) और डॉ. नागेश्वर लाल (राँची विश्वविद्यालय) से विषय विशेष (हिन्दी) पर गहन चर्चा का सौभाग्य प्राप्त हुआ। मेरी कतिपय प्रकाशित रचनाओं के आधार पर उन्होंने आज़ की सामाजिक-सांस्कृतिक विचारधारा, नारी मुक्ति आन्दोलन, उत्तर-आधुनिकतावाद, जादुई यथार्थवाद आदि पर प्रश्न पूछे, जिसका मैंने सन्तोषप्रद उत्तर दिया। चर्चा नारी मुक्ति आन्दोलन पर आधारित आज़ के चर्चित उपन्यास 'मुझे चाँद चाहिए' (सुरेन्द्र वर्मा) पर आकर केन्द्रित हो गयी। इसकी शैली और शिल्प, नायक-नायिका और पुरुष प्रतिरोध पर बातें हुईं। कुल मिलाकर मैं अन्तर्वीक्षा से काफ़ी सन्तुष्ट हुआ।"

जब इन्टरव्यू देकर स्कूल लौटा, तो अने सफल अन्तर्वीक्षा का अनुभव शिक्षक मित्रों को सुनाया हमारे शिक्षक साथी अरुण कुमार सिंह ने कहा कि बिना पैरवी का नहीं होगा। रघुनाथ झा जी आपके परिचित हैं। आप उनके पास जाइए। नहीं तो आप जान लीजिए कम से कम पाँच लाख देना होगा, तभी व्याख्याता में नियुक्ति हो सकेगी। मैंने कहा– "हो चाहे नहीं हो, मैं पैसे नहीं दूँगा। इतना पैसा मैं कहाँ से लाऊँगा? यदि मेरा नहीं हुआ, तो मैं समझूँगा कि दुनिया से ईमान-धर्म उठ गया है। इस पर साथियों ने बहुत समझाया कि इतना भोला मत बनिये। जाइए कम से कम पैरवी तो करवा दीजिए। उनके कहने पर दो-तीन दिनों बाद मैं पटना रघुनाथ झा के आवास पर गया। झा जी ने चेयरमैन को फ़ोन किया। वे घर पर नहीं थे। उन्होंने कहा कि जाइए कल सुबह आठ बजे आइएगा। अभी रात नौ बजे तक उनसे सम्पर्क होना मुश्किल है। मैं हाजीपुर लौट आया और रात भर सोचता रहा कि यदि सुबह में जाकर फ़ोन भी करवाऊँ और मेरा चयन ख़ुद से हो जाये, तो मुझे जीवन-भर झा जी का एहसान मानना पड़ेगा। मैं समझूँगा कि पैरवी पर नौकरी हुई है। इसलिए मैं गया ही नहीं। और अगले दिन होकर 'यूनिवर्सिटी सर्विस कमीशन' से हमलोगों का रिजल्ट आ गया, जिसमें मेरा नाम अपने विषय के टॉप लिस्ट में था।

मेरे पहले ही च्वॉइस का विश्वविद्यालय बाबा साहब भीमराव अम्बेडकर बिहार विश्वविद्यालय, मुज़फ़्फ़रपुर मुझे मिला था। कमीशन ऑफ़िस में जब सुबह-सुबह लिस्ट देखने गया, तो वहाँ के चपरासियों ने बताया कि "जल्दी से अपनी यूनिवर्सिटी में चले जाइए और ज्वाइन कर लीजिए।" किसी लेटर की जरूरत नहीं है, वहाँ लिस्ट गया हुआ है। चयनित लोग आज ही से ज्वाइन कर रहे हैं। लेकिन मैंने उनका विश्वास नहीं किया। सोचा मुझे इतनी सारी नौकरियाँ लगी हैं, पर ऐसा कभी नहीं हुआ कि रिजल्ट निकला और जॉइनिंग हो गयी। चयन होने के महीनों बाद नियुक्ति पत्र मिलते हैं, फिर लोग योगदान करने जाते हैं। इसीलिए मैं स्कूल आकर पत्र की प्रतीक्षा करने लगा। दो-तीन दिनों बाद मेरे सहकर्मी मित्र अरुण कुमार सिंह ने कहा- "सभी लोगों ने ज्वाइन कर लिया। आप अभी तक योगदान करने नहीं गये?" तब मुझे होश आया और मैं स्कूल से विरमित होकर विश्वविद्यालय मुख्यालय आया। अरुण बाबू ने अवधेश बाबू नामक एक प्रोफ़ेसर का पता दिया था। मैंने उनसे सम्पर्क किया और दिनांक 06-11-1996 को रजिस्ट्रार ऑफ़िस में जाकर अपना योगदान समर्पित किया। योगदान के लिए मैंने कोई आवेदन पत्र टाइप नहीं करवाया था। वहाँ कहा गया दो प्रति में योगदान आवेदन लिखिए। मैंने वहीं पर हाथ से ही दो प्रति में आवेदन पत्र लिखा। एक प्रति वहाँ ले ली गयी और दूसरी प्रति को रिसीव करके मुझे लौटा दिया गया। कहा गया कि इसे सँभाल कर रखियेगा, भविष्य में काम देगा। आज तक यही दूसरी हस्तलिखित प्रति मेरे योगदान का प्रमाण है।

अब मैं प्रोफ़ेसर बन चुका था। अब हाई स्कूल, मीनापुर राई और हाजीपुर छूट गया। लेकिन मेरा आवास अभी तक वहीं था। वहाँ मेरे दो छोटे-छोटे बच्चे राजीव और दीपक तथा एक भतीजा रविशंकर कॉन्वेन्ट स्कूल में पढ़ रहे थे। हाजीपुर के छोटे प्रवास में मैंने कई महत्त्वपूर्ण लेख लिखे, जो आर्यावर्त्त, आज, हिन्दुस्तान, खोजबीन आदि पत्र-पत्रिकाओं में प्रमुखता से छपे। 'भारतीय सिनेमा और संस्कृति' (स्टोरी, लम्बा आलेख), 'शहर, साहित्य और सन्नाटा' (दैनिक आज), 'हाजीपुर की केला संस्कृति', 'बिहार कोकिला रामरती देवी' आदि ऐसे ही आलेख थे।

हाजीपुर प्रवास और माँ की मृत्यु मीनापुर राई हाई स्कूल हाजीपरु के शहरी क्षेत्र में आता था। कुछ दिनों तक तो मैं शिक्षकों के साथ अकेले स्कूल में रहा, किन्तु बच्चों को लाने के बाद मैं मदारपुर बाज़ार पर एक किराये के कमरे में रहने लगा। बग़ल के कमरे में मेरे ही स्कूल के एक मुस्लिम

शिक्षक नईम रहते थे। मैं खुद ही खाना बनाता था। गर्मी के दिन थे। हमारे कमरे छत पर थे। दो अगस्त 1996 की बात है, शुक्रवार का दिन। उस दिन पता नहीं क्यों, मुझे रात में नीन्द नहीं आयी। मैं रात भर छत पर टहलता रहा। सुबह में मेरे गाँव का एक लड़का ख़बर लेकर आया कि आपकी माँ सख्त बीमार है, बच्चों के साथ घर चलिए। मोबाइल का ज़माना नहीं था। असल में मेरी माँ मर चुकी थी। वह लड़का मुझसे छुपा रहा था। मैं स्कूल गया और छुट्टी का दरख़्वास्त देकर घर आ गया। बीच में माँ स्वस्थ हो चुकी थी। इस बीच उसकी बीमारी और नाजुक स्थिति की कोई सूचना मुझे नहीं मिली थी। ख़ैर मेरे जाने के बाद अर्थी उठी। मैं रो-धोकर रह गया। मेरी पहली नौकरी मिलते-मिलते पिताजी चल बसे थे और प्रोफेसर बनने के ठीक पहले माँ गुजर गयीं। मुझे गहरा आघात लगा। मैंने माँ की मृत्यु के दिन जो डायरी लिखी थी, वह इस प्रकार है:-

"**दिनांक: 02/08/96, शुक्रवार:** जीवन का सर्वाधिक दुखद दिन। मैं कई दिनों से बीमार चल रहा था। पिछले हफ़्ते बच्चे भी बीमार थे। इस कारण विगत सप्ताह घर नहीं जा सका था। अचानक आज़ गाँव का एक लड़का आया – अरुण, केशव सिंह का बड़ा लड़का। गत रात माँ का निधन हो गया था। पहले तो उसने माँ की गम्भीर हालत की बात कही, मगर जब मैंने दवा का नाम सुझाकर उसे कल घर आने का आश्वासन दिया, (क्योंकि बीमारी के कारण सफ़र करने में सक्षम नहीं था।), तो उसने पूरी बात बतायी कि कैसे विगत तीन-चार दिनों से अचानक माँ का स्वास्थ्य गिरा और गत रात वह चल बसी। डॉक्टर, दवा सब बेकार सिद्ध हो गये। सुनकर दिल हाहाकार कर उठा। अपनी बीमारी की सारी शिथिलता इस गहरे अवसाद में डूब गयी। माँ के अन्तिम दर्शन के लिए मन बेचैन हो उठा। जैसे-तैसे बच्चों के साथ घर चल पड़ा। लम्बी दूरी होने के कारण घर पहुँचने में 4-5 घंटे लग ही गये। शाम 7 (सात) बजे घर पहुँचा। तब तक माँ का दाह-संस्कार सम्पन्न हो चुका था। बरसात का दिन होने के कारण रात के शव को अधिक देर तक रखना सम्भव नहीं था। और अच्छा ही हुआ, क्योंकि माँ के शव-दाह के एक-दो घंटे बाद ही इतनी ज़ोरों की बारिश हुई कि उसके बाद शव-दाह का काम मुश्किल ही था। माँ के अन्तिम दर्शन न होने की पीड़ा से मर्माहत हो गया। आज़ से लगभग 16 वर्ष पूर्व पिता की मृत्यु के बाद माँ की ममतामयी साया ने हम तीनों भाइयों के परिवार को बाँधे रखा था। अब वह भी साया

उठ गया। किससे अपनी कौन फ़रियाद सुनाऊँगा? वर्तमान और भविष्य कितना सूना-सूना गुज़रेगा? इसी उधोड़-बुन में रात गुज़र गयी।"

रामदयालु सिंह कॉलेज, मुज़फ़्फ़रपुर

छठ दिवाली की लम्बी छुट्टी थी। योगदान के समय कहा गया कि छुट्टी के बाद आइएगा, तो पोस्टिंग लेटर मिल जायेगा। लेकिन मैं उसमें भी लेट हो गया और 18 नवम्वर को गया। मैं सोच रहा था कि सीतामढ़ी के किसी कॉलेज में मेरी नियुक्ति होती, तो अच्छा होता। लेकिन डिस्पैच में पहुँचने पर क्लर्क ने लिस्ट देखा और चहकते हुए बोला– "अरे आपको तो प्रीमियर कॉलेज मिला है– आर.डी.एस. कॉलेज, मुज़फ़्फ़रपुर"। उन्होंने पत्र देते हुए कहा कि "मिठाई खिलाइए। बड़ी खुशी की बात है।" मेरे लिए सचमुच खुशी की बात थी। लेकिन मेरे पॉकेट में केवल 20 रुपये थे। मैंने वही निकालकर किरानी साहब को दे दिया, कहा– "लीजिए इतना ही है।" वे खुश हो गये और कहा– "कोई बात नहीं। जाइए ज्वाइन कीजिए।" मैं आर.डी.एस. कॉलेज आया। शाम हो चुकी थी। बड़ा बाबू ने कहा– "प्रिंसिपल चले गये हैं। कल आइए, आज ही के डेट में योगदान हो जायेगा। दूसरे दिन मेरा योगदान हो गया। लगभग दो-तीन महीने तक मैं इधर-उधर रहा। मैं अकेला रहता था। अशर्फी पासवान मेरे पड़ोसी गाँव के मित्र थे। वे मुज़फ़्फ़रपुर के 'तिरहुत एकेडमी' हाई स्कूल में शिक्षक थे, जो आर.डी.एस. कॉलेज के पास ही था। लगभग एक महीने तक उन्होंने मुझे अपने किराये के मकान में न केवल निःशुल्क रखा, बल्कि खाना भी खिलाया। उसके बाद मैंने किराये का एक डेरा ले लिया। हाजीपुर डेरे से मैं चौकी, बिछावन आदि सामान ले आया। फिर परिवार और बच्चों को भी ले आया। यहाँ मेरी छोटी पुत्री गिरीशा, मेरे छोटे-छोटे पुत्र राजीव और दीपक के अलावा मेरा सबसे छोटा पुत्र ठोला (नीरज), जो तीन-चार वर्षों का था, भी रहने लगा। छोटे-छोटे दो भतीजा-भतीजी रविशंकर और प्रियंका भी साथ में रहने लगे। कुछ महीने बाद कॉलेज के प्रिंसिपल डॉ. टी.एन. सिंह ने मुझे कॉलेज परिसर स्थित शिक्षक आवास में एक क्वार्टर दे दिया। वे कमीशंड प्रिंसिपल थे और संयोग से एक वर्ष पूर्व उसी कमीशन से चयनित होकर नियुक्त हुए थे, जिससे हम लोग आये थे। इसीलिए मेरे प्रति उनकी विशेष सहानुभूति थी। कॉलेज के बड़े क्वार्टर में मेरा पूरा परिवार आराम से रहने लगा।

रामदयालु सिंह महाविद्यालय, मुज़फ़्फ़रपुर मेरे जीवन का बहुत बड़ा अध्याय है। यहाँ के कटु-मधु अनुभव मुझे भुलाये नहीं भूलते। मेरे ठाकुर सरनेम से शुरू में लोगों ने मुझे भूमिहार समझा। इसलिए मुझे सबने हाथों-हाथ लिया। मेरे आगे-पीछे लोग घूमते रहे। किन्तु मेरे विचारों से कुछ लोगों को शक हुआ और उन्होंने मेरी जाति जानने का प्रयास शुरू कर दिया। छह-सात महीने बाद मेरे विभाग के चपरासी ने, जो खुद भूमिहार था, एक दिन एकान्त में मुझसे पूछा कि "सर, अपने कौन भूमिहार छी? अहाँ के एरिया में हमरा बेटी के शादी करे के है।" मैं समझ गया कि यह अपने मन से नहीं पूछ रहा है। हमारी विभागीय अध्यक्ष ने जानबूझकर मेरी जाति जानने के लिए इसे लगाया है। मैंने अपनी जाति कभी नहीं छुपायी थी। सो मैंने उसे साफ़-साफ़ बता दिया कि मैं भूमिहार नहीं। जाकर अध्यक्ष को बोल देना मैं 'नाई' हूँ। उसने दाँत से जीभ काटते हुए हाथ जोड़ लिया- "नहीं सर, मैंने खुद ही पूछा है। सचमुच मुझे बेटी की शादी करनी है।" मेरे विभाग में कुल छह शिक्षक थे, जिसमें दो को छोड़कर सभी भूमिहार थे। दूसरे दिन मैंने देखा कि मेरे प्रति विभागाध्यक्ष सहित विभाग के सभी शिक्षकों की भाव-भंगिमा और व्यवहार बदले हुए थे। कॉलेज में भी प्रिंसिपल और एक अन्य भूमिहार शिक्षक अरुण कुमार सिंह, जो शिक्षक संघ के सचिव और एन.एस.एस. पदाधिकारी थे, को छोड़कर लगभग सभी भूमिहार और सवर्ण प्रोफ़ेसर और शिक्षकेतर कर्मचारियों का नज़रिया मेरे प्रति बदल गया था। जो लोग पहले संकोच और शिष्टाचार से बात करते थे, अब वे मुझसे ढिठाई और रूखेपन से बात करने लगे। अरुण कुमार सिंह थे तो भूमिहार, किन्तु काफ़ी प्रगतिशील और उदार थे। उनका राजनीति विज्ञान विभाग हमारे विभाग से सटा हुआ था। इसीलिए खाली समय में मैं उनके पास चला जाता था।

मैं 'बिहार राज्य व्याख्याता महासंघ' का विश्वविद्यालय सचिव भी था। इसलिए यदा-कदा महाविद्यालय एवं विश्वविद्यालयों में दलित-पिछड़े छात्रों के साथ हो रहे अन्याय और भेदभाव को उठाता था। 06 नवम्बर को मेरी नियुक्ति हुई। साल-भर मुझे महाविद्यालय प्रशासन की बारीकियों को समझने में लग गये। किन्तु वर्ष 1998 में कुछ छात्रों की शिकायत पर मैंने देखा कि नामांकन में आरक्षण का ठीक से पालन नहीं किया जा रहा है। आरक्षित-अनारक्षित छात्रों के बीच पचास-पचास प्रतिशत सीट बाँट दिये गये थे, जिससे आरक्षित वर्ग के प्रतिभावान और उच्च अंक प्राप्त छात्र भी आरक्षण से वंचित हो रहे थे। मैंने इस विसंगति को पहले महाविद्यालय स्तर से प्राचार्य के पास उठाया।

फिर समाधान नहीं होने पर विश्वविद्यालय और राज्य सरकार के स्तर पर उठाया। इसके पहले इस विश्वविद्यालय में नामांकन में आरक्षण कोई मुद्दा नहीं बना था, जबकि कई वर्षों से नामांकन आरक्षण के आधार पर हो रहा था। इसीलिए प्रेस और मीडिया ने इसे मुद्दा बना लिया। अख़बारों में ख़बरें आयीं और आर.डी.एस. कॉलेज सहित सभी महाविद्यालयों के नामांकन पर जाँच बैठ गयी। इससे भूमिहार वर्ग के शिक्षक कर्मचारी और नामांकन प्रभारी स्वाभाविक रूप से नाराज़ हो गये।

नामांकन के दौरान ही एक दिन कुछ अजनबी युवकों ने मुझे घेर लिया। मैं अपने क्वार्टर से विभाग जा रहा था। क्वार्टर से निकलते ही चार-पाँच बदमाश क़िस्म के युवक, जो निश्चय ही बाहरी थे, मेरे आगे-पीछे हो गये और रोककर पूछने लगे– "आपने नामांकन पर जाँच क्यों बैठवायी है? यह हम लोगों का कॉलेज है। इसमें दूसरा किसी का कुछ नहीं चलेगा।" मैंने पूछा– "यह मेरा कॉलेज नहीं है क्या?" "आपका रहता तो आप यह सवाल नहीं उठाते।" मैंने कहा–"मेरा है, तभी तो यह सवाल उठाया है। क्या आपलोग चाहते हैं कि मेरे या आपके कॉलेज में कोई ग़लत काम हो? और फिर यह कॉलेज हमारे आपसे अधिक छात्रों का है। मैंने छात्र हित में सवाल उठाया है।" युवकों का तेवर कड़ा हो गया। कहने लगे– "आप हमें पाठ मत पढ़ाइए। हम आपके विद्यार्थी नहीं हैं। हम लोगों का मतलब भूमिहार के कॉलेज से है। यहाँ भूमिहार जो चाहेगा, वही होगा।" मैंने कहा– "तो फिर चलिए प्रिंसिपल के पास, प्रिंसिपल भी तो भूमिहार हैं। प्रिंसिपल जैसा कहेंगे, मैं वैसा करूँगा।" उन्होंने कहा कि "कौन प्रिंसिपल? हम ही लोग प्रिंसिपल हैं।" एक दबंग क़िस्म के युवक ने कहा– "चुपचाप अपना आवेदन वापस ले लीजिए, नहीं तो अच्छा नहीं होगा।" मैंने कहा– "आप मेरे विभाग या प्रिंसिपल के पास चलिए, वहाँ बैठकर बातें करेंगे। मेरे आवेदन वापस ले लेने से कुछ नहीं होगा। अब जाँच बैठ चुकी है।" उन्होंने कहा– "आप इस कॉलेज को नहीं जानते। अभी-अभी आये हैं और आते ही बवाल शुरू कर दिये? यदि ऐसा कीजिएगा, तो यहाँ नहीं टिक पाइएगा।" मैंने कहा– "मैं तीन वर्षों से इस महाविद्यालय में हूँ और महाविद्यालय को जानता भी हूँ। यह महाविद्यालय उत्तम कोटि का है और यहाँ कुछ भी ग़लत नहीं होता है। कुछ ग़लत लोग इसे बदनाम करना चाहते हैं। वैसे मैं कहीं भी रहूँ, कोई फ़र्क नहीं पड़ता। अन्याय के ख़िलाफ़ आवाज़ उठाता रहूँगा।" बातें खुले मार्ग पर हो रही थीं, जहाँ से कॉलेज परिसर के लोग आ-जा रहे थे। इसीलिए लड़कों

ने मेरे साथ कोई बेजा हरकत नहीं की, अन्यथा जिस इरादे से वे आये थे, कुछ भी हो सकता था। किन्तु मेरे तीन साल से रहने का उन पर असर पड़ा। उनमें से प्रमोद नामक एक लड़के ने जाते-जाते कहा कि "मामला सलटा लीजिए, सभी लोग अपने हैं। एडमिशन इन्चार्ज डरे हुए हैं।" मैंने कहा कि "किसी का कुछ नहीं होगा, जो ग़लतियाँ हुई हैं, उन्हें सुधार दिया जायेगा। फिर लड़के चले गये।"

मैं प्रिंसिपल के पास गया और सारी बातों की जानकारी दी। मैंने उनसे लड़कों का हुलिया बताया। उनमें प्रमोद नाम के लड़के का ख़ास परिचय दिया गया। पर मैंने प्रमोद के व्यवहार की प्रशंसा की। किसी ने प्रमोद को मेरे बारे में बताया होगा या उसने खुद ही जानकारी ली होगी। बाद में प्रमोद ने मुझसे माफ़ी माँग ली। उसके बाद वह जब भी मिला, मुझे प्रणाम करके सम्मान देता रहा। जाँच हुई। ग़लतियों का कुछ सुधार हुआ। अधिक सुधार की गुंजाइश नहीं थी। कुछ सुधार करके एक अलग लिस्ट निकाला गया। आरक्षित वर्ग से छूटे हुए कुछ उच्च अंकवाले छात्रों का कोटे से नामांकन हो गया। उसके बाद नामांकन में आरक्षण को नियमतः लागू कर दिया गया। 50% लड़के जो मेरिट में आ जाते थे, चाहे वे किसी वर्ग के हों, सामान्य सूची में गिने जाते थे। शेष 50% में कैटेगरी वाइज आरक्षण दिया जाता था। इस बीच काफ़ी अफरा-तफरी मची। छात्रों ने आन्दोलन करके नामांकन रुकवा दिया था। सूची सुधार के बाद सब कुछ सामान्य हो गया और विधिवत नामांकन होने लगे। इससे महाविद्यालय परिसर और विश्वविद्यालय में मेरी प्रतिष्ठा बढ़ गयी। इसके बाद दूसरी लड़ाई मैंने आरक्षित वर्ग के छात्रों के मूल जाति प्रमाण-पत्रों की लड़ी। नामांकन के समय छात्रों के सभी मूल प्रमाण-पत्र लौटा दिये जाते थे, किन्तु जाति प्रमाण-पत्र रख लिया जाता था। छात्रों को बार-बार जाति प्रमाण-पत्र बनवाना पड़ता था, जिसमें काफ़ी परेशानी होती थी। मैंने विश्वविद्यालय स्तर पर आवाज़ उठायी कि अन्य प्रमाण-पत्रों की तरह छात्रों के जाति प्रमाण-पत्र भी लौटा दिये जायें। इसका असर पड़ा और तत्कालीन कुलपति निहार नन्दन सिंह ने जाति प्रमाण-पत्र लौटाने का आदेश निर्गत करवा दिया। मेरे इन सारे कार्यों में मेरे सहकर्मी शिक्षक अरुण कुमार सिंह मेरा साथ देते थे।

इस प्रकार मैं महाविद्यालय में स्थापित हो गया। इसके पूर्व योगदान करते ही मेरे साथ सबसे बड़ी चुनौती छात्रों को पढ़ाने की थी। मैं स्कूल से कॉलेज में आया था। कॉलेज में पढ़ाने की बात तो दूर, मैंने कभी कॉलेज में पढ़ाई

भी नहीं की थी, कभी क्लास नहीं किया, स्वाध्याय के बल पर केवल परीक्षा देता रहा। अब मुझे कॉलेज के छात्रों को पढ़ाना पड़ रहा था। इसके लिए मैंने पहले से तैयारी कर रखी थी। जब मेरा 'बेट (BET)' का रिजल्ट निकला, तभी से मैंने इंटर से एम.ए. तक की हिन्दी की सभी पाठ्य-पुस्तकें बाज़ार से खरीद ली थीं और उसका अध्ययन शुरू कर दिया था। इसीलिए विषय की जानकारी तो हो गयी थी, पर उच्च कक्षाओं के छात्रों को पढ़ाने में जिस आत्मविश्वास की ज़रूरत होती है, उसकी कमी थी। ऑनर्स की कक्षाओं में तो कोई दिक्कत नहीं हुई, पर राष्ट्रभाषा और एम.आई.एल. की कक्षाओं में, जिनमें काफ़ी छात्र होते थे, शुरू-शुरू में दिक्कत हुई। विषयवस्तु पर केन्द्रित करने के लिए छात्रों को अनुशासन में लेना पड़ता था। हाँ, एक और दिक्कत थी कि छात्र मौखिक लेक्चर से अधिक नोट्स की माँग करते थे। विशेषकर ऑनर्स के छात्र चाहते थे कि मैं उन्हें प्रश्न-उत्तर लिखा दूँ, जैसा अधिकांश प्रोफ़ेसर करते थे। मेरे पास कोई नोट्स नहीं था। विद्यार्थी जीवन में मैंने कोई नोट्स नहीं लिखा, न किसी प्रोफ़ेसर से ही लिया। परीक्षा के समय कुछ छिट-पुट नोट्स लिखते थे। नोट्स क्या, कुछ मुख्य विचार-बिन्दु होते थे, जिसे मैंने सुरक्षित रखने की जरूरत नहीं समझी। अब सारे विषयों पर नोट्स लिखना सम्भव नहीं था। इसीलिए मैंने फिर से वही विधि अपनायी। मैं घर पर प्रश्नोत्तर के मुख्य बिन्दुओं को एक कॉपी में नोट करता था और क्लास में आकर छात्रों को उन्हीं बिन्दुओं के सहारे जवानी नोट्स लिखा देता था। इस प्रकार मौखिक लेक्चर की तरह नोट्स लेखन में भी मेरी ख्याति बढ़ने लगी।

एक दूसरी महत्त्वपूर्ण घटना परीक्षा के दौरान घटी, जो मेरे जीवन की पहली घटना थी। यह सम्भवतः वर्ष 2003 की घटना है। विश्वविद्यालय की स्नातक या लॉ की परीक्षा थी। हम चार वीक्षक थे। हमारे कमरे से एक छात्र कॉपी लेकर बाहर जाने लगा। उसका इरादा बाहर से कॉपी लिखकर लाने का था। उसके साथ दो-चार बाहरी लड़के भी घुस आये थे। मैंने उन्हें रोका। लेकिन उमेश सिंह नामक वीक्षक ने कॉपी लेकर भागने का इशारा किया। लड़के धमकी देते हुए भाग गये। मैंने काम करने से इनकार कर दिया। मैं बाहर जाने लगा। उमेश सिंह ने हाथ जोड़ते हुए रोक लिया। कहा– "मैं हूँ न, आपका कुछ नहीं होगा। मैं मान गया और छात्रों के बीच जाकर उनकी कॉपी पर अपना हस्ताक्षर करने और फिर उपस्थिति पत्रक पर उनका हस्ताक्षर लेने लगा। परीक्षा में यह सबसे समयसाध्य और बड़ा काम होता था। इस बीच हमारे साथ काम कर रहे वीक्षक उमेश सिंह कब भाग गये, पता नहीं चला।

जब वह लड़का कुछ साथियों के साथ कॉपी जमा करने आया, तो प्रधान वीक्षक प्रो. अरुण कुमार (अर्थशास्त्र) ने कॉपी लेने से इनकार कर दिया। मैंने भी उनका साथ दिया। लड़के उनसे उलझ गये। उस समय गेट पर उपस्थित पुलिस को बुलाया जाना चाहिए था, किन्तु स्थिति आक्रामक देखकर अरुण जी ने कॉपी जमा कर ली। उसके बाद उन लड़कों ने मुझे और अरुण कुमार सिंह को खींचकर बाहर ले जाने की कोशिश की। उनकी संख्या ज़्यादा थी। हम दोनों को परीक्षा भवन (आर्ट्स ब्लॉक) के गेट तक लाने में वह सफल रहा। इसी बीच न जाने कहाँ से उमेश सिंह आ गया और अरुण कुमार का हाथ पकड़कर उनकी गिरफ़्त से छुड़ा लिया और मुझे छोड़ दिया। गेट पर पहुँचकर मैंने ग्रिल गेट को पकड़ लिया। वहाँ पुलिस थी। वे असामाजिक तत्त्व मुझ पर हाथ और घूँसे से प्रहार करने लगे। मैंने शोर किया। वहाँ उपस्थित पुलिस आयी। तब तक वे लड़के भाग चुके थे।

उमेश सिंह उसी कॉलेज में डेमोंस्ट्रेटर से बने एक सहायक प्रोफ़ेसर थे। ये लड़के उन्हीं के मोहल्ले के थे। उन्हीं की सह पर कॉपी बाहर जाती और आती थी। मुझे परीक्षा छोड़ देना चाहिए था। किन्तु मैंने उमेश सिंह पर विश्वास किया। उसकी बातों में आ गया। उसके षड्यन्त्र को नहीं समझा। मैं सीधा प्रिंसिपल के पास गया और सारी घटना की जानकारी दी। प्रिंसिपल ने एफ.आई.आर. करने के लिए लिखित माँगा। मैं लिखने ही जा रहा था, लेकिन महाविद्यालय शिक्षक संघ के सचिव और कुछ अन्य शिक्षकों ने मना कर दिया कि आप लिखित मत दीजिए, प्रिंसिपल को खुद से एफ.आई.आर. करने दीजिए। न मैंने लिखित दिया और न प्रिंसिपल ने एफ.आई.आर. किया। उमेश सिंह फिर फरार हो गये। वे कॉपी जमा करने वीक्षकों के साथ नहीं आये। मैंने महाविद्यालय शिक्षक संघ में उमेश सिंह के विरुद्ध शिकायत की। शिक्षक संघ की बैठक हुई। उमेश सिंह ने सारे आरोपों से इनकार कर दिया। मेरे साथ के बाकी दोनों वीक्षकों ने भी स्पष्ट तौर से उमेश सिंह के विरुद्ध गवाही नहीं दी। मुझे छोड़कर उमेश सिंह सहित बाकी तीनों वीक्षक एक ही सामाजिक वर्ग भूमिहार जाति के थे। उमेश सिंह ने भूमिहार समझकर ही मेरे साथ के एक वीक्षक अरुण कुमार को उन गुंडों से बचाया था। यद्यपि 'शिक्षक संघ' का संयुक्त सचिव मैं भी था। किन्तु सचिव सहित अधिकांश पदाधिकारी भी भूमिहार ही थे। इससे मेरा पक्ष कमज़ोर हो गया। यद्यपि सचिव अरुण कुमार सिंह (राजनीति विज्ञान) जाति-धर्म से परे एक उदारवादी व्यक्ति थे, किन्तु उन्हें भी समर्थन की ज़रूरत थी। अतः वे भी कुछ अधिक नहीं कर सके।

मैंने भी चुप्पी साध ली और अपनी सुरक्षा का हवाला देते हुए मैंने उस परीक्षा और आनेवाली किसी भी परीक्षा का बहिष्कार कर दिया। मैंने इस आशय का एक पत्र लिखकर प्रिंसिपल को दे दिया। इसके पूर्व अरुण कुमार सिंह को भी कॉलेज गेट पर कुछ बदमाश क़िस्म के लड़कों ने घेरकर अपमानित किया था, क्योंकि वे परीक्षा में कड़ाई करते थे। इसके बाद शिक्षक संघ ने तत्कालीन प्रभारी प्रिंसिपल प्रो. राधेश्याम शर्मा को हटाने की एक मुहिम छेड़ दी। अन्ततः विश्वविद्यालय ने प्रभारी प्राचार्य प्रो. राधेश्याम शर्मा को हटा दिया। इसके बाद वरीयतम शिक्षक प्रो. ताराशंकर सिंह कुछ दिनों के लिए महाविद्यालय के प्रभारी प्राचार्य बने। उनके अवकाश ग्रहण करने के बाद कुछ दिनों के लिए गणित विभाग के अध्यक्ष बी.के. आज़ाद प्रभारी बने। इसके बाद डा. टी. आलम प्रभारी प्राचार्य हुए। आलम साहेब के समय ही लॉ परीक्षा का बहुचर्चित 'शहाबुद्दीन काण्ड' हुआ था, जिसमें आलम साहब कहीं से भी दोषी नहीं थे, फिर भी उन्हें जेल जाना पड़ा।

आर.डी.एस. कॉलेज एक आदर्श महाविद्यालय था। यहाँ नियमित कक्षाएँ चलती थीं और शिक्षक भी तैयारी करके क्लास में जाते थे। मेरी पहली चुनौती अध्यापन कार्य की थी, जिसमें मैं सफल हो गया। किन्तु दूसरी चुनौती सभा-सोसाइटी में मंचों से बोलने की थी। यद्यपि हाई स्कूल के दिनों में मैं अच्छा मंच संचालक था, किन्तु रामदयालु सिंह कॉलेज ज़ैसे बड़े महाविद्यालय में मंचों से बोलने में संकोच होता था। एक बार अरुण जी ने मुझे एन.एस.एस. के किसी कार्यक्रम में सभागार में बोलने का मौक़ा दिया। मैं बोला, किन्तु आवाज में थरथराहट थी और आत्मविश्वास की कमी थी। लेकिन जब 'व्याख्याता महासंघ' की बैठक की सभा आर.डी.एस कॉलेज सभागार में हुई, तो विश्वविद्यालय सचिव की हैसियत से मैं धाराप्रवाह बोलता गया और मुझमें आत्मविश्वास आ गया। पठन-पाठन के अतिरिक्त कॉलेज में मेरे लिए किसी दूसरी गतिविधि का कोई अवसर नहीं था। एक बार एन.एस.एस. कार्यक्रम पदाधिकारी के लिए आवेदन भी दिया, किन्तु विश्वविद्यालय में पैरवी के अभाव में मेरा चयन नहीं हुआ।

मैंने अपनी सारी ऊर्जा लेखन में लगा दी। यद्यपि मेरा लेखन पहले ही से परवान चढ़ चुका था, महाविद्यालय में योगदान करते ही मैंने लेखों की झड़ी लगा दी। लगभग हर महीने में कहीं-न-कहीं मेरा कोई आलेख छप जाता था। मैंने एक दिन बेनीपुरी जयन्ती पर एक आलेख लिखा- 'शब्दशिल्पी रामवृक्ष बेनीपुरी : साहित्य से सियासत तक', जो 'आज' अख़बार में प्रमुखता

के साथ छपा। मैं नहीं जानता था कि बेनीपुर जी के बड़े पुत्र महेन्द्र बेनीपुरी इस महाविद्यालय में जूलॉजी विभाग के प्रोफ़ेसर हैं। दूसरे दिन किसी काम से जब मैं 'जन्तु विज्ञानं विभाग' में गया, तो बेनीपुरी जी ने हुलसकर मुझे छाती से लगा लिया और कहा– "आपने मेरे बाबूजी पर इतना अच्छा लेख लिखा है। मुझे विश्वास हो गया कि '96 बैच में भी अच्छे व्याख्याता बहाल हुए हैं, नहीं तो पैरवी, सिफ़ारिश और पैसे वाले ही ज़्यादा हैं। साल–भर से मीडिया में जो कुछ छप रहा है और हाईकोर्ट में जो केस चल रहे हैं, उससे तो यही लगता है।" सचमुच केस चल रहे थे और बिहार–भर के सभी नवनियुक्त व्याख्याताओं को कोर्ट ने रेस्फेन्डेन्ट बनाया था। हम तमाम व्याख्याताओं ने राज्य स्तर पर 'बिहार राज्य व्याख्याता महासंघ' नाम से संगठन बनाया था और उसी के माध्यम से केस लड़ रहे थे। इस बी.आर. अम्बेडकर बिहार विश्वविद्यालय का सचिव मैं ही था। पूरे बिहार से लगभग 12 केस किये गये थे। जिन अभ्यर्थियों का चयन नहीं हुआ था, उन तमाम लोगों ने फोरम बनाकर केस किया था। बेनीपुरी जी के भगिना महन्थ राजीव रंजन का भी नहीं हुआ था। इसीलिए कोर्ट में उन्होंने मुख्य आवेदक के रूप में मामला दायर किया था। पूरे बिहार में हल्ला था कि यह नियुक्ति कोर्ट से रद्द हो जायेगी। आर.डी.एस. कॉलेज में विशेष रूप से चर्चा थी। स्वाभाविक रूप से बेनीपुरी जी हमलोगों के विरोधी खेमे में थे। ख़ैर, लगभग चार वर्षों तक केस चला। हम लोग हाईकोर्ट से जीत गये। प्रतिद्वन्द्वी गुट सुप्रीम कोर्ट गया। वहाँ भी उनकी हार हुई।

मेरे लेख ने बेनीपुरी जी का हृदय परिवर्तन कर दिया था। इसीलिए उन्होंने उसी वर्ष 14–16 दिसम्बर 1999 में रामवृक्ष बेनीपुरी पर उन्हीं के नाम पर बने अपने महाविद्यालय 'रामवृक्ष बेनीपुरी कॉलेज, मुज़फ़्फ़रपुर, के यूजीसी सेमिनार में मुझे पेपर पढ़ने के लिए आमन्त्रित किया। इस अवसर पर प्रकाशित होनेवाली 'स्मारिका' में मेरा वह शोध–पत्र 'अम्बपाली की नाट्य चेतना' प्रमुखता के साथ छपा। मैंने मंच से वह आलेख पढ़ा था। महाविद्यालय के जीवन में यह मेरा पहला राष्ट्रीय सेमिनार था। इसके बाद एम.जे.के. कॉलेज, बेतिया में प्रेमचन्द पर आयोजित यूजीसी सेमिनार में मैंने अपना पेपर पढ़ा। इसके पूर्व विश्वविद्यालय के 'एकेडमिक स्टाफ कॉलेज' में ओरियंटेशन कोर्स में मैंने अपना प्रोजेक्ट पेपर पढ़ा था। हिन्दी विभाग में दो रिफ्रेशर कोर्सों में भी मैंने प्रोजेक्ट पेपर प्रस्तुत किया। इस प्रकार महाविद्यालय और विश्वविद्यालय की शैक्षणिक गतिविधियों में मैं भाग लेने लगा। एकेडमिक स्टाफ कॉलेज

में कोर्स के दौरान वर्ष 1997 में मैंने एक आलेख लिखा 'शिक्षा के सुलगते सवाल : वित्तरहित शिक्षा-नीति', जो 'खोजबीन' पाक्षिक में छपा। निदेशक रामचन्द्र सिंह बहुत ख़ुश हुए।

मेरा पीएच.-डी. और लेखन कार्य

संकल्पित होकर कार्य करने से सफलता मिलती है। मेरे जीवन में भी, जो थोड़ी-बहुत सफलता मिली, उसका श्रेय मेरे संकल्प को जाता है। सिविल सेवाओं के लिए मैंने जो प्रयास किये, उनमें संकल्प का अभाव था, दुविधा थी। पर शिक्षा सेवा और विश्वविद्यालय सेवा के लिए मैंने संकल्प और मिशन के तहत काम किया। मेरे मन में इन सेवाओं को लेकर कोई दुविधा नहीं थी। इसीलिए सफलता मिलती चली गयी। पहली प्राथमिकता थी– प्रोफ़ेसर बनना। इसके लिए दो रास्ते थे– एक पीएच.-डी. करना दूसरा व्याख्याता पात्रता परीक्षा (BET/ NET) पास करना। पीएच.-डी. मेरे वश का रोग नहीं था। इसमें काफ़ी पैसे ख़र्च होते थे और थीसिस लिखते, जमा होते और डिग्री मिलते-मिलते चार-पाँच वर्ष लग जाते थे। गाइड थीसिस लिखने और मार्गदर्शन के लिए मोटी रकम लेते थे। इसीलिए मैंने दूसरा मार्ग चुना– व्याख्याता पात्रता परीक्षा पास करूँ। संयोग से वर्ष 1994 में बिहार व्याख्याता पात्रता परीक्षा (BET) में शामिल होने के लिए विज्ञापन निकला। मैंने फॉर्म भर दिया। उसी वर्ष परीक्षा भी हो गयी।

मेरा परीक्षा केन्द्र राँची सेन्ट जेवियर स्कूल में पड़ा। मेरे कमरे में बीस-पच्चीस परीक्षार्थी थे, जिसमें अधिकांश लड़कियाँ थीं। मेरी साधारण वेश-भूषा से सभी मेरी ओर हिकारत भरी नज़रों से देख रहे थे। उत्तर-पुस्तिका और प्रश्न-पत्र बँट गये। मैंने सरसरी निगाह से प्रश्नों को देखा। लगभग सभी प्रश्नों के उत्तर मैं जानता था। मैंने प्रश्न-पत्र एक तरफ़ रखा और डेस्क की आटे में इत्मिनान से खैनी बनाना शुरू किया। इस पर साथी परीक्षार्थी लगभग हँसने लगे। किन्तु खैनी खाकर जब मैंने प्रश्नोत्तर लिखना शुरू किया, तो सभी की निगाह मेरी एकाग्रता पर टिक गयी। अगल-बगल के छात्र इशारे से मदद की गुहार लगाने लगे। मैंने कुछ हिन्ट देने की कोशिश की, तो वीक्षक ने डाँट दिया। अधिकांश छात्र मुँह ताक रहे थे। पहले पत्र में सामान्य ज्ञान, विज्ञान और गणित के वस्तुनिष्ठ और बहु वैकल्पिक प्रश्न थे, जो कला के छात्रों के लिए आसान नहीं थे। दूसरा पत्र अपने विषय से था, जिसमें लघुउत्तरीय और दीर्घ उत्तरीय के विषयनिष्ठ प्रश्न थे, जिनके उत्तर प्रश्न सह उत्तर पुस्तिका में

छोड़े गये निर्धारित स्थान में ही लिखना था। मैंने इस पत्र में भी बाज़ी मार ली। जब परीक्षा के बाद हम बाहर निकले, तो छात्रों ने बरामदे में मुझे घेर लिया। छात्र 'कहाँ से आये हैं? क्या करते हैं?' आदि अनेक प्रश्न पूछने लगे। जब मैंने बताया कि मैं एक शिक्षक हूँ, तभी वे सन्तुष्ट हुए। उन्होंने निराशा व्यक्त की कि आपका रिजल्ट तो हो जायेगा, हम लोगों का नहीं होगा। आधे प्रश्न भी नहीं लिख पाये। और सचमुच जब रिजल्ट हुआ, तो उनमें से किसी का नहीं हुआ था। मेरा क्रमांक 1000 था और मेरे आगे और पीछे सौ-दो सौ छात्रों के क्रमिक क्रमांक नहीं थे। अख़बार में रिजल्ट देखकर मैं सन्तुष्ट था। मैं पीएच.-डी. नहीं था, लेकिन यूजीसी प्रायोजित इस 'बेट' परीक्षा परिणाम का एक सुन्दर-सा प्रमाण-पत्र मिला था। इसी के आधार पर मेरा चयन व्याख्याता पद पर हुआ। मैंने सोच लिया था कि व्याख्याता बनते ही मैं शोध कार्य शुरू कर दूँगा और निर्धारित दो वर्षों के अन्दर 'थीसिस' भी सम्मिट कर दूँगा।

इसीलिए जब मैं आरडीएस कॉलेज गया तो सबसे पहला काम अपना पीएच.-डी. करने का किया। श्रीरंग शाही इसी कॉलेज में लाइब्रेरियन थे और यहाँ के लाइब्रेरी से ही पुस्तक पढ़कर प्रोफ़ेसर बने थे। अब वे हथुआ कॉलेज गोपालगंज में प्रोफेसर थे। मुज़फ़्फ़रपुर में भी उनका एक डेरा था। वे जब भी मुज़फ़्फ़रपुर आते, मुझे बुलाते। उन्होंने पीएच.-डी. के लिए डॉ. भगवती शरण मिश्र पर सिनॉप्सिस दी। मेरा मन तो नहीं था। फिर भी मैंने उन्हीं के निर्देशन में काम करना शुरू कर दिया। वर्ष 1997 में पीएच.-डी. रजिस्ट्रेशन करा लिया। किन्तु इसी बीच दुर्भाग्यवश उनका निधन हो गया। मुझे गाइड बदलना पड़ा। बड़ी मुश्किल से विश्वविद्यालय हिन्दी विभाग के अध्यक्ष डॉ. महेन्द्र मधुकर तैयार हुए। मैंने उन्हीं के निर्देशन में पंजीयन सुधार करवाया और थीसिस लिखना शुरू कर दिया। मेरा उद्देश्य था कि दो वर्षो के अन्दर ही मैं थीसिस जमा कर दूँ। इसीलिए थीसिस पूरा करने तथा अन्य आलेख एवं पुस्तक लेखन के लिए मैं नियमित रूप से कॉलेज पुस्तकालय जाने लगा। दर्जनों पुस्तकें भी ख़रीदीं। मैंने वेद-पुराण से लेकर सभी प्राचीन और आधुनिक ग्रन्थों का अध्ययन कर डाला और निर्धारित दो वर्षों के अन्दर वर्ष 1999 में मैंने अपना थीसिस पूरा कर लिया। थीसिस जमा करने एवं अन्य प्रक्रिया में कुछ महीने और लग गये और वर्ष 2000 में मेरा पीएच.-डी. अवार्ड हो गया। विषय था- 'भगवती शरण मिश्र के उपन्यासों में सांस्कृतिक चेतना'। मेरे वायवा में बनारस हिन्दू विश्वविद्यालय से विषय विशेषज्ञ बनकर डॉ.

चौथीराम यादव आये थे। उस समय तक मैं उन्हें नहीं जानता था। डॉ. यादव देश के जानेमाने विद्वान, लेखक और आलोचक थे। यद्यपि मैं उनका उचित स्वागत-सत्कार नहीं कर सका, फिर भी वे मेरे कार्य और अध्ययन से खुश हुए। बाद में मेरा उनसे गहरा परिचय हो गया। मैंने अपने कई सेमिनार और सम्मेलनों में उन्हें बुलाया। वे भी मेरी ख़बर लेते रहे।

मैंने अपने आपको लेखन में पूर्ण रूप से समर्पित कर दिया। आर.डी.एस. कॉलेज में रहते हुए मैंने अनेक उल्लेखनीय लेख लिखे, जो देश के विभिन्न पत्र-पत्रिकाओं में छपकर मशहूर हुए। 'समकालीन भारतीय साहित्य', 'कादम्बिनी', 'हंस', 'पुस्तक वार्ता', 'राजभाषा भारती', 'पश्यन्ती', 'आजकल', 'परिषद् पत्रिका', 'वागर्थ', 'नौवहन भारती', 'अणुव्रत' आदि पत्रिका और हिन्दुस्तान, आज, दैनिक जागरण, राष्ट्रभाषा सन्देश, खोजबीन, आर्यावर्त्त आदि दैनिक, साप्ताहिक और पाक्षिक समाचार-पत्रों में मेरे दर्जनों आलेख छपे। इसी बीच विश्वविद्यालय में दूरस्थ शिक्षा केन्द्र स्थापित हुआ। इसके निदेशक डॉ. एस.एन.पी. सिन्हा ने मुझे हिन्दी विषय की कोर्स राइटिंग के लिए आमन्त्रित किया। मैंने एम.ए. और बी.ए. के कई पत्रों की कोर्स राइटिंग की। 'दलित साहित्य' विश्वविद्यालय में पहली बार कोर्स में लगा था। इसकी कोर्स राइटिंग का ज़िम्मा भी मुझे ही मिला। इस विश्वविद्यालय में 'दलित साहित्य' और 'दलित अध्ययन' को एम.ए. के सिलेबस में लागू करने के लिए 'फोर्ड फाउण्डेशन' और जेएनयू के मैनेजर पाण्डेय, इस विश्वविद्यालय के कल्याण कुमार झा आदि द्वारा आयोजित राष्ट्रीय संगोष्ठी बुलायी गयी। इस संगोष्ठी में एक सदस्य मैं भी था। इसीलिए इस पत्र को मैंने मनोयोगपूर्वक रुचि लेकर तैयार किया। बाद में यही लेखन मेरी चर्चित पुस्तक 'दलित साहित्य का समाजशास्त्र' का आधार बना।

लॉ परीक्षा और शहाबुद्दीन-काण्ड

आर.डी.एस. कॉलेज में पढ़ाई-लिखाई की तरह परीक्षा की भी एक मर्यादा थी। परीक्षा के दौरान क्या मजाल कि कोई परीक्षार्थी चोरी कर ले। कोई अपने साथ चिटपुर्जा या किताब लाता ही नहीं था। इस मामले में प्रिंसिपल से लेकर वीक्षक तक सभी कड़ाई बरतते थे। महाविद्यालय शिक्षक संघ के सचिव और राजनीतिक विभाग के प्रोफ़ेसर डॉ. अरुण कुमार सिंह इस मामले में बड़े कड़े और सख़्त थे। अक्सर उनकी ड्यूटी रनिंग गार्ड में लगती थी। वे जहाँ कहीं चिट-पुर्जा देखते, वह लड़कों को एक्स्पेल्ड कर देते थे। आपस

में थोड़ी बातचीत करने पर भी वे लड़कों को डीटेन कर देते थे। इस भय से लड़के चोरी नहीं करते थे। परीक्षा बड़े ही शान्त और पवित्र वातावरण में होती थी। एल.एस. कॉलेज का सेन्टर जब-जब इस केन्द्र पर पड़ता, कड़ाई के डर से वे अपना केन्द्र दूसरी जगह करवा लेते। किन्तु वर्ष 2000 के बाद जब यहाँ मुन्ना शुक्ला का परीक्षा केन्द्र पड़ा, इस महाविद्यालय की परीक्षा की पवित्रता में अन्तर पड़ने लगा। यहाँ की परीक्षा संस्कृति को सबसे बड़ा धक्का तब लगा, जब 'लॉ परीक्षा' के दौरान इस केन्द्र से बाहुबली सांसद शहाबुद्दीन की उत्तर-पुस्तिका उनकी अनुपस्थिति में कोई दूसरा लिखने लगा। यह एक राष्ट्रीय मुद्दा बन गया और कई वर्षों तक इसकी गूँज इलेक्ट्रॉनिक और प्रिंट मीडिया में सुनायी पड़ती रही।

मुन्ना शुक्ला भी शहाबुद्दीन की तरह एक बाहुबली नेता थे। वे उस समय लालगंज के विधायक थे। अनेक काण्डों में वे और आनन्द मोहन जेल में थे। आनन्द मोहन को सज़ा हो गयी थी, किन्तु वे विचाराधीन कैदी थे। जेल के क़ैदियों का परीक्षा केन्द्र अक्सर आर.डी.एस. कॉलेज में ही पड़ता था। सजायाफ़्ता कैदियों के लिए जेल में ही प्रश्न-पत्र और उत्तर पुस्तिकाएँ जाती थीं। कॉलेज से वीक्षक भी जाते थे। किन्तु विचाराधीन क़ैदी पुलिस संरक्षण में हथकड़ी पहने परीक्षा केन्द्र पर ही परीक्षा देने आते थे। मुन्ना शुक्ला भी परीक्षा देने प्रति दिन जेल से यहाँ आते रहे। ऐसा नहीं था कि मुन्ना शुक्ला चोरी को बढ़ावा देते थे और परीक्षा कार्य में कोई हस्तक्षेप करते थे। वे चुपचाप परीक्षा देते रहते थे। उनके लिए विशेष व्यवस्था थी। उनके बैठने की व्यवस्था अलग कमरे में होती थी। बीमारी के नाम पर उन्हें लिखने के लिए विश्वविद्यालय से एक राइटर भी मिला हुआ था। वे बोलते थे और राइटर लिखता था। उन्हें अपेक्षित मदद भी मिलती थी। लेकिन उस दौरान उनके नाम पर परीक्षा के हर कमरे में कुछ लड़के चले जाते और उनका नाम लेकर बता देते कि अमुक-अमुक लड़के या लडकियाँ उनके खास लोग हैं। उन्हें मदद मिलनी चाहिए। वे धड़ल्ले से उनके लिए चिट-पुर्जा भी पहुँचाते थे। भय से कोई वीक्षक कुछ बोलता नहीं था। जब कमरे में कुछ लड़के-लडकियाँ चोरी करते और बाकी सब पर पहरा होता, तो वीक्षकों ने कड़ाई करना छोड़ दिया और नैतिक रूप से तटस्थ होकर सबको मौन छूट दे दी। नतीजा हुआ कि पूरे सेन्टर पर धड़ल्ले से चोरियाँ और चिट-पुर्जे से नकल चलने लगे। इस पर शिक्षक सचिव अरुण कुमार सिंह के नेतृत्व में शिक्षकों का एक प्रतिनिधि मण्डल प्रिंसिपल से मिला। उन्हें बताया गया कि यदि इस प्रकार परीक्षा चली,

तो हम लोगों की इज़्ज़त नहीं बचेगी। इसका कोई उपाय ढूँढ़िए। प्रिंसिपल ने कहा कि जाकर मुन्ना शुक्ला से कहिए कि वे इसे रोकें। अरुण कुमार सिंह के नेतृत्व में कुछ शिक्षकगण मुन्ना शुक्ला जिस कमरे में परीक्षा दे रहे थे गये, जिसमें मैं भी शामिल था। लोगों ने उन्हें कहा कि "अब आप जन प्रतिनिधि हैं। आपको हज़ारों जनता का विश्वास प्राप्त है। क्या आप चाहते हैं कि आपके नाम का उपयोग पहले की तरह लोगों को भयभीत करने के लिए किया जाये?" उन्होंने कहा– "क्या हुआ? खुलकर बताइए।" लोगों ने उन्हें सारी स्थिति की जानकारी दी। सुनते ही वे आग–बबुला हो गये। कहा कि "मेरा नाम लेकर जो भी व्यक्ति किसी कमरे में जाता है, फौरन मुझे सूचित करिए। उसका नाम पता नोट करिए और पकड़कर मेरे सामने हाज़िर कीजिए।" उन्होंने अपना नम्बर भी दिया। हम लोगों ने कहा कि "हम लोग नहीं कर सकते। अपने स्तर से आप ही अपने लोगों को समझा दीजिए कि ऐसे तत्त्वों को केन्द्र से निकाल दे।" उन्होंने आश्वासन दिया। कल से स्थिति थोड़ी शान्त हो गयी।

किन्तु एक–दो दिनों के बाद फिर से वही स्थिति हो गयी। अब मुन्ना शुक्ला को बार–बार कहने कौन जाये? भाग्य भरोसे परीक्षा चलती रही। मुन्ना शुक्ला के बी.ए. ऑनर्स (हिन्दी) की तीनों पार्ट की परीक्षा लगातार तीन वर्षों तक चली और तीनों वर्ष केन्द्र आर.डी.एस. कॉलेज ही रहा। वे हिन्दी ऑनर्स में यूनिवर्सिटी टॉपर बन गये। पर इस महाविद्यालय की परीक्षा की जो गरिमा गिरी, सो गिरती ही चली गयी। इसे सँभालना बड़ा मुश्किल हो गया। यद्यपि प्राचार्य चाहते तो इसे सँभाला जा सकता था, किन्तु इस बची जो भी प्राचार्य बने प्रभारी ही। वे रिस्क लेना नहीं चाहते थे। वरीय शिक्षक परीक्षा कार्य से कन्नी काटने लगे। आये दिन परीक्षा समाप्ति के बाद परीक्षा कंट्रोल रूम से भय दिखाकर सादी उत्तर–पुस्तिकाएँ लूट ली जाने लगीं। फिर उसे पास के मोहल्ले से लिखकर केन्द्र पर जमा किया जाता रहा। एक परीक्षा रैकेट काम करने लगा। इस रैकेट को चलाने में महाविद्यालय के कुछ स्थानीय शिक्षकों की भी मिलीभगत रही।

परीक्षा की इसी अफरा–तफरी के बीच एक दिन कुलपति डॉ. अशेश्वर यादव ने आर.डी.एस. कॉलेज परीक्षा केन्द्र का निरीक्षण किया। मेरा कमरा आर्ट्स ब्लॉक का दक्षिणी हॉल था। संयोग से वे पहले मेरे ही कमरे में आये। सभी परीक्षार्थी नकल करके लिख रहे थे। कमरे में एक शिक्षक ने कुलपति के आने की सूचना दी। हम लोगों ने छात्रों को जल्दी से चिट–पुर्जा और

किताब छुपा लेने की हिदायत दी। किन्तु लड़के जब तक सँभलते, तब तक कुलपति जी कमरे में दाख़िल हो चुके थे। उन्होंने लड़कों को चिट-पुर्जा छुपाते और किताब से नकल करते देख लिया था। उन्होंने हम लोगों को डाँट पिलायी कि यह क्या हो रहा है? हमने कहा कि "सर बाहरी गुण्डे आते हैं और हम लोगों को धमकाकर चले जाते हैं। वे चोरी करवाने पर मजबूर करते हैं। सुरक्षा की कोई व्यवस्था नहीं है। प्राचार्य भी कोई क़दम नहीं उठाते। हम लोग क्या करें? वे चुपचाप वहाँ से लौट गये और प्रिंसिपल चैम्बर में जाकर प्रिंसिपल को डाँट पिलायी। उसके बाद प्रिंसिपल ने ख़ुद से निरीक्षण कर परीक्षा को कुछ टाइट किया। अगले दिन स्थिति कुछ सुधरी। किन्तु एक-दो दिनों के बाद फिर से वही स्थिति हो गयी। परीक्षा को कंट्रोल करना मुश्किल काम हो गया।

ऐसे ही वातावरण के बीच वर्ष 2005 में लॉ की परीक्षा हुई, जिसमें 'शहाबुद्दीन काण्ड' हुआ। यहाँ लॉ की परीक्षा का केन्द्र प्रायः प्रति वर्ष पड़ता था, किन्तु इस वर्ष कुछ विशेष ही अफरा-तफरी थी। यहाँ के वरीय शिक्षक आलम साहब इसी वर्ष प्रिंसिपल बने थे। वे सीधे-सादे सज्जन लोग थे। वे विश्विद्यालय के कई उच्च पदों पर पदाधिकारी का काम भी कर चुके थे। अन्य परीक्षाओं में शिक्षकों ने उन्हें पूरा सहयोग दिया, किन्तु इस बार लॉ परीक्षा की आबोहवा देखकर लोगों ने परीक्षा का बहिष्कार कर दिया। फिर भी शिक्षक आते थे और अपने-अपने विभाग या प्रिंसिपल चैम्बर में बैठते थे।

परीक्षा रैकेट के संचालन में अक्सर विश्वविद्यालय और कॉलेज के परीक्षा विभाग के लोगों की छद्म संलिप्तता रहती है। लॉ परीक्षा में भी ऐसा ही था। लोगों को आभास मिल चुका था कि कुछ विशिष्ट लोगों और आला अधिकारियों की उत्तर-पुस्तिकाएँ कहीं बाहर से लिखकर आनेवाली हैं। लेकिन इस केन्द्र से शहबुद्दीन परीक्षा देनेवाले हैं, किसी को जानकारी नहीं थी। सम्भव है परीक्षा विभाग के कुछ लोग जानते हों, किन्तु प्रिंसिपल को भी इसकी जानकारी नहीं थी।

परीक्षा समाप्ति के अन्तिम दिन हल्ला हुआ कि परीक्षा में सांसद शहाबुद्दीन शामिल हैं और उनके बदले कोई दूसरा शहाबुद्दीन परीक्षा दे रहा है। दूसरे दिन मीडिया और पुलिस का छापा पड़ा। इस बीच प्रिंसिपल आलम साहब को विश्वविद्यालय परीक्षा विभाग से फ़ोन आया कि शहाबुद्दीन की कॉपियाँ जलवा दी जायें। आलम साहब ने साफ मना कर दिया और शहाबुद्दीन की कॉपी को अलग से सील करके विश्वविद्यालय में भेजवा दिया। उन्होंने

कॉलेज कन्ट्रोल टीम को बुलाकर डाँट लगायी– "ऐसा कैसे हुआ?" इसके बाद इस काण्ड का इतना हल्ला हुआ कि रोज़-रोज़ अख़बार और इलेक्ट्रॉनिक चैनल इसकी ख़बरों से भरे रहते थे। परीक्षा दे रहा शहाबुद्दीन नाम का लड़का गिरफ्तार हो गया। अब लगातार लॉ कॉलेज और आर.डी.एस. कॉलेज के प्रिंसिपल पर दबाव पड़ने लगा। अन्य लोगों के साथ दोनों प्रिंसिपल पर भी प्राथमिकी दर्ज की गयी। प्राथमिकी तो विश्वविद्यालय परीक्षा नियन्त्रक पर भी दर्ज हुई, पर तत्कालीन कुलपति अशेश्वर यादव पर दवाब पड़ा और उन्होंने परीक्षा नियन्त्रक को बचा लिया। चर्चा तो यह भी थी कि परीक्षा नियन्त्रक शहाबुद्दीन के पीएच.-डी. के गाइड थे और उनकी परीक्षा की पूरी व्यवस्था को वे ख़ुद ही देख रहे थे। किन्तु वे बाल-बाल बच गये और बलि का बकरा बने दोनों प्रिंसिपल। इन दोनों प्रिंसिपल को जेल जाना पड़ा। बाद में आलम साहेब जमानत पर रिहा हुए। किन्तु जेल से लौटने के बाद आलम साहब ने प्रिंसिपल पद से इस्तीफ़ा दे दिया। वे इतने मायूस हो चुके थे कि कॉलेज में बुझे-बुझे से रहते थे। उनके साथ विश्वासघात हुआ था।

इस काण्ड के कई महीने बाद जब पुलिस उन्हें बुलाने आयी थी तो वे अपने चैम्बर में बैठकर कॉलेज का काम कर रहे थे। हम लोग भी उनके साथ थे। पुलिस ने कहा कि टाऊन थाने में एस.पी. और डी.एस.पी. साहब आपको कुछ पूछताछ के लिए बुला रहे हैं। हम लोगों ने उन्हें मना किया कि बिना किसी पत्र के मत जाइए। किन्तु वे जाने के लिए खड़े हो गये और पुलिस की गाड़ी में बैठ गये। उनके साथ मैं और शिक्षक संघ के एक-दो पदाधिकारी भी बैठ गये। जब हम लोग टाऊन थाना पहुँचे, तो उसी समय लॉ कॉलेज के प्रिंसिपल को भी वहाँ लाया गया और कहा गया कि आप दोनों को गिरफ़्तार किया जाता है। मैं बिगड़ गया। मैंने खड़े होकर ऊँगली दिखाते हुए पुलिस पदाधिकारियों को कड़े शब्दों में फटकारा कि "इसीलिए जनता पुलिस पर विश्वास नहीं करती है। प्रिंसिपल एक ज़िम्मेदार पद पर हैं और वे वहाँ बैठकर काम कर रहे थे। कोई फरार नहीं थे। आपको गिरफ़्तार करना था, तो आप विधिवत वारंट लेकर जाते और सम्मान पूर्वक ले आते। लेकिन आपने धोखे में डालकर इन्हें लाया है।" कोई कुछ नहीं बोल रहा था। चैनल वाले इसे कवर कर रहे थे। 'आज तक' सहित तमाम चैनलों में इसे लाइव दिखाया जा रहा था। यह ख़बर प्रमुखता से प्रकाशित हुई। लेकिन किया क्या जा सकता था? एक निरपराध प्रिंसिपल केवल शहाबुद्दीन की जाति का होने के कारण बेमौत मारा गया। कुछ ही दिनों के बाद आलम साहेब

रिटायर हुए और उसके कुछ महीने बाद ही उनका इन्तकाल हो गया। उन्हें गहरा सदमा लगा था।

श्रीकृष्ण सिंह बनाम कर्पूरी ठाकुर

रामदयालु सिंह महाविद्यालय की स्थापना जुलाई 1948 में हुई। मनियारी स्टेट के महन्त दर्शन दास, महेश प्रसाद सिंह एवं क्षेत्र के अनेक बुद्धिजीवियों के सहयोग से यह महाविद्यालय खुला। बिहार के अन्य उच्च शिक्षण संस्थानों की तरह इस महाविद्यालय की स्थापना में भी बिहार के प्रथम मुख्यमन्त्री श्रीकृष्ण सिंह ने मदद की। सर्वसम्मति से बिहार के प्रथम विधानसभा अध्यक्ष राम दयालु सिंह के नाम पर इस महाविद्यालय का नाम रखा गया। बाद में श्रीकृष्ण सिंह के नाम पर एक भव्य सभागार बना– श्रीकृष्ण सिंह सभागार।

किन्तु वर्षों बीत जाने पर भी इसका सरकारीकरण (अंगीभूतिकरण) नहीं हुआ। वर्ष 1967 में बिहार में छात्र आन्दोलन हुआ, जो तत्कालीन कांग्रेस सरकार की ग़लत नीतियों के ख़िलाफ़ उभार था। इसकी सुगबुगाहट वर्ष 1966 के उत्तरार्द्ध से ही होने लगी थी। इसी बीच 10 दिसम्बर 1966 को रामदयालु सिंह महाविद्यालय प्रांगण में प्रशासन ने भीड़ पर गोली चला दी, जिसमें एक छात्र महेश शाही और एक शिक्षक प्रो. निगमानन्द कुँवर मारे गये। असल में यह कोई छात्र आन्दोलन नहीं था, बल्कि कॉलेज के सामने मुख्य सड़क से सटे कॉलेज की ज़मीन के अतिक्रमण का मामला था, जिसके निरीक्षण में अनुमण्डल पदाधिकारी सशस्त्र बल के साथ पहुँचे थे। छात्र और शिक्षकों का हुजूम निरीक्षण स्थल को देखने चल पड़े। प्रशासन ने समझा कि वे हम पर हमला करने आ रहे हैं। इसीलिए उसने गोली चला दी, जिसमें उक्त छात्र और शिक्षक मारे गये। फिर क्या था, इस हत्या के विरोध में पूरा शहर और स्कूल-कॉलेज के छात्र आक्रोशित हो गये। यही आन्दोलन बिहार में छात्र आन्दोलन का आधार बना। अन्ततः इस आन्दोलन का नेतृत्व कर्पूरी ठाकुर और महामाया प्रसाद सिंह के हाथों में चला गया। आन्दोलन इतना उग्र और ज़ोरदार था कि कांग्रेस की सरकार गिर गयी और मध्यावधि चुनाव से बिहार में गैर-कांग्रेसी संविद सरकार बनी, जिसमें महामाया बाबू मुख्यमन्त्री और कर्पूरी ठाकुर शिक्षा मन्त्री बने। शिक्षा मन्त्री बनते ही वर्ष 1967 में कर्पूरी जी ने जो पहला काम किया, उसमें रामदयालु सिंह महाविद्यालय को अलग से प्रस्ताव लाकर अकेले अंगीभूत (सरकारी) बना दिया। अब इसके सभी शिक्षक-कर्मचारी सरकारी हो गये। अनेक शिक्षक-कर्मचारियों को कर्पूरी जी

ने नौकरी दी। आज भी 10 दिसम्बर को महाविद्यालय में समारोहपूर्वक 'शहीद दिवस' मनाया जाता है। अन्तर्राष्ट्रीय मानवाधिकार दिवस होने के कारण इस शहीद दिवस का महत्त्व और बढ़ जाता है। महाविद्यालय परिसर में इसके संस्थापक और प्रेरक श्री राम दयालु सिंह, महन्त दर्शन दास और महेश प्रसाद सिंह की प्रतिमाएँ स्थापित हैं।

दुनिया में लोकतान्त्रिक मूल्य स्थापित हो जाने के बावजूद मनुष्य के अन्दर की क़बीलाई सोच और संस्कृति काम करती रहती है। सामाजिक वर्ग की सामूहिक पहचान अक्सर उसके आचार, विचार और व्यवहार को निर्धारित करते हैं। समाज में जिस जाति या वर्ग की संख्या या गुणवत्ता अधिक हो, अक्सर उसी का वर्चस्व रहता है। इस दृष्टि से रामदयालु सिंह महाविद्यालय को भूमिहारों का 'अकाल तख़्त' कहा जाता था। इसके संस्थापक गण तो भूमिहार जाति के थे ही, इसके स्थापना काल से लेकर जितने भी प्राचार्य हुए उसमें अधिकतर भूमिहार जाति के ही हुए। प्रोफ़ेसर से लेकर कर्मचारी तक अधिकांश इसी जाति के होते थे। इसीलिए महाविद्यालय पर इनका वर्चस्व रहता था। किन्तु अन्य जाति के प्रोफ़ेसर और कर्मचारियों के प्रति इनका व्यवहार ऊपर से सामान्य ही रहता था। प्रत्यक्ष रूप से उनको किसी तरह की कोई कठिनाई नहीं होती थी। यद्यपि एल.एस. कॉलेज (लंगट सिंह महाविद्यालय), एम.डी.डी.एम. कॉलेज, महेश प्र. सिंह साइन्स कॉलेज आदि भी भूमिहारों के नाम पर ही बने थे, पर भूमिहार पहचान केवल आर.डी.एस. कॉलेज को ही मिली थी। फिर भी यहाँ किसी प्रिंसिपल ने अनावश्यक रूप से भूमिहार प्रतीकों को स्थापित करने की कोई कोशिश नहीं की।

किन्तु वर्ष 2002 में महाविद्यालय के प्राचीन इतिहास और संस्कृति विभाग के अध्यक्ष प्रो. राधेश्याम शर्मा जब महाविद्यालय के प्रभारी प्राचार्य बने, तो उन्होंने अपनी भूमिहार मानसिकता को महाविद्यालय में स्थापित करने की कोशिश की। इसके लिए उन्होंने भूमिहारों के सबसे बड़े प्रतीक बिहार के प्रथम मुख्यमन्त्री श्रीकृष्ण सिंह को चुना। यद्यपि श्रीबाबू जाति-पाँति से बहुत ऊपर थे। वे जब तक मुख्यमन्त्री रहे, जातिवाद को उभरने नहीं दिया; फिर भी अन्तिम समय में उनके ही लोगों ने वह स्थिति पैदा कर दी, जिससे बिहार में ब्राह्मण, राजपूत और भूमिहारों में सामाजिक और राजनीतिक वर्चस्व की होड़ मच गयी। इधर पिछड़े वर्ग की राजनीति ने भी ज़ोर पकड़ लिया। किन्तु श्रीबाबू ने अपने कुशल नेतृत्व से सबको दबा दिया। फिर भी श्री बाबू भूमिहारों के आइकॉन बन ही गये। नये प्राचार्य ने इस आइकॉन का

उपयोग करना चाहा। इसीलिए उन्होंने 'वाइस चांसलर' प्रो. निहार नन्दन सिंह के पास जाकर कॉलेज परिसर में बिहार के प्रथम मुख्यमन्त्री श्रीकृष्ण सिंह की आदमक़द प्रतिमा स्थापित करने का प्रस्ताव रखा। कुलपति जी ने सहर्ष स्वीकृति दे दी। इसके लिए प्राचार्य ने प्रो. ताराशंकर प्रसाद सिंह के नेतृत्व में तीन लोगों की एक कमेटी गठित कर दी और प्रतिमा बनवाने जयपुर जाने के लिए तारा बाबू के साथ तीन व्यक्तियों के रेलवे टिकट भी कट गये। मेरा माथा ठनका। मैं ही नहीं, महाविद्यालय के अधिकांश लोग इस इतिहास को जानते थे कि कॉलेज को अंगीभूत कराने के लिए कर्पूरी ठाकुर ने सब कुछ किया था। महाविद्यालय के नवनिर्माण और विकास में जिस महापुरुष का सबसे बड़ा योगदान था, वे थे कर्पूरी ठाकुर। मैंने सोचा मौक़ा अच्छा है। श्री बाबू के साथ-साथ कॉलेज में कर्पूरी जी की भी प्रतिमा स्थापित हो जायेगी। मैंने अपने मित्र और शिक्षक संघ के सचिव प्रो. अरुण कुमार सिंह को अपनी बात बतायी। सुनकर वे बड़े ख़ुश हुए। प्रिंसिपल की गतिविधि से वे भी ख़ुश नहीं थे। कर्पूरी ठाकुर की प्रतिमा का स्वागत करते हुए उन्होंने बताया कि लिखिए कि उसी लागत और उसी ऊँचाई की प्रतिमा कर्पूरी जी की भी बननी चाहिए।

मैंने उसी समय प्राचार्य के नाम एक पत्र में लिखा कि "श्रीबाबू की प्रतिमा निर्माण का स्वागत करते हुए निवेदन है कि इस महाविद्यालय के नवनिर्माण और विकास में पूर्व मुख्यमन्त्री और शिक्षा मन्त्री स्व. कर्पूरी ठाकुर का सबसे बड़ा योगदान है। इसीलिए महाविद्यालय परिसर में श्रीबाबू के साथ-साथ कर्पूरी जी की भी आदमक़द प्रतिमा लगनी चाहिए।" उस पत्र की प्रतिलिपि मैंने कुलपति जी को भी भेज दी। कर्पूरी जी के अवदान से कोई इनकार नहीं कर सकता था। इसीलिए इस प्रस्ताव का असर प्राचार्य पर भी पड़ा। उन्होंने मुझे बुलाकर कहा कि "आपने सही सवाल उठाया है। कर्पूरी जी की प्रतिमा अवश्य स्थापित होनी चाहिए। मेरी भी नौकरी उन्हीं की दी हुई है। लेकिन श्रीबाबू की मूर्ति लग जाने दीजिए। फिर अगले साल उनकी भी लग जायेगी। इसका पैसा विश्वविद्यालय दे रहा है। उनके लिए मैं पैसा कहाँ से लाऊँगा।" मैंने कहा– "पैसे की चिन्ता आप मत कीजिए। उसकी व्यवस्था हो जायेगी। अभी नहीं लगेगी, तो कभी नहीं लगेगी। दोनों प्रतिमा एक साथ लगेगी, तो अच्छा लगेगा।" उन्होंने कहा– "ठीक है, मैं कुलपति जी से बात करता हूँ।" अब कॉलेज और अख़बारों में प्रतिमा की राजनीति शुरू हो गयी। शिक्षक संघ और स्टाफ कौंसिल की बैठक में भी शिक्षक-कर्मचारियों ने

कर्पूरी ठाकुर की प्रतिमा के औचित्य का विरोध नहीं किया। फिर भी प्राचार्य और महाविद्यालय प्रशासन की ओर से वरीय शिक्षक प्रो. तारा शंकर सिंह ने अगले वर्ष कर्पूरी जी की प्रतिमा की बात दुहराते हुए इस वर्ष श्रीबाबू की प्रतिमा की स्थापना पर बल दिया, जिसे मैं और शिक्षक सदस्यों ने स्वीकार नहीं किया। उधर विश्वविद्यालय के कुलपति नाराज़ हो गये। उन्हें इस महाविद्यालय के इतिहास-पुराण की उतनी जानकारी नहीं थी। उन्होंने प्राचार्य को बुलाकर डाँट पिलायी और कहा कि "किसी संस्था में श्री बाबू की प्रतिमा लगने से वे बड़े नहीं हो जायेंगे। आपने प्रतिमा की राजनीति शुरू कर श्री बाबू का अपमान किया है। अब प्रतिमा नहीं लगेगी।" इधर मैंने भी कर्पूरी ठाकुर की प्रतिमा के लिए एक सांसद और एक विधायक से पैसे की व्यवस्था कर दी थी। किन्तु कुलपति जी ने श्रीकृष्ण सिंह की प्रतिमा स्थापना का कार्यक्रम ही रद्द कर दिया। इस प्रकार कोई प्रतिमा नहीं लग सकी।

बिहार विश्वविद्यालय से अम्बेदकर विश्वविद्यालय तक

प्रतिमा की दूसरी बड़ी राजनीति विश्वविद्यालय में डॉ. अम्बेदकर की प्रतिमा स्थापित करने में हुई। वर्ष 1990 में जब लालू यादव बिहार के मुख्यमन्त्री बने, तो उन्होंने बिहार विश्वविद्यालय का नाम बदलकर बाबा साहेब भीमराव अम्बेदकर बिहार विश्वविद्यालय, मुज़फ्फ़रपुर कर दिया। इस विश्वविद्यालय के पश्चिमी क्षेत्र को काटकर अलग से जे.पी. विश्वविद्यालय, छपरा भी बना दिया गया। इसके साथ ही उन्होंने इतिहास से ओझल दलित-पिछड़े व अन्य प्रतीकों को सम्मान देने के लिए उनके नाम पर विश्वविद्यालयों के नाम बदले। इनमें प्रमुख थे– बाबा साहेब भीमराव अम्बेदकर बिहार विश्वविद्यालय, मुज़फ्फ़रपुर, तिलका मांझी विश्वविद्यालय, भागलपुर, विनोबा भावे विश्वविद्यालय, हजारीबाग और बिरसा मुण्डा विश्वविद्यालय राँची। उस समय तक झारखण्ड भी बिहार का अंग था। वीर कुँवर सिंह विश्वविद्यालय, आरा, बी.एन. मण्डल विश्वविद्यालय, मधेपुरा और सिद्धू-कान्हू विश्वविद्यालय, दुमका जैसे कुछ नये विश्वविद्यालय भी खोले गये।

इस विश्वविद्यालय का जब नाम बदला, तो बड़ा आंदोलन हो गया। छात्रों द्वारा विश्वविद्यालय बन्द कराया गया। अनेक प्रदर्शन हुए। लालू यादव ने विश्वविद्यालय का नाम बदलने के साथ डॉ. बलराम सिन्हा (यादव) नाम के एक विद्वान प्रोफ़ेसर को कुलपति बनाया था। किन्तु वे प्रतिरोध को रोकने में असफल रहे। उस समय प्रो. कामेश्वर प्रसाद सिन्हा नामक एक विद्वान

पदाधिकारी थे, जो बाद में इस विश्वविद्यालय के कुलपति भी बने, का विश्वविद्यालय में वर्चस्व था। वे आर.डी.एस. कॉलेज से ही विश्वविद्यालय में गये थे और जाति के भूमिहार थे, इसीलिए भी उनको अधिक सहयोग और समर्थन प्राप्त था। बलराम बाबू थे तो विद्वान, पर उनमें न प्रशासनिक क्षमता थी और न कोई सामाजिक चेतना। कुछ लोग कहते हैं कि वे अपने आपको किसी ब्राह्मण से कम नहीं समझते थे और सामन्त बुद्धिजीविओं की तरह वे भी इस विश्वविद्यालय का नाम अम्बेडकर के नाम पर करना ग़लत मानते थे।

वे अम्बेडकर की तरह शूटेड-बूटेड व्यक्ति थे, किन्तु उनके मन में अम्बेडकर के प्रति कोई श्रद्धा नहीं थी। वे कुलपति नहीं बनना चाहते थे। कहा जाता है कि उनको रंजन यादव की अनुशंसा पर लालू यादव ने केवल यादव होने के कारण कुलपति बना दिया था, ताकि वे सामाजिक न्याय के मिशन पर विश्वविद्यालय को चला सकें। किन्तु वे ठीक इसके विपरीत निकले। कुछ लोग कहते हैं कि भीतर से वे लालूजी के मिशन को लागू करना चाहते थे, पर उनमें वैसी क्षमता नहीं थी। उनको कोई सहयोग नहीं मिल रहा था। इसीलिए वे विश्विद्यालय की मुख्य पारम्परिक धारा के साथ ही रहे। जब कुछ शुभचिन्तकों की राय पर इस दिशा में उन्होंने कुछ करना भी चाहा, तो उनका विरोध हो गया। वे प्रो. के.पी. सिन्हा की मदद से रब्बर स्टाम्प की तरह विश्वविद्यालय चलाते रहे। उनमें न आन्दोलन रोकने की क्षमता थी, न विश्वविद्यालय के बदले हुए नाम को लागू करने की। इसीलिए उनके तीन वर्ष के कार्यकाल में विश्वविद्यालय के काग़ज़ात और फाईलों में विश्वविद्यालय का नाम नहीं बदला। बिहार विश्वविद्यालय के पुराने नाम से ही विश्वविद्यालय चलता रहा। इसीलिए लालू यादव ने बलराम सिन्हा का कार्यकाल ख़त्म होते ही विश्विद्यालय का कार्यभार कमिश्नर को सौंप दिया, ताकि पुलिस प्रशासन की क्षमता का उपयोग कर कड़ाई से विश्वविद्यालय चलाया जा सके।

जब जून 1993 में विश्वविद्यालय के कुलपति तिरहुत प्रमण्डल के कमिश्नर डॉ. ए.के. विश्वास बने, तो उन्होंने पहला काम यही किया कि अधिसूचना जारी कर विश्वविद्यालय के दस्तावेज़ों में विश्वविद्यालय का नाम बदल दिया। अब विश्वविद्यालय विधिवत 'बाबा साहेब भीमराव अम्बेदकर बिहार विश्वविद्यालय' बन गया। किन्तु एक ग़लती हुई कि अम्बेडकर का हिन्दी नाम अम्बेदकर हो गया। उन दिनों फाइल और अन्य दस्तावेज अंग्रेज़ी में ही लिखे जाते थे। इसीलिए अंग्रेज़ी नाम तो सही रहा, पर हिन्दी में 'ड' के बदले 'द' हो गया। स्मरण रहे बाबा साहेब का सही नाम अम्बेडकर है,

अम्बेदकर नहीं। पर इस विश्वविद्यालय में यही ग़लत नाम प्रचलित हो गया। दूसरी ग़लती हुई कि विश्वविद्यालय के नाम के आगे बाबा साहेब का पूरा नाम न लिखकर बी.आर. अम्बेदकर नाम लिखा जाने लगा। पर बिहार सरकार, यूजीसी और भारत सरकार के दस्तावेज़ एवं पोर्टलों पर इसका पूरा नाम है। विश्वास साहेब खुद अनुसूचित जाति के थे। किन्तु अन्य वर्ग के कर्मचारी-पदाधिकारियों में अब भी वही मानसिकता काम कर रही थी। इसीलिए कभी-कभी जानबूझकर, तो कभी अनजाने में फ़ाइलों में वही पुराना नाम बिहार विश्वविद्यालय लिख देते थे। विश्वास साहेब फ़ाइलों को गम्भीरता पूर्वक पढ़ते थे। बिना पढ़े वे किसी फ़ाइल पर दस्तखत नहीं करते थे। इसीलिए उन्हें जहाँ कहीं ऐसी ग़लती दिखाई देती, वे सम्बन्धित व्यक्ति को बुलाकर डाँट पिलाते और फ़ाइल लौटा देते। फिर से नाम सुधार कर नया फ़ाइल लिखा जाता। उनके पास प्रशासन का पावर था, पुलिस थी, इसीलिए किसी का कुछ नहीं चला। उन्होंने अपने साल-भर के कार्यकाल में ही विश्वविद्यालय की कार्य संस्कृति बदल दी। लेकिन उनके जाते ही अम्बेडकर की प्रतिमा की राजनीति और आन्दोलन चलने लगे। जब विश्वविद्यालय का नाम बाबा साहेब भीमराव अम्बेदकर हो गया, तो परिसर में अम्बेडकर की आदमक़द प्रतिमा की स्थापना का भी निर्णय हुआ। प्रतिमा भी बनकर तैयार हो गयी। किन्तु प्रतिमा स्थापना के विरोध में आन्दोलन शुरू हो गया। सवर्ण छात्रों के साथ-साथ विश्वविद्यालय और कॉलेज के शिक्षकों ने भी परोक्ष रूप से आन्दोलन का साथ दिया। छात्रों को आगे करके मूर्ति स्थापना का विरोध करवाया गया। पूर्व मन्त्री और सांसद श्री अर्जुन राय बताते हैं कि वे उस समय छात्र नेता थे और प्रतिमा स्थापना के पक्ष में थे।

विश्वविद्यालय शिक्षक संघ (BUTA) के एक कर्मठ और जुझारू सचिव श्री इन्द्रजीत ईश्वर थे, जो सबसे लम्बे काल तक सचिव पद पर रहे और अपने कार्यकाल में ही वर्ष 1992 में गुज़र गये। उनके बाद विश्वविद्यालय शिक्षक संघ के वर्तमान सचिव और तिरहुत शिक्षक निर्वाचन क्षेत्र से विधान परिषद् के सदस्य प्रो. संजय कुमार सिंह सचिव चुने गये। कुछ लोग बताते हैं कि विश्वविद्यालय परिसर में अम्बेडकर की प्रतिमा की प्रतिक्रिया में इन्द्रजीत ईश्वर की प्रतिमा स्थापित करने का निर्णय लिया गया। प्रतिमा भी बनकर तैयार हो गयी और अम्बेडकर की प्रतिमा स्थापित होने के एक-दो महीने पहले ही उसी परिसर में स्थापित भी हो गयी। किन्तु अधिकांश लोग इस आरोप को गलत बताते हैं। शिक्षक संगठन से जुड़े अधिकांश नेता,

शिक्षक और पदाधिकारी बताते हैं कि इन्द्रजीत ईश्वर की प्रतिमा-स्थापना की योजना पहले से थी। इसमें कोई राजनीति नहीं थी। ऐसे लोगों में 'बूटा' नेता और एम.एल.सी. डॉ. संजय कुमार सिंह, ए.आई.फुक्टो के पूर्व सचिव डॉ. अरुण कुमार सिंह, विश्वविद्यालय के पूर्व अधिकारी डॉ. विजय कुमार जायसवाल, डॉ. शीतल राम आदि हैं। इन लोगों ने विश्वविद्यालय विकास में सकारात्मक भूमिका अदा की। ज्ञात सूत्रों के अनुसार उन्हीं दिनों मुज़फ़्फ़रपुर के स्थानीय विधायक और भूमिहारों के सर्वमान्य नेता स्व. रघुनाथ पाण्डेय को विश्वविद्यालय के 'सिण्डिकेट' का सदस्य चुना गया। पाण्डेय जी के नेतृत्व में अम्बेडकर की प्रतिमा स्थापित करने के लिए एक 'प्रतिमा स्थापना समिति' बनी। पाण्डेय जी की पहल और प्रभाव के कारण अम्बेडकर की प्रतिमा का विरोध या अम्बेडकर के नाम पर विश्वविद्यालय के नामकरण के आन्दोलन पर विराम लग गया।

भारत की जाति और वर्ण व्यवस्था के कारण लगभग हर जगह जिस जाति या वर्ग का वर्चस्व रहा, वह वहाँ के विश्वविद्यालय और संस्थाओं पर हावी रहा। यह विश्वविद्यालय भी अपने स्थापना काल से जाति विशेष के वर्चस्व का अड्डा बना रहा। वर्ष 1952 में जब यह विश्वविद्यालय पटना विश्वविद्यालय से अलग हुआ, तब से लेकर आज तक वही कुलपति सफलतापूर्वक अपना कार्यकाल पूरा कर सके, जो भूमिहार या सवर्ण थे। अन्य वर्ग के कुलपति तभी अपना कार्यकाल पूरा कर सके, जब वह या तो यहाँ की लॉबी की हाँ में हाँ मिलाते रहे या पटने में रहकर विश्वविद्यालय चलाते रहे। जब हम लोगों ने इस विश्वविद्यालय में योगदान किया, तो कुलपति प्रो. जियाउद्दीन अहमद पटने में ही रहते थे। हम लोगों ने उन्हें कार्यालय कक्ष में कभी नहीं देखा था। यद्यपि उन्हीं के कार्यकाल में बाबा साहेब अम्बेडकर की प्रतिमा स्थापित हुई और उन्होंने ही दिनांक 14 अप्रैल 1996 को उसका अनावरण भी किया। पर वे विश्वविद्यालय बहुत कम ही आते थे। यहाँ बहुत दिनों से कुलपति का कुलपति कक्ष में बैठने का रिवाज़ नहीं था। वर्ष 1997 में जब एस.एन. सिन्हा कुलपति बने, तो उन्होंने इस रिवाज़ को तोड़ा और कुलपति कक्ष में बैठने लगे। वे एक विद्वान प्रोफ़ेसर थे और उन्हें अपनी योग्यता पर भरोसा था। किन्तु उनमें प्रशासनिक अनुभव की कमी थी। वे थोड़े ज़िद्दी भी थे। इसीलिए वे अपना कार्यकाल पूरा नहीं कर सके। उनके विरुद्ध शिक्षक संघ और छात्रों ने मोर्चा खोल दिया। ऐसा उग्र आन्दोलन हुआ कि कार्यकाल पूरा होने के तीन दिन पहले ही उन्हें इस्तीफ़ा देना पड़ा।

वे जाति के कुर्मी (ओबीसी) थे। विश्वविद्यालय में चार ओबीसी कुलपति हुए, जिनमें केवल अशेश्वर यादव ही सफलतापूर्वक अपना कार्यकाल पूरा कर सके। यद्यपि उन्हें भी कड़ा विरोध का सामना करना पड़ा। उन पर बलात्कार तक का झूठा मुक़दमा करवाया गया। किन्तु उन्होंने हार न मानी। वे आरक्षण पोस्ट रोस्टर तो लागू नहीं कर सके, पर उन्होंने कई ऐतिहासिक कार्य किये। विश्वविद्यालय प्रशासन और विभागों में दलित-पिछड़े और स्त्रियों की भागीदारी न के बराबर थी। उन्होंने पहली बार विश्वविद्यालय प्रशासन में और प्रीमियर कॉलेज एवं विश्वविद्यालय विभागों में महिला और ओबीसी शिक्षकों की नियुक्ति की अथवा स्थानान्तरण किया। वे विद्वान, कर्मठ और कट्टर ईमानदार थे। उन्होंने अपने कार्यकाल में रिश्वत को लगभग समाप्त कर दिया और सेवा से अवकाश ग्रहण करने के दिन सबको अपना अकाउंट दिखा दिया, जिसमें केवल एक हज़ार रुपये जमा थे।

अशेश्वर यादव की ईमानदारी और कर्मठता के कारण हम लोगों ने खुलकर कुलपति का साथ दिया। जब उनके ख़िलाफ़ उग्र आन्दोलन चले, तो कुछ गैर-भूमिहार प्रोफेसर मेरे पास आये और कहा कि आप ही कोई उपाय कर सकते हैं। गवर्नर को खुला पत्र लिखकर कुलपति और विश्वविद्यालय को बचाइये, हम लोग साथ देंगे। मैंने कहा– “मुझे तो कुलपति से कोई परिचय भी नहीं है।” उन्होंने कहा कि उन्होंने आपको बुलाया है, चलिए। मैं गया, उनसे बात की। सचमुच वे संकट में थे। हम लोगों ने एक ‘विश्वविद्यालय बचाओ’ संघर्ष मोर्चा बनाया और कुलपति के पक्ष में अभियान छेड़ दिया। सैकड़ों शिक्षकों के हस्ताक्षर से महामहिम कुलाधिपति (गवर्नर) को पत्र लिखा। जो दलित-पिछड़े छात्र उनके विरुद्ध आन्दोलन में थे, उन्हें बुलाकर समझाया। उन्होंने अपना आन्दोलन वापस ले लिया। सवर्ण छात्रों के अतिरिक्त उनमें प्रमुख दलित-पिछड़े छात्र नेता थे– रमाशंकर यादव और अनिल धवन। अख़बारों में ख़बरें छपने लगीं। इसका सकारात्मक असर हुआ और आन्दोलन थम गया। इस प्रकार वे अपना कार्यकाल पूरा कर सके।

कुलपति डॉक्टर अशेश्वर यादव से कुछ ग़लतियाँ भी हुईं। विश्वविद्यालय में एक दूरस्थ शिक्षा केन्द्र था। प्रो. एस.एन.पी. सिन्हा (एस.एन. बेनीपुरी) वहाँ निदेशक थे, अच्छा काम कर रहे थे। उनकी देखरेख में नियमित कोर्स राइटिंग हो रही थी। लगातार सेमिनार और संगोष्ठियाँ हो रही थीं, जिससे दूरस्थ शिक्षा केन्द्र का काफ़ी अकादमिक विकास हुआ। उनकी योजना कोर्स राइटिंग की पुस्तक छपवाने की भी थी। किन्तु कुलपति जी को किसी ने बता दिया कि

वे सेमिनार-संगोष्ठी में बराबर बाहर ही घूमते रहते हैं, अपने विभाग का काम नहीं करते हैं। निदेशक पद अंशकालिक है। बाकी समय विभाग में देना पड़ता है। इसी बीच विश्वविद्यालय की बढ़ती लोकप्रियता को देखकर हैदराबाद केन्द्रीय विश्वविद्यालय से निदेशक को कम्प्यूटर ई-लर्निंग के रिफ्रेशर कोर्स में बुलाया गया। कुलपति जी ने उन्हें जाने से रोक दिया और कहा कि आप अपनी ओर से किसी योग्य व्यक्ति को, जो दूरस्थ शिक्षा केन्द्र से जुड़े हो, भेज दीजिये, खुद मत जाइए। बेनीपुरी जी ने मेरा नाम सुझाया। मैं कुलपति जी से मिला और इस प्रकार मुझे विश्वविद्यालय के ख़र्चे पर कम्प्यूटर ई-लर्निंग कोर्स करने के लिए हैदराबाद सेंट्रल यूनिवर्सिटी जाना पड़ा, जो मेरे जीवन का एक निर्णायक मोड़ बना। वही जाकर मैंने कम्प्यूटर सीखा। इसके पहले मैंने कभी कम्प्यूटर छुआ तक नहीं था। वहीं पर मेरी पुस्तक की पृष्ठभूमि भी बनी। वहाँ से लौटकर सबसे पहला काम मैंने यह किया कि एक कम्प्यूटर ख़रीद कर अपने घर पर ही अभ्यास करना शुरू कर दिया। इसकी परम्परा मेरे यहाँ आज तक है। घर में छोटे-बड़े सभी बच्चे अच्छी तरह कम्प्यूटर और लैपटॉप चलाना जानते हैं।

आवास की समस्या का स्थायी समाधान

आर.डी.एस. कॉलेज 'शिक्षक आवास' में आने के बाद मेरे आवास की समस्या समाप्त हो चुकी थी। वेतन भुगतान नियमित नहीं होता था। तीन-तीन, चार-चार महीने का वेतन एक बार मिलता था। इसी बीच मेरे एक स्वजाति हाई स्कूल शिक्षक जयनारायण ठाकुर ने सरकारी नीलामी से पुराना ट्रक ख़रीदने की योजना बनायी और मुझे शेयरदार बनाया। कहा कि दो लाख तक में ट्रक मिल जायेगा, आधा आप लगाइए आधा मैं लगाता हूँ, उससे बिज़नेस करेंगे। मैंने सैलरी एकाउंट से 'पर्सनल लोन' पर पैसा उठा लिया। किन्तु ट्रक की नीलामी नहीं हो सकी। मेरे शुभचिन्तक प्रोफ़ेसर और गाइड डॉ. महेन्द्र मधुकर ने कहा कि ज़मीन ले लीजिए। ज़मीन लेने की मेरी कोई योजना नहीं थी। आवास की समस्या का समाधान हो चुका था। फिर भी मैं वर्ष 2001 में बे-मन से मिठनपुरा चौक के पास इस पैसे से एक लाख पैंतीस हज़ार रुपये में एक कट्ठा ज़मीन ले ली। फिर वर्ष 2003 में होम लोन से उस पर मकान भी बनवाना शुरू कर दिया। धीरे-धीरे कुछ वर्षों में यह मकान तिमंज़िला बन गया। अब मेरे आवास की समस्या हमेशा के लिए दूर हो गयी। वर्ष 2003 में ही, जब पहली मंजिल बनी थी, हम लोग कॉलेज क्वार्टर छोड़कर अपने

मकान में आ गये। फिर धीरे-धीरे मकान बनता रहा। मैंने संयोग से ही ज़मीन ली और संयोग से ही मकान बनता चला गया। अन्यथा ज़मीन लेने या मकान बनाने की मेरी कोई योजना नहीं थी। आज इस इलाक़े में ज़मीन की क़ीमत एक करोड़ से ऊपर है।

पुस्तक लेखन की शुरुआत

पत्र-पत्रिकाओं में मेरे आलेख अबाध गति से छप रहे थे। लेकिन अभी तक मैंने कोई पुस्तक नहीं लिखी थी। वर्ष 1997 में एक बार कुलपति डॉ. अशेश्वर यादव ने मुझे बुलाकर एक पुस्तक दी। पुस्तक 'बिहार राज्य पिछड़ा वर्ग आयोग' के सदस्य सचिव राम करण पाल की जीवनी पर आधारित थी। उन्होंने उनका फ़ोन नम्बर भी दिया और बात करने को कहा। मैंने बात की। मैं उनसे और उनके कार्यों से प्रभावित हुआ। उन्होंने प्रस्ताव किया कि – मुझ पर पुस्तक लिखिए, छपवाने का ज़िम्मा मेरा है। वे अत्यन्त पिछड़ा वर्ग के थे। मैंने आज तक किसी व्यक्ति पर कुछ नहीं लिखा था, राजनीतिक व्यक्ति पर तो और नहीं। इसीलिए लिखने में एक संकोच और हिचकिचाहट थी। फिर भी मुफ़्त में छपने के लोभ से मैंने पुस्तक लिखना शुरू कर दिया। लेकिन मैंने शुद्ध जीवनी लिखने के बदले बिहार में पिछड़ा वर्ग आंदोलन को पृष्ठभूमि बनायी। इस प्रकार पुस्तक बनी– 'बिहार में अति पिछड़ा वर्ग आन्दोलन और राम करण पाल'। उन्होंने पुस्तक प्रकाशित करवायी और तुरत ही उसका दूसरा संस्करण भी प्रकाशित हो गया। पुस्तक तो पतली ही बनी थी, पर यह मेरे जीवन की पहली पुस्तक थी। उसके बाद दूसरी पुस्तक वर्ष 2008 में आयी– 'हिन्दी की दलित कहानियाँ'। यह एक सम्पादित पुस्तक थी, जिनकी कहानियाँ विश्वविद्यालयों में एम.ए. के कोर्स में पढ़ाई जाती थीं। इसके प्रकाशक थे– 'समीक्षा प्रकाशन, मुज़फ़्फ़रपुर-दिल्ली।' तीसरी और चौथी पुस्तक वर्ष 2009 में आयी- 'दलित साहित्य का समाजशास्त्र' और 'भारत में पिछड़ा वर्ग आन्दोलन और परिवर्तन का नया समाजशास्त्र'। पहली के प्रकाशक थे- भारतीय ज्ञानपीठ, नयी दिल्ली और दूसरी के ज्ञान बुक्स (कल्पज) प्रकाशन, नयी दिल्ली। इसके बाद मैं प्रिंसिपल बन गया। इसीलिए पुस्तक प्रकाशन तो नहीं, कॉलेज के राष्ट्रीय-अन्तर्राष्ट्रीय सेमिनार सम्मेलनों की स्मारिकाओं का सम्पादन करता रहा। वर्ष 2013, 2015, 2016, 2017, 2021 में उल्लेखनीय स्मारिका और शोध-पुस्तकों का मैंने प्रकाशन करवाया। उसके बाद वर्ष 2017 में मेरी एक स्वतन्त्र पुस्तक आयी– 'भारतीय साहित्य

का शूद्र-पाठ (शुद्ध-पाठ)'। इस बीच मेरी पुस्तकों के संस्करण छपते रहे।

रामदयालु सिंह कॉलेज, मुज़फ़्फ़रपुर में रहते हुए जातीय भेदभाव और सामन्ती व्यवहार के अनेक अनुभव हुए। कॉलेज के एक दलित चपरासी के साथ एक ऐसी ही घटना घटी थी। इस घटना का मैं सीधा प्रतिरोध तो नहीं कर सका था, पर एक लघुकथा लिख डाली थी। सच्ची घटना पर आधारित यह कहानी 'युद्धरत आम आदमी' में वर्ष 2001 के जुलाई अंक में छपी थी।

सजा (लघुकथा)

कमरे में बैठा एक कहानी लिख रहा था– सज़ा। इसका नायक एक दलित कर्मचारी है। वह अपने सवर्ण पदाधिकारी की गाली का जवाब थप्पड़ से देता है। फलत: उसकी नौकरी चली जाती है। वह अपराधी बन जाता है और अधिकारी की हत्या कर डालता है। अपने कथा नायक के इस कुकृत्य के बारे में सोच ही रहा था कि अचानक बाहर से मारपीट जैसा शोर सुनायी दिया। रात के सन्नाटे में यहाँ कौन आ गया? कोई चोर-उचक्का तो नहीं है? मैंने सोचा। बाहर निकल कर देखा, तो दंग रह गया। परिसर का एक सवर्ण शिक्षक एक दलित (अति पिछड़ा) चपरासी को पीट रहा था। वह बूढ़ा चपरासी पिट रहा था और लोग मूकदर्शक बने खड़े थे। कोई बीच-बचाव करने की हिम्मत नहीं जुटा पा रहा था। अचानक मुझमें बैठा मेरा कथानायक जाग उठा। मैं आगे बढ़ा और दृढ़ स्वर में बोला– "छोड़ दीजिए, अब बहुत हो चुका!" उनका उठा हुआ हाथ तो रुक गया, किन्तु अपशब्द उगलती जबान चलती रही– "सूअर की औलाद! हरामखोर!! साला!!!" फिर वे मेरी ओर मुखातिब हुए– "आप कहते हैं छोड़ दूँ इसे! ऐसे हरामखोरों की यही सज़ा है। इसने मेरे नौकर को चोर कहा है।" "नौकर को कहा, आपको तो नहीं कहा?" "क्या बकते हैं? नौकर को कहा, तो मुझे नहीं कहा? नौकर मेरा बेटा है, मेरे बच्चों के सामान है।" "वह नौकर, जिसे आप भी नौकर ही कहते हैं, आज आपका बेटा हो गया और उस दिन क्या था, जब आपने एक छोटी-सी ग़लती पर उसकी हड्डी-पसली तोड़ दी थी। उसका खाना बन्द कर दिया था। तब इसी चपरासी ने उसे तीन दिनों तक खाना खिलाया था। आपको शर्म नहीं आती? सच तो यह है कि अपने नौकर के बहाने आप अपने झूठे अहंकार की तुष्टि कर रहे हैं।" सच्ची बात सुनकर उनके होश ठिकाने लग गये थे। मगर वे हार माननेवाले नहीं थे। चिल्ला उठे– "आप मेरे नौकर को भड़काते हैं।" "नहीं मालिक, सर ठीक कहते हैं।" मुझसे पहले नौकर ही बोल उठा–

"आपने महतो चाचा को मारकर ठीक नहीं किया। अब मैं आपके यहाँ एक पल भी नहीं रहूँगा।" भौंहें टेढ़ी करके वह किशोर बालक बूढ़े चपरासी को सहारा देता हुआ चल पड़ा– "चलिए चाचा!" "जाओ साले, तुम भी जाओ! कुत्ते की औलाद!!" खिसियानी बिल्ली बने शिक्षक झल्ला उठे। सभी उस तथाकथित मालिकनुमा शिक्षक को भला बुरा कह रहे थे।

मैं जानता था कि इस घटना की शिकायत कल प्रिंसिपल से होगी और होगा वही, जो हमेशा से होता आया है। सार्वजनिक तौर पर मण्डल से सहानुभूति जताई जायेगी। फिर अकेले में बुलाकर उसे डाँटा जाएगा। सवाल दर सवाल करके उसमें दोष निकाला जायेगा। दोषी शिक्षक महोदय भी पान चबाते हुए शान से जजों की श्रेणी में प्रिंसिपल के साथ बैठे होंगे, और एकतरफा निर्णय सुना दिया जायेगा। "पहला दोष तुम्हारा ही है। जाओ, अब ठीक से रहो।" प्रिंसिपल से चपरासी तक जाति विशेष के इस कॉलेज में सदा से यही होता आया है। मण्डल के साथ कल फिर न्याय नहीं होगा। इस कॉलेज का मण्डल बराबर पीटा जाता रहेगा। मैं कमरे में लौट आया था और अपनी अधूरी कहानी को पूरा करने लगा। मेरा कथा नायक अब मुझे अच्छा लगने लगा था। उसका कुकृत्य अब सुकृत्य में बदल चुका था। मैंने अपनी कहानी पूरी की– "उस दलित कर्मचारी ने अपने अपमान और शोषण के प्रतिशोध में न केवल अपने अधिकारी की हत्या की, बल्कि उसके पूरे परिवार को मार डाला।"

दलित साहित्य पर प्रान्तीय सेमिनार

आर.डी.एस. कॉलेज में रहते हुए मैंने दिनांक 03 फरवरी 2008 को स्थानीय डॉ. राममनोहर लोहिया स्मारक महाविद्यालय, मुज़फ़्फ़रपुर में 'भारतीय दलित साहित्य अकादमी', मुज़फ़्फ़रपुर के बैनर तले 'दलित साहित्य के सामाजिक सरोकार' विषय पर एक राज्य स्तरीय सेमिनार का आयोजन करवाया। इस आयोजन के मुख्य सहयोगी श्री रामबृक्ष राम 'चकपुरी', अशोक चौधरी, सत्येन्द्र कुमार सत्येन और राजेश राम थे। यह दलित साहित्य पर मुज़फ़्फ़रपुर का और मेरे जीवन का भी पहला सेमिनार था। उन दिनों मैं 'दलित साहित्य अकादमी', मुज़फ़्फ़रपुर का ज़िला महासचिव था। समारोह के मुख्य अतिथि बिहार विधानसभा के अध्यक्ष श्री उदय नारायण चौधरी थे। सेमिनार की अध्यक्षता पूर्व मन्त्री डॉ. शीतल राम ने की। सभा में तिरहुत प्रमण्डल, मुज़फ़्फ़रपुर के आयुक्त श्री जयराम लाल मीणा, वरिष्ठ कथाकार

श्री चन्द्रमोहन प्रधान, नगर विधायक श्री विजेन्द्र चौधरी, विधान पार्षद श्री गणेश भारती, बिहार विधान सभा के सदस्यगण श्री महेश्वर यादव, श्रीमती प्रेमा चौधरी, श्री मनोज कुशवाहा, पूर्व सांसद डॉ. कुमकुम राय सहित कई वर्तमान और पूर्व मन्त्री, विधायक, विधान पार्षद, प्रमण्डल और ज़िला स्तरीय पदाधिकारी तथा विश्वविद्यालय-महाविद्यालयों के प्राध्यापक और सैकड़ों कर्मचारी, पदाधिकारी, शिक्षक, छात्र तथा आम लोग उपस्थित थे।

इस सभा में दलित-पिछड़े हित के कई महत्त्वपूर्ण प्रस्ताव पारित किये गये, जो पूरे देश के लिए था। उनमें मुख्य थे– दलित-पिछड़े व वंचित छात्रों के लिए कल्याण योजनाएँ, विश्वविद्यालय प्रशासन, स्नातकोत्तर विभागों और प्रीमियर कॉलेजों में शिक्षक-कर्मचारियों के लिए आरक्षण रोस्टर को लागू करना तथा देश के सभी विश्वविद्यालयों में 'दलित साहित्य' की पढ़ाई की व्यवस्था करना। सभा द्वारा पारित प्रस्ताव पर अध्यक्ष, मुख्य अतिथि, कमिश्नर सहित सभी जनप्रतिनिधियों और गणमान्य लोगों के हस्ताक्षर हुए। उस प्रस्ताव को यूजीसी, मानव संसाधन विकास विभाग, भारत व बिहार सरकार, महामहिम गवर्नर, बिहार, मुख्यमन्त्री और शिक्षा मन्त्री आदि को भेजा गया। उस सभा में कमिश्नर श्री जयराम लाल मीणा ने 'दलित साहित्य अकादमी' के कार्यालय के लिए शहर में चार कट्ठा ज़मीन देने का आश्वासन दिया। उपस्थित जनप्रतिनिधियों ने अपने कोष से भवन निर्माण की घोषणा की। ज़मीन भी चिन्हित हो गयी और उस पर कार्यालय के अलावा अम्बेडकर सभागार, फुले पार्क, पेरियार पुस्तकालय, कर्पूरी समाज कल्याण केन्द्र आदि बनाने का प्रस्ताव पारित हुआ। किन्तु इसी बीच 'अकादमी' में वर्चस्व को लेकर कुछ पदाधिकारियों में अनबन शुरू हो गयी। मैंने अपना हाथ खींच लिया। कोई वैसा सक्रिय सदस्य नहीं रहा, जो पदाधिकारियों से मिलकर काम को आगे बढ़ा सके। ज़मीन की अंचल स्तरीय जाँच के बाद आज भी वह फाइल ज़िला समाहरणालय में पड़ा हुआ है। इसी प्रकार हमलोगों के आवेदन के उत्तर में यूजीसी ने दलित-पिछड़े हितों को लागू करने के लिए इस विश्वविद्यालय सहित सभी विश्वविद्यालयों को पत्र लिखा, जिसकी एक प्रति मुझे भी दी गयी। उसमें लिखा था कि उन सारे बिन्दुओं को लागू करते हुए एक महीने के अन्दर यूजीसी को उत्तर दें तथा की गयी कार्रवाई से डॉ. हरिनारायण ठाकुर को भी अवगत करावें। मैं कुलपति डॉ. राजदेव सिंह जी से मिला। उन्होंने कार्रवाई का आश्वासन दिया। कुछ आंशिक कार्रवाई हुई भी।

इसी बीच मैं प्रिंसिपल बनकर मिथिला विश्वविद्यालय चला गया। फिर कोई ख़बर लेनेवाला रहा नहीं। किन्तु पटना विश्वविद्यालय के कुलपति प्रो. श्यामलाल से मिलकर जब मैंने उन्हें यूजीसी का पत्र दिया, तो उन्होंने मेरा ज़ोरदार स्वागत किया और रात में अपना मेहमान बनाकर कुलपति आवास में ठहराया। उन्होंने उस पत्र के जवाब में पटना विश्वविद्यालय में दलितों के लिए अलग से 'सामाजिक समावेशन-बहिष्करण शोध-केन्द्र' स्थापित करने की अपनी योजना बतायी। मुझे योजना अच्छी लगी। मैंने हामी भर दी। यूजीसी, एम.एच.आर.डी. भारत सरकार को प्रस्ताव गया, तुरत ही स्वीकृति मिल गयी और मेरे देखते-देखते वह केन्द्र भी खुल गया। इसीलिए डॉ. श्यामलाल जब तक कुलपति रहे, पटना यूनिवर्सिटी के सेमिनार-सम्मलेन में मुझे बुलाते रहे। उन्होंने मेरी एक पुस्तक की भूमिका भी लिखी। इस प्रकार उच्च शिक्षा में दलित-पिछड़ों के कल्याण के लिए मैंने अपनी शक्ति और सीमा में भरसक प्रयास किया।

इसी प्रकार बिहार में पहली बार मैंने मित्रों के सहयोग से 'दलित साहित्य अकादमी' के बैनर से ही जुलाई 2008 में 'जीवन बीमा निगम सभागार', मुज़फ़्फ़रपुर में 'छत्रपति शाहूजी महाराज जयन्ती समारोह' का आयोजन किया, जिसका विषय था– 'शाहूजी महाराज और आरक्षण'। इसकी खूब चर्चा हुई और मीडिया ने बड़ी-बड़ी ख़बरें छापी और चैनलों पर चलाया।

जब मैं प्रिंसिपल बना

आर.डी.एस. कॉलेज में रहते हुए 12 साल से ऊपर हो चुके थे। दलित साहित्य अथवा दलित पिछड़े मिशन पर काम करते हुए मैं डॉ. राम मनोहर लोहिया कॉलेज, मुज़फ़्फ़रपुर में आता-जाता था। वहाँ के प्रिंसिपल डॉ. अर्जुन प्रसाद थे, जो जाति के दलित (दुसाध) थे और मेरे बड़े शुभचिन्तक थे। वर्ष 2007 के अन्तिम दिनों में उन्होंने मुझसे कहा कि "आपने प्रिंसिपल के लिए आवेदन क्यों नहीं किया है? आपमें क्षमता है, योग्यता है। आप प्रिंसिपल ज़रूर बनियेगा। कब तक आर.डी.एस. कॉलेज में रहिएगा?" मुझे मालूम नहीं था कि मैं प्रिंसिपल की अर्हता रखता हूँ। मैंने कहा कि "प्रिंसिपल बनने के लिए प्रोफ़ेसर होना ज़रूरी है, मैं तो अभी रीडर ही हूँ।" इस पर उन्होंने कहा कि "आपको जानकारी नहीं है प्रिंसिपल बनने के लिए केवल 10 वर्षों का टीचिंग एक्सपीरियन्स होना चाहिए और कुछ नहीं। कुछ दिनों पहले भागलपुर और कुछ अन्य विश्वविद्यालयों में प्रिंसिपल की वैकेंसी निकली थी। आपने

आवेदन किया होता, तो आपका कहीं न कहीं हो जाता। फिर भी कोई बात नहीं। अभी और विश्वविद्यालयों में वैकेंसी आने वाली है। आप आँख मूँदकर आवेदन करिए। आपका हो जायेगा।"

कुछ ही दिनों बाद 7–8 विश्वविद्यालय में प्रिंसिपल नियुक्ति की वैकेंसी निकली। मैंने विश्वविद्यालय से अनापत्ति प्रमाण-पत्र लेकर सभी जगह आवेदन कर दिया। सभी जगह से मुझे इन्टरव्यू में भी बुलाया गया। पटना विश्वविद्यालय, पटना, मगध विश्वविद्यालय, बोध गया, एल.एन. मिथिला विश्वविद्यालय, दरभंगा, बी.एन. मण्डल विश्वविद्यालय, मधेपुरा और अन्त में बी.आर. अम्बेदकर बिहार विश्वविद्यालय, मुज़फ़्फ़रपुर में प्रिंसिपल की वैकेंसी निकली थी। मेरा सेलेक्शन एल.एन. मिथिला यूनिवर्सिटी, बी.एन. मण्डल यूनिवर्सिटी और बी.आर. अम्बेदकर बिहार यूनिवर्सिटी, मुज़फ़्फ़रपुर में प्रिंसिपल पद पर हुआ। चूँकि सबसे पहले मिथिला यूनिवर्सिटी, दरभंगा में नियुक्ति हुई थी, इसीलिए मैं मिथिला विश्वविद्यालय के डी.बी.के.एन. कॉलेज, नरहन, समस्तीपुर में प्रिंसिपल के रूप में योगदान कर लिया। उसके बाद मेरी नियुक्ति बी.एन. मण्डल विश्वविद्यालय के एच.एस. कॉलेज, उदाकिशुनगंज में हुई। वहाँ मैं नहीं गया। नरहन कॉलेज में कुछ ही महीने काम किया था कि बी.आर. अम्बेदकर बिहार विश्वविद्यालय, मुज़फ़्फ़रपुर में इन्टरव्यू हुआ और मेरा चयन हो गया। मेरी पोस्टिंग आर.एस.एस. महिला कॉलेज, सीतामढ़ी में हुई। मैं असमंजस में पड़ गया कि वहाँ जाऊँ कि नहीं जाऊँ? नरहन कॉलेज के लोग चाहते थे कि मैं वहीं रहूँ, किन्तु गृह विश्वविद्यालय होने के कारण मैंने सोचा बिहार विश्वविद्यालय में जाना ही ठीक रहेगा और छह महीने के बाद मैं वहाँ से रिलीव होकर बी.आर. अम्बेदकर बिहार विश्वविद्यालय, मुज़फ़्फ़रपुर आ गया। यहाँ के आर.एस.एस. महिला कॉलेज, सीतामढ़ी (डुमरा) में काम करने लगा।

नरहन कॉलेज, समस्तीपुर

नरहन कॉलेज में योगदान करते ही वहाँ के एक तेज़-तर्रार कर्मचारी रंजित झा ने मुझसे कहा कि "सर, कॉलेज में क्लास वग़ैरह नहीं चलता है, केवल नामांकन होते हैं और परीक्षा के फॉर्म आदि भरवाये जाते हैं। कर्मचारी तो आते हैं, पर शिक्षक कम ही आते हैं। आप भी मत आइए। सारे आवश्यक फाइल मैं आपके डेरे से करा लूँगा। विश्वविद्यालय से फण्ड आदि निर्गत करने के लिए 20% कमीशन लगता है। सारी व्यवस्था मैं कर दूँगा। आप निश्चिन्त

होकर घर बैठिए।" वे विश्वविद्यालय के मैसेन्जर थे। सुनकर मैं दंग रह गया। फिर सोचा देहात का कॉलेज है, सम्भव है ऐसा होता हो। बाद में पता चला झा जी ठीक कह रहे थे। इस विश्वविद्यालय में यही परम्परा थी।

पर मेरे लिए यह पहला कॉलेज था, जहाँ से प्रिंसिपल के रूप में मेरा कैरियर शुरू होनेवाला था। मैंने झा जी की बातों का कोई उत्तर नहीं दिया और मन ही मन सोच लिया कि मैं कॉलेज में ही किसी कमरे को आवास बनाकर रहूँगा और सारी चुनौतियों का खुद ही सामना करूँगा। खपरैल के प्रशासनिक भवन में प्राचार्य कक्ष के पीछे एक विश्राम कक्ष था, जो बाथरूम और आँगन से जुड़ा था। मैंने उसी को अपना आवास बना लिया। मैं अकेले रहता था। साथ में दो नाइट गार्ड और एक चपरासी रहते थे। मैंने रंजित झा के साथ विश्वविद्यालय कार्यालय जाकर वहाँ का अनुभव प्राप्त किया। कॉलेज में यूजीसी फण्ड से पुस्तकालय भवन बना था। किन्तु उसका ऊपरी तल्ला अधूरा था। उपयोगिता प्रमाण-पत्र के अभाव में यूजीसी ने शेष राशि नहीं भेजी थी। उसे कॉलेज फण्ड से पूरा करके कम्पलीशन सर्टिफिकेट भेजना था। इस कार्य के लिए मैंने विश्वविद्यालय के कॉलेज फण्ड से पाँच लाख रुपये की माँग की, जो आसानी से मिल गये। मुझे कोई कमीशन नहीं देना पड़ा। उसके बाद विश्वविद्यालय से बड़े काम के लिए मैं खुद ही जाने लगा। रंजित झा की चलती बन्द हो गयी। वह बिल्डिंग रंजित झा की देखरेख में ही बन रही थी। मैंने फिर से उन्हीं को बिल्डिंग निर्माण को पूरा करने का ज़िम्मा दे दिया। यूजीसी की 11वीं योजना की मीटिंग होनेवाली थी, जिसमें प्रोजेक्ट रिपोर्ट और प्लान लेकर प्रिंसिपल को जाना था। कॉलेज परेशान था कि यूजीसी से कम से कम दस लाख रुपये भी मिल जाता, तो विकास कार्य होता। मैंने खुद ही प्लान और प्रोजेक्ट रिपोर्ट बनाया और खुद ही यूजीसी की 11 वीं योजना के इंटरफेश मीटिंग में जाकर वहाँ से एक करोड़, सत्तर लाख की योजना पास करा ली। कॉलेज परिसर जंगल बन गया था। मैंने ट्रेक्टर और मज़दूर रखकर पूरे परिसर की सफ़ाई करवा डाली। क्लासरूम सहित पूरा परिसर साफ़-सुथरा हो गया। शिक्षण सामग्रियों को भी दुरुस्त करवा दिया गया। शिक्षक लोग खुश हो गये और नियमित कक्षाएँ चलने लगीं।

नरहन कॉलेज, समस्तीपुर में मैं कम ही दिन रहा, किन्तु प्रिंसिपल के रूप में यह छोटी कार्यावधि मेरे जीवन की सबसे महत्त्वपूर्ण अवधि रही। यहीं मैंने प्रिंसिपल के रूप में काम करने का तौर-तरीका सीखा। विश्वविद्यालय, महाविद्यालय और यूजीसी के अन्तःसम्बन्ध एवं महाविद्यालय विकास सम्बन्धी

सारे ज्ञान और अनुभव मुझे यहाँ से मिल गये। यहाँ के बड़ा बाबू श्री के. के. झा बड़े ज्ञानी और अनुभवी व्यक्ति थे। शिक्षक लोग भी विद्वान और अनुभवी थे। कॉलेज तो सुदूर गाँव में था, किन्तु यह एक ऐतिहासिक स्थान था। नरहन एक नामी स्टेट था। वहाँ के राजा दीवान बहादुर सिंह बड़े नामी और रोबीले व्यक्ति थे। बनारस सहित कई जगहों पर उनके पड़ाव और मौजे थे। काशी गंगा घाट पर आज भी नरहन स्टेट का मकान और घाट है। अंग्रेज़ के ज़माने में ही उन्होंने समस्तीपुर से नरहन होते हुए रोसड़ा तक रेलवे लाइन बिछवायी थी। सुदूर गाँव में यहाँ नरहन रेलवे स्टेशन बनवाया था, जो आज भी चालू है। उन्होंने ही अपनी 15-20 एकड़ ज़मीन देकर अपने गाँव में यह कॉलेज खुलवाया था। व्यावसायिक दृष्टि से यह क्षेत्र कृषि पैदावार के लिए मशहूर है। यहाँ की मिट्टी काफ़ी उपजाऊ है और यहाँ धान, गेहूँ, तम्बाकू और दलहन-तेलहन की खूब खेती होती है। सामाजिक दृष्टि से यह कोइरी-कुशवाहा बहुल क्षेत्र है। इसके अलावा अन्य दलित-पिछड़ी जातियाँ भी बहुतायत में हैं। ब्राह्मण, भूमिहार, राजपूत, कायस्थ आदि उच्च वर्ग के लोगों की संख्या यहाँ कम ही है। इस स्थान की एक और अनोखी विशेषता है, जो मेरी जानकारी में कहीं नहीं है।

नरहन की नागपंचमी

यहाँ 'नागपंचमी' के दिन 'साँप मेला' लगता है। लोगों ने कहा कि "इस बार 'साँप मेला' परिवार के लोगों को भी दिखा दीजिए। ऐसा मेला कहीं नहीं मिलेगा। बीबीसी सहित पूरे देश का मीडिया यहाँ उतर आता है।" मेला के दस-पन्द्रह दिन पहले ही से लोग सुबह-शाम कॉलेज के फील्ड में साँप चराने आने लगे। लोग मिट्टी के छेद किये घड़े में से बड़े-बड़े साँप निकालते और उन्हें फील्ड में घूमने के लिए छोड़ देते। एक बड़ी छड़ी से वे उन्हें हाँकते रहते। डेढ़-दो घंटे बाद फिर उसी छड़ी से वे साँपों को हाँकते हुए घड़े में घुसाकर ढक्कन बन्द कर देते और घड़ा उठाकर चल देते। यह सब देखकर मैं डर जाता। मेले के दिन मैं अपनी पत्नी और छोटे-छोटे बच्चों को ले आया। कॉलेज से सटे सड़क पर एक बड़ा सा पीपल का पेड़ और मन्दिर था। हज़ारों लोग गले में साँप लपेटे वहाँ इकट्ठे थे। मेरी पत्नी और बच्चे कौतूहल से यह दृश्य देख रहे थे। इतने में एक व्यक्ति आया और अपने गले का एक मोटा साँप मेरे और पत्नी के गले में डालने लगा। हम लोग डरकर भागे। लेकिन उसने साँप को मेरे भतीजे और बड़े लड़के के गले में डाल ही दिया। साँप

फन काढ़े गले से लिपटा रहा। लड़के डरे-सहमे खड़े थे। तुरत ही उसने साँपों को हटा लिया। पूजा के बाद सभी लोग साँपों को लेकर नदी की ओर जाने लगे। हम लोग भी साथ-साथ चले। भीड़ के मारे सारे वाहन बन्द हो गये थे। पैदल चलना भी मुश्किल था। नदी में साँपों को लेकर ही लोग नहाते थे। एक-दूसरे पर साँप फेंकते थे। इस फेंका-फेंकी में कई साँप मर जाते थे। यह विचित्र मेला हमलोगों ने जीवन में पहली बार देखा था।

कॉलेज बनने के बाद यद्यपि यहाँ के आम-अवाम को ही फ़ायदा हुआ। उनके बच्चे ख़ासकर लड़कियाँ यहाँ से आसानी से स्नातक की डिग्रियाँ लेने लगीं। किन्तु राजा के रोब और शोषण से यहाँ की जनता खुश नहीं रहती थी। इसीलिए कॉलेज और दिवंगत राजा दीवान बहादुर के प्रति यहाँ के आम लोगों का नज़रिया अच्छा नहीं था। राजा भूमिहार जाति के थे और कॉलेज में दरबार का एकमात्र सदस्य उनके पोता शिक्षक थे। शिक्षेकतर कर्मचारियों की संख्या 32 थी। शिक्षक भी लगभग 25 थे। पर एक भूमिहार और दो-तीन ओबीसी और एक दलित को छोड़कर बाकी सभी लोग मैथिल ब्राह्मण थे। अब तक कॉलेज का संक्षिप्त नाम ही चला आ रहा था- डी.बी.के.एन. कॉलेज। दीवान बहादुर के नाम में अन्दर और बाहर के लोगों की कोई रुचि नहीं थी। इसीलिए मैंने जाते ही गेट पर कॉलेज का पूरा नाम 'दीवान बहादुर कामेश्वर नारायण कॉलेज, नरहन' लिखवा दिया।

शिक्षक-कर्मचारियों की बैठक में प्रस्ताव रखा कि यहाँ संस्थापक की प्रतिमा लगनी चाहिए और कॉलेज के स्थापना दिवस पर धूमधाम से उसका अनावरण हो। बैठक ने इस प्रस्ताव को सर्वसम्मति से पारित कर दिया। मैंने कुलपति से खुद ही मिलकर इसके लिए कॉलेज के विश्वविद्यालय फण्ड से पाँच लाख रुपये की माँग की। किन्तु कुलपति ने यह कहकर रुपये देने से इनकार कर दिया कि प्रतिमा बनाने के लिए संस्था द्वारा पैसे ख़र्च करने का कोई प्रावधान नहीं है। फिर मैंने शिक्षक-कर्मचारियों से एक-एक दिन का वेतन और छात्रों से प्रति छात्र 100 रुपये का चन्दा लेकर राशि इकट्ठी की और शिक्षक संघ के सचिव प्रो. नारायण झा के साथ बनारस जाकर संस्थापक की प्रतिमा बनवायी। कॉलेज परिसर में पुराने ध्वस्त मकानों की नींव से ईंट खुदवाकर प्रतिमा स्थापित करने के लिए एक बड़ा गोलम्बर बनवाया। प्रतिमा बनकर कॉलेज में आ गयी। किन्तु बिहार विश्वविद्यालय के कुलसचिव द्वारा योगदान करने के लिए बार-बार दबाव के कारण मैं बी.आर.ए. बिहार विश्वविद्यालय, मुज़फ़्फ़रपुर आ गया। बाद में जब मिथिला विश्वविद्यालय के

कुलपति ने प्रतिमा का अनवारण किया, तो मुझे भी उस आयोजन में बुलाया गया। मैंने देखा कि शिलापट्ट पर मेरा भी नाम खुदा हुआ था। मेरे आने के बाद भी कॉलेज ने मुझे अपनी स्मृतियों में सँजोया। इसके लिए मैं नरहन कॉलेज का आभारी हूँ।

यहाँ पर रहते हुए मैंने कई महत्त्वपूर्ण कार्य किये, जो मिथिला विश्वविद्यालय के लिए ऐतिहासिक साबित हुए। वहाँ के कुलसचिव भी मुझे रिलीव करना नहीं चाहते थे। मैं सिण्डिकेट का मेम्बर था और मेरी भूमिका विश्वविद्यालय में महत्त्वपूर्ण थी। मासिक बैठक में मैंने कई अच्छे सुझाव दिये थे, जो विश्वविद्यालय और छात्रहित में थे। उस विश्वविद्यालय में नामांकन के समय छात्रों के सभी मूल प्रमाण-पत्र जमा करा लिये जाते थे, जो कभी नहीं लौटाया जाता था। केवल अगली डिग्री के उत्तीर्णता के प्रमाण-पत्र और अंक-पत्र ही मिलते थे। नरहन कॉलेज के पूर्ववर्ती छात्र और कुछ छात्र संगठनों ने आर.टी.आई. के द्वारा कॉलेज से विगत दस वर्षों के जमा प्रमाण-पत्रों को माँग दिया था, जिसका केस कॉलेज विगत तीन वर्षों से लड़ रहा था। केस विश्वविद्यालय से राज्य सूचना आयोग में चला गया था, जहाँ कॉलेज के प्रतिनिधि को प्रति माह जाना पड़ता था। छात्रों का आरोप था कि शिक्षक नियुक्ति के समय कॉलेज ने पैसे देकर सम्बन्धित छात्रों को इंटर के मूल प्रमाण-पत्र लौटा दिये हैं। मेरे योगदान करते ही यह समस्या मेरे सामने आयी। मैंने पूर्व प्रभारी प्राचार्य यदुनन्दन प्रसाद के नेतृत्व में तीन शिक्षकों का एक 'लीगल सेल' बना दिया था, जो इस केस को देखे। इस केस को देखने, वकील की फीस, पटना आने-जाने आदि के लिए मुझे हर महीने 15 से 20 हज़ार रुपये के चेक पर साइन करना पड़ता था। लेकिन केस का कोई फ़ैसला नहीं होता था। कुछ महीने बाद केस के भारी ख़र्चे को देखकर मैं चौंका। तब मैंने खुद ही केस को गम्भीरतापूर्वक देखा। कॉलेज ने आवेदक छात्र संगठनों को कोई उत्तर नहीं दिया था। कागज़ातों की प्रति उपलब्ध कराने के लिए छात्रों से चालीस हज़ार रुपये की माँग की गयी थी। किन्तु छात्रों के आवेदन में केवल प्रमाण-पत्रों का ब्यौरा माँगा गया था। मैंने कर्मचारियों की एक टीम बनायी और दस वर्षों की माँगी गयी सूचना का ब्यौरा इकठ्ठा किया, फिर उसे वर्षवार अंकित करवाकर छात्रों को उपलब्ध करा दिया। मैंने 'लीगल सेल' को हिदायत दे दी कि अगली तारीख़ को 'राज्य सूचना आयोग' में मैं खुद ही जाऊँगा।

इस बीच मैं विश्वविद्यालय के कुलपति के पास गया और अनुरोध किया कि नामांकन के समय छात्रों के मूल प्रमाण-पत्र नहीं लिये जायें। उनकी छाया प्रति को सत्यापित कर उन्हें छात्रों को लौटा दिया जाये। इसके लिए कुलपतिजी को मैंने पटना और बिहार विश्वविद्यालय का पत्र दिखाया, जिसमें वैसा ही निर्देश था। मैंने कुलपति को यह भी कहा कि यदि आप प्रमाण-पत्र लौटाने का पत्र नहीं निकालेंगे, तो मैं छात्रों के प्रमाण-पत्र नहीं लूँगा, क्योंकि मेरा कॉलेज तीन वर्षों से 'राज्य सूचना आयोग' में यही केस लड़ रहा है। छात्रों ने दस वर्षों का प्रमाण-पत्र माँगा है। सारे प्रमाण-पत्र दीमक चाट गये। प्रिंसिपल कॉलेज का कस्टोडियन होता है। काग़ज़ातों के रख-रखाव की कोई सुविधा नहीं है। बाढ़-बरसात का इलाक़ा है। प्रमाण-पत्रों को कैसे सुरक्षित रखा जाये? कुलपति जी पर मेरी बातों का असर हुआ। उन्होंने उसी समय अपने पी.ए. को बुलाया और मेरे पत्रों के अनुसार छात्रों के प्रमाण-पत्र लौटाने सम्बन्धी पत्र लिखवा दिया। दूसरे दिन पत्र भी निर्गत हो गया। अख़बारों में बड़ी-बड़ी खबरें छपीं। व्यापक छात्रहित का मामला था। इसीलिए छात्र और छात्र संगठन ख़ुश हो गये। मेरी भी वाहवाही होने लगी।

अगली तारीख़ को पटना जाने से पहले मैंने 'लीगल सेल' के प्रभारी यदुनन्दन बाबू को कहा कि मैं आयोग में ख़ुद ही बहस करूँगा, वकील नहीं आयेगा। यदुनन्दन बाबू ख़ुद एडवोकेट थे और उन्होंने इस केस के लिए पटना हाईकोर्ट के एक वकील को हायर कर रखा था। यदुनन्दन बाबू को फाइल लेकर मेरे साथ जाना था, किन्तु वे एक दिन पहले ही हाईकोर्ट के वकील के पास चले गये और कह दिया कि देखिए न, नये प्रिंसिपल आये हैं, कहते हैं ख़ुद ही बहस करूँगा। वे केस को बिगाड़ देंगे। हम लोगों की बात नहीं मानते, आप ही समझाइए। दूसरे दिन सुबह-सुबह यदुनन्दन बाबू ने वकील से फ़ोन पर बात करवायी। वकील ने अनुरोध किया कि "आप बहस नहीं करेंगे, अगली तारीख़ ले लेंगे।" मैंने यदुनन्दन बाबू को फोन पर डाँटा– "आपको वकील के पास जाने को किसने कहा था? काग़ज़ात लेकर जल्दी से आइए, सुनवाई की बारी आनेवाली है।" वे दौड़े-दौड़े आये।

नाम पुकारे जाने पर मैं 'राज्य सूचना आयोग' के जज के पास खड़ा हुआ। मैंने निवेदन किया– "हुज़ूर, आपका एक-एक क्षण कीमती है। उसी तरह मैं भी जिस छोटे पद पर हूँ, समय नहीं मिलता। प्रति माह यहाँ आना पड़ता है। यह केस यहाँ तीन वर्षों से चल रहा है। इसमें कॉलेज के बहुत-से समय, श्रम और पैसे बर्बाद हो चुके हैं। मैं ख़ुद ही सूचना अधिकारी हूँ।

यदि मैं रहता, तो इतना छोटा मामला आपके पास आता ही नहीं। मैं कॉलेज का नया प्रिंसिपल हूँ। मैंने आवेदक को जबाब दे दिया है। प्रपत्र 'घ' देखा जाये और इस केस का फैसला आज ही करने की कृपा की जाये।" मेरी बातों से जज प्रभावित हुए। उन्होंने फाइल देखी, पूछा– "आपके उत्तर से आवेदक सन्तुष्ट है?" मैंने कहा– "मेरे उत्तर को एक माह बीत चुका है। पर अभी तक कोई प्रतिक्रिया नहीं आयी, तो मैं तो समझता हूँ आवेदक सन्तुष्ट ही होंगे।" उन्होंने आवेदकों को खोजा। आवेदक उपस्थित नहीं थे। उन्होंने कहा– "निश्चिन्त रहिये प्रिंसिपल साहेब, केस का फ़ैसला मैं अभी कर देता हूँ। अब आना नहीं होगा।" उन्होंने वहाँ पर बैठे सहायक को फ़ैसला लिखवाया– "लिखिए, सूचना पदाधिकारी अदालत में सदेह उपस्थित हैं। आवेदक अनुपस्थित हैं। सूचना पदाधिकारी ने आवेदक को जबाब दे दिया है। आवेदक सन्तुष्ट हैं। सूचना पदाधिकारी की बातों से अदालत पूरी तरह सन्तुष्ट है। ऐसे में इस केस को आगे बढ़ाने का कोई औचित्य नहीं है। इसीलिए केस को बन्द किया जाता है।" जज साहेब ने कहा– "जाइए, 15 दिनों के अन्दर फ़ैसले की प्रति आपके पास चली जायेगी, वैसे अभी सच्ची प्रतिलिपि लेनी हो, तो 15 रुपये जमा करके काउंटर से ले सकते हैं।" फ़ैसला सुनकर मैं चला आया, पर यदुनन्दन बाबू प्रतिलिपि के लिए वहीं रह गये। इस प्रकार कॉलेज, आस-पास के क्षेत्र और विश्वविद्यालय में थोड़े ही दिनों में मेरी चर्चा होने लगी थी। इसीलिए कॉलेज के शिक्षक-कर्मचारी और विश्वविद्यालय के अधिकांश पदाधिकारी मुझे वहाँ से आने देना नहीं चाहते थे।

जब मैं बिहार विश्वविद्यालय में योगदान करने पहुँचा, तो मिथिला विश्वविद्यालय के रजिस्ट्रार ने यहाँ के रजिस्ट्रार को मेरे सामने ही फ़ोन करके मुझे ज्वाइन कराने से मना कर दिया था। इसी असमंजस में 25 दिन विलम्ब हो चुका था। अन्ततः मैंने दिनांक 26 अगस्त 2009 को बी.आर. आंबेदकर बिहार विश्वविद्यालय, मुज़फ़्फ़रपुर में योगदान कर लिया।

आर.एस.एस. महिला कॉलेज, सीतामढ़ी

रामसेवक सिंह महिला कॉलेज, मेरे गृह ज़िले का कॉलेज था, जो डुमरा शहर, सीतामढ़ी के बीचोबीच स्थित था। ज़िले की लड़कियों की उच्च शिक्षा के लिए यह एकमात्र सरकारी डिग्री कॉलेज था। कभी इस कॉलेज का नाम दूर-दराज तक था। छात्राओं के यातायात के लिए इसकी अपनी बस थी, जो जर्जर होकर अब परिसर में ही पड़ी थी। अपना महिला छात्रावास था,

जिसमें निकटवर्ती नेपाल तक की लड़कियाँ रहती थीं और कॉलेज में शिक्षा प्राप्त करती थीं। किन्तु अब वहाँ कुछ भी नहीं रह गया था। भवन के रूप में एक कच्चा-पक्का वर्ग-कक्षा भवन, दो कमरे का एक विज्ञान भवन और वही पुराना छात्रावास भवन था, जो रख-रखाव के अभाव में जर्जर हो चुके थे। कॉलेज कार्यालय इसी छात्रावास भवन में चलता था। इसी में प्राचार्य कक्ष और शिक्षक प्रकोष्ठ भी थे। एक स्थानीय विधान पार्षद और बिहार सरकार के मन्त्री श्री देवेश चन्द्र ठाकुर ने मुख्य गेट बनवा दिया था, किन्तु उस गेट का रास्ता पानी और कीचड़ में डूबा रहता था, जिससे लोग पुराने गेट से ही आते-जाते थे। जीर्ण-शीर्ण चहारदीवारी से घिरा कॉलेज परिसर मवेशियों का चरागाह बना हुआ था। बरसात के दिनों में परिसर कीचड़-पानी से भर जाता था।

संयोग से जब मैंने वहाँ योगदान किया, तो बरसात के दिन ही थे। परिसर कीचड़-पानी से भरा था। मिट्टी-सुर्खी-छायी देकर तत्काल पहले रास्ता बनाना था, फिर फील्ड की भराई, चहारदीवारी और भवनों की मरम्मत एवं रंगाई-पुताई आवश्यक आवश्यकता थी। किन्तु कॉलेज फण्ड में पैसे नहीं थे। वहाँ की निवर्तमान प्रभारी प्राचार्या डॉ. प्रभा सिंह और बर्सर प्रो. इन्दु सिन्हा ने दस हजार रुपये के निजी ख़र्चे से छात्राओं का परिचय-पत्र बनवाया था, जिसका वे भुगतान चाहती थीं। मैंने एक-दो दिनों के अन्दर ही विश्वविद्यालय को महाविद्यालय की भौतिक और आर्थिक स्थिति पर एक प्रतिवेदन लिखा और महाविद्यालय के विश्वविद्यालय फण्ड से दस लाख रुपये की माँग की, ताकि उक्त कार्यों को करते हुए कॉलेज में आवश्यक सुविधा बहाल की जा सके। किन्तु उक्त फण्ड में भी अधिक राशि संचित नहीं थी, इसलिए एक-दो महीने बाद 6 लाख की राशि ही मिल सकी। दूसरी बड़ी समस्या थी महाविद्यालय में किसी दक्ष लेखापाल का अभाव। महाविद्यालय के वरीय लेखापाल श्री राम कुमार सिंह को पूर्व प्रभारी प्राचार्या प्रभा सिंह ने निलम्बित करवाकर सुदूर बकुची कॉलेज में भेजवा दिया था। उन पर शराब पीने-पिलाने जैसा कुछ आरोप था। कॉलेज में तीन ही क्लर्क थे, जिसमें एकाउंट्स का कोई होशियार व्यक्ति नहीं था। राम कुमार सिंह के बारे में पता चला कि वे एकाउंट्स के अच्छे जानकार हैं। मैंने उनका निलम्बन तोड़वाकर उन्हें वापस लाने के लिए विश्वविद्यालय के कुलसचिव से सम्पर्क किया। वे राजी हो गये। फिर मैंने प्रभा सिंह और इन्दु सिन्हा से भी बातें कीं। वे किसी भी तरह उन्हें लाने के पक्ष में नहीं थीं। मैंने कॉलेज के काम का हवाला देकर जब उन्हें समझाया, तो

वे मान गयीं। किन्तु राम कुमार सिंह के आने के बाद दोनों शिक्षिकाएँ अक्सर नाराज़ ही रहती थीं। इसका कारण सम्भवतः यह था कि मेरे साथ डॉ. नवल किशोर शर्मा और राम कुमार सिंह अक्सर सुबह से शाम और कभी-कभी रात तक काम करते थे। इससे उन लोगों को लगता था कि वे प्रिंसिपल को गुमराह कर हमारे ख़िलाफ़ भड़काते हैं। लोग एक-दूसरे की शिकायत भी करते थे, तो मैं गम्भीरतापूर्वक नहीं लेता था। वहाँ के शिक्षक-कर्मचारियों की राय से कॉलेज हित में काम करने लगा था।

कॉलेज के पास ही ज़िला समाहरणालय और कलक्टर का आवास था। मैंने सोचा क्यों न ज़िला पदाधिकारी से सम्पर्क किया जाये? जिला विकास योजना में पैसे आते रहते हैं। यदि कलक्टर ने चाहा तो इस कॉलेज का जीर्णोद्धार हो सकता है। मैंने ज़िला पदाधिकारी से उनके आवास में सम्पर्क किया। ज़िलाधिकारी मेरी बातों से प्रभावित हुए और मेरे अनुरोध पर अगले दिन कॉलेज निरीक्षण का समय दे दिया। मैंने कॉलेज आकर सहयोगी शिक्षक और कर्मचारियों को सूचना दी। सबने कहा कि "कम से कम कुछ मिट्टी आदि डालकर उनके आने का रास्ता बना दीजिए।" मैंने कहा- "नहीं, इसी हालत में देखेंगे, तो समस्या महसूस करेंगे।" खैर, वे आये। फ़र्नीचर तो उतने थे नहीं, बरामदे में दरी बिछाकर छात्राओं को बैठाया गया। छात्राओं ने स्वागत गीत गाये। मैंने ज़िलाधिकारी का स्वागत करते हुए अपनी समस्या रखी। कलक्टर ने अपने वक्तव्य में आश्वासन दिया कि ज़िला विकास योजना की आनेवाली अगली राशि में अधिकतम इस महाविद्यालय को दिया जायेगा। उन्होंने मुझसे कहा कि किसी इन्जीनियर से आवश्यक प्राक्कलन बनवा कर मेरे कार्यालय में जमा कर दीजिए, सरकारी इन्जीनियर समय लगायेगा। मैंने वैसा ही किया। एक महिला छात्रावास सहित दो करोड़ राशि के निर्माण और मरम्मत सम्बन्धी प्राक्कलन बनवाकर कलक्टर ऑफ़िस में भेज दिया। एक महीने के अन्दर ही ज़िला विकास योजना में आठ करोड़ की राशि आई, जिसमें से ज़िलाधिकारी ने एक करोड़ सत्तर लाख रुपये हमारे महिला कॉलेज को आवंटित कर दिया। इसकी ख़बर अख़बारों में छपी। कॉलेज चर्चित होने लगा।

इसी बीच मैं बिहार सरकार के मन्त्री श्री देवेश चन्द्र ठाकुर, जिनका आवास कॉलेज के ठीक सामने ही था, से मिला और कॉलेज में रास्ता आदि के लिए अनुरोध किया। उन्होंने मदद से साफ़ इनकार करते हुए कहा कि "उस कॉलेज को कोई कुछ नहीं देगा। वहाँ दो पागल महिला प्रोफ़ेसर हैं, जो

सब पर केस करती रहती हैं, विश्वविद्यालय के कुलपति पर भी कर दिया था।" मैंने कहा– "अब तो मैं हूँ।" उन्होंने कहा– "आपको चलने नहीं देंगी। अभी नये-नये आये हैं, देखते जाइए।" वे बार-बार कह रहे थे– "कोई कुछ नहीं देगा।" इस पर मैंने कह दिया– "कलक्टर तो दे रहे हैं।" उन्होंने छूटते ही कहा कि "कलक्टर कहाँ से देगा?" फिर कहा– "हाँ, कलक्टर दे सकता है।" मैंने उन्हें ज़िला विकास योजना वाली बात विस्तार से बता दी। उसके बाद खबर आयी कि ज़िले के एक और मन्त्री श्री शाहिद अली खाँ (अब दिवंगत) के माध्यम से कॉलेज को आवंटित राशि सहित उस दो करोड़ की राशि पर ही रोक लगवा दी गयी है। मैंने पूर्व शिक्षा मन्त्री डॉ. रामचन्द्र पूर्वे से 'एसेम्बली क्वेश्चन' करवा दिया। सरकार ने मदद का आश्वासन दिया। इस प्रकार कॉलेज में राजनीति शुरू हो गयी। लेकिन मैं भी हार मानने वाला नहीं था। फिर जिले के सभी मन्त्री, विधायक और सांसदों से सम्पर्क कर एक पब्लिक मीटिंग बुलाने की योजना बनायी। सबसे मैंने कहा कि ज़िला विकास योजना की जो राशि मिलनेवाली थी, वह तो मिली नहीं, अब आप ही लोग थोड़ी-थोड़ी मदद कर दीजिए, जिससे कॉलेज का कल्याण हो जाये। यह ज़िले का एकमात्र महिला कॉलेज है। सभी लोगों ने मदद का आश्वासन दिया।

विश्वविद्यालय से मैंने पुरानी बस की नीलामी का आदेश ले लिया था, किन्तु यह ठान लिया था कि जब तक कोई नयी बस नहीं मिल जाती, तब तक इसे नीलाम नहीं करूँगा। इसीलिए मैंने सीतामढ़ी के सांसद श्री अर्जुन राय और मन्त्री शाहिद अली खाँ से नयी बस माँगी। मैंने कहा भवन बनवाइएगा, तो जो कॉलेज में आयेगा, वही देखेगा, किन्तु बस तो ज़िले भर में घूमेगी। हर जगह आपका नाम जायेगा। दोनों तैयार हो गये। सांसद श्री अर्जुन राय जी से मेरा अधिक अपनापन था। इसीलिए मैंने उनसे बस के बदले भवन देने का वादा करवा लिया, क्योंकि शाहिद अली खाँ ने बस देने की स्वीकृति दे दी थी। श्री बैद्यनाथ प्रसाद भाजपा कोटे से एम.एल.सी. थे। मैंने उनसे सेमिनार हॉल देने का वादा करवा लिया। विश्वविद्यालय के कुलपति से समय लेकर निर्धारित तिथि को उन्हीं की अध्यक्षता में एक अभिभावक मीटिंग आयोजित हुई, जिसमें लगभग छात्रा, अभिभावक, शिक्षक, कर्मचारी सहित लगभग पाँच हज़ार लोग शामिल हुए। छात्राओं का रंगारंग सांस्कृतिक कार्यक्रम देखकर सभी लोग मन्त्रमुग्ध हो गये। सभा मंच पर कुलपति सहित ज़िले के सभी मन्त्री, विधायक, सांसद और अन्य जनप्रतिनिधि उपस्थित थे। सबसे पहले सांसद श्री अर्जुन राय ने अपने वक्तव्य में सांसद कोष से 25 लाख की लागत

से प्रशासनिक भवन देने की न केवल घोषणा की, बल्कि वहीं मंच से ही ज़िला प्रशासन को पत्र भेजकर उसकी प्रति मुझे थमा दी। उसके बाद विधान पार्षद श्री बैद्यनाथ प्रसाद ने 15 लाख के सेमिनार हॉल बनवाने की घोषणा की। शाहिद अली खाँ ने बस देने की घोषणा की। सभी विधायकों ने कुछ न कुछ मदद का आश्वासन दिया। मन्त्री श्री देवेश चन्द्र ठाकुर ने केवल एक लाख रुपये देने की घोषणा की। लेकिन वह भी नहीं दे सके। देखते ही देखते बैद्यनाथ प्रसाद के कोष से सेमिनार हॉल का निर्माण कार्य शुरू हो गया। अर्जुन राय के भवन का भी शिलान्यास हो गया।

इस बीच मुझे विश्वविद्यालय से आवश्यक जीर्णोद्धार की राशि मिल चुकी थी। मैंने शिक्षक-कर्मचारियों की मदद से रास्ता, परिसर और भवनों की मरम्मत और रंगाई-पुताई करवा ली। नगर परिषद् से जेसीबी की मदद लेकर दो दिनों में कॉलेज परिसर को समतल करवा दिया। ऐसे कार्यों में महाविद्यालय के शिक्षक डॉ. नवल किशोर शर्मा, जो विश्वविद्यालय शिक्षक संघ के ज़िला अध्यक्ष भी थे, से लगातार सहयोग मिलता रहा। इसके अतिरिक्त एक और शिक्षक सियावर सिंह भी सहयोगी बने रहे। कॉलेज में कक्षाएँ नहीं चल रही थीं। केवल नामांकन और परीक्षा प्रपत्र भरने के लिए लड़कियाँ आती थीं। अब आधारभूत सुविधाएँ उपलब्ध हो जाने के बाद झुण्ड की झुण्ड छात्राएँ आने लगीं। किन्तु शिक्षकों का नितान्त अभाव था। केवल 8 ही शिक्षक थे। मैंने तुरत विश्वविद्यालय से सम्पर्क किया और 8-10 अवकाश प्राप्त शिक्षकों को अतिथि शिक्षक के रूप में बहाल करवा दिया। इस प्रकार शिक्षकों की संख्या 18 हो गयी और वर्ग कक्षाएँ सुचारु रूप से चलने लगीं। कभी-कभार मैं भी क्लास ले लिया करता था। इस बीच वन विभाग से मिलकर मैंने कॉलेज परिसर में वृक्षारोपण करवा दिया, जिसका उद्‌घाटन कलक्टर ने किया था। परिसर हरा-भरा हो गया। कॉलेज में कोई व्यावसायिक कोर्स नहीं था। तुरत ही मैंने विश्वविद्यालय से बीसीए वोकेशनल कोर्स की स्वीकृति ले ली। फिर उसके स्टाफ और रिसोर्स पर्सन की नियुक्ति करवायी। अब शिक्षकों की संख्या 24 हो गयी। कॉलेज पूरी रफ़्तार में चलने लगा। छात्राओं में उत्साह आ गया और वे 'राष्ट्रीय सेवा योजना' के तहत समाजसेवा के कार्य भी करने लगीं। यूजीसी में वह कॉलेज ब्लैकलिस्टेड था। 11वीं योजना में कोई प्लान नहीं गया था। मैंने तुरत 5 करोड़ का प्लान बनवाया और यूजीसी क्षेत्रीय कार्यालय कोलकाता भेजकर उसे स्वीकृत करवाने का प्रयास किया। पिछली योजना का उपयोगिता प्रमाण-पत्र भी भेज दिया। यूजीसी ने विशेष इंटरफेश मीटिंग

में कोलकाता बुलाया। सारी योजनाएँ कम्प्यूटर पर मैं खुद ही बनाता था। इसीलिए मुझे किसी भी कॉलेज के लिए इन्टरफेश मीटिंग में योजनाओं को समझाने में कोई कठिनाई नहीं होती थी और अधिक से अधिक राशि का आवंटन हो जाता था।

इस कॉलेज के लिए भी मेरे 5 करोड़ के प्लान के विरुद्ध लगभग 4 करोड़ की राशि स्वीकृत कर दी गयी, जिसमें 80 लाख महिला छात्रावास के लिए था। कुछ महीने बाद लगभग तीन करोड़ की राशि कॉलेज में आ गयी। मैंने कुछ राशि से कॉलेज को हाई-टेक कर दिया। यहाँ रहते हुए मुझे राष्ट्रीय सेमिनारों में विषय विशेषज्ञ के रूप में वक्तव्य देने के लिए कई महत्त्वपूर्ण आमंत्रण मिले, जिसमें प्रमुख थे- बिहार संस्कृत शिक्षा बोर्ड द्वारा पटना के श्रीकृष्ण मेमोरियल हॉल में आयोजित 'संस्कृत भाषा और साहित्य का राष्ट्रीय सम्मेलन' और साहित्य अकादमी, दिल्ली और पटना विश्वविद्यालय द्वारा संयुक्त रूप से आयोजित 'दलित साहित्य सम्मेलन'। एक सत्र की मैंने अध्यक्षता भी की।

लेकिन यूजीसी की राशि प्राप्त होते ही समस्या भी शुरू हो गयी। एक बाहरी छात्र नेता आनन्द बिहारी को मेरे साथ लगाया गया। वह मुझसे जुड़कर कॉलेज की विकास-गतिविधियों में शामिल होना चाहता था। महिला कॉलेज में मैं ऐसा नहीं कर सकता था। ऐसे कामों के लिए कॉलेज की छात्राएँ ही काफी थीं। मैं तो निष्ठांपूर्वक महाविद्यालय विकास में लगा था, जिसकी ख़बरें अक्सर अख़बारों में छपती रहती थीं। स्वाभाविक रूप से कुछ लोग महाविद्यालय के विकास और मेरी लोकप्रियता से जलने लगे, जिसमें कुछ बाहरी नेता और अन्दर के शिक्षक-शिक्षिका भी थे। मैं तो काम में व्यस्त रहता था, उधर भीतर ही भीतर मुझे यहाँ से ट्रान्सफर करवाने का खेल चल रहा था। बर्सर के रूप में प्रो. इन्दु सिन्हा पर एक-डेढ़ लाख रुपये की हेराफेरी का भी मामला सामने आया, जिसे उन्होंने मेरी कड़ाई के बाद कॉलेज फण्ड में जमा कर दिया। फिर मेरे खिलाफ उन लोगों ने व्यक्तिगत रूप से अभियान छेड़

दिया, जिसमें गोयनका कॉलेज, सीतामढ़ी के उसी छात्र नेता आनन्द बिहारी को आगे किया गया। उसे माननीय मन्त्री देवेश चन्द्र ठाकुर का भी वरदहस्त प्राप्त था। मेरे ऊपर कुछ अप्रिय और झूठे आरोप लगाकर पुलिस केस भी कराये गये, जो ख़ारिज हो गये। कॉलेज की विकास समिति से प्रस्ताव पारित करवाकर मैंने नरहन कॉलेज की तरह इस कॉलेज में भी संस्थापक की प्रतिमा स्थापित करने की योजना बनायी, जिसमें अलग से एक एकाउंट खोलकर शिक्षक-कर्मचारियों के एक दिन का वेतन और छात्राओं से 100 रुपये प्रति छात्रा वसूल किये जाने लगे। पहले तो विरोध नहीं हुआ, किन्तु बाद में इसी को आधार बनाकर उस छात्र नेता और कुछ अन्यों ने इसे मुद्दा बना लिया। छात्राओं को राशि के बदले रसीद दी जाती थी। विश्वविद्यालय में शिकायत की गयी। अख़बारों में ख़बरें आने लगी।

अन्ततः इस पर जाँच हेतु विश्वविद्यालय से एक उच्च स्तरीय जाँच समिति आयी, जिसके संयोजक कुलानुशासक डॉ. राजेन्द्र मिश्रा (अब दिवंगत) थे। जाँच में कोई अनियमितता नहीं पायी गयी। चन्दे की राशि कॉलेज फण्ड में जमा थी। बावजूद इसके राजनीति होती रही। लफंगे किस्म के बाहरी छात्रों का कॉलेज में आना-जाना शुरू हो गया। कॉलेज के बीसीए क्लास सुबह सात बजे से ही शुरू हो जाते थे। उस समय केवल कुछ शिक्षक और छात्राएँ होती थीं। एक दिन छात्राओं ने उक्त छात्र नेता के नेतृत्व में कुछ छात्रों के क्लास रूम में प्रवेश कर छेड़खानी करने की कोशिश सम्बन्धी शिकायत की। मैंने तहक़ीक़ात कर छात्राओं के आवेदन के आधार पर उन तत्त्वों पर एक पुलिस केस कर दिया। कुछ दिनों में छात्र नेता गिरफ्तार हो गये। महाविद्यालय शान्त हो गया। जब तक स्थायी कुलपति डॉ. राजदेव सिंह विश्वविद्यालय में रहे, मेरा कुछ नहीं हुआ। किन्तु कुछ ही महीने के बाद जब वे अवकाश प्राप्त हो गये, तो फिर से भीतर ही भीतर मेरे स्थानान्तरण की साज़िश शुरू हो गयी। अब वही राजेन्द्र मिश्र प्रभारी कुलपति बन गये, जिन्होंने मेरी जाँच की थी।

राजनीतिक प्रभाव का इस्तेमाल कर महाविद्यालय की दोनों शिक्षिकाएँ न केवल विश्वविद्यालय, बल्कि गवर्नर हाउस तक रो-धोकर मेरी शिकायत पहुँचा दी। सरकार द्वारा प्राचार्य एवं शिक्षकों के स्थानान्तरण पर रोक लगा दी गयी थी। किन्तु पत्र निर्गत होने के दो दिन पूर्व ही नये प्रभारी कुलपति डॉ. मिश्रा ने राजभवन से मेरे स्थानान्तरण की अनुमति ले ली। फिर चुपके से मेरा स्थानान्तरण कर दिया गया। अख़बारों में ख़बर आने के बाद मैं कुलपति जी से मिला। कहा कि "आते ही आपने मेरी गर्दन पर छुरी चला दी। आख़िर मेरा

कसूर क्या था? आप तो जाँच में भी गये थे।" उन्होंने अपनी मजबूरी बताते हुए कहा कि "आपका ट्रान्सफर राजभवन ने किया है।" मैंने उन्हीं की टेबल पर काग़ज़ लेकर एक प्रोटेस्ट पेटीशन लिखा और अनुरोध किया कि यदि दो दिनों के अन्दर ट्रान्सफर वापस नहीं लिया गया, तो मैं न्यायालय में जाऊँगा। उन्होंने आश्वासन दिया। किन्तु जब दो दिनों के बाद कुछ नहीं हुआ, तो मैंने स्थानान्तरण के विरोध में पटना उच्च न्यायालय में एक याचिका दायर कर दी। दस दिनों के अन्दर ही माननीय उच्च न्यायालय ने मेरे ट्रान्सफर को स्टे कर दिया। इस बीच मेरे स्थानान्तरण के विरोध में लोगों ने एक दिन सीतामढ़ी शहर और दूसरे दिन डुमरा शहर का आवागमन ठप कर दिया। आम-आवाम में स्वत: सन्देश फैला कि एक बैकवर्ड प्रिंसिपल को फॉरवर्ड लोग तंग कर रहे हैं। यद्यपि इस बात में कुछ सच्चाई थी कि कुछ शिक्षक-शिक्षिकाओं ने बाहर इसे जाति का मुद्दा बना दिया था; किन्तु मेरे साथ शुरू से अन्त तक इस लड़ाई में साथ देनेवाले शिक्षक नवल किशोर शर्मा भूमिहार जाति से ही थे। इसीलिए मैंने इसे बैकवर्ड-फॉरवर्ड का मुद्दा बनने नहीं दिया। मैंने केवल क़ानूनी लड़ाई पर भरोसा रखा। ज़िले की आम जनता और छात्र-छात्राओं में मेरी लोकप्रियता थी। कुछ लड़कियों ने विश्वविद्यालय मुख्यालय आकर सिण्डिकेट की बैठक में वीसी का घेराव कर कुछ देर के लिए बैठक की कार्रवाही स्थगित करवा दी। किन्तु न्यायालय से स्थगन आदेश के बावजूद मैं कॉलेज में काम नहीं कर सका, क्योंकि मेरे बदले में जिस प्रभा सिंह को प्रभारी बनाया गया था, उन्होंने मेरे प्रिंसिपल चैम्बर में एक और ताला जड़ दिया था। मैंने ज़िला पदाधिकारी एवं कुलपति से मदद की गुहार लगायी, पर कोई सुनवाई नहीं हुई। पुराने कलक्टर का ट्रान्सफर हो चुका था। नये कलक्टर यहाँ के मन्त्रियों के प्रभाव में थे। मैंने नये स्थाथान्तरित कॉलेज में योगदान न करके चिकित्सा अवकाश ले लिया।

जिस एस.आर.ए.पी. कॉलेज, बारा चकिया में मेरा स्थानान्तरण हुआ था, पता चला कि वहाँ की प्रिंसिपल ममता सिन्हा भी महिला कॉलेज, सीतामढ़ी नहीं जाना चाहती थी। वह भी हाईकोर्ट चली गयी। किन्तु वह कोर्ट में हार गयी और मैं जीत गया। मेरे फाइनल जजमेंट में मेरा ट्रान्सफर आर्डर रद्द कर दिया गया। अब विश्वविद्यालय के साथ एक विकट समस्या हो गयी। विश्वविद्यालय मेरे न्यायादेश के ख़िलाफ़ डिवीजन बेंच में चला गया। डिवीजन बेंच ने एक तरह से समझौता कर दिया कि जाने दीजिए, प्रिंसिपल पर जो चार्ज थे, कोर्ट ने उसे खारिज कर दिया है। महिला प्रिंसिपल केस हार चुकी है।

इसीलिए महिला कॉलेज में महिला प्रिंसिपल को जाने दीजिए और पुरुष प्रिंसिपल को-एजुकेशन वाले कॉलेज में चले जाये। वैसे आप सुप्रीम कोर्ट जा सकते हैं। यदि मैं सुप्रीम कोर्ट जाता, तो निश्चय ही मेरी फिर जीत होती और मैं महिला कॉलेज में ही बना रहता, लेकिन तीन-चार महीने की लड़ाई और फिर स्थानथान्तरित कॉलेज में आने के शिक्षक-कर्मचारियों के बार-बार के अनुरोध के बाद मैंने नये स्थान में योगदान करना ही उचित समझा। महिला कॉलेज, सीतामढ़ी में मैं 26 अगस्त 2009 से मार्च 2011 लगभग डेढ़ वर्षों तक रहा।

बड़े भाई श्री लक्षण ठाकुर की मृत्यु

इस बीच कॉलेज का तो विकास हुआ, मेरी नैतिक और संवैधानिक जीत हुई, मेरे अनुभव बढ़े, पर मेरी व्यक्तिगत और पारिवारिक हानि भी हुई। केस-मुक़द्दमे की भाग-दौड़ और जीत की तो ख़ुशी थी, पर इसी बीच मेरे बड़े भाई साहब लक्षण ठाकुर अचानक चल बसे। उनकी उम्र 60-62 से अधिक नहीं रही होगी। वे बिल्कुल स्वस्थ थे। गाँव में हम लोग साथ ही रहते थे। गृह ज़िले के इस महिला कॉलेज से मेरे गाँव की दूरी लगभग 25 किमी है। मेरा गाँव खैरवा राजपूत बहुल गाँव है। मेरे ख़िलाफ़ जो छात्र नेता सक्रिय था, वह भी राजपूत ही था। और हमारे गाँव से लगभग 10 किमी दूर के गाँव का था, जिस गाँव से हमारे यहाँ के राजपूत लोगों की रिश्तेदारी थी। मेरे बड़े भाई साहब गाँव में ही रहते थे। भाई साहब पढ़े-लिखे नहीं थे। एक बार जब मैं गाँव गया, तो भाई साहब ने कहा था कि "लोग कहई छई कि तोहर नौकरी चल जतओ, बेलहिया वाला आनन्द बिहारी के काहे ला तंग करई छहू।" मैंने कहा कि "हम कहाँ तंग करई छिअई, ऊहे हमरा तंग करई अ। लेकिन सब ठीक हो जतई, तू चिन्ता न करा।" मैंने उन्हें कुछ पैसे दिये और दूसरे दिन कॉलेज चला आया। इसी बीच मेरे ही कॉलेज वाले केस में आनन्द बिहारी जेल चला गया। चूँकि हर घटना की ख़बर अख़बारों में छपती थी, इसीलिए हमारे गाँव में भी यह एक हॉट न्यूज़ रहता होगा। मेरे भाई साहब पर लोगों का नकारात्मक दबाव पड़ा होगा। वे एक दिन चुपचाप मुज़फ़्फ़रपुर स्थित मेरे आवास पर चले गये। उस समय मेरा छोटा भाई प्रकाश भी अपने परिवार के साथ मुज़फ़्फ़रपुर में ही रहता था। पहले तो वह मेरे ही मकान में रहता था, किन्तु मेरे बड़े लड़के राजीव ने झगड़ा कर लिया था। इसीलिए कुछ दिनों से वह बेला फैक्ट्री के पास एक किराये के मकान में रह रहा था।

बड़े भैया घर से अन्यमनस्क होकर आये। रात में मेरे मकान में रहे। सुबह खस्सी का माँस बना। वे खाना खाये और फिर प्रकाश के साथ उसके डेरे में चले गये। वहीं कुर्सी पर बैठकर टीवी देख रहे थे कि अचानक वे बेहोश-से होने लगे। प्रकाश ने मुझे फ़ोन किया। मैं उस समय सीतामढ़ी महिला कॉलेज में ही ऑफ़िस का काम कर रहा था। मैंने कहा फ़ौरन डॉक्टर के पास ले जाओ। मैं भी आता हूँ। किन्तु तब तक उनका सर कुर्सी पर ही लुढ़क चुका था। डॉक्टर ने उन्हें मृत घोषित कर दिया था। वर्ष 2010 के अक्टूबर महीने की 30वीं तारीख़ थी, दिन था शनिवार। मैंने कुछ ही दिन पूर्व बैंक से लोन लेकर एक 'अल्टो कार' ख़रीदी थी। अपनी उसी कार से मैं मुज़फ़्फ़रपुर आने लगा। अभी कुछ ही दूर चला था कि छोटे भाई ने फ़ोन किया कि भैया गुज़र गये। यहाँ मत आइए। हम लोग एम्बुलेंस से आ रहे हैं। गाँव चलिए। मैं दु:ख और ग्लानि से भर गया। उनसे कोई बात भी नहीं हुई थी। कोई बात थी, तो मेरे पास सीतामढ़ी आते। मुज़फ़्फ़रपुर क्यों चले गये? अनेक सवाल मन में उभर रहे थे। यह तय है कि वे तनाव में थे। गाँव के लोगों ने कुछ ज़्यादा ही डरा दिया होगा। मेरा मन कहता है यदि कॉलेज वाली घटना नहीं हुई होती, तो मेरे भाई साहब इतनी जल्दी नहीं मरते। उन्हें कोई बीमारी नहीं थी। पैदल मीलों तक घूम आते थे। दुबला-पतला शरीर था। अत्यधिक तनाव से सम्भव है ब्लड-प्रेशर बढ़ या घट गया होगा और हार्ट-अटैक हो गया। ख़ैर देर शाम लाश आयी।

कल होकर ब्रह्म-स्थान के पास अपने खेत में ही उनका दाह-संस्कार किया गया। फिर क्रिया-कर्म हुए। पूरा परिवार मर्माहत था। घर के अभिभावक को असमय ही खो जाने के कारण मैं विशेष रूप से दुखी था। मेरा मन कहता है कि यदि महिला कॉलेज वाली घटना नहीं होती, तो मेरे भैया का निधन नहीं हुआ होता। मैंने हाल ही में उन्हें कुछ रुपये दिये थे, जिसे उन्होंने भाभी को रखने के लिए दे दिया था। किन्तु अन्य 25-30 हज़ार रुपये उन्होंने चुपके से कुछ लोगों को ब्याज पर लगा दिया था, जिसका पता किसी को नहीं था। पढ़े-लिखे भी नहीं थे कि डायरी में लिखते या लिखवाते। सीधे-सादे लोग थे और ऐसे लोगों की शराफत का लोग नाजायज़ फ़ायदा उठाते हैं। उनके परिचितों से पूछा गया। सबने इनकार कर दिया। उनके सारे पैसे डूब गये।

जब मैं मुज़फ़्फ़रपुर आया, तो सबसे पहले छोटे भाई प्रकाश के परिवार को अपने मकान में ले आया। अपनी पत्नी और लड़के को डाँट पिलाई और मकान का एक फ्लैट देकर प्रकाश के परिवार को उसमें स्थायी रूप से शिफ्ट

कर दिया। तब से वह यहीं रहता है। वह बिजली विभाग में एस.बी.ओ. है। जब तक मुज़फ़्फ़रपुर बिजली बोर्ड सरकारी था, तब तक वह यहीं पोस्टेड था, किन्तु प्राइवेट हो जाने के कारण उसका ट्रान्सफर सिवान हो गया।

शिवदेनी राम अयोध्या प्रसाद कॉलेज, बारा चकिया

शिवदेनी राम अयोध्या प्रसाद महाविद्यालय एक पुराना डिग्री कॉलेज है, जो एस.आर.ए.पी. कॉलेज के नाम से प्रसिद्ध है। यह मेरे मुज़फ़्फ़रपुर आवास से लगभग 40 किमी की दूरी पर मुज़फ़्फ़रपुर-मोतिहारी मुख्य मार्ग (फोर लेन) पर अवस्थित है। यद्यपि यहाँ का लोकेशन, आवागमन, भौतिक और शैक्षणिक स्थिति महिला कॉलेज, सीतामढ़ी से काफ़ी अच्छी थी, फिर भी यहाँ आकर मैं ख़ुश नहीं था। यह विश्वविद्यालय का ऐसा महाविद्यालय था, जिसे पिछड़े वर्ग के लोगों ने खोला था। उसके आगे-पीछे विश्वविद्यालय में पिछड़े समाज के लोगों द्वारा कुछ और कॉलेज खोले गये, जिनमें डॉ. राममनोहर लोहिया स्मारक महाविद्यालय, मुज़फ़्फ़रपुर, आर.सी. कॉलेज, सकरा, मुज़फ़्फ़रपुर, एस. एल.के. कॉलेज, सीतामढ़ी रामलखन सिंह यादव कॉलेज बेतिया और जमुनी लाल कॉलेज, हाजीपुर प्रसिद्ध हैं। विश्वविद्यालय के 39 अंगीभूत कॉलेजों में मात्र ये चार-पाँच कॉलेज ही हैं, जिन्हें पिछड़े वर्ग के पूँजीपति और ज़मीन्दारों ने खोला था। शिवदेनी राम अयोध्या प्रसाद कानू जाति (बिहार में अति पिछड़ा वर्ग) के दो सगे भाई थे। मेरी चिन्ता का सबसे बड़ा कारण यही था कि मैं पिछड़ा वर्ग का सदस्य हूँ, इसीलिए विश्वविद्यालय ने मुझे जानबूझकर पिछड़े वर्ग के कॉलेज में भेजा है। इसके पूर्व मेरे सेवाकाल में ऐसा कभी नहीं हुआ था। मैं नियम-परिनियम के तहत प्रशासन चलाता था। यहाँ सम्भव है जाति आड़े आये। इसीलिए मैं दुखी था। फिर भी शिक्षक-कर्मचारियों ने सहयोग दिया और कॉलेज रफ़्तार से चल पड़ा। यहाँ भी मुझे कुआँ खोदकर पानी पीना पड़ा।

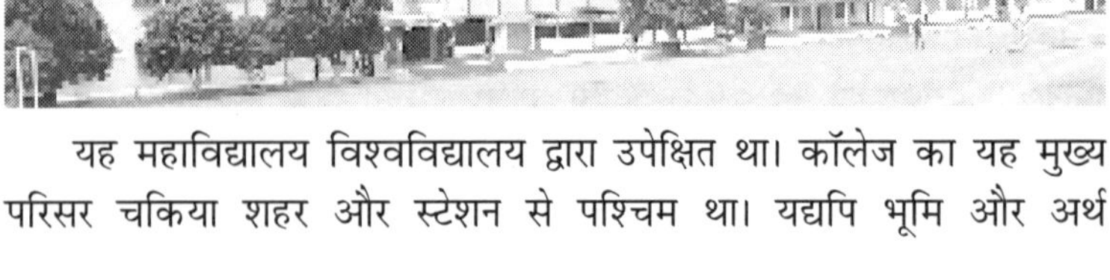

यह महाविद्यालय विश्वविद्यालय द्वारा उपेक्षित था। कॉलेज का यह मुख्य परिसर चकिया शहर और स्टेशन से पश्चिम था। यद्यपि भूमि और अर्थ

सम्पदा की कमी नहीं थी, पर भवन, वर्गकक्षा और चहारदीवारी आदि का नितान्त अभाव था। भवन के नाम पर एक दो-मंज़िली पुरानी इमारत थी, जो रख-रखाव के अभाव में काली और जर्जर पड़ चुकी थी। यूजीसी की राशि से अधूरा निर्मित एक महिला छात्रावास था। एक आधा-अधूरा पुस्तकालय भवन का ढाँचा था, जिसमें अपराधियों ने नाइट गार्ड की हत्या कर दी थी। इसीलिए इसका निर्माण कार्य वर्षों से रुका पड़ा था। एक अधूरा हॉलनुमा भवन था। यद्यपि यहाँ दो रात्रि-प्रहरी नियमित रूप से रहते थे, किन्तु शहर से दूर सड़क के किनारे एकान्त में होने के कारण रात में यह कॉलेज अपराधियों का अड्डा बन जाता था। मैंने रात में कॉलेज में ही रहने का निर्णय किया। चौबीस घण्टे की मेरी उपस्थिति से कॉलेज परिसर में व्याप्त भय और आशंका का वातावरण दूर हुआ। आस-पड़ोस के गाँव के लोगों ने भी मदद की। कॉलेज के 10 एकड़ के इस मुख्य परिसर के अलावा कॉलेज के अन्य दो भू-भाग भी थे, जिनमें एक चकिया शहर में सड़क के किनारे लगभग 1.5 एकड़ का था, जहाँ कॉलेज की शुरुआत हुई थी। अब भी वहाँ कुछ कच्चे-पक्के टूटे-फूटे खपड़ैल घर थे, जिसमें वर्षों से कॉलेज का एक चपरासी रहता था, जिसका नाम सर्वेश्वर था। फोरलेन मुख्य मार्ग और रेलवे स्टेशन के पास शहर से पूरब हरपुर नाग में लगभग 4.5 एकड़ का कॉलेज का एक और भू-भाग था, जहाँ एक बड़ा तालाब था।

मैंने कॉलेज के शैक्षणिक, प्रशासनिक और भौतिक संरचना के निर्माण और विकास के लिए युद्ध-स्तर पर कार्य करना शुरू कर दिया। तुरत ही कम्प्यूटर, इन्टरनेट आदि की सुविधा उपलब्ध करवाकर कॉलेज को हाई-टेक कर दिया। छात्र-छात्राएँ आने लगे। कुछ गेस्ट शिक्षकों को नियुक्त कर शिक्षकों की कमी दूर की। पढ़ाई शुरू हो गयी। शिक्षक-कर्मचारी, कुछ स्थानीय जनप्रतिनिधि और विश्वविद्यालय प्रशासन के सहयोग से एक-डेढ़ वर्षों के अन्दर ही कॉलेज फड से 10 एकड़ के विशाल परिसर को दो-दो गेटवाली बड़ी चहारदीवारी से घेरवा दिया। मुख्य भवन की मरम्मत और रंगाई-पुताई भी कर डाली गयी। अधूरे पड़े पुस्तकालय भवन को विस्तारित कर उसे मुख्य भवन से जोड़ते हुए दो-मंज़िला कर दिया गया। कर्पूरी ठाकुर के नाम पर उसका नाम 'कर्पूरी ठाकुर पुस्तकालय' रख दिया गया। अधूरे पड़े महिला छात्रावास को भी पूरा कर दिया गया। उसका नाम 'सावित्रीबाई फुले महिला छात्रावास' रखा गया। हॉल वाले भवन को विस्तारित कर दो-मंज़िला बना दिया गया। यह कॉलेज का नया प्रशासनिक भवन बन गया। उसके

पास ही व्यायामशाला, कैन्टीन भवन और साइकिल शेड बनवा दिया गया। कैन्टीन के पास ही एम.पी. फण्ड से एक सार्वजनिक शौचालय बनवाया गया। कॉलेज फण्ड से कॉलेज के मुख्य गेट पर सार्वजनिक शौचालय सहित एक हॉस्पिटल भवन बनवा कर उसमें दो अंशकालिक डॉक्टर और एक नर्स रखवाया। यूजीसी फण्ड से खेल-कूद का पर्याप्त सामान मँगवाकर खेलकूद गतिविधियों को बढ़ावा दिया। बिजली विभाग से कॉलेज परिसर में कॉलेज का अपना ट्रान्सफार्मर लगवाया और बड़े-बड़े जेनेरेटर और इन्वर्टर लगवाकर 24 घण्टे बिजली आपूर्ति सुनिश्चित करवायी।

स्थानीय सांसद राधामोहन सिंह से मिलकर उनके सांसद कोष से कॉलेज के गेट से लेकर मुख्य भवन तक पीसीसी सड़क बनवायी। परिसर के बाकी भवनों को जोड़ने के लिए कॉलेज फण्ड से सड़क एवं पक्के प्लेटफॉर्म बनवाये। कॉलेज के हर भवन और गेट पर लाइट बोर्ड लगवाये गये, ताकि रात में भी कॉलेज दूर से दिखायी पड़े। इसके अतिरिक्त शहर में स्थित पुराने कॉलेज परिसर को चहारदिवारी से घेरवा दिया। आस-पड़ोस और शहर के कुछ लोगों के विरोध हुए, किन्तु अनुमण्डल प्रशासन की मदद से चहारदीवारी निर्माण में सफलता मिल गयी। हरपुर नाग वाली ज़मीन पर भी बोर्ड आदि लगाकर उसकी सुरक्षा सुनिश्चित की गयी। कॉलेज की आधारभूत संरचना के निर्माण और विकास के साथ-साथ महाविद्यालय के शैक्षणिक विकास के भी भरपूर प्रयास किये गये।

सबसे पहले वर्ष 2012 में मैंने कॉलेज की चाहरदीवारी का निर्माण करवाया। कुलपति द्वारा कॉलेज की चहारदीवारी के शिलान्यास के समय ज़िले के सांसद, मन्त्री, एम.एल.सी., विधायक आदि जनप्रतिनिधियों के साथ अभिभावकों की सभा बुलाकर छात्र-शिक्षक-अभिभावक सम्वाद और व्याख्यान आयोजित किये गये। जिसमें हजारों लोगों ने भाग लिया। इसके बाद वर्ष 2013 की 24.25 मई को दलित साहित्य पर यूजीसी का राष्ट्रीय सेमिनार करवाया, जिसमें रमणिका गुप्ता, मोहनदास नैनिशराय, श्योराज सिंह बेचैन, बुद्धशरण हंस, राजेन्द्र प्रसाद सिंह, ललन सिंह, मोसाफिर बैठा, प्रसार भारती के संजय कुमार के अतिरिक्त दर्जनों विश्वविद्यालयों के सैकड़ों प्रतिभागियों ने भाग लिया। इसके अतिरिक्त समय-समय पर राष्ट्रीय सेमिनार, संगोष्ठी और कार्यशालाओं का आयोजन कर शैक्षणिक सन्देश दिया गया। एक अन्तरराष्ट्रीय सेमिनार भी करवाया। मैंने अपने साढ़े 5 वर्ष के कार्यकाल में इस कॉलेज में कुल 17 राष्ट्रीय सेमिनार करवाये। यहाँ सेमिनारों में 'जूलॉजिकल सर्वे ऑफ़ इण्डिया' बिहार

के उपनिदेशक डॉ. गोपाल शर्मा भी दो बार आये। उन्हें एम.एस. कॉलेज, मोतिहारी में भी बुलाया था। एस.आर. ए.पी. कॉलेज से पटना विश्वविद्यालय के एक और राष्ट्रीय सेमिनार एवं ए.एन. सिंहा इन्स्टीच्यूट ऑफ़ सोशल साइन्स, पटना में प्रो. संजय

पासवान (पूर्व सांसद) द्वारा आयोजित 'दलित नैरेटिव' विषयक 'त्रि-दिवसीय राष्ट्रीय सम्मेलन' में भी वतौर वक्ता भाग लिया था। राष्ट्रीय-अन्तर्राष्ट्रीय सेमिनारों में जेएनयू तक के शोधार्थी छात्र आये। ये लोग मेरे बेटे दीपक के साथ बिहार में पिछड़ा वर्ग आन्दोलन के जनक स्व. रामलखन चन्दापुरी के पुत्र श्री इन्द्रकुमार चन्दापुरी से मिलने पटना भी गये। इनमें प्रमुख थे – अरुण कुमार, जितेन्द्र यादव और विनय भूषण। विनय भूषण बिहार के ही गोपालगंज जिले के रहनेवाले हैं। एम.जे.के. कॉलेज, बेतिया में रहते हुए मैं उनकी शादी के 'स्वागत समारोह' में उनके गाँववाले घर पर भी गया था। चकिया के पास ही विश्व प्रसिद्ध 'केसरिया

बौद्ध स्तूप' भी है, जिसे देखने दिल्ली और दूर-दराज के लोग गये थे। एक-डेढ़ वर्ष के अन्दर ही कॉलेज में कई स्मार्ट क्लासेस बनवा दिये, जहाँ से ऑनलाइन क्लास की व्यवस्था भी शुरू हो गयी। कॉलेज को पूर्णत: ऑनलाइन

कर दिया गया। छात्रों के शुल्क आदि को ऑनलाइन जमा करने की सुविधा उपलब्ध करायी गयी। कैशलेस ऑफ़िस हो गया। ग्रामीण क्षेत्र में कॉलेज को हाई-टेक और डिजिटिलाई करने के लिए मुझे वर्ष 2016 में बिहार सरकार के तत्कालीन महामहिम राज्यपाल श्री रामनाथ कोविन्द से 'डिजिटल इण्डिया का नेशनल अवार्ड' भी मिला, जिसमें हमारे कॉलेज से चुने हुए 25 छात्र एवं 25 छात्राओं को भी बुलाया गया था। कॉलेज को 'एक्सेलेन्ट इंस्टीच्युशनल अवार्ड' मिला। पटना के 'होटल मौर्या' में सम्पन्न इस कार्यक्रम में सबको प्रमाण-पत्र, भोजनादि मिले। इस बीच मैं देश के कई नामी विश्वविद्यालयों में राष्ट्रीय-अन्तरराष्ट्रीय सेमिनारों में बतौर वक्ता और प्रतिभागी बनकर जाता रहा और पेपर प्रस्तुत कर प्रशंसा-पत्र और अवार्ड पाता रहा। लखनऊ विश्वविद्यालय के 'अन्तरराष्ट्रीय कॉन्फ्रेन्स, 'नैक कॉन्फ्रेन्स, बंगलोर' और 'नैक कॉन्फ्रेन्स, अहमदाबाद, में दिये गये 'बेस्ट-पेपर अवार्ड्स' कुछ ऐसे ही महत्त्वपूर्ण अवार्ड थे।

कॉलेज में नैक मूल्यांकन

महाविद्यालय के विकास के लिए विभिन्न राष्ट्रीय-प्रान्तीय एजेंसियों से अनुदान लेना, नैक मूल्यांकन और यूजीसी से ऑटोनोमी आदि के लिए प्रयास करना प्रिंसिपल का कर्तव्य और दायित्त्व है। किन्तु संसाधन और सहयोग के अभाव में अक्सर ऐसा नहीं हो पाता। इसीलिए प्राचार्य गण रुटीन वर्क करके ही अपने कर्तव्य की इतिश्री कर लेते हैं। मैं जिस महाविद्यालय में गया, उसे आदर्श बनाने की भरपूर कोशिश की। अडचनें आयीं, व्यवधान उपस्थित किये गये, पर अन्ततः सफलता मिलती गयी। चकिया कॉलेज में जब मैंने योगदान किया, तो संकल्प ले लिया कि दो-तीन वर्षों के अन्दर इस महाविद्यालय का 'नैक मूल्यांकन' करवा डालूँगा। इसके लिए मैंने 'संकल्प' नाम से महाविद्यालय की एक वार्षिक पत्रिका ही निकाल डाली, जो वर्ष 2012 से वर्ष 2016 तक जब तक मैं कॉलेज में रहा, लगातार प्रकाशित होती रही। सेमिनारों के कई-कई विशेषांक भी निकले। दक्षिण कोरिया, वियतनाम, जापान, युएई, अमेरिका, ब्रिटेन, जेएनयू, दिल्ली, बनारस, लखनऊ आदि विश्वविद्यालयों से चोटी के

विद्वानों को बुलवाकर सेमिनार करवाये। नैक मूल्यांकन के आवश्यक मानदण्डों के लायक चकिया कॉलेज को बनाया और अन्ततः 'नैक मूल्यांकन' का वह वर्ष और समय 2016 भी आ गया, जब 'नैक पीयर टीम' कॉलेज में तीन दिनों के दौरे पर आनेवाली थी। किन्तु मूल्यांकन में सबसे बड़ा व्यवधान था शिक्षकों की कमी। महाविद्यालय में तीन ही नियमित शिक्षक बच गये थे। सभी एक-एक कर रिटायर हो गये थे। मेरे ही कार्यकाल में अधिकांश लोग रिटायर हुए। मैं अतिथि शिक्षक और रिसोर्स पर्सन की मदद से कॉलेज चला रहा था।

मैंने विश्वविद्यालय के कुलपति डॉ. पलाण्डे साहेब से बातें कीं। उन्होंने कहा कि 'नैक मूल्यांकन' तक के लिए कुछ शिक्षकों का मैं प्रतिनियोजन कर देता हूँ। कुछ शिक्षकों के नाम दीजिए। मैंने विश्वविद्यालय के प्रीमियर कॉलेज से कुछ चुने हुए शिक्षकों के नाम दिये। विश्वविद्यालय के स्थानीय अधिकारियों ने विरोध कर दिया और वीसी को सुझाव दिया कि छोटे-मोटे कॉलेजों से शिक्षक दीजिए। जब कुलपति जी ने छोटे कॉलेजों से मुझे शिक्षक चुनने को कहा, तो मैंने मना कर दिया। कहा कि मुझे शिक्षक नहीं चाहिए, जितने शिक्षक हैं, उन्हीं से मैं 'नैक मूल्यांकन' करवा लूँगा। फिर मैं अप्रैल 2016 में व्यक्तिगत रूप से 'नैक कॉन्फ्रेन्स' में भाग लेने जी.एल. एस. यूनिवर्सिटी, अहमदाबाद चला गया। जब मैं वहीं था, तो कुलपति जी ने मुझे फ़ोन करके कॉलेज के 'नैक' और शिक्षक सम्बन्धी समस्या के लिए विश्वविद्यालय में बुलाना चाहा। मेरे अहमदाबाद में होने के कारण वे बिगड़ गये। उन्होंने डाँटते हुए कहा कि "एक महीने बाद आपके कॉलेज में 'नैक मूल्यांकन' है और आप बाहर हैं। व्यवस्था की आपको कोई चिन्ता नहीं?" मैंने सहजता से कुलपति जी को आश्वस्त किया कि "सर मुझे बाहरी शिक्षकों की कोई आवश्यकता नहीं है। मैं 'नैक' करवा लूँगा। मैं 'नैक मूल्यांकन' में अच्छे ग्रेड के लिए ही 'नैक कॉन्फ्रेन्स' में भाग लेने अहमदाबाद आया हुआ हूँ।" वे आश्वस्त हो गये।

वर्ष 2016 के 15, 16 और 17 मई को कॉलेज का 'नैक मूल्यांकन' हुआ। छात्र-छात्राओं और शिक्षक-कर्मचारियों ने अच्छा प्रदर्शन किया। मेरे विरोधी होने के बावजूद राष्ट्रीय सेवा योजना के कार्यक्रम पदाधिकारी डॉ. शिव कुमार प्रसाद ने 'नैक टीम' के स्वागत के लिए छात्र-छात्राओं की अच्छी तैयारी की थी। नैक टीम के प्रवेश के समय कॉलेज गेट से लेकर प्रशासनिक भवन तक सड़क के दोनों किनारे हाथों में फूल लेकर सौ-सौ छात्र-छात्राएँ खड़े थे, जो बारी-बारी से फूल बरसाकर टीम का स्वागत कर रहे थे। तीन

दिनों तक कॉलेज का गहन मूल्यांकन हुआ। कॉलेज में केवल तीन ही नियमित शिक्षक थे, बाकी सभी अतिथि और अंशकालीन शिक्षक थे, जिनसे हमने क्लास, प्रयोगशाला, पुस्तकालय, स्मार्ट क्लास आदि की अच्छी व्यवस्था करवायी थी। कार्यालय और पुस्तकालय सभी ऑनलाइन थे। ग्रामीण क्षेत्र में ऐसी हाई-टेक व्यवस्था देखकर टीम के लोग बहुत खुश हुए।

मैंने दो वर्ष पूर्व कॉलेज से तीन किमी की दूरी पर स्थित एक 'मुसहर बस्ती' को कॉलेज की ओर से गोद लिया था और समय-समय पर शिक्षक और छात्र-छात्राओं के साथ वहाँ जाकर उनकी शिक्षा, चिकित्सा आदि की देखभाल करता था। बस्ती में 5 वर्षों से छोटी उम्र वाले सभी बच्चे-बच्चियों को मैंने कॉलेज की ओर से ड्रेस बनवा दिया था, जिसकी धुलाई के लिए साबुन, सर्फ आदि की व्यवस्था कॉलेज करता था। ऐसे बच्चे सौ से ऊपर थे, जिसे कॉलेज द्वारा वस्त्र दिये गये थे। जब मैं पहली बार उस बस्ती को देखने गया, तो इस उम्र के सारे बच्चे-बच्ची बिना वस्त्र के ही दिखायी दिये। गाँव में एक प्राथमिक विद्यालय था और बड़े बच्चे उसमें पढ़ने जाते थे। मैंने सोचा कि 5 वर्ष के ऊपर के बच्चों को स्कूल में सरकारी स्कूल ड्रेस मिल जाते हैं, पर छोटे बच्चों को नंग-धड़ंग रहना पड़ता है। इसीलिए वस्त्र की व्यवस्था कर दी। जब नैक की मूल्यांकन टीम उस बस्ती को देखने गयी, तो सभी बच्चे हमारे कॉलेज के टैगवाले एक ही रंग के वस्त्र में थे। पंचायत के मुखिया और पड़ोस के लोगों ने सबके लिए भोजन की व्यवस्था की थी। नैक टीम बहुत खुश हुई।

कुल मिलाकर 'नैक मूल्यांकन' बहुत अच्छा रहा। एक ही कमी रह गयी कि मैं अपने और संस्था के 'नेशनल एवार्ड' वाले प्रमाण-पत्रों को टीम को नहीं दिखा सका, जबकि मेरा 'पावर-प्वाइन्ट प्रेजेन्टेशन' इसे दिखाया गया था। यद्यपि 'नैक टीम' ने कहा था कि "आपने संस्था को जितना सुन्दर बनाया है, उतना अच्छा आपका 'एस.एस.आर. रिपोर्ट' नहीं है। आप रात तक 'एस.एस.आर. रिपोर्ट' में सुधार कर हमारे डेरे में पहुँचा दीजिए।" 'एस.एस. आर. रिपोर्ट' मैंने खुद ही बनाया था। किन्तु मैं इतना थक चुका था कि उसे सुधारने का मौक़ा ही नहीं मिला। दूसरे सहयोगी उस लायक नहीं थे। नैक टीम के अध्यक्ष एस.एस. कुशवाहा थे, जो राँची विश्वविद्यलय और काशी विद्यापीठ, बनारस सहित कई विश्वविद्यालयों के कुलपति रह चुके थे। वे मेरे कार्यों से इतने प्रभावित हुए कि 'मूल्यांकन' समाप्त होने के बाद दो दिनों के लिए वे मुझे अपने साथ पटना और दरभंगा लेते गये। पटना विश्वविद्यालय के

'यूजीसी एकेडेमिक स्टाफ कॉलेज' में उनका एक लेक्चर था। विषय था– 'इक्कीसवीं सदी में उच्च शिक्षा की चुनौतियाँ'। उन्होंने अपने लेक्चर के दौरान मेरे संस्थागत कार्य और व्यवस्था के लिए मेरी भूरी-भूरी प्रशंसा की और मुझे मंच पर बैठाये रखा, अन्त में मुझसे भी 10 मिनट का वक्तव्य दिलवा दिया। उन्होंने मेरे कार्यों की तुलना में पटना विश्वविद्यालय की व्यवस्था को कमतर माना था, जिसे मैंने अपने वक्तव्य में सन्तुलित कर दिया। अगले दिन वे मुझे मिथिला विश्वविद्यालय, दरभंगा ले गये, जहाँ उनके बेटे प्रो. साकेत कुशवाहा कुलपति थे। रात में हम लोग उन्हीं के मेहमान बनकर उनके आवास में रहे। अपने कुलपति पुत्र से भी उन्होंने मेरी भरपूर प्रशंसा कर दी। साकेत कुशवाहा जी मुझे रात में एक पीजी मेडिकल कॉलेज के उद्घाटन कार्यक्रम में ले गये, जहाँ हाई-टेक एल.ई.डी. कार्यक्रम की व्यवस्था थी। मैंने उनके ऐसे कार्यों की प्रशंसा की और इस दिशा में कुछ और नये डिजिटल सुधार का सुझाव दिया। वे मेरे अद्यतन तकनीकी ज्ञान से बड़े प्रभावित हुए और कहा कि आपको इसी विश्वविद्यालय में होना चाहिए था। जब मैंने कहा कि प्रिंसिपल के रूप में मेरी पहली नियुक्ति आप ही के विश्वविद्यालय में हुई थी। किन्तु मैं तुरत ही चला गया।

खैर, नैक मूल्यांकन में कॉलेज को 'B' ग्रेड मिला, जो ग्रामीण क्षेत्र और कम शिक्षक वाले कॉलेज के लिहाज से कम नहीं था। फिर भी मैं सन्तुष्ट नहीं था। यदि मैंने 'एस.एस.आर.' सुधार और एवार्ड आदि को दिखाया होता, तो निश्चय ही 'A' ग्रेड मिलता। फिर भी कुलपति जी बड़े खुश हुए, क्योंकि विश्वविद्यालय को भी 'B' ग्रेड ही मिला था। इस उपलक्ष्य में कुलपति डॉ. पलाण्डे ने विश्वविद्यालय के प्राचार्यों की बैठक में सुझाव दिया कि "आप कॉलेज में एक वृहद् भोज का आयोजन कीजिए, जिसमें कॉलेज के शिक्षक-कर्मचारी और कुछ चयनित छात्र-छात्राओं सहित विश्वविद्यालय के सभी प्राचार्यों को आमन्त्रित कीजिए। मैं भी रहूँगा।" वृहद् भोज का आयोजन तो हुआ, किन्तु कुलपति जी ही नहीं आये। बाकी लोगों में भी कुछ लोग आये, कुछ नहीं आये।

महाविद्यालय के शिक्षक-कर्मचारी और कॉलेज की राजनीति

जब मैंने कॉलेज में योगदान किया, तो शिक्षकों का नितान्त अभाव था। शिक्षकों के स्वीकृत लगभग 50 पदों के विरुद्ध आठ ही शिक्षक कार्यरत थे। किन्तु 'नैक' मूल्यांकन होते-होते केवल तीन ही शिक्षक बच गये। इनमें थे वाणिज्य विभाग से डॉ. टी.एन. यादव, उर्दू विभाग के अध्यक्ष डॉ. नुरूल हसन

(अब दिवंगत) और मनोविज्ञान विभाग से डॉ. शिव कुमार प्रसाद। मनोविज्ञान विभाग के अध्यक्ष डॉ. वासुदेव प्रसाद हाल ही रिटायर हुए थे। वे चूँकि 'नैक मूल्यांकन' में कॉलेज के को-ऑर्डिनेटर थे, इसीलिए मैंने उन्हें कॉलेज में ही रखा था। जिन शिक्षकों ने अवकाश ग्रहण किया था, सभी को नैक मूल्यांकन की दृष्टि से मैंने विश्वविद्यालय को लिखकर गेस्ट टीचर के रूप में रख लिया था। इसके अतिरिक्त भी यूजीसी की 'रेमेडियल कोचिंग, इन्ट्री इन सर्विस और कैरियर कौन्सलिंग' स्कीम के तहत कुछ पार्ट-टाइम शिक्षकों को भी रखा था। इन शिक्षकों में सबसे महत्त्वपूर्ण, योग्य और कॉलेज एवं छात्र हित में सक्रिय शिक्षक थे कॉलेज के पूर्व प्रभारी प्राचार्य डॉ. खुशनन्दन प्रसाद सिंह, जो दर्शनशास्त्र के प्रोफ़ेसर थे और मोतिहारी से आते-जाते थे। भौतिकी के प्रो. राम सागर प्रसाद भी सक्रिय सहयोगी थे। वाणिज्य विभाग और महाविद्यालय शिक्षक संघ के अध्यक्ष डा. जीनीस लाल साह मेरे आरम्भिक दिनों में कॉलेज के बर्सर भी थे। मैंने उनका कार्यकाल एक वर्ष और बढ़वा दिया था। डॉ. शिव कुमार प्रसाद शुरू में परीक्षा नियन्त्रक थे, किन्तु बाद में मैंने उन्हें 'राष्ट्रीय सेवा योजना' का कार्यक्रम पदाधिकारी बनवा दिया। इससे वे नाराज़ हो गये। वे दोनों शिक्षक बेशक अपने-अपने विषय के विद्वान शिक्षक थे। दाता परिवार के सजातीय और करीबी होने के कारण कॉलेज पर उनका दबदबा था। विचार से वे दक्षिणपन्थी थे और भाजपा के समर्थक थे। शिव कुमार प्रसाद गायत्री परिवार के पुरोहित भी थे और घूम-घूमकर पूजा-पाठ कराते थे। वे कॉलेज में भी गायत्री परिवार वाला गेरुआ वस्त्र पहनकर आते थे। संस्था की धर्मनिरपेक्ष छवि को बनाये रखने के लिए मैं चाहता था कि वे शिक्षक के सामान्य वस्त्र पहनकर आयें। मैंने उन्हें इसके लिए एक दिन अनुरोध भी किया। पर उनकी कठिनाई थी कि उन्हें कॉलेज समय के बीच में या बाद में किसी गाँव में पूजा-पाठ कराने जाना पड़ता था। इसीलिए वैसा वस्त्र पहनना ज़रूरी था। मैंने इस पर अधिक जोर नहीं दिया। किन्तु उन्होंने गेरुआ धार्मिक वस्त्र पहनकर कॉलेज आना खुद ही बन्द कर दिया। मुझे खुशी हुई। पर बाद में वे डॉ. जीनीस लाल साह के साथ मेरे और कॉलेज प्रशासन के ख़िलाफ विक्षुब्ध गतिविधियों में शामिल हो गये। प्रशासनिक कार्य में अनेक विरोध और परेशानियों का सामना करना पड़ता है। यहाँ भी करना पड़ा।

किन्तु इस कॉलेज में मैंने सबसे अधिक काम किया था, इसीलिए सबसे अधिक परेशानी भी उठानी पड़ी। कॉलेज में शिक्षकों के दो गुट थे– एक

का नेतृत्व डॉ. जीनीस लाल साह और दूसरे का प्रो. वासुदेव प्रसाद करते थे। पहला गुट राजनीतिक-सांस्कृतिक दृष्टि से भाजपा और आर.एस.एस. से जुड़ा था, जिसमें कुछ स्थानीय यादव छात्र भी शामिल थे। दूसरा गुट कांग्रेस, राजद, जेडीयू आदि धर्मनिरपेक्ष दलों का समर्थक था। स्वाभाविक रूप से दोनों गुट अपने-अपने प्रभाव से कॉलेज प्रशासन को प्रभावित करना चाहते थे। पहला गुट कॉलेज पर अधिक हावी था। दूसरा थोड़ा कमज़ोर था। इसीलिए मेरे सहारे मज़बूत होना चाहता था। मेरा झुकाव समाजवादी विचारधारा की ओर अवश्य था, किन्तु मैं कॉलेज संचालन में किसी गुट विशेष को ज़्यादा तरजीह नहीं देता था। संस्था विकास में मैं दोनों गुटों से सहयोग लेता था। कॉलेज में एक भी कम्प्यूटर और प्रिन्टर नहीं था। मैंने जाते ही कार्यालय के लिए पाँच कम्प्यूटर और दो प्रिन्टर ख़रीदे। किन्तु कुछ ही दिनों के बाद उनमें से दो कम्प्यूटर और एक प्रिन्टर को कॉलेज के एक शिक्षकेतर कर्मचारी ने ही चोरी करवा दिया। रात्रि-प्रहरी डर के मारे नाम नहीं बता सका। मैंने पुलिस में प्राथमिकी दर्ज करवायी। दोनों रात्रि-प्रहरी गिरफ़्तार हो गये। मैंने उन्हें सेवा से भी हटा दिया। बाद में उनमें से एक को रख लिया गया। शिक्षक-कर्मचारी गुटों में तो बँटे थे, किन्तु कौन क्या करता है? किस राजनीतिक नेता से प्रभावित होता है? इन बातों से मुझे कोई मतलब नहीं था। परोक्ष रूप से दोनों दल महाविद्यालय के निर्माण कार्यों में ठेकेदारी चाहते थे, जो सम्भव नहीं था। विश्वविद्यालय के सहयोग से ओपन टेंडर के माध्यम से कार्य होते थे। इसीलिए कभी-कभी निर्माण कार्यों में व्यवधान डालने के लिए यह गुटबन्दी कुछ बाहरी तत्त्वों की मदद से नामांकन और परीक्षा फार्म भरते समय छात्र आन्दोलन करवा देती थी, जिसे पुलिस प्रशासन, दाता परिवार के सदस्य श्रीकृष्णा प्रसाद एवं शिक्षक-कर्मचारियों की मदद से सुलझाना पड़ता था।

रात्रि-प्रहरी के हटने के बाद तुरत दो नाईट गार्ड की जरूरत पड़ी। डॉ. जीनीस लाल साह ने बगल के गाँव के दो लड़कों को रात्रि-प्रहरी के रूप में रखवा दिया। दोनों चचेरे भाई थे। उनमें से एक लड़का तो अपेक्षाकृत शरीफ था, किन्तु दूसरा लड़का दबंग और बदमाश क़िस्म का था। बाद में पता चला कि वह कॉलेज के फाइनल ईयर का छात्र भी है। मैं रात-दिन कॉलेज में ही रहता था। इसीलिए मेरी उपस्थिति में कॉलेज में कोई अप्रिय घटना नहीं होती थी। सारी घटनाएँ मेरी अनुपस्थिति में ही होती थीं, जिस दिन छुट्टी हो, या मैं किसी मीटिंग में बाहर होऊँ।

एक दिन मैं मुज़फ़्फ़रपुर स्थित अपने आवास पर था। कॉलेज के किसी काम से मैं विश्वविद्यालय मुख्यालय आया था। सुबह-सुबह कॉलेज के पास के एक गाँव से कुछ लड़के मेरे घर पर पहुँचे और एकान्त में मुझसे कुछ बात कहने का अनुरोध किया। मैं बरामदे के एकान्त में बैठ गया। उनमें से एक लड़के ने रुआँसे स्वर में कहा कि 'आपके नाइट-गार्ड अमुक यादव ने परीक्षा फार्म भराने के बहाने मेरी बहन के साथ ऑफ़िस में ही रेप किया है। आप न्याय कीजिए, नहीं तो वह आत्महत्या कर लेगी।' सभी लड़कों ने इस बात की पुष्टि की। सुनकर मैं आवाक् रह गया। मेरे सेवाकाल की यह पहली घटना थी। मैंने उनसे कहा कि प्रभारी प्राचार्य जीनीस लाल साह से तुम लोगों ने नहीं कहा? उन्होंने बताया कि कहा, किन्तु उन्होंने कोई ध्यान नहीं दिया। फिर थाने में प्राथमिकी क्यों नहीं लिखायी? वह बोला– "बात फैलने पर लड़की की शादी नहीं होगी।" मैंने उन्हें आश्वासन दिया कि चलो, मैं कॉलेज आकर कुछ करता हूँ। कॉलेज जाकर घटना की तहक़ीक़ात की। उस छात्रा से मिलकर भी बयान लिया। घटना सही थी। मैंने शिक्षक-कर्मचारियों की बैठक बुलायी। कुछ लोग उस लड़के को बचाना चाहते थे, तो कुछ लोग सज़ा दिलवाना। मैं कॉलेज में ही रहता था। उस लड़के ने नाइट-गार्ड से खुद ही इस्तीफ़ा दे दिया। फिर उस लड़के, उसके परिवार और उसके एक और दबंग भाई का मुझ पर दबाव बढ़ने लगा। मुझे धमकी मिलने लगी और हमले की आशंका भी बढ़ गयी। मैंने पुलिस केस कर दिया। वे लड़के गिरफ़्तार हो गये। फिर दो नये नाइट-गार्ड रखे गये। इस बीच अनेक नेता, मन्त्री के फ़ोन और पैरवी आते रहे। मैंने किसी की बात नहीं मानी। पाँच-छः महीने बाद जब स्थिति सामान्य हुई, तो शिक्षक कर्मचारियों के अनुरोध पर उन लड़कों को जेल से निकालने की सहमति बनी। मेरी सहमति से वकीलों ने ऐसा मसौदा तैयार किया कि उनकी जमानत हो गयी और उनके कैरियर सुधार को देखते हुए ऐसी गवाही गुज़ारी गयी कि केस ख़ारिज हो जाये। लेकिन इस बीच कुछ स्थानीय लोग और वहाँ के एक मन्त्री श्री अवधेश कुशवाहा के माध्यम से मुझे उस कॉलेज से ट्रान्सफर करवाने की साज़िश रची गयी।

मन्त्री जी ने अपने आधिकारिक लेटर पैड पर मुझ पर वित्तीय अनियमितता के अनेक गम्भीर आरोप लगाते हुए शिक्षा मन्त्री पी.के. शाही को लिखा। शाही जी ने महामहिम गवर्नर को लिखा। गवर्नर ने विश्वविद्यालय के कुलपति को लिखा। ऐसा कई बार हुआ। कुलपति जी ने मुझसे पूछा। मैंने सन्तोषजनक जवाब दिया। विश्वविद्यालय की नज़र में मेरे काम और छवि अच्छे थे।

इसीलिए बिना कोई जाँच किये मुझ पर कोई कार्रवाई करना नहीं चाहता था। मन्त्री और गवर्नर द्वारा बार-बार लिखे जाने पर मुझ पर उच्च स्तरीय जाँच कमिटी बैठी। उधर भवन निर्माण सम्बन्धी शिकायत पर कॉलेज पर बिहार सरकार के निगरानी विभाग (विजिलेन्स) की जाँच कमिटी भी गठित हो चुकी थी। सारी जाँचें हुईं। भवनों की नींव को कई-कई फ़ीट खोदकर देखा गया। सारे काग़ज़ातों, भुगतान आदि की जाँच हुईं। कोई अनियमितता नहीं पायी गयी। इस प्रकार मुझे क्लीन चिट मिल गया और मुझ पर कोई कार्रवाई नहीं हुई। इसके बाद मुझे सूचना के अधिकार के तहत आर.टी.आई. द्वारा तंग करने की अनेक कोशिशें हुईं। मैंने सबका उचित जवाब दिया। राज्य सूचना आयोग में जाकर सारे केस ख़ारिज हो गये। इस महाविद्यालय में काम करते हुए मुझे पाँच वर्षों से ऊपर हो चुके थे। नियमानुसार मेरा स्थानान्तरण आवश्यक था।

मैंने कुलपति जी से निवेदन किया कि मुझे सीतामढ़ी गोयनका या मुंशी सिंह कॉलेज, मोतिहारी जैसे किसी प्रीमियर कॉलेज में भेजा जाये। कुलपति जी ने आश्वासन दिया कि आपको किसी पीजी कॉलेज में ही भेजा जायेगा। आपने नैक मूल्यांकन में अच्छा काम किया है। चूँकि सीतामढ़ी गोयनका कॉलेज खाली नहीं था, इसीलिए मुझे मुंशी सिंह कॉलेज, मोतिहारी में भेज दिया गया।

एम.एस. कॉलेज, मोतिहारी

मोतिहारी एक ऐतिहासिक शहर है। यह पूर्वी चम्पारण का ज़िला मुख्यालय है। यह गाँधीजी के 'चम्पारण सत्याग्रह' के लिए जाना जाता है। यह विश्वविख्यात ब्रिटिश लेखक और उपन्यासकार जॉर्ज ऑरवेल की जन्मभूमि भी है। वह स्थल और घर आज भी यहाँ मौजूद है, जहाँ ऑरवेल पैदा हुए थे। भारत सरकार के पुरातत्व विभाग और बिहार सरकार ने उसे विकसित और संरक्षित कर दिया है। उनके पिता यहाँ अंग्रेज़ अधिकारी थे। मुंशी सिंह महाविद्यालय, मोतिहारी शहर के बीचोबीच मुख्य रेलवे स्टेशन के पास ही स्थित है। स्टेशन का पिछला गेट कॉलेज परिसर की ओर ही खुलता है। यहाँ पहुँचने पर छात्र-छात्राओं और शिक्षक-कर्मचारियों ने मेरा ज़ोरदार स्वागत किया। स्वागत में एनसीसी कमाण्डेन्ट और शिक्षक प्रो. अरुण कुमार के नेतृत्व में कॉलेज गेट के बाहर एनसीसी के कैडेट्स और अच्छी संख्या में छात्र उपस्थित थे। कुछ छात्रों के हाथों में छात्र राजद के झण्डे भी थे। गेट के बाहर ही मुझे

गाड़ी से उतारकर सम्मानपूर्वक महाविद्यालय के अन्दर स्थित प्राचार्य कक्ष के सामने के प्रांगण में ले जाया गया। संस्थापक की प्रतिमा पर माल्यार्पण के बाद एनसीसी छात्रों द्वारा सलामी दी गयी। वहीं पर मेरे साथ एनसीसी कैडेट्स और छात्रों का एक ग्रूप फ़ोटोग्राफ भी हुआ। फिर प्राचार्य कक्ष में प्रवेश कर पूर्व प्रभारी प्राचार्य प्रो. जगदीश महतो (अब दिवंगत) से मैंने कार्यभार ग्रहण किया। पुन: मीडिया वालों से मुख़ातिब होकर उनके सवालों का जवाब दिया। प्राथमिकता पूछे जाने पर मैंने उन्हें बताया– "इस प्रीमियर कॉलेज को यहाँ स्थित 'महात्मा गाँधी केन्द्रीय विश्वविद्यालय' के समानान्तर विकसित किया जाएगा।" अगले दिन अख़बारों में इसी हेडिंग से ख़बरें छपीं।

गंगा में बाढ़ और लालू यादव

मैंने एम.एस. कॉलेज में नया-नया योगदान किया था। एक ज़रूरी काम से पटना जाना था। मित्रों की राय हुई कि लालूजी से भी मिलना है, सो थोड़ा पहले ही पहुँच गया। कई कारणों से मैं लालू यादव का फैन हूँ। पर

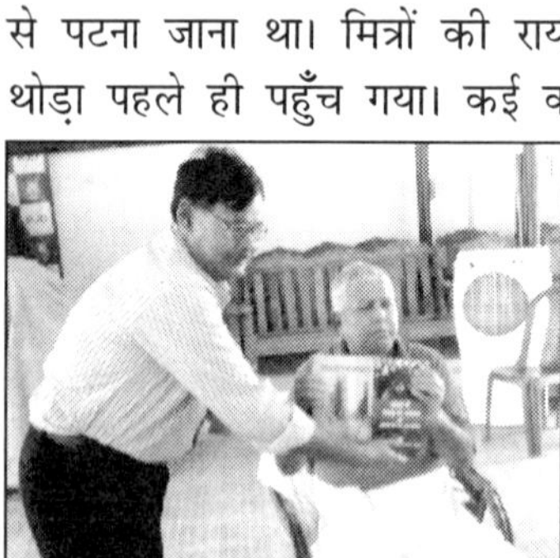

कभी लालू जी से मिला नहीं था। मित्र और शुभचिन्तक बराबर कहते रहे– "आप सामाजिक न्याय पर इतना कुछ लिखते हैं, "लालू यादव से मिल क्यों नहीं आते? मैं सोचता– "नेता लोग मिलते नहीं हैं, कार्यकर्ताओं से ही घिरे रहते हैं, लेखक और विद्वानों को कौन

पूछता है?" पर मेरी बात झूठी निकली। 26 अगस्त 2016 को लालूजी से मिला। गंगा की बाढ़ भी देखता चला। अपनी दोनों चर्चित किताबें भी रख लीं और पहले से लिखा हुआ एक आवेदन भी। दर्शनार्थियों की भीड़ लगी थी। बड़े-बड़े नेता और कार्यकर्ता क़तार लगाये खड़े थे। इसी बीच दिल्ली से उप-मुख्यमन्त्री तेजस्वी भी आ गये। कमाण्डो की भागदौड़ में शोर था– लालूजी बाढ़ पीड़ितों से मिलने राघोपुर जायेंगे। मैंने सुरक्षा प्रहरी को अपना कार्ड दिया। उसने कहा– "मिलने की उम्मीद तो कम है, पर मैं कार्ड भिजवा देता हूँ। आप गाड़ी में बैठकर प्रतीक्षा कीजिए।" मैंने वैसा ही किया। पर काफ़ी देर बीत जाने पर भी कोई ख़बर नहीं आयी, तो मैंने लौटने का मूड बना लिया। इसी बीच मेरे लड़के दीपक ठाकुर ने युवा प्रदेश अध्यक्ष कारी शोयब को फ़ोन मिला दिया और फ़ौरन मुझे इन्ट्री मिल गयी। लालू जी अपने पालतू पशु-पक्षियों को देखकर लौट रहे थे। मुझे देखकर बैठने का इशारा किया और आते ही गर्मजोशी से मिले। सुरक्षा प्रहरी भी डाँट खाने के भय से कार्ड लेकर आ गया। उसने अभी तक लालूजी को मेरा कार्ड नहीं दिया था। अभिवादन के बाद मैंने अपना परिचय दिया।

शिक्षक नियुक्ति सहित कई महत्त्वपूर्ण कार्यों के लिए मैंने उन्हें धन्यवाद दिया और कहा कि "आप ही द्वारा शुरू किये गये 'बेट' BET (SLATE) पास करके मैं प्रोफ़ेसर बना। यूनिवर्सिटी सर्विस कमीशन से कितनी जल्दी और किस पारदर्शिता से बहाली हुई, एक मिसाल है। प्रोफ़ेसर की बहाली के लिए फिर से यूनिवर्सिटी सर्विस कमीशन शुरू कर दीजिए। बीपीएससी से तीन वर्षों रो नियुक्ति लटकी हुई है। बिहार की नौकरियों में बिहार के युवाओं प्राथमिकता दीजिए। प्रोफ़ेसर पात्रता के लिए फिर से BET (SLATE) की व्यवस्था कीजिए। कुलपति की नियुक्ति में आपके समय आरक्षण था, किन्तु अब सर्च कमिटी हो जाने से कोई आरक्षण नहीं है। उसमें भी आरक्षण की व्यवस्था कीजिए।" उन्होंने मेरी बातें गौर से सुनीं और कहा कि आपने तो मेरे मन की बात कह दी। फिर पूछा "कहाँ रहते हैं?" मैंने बताया– "मुज़फ़्फ़रपुर रामदयालु सिंह कॉलेज में मेरी पहली नियुक्ति हुई थी, वहीं पर मैंने एक छोटा-सा घर बना लिया है। मुज़फ़्फ़रपुर में ही रहता हूँ।" मैंने अपना आवेदन और अपनी पुस्तकें उन्हें दी। उन्होंने पूछा– "इसमें आपका बायोडाटा है?" मैंने हामी भरी और साथ आये अपने पुत्र का परिचय दिया। उन्होंने कहा कि इसे कहिए मुझसे मिलता रहेगा। मेरी पुस्तकों को देखकर वे ख़ुश हो गये। किताब के साथ मेरा फ़ोटो खिंचवाया। उच्च शिक्षा पर उनसे

विस्तार से बातचीत हुई। मेरी अधिकांश बातों से वे सहमत दिखे। बिहार की उच्च शिक्षा में सुधार पर भी सकारात्मक बातचीत हुई। आवास के बाहर गंगा में बाढ़ और लालूजी के राघोपुर जाने की अफरातफरी और शोर के विपरीत आवास के अन्दर की शान्ति से मैं अभिभूत हो गया।

लौटकर मैं कॉलेज आया और कॉलेज के कार्यों में ही व्यस्त हो गया। प्रथम चरण के 'नैक मूल्यांकन' में कॉलेज को 'बी' ग्रेड मिला था। इसीलिए भारत सरकार और बिहार सरकार के उच्च शिक्षा अभियान (रूसा) के तहत कॉलेज को विकास के लिए एक करोड़ रुपये भी मिले थे। किन्तु कॉलेज के आन्तरिक मतभेदों के कारण तत्कालीन प्रभारी प्रिंसिपल डॉ. जगदीश महतो ने उस राशि को बिहार सरकार को लौटाने के लिए लिख दिया था और इस प्रकार विकास कार्य रुका पड़ा था। मैं बिहार सरकार के शिक्षा सचिव श्री सेंथिल कुमार से मिला और उसे ख़र्च करने का आश्वासन ले आया। फिर विश्वविद्यालय के सहयोग से विधिसम्मत निविदा आदि आमन्त्रित करते हुए भवन निर्माण कार्य शुरू कर दिये गये। मैं चुपचाप कॉलेज के विकास कार्यों में लग गया। कॉलेज के 'नैक मूल्यांकन' का दूसरा चरण आनेवाला था। 'नैक' के मानदण्डों के अनुसार कॉलेज का वार्षिक प्रतिवेदन भेजना अभी बाकी था। एक वर्ष का भी प्रतिवेदन नहीं गया था। मैंने तीन वर्षों का प्रतिवेदन एक ही बार भेज दिया। कॉलेज को हाई-टेक किया, पुस्तकालय, कार्यालय और व्यावसायिक कोर्सों को ऑनलाइन किया गया और मैंने छात्रों के एडमिशन को भी ऑनलाइन कर दिया। इस बीच कॉलेज के भवनों का

जीर्णोद्धार, जेल और सेल परिसर की मरम्मत और जीर्णोद्धार, बिहार सरकार द्वारा निर्मित बड़े तिमंज़िले परीक्षा भवन को बाउन्ड्री और गेट से घेरवाकर उसे 'चम्पारण सत्याग्रह शताब्दी द्वार सह परीक्षा भवन' का नाम दिया। अंग्रेजी विभाग के शिक्षक डॉ. इकबाल हुसैन ने यूजीसी से 'जॉर्ज ऑरवेल' पर एक राष्ट्रीय सेमिनार की राशि प्राप्त की थी। मैंने इस दो दिवसीय राष्ट्रीय सेमिनार को

आयोजित करवाने में भरपूर मदद की। इसके अलावा कॉलेज में पहली बार वर्ष 2017 में 'स्थापना दिवस' का आयोजन हुआ, जिसमें भिखारी ठाकुर की नाटक-मण्डली के जीवित कलाकार रामचन्द्र माँझी (जिसे अब भारत सरकार द्वारा पद्मभूषण पुरस्कार मिल चुका है) के साथ-साथ रामचन्द्र (छोटका), लखीचन्द राम, शिवबालक बारी (अब दिवंगत) जैनेन्द्र दोस्त ('नाच भिखारी नाच' के निर्माता-निर्देशक) आदि को बुलाकर 'बिहार की लोक-विरासत' के तहत भिखारी ठाकुर के 'बिदेसिया' नाटक का मंचन करवाया था। इसके लिए मैंने ख़ुद ही भिखारी ठाकुर के गाँव कुतुबपुर दियारा (गंगा की तराई, सारण ज़िला, छपरा) और 20-25 किमी की परिधि में स्थित उक्त जीवित कलाकारों के गाँवों का कई बार भ्रमण किया। उन कलाकारों का इन्टरव्यू लिया, फिर अपने कॉलेज में बुलाया। भिखारी ठाकुर के घर पर उनके प्रपौत्र सुशील कुमार, भिखारी ठाकुर के नाच मण्डली चलानेवाले उनके दो सरबेटों से बातें होती रहीं।

फिर कई और राष्ट्रीय और अन्तरराष्ट्रीय सेमिनार करवाये। कई वर्षों से सशस्त्र सेना झण्डा दिवस की राशि भारत सुरक्षा कोष में नहीं भेजी गयी थी। कई स्मार-पत्र आ चुके थे। पत्र मिलने पर मैंने वर्ष 2017 में 'भारत सरकार, सशस्त्र सेना झण्डा दिवस' की पूरी राशि भारत सरकार के सम्बन्धित कोष में भेज दी, जो बिहार में सबसे अधिक थी। अतः मुझे राजभवन द्वारा संस्था का 'सर्वोत्तम पुरस्कार' मिला। यह पुरस्कार राज्य में विशिष्ट सेवा के लिए चार उच्चाधिकारियों को दिया जाता है, जिनमें एक कमिश्नर, एक कलक्टर, एक कुलपति और एक प्राचार्य होते हैं। यह सम्मान मुझे 09 मई, 2017 को महामहिम राज्यपाल श्री रामनाथ कोविन्द द्वारा राजभवन, पटना में दिया गया। एक भव्य ट्राफी और प्रशस्ति-पत्र मिले। महामहिम से मैं एक बार और सम्मानित हो चुका था। इसीलिए उन्होंने मेरी पीठ थपथपाकर कहा कि और आगे बढ़िए। मैंने उनका विनम्र अभिवादन किया।

महाविद्यालय में कई आयोजन हुए। सबसे महत्त्वपूर्ण आयोजन तीन दिनों का एक अन्तरराष्ट्रीय सम्मेलन था, जो 3-5 मार्च 2017 को सम्पन्न हुआ। विषय था 'वैश्विक विविधता और सतत विकास'। यह सम्मेलन एक अन्तरराष्ट्रीय संस्था 'एशिया पैसिफिक इन्टरनेशनल कमिटी ऑन सस्टेनेबल इनर्जी एडं एन्वारन्मेंटल टेकनॉलॉजी' की सहभागिता में आयोजित हुआ था। भारत में इसके सदस्य और संयोजक मण्डल में स्नातकोत्तर जन्तुविज्ञान विभाग के विश्वविद्यालय अध्यक्ष डॉ. एस.एन.पी. सिन्हा, विश्वविद्यालय स्नातकोत्तर

विभाग से ही भौतिकी के दो प्रोफ़ेसर डॉ. संगीता सिन्हा और डॉ. संजय सिंहा थे, जिनके सहयोग से यह सहभागिता मिली थी और इतने सारे विदेशी विद्वान

एक साथ एक मंच पर मिल गये थे। इसको तीन दिनों के नौ सत्रों में बाँटकर अनेक वैश्विक विषयों पर परिचर्चा, सम्वाद और परिसम्वाद कराये गये थे। इसमें बीबीसी लन्दन के पत्रकार, अमेरिका, यूएई, वियतनाम, कनाडा और ऑस्ट्रेलिया के विश्वविद्यालयों से विद्वान प्रतिनिधियों के अलावा सुपरिचित विचारक स्वामी अग्निवेश, राज्यसभा टीवी से उर्मिलेश, सीएसडीएस से संजय कुमार, दिल्ली विश्वविद्यालय से प्रो. श्यौराज सिंह बेचैन, डॉ.

सफलता प्राप्त करने के लिए बेहतर ज्ञान की जरूरत

कौशल पंवार, डॉ. पंक्ज़ मिश्रा, जेएनयू से गंगासहाय मीणा, बीएचयू से प्रो. चौथीराम यादव, लखनऊ यूनिव. र्सिटी से कालीचरण स्नेही, वीर कुँवर सिंह यूनिवर्सिटी, आरा से जानेमाने भाषावैज्ञानिक प्रो. राजेन्द्र प्रसाद सिंह आदि विद्वान शामिल थे। इसके प्रमुख विषयों में भाषिक विविधता (भारतीय एवं वैश्विक), साहित्यिक विविधता, सामाजिक विविधता, जाति और आरक्षण, सांस्कृतिक विविधता आदि थे। विषय पर वक्ता औ श्रोताओं के सम्वाद बहुत सार्थक रहे। इस अवसर पर एक रात महाविद्यालय के छात्र-छात्राओं द्वारा रंगारंग सांस्कृतिक कार्यक्रम और एक रात राज्य स्तरीय कवि सम्मेलन मुख्य आकर्षण रहे। इस आयोजन ने मीडिया में ख़ूब चर्चा बटोरी।

लेकिन सबसे बड़ा आयोजन था- तीन दिनों (23-25 मार्च 2017) का 'चम्पारण सत्याग्रह शताब्दी सम्मेलन', जो 'सर्व सेवा संघ, वर्धा' की सहभागिता में आयोजित हुआ था। इस सम्मेलन में देश-विदेश के सैकड़ों विद्वान प्रतिनिधियों ने भाग लिया था। इसका उद्घाटन मुख्यमन्त्री श्री नीतीश कुमार, शिक्षा मन्त्री श्री अशोक चौधरी, महात्मा गाँधी के प्रपौत्र श्री तुषार गाँधी, प्रसिद्ध गाँधीवादी विचारक और समाजसेवी मेधा पाटकर, प्रो. रामजी सिंह, एसबी सुब्बा राव, जलपुरुष राजेंद्र सिंह, स्वामी अग्निवेश, सर्व सेवा संघ के सचिव महादेव विद्रोही आदि ने संयुक्त रूप से किया। देश के लगभग सभी गाँधीवादी विद्वान पधारे थे। कॉलेज परिसर के भवनों में देश-भर से आये गाँधीवादी विचारधारा के लगभग दो हज़ार लोगों के रहने-ठहरने की व्यवस्था की गयी थी। मेरा प्राचार्य आवास भी गणमान्य लोगों से भरा था। भोजन और नाश्ते की व्यवस्था 'सर्व सेवा संघ' की चम्पारण इकाई की ओर से थी। इसके अध्यक्ष मोतिहारी निवासी वयोवृद्ध स्वतन्त्रता सेनानी, पूर्व विधायक व मन्त्री और गाँधी स्मारक समिति, मोतिहारी के अध्यक्ष श्री ब्रजकिशोर सिंह तथा सचिव श्री विनय कुमार सिंह अपने साथियों के साथ रात-दिन इकट्ठा करके भोजन-आवास आदि की व्यवस्था दखते रहे।

'चम्पारण सत्याग्रह शताब्दी समारोह' का यह सम्मेलन बिहार ही नहीं, भारत में सबसे पहले हमारे मुंशी सिंह महाविद्यालय, मोतिहारी में ही सम्पन्न हुआ था। विद्रोही जी ने मुख्यमन्त्री से मिलने की पहल की थी। मुख्यमन्त्री नीतीश कुमार जी के आवास कार्यालय में 'सर्व सेवा संघ' के सचिव विद्रोही जी, रमेश पंकज़्, रामजी सिंह आदि लोगों के साथ मुझे भी बुलाया गया था। मुख्यमन्त्री चाहते थे कि यह आयोजन पहले पटने में हो, क्योंकि गाँधी जी सबसे पहले 10 अप्रैल को पटना ही पहुँचे थे। उसके बाद ही चम्पारण जाकर सत्याग्रह शुरू किये। लेकिन मैंने ज़ोर देकर कहा कि चम्पारण सत्याग्रह पर पहला अधिकार चम्पारण का है और सारी तैयारी हो चुकी है। इसीलिए हम लोगों को पहले करने दीजिए। हम देश के जानेमाने गाँधीवादी विचारकों के साथ एनडीटीवी से रवीश कुमार को भी आमन्त्रित कर चुके हैं।

मुख्यमन्त्री हमारी बातों से प्रभावित हुए और हामी भर दी। लेकिन कहा कि रवीश कुमार को तो मैंने भी बुलाया है। मैंने कहा दोनों जगह आयेंगे। लेकिन इस ऊहापोह में रवीश कुमार कहीं नहीं आ सके। उन्होंने मुझे सूचना दी कि समय कम है। आपके यहाँ तो मैं आ सकता हूँ। लेकिन फिर पटना जाना पड़ेगा। आपके यहाँ जाऊँ और पटना नहीं जाऊँ तो मुख्यमन्त्री बुरा मान जायेंगे। इसलिए मैं कहीं नहीं जाऊँगा। मुख्यमन्त्री के साथ शिक्षा मन्त्री अशोक चौधरी भी थे। मुख्यमन्त्री ने मुझसे कहा– "आप मुझे तो बुला रहे हैं, पर अपने विभाग के मालिक इनको (अशोक चौधरी की ओर इशारा करके) काहे छोड़ रहे हैं?" मैंने कहा– "सर, इनका भी पत्र गाड़ी में रखा है। सोचा था घर पर जाकर दूँगा।" मुख्यमन्त्री ने कहा कि पत्र ले आइए। मैंने तुरत पत्र लाकर शिक्षा मन्त्री जी को थमा दिया।

कार्यक्रम बहुत ही सफल और वृहत् हुआ। तमाम राष्ट्रीय अख़बारों ने इसे लीड न्यूज़ बनाया। इलेक्ट्रॉनिक चैनलों ने भी इसे प्रमुखता दी। इस आयोजन में मैं उपमुख्यमन्त्री तेजस्वी यादव को भी बुलाना चाहता था। जेडीयू, राजद और कांग्रेस की सम्मिलित सरकार थी। दो ही पार्टी का प्रतिनिधित्व हो रहा

हिन्दुस्तान

तरक्की को चाहिए नया नजरिया

गांधी के विचारों के साथ घर-घर दस्तक

था, किन्तु विद्रोही जी और उनके साथियों ने साफ़ मना कर दिया। वे तो शिक्षा मन्त्री को बुलाने के पक्ष में भी नहीं थे। इसका राजद खेमे में प्रतिकूल प्रभाव पड़ा। क्षतिपूर्ति में दो-तीन हफ़्ते बाद मोतिहारी में 'चम्पारण सत्याग्रह समारोह' के सरकारी कार्यक्रम में नीतीश जी ने तेजस्वी यादव को बुलाकर मंच साझा किया। किन्तु धीरे-धीरे दोनों पार्टियों में मनमुटाव बढ़ता गया और कुछ ही महीने में सरकार गिर गयी। नीतीश जी ने भाजपा के साथ संयुक्त सरकार बनायीं। उसमें मोतिहारी के विधायक श्री प्रमोद कुमार भी मन्त्री बन गये। मैं चाहता था कि भाजपा के स्थानीय सांसद और विधायक को भी बुलाया जाये, लेकिन हमारे सहभागी संगठन ने साफ़ मना कर दिया। आयोजन के बाद अन्दर की राजनीति और तेज हो गयी और वहाँ से मेरे स्थानान्तरण की साज़िशें होने लगी।

कुलपति पलाण्डे साहब का कार्यकाल पूरा हो चुका था। उनकी जगह विश्वविद्यालय में अमरेन्द्र नारायण यादव कुलपति बनकर आ गये थे। वे ऊपर से तो अपने को समाजवादी दिखाते थे, किन्तु भीतर से आरएसएस के समर्थक थे। मैंने अपने हर सेमिनार, सम्मेलन में उन्हें बुलाया था। लेकिन मेरे भव्य और सफल कार्यक्रमों को देखकर उनके मन में खुशी के बदले ईर्ष्या ही अधिक होती थी, क्योंकि विश्वविद्यालय में वे अधिक सफल नहीं हो पा रहे थे। बाद में अकर्मण्यता के आरोप में गवर्नर ने उन्हें कार्यकाल से पहले ही पदमुक्त कर दिया।

मोतिहारी राजनीतिक दृष्टि से भाजपा का गढ़ है। वर्षों से यहाँ इसी पार्टी के सांसद और विधायक जीतते आये हैं। यहाँ के राजनीतिक हलकों में मेरी उपस्थिति को भाजपा विरोधी और राजद समर्थक व्यक्ति के रूप में माना गया, जबकि ऐसा कतई नहीं था। मैं विचारधारा से समाजवादी हूँ। गांधीवाद के सत्य, प्रेम, अहिंसा और सत्याग्रह तथा अम्बेडकरवाद के समानता, स्वतन्त्रता और भाईचारा का कट्टर समर्थक हूँ। आर्थिक और सामाजिक दृष्टि से मैं मार्क्स और लेनिन में भी विश्वास रखता हूँ और राजनीतिक दृष्टि से जो दल इसके करीब हैं, उनके विचार दर्शन से भी मेरी सहानुभूति है। यहाँ तक कि भाजपा के समाजवादी विचार से भी मेरी सहमति है, किन्तु उसके संघवादी एजेण्डे हिन्दुत्व, मुस्लिम विरोध आदि से मेरी असहमति रही है। कांग्रेस की धर्मनिरपेक्षता का मैं समर्थक हूँ, किन्तु जहाँ तक उसका सांस्कृतिक राष्ट्रवाद संघ से मेल खाता है, मैं उसका विरोधी हो जाता हूँ। ये मेरे व्यक्तिगत विचार और धारणाएँ हैं। इसका मेरे पेशे से कोई लेना-देना नहीं है। संस्था और समाज

में मैं संविधान की प्रस्तावना के चार सूत्र न्याय, समानता, स्वतन्त्रता, व्यक्ति और राष्ट्र की गरिमा व सम्प्रभुता के सिद्धान्त का पालन करता रहा हूँ। किन्तु लोग मेरी जाति और वर्ग के कारण मुझे राजद या कम्युनिस्ट विचारधारा से जोड़ देते रहे हैं। सभी पार्टियों में मेरे मित्र हैं, किन्तु मैं किसी पार्टी का सदस्य नहीं हूँ। वैसे मेरा एक लड़का दीपक ठाकुर राजद का प्रान्तीय प्रवक्ता है और उन दिनों छात्र राजद का विश्वविद्यालय अध्यक्ष था। लेकिन मैं उसके किसी कार्यक्रम में नहीं जाता। मैं इन बातों पर अधिक ध्यान नहीं देता कि कौन क्या कहता है या मेरे बारे में क्या सोचता है? किसी से प्रभावित हुए बिना मैं चुपचाप अपना विधिसम्मत कार्य करता रहता हूँ।

योगदान के अगले दिन मेरी नज़र कॉलेज के मेन गेट पर दोनों तरफ दीवारों पर कुछ छात्र संगठनों के छोटे-बड़े पोस्टर और लिखावटों पर पड़ी, जिसमें अखिल भारतीय विद्यार्थी परिषद् और छात्र राजद प्रमुख थे। मैंने उन सारे पोस्टरों को हटवा दिया। कुछ दिनों के बाद मुझे सूचना मिली कि वहाँ के स्थानीय सांसद और केन्द्रीय मन्त्री श्री राधामोहन सिंह, जिनसे मेरा पूर्व से परिचय था और मोतिहारी विधायक श्री प्रमोद कुमार गुप्ता आये हुए हैं। मैं शिष्टाचार मुलाक़ात के लिए उनसे मिलने सर्किट हाउस, मोतिहारी चला गया। संयोग से दोनों ही जनप्रतिनिधियों से एक ही साथ मुलाकात हो गयी। दुआ-सलाम हुए। फिर संस्था सम्बन्धी कुछ बातें भी। मैंने सांसद महोदय को शिक्षक दिवस 5 सितम्बर के लिए कॉलेज में आमन्त्रित कर दिया। उन्होंने आमन्त्रण स्वीकार किया। उनके साथ अन्य विधायकों को भी आमन्त्रित किया। सभी लोग समय पर आये। अच्छा कार्यक्रम हुआ। किन्तु मोतिहारी विधायक श्री प्रमोद कुमार गुप्ता ने मुझसे शिकायत की कि आपने कॉलेज गेट से एबीपी छात्र संगठन के पोस्टर को हटवा दिया, लेकिन छात्र राजद का रहने दिया। फिर उन्होंने व्यंग्य किया कि आप बड़े पैरवीवाले लोग हैं। एम. एस. कॉलेज जैसे बड़े कॉलेज में अपना ट्रान्सफर करा लिया। ऐसे निराधार आरोप पर मुझे गुस्सा आ गया। मैंने भरी सभा में मन्त्री जी का विरोध करते हुए कहा कि आप मुझे नहीं जानते हैं। मैं पैरवी वाला नहीं, योग्यता वाला आदमी हूँ। रही बात पोस्टर की, तो मैंने सबके पोस्टर हटवाये हैं। हमेशा से मेरी कोशिश रही है कि संस्था को जाति-वर्ग, पार्टी-पोलिटिक्स से दूर रखा जाये। यहाँ भी मेरी यही कोशिश रहेगी। इस पर उन्होंने कहा तो फिर भाजपा वालों के यहाँ क्यों आये हैं? मैंने कहा कि मैं माननीय मन्त्री महोदय और स्थानीय विधायक व सांसद के यहाँ आया हूँ, चाहे वे किसी भी पार्टी के

हों। क्षेत्र की संस्था होने के कारण संस्था का आप पर और आपका संस्था पर हक़ बनता है। मैं सभी पार्टियों का सम्मान करता हूँ। विधायक जी और मुझमें ऊँचे स्वर में बातें हो रही थीं, जिसे सुनकर राधामोहन सिंह अन्दर चले गये। बीच-बचाव करने कुछ बाहर के लोग भी अन्दर आ गये।

यही वह बिन्दु था, जहाँ विधायक प्रमोद कुमार और कुछ-कुछ राधामोहन सिंह जी के मन में भी मेरे प्रति दुराव पैदा हो गया। मैं कॉलेज के विकास में जी-जान से जुड़ गया। घटनाएँ इस तेज़ी से घटती चली गयीं कि मुझे इसका आभास तक नहीं हुआ। मैंने तुरत कॉलेज का नया प्रोस्पेक्टस छपवाया, जिसके अन्तिम आवरण पृष्ठ पर मेरे योगदान का ग्रुप फ़ोटो था। चूँकि यह फोटो सबसे अच्छा था, इसीलिए मैंने इसे प्रमुखता दी थी। मुझे आभास नहीं था कि इसमें अगली पंक्ति में राजद का वह चर्चित छात्र नेता भी था, जिससे यहाँ के भाजपा वाले नाराज रहते थे। अन्दरूनी तौर पर इसका प्रतिकूल प्रभाव पड़ा और जब मेरे विरुद्ध उच्चाधिकारियों को पत्र लिखे गये, तो इस तस्वीर की प्रति भी लगायी गयी। तभी जाकर मैं नाराज़गी से अवगत हो सका।

अगले वर्ष बिहार में भयंकर बाढ़ आयी। चम्पारण लगभग डूब गया। सरकारी कर्मचारी, संस्था और स्वयंसेवी संगठनों ने बाढ़ राहत कोष में यथासम्भव मदद की। मैंने सोचा कि क्यों न कॉलेज की ओर से भी बाढ़ राहत कार्य चलाये जायें? मैंने एन.सी.सी. और एन.एस.एस. टीम की बैठक बुलायी और तय हुआ कि छात्र-शिक्षक-कर्मचारियों की मदद से कॉलेज खुद ही बाढ़ प्रभावित क्षेत्रों में राहत कार्य चलायेगा। शिक्षक और कर्मचारियों के एक-एक दिन का वेतन और छात्रों से स्वेच्छा से राशि और पुराने कपड़े इकट्ठा किये गये। किसी ने दिया, किसी ने नहीं दिया। कॉलेज की ओर से 200 धोती और 200 साड़ी ख़रीदी गयी। दो हज़ार पैकेट भोजन सामग्री आदि इकट्ठे किये। कॉलेज के एनसीसी तथा एनएसएस छात्र-छात्राओं द्वारा एक बस में राहत सामग्री भरकर हम लोगों ने बाढ़ प्रभावित क्षेत्रों में दो दिनों तक राहत कार्य चलाये। इसके लिए सबसे पहले मैं सांसद और मन्त्री राधामोहन सिंह जी से मिला और उनसे राय ली कि कहाँ-कहाँ राहत कार्य चलाये जायें? एक रूट चार्ट दीजिए और राहत सामग्री के लिए जो बस निकलेगी उसकी रवानगी का उद्घाटन कर दीजिए उन्होंने समय की कमी के कारण असमर्थता जतायी। स्थानीय विधायक श्री प्रमोद कुमार यहाँ नहीं थे। इसीलिए पहले दिन की राहत सामग्री की रवानगी का उद्घाटन हमने भाजपा की ही जिला परिषद अध्यक्ष प्रियंका जायसवाल और नगर परिषद अध्यक्ष अंजु देवी से करवाया।

दूसरे दिन कॉलेज को बगल के जिन क्षेत्रों में राहत सामग्री बाँटने जाना था, वे विधानसभा क्षेत्र राष्ट्रीय जनता दल के हिस्से में पड़ते थे। वहाँ से राजद के दो विधायक जीते थे। एक हरसिद्धि के श्री राजेन्द्र कुमार (राम) और दूसरे नरकटिया के डॉक्टर शमीम अहमद। दूसरे दिन महाविद्यालय में हमने दोनों विधायकों को बुलवाकर राहत गाड़ी की रवानगी का उद्घाटन करवाया। बड़ी बस की व्यवस्था ज़िला परिषद के अध्यक्ष के पति और वर्तमान में ढाका के विधायक श्री पवन जायसवाल ने की थी। इस प्रकार दो-तीन दिनों तक हम लोगों ने छात्र-छात्राओं और शिक्षकों के साथ बाढ़-ग्रस्त क्षेत्रों में गाँव-गाँव जाकर राहत सामग्री का वितरण किया। इस कार्य का भी क्षेत्र के भाजपा खेमे में प्रतिकूल प्रभाव पड़ा और मन ही मन वे लोग खफा रहने लगे।

केन्द्रीय कृषि मन्त्री राधामोहन सिंह और बिहार के मन्त्री प्रमोद कुमार गुप्ता (प्रमोद जी तब तक मन्त्री बन चुके थे) पर मेरे विरुद्ध दबाव बढ़ने लगा। वे लोग गवर्नर और कुलपति को लिखने लगे। कुलपति यादवजी यहाँ एम.एस. कॉलेज में भी शिक्षक रह चुके थे और मुज़फ़्फ़रपुर के स्थानीय कॉलेजों में भी शिक्षक और प्रिंसिपल। इसलिए वे भी मेरे स्थानान्तरण के षड्यंत्र में शामिल हो गये। उन्होंने मुझे कई 'कारण बताओ' नोटिस जारी किया, जिनका मैंने सन्तोषजनक जवाब दिया। फिर भी बिना कोई जाँच किये मेरा स्थानान्तरण एम.जे.के. कॉलेज, बेतिया में कर दिया। मेरे स्थान पर उन्हीं प्रिंसिपल ओमप्रकाश सिंह को भेजा, जिनके कॉलेज के एक कार्यक्रम में मत्री श्री प्रमोद कुमार ने खुले मंच से मेरी शिकायत करते हुए मेरा स्थानान्तरण कर श्री सिंह को मेरी जगह लाने की माँग की थी। कुलपति ने वैसा ही कर दिया। जब मैं उनसे मिला, तो उन्होंने साफ़ कहा कि राजपूत का कॉलेज है, राजपूत प्रिंसिपल को वहाँ जाने दीजिए। मैंने कहा मेरी जाति का कॉलेज कहाँ है? इस तरह तो जात-पाँत में मैं कहीं ठीक से काम नहीं कर पाऊँगा। मैं तब तक डेढ़ वर्षों तक यहाँ काम कर चुका था। मैंने स्थानान्तरित कॉलेज में योगदान नहीं किया। मैं चिकित्सा अवकाश में चला गया। यद्यपि ओमप्रकाश जी मेरे अच्छे मित्र थे, किन्तु उन्होंने मेरी अनुपस्थिति में ही योगदान कर लिया। प्राचार्य आवास की चाबी मेरे ही पास थी। मेरे सारे सामान प्राचार्य आवास में ही थे। मैंने प्रिंसिपल ओमप्रकाश सिंह को योगदान करने से मना किया था, किन्तु विश्वविद्यालय के आदेश का पालन करना उनकी मजबूरी थी। मेरा स्थानान्तरण डंके की चोट पर हुआ था। अख़बारों में ख़बरें छपी। इससे मैं दुखी और नाराज़ हो गया। क्योंकि मैंने ऐसा कोई काम नहीं किया

था, जिससे मुझे कोई सज़ा मिले। स्थानान्तरण के लिए उच्चाधिकारियों को भेजे गये अपने पत्र में माननीय मन्त्री और विधायक श्री प्रमोद कुमार ने मेरे विरुद्ध अनेक आरोप लगाये थे, जो अख़बारों में भी छपे। प्रेसवालों ने जब मुझसे पूछा, तो मैंने कहा कि "सारे आरोप बेबुनियाद और मनगढ़ंत हैं। असल में उन्होंने इंटर और स्नातक में नामांकन के लिए थोक के भाव से पैरवी की थी, जो सम्भव नहीं था। मैंने अपने कोटे से एक-दो का नामांकन कर दिया था। इसीलिए उन्होंने मेरे ऊपर आरोप लगाकर मेरे स्थानान्तरण का प्रयास किया है।" अख़बारों में दोनों के पक्ष अगल-बगल छपे। मैंने महामहिम कुलाधिपति (राज्यपाल) और मुख्यमन्त्री, बिहार सरकार को पत्र लिखकर स्थानान्तरण रोकवाने और मेरे विरुद्ध लगे आरोपों को अपने स्तर से जाँच करने का अनुरोध किया। किन्तु कोई कार्रवाई नहीं हुई।

अन्ततः मैं हाईकोर्ट चला गया और माननीय पटना उच्च न्यायालय ने ट्रान्सफर पर तुरत स्टे ऑर्डर लगा दिया। किन्तु कुलपति ने मुझे योगदान नहीं कराया। इस बीच तिरहुत शिक्षक निर्वाचन क्षेत्र के माननीय विधान परिषद् सदस्य प्रो. संजय कुमार सिंह के माध्यम से स्थानान्तरण पर माननीय मन्त्री प्रमोद कुमार पर मैंने 'एसेम्बली क्वेश्चन' करवा दिया। छात्रों के नामांकन की पैरवी के 16 पत्रों की प्रति, जो मन्त्रीजी ने अपने लैटर पैड पर मुझे दिया था, मैंने भेज दिया था। राजद के एक विधान पार्षद श्री सुबोध कुमार ने उन पत्रों को पटल पर रखते हुए मेरे स्थानान्तरण का सवाल उठाया। मन्त्री महोदय को जबाव देते नहीं बना। उन्होंने कहा कि उनका ट्रान्सफर मैंने नहीं करवाया, गवर्नर ने खुद किया है। अध्यक्ष ने उनकी एक न सुनी और कार्रवाई के लिए आवेदनों को रख लिया। बाद में क्या हुआ? मुझको जानकारी नहीं। इसके बावजूद मैं मन्त्री जी और केन्द्रीय मन्त्री राधामोहन सिंह से मिला। उन्होंने गोलमटोल जवाब दिया कि मैंने नहीं लिखा, किसी कार्यकर्ता ने लिखवा दिया होगा।

तीन-चार महीने बाद जब वेतन नहीं मिलने के कारण मुझे आर्थिक परेशानी होने लगी, तो मैंने कुलपति के आदेश से एम.जे.के. कॉलेज में योगदान कर लिया। लेकिन केस लड़ता रहा और अन्ततः राजनीतिक साज़िश बताते हुए कोर्ट ने मेरे ट्रान्सफर ऑर्डर को पूरी तरह रद्द कर दिया और कुलपति को फिर से मुझे एम.एस. कॉलेज, मोतिहारी में पदस्थापित करने का आदेश दिया। तब तक राजेश सिंह नाम के एक राजपूत कुलपति आ चुके थे। उन्होंने मुझे गवर्नमेंट डिग्री कॉलेज, बगहा का अतिरिक्त प्रभार दे दिया।

किन्तु मुझे एम.एस. कॉलेज में वापस नहीं किया। मैंने हाईकोर्ट में अवमानना का दूसरा केस कर दिया। कोर्ट का नोटिस आते ही विश्वविद्यालय ने फिर से मेरा ट्रान्सफर एम.एस. कॉलेज मोतिहारी में कर दिया। मेरे केस नम्बर CWJC No. 4891, 2018 (5), डॉ. हरिनारायण ठाकुर बनाम बिहार के कुलाधिपति, राजभवन एवं अन्य के दिनांक 27-06-2019 का जजमेंट इस प्रकार था:- "आवेदन में दिये गये तथ्यों और विद्वान अधिवक्ता के तर्कों से सिद्ध होता है कि आवेदक का स्थानान्तरण निर्धारित स्थानान्तरण समिति के समक्ष प्रस्तुत किये बिना, पाँच वर्षों की समय सीमा से पूर्व ही केवल केन्द्रीय कृषि व किसान कल्याण मन्त्री की राजनैतिक पैरवी के आधार पर कर दिया गया है। अत: स्थानान्तरण आदेश को रद्द किया जाता है और प्रतिवादियों (कुलाधिपति, कुलपति, कुलसचिव आदि) को निर्देश दिया जाता है कि वे आवेदक प्राचार्य डॉ. हरिनारायण ठाकुर को फिर से एम.एस. कॉलेज, मोतिहारी में पदस्थापित (restore back) करें।"

एम.जे.के कॉलेज, बेतिया

बेतिया पश्चिम चम्पारण का मुख्यालय है। पहले पूर्वी और पश्चिमी चम्पारण एक ही ज़िला था। यह बिहार का सबसे बड़ा ज़िला था। इसीलिए प्रशासनिक सुविधा के लिए बाद में इसे दो भागों में बाँट दिया गया। बेतिया एक ऐतिहासिक स्थान है। यह प्राचीन बेतिया स्टेट का मुख्यालय था। इसके साथ ही पूरे ज़िले में ब्रिटिशकालीन नीलही कोठी (नील की कोठी) की भरमार थी, जिनके अवशेष अब भी मिल जाते हैं। यहीं पर वह ऐतिहासिक 'हजारीमल धर्मशाला' है, जहाँ 1917 में चम्पारण सत्याग्रह के दौरान गाँधी जी लगभग एक-डेढ़ वर्षों तक अपनी पत्नी कस्तूरबा और पुत्र राजमोहन गाँधी के साथ ठहरे थे। बेतिया शहर में ही चम्पारण सत्याग्रह के प्रसिद्ध पत्रकार और स्वतन्त्रता सेनानी पीर मोहम्मद मुनिस और अमर सेनानी प्रजापति मिश्र का घर है। बेतिया के आस-पास के गाँवों में ही चम्पारण सत्याग्रह के महान योद्धा और गाँधीजी को चम्पारण ले आनेवाले स्वतन्त्रता सेनानी पं. राजकुमार शुक्ल, सन्त राउत, शेख गुलाब, शीतल राय, खेन्हर राय, विपिन बिहारी वर्मा आदि के घर हैं।

इसी बेतिया शहर में एम.जे.के. कॉलेज की स्थापना वर्ष 1955 में बेतिया स्टेट की अन्तिम रानी महारानी जानकी कुँवर के नाम पर बेतिया राज के मैनेजर आवास में हुई। इसी आवास के भवन और परिसर मेंवर्तमान महारानी जानकी कुँवर महाविद्यालय है। बेतिया राज के अन्तिम मैनेजर श्री विपीन

बिहारी वर्मा थे। इसकी स्थापना में विपिन बिहारी वर्मा की अग्रणी भूमिका थी। विपीन बिहारी वर्मा चम्पारण के सबसे शिक्षित क्रान्तिकारी, शिकारपुर स्टेट के राजकुमार, कांग्रेस के जुझारू नेता और ब्रिटिश भारत में 'बेतिया राज' के पहले भारतीय मैनेजर थे, जिन्होंने न केवल चम्पारण सत्याग्रह में बढ़-चढ़कर हिस्सा लिया, बल्कि गाँधी जी की मृत्यु के बाद फ़रवरी 1948 में वर्तमान एम.जे.के. कॉलेज (तत्कालीन बेतिया स्टेट के अपने मैनेजर-निवास) परिसर में गाँधी जी के अस्थि-कलश को लाकर रखा, बल्कि उनकी प्रतिमा की स्थापना भी की और 14 अप्रैल, 1948 को बिहार के तत्कालीन राज्यपाल महामहिम श्री माधव श्रीहरि अणे से उसका अनावरण भी करवाया। इस प्रकार एम.जे.के. कॉलेज, बेतिया एक ऐतिहासिक जगह है।

मई 2018 को जब मैंने इस महाविद्यालय में योगदान दिया, तो मेरी नज़र इसकी इसी ऐतिहासिकता पर गयी। बेतिया स्टेट के मैनेजर का आवास और मुख्य भवन, जिसकी निर्माण-कला और बनावट पुराने राजमहल की तरह थी, इस दोमंज़िले मकान में महाविद्यालय का परीक्षा विभाग, भूगोल विभाग और बीसीए लैब चलता था। मैंने सोचा कि इसे ऐतिहासिक विरासत के रूप में संरक्षित किया जाये। साथ ही उसके सामने के गाँधी अस्थि-स्थल को विकसित और विस्तारित किया जाये। इसी उद्देश्य के साथ मैं महाविद्यालय के दैनिक कार्यों में लग गया। मैंने परीक्षा विभाग को बिहार सरकार द्वारा नवनिर्मित परीक्षा भवन में स्थानान्तरित करवा कर उसे चहारदीवारी से सुरक्षित और संरक्षित कर दिया। महाविद्यालय की मुख्य सड़क से लेकर परीक्षा भवन तक एक पहुँच-पथ बनवाया, महाविद्यालय प्रशासनिक भवन के बरामदे एवं प्राचार्य कक्ष में एल्यूमिनियम केबिन बनवाकर उसे छात्र और अभिभावक हित में चालू किया। बरामदे के बाहर एक लम्बा-सा पक्का काउन्टर शेड बनवाकर उसमें छात्र-छात्राओं के बैठने के लिए सीमेन्ट का बेंच आदि बनवाया। साथ ही विशाल तिमंजिले परीक्षा भवन को बिहार सरकार की मदद से फ़र्नीचर, सीसीटीवी कैमरा, साउण्ड सिस्टम और वाई-फाई सुविधा आदि से लैस करवा दिया। पूरे महाविद्यालय परिसर को सीसीटीवी कैमरा, शुद्ध पेयजल और वाई-फाई कनेक्टिविटी से जोड़ दिया गया। कार्यालय और पुस्तकालय को विशेष रूप से हाई-टेक किया गया।

महाविद्यालय पूरी तरह ऑनलाइन हो गया। अब छात्र घर से ही ऑनलाइन शुल्कादि जमा करने लगे। महाविद्यालय के डिजिटलाइजेशन के लिए मुझे और संस्था को CMAI, AICTE, IT भारत सरकार द्वारा 'डिजिटल और स्किल्ड इण्डिया' का राष्ट्रीय पुरस्कार मिला, जिसे तीन देशों के राजदूत, राष्ट्राध्यक्ष

और हाई कमिश्नर, CMAI, AICTE, IT भारत सरकार तथा देश की अनेक कम्पनियों के निदेशकों की उपस्थिति में प्रसिद्ध फ़िल्म-निर्माता सुभाष घई के हाथों विज्ञान भवन, नई दिल्ली में प्रदान किया गया। इसके बाद भारत सरकार द्वारा मान्यता प्राप्त प्लेसमेंट पोर्टल 'इंटर्नशाला' ने मुझसे एक MOU पर साइन करवाया, जिसमें स्नातक प्रथम से स्नातकोत्तर कक्षाओं तक के छात्र-छात्राओं के लिए ऑनलाइन प्लेसमेंट की सुविधा थी। छात्र अपनी पढ़ाई करते हुए किसी भी कम्पनी में पार्ट-टाइम जॉब के लिए ऑनलाइन रजिस्ट्रेशन करवा सकते थे, जिसके लिए उन्हें 6 हज़ार से लेकर 20 हजार रूपये मासिक मिल सकते थे। मैंने कॉलेज में इसका व्यापक प्रचार-प्रसार करवाया। कुछ छात्रों ने मेरे प्राचार्य आवास पर आकर पंजीयन कराया, कुछ ने खुद ही इसका लाभ लिया।

महाविद्यालय के भूगोल विभाग के पीजी छात्रों के लिए आयोजित भौगोलिक भ्रमण कार्यक्रम में छात्र-छात्राओं एवं भूगोल शिक्षकों के साथ वाल्मीकि टाइगर प्रोजेक्ट स्थल, वाल्मीकि नगर-भिखना टोरी, गाँधी आश्रम भितिहरवा, गाँधी द्वारा स्थापित बुनियादी विद्यालय वृन्दावन, बौद्ध-स्थल रामपुरवा, लौरिया, नन्दन गढ़, चानकी गढ़ आदि ऐतिहासिक स्थानों पर गया। सामाजिक और शैक्षणिक विविधता और सद्भाव पर एक राष्ट्रीय सेमिनार और गाँधी के 150 वें जयन्ती-वर्ष के उपलक्ष्य में कई स्थानीय सेमिनार आयोजित करवाये, जिनमें महाविद्यालय के अर्थशास्त्र के विभागाध्यक्ष डॉ. रवीन्द्र कुमार चौधरी का बड़ा महत्त्वपूर्ण योगदान रहा। इसी क्रम में चम्पारण के ऐतिहासिक स्थलों का भ्रमण और निरीक्षण भी होता रहा। उनके समन्वयकों के सहयोग से महाविद्यालय के बीसीए, बीबीए, आइएमबी और सीएनडी व्यावसायिक कोर्सों के राष्ट्रीय एवं स्थानीय सेमिनार, व्यावहारिक प्रोजेक्ट वर्क आदि करवाता रहा। एक बार छात्र और शिक्षकों के साथ 'रामनगर चीनी मिल' का दिन-भर का भ्रमण-निरीक्षण कार्य हुआ। ऐसे कार्यों में भौतिकी के विभागाध्यक्ष डॉ. टी.एच. अंसारी, भूगोल विभाग के अध्यक्ष डॉ. योगेन्द्र मुसहर आदि

शिक्षकों का सहयोग प्राप्त रहा। यहीं से मुझे 'गाँधी जन्म-शताब्दी के 149 वें वर्ष में 'गाँधी शांति प्रतिष्ठान, नेपाल' द्वारा दिनांक 2-3 अक्टूबर 2018 को आयोजित 'अन्तरराष्ट्रीय सेमिनार' में वक्ता के रूप में भाग लेने का आमन्त्रण मिला। मेरा विषय था– 'अहिंसा और विश्व शान्ति'। नेपाल के भारतीय दूतावास में मेरे प्रभावशाली वक्तव्य पर मुझे वहाँ के राजदूत, प्रतिष्ठान के अध्यक्ष आदि द्वारा प्रशस्ति-पत्र एवं शाल देकर सम्मानित किया गया।

फिर मैंने स्थानीय 'राजकुमार शुक्ल स्मारक समिति' की सहभागिता में महाविद्यालय के शिक्षक, छात्र और कर्मचारियों के साथ-साथ स्थानीय जनप्रतिनिधि, नगर और ज़िला परिषद् के अध्यक्ष, रेणु देवी (पूर्व विधायक, जो बाद में 2020 के चुनाव में स्थानीय विधायक और बिहार सरकार में उपमुख्यमन्त्री बनी) की मीटिंग बुलाकर 'गाँधी अस्थि-कलश स्थल' को 'गाँधी स्मृति स्थल और पार्क' के रूप में विकसित और विस्तारित करने की योजना बनायी और उसमें गाँधी जी की एक आदमक़द प्रतिमा स्थापित कर उसे बिहार सरकार के महामहिम गवर्नर और कुलाधिपति से अनावृत करवाने का निर्णय लिया। तदनुसार 'गाँधी अस्थि-कलश स्थल' को भी विस्तारित कर भव्य चहारदीवारी, प्रवेश द्वार, पार्क व प्रतिमा-स्थल बनवा दिया गया। जयपुर से प्रतिमा बनकर भी आ गयी। गवर्नर की स्वीकृति के पत्र भी आ गये। किन्तु महाविद्यालय के अन्दर और बाहर के कुछ विक्षुब्ध तत्त्वों ने महामहिम को पत्र लिखकर मेरे विरुद्ध कुछ बेबुनियाद आरोप लगाते हुए आने से मना कर दिया। गवर्नर ने कुलपति और स्थानीय कलक्टर को जाँच का आदेश दिया। कुलपति ने ख़ुद से और कलक्टर ने अनुमण्डल पदाधिकारी से जाँच की और करवायी। सब कुछ ठीकठाक पाया गया। इसी बीच माननीय पटना उच्च न्यायालय ने मेरी याचिका पर मेरे ट्रान्सफर आर्डर को रद्द कर दिया और माननीय उच्च न्यायालय के आदेश से मेरा स्थानान्तरण फिर से एम.एस. कॉलेज, मोतिहारी हो गया। मैं एम.एस. कॉलेज, मोतिहारी चला आया। बाद में पता चला कि एम.जे.के. कॉलेज के प्रभारी प्राचार्य प्रो. सुरेन्द्र प्रसाद ने प्रतिमा सहित उस स्थल को व्यक्तिगत रूप से नगर परिषद् की पूर्व अध्यक्ष गरिमा सिकारिया को दे दिया। मेरे द्वारा लायी प्रतिमा की स्थापना भी गरिमा सिकारिया ने ही की। यह महाविद्यालय के इतिहास का एक दुर्भाग्यपूर्ण अध्याय है। प्राचार्य महाविद्यालय की परिसम्पत्तियों का संरक्षक होता है और जब प्राचार्य ही महाविद्यालय की अपनी सम्पति का अधिकार दूसरे को सौंप दे, तो इससे दुर्भाग्यपूर्ण और क्या हो सकता है? यह प्राचार्य के अधिकार क्षेत्र

में नहीं आता है। परिसम्पत्तियों का स्वामित्व विश्वविद्यालय के कुलपति के पास रहता है। महाविद्यालय का वह 'गाँधी स्मृति प्रतिमा स्थल' करोड़ों की सम्पत्ति है, जो अब महाविद्यालय के अधिकार क्षेत्र में नहीं है। उस पर अब नगर परिषद की पूर्व अध्यक्ष का आधिपत्य और कब्ज़ा है। उस पर शिलालेख भी गरिमा सिकारिया का लग गया। सारा ख़र्च महाविद्यालय ने किया और नगर परिषद् के पूर्व अध्यक्ष को बिना कुछ किये कराये यह ऐतिहासिक स्थल मिल गया। पता नहीं विश्वविद्यालय को इस घटना की जानकारी है कि नहीं? ऐसे ग़ैर-ज़िम्मेदाराना कार्य-कलाप पर तो प्राचार्य पर कड़ी कार्रवाई होनी चाहिए।

एम.जे.के. कॉलेज बेतिया में रहते हुए मुझे गवर्नमेंट डिग्री कॉलेज, बगहा का इंचार्ज भी बनाया गया था। मैं वहाँ का संस्थापक प्रिंसिपल था। वहाँ भी मैंने कई रचनात्मक कार्य किये। उस कॉलेज को भी ऑनलाइन करते हुए वहाँ नामांकन करवाया। उसका एक डायनेमिक वेबसाइट और प्रॉस्पेक्टस बनवाया।

एम.जे.के. कॉलेज में मैं डेढ़ वर्ष से ज़्यादा समय तक रहा। अन्य कॉलेजों की तरह यहाँ भी मैंने अनवरत काम किया। एक मिनट भी नहीं गँवाया। समय का सही उपयोग किया। यद्यपि छात्र-छात्राओं की शैक्षणिक गतिविधियाँ चरम पर रहीं, फिर भी यहाँ मुझे वह सहजता नहीं मिली, जो अन्य कॉलेजों में थी। इसका कारण यहाँ की राजनीति और मेरा चर्चित ट्रान्सफर था, जिसकी ख़बरें अख़बारों में आती रहती थीं। एम.एस. कॉलेज, मोतिहारी से बेतिया की दूरी अधिक नहीं है। मेरे विवादास्पद स्थानान्तरण का छात्र नेताओं पर अच्छा प्रभाव नहीं पड़ा। इस कॉलेज में छात्र संघ के लिए एक ए.सी. कमरा मिला हुआ था, जिसमें प्रिंसिपल कक्ष की तरह वैसी ही टेबल, कुर्सियाँ लगी थीं। अध्यक्ष और पदाधिकारियों की कुर्सियाँ ऊँचे मंच पर लगी हुई थीं। बग़ल में गर्ल्स कॉमन रूम था, जिसमें लड़कियाँ नियमित रूप से बैठा करती थीं। उसके लिए अलग से एक महिला केयर टेकर थीं। कॉलेज छात्र संघ का अध्यक्ष और कोषाध्यक्ष छात्र थे, किन्तु सचिव एक छात्रा थीं। अध्यक्ष और सचिव दोनों ब्राह्मण समुदाय से आते थे और कोषाध्यक्ष अनुसूचित जाति का था। आम सामाजिक समीकरण और धारणा से तो दोनों ब्राह्मण सदस्यों में मेल होना चाहिए था और अनुसूचित जाति के सदस्य को शोषित। लेकिन था उल्टा। अध्यक्ष और कोषाध्यक्ष में मेल था, किन्तु महिला सचिव शोषित और प्रताड़ित हो रही थीं। इसका कारण यह था कि सचिव कम्युनिस्ट पार्टी की सदस्य थीं और अध्यक्ष और कोषाध्यक्ष दक्षिणपन्थी विचारधारा और कॉलेज की अन्दरूनी राजनीति से प्रभावित थे। मुझे बाद में पता चला कि छात्र संघ

के अध्यक्ष ने अपने संगठन में पहले ही बता चुका था कि जो प्रिंसिपल आ रहा है, उसे रहने नहीं देना है, उसका विरोध करना है। शिक्षक-कर्मचारियों का भी नज़रिया बहुत सकारात्मक नहीं था। जिस रोज मैंने योगदान किया, उस दिन यद्यपि कुछ छात्र नेता एवं शिक्षक-कर्मचारियों ने माला पहनाकर मेरा स्वागत किया, किन्तु शिक्षक संघ के अध्यक्ष शुक्लाजी कुछ घण्टे बाद कुछ शिक्षकों के साथ शिकायत लेकर आये कि यहाँ की परम्परा है कि जब कोई नये प्रिंसिपल आते हैं, तो शिक्षकों से मिलने उनके कक्ष में जाते हैं। हम लोग रास्ता देखकर आप से मिलने आये हैं। मैंने उनका स्वागत करते हुए कहा कि मुझे तो यहाँ प्रभार-ग्रहण और अन्य कार्यालय कार्यों से ही फुर्सत नहीं मिली, फिर भी आप बुलाते, तो मैं अवश्य आता। खैर, कोई बात नहीं, कभी किसी दिन शिक्षकों की गोष्ठी करके मुझे बुलाइए। वैसे मैं समय निकालकर महाविद्यालय भ्रमण में आप लोगों से मिलता रहूँगा। बाद में पता चला कि शुक्ला जी से महाविद्यालय छात्र संघ के अध्यक्ष की अन्तरंगता थी। प्रिंसिपल के विरुद्ध विक्षुब्ध गतिविधियाँ उन्हीं छात्र संघ के अध्यक्ष के माध्यम से चलती थीं, जिसमें कुछ शिक्षक भी शामिल थे।

मैंने मई माह के अन्तिम सप्ताह में योगदान किया था। पहली जून से गर्मी की छुट्टी होनेवाली थी। शनिवार का दिन था। मुझे जल्दी से कार्यालय कार्यों को निपटाकर घर जाना था। इतने में छात्र संघ की उक्त महिला सचिव रोती हुई आयी और संघ के अध्यक्ष और कोषाध्यक्ष पर उसके साथ छेड़छाड़ और बदतमीजी का आरोप लगाया। उसके साथ दो-तीन लडकियाँ और थीं। सबने उसके आरोप की पुष्टि की। मैंने अध्यक्ष और कोषाध्यक्ष को बुलाया। पहले तो उन्होंने आने में आनाकानी की, पर बाद में आये। मैंने उन्हें डाँटते हुए उस सचिव छात्रा से माफ़ी माँगने को कहा। पर उन लोगों ने अपने आपको निर्दोष बताते हुए माफ़ी माँगने से इनकार कर दिया। मैंने कुछ शिक्षकों को बुलाया और इस प्रकरण पर एक जाँच कमिटी बना दी। पर ऐसा लगा कि मेरी कार्रवाई से दोनों पक्षों में से कोई सन्तुष्ट नहीं हुआ। कुछ देर के बाद मैं अपने घर मुज़फ़्फ़रपुर के लिए रवाना हो गया। अभी रास्ते में ही था कि उक्त महिला सचिव की ओर से उसके अभिभावक का फ़ोन आया कि आपने कोई फ़ैसला नहीं किया है। हम लोग उन दोनों लड़कों पर केस करने जा रहे हैं। मैंने कहा कि कमिटी बना दी है, जो तीन दिनों में अपना रिपोर्ट देगी। अभी रुक जाइए। मैं लौटकर आता हूँ, फिर कमिटी की रिपोर्ट के आधार पर उचित निर्णय लिया जायेगा। उसने कुछ नहीं कहा। अगले सप्ताह जब मैं

लौटकर कॉलेज आया, तो उस महिला सचिव द्वारा अध्यक्ष और कोषाध्यक्ष पर थाने में केस कर दिया गया था। मैंने थानाध्यक्ष, बेतिया को फ़ोन करके अनुरोध किया कि प्राथमिकी दर्ज नहीं कीजिए। छात्र-छात्राओं का मामला है। हम लोग इसे महाविद्यालय स्तर से ही निबटा लेंगे। थानाध्यक्ष ने जवाब दिया कि प्राथमिकी दर्ज कर ली गयी है, अब इसे रोका नहीं जा सकता। इधर उस कोषाध्यक्ष छात्र ने भी महिला सचिव पर अनुसूचित जाति एक्ट के तहत एक केस दर्ज कर दिया। मैंने खुद भी और शिक्षकों के सहयोग से भी दोनों पक्षों को बैठाकर आपस में समझौता करवा देना चाहा, किन्तु वे लोग अपनी-अपनी ज़िद पर अड़े रहे। असल में दोनों पक्ष बाहरी तत्त्वों और अपनी-अपनी पार्टी से निर्देशित हो रहे थे।

इसीलिए मैंने इस प्रकरण को छोड़ दिया। इधर जाँच कमिटी अपना काम करती रही। इसी बीच उक्त छात्र संघ के अध्यक्ष ने कुछ बाहरी असामाजिक तत्त्वों के साथ मिलकर मुझ पर हमला करवाकर मेरे चैम्बर में तोड़-फोड़ कर दी। मैंने पुलिस प्रशासन को सूचना दी और जानमाल की सुरक्षा के लिए एक प्राथमिकी दर्ज करवा दी। शिक्षकों की बैठक बुलाकर महाविद्यालय में अनुशासन और क़ानून व्यवस्था पर चर्चा की, सारी खुराफ़ात की जड़ छात्रसंघ का वह हॉलनुमा कमरा था, जिसमें दिन-भर अवांछित तत्त्व बैठे रहते थे। कुछ शिक्षकों की राय से मैंने सूचना देकर अध्यक्ष से चाबी मँगवाई और उस कमरे को अनिश्चित काल के लिए बन्द करवा दिया, क्योंकि छात्र संघ का कार्यकाल बहुत पहले समाप्त हो चुका था। फिर विश्वविद्यालय को जाँच के लिए लिख दिया। प्राथमिकी के बाद स्थिति सामान्य हो गयी।

इधर महाविद्यालय की विभिन्न समितियों एवं शिक्षक-कर्मचारियों की आम बैठक में प्रस्ताव पारित कर दो महीने बाद माह अगस्त में 'सामाजिक-शैक्षणिक विविधता एवं राष्ट्रीय सद्भाव' पर एक राष्ट्रीय सेमिनार होनेवाला था। शबनम हाशमी सहित विभिन्न विश्वविद्यालयों के विषय विशेषज्ञ एवं विद्वानों के आने की स्वीकृति मिल चुकी थी। सब कुछ सामान्य ढंग से चल रहा था कि समारोह के ऐन मौक़े पर कार्यक्रम शुरू होने के एक सप्ताह पहले शिक्षक संघ के सचिव डॉ. पी.के. चक्रवर्ती ने मुझसे मिलकर सेमिनार स्थगित कर देने का अनुरोध किया। कारण पूछने पर उन्होंने बताया कि कुछ छात्र संगठन इसका विरोध करेंगे। मैंने कहा उन्हें आप समझाइए। यदि वे नहीं मानें, तो क़ानून-व्यवस्था है न। उन्होंने कोई सन्तोषजनक जवाब नहीं दिया। मैंने शिक्षक-कर्मचारियों की बैठक की और सम्भावित व्यवधान की बात रखी।

अधिकांश लोगों ने कार्यक्रम कराने की सहमति दी और सहयोग का वादा किया। किन्तु सचिव चक्रवर्ती जी और एन.सी.सी. के शिक्षक पदाधिकारी डॉ. सुरेन्द्र राय ने विरोध और आशंका जतायी। मैंने उनसे सहयोग का अनुरोध करते हुए कहा कि अब ऐन वक़्त पर सेमिनार को स्थगित नहीं किया जा सकता। मैंने एस.पी. से मिलकर क़ानून व्यवस्था के लिए पर्याप्त पुलिस बल की माँग की। फिर कॉलेज के एन.सी.सी. कैडेटों को ड्यूटी पर तैनात करवाया और निर्धारित समय पर कार्यक्रम शुरू हुआ। पूरा कार्यक्रम डिजिटलाइज्ड था। ऐसा कार्यक्रम इस कॉलेज में पहली बार हो रहा था। यद्यपि ट्रांसजेंडर रेशमा प्रसाद, नगर परिषद की अध्यक्ष और नगर विधायक का भाषण हो चुका था, किन्तु जब शबनम हाशमी का भाषण शुरू हुआ, तो फिर से हो-हल्ला शुरू हो गया। हॉल खचाखच भरा था।

इतनी बड़ी सुरक्षा व्यवस्था के बावजूद एक-दो लोगों का प्रोत्साहन पाकर एबीपी और बजरंगदल के कुछ बाहरी छात्रों ने कार्यक्रम में व्यवधान शुरू कर दिया। वे प्राचार्य विरोधी नारे लगाने लगे। फिर कार्यक्रम के दौरान ही मंच पर चढ़कर माइक पर कब्ज़ा कर लिया और 'वन्दे मातरम्, भारत माता की जय' आदि नारों के साथ संस्था विरोधी नारे भी लगाने लगे। शबनम हाशमी ने उन्हें पूरा वन्दे मातरम् गीत गाने को कहा, जब उनसे नहीं हुआ, तो उन्होंने ख़ुद ही पूरा गीत गाया। फिर भी हो-हल्ला शान्त नहीं हुआ। मैंने मंच पर चढ़कर माहौल को शान्त करना चाहा, किन्तु उपद्रवियों ने मुझे धक्का देकर मेरे हाथों से माइक छीन लिया। शुभचिन्तक शिक्षकों ने मुझे छुपा लिया कि कहीं कोई अप्रिय घटना न हो जाये, क्योंकि उन तत्त्वों का सारा आक्रोश मुझी पर था। माहौल की नज़ाकत देखकर रेशमा प्रसाद और शबनम हाशमी पुलिस सुरक्षा में बाहर निकलीं और चुपचाप अपनी गाड़ी पकड़कर पटना की ओर रवाना हो गयी। मुझे जब सूचना मिली, तो मैंने भी उनका पीछा करते हुए उन्हें रोका और शहर से बाहर जाकर उनके मार्ग व्यय का भुगतान किया।

जब दुबारा लौटकर आया, तो स्थिति सामान्य हो चुकी थी। लेकिन लगभग आधे घण्टे की अफरा-तफरी, व्यवधान और कुछ तोड़-फोड़ मीडिया के कैमरे और कार्यक्रम में चल रहे वीडियो कैमरे और सीसीटीवी में क़ैद हो चुके थे। प्रिंट मीडिया और इलेक्ट्रोनिक चैनलों ने बड़े-बड़े न्यूज़ प्रसारित किये, जो अधिकांशत: नकारात्मक ही थे। मैंने सम्बन्धित तत्त्वों के ख़िलाफ़ पुलिस में प्राथमिकी दर्ज करा दी। इस घटना की सूचना दूर-दूर तक चली गयी। यह एक राष्ट्रीय घटना बन गयी और जेएनयू और बीएचयू में भी

शबनम हाशमी और मुझ पर हुए हमले के विरोध में प्रदर्शन हुए। इसी समय मोतिहारी केन्द्रीय विश्वविद्यालय के शिक्षक संजय यादव पर भी बजरंग दल के सदस्यों ने हमला किया था, जिनका इलाज बहुत दिनों तक दिल्ली एम्स में चला। राष्ट्रीय चैनलों ने दोनों घटनाओं को एक ही साथ जोड़ दिया। सोशल मीडिया से सदन तक इस घटना की निन्दा होने लगी। नेता प्रतिपक्ष तेजस्वी यादव ने इन तमाम मामलों पर सीएम नीतीश कुमार को घेरा। तेजस्वी ने ट्वीट कर मोतिहारी के साथ-साथ बेतिया में भी हुई इस तरह की एक घटना का ज़िक्र किया। तेजस्वी ने अपने ट्वीट में लिखा कि "नीतीश जी, बिहार में ये क्या नंगा नाच हो रहा है? मोतिहारी में प्रोफ़ेसर के बाद बेतिया में प्राचार्य हरिनारायण ठाकुर जी पर भी हमला हुआ है। संघी गुंडों ने उत्पात मचाया हुआ है। आपने कानों में रुई तो पहले ही डाल ली थी, अब आँखों का पानी भी सूख गया है। कुछ लोकलाज बची है तो कार्रवाई करिए।"

समाचार चैनलों एवं सोशल मीडिया पर ख़बरें आयीं कि 20/8/18 को महात्मा गाँधी केन्द्रीय विश्वविद्यालय मोतिहारी के असिस्टेंट प्रोफ़ेसर संजय कुमार एवं बेतिया के प्रो. हरिनारायण ठाकुर पर मनुवादी ताक़तों द्वारा हुए हमले के ख़िलाफ़ ओ.बी.सी., एस.सी., एस.टी., एम.टी. संघर्ष समिति बीएचयू के द्वारा आक्रोश मार्च निकाला गया। आक्रोश मार्च बीएचयू गेट लंका से रविदास गेट तक निकाला गया। इस आक्रोश मार्च में चौथीराम यादव ने घटना की कड़ी निन्दा करते हुए दोषियों को सज़ा देने की माँग की। जानेमाने लेखक, पत्रकार और चिन्तक उर्मिलेश अपने कार्यक्रम में इन घटनाओं पर चिन्ता व्यक्त करते हुए कहा कि "17 अगस्त को बिहार में मोतिहारी स्थित केन्द्रीय विश्वविद्यालय के एक सहायक प्रोफ़ेसर संजय कुमार पर क़ातिलाना हमला हुआ। मौबलिंचिंग की योजना के साथ उन पर हमला कराया गया! इसी इलाक़े में कुछ दिनों पहले जाने-माने समाजवादी चिन्तक और लेखक प्राचार्य डॉ. हरिनारायण ठाकुर की पहल पर आयोजित एक सेमिनार के दौरान मनुवादी गुण्डा गिरोह द्वारा हमला कराया गया। दिल्ली से गयी जानी-मानी मानवाधिकार कार्यकर्ता शबनम हाशमी और रेशमा प्रसाद सहित कई अन्य लोगों के साथ वहाँ बदसलूकी हुई। उन्हें जान से मार डालने की धमकी दी जाती रही। डॉ. ठाकुर ने पूरी घटना को लेकर स्थानीय पुलिस में प्राथमिकी दर्ज कराई। सुशासन में अभी तक सिर्फ महाविद्यालय में पुलिस की तैनाती की गयी। अपराधियों और मनुवादी हमलावरों पर कार्रवाई क्यों नहीं हुई?"

इधर महाविद्यालय के साथ-साथ शहर में भी आपराधिक घटनाएँ घटने लगीं। बेतिया स्टेट परिसर स्थित जार्ज पंचम की मूर्ति तोड़ दी गयी, जिसकी धड़-पकड़ में हमारे कॉलेज परिसर से छात्र संघ का वह नामित अध्यक्ष भी गिरफ्तार हो गया। मुझ पर उसके अभिभावकों का दबाव पड़ा। मैंने उन्हें आश्वस्त किया कि मेरा उद्देश्य शान्ति व्यवस्था क़ायम रखना है, किसी को सज़ा दिलवाना नहीं। समय आने पर कोर्ट में देखा जायेगा। कुछ छात्र और अभिभावकों द्वारा ठोस सबूत दिये जाने के बाद मैंने एक शिक्षक के ट्रान्सफर के लिए विश्वविद्यालय को लिख दिया था। फिर शिक्षक संघ की आपत्ति और दबाव के बाद मैंने उस आवेदन को वापस ले लिया। स्थिति सामान्य होने पर वहाँ के सांसद श्री संजय जायसवाल के अनुरोध पर वर्षों से बन्द पड़े महाविद्यालय के पूर्वी गेट को खुलवाया, जिससे छात्र-छात्राओं को कॉलेज आने-जाने में सहूलियत हो।

इस प्रकार इस महाविद्यालय में व्यवधान और संघर्षों के बीच काम करता रहा।

फिर से एम.एस. कॉलेज, मोतिहारी

माननीय पटना उच्च न्यायालय के आदेश के आलोक में जब फिर से एम.एस. कॉलेज, मोतिहारी में मेरा स्थानान्तरण हुआ, तो मेरा नवजात पोता गम्भीर रूप से बीमार था और लगभग एक सप्ताह से पटना आइ.सी.यू. में भर्ती था। मैं सपरिवार पटने में ही था। मैंने दो हफ़्ते की और छुट्टी ले ली और महाविद्यालय में एक वरीय शिक्षक को प्रभारी बना दिया। किन्तु जिस शिक्षक सुरेन्द्र प्रसाद को मेरे बदले में वहाँ प्रभारी प्रधानाचार्य बनाया गया था, वे बार-बार मुझे फ़ोन कर चार्ज देने को कह रहे थे। अतः उनकी व्यग्रता के कारण पोते को पटने में इलाजरत छोड़कर मुझे बीच में ही आना पड़ा और 31 जनवरी 2020 को नये प्रभारी प्राचार्य को प्रभार देकर और विरमित होकर मैं एम.एस. कॉलेज, मोतिहारी चला आया। इस बीच पोता भी स्वस्थ हो गया और लगभग एक हफ़्ते बाद उसे घर ले आया। एम.एस. कॉलेज में दुबारा आने पर मेरा ख़ूब स्वागत हुआ। कॉलेज फिर से रफ़्तार में चलने लगा। प्राचार्य आवास और कॉलेज परिसर तो पहले से अच्छा हो चुका था, किन्तु यह सुनकर दुःख हुआ कि 'नैक' मूल्यांकन के दूसरे चरण में कॉलेज को 'सी' ग्रेड मिला है। प्राचार्य ओ.पी. सिंह ने प्रिंसिपल आवास और अन्य भवनों का जीर्णोद्धार कर दिया था। मैं प्राचार्य निवास में रहने लगा। यूजीसी की माँग के अनुरूप मैंने उसकी

राशि से महिला छात्रावास के अधूरे भवन को पूरा कर उसे दो-मंज़िला बना दिया। एक सेमिनार हॉल का निर्माण करवाया। बीसीए कोष से वोकेशनल बिल्डिंग को दो-मंज़िला बना दिया। शिक्षक-कर्मचारियों की माँग पर परिसर में संस्थापक प्राचार्य प्रो. केशव प्रसाद की प्रतिमा लगवायी और महाविद्यालय के स्थापना दिवस पर एक भव्य आयोजन कर सबका उद्घाटन करवा दिया, जिसमें विश्वविद्यालय के कुलसचिव से लेकर स्थानीय जनप्रतिनिधि, शिक्षक-कर्मचारी और छात्र सभी शामिल हुए। स्थापना दिवस दिसम्बर माह में पड़ता था, किन्तु जयपुर से प्रतिमा आने में विलम्ब हुआ, इसीलिए स्थापना दिवस 17 फ़रवरी 2021 को आयोजित किया गया। इस अवसर पर मैंने एक भव्य समारिका प्रकाशित करवायी, जिसमें महाविद्यालय के इतिहास और उपलब्धियों को समेटते हुए दोनों चम्पारण में 'चम्पारण सत्याग्रह' और उसके सेनानियों की विस्तृत स्मृति और उपलब्धियों को प्रकाशित किया गया।

एम.एस. कॉलेज में दुबारा आकर मैं थोड़ा इत्मीनान महसूस करने लगा। मुझे गाँव जाने का भी मौका मिलता रहा। इस बीच बचपन की कुछ कटु-मधु स्मृतियों को भी समेटने का मौक़ा मिला। ऐसी ही कुछ स्मृतियाँ नीचे दी जा रही हैं।

भूले-बिसरे दिन : बचपन में मेरे बहुत-सारे लड़के मित्र थे, पर लड़कियाँ भी कम न थीं। इसके दो कारण थे। एक तो मैं उनके छोटे-मोटे काम मुफ़्त में कर दिया करता था और दूसरा मेरा सीधा और संकोची स्वभाव। एक और बड़ा कारण था कि मेरी दादी या माँ उनके घर का काम कर दिया करती थीं। तारा हमारे पड़ोस की लड़की थी, मेरी हमउम्र साथिन। पड़ोस की एक-दो और लड़कियाँ थीं– राजपरी, मनोहर और इन्द्रासन। राजपरी मुझसे तीन-चार साल और मनोहर मुझसे एक-दो साल बड़ी थी। मनोहर अपनी माँ, जिन्हें हमलोग 'चनरी फुआ' कहते थे, के साथ ननिहाल में ही रहती थी। इन्द्रासन मुझसे एक साल छोटी थी और हम लोग साथ-साथ बकरी चराते थे। मनोहर और इन्द्रासन तो अब इस दुनिया में नहीं हैं, पर उनकी अविस्मरणीय यादें मेरे साथ जुड़ी हुई हैं। अभी हाल ही में एक-दो वर्ष पहले उनकी

असमय मृत्यु हो गयी। मैं उनकी आत्मा को हृदय से सलाम करता हूँ। पर राजपरी और तारा अभी स्वस्थ और प्रसन्न हैं। राजपरी बहन सीतामढ़ी में रहती हैं और प्राय: प्रति वर्ष मुझे राखी बाँधने आती हैं। तारा की ससुराल गाँव के पास ही पोखरभीण्डा गाँव में है, जो मेरे मुज़फ़्फ़रपुर से गाँव जाने के रास्ते में ही सड़क के किनारे है। पर वर्ष 1969 में मेरी शादी और वर्ष 1974 में उसकी शादी के बाद शायद ही हम लोगों की मुलाकात हुई हो। पर हाँ, वह जब भी गाँव जाती, मेरी पत्नी से ज़रूर मिलती थी।

इस बार जब गाँव गया तो पत्नी भी साथ थी। मुझे संस्मरण लिखने के सिलसिले में अपने पुराने मिड्ल स्कूल के गाँव बेलाही जयराम और गजहरवा जाना था। मेरे मित्र और सहपाठी केशव सिंह की बड़ी बहन शिवकली और उसके पति विष्णुदेव सिंह, जो एक अवकाशप्राप्त शिक्षक हैं, केशव सिंह के घर आये हुए थे। उन्हें अपने घर पोखरभींडा लौटना था। केशव सिंह उन्हें विदा करने के लिए ऑटो रिक्शा लेने जा रहे थे। मैंने उन्हें मना कर दिया कि एक घण्टे के बाद मुझे भी उधर ही जाना है, मैं इन्हें छोड़ दूँगा। वे रुक गये। फिर हम लोग रास्ते में सुख-दु:ख बतियाते हुए जब जा रहे थे, तो प्रसंगवश शिवकली को मालूम हुआ कि मेरी पत्नी भी आयी हुई हैं। वह मुझ पर बिगड़ पड़ी कि "तू पहिले काहे न बतवला ह, हम हुनका से मिलके अइती। बिहान जाइत के समय हमरा से मिलवा के जइहा। भौजाई से मिलला बहुत दिन हो गेल"। मैंने वादा किया कि लौटते समय आपके घर होते हुए जायेंगे। मुझे उनके पड़ोसी और मेरे शुभचिन्तक शिक्षक रामचन्द्र सिंह से भी मिलना था, जो तारा के पति थे। वहाँ पहुँचने पर तारा हुलसकर आयी और शिकायत के लहजे में बोली– "बाप रे, अतना दिन पर ! केना याद पड़ गेलओ ह। एगो जमाना हो गेल देखला।" फिर वह अपने पति से कहने लगी– "एकरा हमनी मुड़ी पकड़-पकड़ के कोहबर घर में बैठा देइत रही, आ ई बाहर निकल अवइत रहे। आखिर कोहबर ई नहीये कएलक। लरिके में सब शादी क देले रहई। आ तेकरा एके-दू साल

बाद ई घरवाली से एहन न सटल कि हमनिओं के भूल गेल।" मैंने कहा– "अब रोज़-रोज़ अबओ, अब रिटायर होए बला छी।" फिर वह बाँह पकड़कर मुझे भीतर ले गयी और घूम-घूम कर अपना सारा घर दिखा लायी। आठ-आठ कमरे का घर, दो-दो गाड़ियाँ, दो-दो बेटे-बेटियाँ, लेकिन घर में रहनेवाला कोई नहीं। पति-पत्नी और इतना बड़ा महल-अटारी ! तारा को भी जब पता चला कि पत्नी भी आयी हुई है, तो अधिकारपूर्ण अनुरोध पर अड़ गयी कि "बिहान जाइत खनी भाभी के साथ जरूर अइहा। केतना दिन देखला भेल। हम खाना बनौले रहबओ।" मैंने वादा किया और आज वह वादा पूरा भी हो गया। वर्षों बाद हम मिल रहे थ– दोनों मास्टर साहेब, तारा, शिवकली और मैं।

सिंघोड़बा गाँव, ज़िला सीतामढ़ी : गाँव के पूर्वी भाग में ग़रीबों की बस्ती। इसी बस्ती में मेरे चचेरे मामा मोहन ठाकुर का घर, जहाँ हम बचपन में बड़े भाई के साथ जाया करते थे। मामा गाँव के नाच पार्टी में हारमोनियम बजाते थे और कभी-कभी पाठ भी करते थे। उनका रंग गोरा था और कद दुबला-पतला और लम्बा। उन पर भिखारी ठाकुर का प्रभाव था और वे उनकी ही धुन में गाते और हँसानेवाली कथा कहते थे। अक्सर वे हमारे घर आया करते थे और हम बच्चे कहानी सुनने के लिए उन्हें घेर लेते थे। वे देर रात तक हमें कहानियाँ सुनाते थे। आज मामा नहीं हैं, पर उनकी 'मज़दूर पति-पत्नी की पाँच रोटी' वाली कहानी मुझे अभी तक याद है। हमारे साथ कथा सुननेवाले मामा के बड़े लड़के रामविलास ठाकुर और मेरे बड़े भाई बिलट ठाकुर भी अब इस दुनिया में नहीं हैं। बाद की पढ़ाई-लिखाई और नौकरी के कारण गाँव और मामा का घर छूट गया। आज एक नयी रिश्तेदारी में जाना हुआ। रास्ते में अचानक वह गाँव पड़ गया और लगभग 45 वर्ष पहले की वे यादें ताज़ा हो आयी। मैंने अपनी गाड़ी गाँव की ओर मोड़ दी। मामा के पोते-पोती भी अब बड़े होकर बाल-बच्चेदार हो चुके हैं। देखकर सन्तोष हुआ कि मामा के छोटे लड़के गणेश ठाकुर अभी जीवित और स्वस्थ हैं। वैसा ही घर, वही ग़रीबी और फटेहाली।

एम.एस. कॉलेज की बरियारपुर वाली ज़मीन

एम.एस. कॉलेज का 37 एकड़ का एक दूसरा परिसर शहर के पूर्वी प्रवेश भाग और ज़िला मुख्यालय से कुछ ही दूरी पर मुख्य सड़क के किनारे अवस्थित है। वह ज़मीन बेतिया स्टेट द्वारा लीज पर दी गयी थी। लीज विस्तारण के लिए ज़िला प्रशासन को कई बार लिखा गया था। किन्तु कोई

कार्रवाई नहीं हुई थी। इस विस्तृत भू-भाग का कुछ भाग ज़िला प्रशासन द्वारा होमगार्ड पुलिस आवास के रूप में अतिक्रमित है, लेकिन बाकी पूरे भाग में महाविद्यालय के पूर्व कर्मचारियों द्वारा खेती होती है। जब मैं पहली बार यहाँ आया था, तो मैंने इस ज़मीन की खोज़-ख़बर ली थी। ज़िला उपसमाहर्त्ता ने बताया था कि सरकारी संस्था का लीज विस्तारण नहीं होता है। ज़मीन के मालिक गवर्नर होते हैं। आप राज्यपाल को लिखिए। वे ज़मीन को संस्था के नाम स्थानान्तरित कर देंगे। मैंने महामहिम राज्यपाल को लिख दिया। तब तक मेरा स्थानान्तरण एम.जे.के. कॉलेज, बेतिया हो गया। जब मैं दुबारा यहाँ आया, तो राज्यपाल का उत्तर आ चुका था। विभिन्न प्रक्रिया से गुज़रते हुए महामहिम सचिवालय ने विश्वविद्यालय के कुलपति, कुलसचिव, तिरहुत कमिश्नरी के आयुक्त, भूमि-सुधार कमिश्नर आदि को पत्र लिखकर उक्त ज़मीन के हस्तानान्तरण की विधिसम्मत कार्रवाई करने को लिखा था। उसकी एक प्रति महाविद्यालय के प्राचार्य को भी दी गयी थी। किन्तु पिछले प्राचार्य ने इस पर कोई ध्यान नहीं दिया। ज़िला कलक्टर ने एक रोज़ नगर के सौन्दर्यीकरण में सहयोग के लिए शहर के कॉलेज के सभी प्राचार्यों और गणमान्य लोगों की बैठक बुलायी। मैंने उस बैठक में कॉलेज की उक्त ज़मीन की भी चर्चा की। कलक्टर ने कहा कि "राज्यपाल के आदेश की कोई ज़रूरत नहीं है। एक रोज़ हम लोग स्पॉट पर चलेंगे और हमारे होमगार्ड परिसर को छोड़कर हम आपकी ज़मीन कॉलेज को हस्तान्तरित कर देंगे। फिर बाउन्ड्री वाल करा लीजिएगा। उन्होंने बार-बार कहा- "केवल हमारे होमगार्ड परिसर को छोड़ दीजिएगा।" मैं उत्साहित हो गया। कॉलेज आकर मैंने राज्यपाल को भेजे गये उक्त पत्र की चर्चा की। मेरे पी.ए. और सहायक श्री एस.बी. पाण्डेय ने कहा कि राज्यपाल का जवाब आया हुआ है और उन्होंने वह पत्र और संचिका लाकर दिया। मैंने उक्त पत्र के आलोक में ज़िला पदाधिकारी को पत्र लिखा। पाण्डेय जी ने ज़मीन सम्बन्धी सभी संचिकाएँ सुरक्षित रखी थीं।

विधानसभा चुनाव का समय था। जब ज़िलाधिकारी हमारे कॉलेज परिसर में आये, तो मैंने वहाँ पर कॉलेज का बोर्ड लगाने की भी इज़ाजत माँगी। उन्होंने कहा "क्यों नहीं, वहाँ पर बोर्ड लगा दीजिए।" मैंने तीन बड़े-बड़े बोर्ड लगा दिये। फिर कलक्टर ने ज़मीन की मापी के लिए तीन अमीन प्रतिनियुक्त कर दिये। अमीन लोग मुझसे मिलने कॉलेज में आये और नापी की तिथि निर्धारित करवायी। मैंने विश्वविद्यालय के कुलपति, कुलसचिव से मिलकर और लिखकर उन्हें भी नापी में शामिल होने को कहा। पहले कुलसचिव और

फिर विश्वविद्यालय इन्जीनियरिंग विभाग के पदाधिकारी आये। अख़बारों में रोज़ ख़बरें छप रही थीं। मीडिया की उपस्थिति में नापी हुई। किन्तु पहले दिन की मापी के बाद वहाँ के स्थानीय विधायक और मन्त्री ने ज़मीन पर आपत्ति कर दी। एस.डी.ओ. से मेरी झड़प हो गयी। फिर डीएम ने भी पल्ला झाड़ लिया। विधायक और जिला प्रशासन की ओर से उक्त ज़मीन पर केन्द्रीय विद्यालय, खेल स्टेडियम आदि बनाने की घोषणा होने लगी। हमारे बोर्ड को भी जिला प्रशासन ने हटा दिया। मैंने ज़िला प्रशासन पर आपत्ति दर्ज करते हुए एक पत्र लिखा, जिसकी प्रति कुलपति और महामहिम राज्यपाल को भी दी गयी। सभी जगह से जाँच के पत्र आये। ज़िलाधिकारी यहाँ की स्थानीय राजनीति से प्रभावित हो गये थे। महाविद्यालय के कुछ शिक्षक-कर्मचारियों के साथ मैं स्थानीय सांसद और केन्द्रीय मन्त्री श्री राधामोहन सिंह जी से मिला। उन्होंने पहले ज़िला पदाधिकारी से मिलने का सुझाव दिया। फिर बात न बनने पर उच्च न्यायालय जाने को कहा। उन्होंने हास्य-व्यंग्य की शैली में कहा कि "अपना केस लड़ने आप हाईकोर्ट चले जाते हैं, कॉलेज के लिए नहीं जाइएगा।'' मैंने उन्हें आश्वस्त किया– "जरूर जाऊँगा।" स्थिति की गम्भीरता को देखते हुए मैंने ज़मीन के दावे के साथ पटना उच्च न्यायालय में केस कर दिया, ताकि ज़मीन की यथास्थिति बरकरार रहे। उसके बाद मैं सेवानिवृत्त हो गया, किन्तु ज़मीन की यथास्थिति अब भी बरकरार है।

इस प्रकार एम.एस. कॉलेज में दूसरी बार काम करते हुए मैंने अनेक कार्य किये। मेरी 65 वर्ष की उम्र सीमा पूरी होनेवाली थी। अपने कार्य दिवस में मैंने एक दिन भी विश्राम नहीं किया। जिस महीने मुझे अवकाश ग्रहण करना था, उस महीने में भी मैंने महाविद्यालय का 'स्थापना दिवस समारोह' मनाया। आखिर में दिनांक 28 फरवरी 2021 को मैं सेवा निवृत्त हो गया। उस दिन रविवार था। दिनांक 01 मार्च, सोमवार को मैंने नये प्रभारी प्रधानाचार्य प्रो. अरुण कुमार को अपना प्रभार सौंपा। दिनांक 03 मार्च को मेरी बिदाई हुई। अपने लम्बे सेवाकाल में मैं न केवल कर्त्तव्य-कर्म और कार्य की चुनौतियों का सामना किया, बल्कि सामाजिक-सांस्कृतिक विसंगतियों से भी दो-चार होता रहा। जातीय कुण्ठा और वर्चस्व भाव अब भी समाज में गहराई से व्याप्त हैं। अन्तर केवल इतना है कि यह ऊपर से दिखायी नहीं देता, पर भीतर से ज़बर्दस्त प्रभाव डालता है। श्रेष्ठ-अश्रेष्ठ की जातीय प्रवृत्ति छोटी जातिवालों को न केवल दबाव में रखना चाहती है, बल्कि उनका शोषण और दमन भी

करना चाहती है। मेरे जीवन में अधिकतर ऊँची जातिवाले लोगों का प्रभाव और दबाव रहा। कहीं-कहीं छोटी जातिवालों के वर्चस्व को भी झेलना पड़ा। जहाँ ऊँची जाति का दबाव और प्रभाव रहा, वहाँ स्वाभाविक रूप से छोटी जातिवालों के सहयोग और सहानुभूति मिलते रहे। इसके विपरीत जहाँ छोटी जातिवालों का दबाव रहा, वहाँ ऊँची जातिवाले मदद करते रहे। ऐसा केवल एक जगह एस.आर.ए.पी. कॉलेज, बारा चकिया में हुआ। वहाँ के अवकाश प्राप्त भूमिहार प्रिंसिपल प्रो. खुशनन्दन प्रसाद सिंह ने मेरी बड़ी मदद की। मैंने उन्हें अतिथि शिक्षक के रूप में रखा था। लेकिन मैंने अपनी सामाजिक सूझबूझ और प्रशासनिक क्षमता से कहीं भी इस द्वन्द्व को उभरने नहीं दिया। अवकाश ग्रहण के बाद मैं समय और समाज के तमाम गिले-शिकवे को भूल जाना चाहता हूँ। बिदाई के बाद मैंने सोशल मीडिया पर जो वक्तव्य जारी किया था, वह नीचे दिया जा रहा है।

अलविदा मुंशी सिंह महाविद्यालय, अलविदा चम्पारण

लगभग 41 वर्षों की सतत और अबाध सेवा के बाद अन्ततः आज मैं मुंशी सिंह महाविद्यालय, मोतिहारी से सदा के लिए विदा हो गया। इस बीच मैंने 15 स्थानों पर 15 संस्थानों की सेवा की। हर जगह मुझे मेरी मेहनत के अनुरूप पुरस्कार और सम्मान मिले। किन्तु मुंशी सिंह महाविद्यालय ने जो स्नेह, सम्मान और पुरस्कार दिया है, वह मेरे जीवन का सबसे बड़ा सम्मान है। शिक्षक संघ, कर्मचारी संघ, तृतीय वर्गीय कर्मचारी, चतुर्थ वर्गीय कर्मचारी, दैनिक वेतनभोगी कर्मचारी और छात्र-छात्राओं से अलग-अलग सम्मान पाकर मैं अभिभूत हो गया। इसके अतिरिक्त शिक्षक, कर्मचारी और छात्रों ने अलग-अलग व्यक्तिगत पुरस्कार, सम्मान, उपहार और शुभकामनाएँ देकर मुझे नम आँखों से विदा किया। बीबीए, बीसीए और अन्य व्यावसायिक और सामान्य कोर्स के छात्रों से भरपूर सम्मान मिला। एन.सी.सी. कैडेट्स की ओर से मिला एकता और अनुशासन कैप (टोपी) को मैं कभी नहीं भूलूँगा। यह मेरे जीवन की धरोहर रहेगी। ऐसे स्नेह, सम्मान, आदर और शुभकामनाओं के लिए मैं मुंशी सिंह महाविद्यालय का सदा आभारी रहूँगा। यहाँ आकर मैंने अपने जीवन की सार्थकता और लक्ष्य को प्राप्त कर लिया। अपने प्राचार्य जीवन का अधिकांश, लगभग 10 वर्षों का कार्यकाल मैंने चम्पारण में बिताया।

मुंशी सिंह महाविद्यालय में मैं दो-दो बार आया। लेकिन मेरे मान-सम्मान और गरिमा में कोई कमी नहीं आयी। मैंने शिक्षक, कर्मचारी, छात्र-छात्रा और

अभिभावकों के सहयोग से संस्था की गरिमा और प्रतिष्ठा बढ़ाने की भरपूर कोशिश की। तमाम लोगों से मुझे भरपूर समर्थन, सम्मान और प्यार मिला। मेरी जगह पर पदस्थापित नये प्राचार्य और मेरे प्रिय मित्र प्रो. अरुण कुमार का मैं सदा आभारी रहूँगा। प्रोफ़ेसर मित्र एम.एन. हक, इक़बाल हुसैन, मृगेन्द्र कुमार, अनूप कुमार वर्मा, अजय कुमार, आर.आर. झा, एस.एन.एस. सहाय, शिखा राय, यमुना राम, ए.के. रंजन, विदुषी दीक्षित, पूनम सिंह, विपिन दुबे, नीतेश कुमार, विपुल वैभव, सेवानिवृत्त शिक्षक प्रो. भास्कर चौधरी सहित तमाम कार्यरत शिक्षकों के सराहनीय सहयोग और कुशल शिक्षण मुझे जीवन भर याद रहेंगे। श्री हरेन्द्र कुमार सिंह, मनोरंजन प्र. सिंह, दिलीप कुमार, एस. बी. पाण्डेय, प्रमोद कुमार, इन्द्रमणि सिंह, सुनील कुमार सिंह, सुनील महाराज, अनिल सिंह, राजू सिंह, सत्येन्द्र कु. सिंह, ओमप्रकाश जी, राजेश कुमार, राजेश कुमार सिंह, रूपेश, हर्षवर्द्धन, शशिरंजन कु. सिंह, कौशल किशोर, प्रशान्त, धनंजय, सुदामा सहनी, अरुण मंडल, अतहर अली, कृष्णा राय, एकराम खाँ, दोनों सन्तोष, मुन्ना, अंजु, कविता, अर्चना आदि सभी शिक्षकेतर कर्मी याद आते रहेंगे। इनके स्नेह, सहयोग और संस्था के लिए सक्रिय योगदान को मैं नहीं भूल सकता। चम्पारण सत्याग्रह की इस भूमि ने जहाँ मुझे शिक्षा सत्याग्रह की शिक्षा दी, वहीं न्याय के लिए लड़ना भी सिखाया। लेकिन मैंने कभी कोई व्यक्तिगत लड़ाई नहीं लड़ी, मेरी लड़ाई हमेशा व्यवस्था से रही। मेरे मन में सबके लिए आदर सम्मान है, किसी के प्रति कोई दुर्भावना नहीं है। चम्पारण की इस उर्वर और क्रान्तिकारी धरती को मैं नमन करता हूँ। शत शत सलाम। अलविदा मुंशी सिंह महाविद्यालय! अलविदा चम्पारण!!

❑❑